总 第42期

山西统计年鉴 2024

SHANXI STATISTICAL YEARBOOK 2024

山西省统计局
国家统计局山西调查总队 编

Compiled by
Shanxi Provincial Bureau of Statistics &
Survey Office of the National Bureau of
Statistics in Shanxi

中国统计出版社
China Statistics Press

图书在版编目（CIP）数据

山西统计年鉴. 2024 = Shanxi Statistical Yearbook 2024 : 汉英对照 / 山西省统计局, 国家统计局山西调查总队编. -- 北京 : 中国统计出版社, 2024. 10. -- ISBN 978-7-5230-0514-9

Ⅰ. C832.25-54

中国国家版本馆 CIP 数据核字第 2024CW5430 号

山西统计年鉴 2024

作　　者/山西省统计局　国家统计局山西调查总队
责任编辑/宋怡璇
责任校对/白鹏洲　李　静　田　甜　地娜拉·阿衣丁
封面设计/李　静
出版发行/中国统计出版社有限公司
通信地址/北京市丰台区西三环南路甲 6 号　邮政编码/100073
电　　话/邮购（010）63376909　书店（010）68783171
网　　址/ http://www.zgtjcbs.com
印　　刷/河北鑫兆源印刷有限公司
经　　销/新华书店
开　　本/880mm×1230mm　1/16
字　　数/1427 千字
印　　张/44.75
版　　别/2024 年 10 月第 1 版
版　　次/2024 年 10 月第 1 次印刷
定　　价/390.00 元

本书附同版本 CD-ROM 一张，光盘内容以书面文字为准。
如有印装差错，由本社发行部调换。

编者说明

一、《山西统计年鉴2024》收录了全省和各地市、县（市、区）、有关部门2023年经济、社会、科技等方面的统计数据，以及多个重要历史年份主要统计数据，是一部全面反映山西省国民经济和社会发展情况的资料性年刊。为便于国际交流，内文全部采用中英文对照。

二、全书共分20个篇章：1. 综合；2. 人口、劳动工资和社会保障；3. 物价；4. 人民生活；5. 财政、金融和保险；6. 能源；7. 固定资产投资；8. 对外经济贸易；9. 农业；10. 工业；11. 建筑业；12. 房地产；13. 批发和零售业；14. 住宿、餐饮业和旅游；15. 交通运输、邮电通信业；16. 教育、科技；17. 文化、体育、卫生、环保；18. 城市概况；19. 地市篇；20. 县（市、区）篇。为方便读者使用，各篇章前绘制了反映总体趋势的统计图，篇末附有《主要统计指标解释》，对主要统计指标的涵义、统计范围和统计方法以及历史沿革予以简要说明。

三、与《山西统计年鉴2023》相比，本年鉴内容主要做了如下修订："人口、劳动工资和社会保障"篇，根据市场主体统计分类的划分规定，劳动工资统计执行新的登记注册统计类别，调整了相关指标内容；"物价"篇，删去了商品零售价格指数相关指标内容；"人民生活"篇，删去了城乡居民家庭人口状况和劳动力状况；"固定资产投资"篇，删去了农户固定资产投资主要经济指标增长速度；"工业"篇、"建筑业"篇、"房地产篇"调整了按登记注册类型分组情况；"批发和零售业"篇、"住宿和餐饮业"篇，调整了按登记注册类型分组情况和按行业类型分组情况；"城市概况"篇，调整了部分指标内容；在"地市篇"，增加了城镇私营单位就业人员和工资、药材类作物播种面积和产量、当年实际机耕地面积，删去了灌溉机电井数量；在"县(市、区)篇"，增加了当年实际机耕地面积，删去了农药使用量。因第五次经济普查数据尚未完全公开，部分指标数据暂缺。

四、本年鉴统计指标口径范围及解释以国家现行统计报表制度为准。资料主要来源于统计年报，部分资料来自于抽样调查和有关部门。

五、为方便读者使用，对个别有变动的指标在表下作了简要注释。本年鉴中涉及到的历史数据，均以最新出版的本年鉴数据为准。

六、本年鉴所使用的度量衡单位，均采用国际统一标准计量单位。部分数据合计数或相对数由于单位取舍不同而产生的计算误差，均未作机械调整。

七、年鉴符号使用说明："空格"表示该项统计指标数据不足本表最小单位数、数据不详或无数据；"#"表示该指标其中的主要项。

COMPILER'S NOTES

Ⅰ. *Shanxi Statistical Yearbook 2024* is an annual statistics publication, which reflects comprehensively the national economic and social development of Shanxi province. It covers data for 2023 and key statistical data in some historically important years at the provincial level and the local levels of prefecture and county. To meet the need of international exchange, this yearbook is made in both Chinese and English.

Ⅱ. The yearbook contains the following twenty parts: 1. General Survey; 2. Population, Labor Wages and Social Security; 3. Price; 4. People's Livelihood; 5. Public Finance, Banking and Insurance; 6. Energy; 7. Investment in Fixed Assets; 8. Foreign Trade and Economic Cooperation; 9. Agriculture; 10. Industry; 11. Construction; 12. Real Estate; 13. Wholesale and Retail Trade; 14. Hotels, Catering Services and Tourism; 15. Transportation, Post and Telecommunication Services; 16. Education, Science and Technology; 17. Culture, Sports, Public Health and Environmental Protection; 18. General Survey of Cities; 19. Cities at Prefecture Level; 20. Counties, Cities and Districts at County Level. To facility readers, Statistical Charts reflecting total trend are attached at the beginning of each chapter, and Explanatory Notes on Main Statistical Indicators, a brief introduction about the meaning, statistical coverage, statistical methods and historical changes of main statistical indicators, are provided at the end of each chapter.

Ⅲ. Comparing with *Shanxi Statistical Yearbook 2023*, following revisions have been made in this new version: In the chapter of Population, Labor Wages and Social Security, relevant contents of labor wages are reorganized by new status of registration according to the statistically categorized market participants; in the chapter of Price, relevant contents of retail price index are deleted; in the chapter of People's Livelihood, the tables of Population Conditions and Labour Force of Urban and Rural Households are deleted; in the chapter of Investment in Fixed Assets, the table of Growth Rate of Major Indicators of Rural Households Investment in Fixed Assets is deleted; in the chapters of Industry, Construction and Real Estate, new category of registration status is adopted; in the chapters of Wholesale and Retail Trade and Hotels, Catering Services and Tourism, both registration status and industrial sector are reorganized; in the chapter of General Survey of Cities, relevant contents are adjusted; in the chapter of Cities at Prefecture Level, the new table of Number and Wage of Employees in Urban Private Units and two indicators,Sown Areas and Output of Medicinal Materials and Area Cultivated by Machine at This Year, are added, and the Electromechanical Well for Irrigation indicator is deleted; and in the final chapter, the indicator, Area Cultivated by Machine at This Year, is added and the Agricultural Consumption of Farm Chemical indicator is deleted. Some data are still unavailable because of the data of the Fifth China Economic Census not released now.

Ⅳ. The statistical coverage and explanation of indicators in this yearbook are the same as the current national statistical report system. The data in this yearbook are mainly obtained from annual statistical reports, and some are from sample surveys and related departments.

Ⅴ. For the convenience of the readers, brief notes concerning some indicators about their changes in meaning or coverage are given at the lower part of relevant tables. In case of some statistical data issued before being inconsistent with this publication, take the data in this publication as correction.

Ⅵ. The units of measurement used in this yearbook are international standard measurement units. Statistical discrepancies due to rounding are not adjusted in this yearbook.

Ⅶ. Notations used in this book: " (blank) " indicates that the figure is not large enough to be measured with the smallest unit in the table or is not available; " # "indicates the major items of the total.

目 录

CONTENTS

一、综 合

GENERAL SURVEY

三、物　价

PRICE

四、人民生活

PEOPLE'S LIVELIHOOD

六、能　源

ENERGY

八、对外经济贸易

FOREIGN TRADE AND ECONOMIC COOPERATION

九、农　业

AGRICULTURE

十、工 业

INDUSTRY

十一、建筑业

CONSTRUCTION

十四、住宿、餐饮业和旅游

HOTELS, CATERING SERVICES AND TOURISM

十五、交通运输、邮电通信业

TRANSPORTATION, POST AND TELECOMMUNICATION SERVICES

十六、教育、科技

EDUCATION, SCIENCE AND TECHNOLOGY

十七、文化、体育、卫生、环保

CULTURE, SPORTS, PUBLIC HEALTH AND ENVIRONMENTAL PROTECTION

1

GENERAL SURVEY

综 合

资料整理人员

李　静　田　甜　地娜拉·阿衣丁　李世峰
田　丹　辛忠霞　王俊鹏　张淑虹　高雪梅
黄　玉　柴晋飞　杨　茜　乔　杰　李　林

地区生产总值	Gross Domestic Product	25698.2	亿元 (100 million yuan)
第一产业	Primary Industry	1388.9	亿元 (100 million yuan)
第二产业	Secondary Industry	13329.7	亿元 (100 million yuan)
第三产业	Tertiary Industry	10979.6	亿元 (100 million yuan)

地区生产总值构成 (%)
Composition of Gross Domestic Product (%)

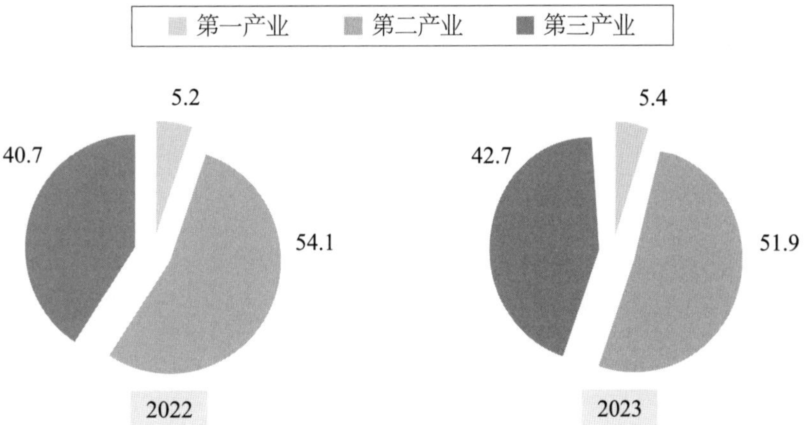

地区生产总值（亿元）
Gross Domestic Product (100 million yuan)

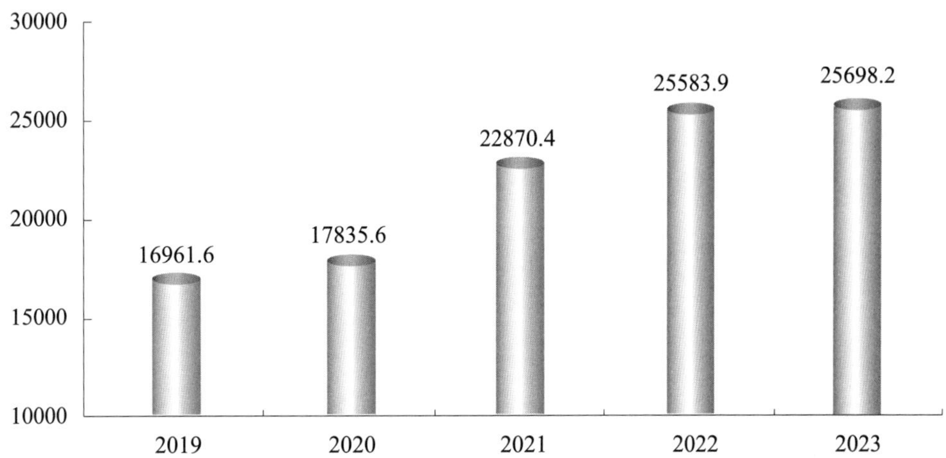

地区生产总值增速	Growth Rate of Gross Domestic Product	5.0	(%)
第一产业	Primary Industry	4.0	(%)
第二产业	Secondary Industry	5.1	(%)
第三产业	Tertiary Industry	5.0	(%)
人均地区生产总值	Per Capita Gross Domestic Product	73984	元 (yuan)

地区生产总值增速 (%)
Growth Rate of Gross Domestic Product (%)

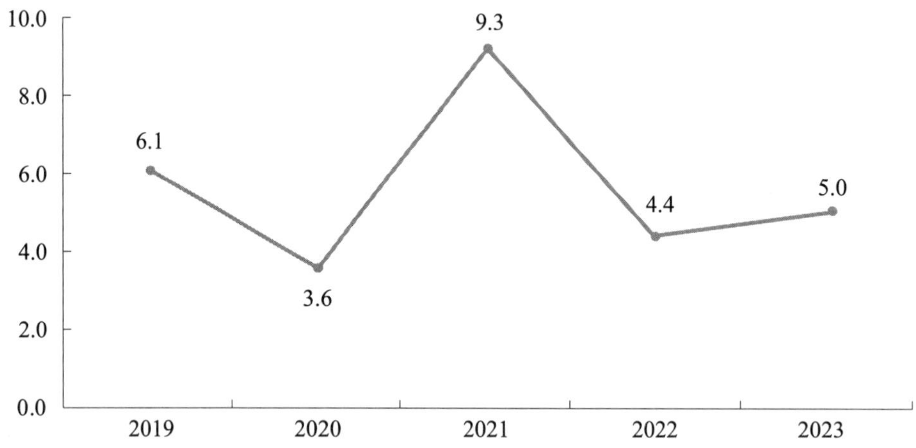

人均地区生产总值（元）
Per Capita Gross Domestic Product (yuan)

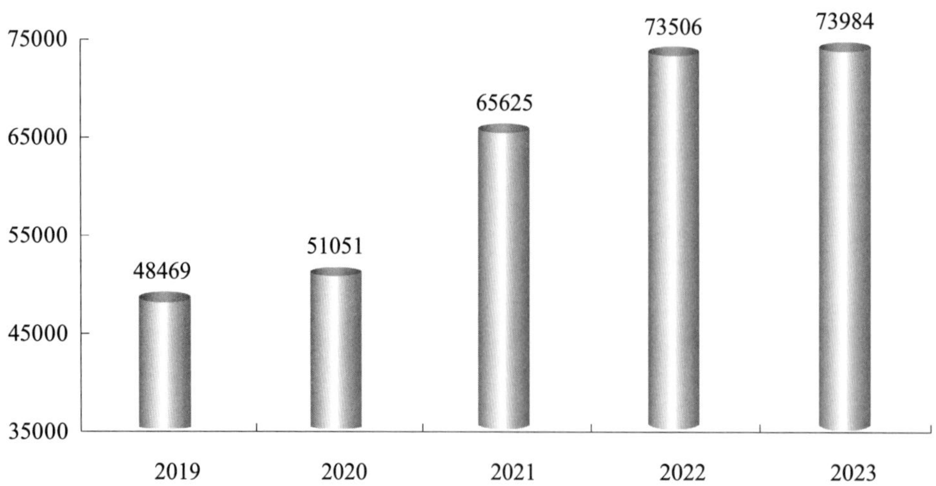

1-1 行政区划(2023年)

ADMINISTRATIVE DIVISION(2023)

市 名 City	城 市 City			市辖区 District under Jurisdiction of Cities	县 County	镇 Town	乡 Township
	合 计 Total	地级市 City at Prefecture Level	县级市 City at County Level				
	22	11	11	26	80	631	430
太原市 Taiyuan	小店区 Xiaodian　迎泽区 Yingze　杏花岭区 Xinghualing　尖草坪区 Jiancaoping　万柏林区 Wanbailin　晋源区 Jinyuan　清徐县 Qingxu　阳曲县 Yangqu　娄烦县 Loufan　古交市 Gujiao						
大同市 Datong	新荣区 Xinrong　平城区 Pingcheng　云冈区 Yungang　云州区 Yunzhou　阳高县 Yanggao　天镇县 Tianzhen　广灵县 Guangling　灵丘县 Lingqiu　浑源县 Hunyuan　左云县 Zuoyun						
阳泉市 Yangquan	城　区 Chengqu　矿　区 Kuangqu　郊　区 Jiaoqu　平定县 Pingding　盂　县 Yuxian						
长治市 Changzhi	潞州区 Luzhou　上党区 Shangdang　屯留区 Tunliu　潞城区 Lucheng　襄垣县 Xiangyuan　平顺县 Pingshun　黎城县 Licheng　壶关县 Huguan　长子县 Zhangzi　武乡县 Wuxiang　沁　县 Qinxian　沁源县 Qinyuan						
晋城市 Jincheng	城　区 Chengqu　沁水县 Qinshui　阳城县 Yangcheng　陵川县 Lingchuan　泽州县 Zezhou　高平市 Gaoping						
朔州市 Shuozhou	朔城区 Shuocheng　平鲁区 Pinglu　山阴县 Shanyin　应　县 Yingxian　右玉县 Youyu　怀仁市 Huairen						
晋中市 Jinzhong	榆次区 Yuci　太谷区 Taigu　榆社县 Yushe　左权县 Zuoquan　和顺县 Heshun　昔阳县 Xiyang　寿阳县 Shouyang　祁　县 Qixian　平遥县 Pingyao　灵石县 Lingshi　介休市 Jiexiu						
运城市 Yuncheng	盐湖区 Yanhu　临猗县 Linyi　万荣县 Wanrong　闻喜县 Wenxi　稷山县 Jishan　新绛县 Xinjiang　绛　县 Jiangxian　垣曲县 Yuanqu　夏　县 Xiaxian　平陆县 Pinglu　芮城县 Ruicheng　永济市 Yongji　河津市 Hejin						
忻州市 Xinzhou	忻府区 Xinfu　定襄县 Dingxiang　五台县 Wutai　代　县 Daixian　繁峙县 Fanshi　宁武县 Ningwu　静乐县 Jingle　神池县 Shenchi　五寨县 Wuzhai　岢岚县 Kelan　河曲县 Hequ　保德县 Baode　偏关县 Pianguan　原平市 Yuanping						
临汾市 Linfen	尧都区 Yaodu　曲沃县 Quwo　翼城县 Yicheng　襄汾县 Xiangfen　洪洞县 Hongtong　古　县 Guxian　安泽县 Anze　浮山县 Fushan　吉　县 Jixian　乡宁县 Xiangning　大宁县 Daning　隰　县 Xixian　永和县 Yonghe　蒲　县 Puxian　汾西县 Fenxi　侯马市 Houma　霍州市 Huozhou						
吕梁市 Lvliang	离石区 Lishi　文水县 Wenshui　交城县 Jiaocheng　兴　县 Xingxian　临　县 Linxian　柳林县 Liulin　石楼县 Shilou　岚　县 Lanxian　方山县 Fangshan　中阳县 Zhongyang　交口县 Jiaokou　孝义市 Xiaoyi　汾阳市 Fenyang						

1-2 国民经济和社会发展总量与速度指标

指 标	Item	总量指标	
		2000	2010
一、人口与就业(万人)	**Population and Employment (10 000 persons)**		
常住人口	Resident Population	3247.8	3574.1
就业人员	Total Employees	1392	1802
二、国民经济核算(亿元)	**National Economic Accounting (100 million yuan)**		
地区生产总值	Gross Domestic Product	1845.7	8903.9
第一产业	Primary Industry	179.9	510.4
第二产业	Secondary Industry	858.4	5349.6
第三产业	Tertiary Industry	807.5	3043.9
三、财　政(亿元)	**Public Finance (100 million yuan)**		
一般公共预算收入	General Public Budget Revenue	114.5	969.7
一般公共预算支出	General Public Budget Expenditure	225.1	1931.4
四、对外贸易(亿美元)	**Foreign Trade (USD 100 million)**		
进出口总额	Total Value of Exports and Imports	17.6	125.8
出　口	Total Value of Exports	12.4	47.1
进　口	Total Value of Imports	5.3	78.7
五、农　业	**Agriculture**		
农林牧渔业总产值(亿元)	Gross Output Value of Farming, Forestry, Animal Husbandry and Fishery (100 million yuan)	322.4	1016.4
主要农产品产量 (万吨)	Output of Major Farm Products (10 000 tons)		
粮　食	Grain	853.4	1107.5
油　料	Oil-bearing Crops	44.8	16.6
蔬　菜	Vegetables	920.3	694.1
肉　类	Meat	65.0	77.2
猪年末存栏 (万头)	Hogs at Year-end (10 000 heads)	519.5	528.8
羊年末存栏 (万只)	Sheep and Goats at Year-end (10 000 heads)	1058.4	769.7
当年造林面积 (千公顷)	Afforestation Area in the year (1 000 ha)	404.9	291.1
六、工　业	**Industry**		
主要工业产品产量(全社会)	Output of Major Industrial Products (Total Society)		
原　煤 (万吨)	Coal (10 000 tons)	25152	74096
发电量 (亿千瓦时)	Electricity (100 million kwh)	624.7	2150.6
粗　钢 (万吨)	Crude Steel (10 000 tons)	472.7	3048.8
钢　材 (万吨)	Steel Products (10 000 tons)	392.6	2866.4
水　泥(万吨)	Cement (10 000 tons)	1434.0	3670.3

PRINCIPAL AGGREGATE INDICATORS ON NATIONAL ECONOMIC AND SOCIAL DEVELOPMENT AND GROWTH RATES

Aggregate Data			速度指标 Indices and Growth Rates						
2015	2020	2023	指数(2023为以下各年%) Index (2023 as percentage of the following years %)				平均增长速度(%) Average Annual Growth Rate (%)		
			2000	2010	2015	2020	2001–2023	2011–2023	2016–2023
3518.6	3490.5	3466.0	106.7	97.0	98.5	99.3	0.3	–0.2	–0.2
1827	1738	1704	122.4	94.6	93.3	98.0	0.9	–0.4	–0.9
11836.4	17835.6	25698.2	599.7	220.8	156.1	119.8	108.1	106.3	105.7
726.2	1166.6	1388.9	245.2	173.4	138.6	117.6	104.0	104.3	104.2
5219.7	7703.2	13329.7	654.7	216.8	156.2	125.0	108.5	106.1	105.7
5890.5	8965.8	10979.6	635.2	236.1	157.9	115.7	108.4	106.8	105.9
1642.4	2296.6	3479.4	3039.4	358.8	211.9	151.5	16.0	10.3	9.8
3423.0	5110.9	6345.6	2819.6	328.6	185.4	124.2	15.6	9.6	8.0
147.2	218.7	240.4	1362.3	191.1	163.3	109.9	12.0	5.1	6.3
84.2	127.3	149.0	1204.7	316.4	176.9	117.0	11.4	9.3	7.4
62.9	91.4	91.4	1731.9	116.1	145.1	100.0	13.2	1.2	4.8
1425.0	1935.8	2291.7	710.9	225.5	160.8	118.4	8.9	6.5	6.1
1314.0	1424.3	1478.1	173.2	133.5	112.5	103.8	2.4	2.2	1.5
12.2	14.3	17.9	40.0	108.0	147.1	125.3	–3.9	0.6	4.9
837.4	861.2	1065.9	115.8	153.6	127.3	123.8	0.6	3.4	3.1
99.0	102.7	155.0	238.3	200.9	156.5	151.0	3.8	5.5	5.8
619.2	569.4	814.1	156.7	153.9	131.5	143.0	2.0	3.4	3.5
1112.1	970.1	1172.3	110.8	152.3	105.4	120.8	0.4	3.3	0.7
280.9	272.1	304.5	75.2	104.6	108.4	111.9	–1.2	0.3	1.0
96680	107906	137794	547.7	185.9	142.5	127.7	7.7	4.9	4.5
2457.5	3503.5	4572.8	732.0	212.6	186.1	130.5	9.0	6.0	8.1
3847.0	6637.8	6292.0	1331.0	206.4	163.6	94.8	11.9	5.7	6.3
4267.3	6181.5	6888.8	1754.7	240.3	161.4	111.4	13.3	7.0	6.2
3786.1	5616.7	4756.7	331.7	129.6	125.6	84.7	5.4	2.0	2.9

1-2 续表

指　标	Item	总量指标	
		2000	2010
七、房地产开发投资(亿元)	**Investment in Real Estate Development (100 million yuan)**		
本年完成投资	Investment Completed This Year	39.5	592.2
#住　宅	Residential Buildings	27.2	457.4
八、国内贸易(亿元)	**Domestic Trade (100 million yuan)**		
社会消费品零售总额	Total Retail Sales of Consumer Goods	692.7	3027.1
九、交通运输、邮电	**Transportation, Post and Telecommunication Services**		
货物运输量(万吨)	Freight Traffic (10 000 tons)	86624	124677
#铁　路	Railways	28779	63836
旅客客运量(万人)	Passenger Traffic (10 000 persons)	31818	39059
#铁　路	Railways	2953	5746
邮政行业业务总量(亿元)	Business Volume of Post Services (100 million yuan)		
电信业务总量(亿元)	Business Volume of Telecommunication Services (100 million yuan)		
移动电话用户(万户)	Number of Mobile Telephone Subscribers (10 000 subscribers)	126	2225
十、教育、科技、文化、卫生	**Education, Science and Technology, Culture and Public Health**		
教　育	**Education**		
普通、职业高等学校数 (所)	Regular and Vocational Institutions of Higher Education (unit)	24	65
普通、职业本专科在校生数(万人)	Student Enrollment of Undergraduates in Regular and Vocational Higher Education Institutions (10 000 persons)	12.6	56.3
普通中学在校学生数(万人)	Student Enrollment of Regular Secondary Schools (10 000 persons)	199.8	253.7
普通小学在校学生数(万人)	Student Enrollment of Regular Primary Schools (10 000 persons)	343.6	291.1
科　技	**Science and Technology**		
全社会R&D经费内部支出(亿元)	Total Internal Expenditure on R&D (100 million yuan)	9.9	89.9
文　化	**Culture**		
图书总印数(万册)	Total Printed Copies of Books (10 000 copies)	10105	13183
期刊总印数(万份)	Total Printed Copies of Magazines (10 000 copies)	2659	4000
报纸总印数(万份)	Total Printed Copies of Newspapers (10 000 copies)	62815	206698
卫　生	**Public Health**		
医　院(个)	Number of Hospitals (unit)	716	1201
执业(助理)医师 (人)	Number of Licensed (Assitant) Docotors (person)	64900	85376

注：2023年邮政行业业务总量单位调整为亿标准量。

continued

Aggregate Data			速 度 指 标 Indices and Growth Rates						
2015	2020	2023	指数(2023为以下各年%) Index (2023 as percentage of the following years %)				平均增长速度 (%) Average Annual Growth Rate (%)		
			2000	2010	2015	2020	2001–2023	2011–2023	2016–2023
1494.9	1830.4	1760.1	4460.9	297.2	117.7	96.2	18.0	8.7	2.1
1098.3	1431.8	1421.9	5222.0	310.8	129.5	99.3	18.8	9.1	3.3
5345.1	6746.3	7981.8	1152.3	263.7	149.3	118.3	11.2	7.7	5.1
161772	190238	222759	257.2	178.7	137.7	117.1	4.2	4.6	4.1
70509	92002	101001	351.0	158.2	143.2	109.8	5.6	3.6	4.6
30676	13757	14207	44.7	36.4	46.3	103.3	–3.4	–7.5	–9.2
7393	4890	8514	288.3	148.2	115.2	174.1	4.7	3.1	1.8
43.1	150.7	167.1			387.7	110.9			18.5
468.2	3091.7	363.9			77.7	11.8			–3.1
3337	4023	4215	3344.9	189.4	126.3	104.8	16.5	5.0	3.0
79	85	83	345.8	127.7	105.1	97.6	5.5	1.9	0.6
74.0	84.2	96.3	766.2	171.1	130.1	114.4	9.3	4.2	3.3
192.1	177.0	179.9	90.1	70.9	93.7	101.7	–0.5	–2.6	–0.8
227.0	235.3	231.8	67.5	79.7	102.2	98.5	–1.7	–1.7	0.3
132.5	211.1	298.2	3011.9	331.7	225.0	141.3	16.0	9.7	10.7
12439	11033	11748	116.3	89.1	94.4	106.5	0.7	–0.9	–0.7
2573	1996	1687	63.4	42.2	65.6	84.5	–2.0	–6.4	–5.1
203549	213427	208309	331.6	100.8	102.3	97.6	5.4	0.1	0.3
1274	1419	1383	193.2	115.2	108.6	97.5	2.9	1.1	1.0
90216	101667	109387	168.5	128.1	121.3	107.6	2.3	1.9	2.4

Note: The units of measurement used in Bussiness Volume of Post Services is adjusted to 100 million std.pcs in 2023.

1-3 山西省水资源总量(2022年)
TOTAL VOLUME OF WATER RESOURCES(2022)

单位：亿立方米 (100 million cu.m)

市名 City		水资源总量 Water Resources	地表水资源量 Surface Water Resources	地下水资源量 Ground Water Resources	重复计算量 Repetition Statistical Amount	年降水量 Annual Precipitation
全　省	**Total**	**153.52**	**108.25**	**112.59**	**67.33**	**925.97**
太原市	Taiyuan	6.60	3.44	4.56	1.39	40.32
大同市	Datong	12.21	7.88	7.41	3.08	68.50
阳泉市	Yangquan	4.60	5.26	4.15	4.80	26.42
长治市	Changzhi	14.29	10.94	11.73	8.38	81.69
晋城市	Jincheng	17.15	14.92	15.83	13.60	61.75
朔州市	Shuozhou	8.49	3.60	6.65	1.76	61.29
晋中市	Jinzhong	14.77	10.57	9.74	5.53	87.55
运城市	Yuncheng	12.75	4.85	11.46	3.56	79.83
忻州市	Xinzhou	26.98	18.21	15.65	6.88	160.72
临汾市	Linfen	14.83	11.71	11.55	8.43	106.34
吕梁市	Lvliang	20.83	16.87	13.86	9.91	151.56

1-4 山西省实际用水量(2022年)
ACTUAL CONSUMPTION OF WATER(2022)

单位：亿立方米 (100 million cu.m)

市名 City		总计 Total	农田灌溉 Farmland Irrigation	工业 Industry	城镇生活 Urban Living	农村生活 Rural Living	林牧渔畜 Forestry, Animal Husbandry, Fishery and Livestock	生态 Ecological Utilization
全　省	**Total**	**72.07**	**37.12**	**11.56**	**11.57**	**3.53**	**3.38**	**4.91**
太原市	Taiyuan	7.25	1.34	1.76	2.92	0.22	0.17	0.85
大同市	Datong	6.32	3.37	0.85	1.20	0.30	0.25	0.34
阳泉市	Yangquan	1.88	0.29	0.61	0.52	0.13	0.14	0.18
长治市	Changzhi	5.16	1.91	1.25	1.06	0.34	0.18	0.44
晋城市	Jincheng	4.05	1.19	1.26	0.85	0.22	0.28	0.25
朔州市	Shuozhou	4.84	3.01	0.80	0.44	0.16	0.30	0.15
晋中市	Jinzhong	6.54	3.34	0.96	0.91	0.39	0.36	0.58
运城市	Yuncheng	16.34	12.26	1.26	1.25	0.63	0.64	0.31
忻州市	Xinzhou	6.73	3.92	0.88	0.66	0.33	0.37	0.56
临汾市	Linfen	7.31	4.35	0.72	0.95	0.47	0.35	0.49
吕梁市	LvLiang	5.64	2.15	1.21	0.82	0.36	0.34	0.75

1-5　平均每天主要社会经济活动

MAJOR INDICATORS ON AVERAGE DAILY SOCIAL AND ECONOMIC ACTIVITIES

指　　标	Item	2015	2020	2023
出生人口(人)	Births (person)	1000	789	584
死亡人口(人)	Deaths (person)	557	671	798
地区生产总值 (万元)	Gross Domestic Product (10 000 yuan)	324285	488646	704060
一般公共预算收入(万元)	General Public Budget Revenue (10 000 yuan)	44996	62920	95325
一般公共预算支出(万元)	General Public Budget Expenditure (10 000 yuan)	93780	140024	173852
进出口总额(万美元)	Total Value of Exports and Imports of Customs (USD 10 000)	4032	5991	6585
农林牧渔业总产值(万元)	Gross Output Value of Farming, Forestry, Animal Husbandry and Fishery (10 000 yuan)	39040	53037	62786
主要农产品产量(吨)	Output of Major Farm Products (ton)			
粮　食	Grain	36001	39021	40496
油　料	Oil-bearing Crops	334	392	491
蔬　菜	Vegetables	22943	23594	29202
肉　类	Meat	2712	2812	4246
主要工业产品产量(全社会)	Output of Major Industrial Products (Total Society)			
原　煤(万吨)	Coal (10 000 tons)	265	296	378
发电量(万千瓦时)	Electricity (10 000 kwh)	67327	95987	125282
钢　材(吨)	Steel Products (ton)	116911	169355	188735
焦　炭(万吨)	Coke (10 000 tons)	22	29	26
水　泥(吨)	Cement (ton)	103728	153881	130320
社会消费品零售总额(万元)	Total Retail Sales of Consumer Goods (10 000 yuan)	146442	184831	218679
货运量(万吨)	Freight Traffic (10 000 tons)	443	521	610
客运量(万人)	Passenger Traffic (10 000 persons)	84	38	39
快　递(万件)	Express Mail Services (10 000 pcs)	31	147	302
图书出版(万册)	Books Published (10 000 copies)	34.08	30.23	32.19
期刊出版(万份)	Magazines Issued (10 000 copies)	7.05	5.47	4.62
报纸出版(万份)	Newspapers Issued (10 000 copies)	557.67	584.73	570.71
结　婚(对)	Marriages (couple)	950	591	564
离　婚(对)	Divorces (couple)	148	183	135

1-6　社会经济主要指标人均水平
MAJOR PER CAPITA INDICATORS ON SOCIETY AND ECONOMY

指　　标	Item	2015	2020	2023
一、地区生产总值 (元)	**Gross Domestic Product (yuan)**	**33593**	**51051**	**73984**
二、人民生活 (元)	**People's Livelihood (yuan)**			
城镇非私营单位在岗职工平均工资	Average Wage of Fully Employed Staff and Workers in Urban Non-private Units	52960	77364	97315
#国　有	State-owned Units	54953	76368	90227
城镇居民可支配收入	Disposable Income of Urban Households	25828	34793	41327
城镇居民消费支出	Living Expenditure of Urban Households	15819	20332	24524
农村居民可支配收入	Disposible Income of Rural Households	9454	13878	17677
农村居民消费支出	Living Expenditure of Rural Households	7421	10290	13684
住户存款	Households Deposits	44489	72937	94825
三、主要农产品产量 (公斤)	**Output of Major Farm Products (kg)**			
粮　食	Grain	373	408	426
油　料	Oil-bearing Crops	3.5	4.1	5.2
蔬　菜	Vegetables	237.7	246.5	306.8
肉　类	Meat	28.1	29.4	44.6
四、主要工业产品产量 (全社会)	**Output of Major Industrial Products (Total Society)**			
原　煤 (吨)	Coal (ton)	27.44	30.89	39.67
发电量 (千瓦时)	Electricity (kwh)	6974.3	10028.2	13164.2
粗　钢 (公斤)	Crude Steel (kg)	1091.8	1899.9	1811.3
钢　材 (公斤)	Steel Products (kg)	1211.1	1769.3	1983.2
焦　炭 (吨)	Coke (ton)	2.28	3.00	2.76
水　泥 (公斤)	Cement (kg)	1074.5	1607.7	1369.3
白　酒 (升)	White Sprit (liter)	2.4	5.1	9.6
五、社会消费品零售额 (元)	**Total Retail Sales of Consumer Goods (yuan)**	**15170**	**19310**	**22978**

1-7 国民经济与社会发展结构指标

MAJOR COMPOSITION INDICATORS ON NATIONAL ECONOMIC AND SOCIAL DEVELOPMENT

单位：% (%)

指 标	Item	2015	2020	2023
男女人口比例	**Sex Ratio**			
男 性	Male	51.3	51.0	51.1
女 性	Female	48.7	49.0	48.9
人口抚养比	**Dependency Ratio of Population**			
总抚养比	Gross Dependency Ratio	32.6	41.3	43.1
少儿抚养比	Children Dependency Ratio	20.6	23.1	21.4
老年抚养比	Old People Dependency Ratio	12.1	18.2	21.8
地区生产总值构成	**Composition of GDP**			
第一产业	Primary Industry	6.1	6.5	5.4
第二产业	Secondary Industry	44.1	43.2	51.9
第三产业	Tertiary Industry	49.8	50.3	42.7
城乡居民人均收入比(农民=1)	**Ratio of Per Capita Income of Urban and Rural Households (Rural Income=1)**	**2.73**	**2.51**	**2.34**
一般公共预算支出构成	**Compositon of General Public Budget Expenditure**			
#教 育	Education	17.6	14.3	14.3
社会保障和就业	Social Security and Employment	15.6	15.9	17.4
卫生健康	Expenditure for Health Care	8.5	8.5	8.1
终端能源消费构成	**Consumption of End-Use Energy Consumption**			
第一产业	Primary Industry	2.0	1.7	1.6
第二产业	Secondary Industry	74.9	78.8	79.4
第三产业	Tertiary Industry	12.4	10.6	10.1
人民生活	People's Livelihood	10.7	8.9	8.9
全社会固定资产投资构成	**Composition of Total Investment in Fixed Assets**			
第一产业	Primary Industry	11.1	5.4	6.3
第二产业	Secondary Industry	36.8	36.6	39.0
第三产业	Tertiary Industry	52.1	58.0	54.7
农林牧渔业总产值构成	**Compositon of Gross Output Value of Farming, Forestry, Animal Husbandry and Fishery**			
农 业	Farming	59.4	55.6	58.2
林 业	Forestry	6.4	7.1	7.7
牧 业	Animal Husbandry	27.6	31.3	28.0
渔 业	Fishery	0.6	0.3	0.4
农林牧渔专业及辅助性活动	Specializing and Supportive Activities for Agriculture, Forestry, Animal Husbandry and Fishery	6.1	5.7	5.6
社会消费品零售总额构成	**Total Retail Sales of Consumer Goods**			
城 镇	Town	81.5	82.6	82.5
乡 村	Village	18.5	17.4	17.5

1-8 人民物质文化生活情况
CONDITIONS OF PEOPLE'S MATERIAL AND CULTURAL LIFE

指　标	Item	2015	2020	2023
一、城乡居民收入 (元)	**Income of Urban and Rural Households (yuan)**			
城镇居民人均可支配收入	Per Capita Disposable Income of Urban Households	25828	34793	41327
农村居民人均可支配收入	Per Capita Disposable Income of Rural Households	9454	13878	17677
城镇非私营单位在岗职工平均工资	Average Wage of Fully Employed Staff and Workers in Urban Non-private Units	52960	77364	97315
二、平均每人住房面积 (平方米)	**Per Capita Floor Space of Residential Buildings (sq.m)**			
城镇居民住房面积	Urban Households	32.0	34.7	38.6
农村居民住房面积	Rural Households	33.5	40.3	37.7
三、生活、文化、教育、卫生	**Livelihood, Culture, Education and Public Health**			
每百户拥有 (抽样)	Number of Durable Consumer Goods Owned Per 100 Households by Sample			
家用汽车 (辆)	Automobiles (unit)			
城镇居民	Urban Households	29.1	37.6	54.3
农村居民	Rural Households	12.8	20.6	40.9
彩色电视机 (台)	Color Television Sets (unit)			
城镇居民	Urban Households	107.2	103.4	97.4
农村居民	Rural Households	104.6	104.7	99.7
洗衣机(台)	Washing Machines (unit)			
城镇居民	Urban Households	98.9	100.5	100.1
农村居民	Rural Households	83.2	89.4	99.9
移动电话 (部)	Mobile Telephones (unit)			
城镇居民	Urban Households	220.6	242.3	232.9
农村居民	Rural Households	201.2	225.4	264.8
每人每年拥有期刊 (份)	Number of Magazines Per Person Per Year (copy)	0.7	0.6	0.5
每百人每天拥有报纸 (份)	Newspapers Per 100 Persons Per Day (copy)	15.8	16.7	16.4
每万人拥有在校大学生 (人)	Number of Enrollment Students of Regular Institutions of Higher Education Per 10 000 Persons (person)	210.1	241.0	277.2
每千人拥有医院床位数 (张)	Number of Hospital Beds Per 1 000 persons (unit)	3.8	5.2	5.5
每千人拥有卫生技术人员数 (人)	Number of Medical Technical Personnels Per 1 000 Persons (person)	5.8	7.5	8.3

1-9 主要年份地区生产总值
GROSS DOMESTIC PRODUCT IN MAJOR YEARS

按当年价格计算 (at current prices)

年 份 Year	地区生产总值(万元) Gross Domestic Product (10 000 yuan)	第一产业 Primary Industry	第二产业 Secondary Industry	第三产业 Tertiary Industry	#工 业 Industry	#建筑业 Construction	人均地区生产总值(元) Per Capita GDP (yuan)
1952	159978	93831	27484	38663	23447	4037	116
1957	291594	115415	93994	82185	71745	22249	186
1962	324083	110666	121848	91569	109126	12722	188
1965	439158	127041	205199	106918	185889	19310	238
1970	576900	151931	302600	122369	279549	23051	277
1975	698101	208009	346700	143392	321978	24722	301
1978	879946	182040	514685	183221	481225	33460	365
1980	1087619	206348	635098	246173	582107	52991	442
1985	2189896	422629	1200573	566694	1021192	179381	838
1990	4292736	808080	2100746	1383910	1866110	234636	1528
1991	4685100	687700	2362800	1634600	2108100	254700	1592
1992	5511200	829400	2702800	1979000	2404400	298400	1862
1993	6804100	972700	3350300	2481100	2960100	390200	2271
1994	8266600	1238400	3965700	3062500	3471800	493900	2729
1995	10760300	1686900	4944500	4128900	4385000	559500	3515
1996	12921100	1982800	6002100	4936200	5327300	674800	4178
1997	14760000	1918400	7075800	5765800	6263600	812200	4724
1998	16110800	2072500	7612500	6425800	6585500	1027000	5104
1999	16671000	1599600	7854700	7216700	6845500	1009200	5230
2000	18457200	1798600	8583700	8074900	7486500	1097200	5722
2001	20295300	1710900	9560100	9024300	8324500	1235600	6226
2002	23248000	1978000	11343100	9926900	9914400	1428700	7082
2003	28542500	2151900	15207300	11183300	13640100	1567200	8639
2004	34959900	2628700	19316300	13014900	17578200	1738200	10515
2005	40793800	2478200	23895100	14420500	21923100	1972000	12195
2006	47136000	2564100	27992800	16579100	25788900	2203900	14008
2007	59355800	3034600	36023100	20298100	33509400	2514600	17542
2008	72229800	3735800	43889500	24604500	40922500	2967000	21234
2009	71476100	4434600	40912000	26129500	37397600	3528500	20906
2010	89039000	5103500	53496400	30439100	49239200	4274300	25434
2011	108944100	5865600	67501500	35577000	62509900	5007500	30534
2012	116831100	6419700	68527000	41884400	63304000	5249700	32864
2013	119872300	6975700	66843200	46053400	61138800	5740700	33848
2014	120947100	7366200	63779600	49801300	57691700	6129000	34248
2015	118363900	7262100	52196500	58905300	45971700	6262200	33593
2016	119464000	7242800	51136200	61085000	44412200	6766300	33972
2017	144842700	7191600	66353300	71297800	58872500	7528800	41242
2018	159581300	7407500	70744600	81429200	62602200	8198700	45517
2019	169616100	8253400	74663000	86699700	65827100	8947700	48469
2020	178355793	11666000	77032199	89657594	67685341	9453344	51051
2021	228704297	12868900	115781257	100054140	105436316	10467816	65625
2022	255838618	13352976	138485462	104000180	127599031	11003679	73506
2023	256981845	13888614	133296881	109796350	122632599	10801190	73984

注：2023年数据为初步核算数，后同。
Note: Data of 2023 are preliminary figures. The same applies to the following.

1-10 主要年份地区生产总值构成
COMPOSITION OF GROSS DOMESTIC PRODUCT IN MAJOR YEARS

单位：% (%)

年份 Year	地区生产总值 Gross Domestic Product	第一产业 Primary Industry	第二产业 Secondary Industry	第三产业 Tertiary Industry	#工业 Industry	#建筑业 Construction
1952	100.0	58.6	17.2	24.2	14.6	2.5
1957	100.0	39.6	32.2	28.2	24.6	7.6
1962	100.0	34.2	37.6	28.2	33.7	3.9
1965	100.0	28.9	46.7	24.4	42.3	4.4
1970	100.0	26.3	52.5	21.2	48.4	4.0
1975	100.0	29.8	49.7	20.5	46.1	3.5
1978	100.0	20.7	58.5	20.8	54.7	3.8
1980	100.0	19.0	58.4	22.6	53.5	4.9
1985	100.0	19.3	54.8	25.9	46.6	8.2
1990	100.0	18.8	48.9	32.3	43.5	5.5
1991	100.0	14.7	50.4	34.9	45.0	5.4
1992	100.0	15.0	49.0	36.0	43.6	5.4
1993	100.0	14.3	49.2	36.5	43.5	5.7
1994	100.0	15.0	48.0	37.0	42.0	6.0
1995	100.0	15.7	46.0	38.3	40.8	5.2
1996	100.0	15.3	46.5	38.2	41.2	5.2
1997	100.0	13.0	47.9	39.1	42.4	5.5
1998	100.0	12.9	47.3	39.8	40.9	6.4
1999	100.0	9.6	47.1	43.3	41.1	6.1
2000	100.0	9.7	46.5	43.8	40.6	5.9
2001	100.0	8.4	47.1	44.5	41.0	6.1
2002	100.0	8.5	48.8	42.7	42.6	6.1
2003	100.0	7.5	53.3	39.2	47.8	5.5
2004	100.0	7.5	55.3	37.2	50.3	5.0
2005	100.0	6.1	58.6	35.3	53.7	4.8
2006	100.0	5.4	59.4	35.2	54.7	4.7
2007	100.0	5.1	60.7	34.2	56.5	4.2
2008	100.0	5.2	60.8	34.0	56.7	4.1
2009	100.0	6.2	57.2	36.6	52.3	4.9
2010	100.0	5.7	60.1	34.2	55.3	4.8
2011	100.0	5.4	62.0	32.6	57.4	4.6
2012	100.0	5.5	58.7	35.8	54.2	4.5
2013	100.0	5.8	55.8	38.4	51.0	4.8
2014	100.0	6.1	52.7	41.2	47.7	5.1
2015	100.0	6.1	44.1	49.8	38.8	5.3
2016	100.0	6.1	42.8	51.1	37.2	5.7
2017	100.0	5.0	45.8	49.2	40.6	5.2
2018	100.0	4.6	44.3	51.1	39.2	5.1
2019	100.0	4.9	44.0	51.1	38.8	5.3
2020	100.0	6.5	43.2	50.3	37.9	5.3
2021	100.0	5.6	50.6	43.8	46.1	4.6
2022	100.0	5.2	54.1	40.7	49.9	4.3
2023	100.0	5.4	51.9	42.7	47.7	4.2

1-11 主要年份地区生产总值指数
INDICES OF GROSS DOMESTIC PRODUCT IN MAJOR YEARS

1952年=100 (year of 1952=100)

年 份 Year	地区生产总值 Gross Domestic Product	第一产业 Primary Industry	第二产业 Secondary Industry	第三产业 Tertiary Industry	#工 业 Industry	#建筑业 Construction
1952	100.0	100.0	100.0	100.0	100.0	100.0
1957	174.0	106.1	371.3	198.2	326.7	629.9
1962	169.2	92.7	404.4	194.3	411.3	334.8
1965	248.5	123.3	705.2	251.1	725.0	537.0
1970	304.2	129.3	982.4	291.7	1025.7	647.1
1975	378.4	160.0	1264.7	334.7	1347.5	634.9
1978	485.1	131.7	1893.0	434.4	2033.7	819.6
1980	543.3	124.4	2117.4	555.5	2240.0	1167.2
1985	939.1	188.3	3565.9	1119.7	3517.1	3447.2
1990	1252.9	220.3	4689.7	1651.0	4847.8	3259.7
1991	1321.8	192.6	5111.8	1827.6	5332.6	3302.1
1992	1487.0	217.4	5669.0	2094.5	5972.5	3354.9
1993	1681.8	237.2	6388.9	2414.9	6772.8	3569.6
1994	1855.1	247.9	7136.5	2673.3	7585.6	3908.7
1995	2077.7	257.3	8092.7	3031.5	8639.9	4221.4
1996	2322.8	287.7	9015.3	3404.4	9564.4	5002.4
1997	2585.3	273.3	10214.3	3901.5	10798.2	5877.8
1998	2841.3	302.0	11154.1	4322.8	11597.3	7453.1
1999	3048.7	251.5	12258.3	4798.3	12710.6	8377.2
2000	3335.2	278.4	13288.0	5302.1	13854.6	8670.5
2001	3672.1	268.4	14723.1	5959.6	15364.8	9563.5
2002	4145.8	304.9	16931.6	6591.3	17684.8	10921.5
2003	4639.1	326.0	19217.3	7329.6	20090.0	12286.7
2004	5205.1	340.6	21984.6	8157.8	23043.2	13761.1
2005	5751.7	322.2	24930.6	8981.7	26246.2	15082.2
2006	6321.1	333.2	28022.0	9610.5	29553.2	16530.1
2007	7155.5	348.9	32001.1	10859.8	33897.5	17852.5
2008	7749.4	353.7	34209.2	12152.1	36372.1	18138.1
2009	8175.6	369.3	34893.4	13573.9	36335.7	23579.6
2010	9058.5	393.7	40127.4	14266.2	42076.7	25230.1
2011	9964.4	418.1	45424.2	14993.8	47925.4	26617.8
2012	10881.1	444.0	49966.6	16238.3	53053.4	26963.8
2013	11860.4	465.3	54663.5	17699.7	57987.4	28851.3
2014	12441.6	487.7	56412.7	19168.8	59901.0	31130.5
2015	12814.8	492.5	55679.3	21334.9	58942.5	32842.7
2016	13340.2	506.8	56291.8	22807.0	59237.3	34583.4
2017	14247.4	521.5	59613.0	24654.3	62850.7	36312.6
2018	15187.7	532.5	62236.0	26873.2	65490.5	38491.3
2019	16114.1	544.2	65970.1	28620.0	69288.9	41570.6
2020	16694.2	580.6	69598.5	29106.5	72961.2	44272.7
2021	18246.8	627.7	78089.5	31173.1	82811.0	45600.9
2022	19049.7	656.6	82774.9	32077.1	87945.3	47607.3
2023	20002.1	682.8	86996.4	33681.0	93134.0	47131.3

1-12 主要年份地区生产总值指数
INDICES OF GROSS DOMESTIC PRODUCT IN MAJOR YEARS

上年=100 (last year=100)

年 份 Year	地区生产总值 Gross Domestic Product	第一产业 Primary Industry	第二产业 Secondary Industry	第三产业 Tertiary Industry	#工 业 Industry	#建筑业 Construction
1953	116.7	105.6	125.7	137.2	124.6	132.0
1957	107.6	89.6	133.0	108.4	122.2	181.5
1962	91.3	105.7	85.2	84.7	84.2	93.9
1965	118.8	103.1	135.2	117.4	136.6	124.5
1970	124.4	99.2	147.0	121.7	150.5	120.0
1975	107.9	108.1	112.0	97.9	113.4	93.0
1978	117.6	89.8	131.2	109.9	130.7	140.9
1980	102.0	87.6	102.9	111.1	104.6	82.6
1985	107.1	82.2	113.1	115.8	110.2	133.3
1990	105.0	112.6	101.4	108.6	100.4	110.7
1991	105.5	87.4	109.0	110.7	110.0	101.3
1992	112.5	112.9	110.9	114.6	112.0	101.6
1993	113.1	109.1	112.7	115.3	113.4	106.4
1994	110.3	104.5	111.7	110.7	112.0	109.5
1995	112.0	103.8	113.4	113.4	113.9	108.0
1996	111.8	111.8	111.4	112.3	110.7	118.5
1997	111.3	95.0	113.3	114.6	112.9	117.5
1998	109.9	110.5	109.2	110.8	107.4	126.8
1999	107.3	83.3	109.9	111.0	109.6	112.4
2000	109.4	110.7	108.4	110.5	109.0	103.5
2001	110.1	96.4	110.8	112.4	110.9	110.3
2002	112.9	113.6	115.0	110.6	115.1	114.2
2003	111.9	106.9	113.5	111.2	113.6	112.5
2004	112.2	104.5	114.4	111.3	114.7	112.0
2005	110.5	94.6	113.4	110.1	113.9	109.6
2006	109.9	103.4	112.4	107.0	112.6	109.6
2007	113.2	104.7	114.2	113.0	114.7	108.0
2008	108.3	101.4	106.9	111.9	107.3	101.6
2009	105.5	104.4	102.0	111.7	99.9	130.0
2010	110.8	106.6	115.0	105.1	115.8	107.0
2011	110.0	106.2	113.2	105.1	113.9	105.5
2012	109.2	106.2	110.0	108.3	110.7	101.3
2013	109.0	104.8	109.4	109.0	109.3	107.0
2014	104.9	104.8	103.2	108.3	103.3	107.9
2015	103.0	101.0	98.7	111.3	98.4	105.5
2016	104.1	102.9	101.1	106.9	100.5	105.3
2017	106.8	102.9	105.9	108.1	106.1	105.0
2018	106.6	102.1	104.4	109.0	104.2	106.0
2019	106.1	102.2	106.0	106.5	105.8	108.0
2020	103.6	106.7	105.5	101.7	105.3	106.5
2021	109.3	108.1	112.2	107.1	113.5	103.0
2022	104.4	104.6	106.0	102.9	106.2	104.4
2023	105.0	104.0	105.1	105.0	105.9	99.0

1-13 分行业增加值
VALUE ADDED BY SECTOR

单位：万元 (10 000 yuan)

指 标	Item	2020	2022	2023
地区生产总值	**Gross Domestic Product**	**178355793**	**255838618**	**256981845**
按国民经济行业分	**Grouped By Sector**			
农、林、牧、渔业	Farming, Forestry, Animal Husbandry and Fishery	12319800	14116651	14687931
采矿业	Mining	33617558	83153248	76982684
制造业	Manufacturing	26951554	37303500	38067737
电力、热力、燃气及水生产和供应业	Production and Supply of Electricity, Heat, Gas and Water	7116229	7142283	7582178
建筑业	Construction	9453344	11003679	10801190
批发和零售业	Wholesale and Retail Trade	13469530	16885727	16632807
交通运输、仓储和邮政业	Transport, Storage and Post	10489025	11914651	13358643
住宿和餐饮业	Hotels and Catering Services	1786060	2134694	2519835
信息传输、软件和信息技术服务业	Information Transmission, Software and Information Technology	4597552	5532303	5878873
金融业	Financial Industry	11801620	13203492	13902009
房地产业	Real Estate	11209964	11359427	11637679
租赁和商务服务业	Leasing and Business Services	2728900	2735778	2751799
科学研究和技术服务业	Scientific Research and Technical Services	2635128	3321942	3387424
水利、环境和公共设施管理业	Management of Water Conservancy, Environment and Public Facilities	1029911	1101317	1096048
居民服务、修理和其他服务业	Household Service, Repair and Other Services	1665143	1888993	1961494
教 育	Education	7067412	8349961	8606283
卫生和社会工作	Health Care and Social Service	5944762	7576156	8046864
文化、体育和娱乐业	Culture, Sports and Entertaiment	608187	787453	878723
公共管理、社会保障和社会组织	Public Management, Social Security and Social Organization	13864113	16327365	18201644

注：本表按当年价格计算。
Note: Data in the table are caculated at current prices.

1-14 分行业增加值指数
VALUE ADDED INDICES BY SECTOR

上年=100　　(last year=100)

指　标	Item	2020	2022	2023
地区生产总值指数	**Indices of Gross Domestic Product**	**103.6**	**104.4**	**105.0**
按国民经济行业分	**Grouped By Sector**			
农、林、牧、渔业	Farming, Forestry, Animal Husbandry and Fishery	106.7	105.2	104.0
采矿业	Mining	107.5	106.1	105.1
制造业	Manufacturing	104.3	105.9	108.0
电力、热力、燃气及水生产和供应业	Production and Supply of Electricity, Heat, Gas and Water	100.1	108.0	101.8
建筑业	Construction	106.5	104.4	99.0
批发和零售业	Wholesale and Retail Trade	98.3	97.9	103.4
交通运输、仓储和邮政业	Transport, Storage and Post	102.0	98.6	107.4
住宿和餐饮业	Hotels and Catering Services	87.8	98.5	114.9
信息传输、软件和信息技术服务业	Information Transmission, Software and Information Technology	122.5	112.4	107.4
金融业	Financial Industry	106.2	104.0	106.0
房地产业	Real Estate	105.4	95.3	101.2
租赁和商务服务业	Leasing and Business Services	95.8	108.4	99.3
科学研究和技术服务业	Scientific Research and Technical Services	102.3	104.4	101.3
水利、环境和公共设施管理业	Management of Water Conservancy, Environment and Public Facilities	94.2	96.0	98.9
居民服务、修理和其他服务业	Household Service, Repair and Other Services	80.9	95.6	102.7
教　育	Education	101.4	107.3	102.0
卫生和社会工作	Health Care and Social Service	102.9	112.7	105.2
文化、体育和娱乐业	Culture, Sports and Entertaiment	82.7	99.0	110.0
公共管理、社会保障和社会组织	Public Management, Social Security and Social Organization	99.8	107.2	108.1

注：本表按不变价格计算。
Note: Data in the table are caculated at constant prices.

1-15 主要年份三次产业贡献率

SHARE OF THE CONTRIBUTIONS OF THE THREE STRATA OF INDUSTRY TO THE INCREASE OF THE GDP IN MAJOR YEARS

单位：%　　　　　　　　　　　　　　　　　　　　　　　　　　　　(%)

年 份 Year	地区生产总值 Gross Domestic Product	第一产业 Primary Industry	第二产业 Secondary Industry	第三产业 Tertiary Industry
2000	100.0	10.1	46.9	43.0
2005	100.0	-3.9	62.6	41.4
2010	100.0	3.0	79.6	17.5
2011	100.0	3.5	79.0	17.5
2012	100.0	3.7	67.0	29.4
2013	100.0	2.8	65.0	32.2
2014	100.0	5.0	40.8	54.1
2015	100.0	1.7	-25.3	123.5
2016	100.0	4.4	11.9	83.7
2017	100.0	2.6	37.1	60.3
2018	100.0	1.9	28.1	70.1
2019	100.0	2.0	41.4	56.6
2020	100.0	10.2	64.3	25.5
2021	100.0	5.7	56.3	38.0
2022	100.0	6.7	60.4	32.9
2023	100.0	5.2	46.4	48.5

注：(1)本表按不变价格计算。
(2)贡献率指三次产业增加值增量与GDP增量之比。

Notes: (1) Data in the table are caculated at constant prices.
(2) Share of the contributions of the three strata of industry to the increase of the GDP refers to the proportion of the increment of the value-added of each industry to the increment of GDP.

1-16 主要年份三次产业对生产总值增长的拉动

CONTRIBUTION OF THE THREE STRATA OF INDUSTRY TO GDP GROWTH IN MAJOR YEARS

单位：百分点　　　　　　　　　　　　　　　　　　　　　　　　(percentage points)

年 份 Year	地区生产总值 Gross Domestic Product	第一产业 Primary Industry	第二产业 Secondary Industry	第三产业 Tertiary Industry
2000	9.4	0.9	4.4	4.0
2005	10.5	-0.4	6.6	4.3
2010	10.8	0.3	8.6	1.9
2011	10.0	0.4	7.9	1.7
2012	9.2	0.3	6.2	2.7
2013	9.0	0.3	5.8	2.9
2014	4.9	0.2	2.0	2.7
2015	3.0	0.1	-0.8	3.7
2016	4.1	0.2	0.5	3.4
2017	6.8	0.2	2.5	4.1
2018	6.6	0.1	1.9	4.6
2019	6.1	0.1	2.5	3.5
2020	3.6	0.4	2.3	0.9
2021	9.3	0.5	5.2	3.5
2022	4.4	0.3	2.7	1.4
2023	5.0	0.3	2.3	2.4

注：(1)本表按不变价格计算。
(2)拉动指GDP增长速度与三次产业贡献率之乘积。

Notes: (1) Data in the table are caculated at constant prices.
(2) Contribution of the three strata of industry to GDP Growth refers to the growth rate of GDP multiplied by the contribution share of every industry.

1-17 按产业、行业(门类)划分的法人单位数、产业活动单位数(2022年)

项　目	Item	法人单位数(个) Corporation Units (unit)
总　计	**Total**	**918920**
按产业分	**By Industry**	
第一产业	Primary Industry	105382
第二产业	Secondary Industry	144681
第三产业	Tertiary Industry	668857
按行业(门类)分	**By Sector**	
农、林、牧、渔业	Farming, Forestry, Animal Husbandary and Fishery	114790
采矿业	Ming	6162
制造业	Manufacturing	48268
电力、热力、燃气及水生产和供应业	Production and Supply of Electricity, Heat, Gas and Water	7205
建筑业	Construction	85349
批发和零售业	Wholesale and Retail Trade	275450
交通运输、仓储和邮政业	Transport, Storage and Post	27209
住宿和餐饮业	Hotels and Catering Services	16657
信息传输、软件和信息技术服务业	Information Transmission, Software and Information Technology Services	44387
金融业	Financial Industry	2870
房地产业	Real Estate	27738
租赁和商务服务业	Lease and Business Affairs Services	93674
科学研究和技术服务业	Scientific Reseach and Technical Services	46138
水利、环境和公共设施管理业	Management of Water Conservancy, Environment and Public Facilities	7270
居民服务、修理和其他服务业	Resident Services, Repair and Other Services	20479
教　育	Education	17925
卫生和社会工作	Health Care and Social Work	8911
文化、体育和娱乐业	Culture, Sports and Recreation	20672
公共管理、社会保障和社会组织	Public Management, Social Security and Social Organization	47766

注：(1)本表根据有关部门行政登记资料，采用电话、互联网查询等方式更新维护单位信息，后表同；
(2)本表不含注册未经营的单位数据，后表同。

NUMBER OF CORPORATION UNITS AND ACTIVE UNITS BY TYPE OF INDUSTRY AND SECTOR(2022)

单产业法人 Single Industry	多产业法人 Multi–industry	产业活动单位数 (个) Active Units (unit)	#多产业法人所属的产业活动单位 Units Belong to Multi–industry Corporation
901586	**17334**	**994027**	**92441**
105197	185	105692	495
142035	2646	151694	9659
654354	14503	736641	82287
114581	209	115194	613
5942	220	6620	678
47279	989	49723	2444
6996	209	8149	1153
84091	1258	89637	5546
271125	4325	298313	27188
26601	608	31976	5375
16106	551	18435	2329
44001	386	48346	4345
2249	621	12423	10174
26568	1170	30135	3567
92051	1623	100453	8402
45290	848	49052	3762
7163	107	7624	461
20151	328	21370	1219
17253	672	21693	4440
8408	503	10504	2096
20449	223	21245	796
45282	2484	53135	7853

Notes: (1)Data in this table is based on the administrative registration data of relevant departments, and is updated and maintained by telephone and internet inquiries. The same applies to the following.

(2)The units which have been registered but haven't been in operation are not included in the table. The same applies to the following.

1-18 按登记注册类型划分的法人单位数、产业活动单位数(2022年)

项　目	Item	法人单位数 (个) Corporation Units (unit)
总　计	**Total**	**918920**
一、内　资	**Civil Funded Enterprises**	**918109**
国　有	State-owned Enterprises	31353
集　体	Collective-owned Enterprises	5102
股份合作	Share Cooperative Enterprises	158
国有联营	State-owned Joint Owned Enterprises	10
集体联营	Collective-owned Joint Owned Enterprises	18
国有与集体联营	State-owned and Collective-owned Joint Owned Enterprises	5
其他联营	Other Joint Owned Enterprises	13
国有独资公司	Company Exclusively with Investment from State	2764
其他有限责任公司	Other Limited Responsibility Company	22840
股份有限公司	Share Holding Limited Company	1086
私营独资	Enterprise Exclusively with Investment from Private	62592
私营合伙	Private Partner Enterprises	3351
私营有限责任公司	Privately Owned Limited Responsibility Company	680667
私营股份有限公司	Privately Owned Share Holding Limited Company	2588
其　他	Others	105562
二、港澳台商投资	**Enterprises Funded by Hong Kong, Macao and Taiwan**	**328**
与港澳台商合资经营	Joint Venture	100
与港澳台商合作经营	Cooperative Enterprise	12
港澳台商独资	Ventures Exclusively with Hong Kong, Macao and Taiwan Investment	197
港澳台商投资股份有限公司	Share Holding Limited Company	17
其他港澳台商投资	Others	2
三、外商投资	**Foreign Funded Enterprises**	**483**
中外合资经营	Joint Venture	186
中外合作经营	Cooperative Enterprises	17
外资企业	Enterprises Funded by Foreign Investment	245
外商投资股份有限公司	Limited Company Funded by Foreign Investment	30
其他外商投资	Others	5

NUMBER OF CORPORATION UNITS AND ACTIVE UNITS BY REGISTRATION STATUS(2022)

单产业法人 Single Industry	多产业法人 Multi-industry	产业活动单位数(个) Active Units (unit)	#多产业法人所属的产业活动单位 Units Belong to Multi-industry Corporation
901586	**17334**	**994027**	**92441**
900877	**17232**	**989549**	**88672**
28400	2953	43438	15038
4589	513	8148	3559
153	5	248	95
10		16	6
18		27	9
5		10	5
13		17	4
2440	324	4823	2383
21237	1603	31730	10493
644	442	8686	8042
62212	380	63525	1313
3333	18	3443	110
670494	10173	715249	44755
2339	249	4487	2148
104990	572	105702	712
295	**33**	**1785**	**1490**
86	14	103	17
11	1	17	6
183	14	1623	1440
14	3	31	17
1	1	11	10
414	**69**	**2693**	**2279**
173	13	231	58
15	2	19	4
197	48	1504	1307
24	6	933	909
5		6	1

主要统计指标解释

国内生产总值 (GDP) 指一个国家所有常住单位在一定时期内生产活动的最终成果。国内生产总值有三种表现形态，即价值形态、收入形态和产品形态。从价值形态看，它是所有常住单位在一定时期内生产的全部货物和服务价值与同期投入的全部非固定资产货物和服务价值的差额，即所有常住单位的增加值之和；从收入形态看，它是所有常住单位在一定时期内创造的各项收入之和，包括劳动者报酬、生产税净额、固定资产折旧和营业盈余；从产品形态看，它是所有常住单位在一定时期内最终使用的货物和服务价值与货物和服务净出口价值之和。在实际核算中，国内生产总值有三种计算方法，即生产法、收入法和支出法。三种方法分别从不同的方面反映国内生产总值及其构成。

对于一个地区来说，称为地区生产总值或地区 GDP。

三次产业 我国的三次产业划分是：

第一产业是指农、林、牧、渔业（不含农、林、牧、渔专业及辅助性活动）。

第二产业是指采矿业（不含开采专业及辅助性活动），制造业（不含金属制品、机械和设备修理业），电力、热力、燃气及水生产和供应业，建筑业。

第三产业即服务业，是指除第一产业、第二产业以外的其他行业。

法人单位 指有权拥有资产、承担负债，并独立从事社会经济活动（或与其他单位进行交易）的组织。

产业活动单位 指位于一个地点，从事一种或主要从事一种社会经济活动的组织或组织的一部分。

Explanatory Notes on Main Statistical Indicators

Gross Domestic Product (GDP) refers to the final products produced by all resident units in a country during a certain period of time. Gross domestic product is expressed in three different perspectives, namely value, income, and products respectively. GDP in its value perspective refers to the balance of total value of all goods and services produced by all resident units during a certain period of time, minus the total value of input of goods and services of the nature of non-fixed assets; in other words, it is the sum of the value-added of all resident units. GDP from the perspective of income refers to the sum of all kinds of revenue, including compensation of employees, net taxes on production, depreciation of fixed assets, and operating surplus. GDP from the perspective of products refers to the value of all goods and services for final demand by all resident units plus the net exports of goods and services during a given period of time. In the practice of national accounting, gross domestic product is calculated by three approaches, namely production approach, income approach and expenditure approach, which reflect gross domestic product and its composition from different angles.

For a region, it is called as gross regional product or regional GDP.

Three Strata of Industry In China, economic activities are categorized into the following three strata of industry:

Primary industry refers to farming, forestry, animal husbandry and fishery, excluding services in support of these industries.

Secondary industry refers to mining (excluding support activities for mining), manufacturing (excluding repair of metal products, machinery and equipment), production and supply of electricity, heat, gas and water, construction.

Tertiary industry refers to all other industries not included in primary or secondary industry.

Corporation Units refer to organizations which are entitled to possess assets, assume liabilities and carry out social economic activities (or can trade with other units) independently.

Active Units refer to organizations or a part of them which carry out one or mainly one kind of social economic activities in certain places.

2

POPULATION, LABOR WAGES AND SOCIAL SECURITY

人口、劳动工资和社会保障

资料整理人员

刘晓霞　赵依诺　王　喆　高　超　王俊鹏

POPULATION 人口

常住人口	Resident Population	3465.99	万人 (10 000 persons)
男 性	Male	1769.69	万人 (10 000 persons)
女 性	Female	1696.30	万人 (10 000 persons)
出生人口	Birth Population	21.31	万人 (10 000 persons)
死亡人口	Death Population	29.11	万人 (10 000 persons)

城乡人口构成 (%)

Composition of Urban and Rural Population (%)

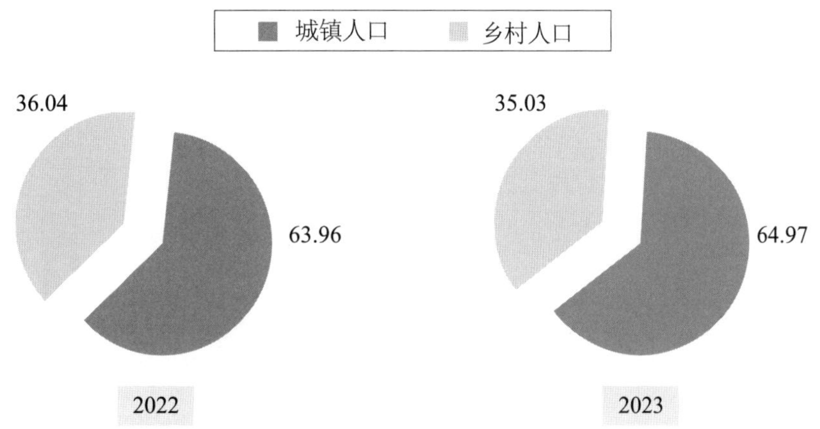

人口出生率、死亡率、自然增长率 (‰)

Birth Rate, Death Rate and Natural Growth Rate of Population (‰)

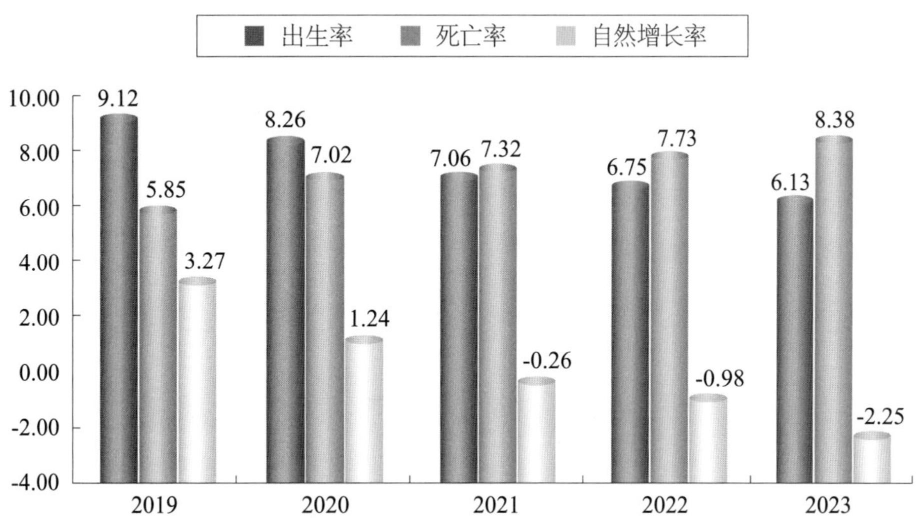

就业人员和平均工资

EMPLOYEES AND AVERAGE WAGE

全社会就业人员	Total Employees	1704	万人 (10 000 persons)
第一产业	Primary Industry	399	万人 (10 000 persons)
第二产业	Secondary Industry	434	万人 (10 000 persons)
第三产业	Tertiary Industry	871	万人 (10 000 persons)

全社会就业人员和城镇非私营单位就业人员数（万人）

Number of Employed Persons in Total Society and Urban Non-private Units (10 000 persons)

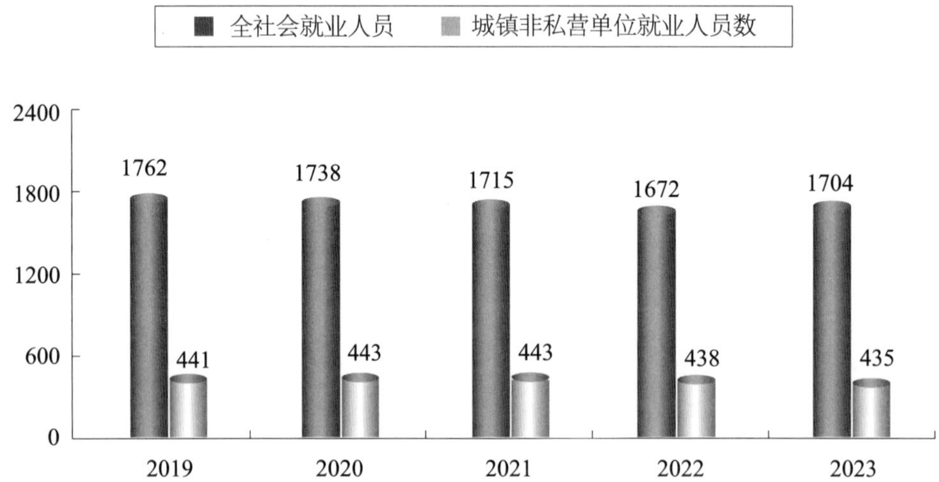

城镇非私营单位就业人员平均工资（元）

Average Wage of Employed Persons in Urban Non-private Units (yuan)

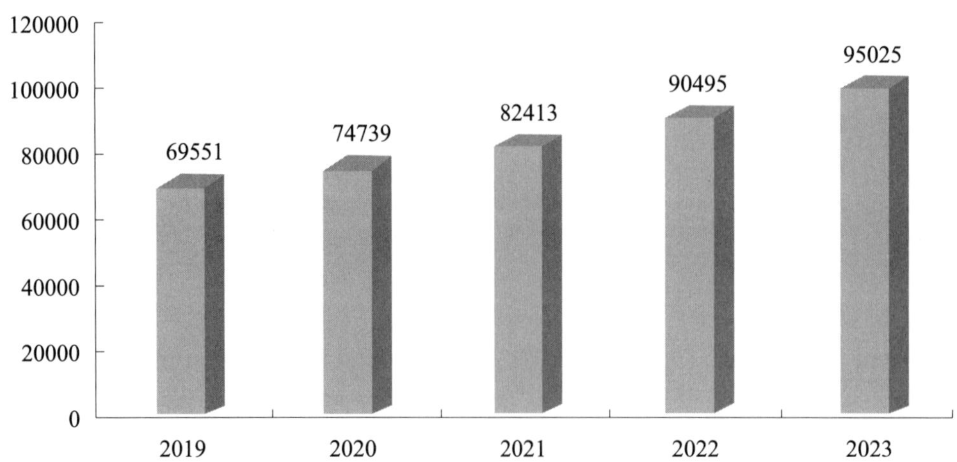

2-1 常住人口及构成

RESIDENT POPULATION AND ITS COMPOSITION

单位：万人 (10 000 persons)

年 份 Year	常住人口 Resident Population	按性别分 By Sex				按城乡分 By Residence			
		男 性 Male		女 性 Famle		城 镇 Urban		乡 村 Rural	
		人口数 Population	比重(%) Proportion	人口数 Population	比重(%) Proportion	人口数 Population	比重(%) Proportion	人口数 Population	比重(%) Proportion
1978	2423.60	1273.07	52.53	1150.53	47.47	464.85	19.18	1958.75	80.82
1979	2447.20	1283.91	52.46	1163.29	47.54	484.79	19.81	1962.41	80.19
1980	2476.46	1299.32	52.47	1177.14	47.53	502.72	20.30	1973.74	79.70
1981	2508.77	1311.24	52.27	1197.53	47.73	517.06	20.61	1991.71	79.39
1982	2546.00	1330.05	52.24	1215.95	47.76	546.63	21.47	1999.37	78.53
1983	2588.40	1354.77	52.34	1233.63	47.66	577.73	22.32	2010.67	77.68
1984	2631.48	1379.68	52.43	1251.80	47.57	610.77	23.21	2020.71	76.79
1985	2673.51	1403.33	52.49	1270.18	47.51	645.65	24.15	2027.86	75.85
1986	2713.53	1424.06	52.48	1289.47	47.52	682.72	25.16	2030.81	74.84
1987	2758.11	1446.35	52.44	1311.76	47.56	721.80	26.17	2036.31	73.83
1988	2807.24	1470.15	52.37	1337.09	47.63	763.01	27.18	2044.23	72.82
1989	2852.98	1494.96	52.40	1358.02	47.60	806.54	28.27	2046.44	71.73
1990	2898.96	1508.62	52.04	1390.34	47.96	837.80	28.90	2061.16	71.10
1991	2941.86	1537.12	52.25	1404.74	47.75	854.90	29.06	2086.96	70.94
1992	2979.31	1557.29	52.27	1422.02	47.73	872.04	29.27	2107.27	70.73
1993	3012.62	1574.40	52.26	1438.22	47.74	889.93	29.54	2122.69	70.46
1994	3045.21	1590.82	52.24	1454.39	47.76	908.08	29.82	2137.13	70.18
1995	3077.28	1606.34	52.20	1470.94	47.80	926.57	30.11	2150.71	69.89
1996	3109.26	1622.41	52.18	1486.85	47.82	945.53	30.41	2163.73	69.59
1997	3140.89	1636.40	52.10	1504.49	47.90	964.57	30.71	2176.32	69.29
1998	3172.20	1650.18	52.02	1522.02	47.98	984.33	31.03	2187.87	68.97
1999	3203.63	1665.57	51.99	1538.06	48.01	1004.34	31.35	2199.29	68.65
2000	3247.80	1680.91	51.76	1566.89	48.24	1165.31	35.88	2082.49	64.12
2001	3271.63	1693.19	51.75	1578.44	48.25	1147.92	35.09	2123.71	64.91
2002	3293.71	1703.90	51.73	1589.81	48.27	1254.56	38.09	2039.15	61.91
2003	3314.29	1704.92	51.44	1609.37	48.56	1286.28	38.81	2028.01	61.19
2004	3335.07	1712.24	51.34	1622.83	48.66	1321.65	39.63	2013.42	60.37
2005	3355.21	1719.33	51.24	1635.88	48.76	1412.81	42.11	1942.40	57.89
2006	3374.55	1725.49	51.13	1649.06	48.87	1451.39	43.01	1923.16	56.99
2007	3392.58	1735.34	51.15	1657.24	48.85	1493.75	44.03	1898.83	55.97
2008	3410.64	1750.20	51.32	1660.44	48.68	1538.58	45.11	1872.06	54.89
2009	3427.36	1758.13	51.30	1669.23	48.70	1576.09	45.99	1851.27	54.01
2010	3574.11	1835.37	51.35	1738.75	48.65	1717.43	48.05	1856.68	51.95
2011	3562.37	1827.89	51.31	1734.49	48.69	1773.88	49.79	1788.49	50.21
2012	3548.21	1818.86	51.26	1729.35	48.74	1821.12	51.32	1727.10	48.68
2013	3534.98	1816.68	51.39	1718.31	48.61	1869.47	52.88	1665.51	47.12
2014	3528.49	1811.63	51.34	1716.86	48.66	1916.15	54.30	1612.35	45.70
2015	3518.62	1804.44	51.28	1714.18	48.72	1966.02	55.87	1552.59	44.13
2016	3514.48	1800.33	51.23	1714.15	48.77	2012.92	57.27	1501.57	42.73
2017	3510.46	1796.89	51.19	1713.57	48.81	2056.95	58.59	1453.51	41.41
2018	3502.47	1786.56	51.01	1715.91	48.99	2096.40	59.85	1406.07	40.15
2019	3496.88	1779.57	50.89	1717.31	49.11	2143.41	61.29	1353.47	38.71
2020	3490.50	1779.98	50.99	1710.52	49.01	2182.78	62.53	1307.72	37.47
2021	3480.48	1777.30	51.06	1703.18	48.94	2207.48	63.42	1273.00	36.58
2022	3481.35	1778.18	51.08	1703.17	48.92	2226.50	63.96	1254.85	36.04
2023	3465.99	1769.69	51.06	1696.30	48.94	2252.01	64.97	1213.98	35.03

2-2 主要年份人口自然变动

NATURAL CHANGE OF POPULATION IN MAJOR YEARS

单位：万人 (10 000 persons)

年 份 Year	出 生 Birth		死 亡 Death		自然增长 Natural Growth	
	人 数 Population	出生率 (‰) Birth Rate	人 数 Population	死亡率 (‰) Death Rate	人 数 Population	增长率 (‰) Natural Growth Rate
1978	37.76	15.66	15.80	6.55	21.96	9.11
1979	38.03	15.62	15.61	6.41	22.42	9.21
1980	41.74	16.95	15.98	6.49	25.76	10.46
1981	50.61	20.31	16.30	6.54	34.31	13.77
1982	53.25	21.07	16.78	6.64	36.47	14.43
1983	53.42	20.81	16.99	6.62	36.43	14.19
1984	52.09	19.96	15.66	6.00	36.43	13.96
1985	56.65	21.36	16.87	6.36	39.78	15.00
1986	54.63	20.28	17.45	6.48	37.18	13.80
1987	59.01	21.57	17.67	6.46	41.34	15.11
1988	61.69	22.17	17.86	6.42	43.83	15.75
1989	60.52	21.38	17.83	6.30	42.69	15.08
1990	64.82	22.54	18.87	6.56	45.95	15.98
1991	62.96	21.56	20.06	6.87	42.90	14.69
1992	58.00	19.59	20.55	6.94	37.45	12.65
1993	52.37	17.48	19.05	6.36	33.32	11.12
1994	52.88	17.46	20.29	6.70	32.59	10.76
1995	50.82	16.60	18.73	6.12	32.09	10.48
1996	51.32	16.59	19.33	6.25	31.99	10.34
1997	50.56	16.18	18.94	6.06	31.62	10.12
1998	51.04	16.09	19.57	6.17	31.47	9.92
1999	51.03	15.93	19.45	6.07	31.58	9.86
2000	42.72	13.25	18.59	5.77	24.13	7.48
2001	42.57	13.06	19.24	5.90	23.33	7.16
2002	42.22	12.86	20.16	6.14	22.06	6.72
2003	40.52	12.26	19.94	6.22	20.58	6.04
2004	41.10	12.36	20.32	6.11	20.78	6.25
2005	40.21	12.02	20.07	6.00	20.14	6.02
2006	38.63	11.48	19.28	5.73	19.35	5.75
2007	38.26	11.31	20.23	5.98	18.03	5.33
2008	38.51	11.32	20.44	6.01	18.06	5.31
2009	37.16	10.87	20.45	5.98	16.71	4.89
2010	38.06	10.68	19.18	5.38	18.88	5.30
2011	37.50	10.47	20.10	5.61	17.41	4.86
2012	38.53	10.70	20.99	5.83	17.55	4.87
2013	39.15	10.81	20.17	5.57	18.98	5.24
2014	39.74	10.92	21.58	5.93	18.16	4.99
2015	36.49	9.98	20.33	5.56	16.16	4.42
2016	37.79	10.29	20.27	5.52	17.52	4.77
2017	40.83	11.06	20.12	5.45	20.71	5.61
2018	35.73	9.63	19.74	5.32	15.99	4.31
2019	33.97	9.12	21.79	5.85	12.18	3.27
2020	28.80	8.26	24.48	7.02	4.32	1.24
2021	24.64	7.06	25.54	7.32	–0.90	–0.26
2022	23.51	6.75	26.91	7.73	–3.40	–0.98
2023	21.31	6.13	29.11	8.38	–7.80	–2.25

2-3 主要年份人口年龄构成和抚养比
AGE COMPOSITION AND DEPENDENCY RATIO OF POPULATION IN MAJOR YEARS

单位：% (%)

年 份 Year	年龄构成 Age Composition			抚养比 Dependency Ratio		
	0—14岁 Age 0–14	15—64岁 Age 15–64	65岁及以上 Age 65 and Over	总抚养比 Gross Dependency Ratio	少儿抚养比 Children Dependency Ratio	老年抚养比 Old People Dependency Ratio
1953	33.89	61.37	4.74	62.95	55.22	7.72
1964	40.43	55.22	4.35	81.09	73.22	7.88
1982	33.36	61.65	4.99	62.21	54.11	8.09
1990	28.15	66.46	5.39	50.47	42.36	8.11
2000	25.73	67.94	6.33	47.19	37.87	9.32
2005	21.30	71.55	7.15	39.76	29.77	9.99
2010	17.10	75.33	7.58	32.75	22.70	10.06
2011	16.47	75.62	7.91	32.24	21.78	10.46
2012	16.44	75.59	7.97	32.29	21.75	10.54
2013	15.83	75.80	8.37	31.93	20.88	11.04
2014	15.67	75.65	8.68	32.19	20.71	11.47
2015	15.50	75.40	9.10	32.63	20.56	12.07
2016	15.45	75.06	9.49	33.23	20.58	12.64
2017	15.59	74.46	9.95	34.30	20.94	13.36
2018	15.81	73.79	10.40	35.52	21.43	14.09
2019	15.67	73.36	10.97	36.31	21.36	14.95
2020	16.35	70.75	12.90	41.34	23.11	18.23
2021	15.92	70.40	13.68	42.04	22.61	19.43
2022	15.43	70.09	14.48	42.66	22.01	20.66
2023	14.93	69.87	15.20	43.13	21.37	21.76

注：1953、1964、1982、1990、2000、2010和2020年为七次人口普查数据，其余年份为人口抽样调查推算数。

Note：Data of 1953, 1964, 1982, 1990, 2000, 2010 and 2020 in this table are obtained from senven National Population Census, and the rest are caculated from the Sample Survey of Population .

2-4 主要年份就业人员数
NUMBER OF EMPLOYEES IN MAJOR YEARS

单位：万人 (10 000 persons)

年 份 Year	就业人员 Total Employed Persons	第一产业 Primary Industry	第二产业 Secondary Industry	第三产业 Tertiary Industry	城 镇 Urban	乡 村 Rural
1952	651	562	43	46	66	584
1978	965	628	189	148	268	697
1980	1003	612	249	142	300	703
1985	1154	576	338	240	385	769
1990	1304	633	383	289	451	853
1995	1425	636	436	353	513	911
2000	1392	663	353	376	430	962
2005	1500	642	386	473	441	1060
2010	1802	682	473	646	626	1176
2011	1817	650	509	658	661	1156
2012	1834	609	517	708	699	1135
2013	1855	592	536	727	785	1070
2014	1842	595	484	763	851	991
2015	1827	550	468	809	890	937
2016	1832	522	469	841	943	889
2017	1812	500	458	853	954	858
2018	1789	478	437	875	953	836
2019	1762	462	425	876	962	800
2020	1738	424	438	876	1002	736
2021	1715	401	437	877	1014	701
2022	1672	414	431	827	987	685
2023	1704	399	434	871	1023	681

2-5 就业基本情况

BASIC STATISTICS ON EMPLOYMENT

单位：万人 (10 000 persons)

项 目	Item	2022	2023
16岁及以上人口	**Population Aged 16 and Over**	**2904.3**	**2909.0**
就业人员合计	**Total Number of Employed Persons**	**1672**	**1704**
第一产业	Primary Industry	414	399
第二产业	Secondary Industry	431	434
第三产业	Tertiary Industry	827	871
按城乡分就业人员	**Number of Employed Persons by Urban and Rural Areas**		
城 镇	Urban Employed Persons	987	1023
乡 村	Rural Employed Persons	685	681
按登记注册类型分城镇非私营单位就业人员	**Number of Employed Persons in Urban Non-private Units by Status of Registration**		
1.内 资	Civil Funded Enterprises	425.8	423.6
国有单位	State-owned Units	160.2	158.2
其他内资	Other Civil Funded Units	265.6	265.4
2.港、澳、台商投资	Units with Funds from Hong Kong, Macao & Taiwan	6.2	7.2
3.外商投资	Foreign Funded Enterprises	6.3	4.0
按执行会计标准类别分城镇非私营单位就业人员	**Number of Employed Persons in Urban Non-private Units by Categories of Implementing Accounting Standards**		
1.企 业	Enterprises	287.4	283.6
2.政 府	Government	144.4	147.1
3.民间非营利组织	Private Non-Profit Organizations	6.4	4.0
4.其 他	Others	0.0	0.1
城镇私营单位就业人员	**Number of Employed Persons in Urban Private Units**	**195.5**	**174.4**

注：(1)劳动工资统计按照《关于市场主体统计分类的划分规定》执行新的登记注册统计类别。
(2)国有单位包括机关事业单位和全民所有制企业（国有企业），后同。

Notes: (1)The statistics on labor wages has adopted new registration categories according to the Regulations on the Classification of Market Entity Statistics .
(2)Government agencies and public institutions, enterprises owned by all people (state-owned enterprises) are inclueded in state-owned units. The same applies to the followings.

2-6 城镇非私营单位就业人员和工资(2023年)

NUMBER AND WAGE OF EMPLOYEES IN URBAN NON-PRIVATE UNITS(2023)

项 目	Item	就业人员(人) Employees (person)	工资总额(万元) Total Wage (10 000 yuan)	平均工资(元) Average Wage(yuan)	#在岗职工 Fully Employed
总 计	**Total**	**4347921**	**41462881**	**95025**	**97315**
一、按执行会计标准类别分	**Grouped by Categories of Implementing Accounting Standards**				
1.企 业	Enterprises	2836119	28439202	99470	101715
2.政 府	Government	1471064	12790504	87370	89800
3.民间非营利组织	Private Non-Profit Organizations	40166	229858	57779	58880
4.其 他	Others	572	3318	58528	59037
二、按国民经济行业分	**Grouped by Sector**				
1.农、林、牧、渔业	Farming, Forestry, Animal Husbandry and Fishery	15270	94287	59581	60840
2.采矿业	Mining	859587	10691760	124277	125176
3.制造业	Manufacturing	521211	4346304	80540	81135
4.电力、热力、燃气及水生产和供应业	Production and Supply of Electricity, Heat, Gas and Water	156819	1800665	115131	116844
5.建筑业	Construction	225565	1936972	86540	87872
6.批发和零售业	Wholesale and Retail Trade	152740	1341740	85568	86330
7.交通运输、仓储和邮政业	Transport, Storage and Post	230193	2560912	110202	111412
8.住宿和餐饮业	Hotels and Catering Services	45919	209277	46909	50013
9.信息传输、软件和信息技术服务业	Information Transmission, Software and Information Technology Services	49404	572646	114701	116145
10.金融业	Financial Industry	209948	2358312	111392	136738
11.房地产业	Real Estate	74303	444200	59693	61271
12.租赁和商务服务业	Lease and Business Services	135425	931612	69421	71151
13.科学研究和技术服务业	Scientific Research and Technical Services	80215	797455	99828	100754
14.水利、环境和公共设施管理业	Water, Environmental Protection and Public Facility Management	79312	354774	44188	46738
15.居民服务、修理和其它服务业	Resident Services, Repair and Other Services	11614	63962	57276	58821
16.教 育	Education	537682	4964158	93047	94785
17.卫生和社会工作	Health Care and Social Work	277880	2609886	94660	97409
18.文化、体育和娱乐业	Culture, Sports and Recreation	42103	309299	73147	73026
19.公共管理、社会保障和社会组织	Public Management, Social Security and Social Organization	642731	5074661	79235	81333

注：(1)2020年起全国实施劳动工资统计改革，劳动工资相关指标采用新的统计口径与调查方法，后同。
(2)在岗职工包含劳务派遣工，后同。

Notes：(1)Statistical reform of labor wages has been conducted in the whole country since 2020, and related indicators have adopted new statistical coverages and survey methods.The same applies to the tables following.
(2)Dispatching workers are included in fully employed workers. The same applies to the tables following.

2-7 城镇非私营国有单位就业人员和工资(2023年)

NUMBER AND WAGE OF EMPLOYEES IN STATE-OWNED URBAN NON-PRIVATE UNITS(2023)

项　目	Item	就业人员(人) Employees (person)	工资总额(万元) Total Wage (10 000 yuan)	平均工资(元) Average Wage(yuan)	#在岗职工 Fully Employed
总　计	**Total**	**1581885**	**13813618**	**87760**	**90227**
一、按执行会计标准类别分	**Grouped by Categories of Implementing Accounting Standards**				
1.企　业	Enterprises	104423	977682	94249	97097
2.政　府	Government	1470607	12788029	87380	89812
3.民间非营利组织	Private Non-Profit Organizations	6825	47715	70581	74517
4.其　他	Others	29	192	64033	74273
二、按国民经济行业分	**Grouped by Sector**				
1.农、林、牧、渔业	Farming, Forestry, Animal Husbandry and Fishery	2714	18621	66389	67420
2.采矿业	Mining	9186	69796	75471	79888
3.制造业	Manufacturing	3182	18407	56874	57317
4.电力、热力、燃气及水生产和供应业	Production and Supply of Electricity, Heat, Gas and Water	8903	80106	94177	95202
5.建筑业	Construction	7543	38930	55757	57549
6.批发和零售业	Wholesale and Retail Trade	9232	136380	146547	148202
7.交通运输、仓储和邮政业	Transport, Storage and Post	15828	104735	64899	66498
8.住宿和餐饮业	Hotels and Catering Services	5995	32636	56720	56878
9.信息传输、软件和信息技术服务业	Information Transmission, Software and Information Technology Services	3761	28347	75226	77878
10.金融业	Financial Industry	13582	200356	144298	149591
11.房地产业	Real Estate	2276	12931	56337	59859
12.租赁和商务服务业	Lease and Business Services	20418	173260	84625	89432
13.科学研究和技术服务业	Scientific Research and Technical Services	29102	283414	98128	99442
14.水利、环境和公共设施管理业	Water, Environmental Protection and Public Facility Management	55039	225289	40805	43675
15.居民服务、修理和其它服务业	Resident Services, Repair and Other Services	3759	32228	89921	91960
16.教　育	Education	471863	4649058	99237	101155
17.卫生和社会工作	Health Care and Social Work	251660	2437672	97559	100438
18.文化、体育和娱乐业	Culture, Sports and Recreation	25482	198793	77897	80235
19.公共管理、社会保障和社会组织	Public Management, Social Security and Social Organization	642357	5072662	79250	81350

2-8 城镇非私营其他内资单位就业人员和工资(2023年)

NUMBER AND WAGE OF EMPLOYEES IN OTHER CIVIL FUNDED URBAN NON-PRIVATE UNITS (2023)

项 目	Item	就业人员(人) Employees (person)	工资总额(万元) Total Wage (10 000 yuan)	平均工资(元) Average Wage(yuan)	#在岗职工 Fully Employed
总 计	**Total**	**2654179**	**26653637**	**99751**	**101910**
一、按执行会计标准类别分	**Grouped by Categories of Implementing Accounting Standards**				
1.企 业	Enterprises	2619838	26465893	100325	102510
2.政 府	Government	457	2475	53994	51531
3.民间非营利组织	Private Non-Profit Organizations	33341	182143	55158	55824
4.其 他	Others	543	3126	58221	58402
二、按国民经济行业分	**Grouped by Sector**				
1.农、林、牧、渔业	Farming, Forestry, Animal Husbandry and Fishery	12551	75663	58130	59415
2.采矿业	Mining	833554	10403608	124699	125525
3.制造业	Manufacturing	458438	3895086	82642	83343
4.电力、热力、燃气及水生产和供应业	Production and Supply of Electricity, Heat, Gas and Water	139708	1620134	115895	117722
5.建筑业	Construction	217701	1895836	87562	88835
6.批发和零售业	Wholesale and Retail Trade	140260	1174717	81425	82056
7.交通运输、仓储和邮政业	Transport, Storage and Post	213811	2452082	113702	114788
8.住宿和餐饮业	Hotels and Catering Services	33474	156913	47658	48051
9.信息传输、软件和信息技术服务业	Information Transmission, Software and Information Technology Services	33550	394497	116176	117049
10.金融业	Financial Industry	193551	2134358	109756	135785
11.房地产业	Real Estate	71767	429273	59756	61272
12.租赁和商务服务业	Lease and Business Services	114619	749822	66162	67453
13.科学研究和技术服务业	Scientific Research and Technical Services	51019	513304	100840	101540
14.水利、环境和公共设施管理业	Water, Environmental Protection and Public Facility Management	23638	127951	52251	53566
15.居民服务、修理和其它服务业	Resident Services, Repair and Other Services	7613	31102	42365	43357
16.教 育	Education	65795	315024	48459	48896
17.卫生和社会工作	Health Care and Social Work	26220	172214	66632	67678
18.文化、体育和娱乐业	Culture, Sports and Recreation	16536	110054	65987	61900
19.公共管理、社会保障和社会组织	Public Management, Social Security and Social Organization	373	1999	52826	54176

2-9 城镇非私营港澳台投资单位就业人员和工资(2023年)

NUMBER AND WAGE OF EMPLOYEES IN URBAN NON-PRIVATE UNITS WITH FUNDS FORM HONG KONG, MACAO AND TAIWAN (2023)

项　目	Item	就业人员(人) Employees (person)	工资总额(万元) Total Wage (10 000 yuan)	平均工资(元) Average Wage(yuan)	#在岗职工 Fully Employed
总　计	**Total**	**71664**	**584165**	**77817**	**78630**
按国民经济行业分	**Grouped by Sector**				
1.农、林、牧、渔业	Farming, Forestry, Animal Husbandry and Fishery				
2.采矿业	Mining	255	997	54201	54201
3.制造业	Manufacturing	47940	318023	61411	61414
4.电力、热力、燃气及水生产和供应业	Production and Supply of Electricity, Heat, Gas and Water	6549	87480	136506	136522
5.建筑业	Construction	6	13	19143	19143
6.批发和零售业	Wholesale and Retail Trade	1353	10456	77608	77643
7.交通运输、仓储和邮政业	Transport, Storage and Post	58	357	60576	60576
8.住宿和餐饮业	Hotels and Catering Services	2024	5552	32280	53808
9.信息传输、软件和信息技术服务业	Information Transmission, Software and Information Technology Services	12026	149421	123112	125712
10.金融业	Financial Industry	10	336	336400	336400
11.房地产业	Real Estate	119	971	77648	77648
12.租赁和商务服务业	Lease and Business Services	290	7440	253071	253071
13.科学研究和技术服务业	Scientific Research and Technical Services	79	678	81723	81723
14.水利、环境和公共设施管理业	Water, Environmental Protection and Public Facility Management	618	1329	23278	23278
15.居民服务、修理和其它服务业	Resident Services, Repair and Other Services	243	632	26128	26128
16.教　育	Education	9	25	27778	27778
17.卫生和社会工作	Health Care and Social Work				
18.文化、体育和娱乐业	Culture, Sports and Recreation	85	452	52547	52558
19.公共管理、社会保障和社会组织	Public Management, Social Security and Social Organization				

2-10 城镇非私营外商投资单位就业人员和工资(2023年)

NUMBER AND WAGE OF EMPLOYEES IN FOREIGN FUNDED URBAN NON-PRIVATE UNITS(2023)

项 目	Item	就业人员(人) Employees (person)	工资总额(万元) Total Wage (10 000 yuan)	平均工资(元) Average Wage(yuan)	#在岗职工 Fully Employed
总 计	**Total**	**40193**	**411462**	**97377**	**105817**
按国民经济行业分	**Grouped by Sector**				
1.农、林、牧、渔业	Farming, Forestry, Animal Husbandry and Fishery	4	3	8250	8250
2.采矿业	Mining	16592	217359	131065	131575
3.制造业	Manufacturing	11651	114788	86258	86321
4.电力、热力、燃气及水生产和供应业	Production and Supply of Electricity, Heat, Gas and Water	1659	12944	76413	77790
5.建筑业	Construction	314	2193	68321	68321
6.批发和零售业	Wholesale and Retail Trade	1895	20187	107291	112788
7.交通运输、仓储和邮政业	Transport, Storage and Post	495	3738	70790	70092
8.住宿和餐饮业	Hotels and Catering Services	4426	14176	33631	61589
9.信息传输、软件和信息技术服务业	Information Transmission, Software and Information Technology Services	66	380	60333	60333
10.金融业	Financial Industry	2806	23262	69366	94051
11.房地产业	Real Estate	141	1026	65798	67065
12.租赁和商务服务业	Lease and Business Services	98	1091	111296	107458
13.科学研究和技术服务业	Scientific Research and Technical Services	15	59	39067	40833
14.水利、环境和公共设施管理业	Water, Environmental Protection and Public Facility Management	17	205	120706	120706
15.居民服务、修理和其它服务业	Resident Services, Repair and Other Services				
16.教 育	Education	15	52	30529	31455
17.卫生和社会工作	Health Care and Social Work				
18.文化、体育和娱乐业	Culture, Sports and Recreation				
19.公共管理、社会保障和社会组织	Public Management, Social Security and Social Organization				

2-11 城镇私营单位就业人员和工资(2023年)

NUMBER AND WAGE OF EMPLOYEES IN URBAN PRIVATE UNITS(2023)

项 目	Item	就业人员 (人) Employees (person)	工资总额 (万元) Total Wage (10 000 yuan)	平均工资 (元) Average Wage (yuan)
总 计	**Total**	**1744397**	**8839668**	**50452**
按国民经济行业分	**Grouped by Sector**			
1.农、林、牧、渔业	Farming, Forestry, Animal Husbandry and Fishery	27293	103597	37531
2.采矿业	Mining	94640	671930	69054
3.制造业	Manufacturing	434635	2429793	54895
4.电力、热力、燃气及水生产和供应业	Production and Supply of Electricity, Heat, Gas and Water	16505	78642	50809
5.建筑业	Construction	270254	1492978	55420
6.批发和零售业	Wholesale and Retail Trade	252403	1150446	45541
7.交通运输、仓储和邮政业	Transport, Storage and Post	74089	384555	51807
8.住宿和餐饮业	Hotels and Catering Services	80713	318220	40203
9.信息传输、软件和信息技术服务业	Information Transmission, Software and Information Technology Services	23207	134126	57865
10.金融业	Financial Industry	9731	73683	75866
11.房地产业	Real Estate	122188	487283	39841
12.租赁和商务服务业	Lease and Business Services	109902	510292	46140
13.科学研究和技术服务业	Scientific Research and Technical Services	55941	291504	51211
14.水利、环境和公共设施管理业	Water, Environmental Protection and Public Facility Management	17568	58921	33761
15.居民服务、修理和其他服务业	Resident Services, Repair and Other Services	29361	101817	34873
16.教 育	Education	72954	312600	43680
17.卫生和社会工作	Health Care and Social Work	37969	184281	49044
18.文化、体育和娱乐业	Culture, Sports and Recreation	15046	54999	36199

2-12 主要年份城镇非私营单位就业人员平均工资和指数

AVERAGE WAGE AND RELATED INDICES OF EMPLOYEES IN URBAN NON-PRIVATE UNITS IN MAJOR YEARS

单位：元 (yuan)

年 份 Year	就业人员 平均工资 Average Wage of Employees	在岗职工 平均工资 Average Wage of Fully Employed	在岗职工平均工资指数 (1952年＝100) Average Wage Indices of Fully Employed (year of 1952=100)	
			货币工资 Money Wage	实际工资 Real Wage
1952		375	100.0	100.0
1955		501	133.6	122.1
1960		528	140.8	125.3
1965		638	170.1	141.1
1970		588	156.8	135.8
1975		614	163.7	141.6
1978		632	168.5	145.8
1980		754	201.1	163.2
1982		785	209.3	161.6
1985		1122	299.2	201.9
1990		2111	562.9	228.3
1995		4721	1258.9	258.2
1998		5641	1504.3	279.9
1999		6065	1617.3	299.8
2000		6918	1844.8	323.5
2001	8039	8122	2165.9	381.7
2002	9267	9357	2495.2	449.7
2003	10620	10729	2861.1	507.4
2004	12794	12943	3451.5	590.9
2005	15473	15645	4172.0	702.3
2006	18106	18300	4880.0	807.0
2007	21315	21525	5740.0	911.0
2008	25489	25828	6887.5	1021.6
2009	28066	28469	7591.7	1130.5
2010	33057	33544	8945.1	1301.2
2011	39230	39903	10640.8	1470.0
2012	44236	44943	11984.8	1616.7
2013	46407	47417	12644.5	1655.3
2014	48969	49984	13329.1	1717.4
2015	51803	52960	14122.7	1807.1
2016	53705	54975	14660.0	1856.7
2017	60061	61547	16412.5	2054.7
2018	65917	67669	18045.1	2219.3
2019	69551	72207	19255.2	2305.9
2020	74739	77364	20630.4	2372.8
2021	82413	84938	22650.1	2579.3
2022	90495	92882	24768.5	2762.5
2023	95025	97315	25950.7	2897.3

2-13 社会保障基本情况
BASIC STATISTICS ON SOCIAL SECURITY

年份 Year	参加保险人数(万人) Active Contributors (10 000 persons)				基金收入(亿元) Fund Revenue(100 million yuan)		
	城镇职工养老保险 Basic Pension Insurance of Employees in Urban Units		失业保险 Unemployment Insurance	医疗保险 Basic Medical Insurance	城镇职工养老保险 Basic Pension Insurance of Employees in Urban Units		失业保险 Unemployment Insurance
	企业 Enterprises	机关事业 Government Agencies and Institutions			企业 Enterprises	机关事业 Government Agencies and Institutions	
2000	358.81		254.80		53.87		2.43
2001	365.57		286.10	156.00	58.05		2.94
2002	361.24		278.90	217.00	75.91		3.42
2003	364.42	67.13	284.10	272.00	86.27	7.09	3.80
2004	376.08	68.71	286.50	295.00	109.30	9.04	4.22
2005	383.43	80.08	288.50	325.00	118.90	11.96	5.53
2010	494.92	96.11	305.05	935.00	357.13	48.24	13.52
2011	523.93	99.84	309.35	1005.06	516.78	56.93	18.62
2012	548.67	100.02	380.88	1055.90	602.26	64.68	25.05
2013	570.21	102.22	400.98	1086.30	563.51	75.53	34.13
2014	588.73	103.30	407.68	1100.70	580.56	83.35	36.07
2015	604.23	110.00	411.29	1113.81	586.07	102.52	30.61
2016	620.57	139.64	415.15	1121.16	652.11	135.92	27.51
2017	636.70	162.01	420.56	3215.40	790.94	628.46	25.18
2018	659.84	177.81	431.13	3240.46	909.88	407.81	26.02
2019	691.71	179.82	443.91	3266.36	955.56	332.20	23.77
2020	764.80	181.01	469.38	3245.07	898.82	376.40	23.23
2021	831.09	184.10	504.48	3246.04	1206.58	403.10	35.67
2022	879.26	186.59	531.45	3222.74	993.47	414.46	33.91
2023	912.07	190.03	553.38	3186.07	1162.43	514.07	39.03

年份 Year		基金支出(亿元) Fund Expenditure(100 million yuan)				城镇低保人数(万人) Persons Receiving Lowest Cost of Living (10 000 persons)
	医疗保险 Basic Medical Insurance	城镇职工养老保险 Basic Pension Insurance of Employees		失业保险 Unemployment Insurance	医疗保险 Basic Medical Insurance	
		企业 Enterprises	机关事业 Government Agencies and Institutions			
2000		50.62		1.34		3.06
2001	1.32	51.22		1.49	0.68	28.53
2002	4.13	60.32		2.12	1.53	62.21
2003	10.19	65.18	8.19	3.17	4.80	84.21
2004	17.88	76.30	12.40	2.58	10.98	84.86
2005	25.60	78.37	14.75	2.78	15.75	84.97
2010	86.74	226.81	43.61	6.56	69.65	91.51
2011	106.32	367.39	51.79	5.64	84.07	91.69
2012	141.04	437.23	58.24	4.96	104.24	89.04
2013	160.93	411.31	66.49	5.22	128.25	85.03
2014	163.22	480.56	75.36	13.44	146.54	72.60
2015	178.60	554.76	102.20	13.79	154.17	59.90
2016	187.17	614.57	132.31	11.87	170.25	53.10
2017	371.88	712.48	565.19	12.31	323.09	45.98
2018	428.36	764.64	378.19	11.68	393.61	35.80
2019	472.40	922.92	336.48	14.39	449.51	28.04
2020	497.86	1020.31	362.69	34.93	438.17	26.14
2021	566.02	1125.27	400.82	25.58	460.25	23.83
2022	592.93	1052.67	428.10	46.52	479.49	19.47
2023	663.07	1142.80	471.40	22.51	550.87	16.04

注：(1)2017年起，医疗保险包含城镇职工和城乡居民基本医疗保险数据；
(2)2017年机关事业养老保险基金收入为2014年10月至2017年12月期间数据。

Notes：(1)Data of medical insurance has included basic medical insurance of employees and that for urban and rural residents since 2017.
(2)Fund revenue of government agencies and institution of 2017 is a period data which is calculated from October 2014 to December 2017.

主要统计指标解释

人口数 指一定时点、一定地区范围内有生命的个人总和。

年度统计的年末人口数指每年 12 月 31 日 24 时的常住人口数。

常住人口 包括：1.住本乡（镇、街道），户口登记地在本乡（镇、街道）的人；2.住本乡（镇、街道）半年以上，户口登记地在其他乡（镇、街道）的人；3.住本乡（镇、街道）不满半年，但是已离开户口登记地半年以上的人；4.户口登记地在本乡（镇、街道），离开不满半年的人；5.住本乡（镇、街道），户口待定的人；6.户口登记地在本乡（镇、街道），现居住国外的人。

城镇人口和乡村人口 城镇人口是指居住在城镇范围内的全部常住人口；乡村人口是除上述人口以外的全部人口。

城镇包括城区和镇区。城区是指在市辖区和不设区的市中，街道办事处所辖的居民委员会地域，以及城市公共设施、居住设施等连接到的其他居民委员会地域和村民委员会地域。

镇区是指在城区以外的镇和其他区域，包括镇所辖的居民委员会地域，以及镇的公共设施、居住设施等连接到的村民委员会地域。

出生率（又称粗出生率） 指在一定时期内（通常为一年）一定地区的出生人数与同期内平均人数（或期中人数）之比，用千分率表示。本资料中的出生率指年出生率，其计算公式为：

出生率＝年出生人数/年平均人数×1000‰

式中：出生人数指活产婴儿，即胎儿脱离母体时（不管怀孕月数），有过呼吸或其他生命现象。年平均人数指年初、年底人口数的平均数，也可用年中人口数代替。

死亡率（又称粗死亡率） 指在一定时期内（通常为一年）一定地区的死亡人数与同期内平均人数（或期中人数）之比，用千分率表示。本资料中的死亡率指年死亡率，其计算公式为：

死亡率＝年死亡人数/年平均人数×1000‰

人口自然增长率 指在一定时期内（通常为一年）人口自然增加数（出生人数减死亡人数）与该时期内平均人数（或期中人数）之比，用千分率表示。计算公式为：

人口自然增长率＝（本年出生人数-本年死亡人数）/年平均人数×1000‰＝人口出生率-人口死亡率

总抚养比 也称总负担系数。指人口总体中非劳动年龄人口数与劳动年龄人口数之比。通常用百分比表示。用以表明每 100 名劳动年龄人口大致要负担多少名非劳动年龄人口。用于从人口角度反映人口与经济发展的基本关系。计算公式为：

$$GDR=(P_{0\text{-}14}+P_{65}^{+})/P_{15\text{-}64}\times100\%$$

其中：GDR 为总抚养比；

$P_{0\text{-}14}$ 为 0-14 岁少年儿童人口数；

$P_{15\text{-}64}$ 为 15-64 岁的劳动年龄人口数；

P_{65}^{+} 为 65 岁及 65 岁以上的老年人口数。

老年人口抚养比 也称老年人口抚养系数。指某一人口中老年人口数与劳动年龄人口数之比。通常用百分比表示。用以表明每 100 名劳动年龄人口要负担多少名老年人。老年人口抚养比是从经济角度反映人口老龄化社会后果的指标之一。计算公式为：

$$ODR=P_{65}^{+}/P_{15\text{-}64}\times100\%$$

其中：ODR 为老年人口抚养比；

$P_{15\text{-}64}$ 为 15-64 岁的劳动年龄人口数；

P_{65}^{+} 为 65 岁及 65 岁以上的老年人口数。

少年儿童抚养比 也称少年儿童抚养系数。指某一人口中少年儿童人口数与劳动年龄人口数之比。通常用百分比表示。以反映每 100 名劳动年龄人口要负担多少名少年儿童。计算公式为：

$$CDR = P_{0\text{-}14} / P_{15\text{-}64} \times 100\%$$

其中：CDR 为少年儿童抚养比；

$P_{0\text{-}14}$ 为 0-14 岁少年儿童人口数；

$P_{15\text{-}64}$ 为 15-64 岁的劳动年龄人口数。

就业人员 指年满 16 周岁，为取得报酬或经营利润，在调查周内从事了 1 小时（含 1 小时）以上劳动的人员；或由于在职学习、休假等原因在调查周内暂时未工作的人员；或由于停工、单位不景气等原因临时未工作的人员。

城镇非私营单位 城镇地区非私营法人单位和统计上认定的视同法人单位的产业活动单位。具体包括：除私营单位以外的内资（包括机关、事业）单位、港澳台投资和外商投资企业。

城镇私营单位 城镇地区私营法人单位和统计上认定的视同法人单位的产业活动单位，具体包括：内资企业中的私营有限责任公司、私营股份有限公司、个人独资企业和合伙企业。

单位就业人员 指报告期最后一日在本单位工作，并取得工资或其他形式劳动报酬的人员数。该指标为时点指标，不包括最后一日当天及以前已经与单位解除劳动合同关系的人员，是在岗职工、劳务派遣人员及其他从业人员之和。就业人员不包括：

1.离开本单位仍保留劳动关系，并定期领取生活费的人员；

2.在本单位实习的各类在校学生；

3.本单位因劳务外包而使用的人员，如：建筑业整建制使用的人员。

在岗职工 指在本单位工作且与本单位签订劳动合同，并由单位支付各项工资和社会保险、住房公积金的人员，以及上述人员中由于学习、病伤、产假等原因暂未工作仍由单位支付工资的人员。在岗职工还包括：

1.应订立劳动合同而未订立劳动合同人员；

2.处于试用期人员；

3.编制外招用的人员，如临时人员；

4.派往外单位工作，但工资或其他形式劳动报酬仍由本单位发放的人员（如挂职锻炼、外派工作等情况）。

工资总额 指根据《关于工资总额组成的规定》(1990 年 1 月 1 日国家统计局发布的一号令)进行修订，本单位在报告期内(季度或年度)直接支付给本单位全部就业人员的劳动报酬总额。包括计时工资、计件工资、奖金、津贴和补贴、加班加点工资、特殊情况下支付的工资，是在岗职工工资总额、劳务派遣人员工资总额和其他就业人员工资总额之和。

工资总额是税前工资，包括单位从个人工资中直接为其代扣或代缴的房费、水费、电费、住房公积金和社会保险基金个人缴纳部分等。

工资总额不论是计入成本的还是不计入成本的，不论是以货币形式支付的还是以实物形式支付的，均应列入工资总额的计算范围。需要明确的是工资总额不包括从单位工会经费或工会账户中发放的现金或实物。

平均工资 指单位就业人员在一定时期内平均每人所得的工资额。它表明一定时期工资收入的高低程度，是反映就业人员工资水平的主要指标。计算公式为：

平均工资＝报告期内就业人员工资总额/报告期内就业人员平均人数

在岗职工平均货币工资指数 指报告期在岗职工平均工资与基期在岗职工平均工资的比率，是反映不同时期在岗职工货币工资水平变动情况的相对数。计算公式为：

在岗职工平均货币工资指数＝报告期在岗职工平均工资/基期在岗职工平均工资×100%

在岗职工平均实际工资指数 在岗职工平均实际工资指扣除物价变动因素后的在岗职工平均工资。在岗职工平均实际工资指数是反映实际工资变动情况的相对数，表明在岗职工实际工资水平提高或降低的程度。

Explanatory Notes on Main Statistical Indicators

Total Population refers to the total number of people alive at a certain point of time within a given area.

The annual statistics on total population is taken at midnight, the 31st of December.

Resident Population includes (1) population residing in the township or sub-district office area with residence registered here, (2) population residing in the township or sub-district office area more than half a year with residence registered in other places, (3) population residing in the township or sub-district office area less than half a year, but having left place of residence registration more than half a year, (4) population having left the place for less than half a year with residence registered in the township or sub-district office, (5) population residing in the township or sub-district office area with pending residence registration, (6) population now residing in foreign countries with residence registered in the township or sub-district office.

Urban Population and Rural Population Urban population refer to all people residing in cities and towns, while rural population refer to population other than urban population.

City and town include city area and town area. City area refers to the area of residence committees ruled by sub-district office in municipal district or cities with no district, and area of other residence committees which joined by urban public establishment and residence establishment.

Town area refers to the area of township and other areas besides the city zone, including the area of residence committees ruled by town government, and the area of villager's committees which joined by township public establishment and residence establishment.

Birth Rate (Crude Birth Rate) refers to the ratio of the number of birth to the average population (or mid-period population) during a certain period of time (usually a year), expressed in ‰. Birth rate in the chapter refers to annual birth rate. The following formula is used:

Birth Rate = (Number of Births / Average Number of Population) ×1000‰

Number of births in the formula refers to live births, i.e. when a baby has breathed or shown any vital phenomena regardless of the length of pregnancy. Annual average number of population is the average of the beginning of the year and that at the end of the year. Sometimes it is substituted by the mid-year population.

Death Rate (Crude Death Rate) refers to the ratio of the number of deaths to the average population (or mid-period population) during a certain period of time (usually a year), expressed in ‰. Death rate in the chapter refers to annual death rate. The following formula is used:

Death Rate = (Number of Deaths / Annual Average Number of Population) ×1000‰

Natural Growth Rate of Population refers to the ratio of natural increase in population (number of births minus number of deaths) in a certain period of time (usually a year) to the average population (or mid-period population) of the same period, expressed in ‰. The following formula is applied:

Natural Growth Rate of Population = [(Number of Birth - Number of Death) / Average Number of Population] ×1000‰ = Birth Rate - Death Rate

Gross Dependency Ratio also called gross dependency coefficient, refers to the ratio of non-working-age population to the working-age population, express in ‰. Describing in general the number of non-working-age population that every 100 people at working ages will take care of, this indicator reflects the basic relation between population and economic development from the demographic perspective. The gross dependency ratio is calculated with the following formula:

$GDR = P_{0\text{-}14} + P_{65}^{+} / P_{15\text{-}64} \times 100\%$

Where: GDR is the gross dependency ratio;

$P_{0\text{-}14}$ is the population of children aged 0-14;

$P_{15\text{-}64}$ is the working-age population aged 15-64;

P_{65}^{+} is the elderly population aged 65 and over.

Old Dependency Ratio also called old dependency coefficient, refers to the ratio of the elderly population to the working-age population, express in ‰. It describes the number of the elderly population that every 100 people at working ages will take care of. Old dependency ratio is one of the indicators reflecting the social implication of population aging from the economic perspective. The old dependency ratio is calculated with the following formula:

$ODR = P_{65}^{+} / P_{15\text{-}64} \times 100\%$

Where: ODR is the old dependency ratio;

$P_{15\text{-}64}$ is the working-age population aged 15-64;

P_{65}^{+} is the elderly population aged 65 and over.

Children Dependency Ratio also called children dependency coefficient, refers to the ratio of the children population to the working-age population, expressed in ‰. It describes the number of children population that every 100 people at working ages will take care of. The children dependency ratio is calculated with the following formula:

$CDR = P_{0\text{-}14} / P_{15\text{-}64} \times 100\%$

Where: CDR is the children dependency ratio;

$P_{0\text{-}14}$ is the children population aged 0-14;

$P_{15\text{-}64}$ is the working-age population aged 15-64.

Employed Persons refer to persons, aged 16 and over, who performed some work for compensation or business gains for one hour or more during the reference period; or persons who do not work for the reasons of study or on holiday; or persons who are temporarily absent from a job for disorganization or suspension of work, recession, etc.

Urban Non-private Units refer to urban non-private legal entities and active units deemed as legal entities in statistics, including civil funded units (including government agenies and public institutions), enterprises funded by Hong Kong, Macao and Taiwan and foreign funded enterprises,excluding private units.

Urban Private Units refer to urban private legal entities and active units deemed as legal entities in statistics, including private limited liability corporations, private share holding limited corporations, solo proprietarship enterprises and partnerhip enterprises in civil funded enterprises.

Persons Employed in Various Units refer to the total number of employees who work at his unit and obtain wages or other forms of payment at the end of the reporting period. This indicator is a kind of time point index and it equals to the sum of the number of employed staff and workers, labor dispatch personnel and other employed persons. Employed persons do not include:

(1) persons who have left their working units while keeping their labor contract (employment relation) unchanged and receiving regular alimony;

(2) all kinds of enrolled students who do internship in various units;

(3) persons employed due to labor outsourcing, for example, persons employed in the organizational system of construction industry.

Fully Employed Staff and Workers refer to persons who signed labor contracts with working units and working units would pay wages, social insurance and housing funds for them. Persons who have their work posts but are temporarily absent from work for reasons of study or on sick, injury or maternal leave and still receive wages from their working units are also included. Employed staff and workers also include:

(1) persons who should have signed the labor contracts but not (like people with rural household registration);

(2) employees on probation;

(3) employees beyond the staffing quota, for example, temporary employees;

(4) employees who are sent to other working units but still obtain wages from their original units (situations like on-the-job placement, expatriated assignment, etc.).

Total Wage It is revised according to the "*Provision of Composition of Total Wages*" (Order No.1 by National Bureau of Statistics on January, 1st, ,1990), total wage refers to the total remuneration payment to all employed persons in various units during the reporting period (by quarter or by year), including hourly-paid wages, piece-rate wages, bonuses, allowance and subsidies, overtime wages and wages paid under special circumstances. It equals to the sum of total wages of employed staff and workers, dispatch labors and other employed persons.

Total wage is pre-tax wages, including the room charges, utility bills, housing funds and social insurance paid or withheld by employee's units.

Total wage, whether or not included in cost, whether or not paid in money or in kind, shall be included in the calculation of total wage. The distribution paid in cash or kind by the labor union's funds or account shall not be included.

Average Wage refers to the average per capita wage during a certain period of time for employed persons. It shows the general level of wage income during a certain period of time and it's one major indicator to reflect the wage level.It is calculated as follows:

Average Wage = Total Wage of Employed Persons at Reference Period /Average Number of Employed Persons at Reference Period

Average Money Wage Indices of Fully Employed Staff and Workers refers to the ratio of average wage of fully employed stuff and workers at reference period to that at base period, which reflects the change of wage of fully employed staff and workers at different period. It is calculated as follows:

Average Money Wage Indices of Fully Employed Staff and Workers

= (Average Wage of Fully Employed Staff and Workers at Reference Period /Average Wage of Fully Employed Staff and Workers at Base Period) ×100%

Average Real Wage Indices of Fully Employed Staff and Workers Average real wage of fully employed staff and workers refers to the average wage of fully employed stuff and workers after removing the effects of price changes. Average real wage indices of fully employed staff and workers refers to the change of real wage, which reflects the relative increasing and decreasing level of real wage of fully employed staff and workers.

3

PRICE

物 价

资料整理人员

杨雅超　侯瑞华

居民消费价格指数	Consumer Price Index	99.9
城　市	Urban Consumer Price Index	99.9
农　村	Rural Consumer Price Index	99.9
工业生产者出厂价格指数	Producer Price Index for Industrial Products	91.3
工业生产者购进价格指数	Purchasing Price Index of Industrial Producer	94.7

居民消费物价指数(上年=100)
Consumer Price Index (last year=100)

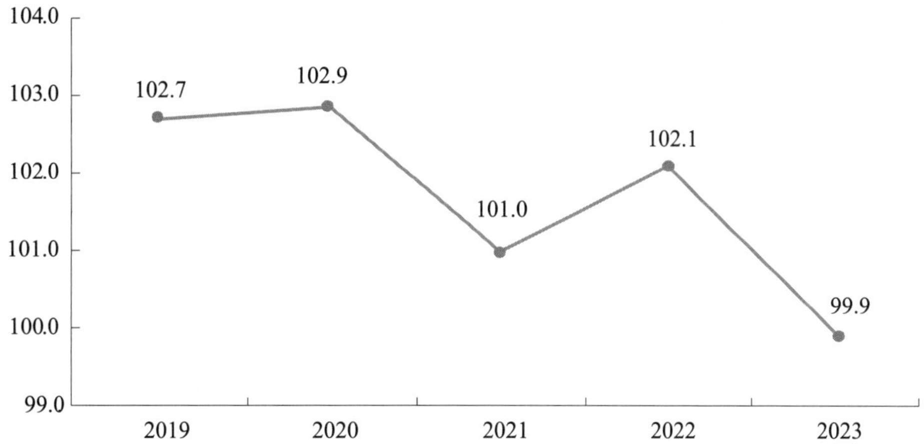

工业生产者价格指数(上年=100)
Price Index of Industrial Producer (last year=100)

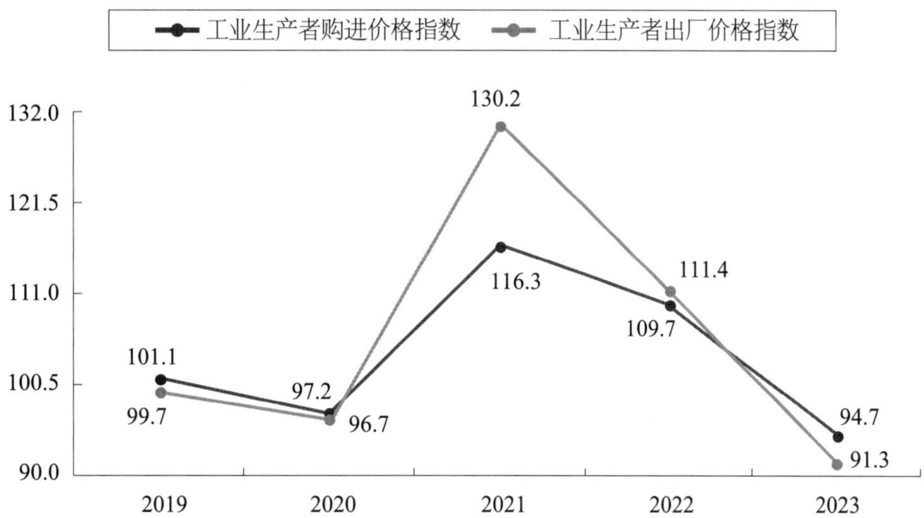

3-1 主要年份各类物价指数
PRICE INDICES IN MAJOR YEARS

上年=100 (last year=100)

年 份 Year	全省居民消费价格指数 Consumer Price Index	城市居民消费价格指数 Urban Consumer Price Index	农村居民消费价格指数 Rural Consumer Price Index	全省商品零售价格指数 Retail Price Index
1978		100.0		100.0
1980	103.4	105.5	101.3	103.5
1985	108.5	109.1	107.8	107.6
1990	102.2	101.5	103.0	102.1
1995	116.9	116.7	117.2	115.6
2000	103.9	104.7	103.0	97.1
2005	102.3	101.7	103.7	100.3
2010	103.0	103.1	102.8	102.3
2011	105.2	105.1	105.4	104.9
2012	102.5	102.4	102.6	101.8
2013	103.1	103.0	103.2	101.8
2014	101.7	101.8	101.4	100.6
2015	100.6	100.6	100.7	99.3
2016	101.1	101.1	101.1	100.5
2017	101.1	101.4	100.5	101.3
2018	101.8	101.8	101.8	101.7
2019	102.7	102.6	103.0	101.8
2020	102.9	102.8	103.3	100.9
2021	101.0	101.1	100.9	102.7
2022	102.1	102.0	102.4	103.7
2023	99.9	99.9	99.9	

注：2023年起，取消商品零售价格调查，不再编制商品零售价格指数。
Note: Because of the related survey has been canceled since 2023, retail price index is no longer compiled.

3-1 续表 continued

1978年=100 (year of 1978=100)

年 份 Year	全省居民消费价格指数 Consumer Price Index	城市居民消费价格指数 Urban Consumer Price Index	农村居民消费价格指数 Rural Consumer Price Index	全省商品零售价格指数 Retail Price Index
1978	100.0	100.0	100.0	100.0
1980	104.0	106.6	101.5	104.0
1985	123.4	128.2	118.4	122.0
1990	206.6	213.4	200.5	203.2
1995	391.3	421.6	354.6	356.7
2000	444.2	488.5	391.6	349.9
2005	472.9	508.9	437.4	354.3
2010	554.9	589.6	529.4	406.1
2011	583.8	619.7	558.0	426.0
2012	598.4	634.8	572.6	433.7
2013	617.0	653.8	590.9	441.5
2014	627.5	665.6	599.2	444.1
2015	631.3	669.6	603.4	441.0
2016	638.2	677.0	610.0	443.2
2017	645.2	686.4	613.1	449.0
2018	656.8	698.8	623.9	456.6
2019	674.5	717.0	642.6	464.8
2020	694.1	737.1	663.8	469.0
2021	701.0	745.2	669.8	481.7
2022	715.7	760.1	685.9	499.5
2023	715.0	759.3	685.2	

3-2 主要年份城市居民消费价格指数
URBAN CONSUMER PRICE INDICES IN MAJOR YEARS

年份 Year	1950年价格=100 Year of 1950=100	1957年价格=100 Year of 1957=100	1965年价格=100 Year of 1965=100	1970年价格=100 Year of 1970=100	1978年价格=100 Year of 1978=100
1978	141.3	104.1	98.6	100.0	100.0
1980	150.6	110.9	102.1	106.5	106.6
1985	181.1	133.5	123.0	128.2	128.2
1990	301.4	222.2	204.7	213.4	213.4
1995	595.6	439.3	404.6	421.6	421.6
2000	690.0	508.8	468.7	488.5	488.5
2005	718.8	530.1	488.3	508.9	508.9
2010	832.6	614.2	565.8	589.6	589.6
2011	875.1	645.5	594.7	619.7	619.7
2012	896.5	661.3	609.2	634.8	634.8
2013	923.4	681.1	627.5	653.9	653.8
2014	940.0	693.4	638.8	665.7	665.6
2015	945.6	697.6	642.6	669.7	669.6
2016	956.0	705.3	649.7	677.1	677.0
2017	969.4	715.1	658.8	686.5	686.4
2018	986.8	728.0	670.7	698.9	698.8
2019	1012.5	746.9	688.1	717.1	717.0
2020	1040.9	767.8	707.4	737.2	737.1
2021	1052.3	776.2	715.2	745.3	745.2
2022	1073.3	791.7	729.5	760.2	760.1
2023	1072.2	790.9	728.8	759.4	759.3

年份 Year	1980年价格=100 Year of 1980=100	1985年价格=100 Year of 1985=100	1990年价格=100 Year of 1990=100	上年=100 Last Year=100
1978				100.0
1980	100.0			105.5
1985	120.3	100.0		109.1
1990	200.2	166.4	100.0	101.5
1995	395.8	328.9	197.6	116.7
2000	458.6	380.9	229.0	104.7
2005	477.7	396.8	238.7	101.7
2010	553.4	459.7	276.5	103.1
2011	581.6	483.1	290.6	105.1
2012	595.8	494.9	297.7	102.4
2013	613.7	509.7	306.6	103.0
2014	624.7	518.9	312.1	101.8
2015	628.4	522.0	314.0	100.6
2016	635.3	527.7	317.5	101.1
2017	644.2	535.1	321.9	101.4
2018	655.8	544.7	327.7	101.8
2019	672.9	558.9	336.2	102.6
2020	691.7	574.5	345.6	102.8
2021	699.3	580.8	349.4	101.1
2022	713.3	592.4	356.4	102.0
2023	712.6	591.8	356.0	99.9

3-3 居民消费价格分类指数(2023年)
CONSUMER PRICE INDICES BY CATEGORY OF COMMODITIES(2023)

上年=100 (last year=100)

指　标	Item	全　省 Total Province Indices	城　市 Urban Indices	农　村 Rural Indices
居民消费价格指数	**Consumer Price Index**	**99.9**	**99.9**	**99.9**
一、食品烟酒	Food, Tobacco and Liquor	99.8	99.9	99.4
1.食　品	Food	99.2	99.3	98.8
粮　食	Grain	100.0	101.0	98.4
薯　类	Tubers	104.0	103.5	104.8
豆　类	Beans	102.2	102.4	101.7
食用油	Edible Oil and Fats	100.2	100.8	99.2
菜及食用菌	Vegetables and Edible Fungi	95.2	95.1	95.5
鲜　菜	Fresh Vegetables	94.5	94.4	94.8
鲜　菌	Fresh Fungi	99.5	98.7	102.7
干菜干菌及制品	Dried Vegetables, Edible Fungi and Products	103.2	103.2	103.0
畜肉类	Meat of Livestock	94.4	95.1	92.2
#猪　肉	Pork	86.6	87.5	84.5
禽肉类	Meat of Poultry	104.1	105.1	100.6
水产品	Aquatic Products	97.8	98.3	96.0
蛋　类	Poultry Eggs	99.3	99.5	98.8
#鸡　蛋	Eggs	99.2	99.4	98.8
奶　类	Milk and Other Dairy Products	99.6	99.5	99.9
干鲜瓜果类	Dried and Fresh Melons and Fruits	102.4	101.9	104.4
鲜　果	Fresh Fruits	102.3	101.7	104.8
坚　果	Dried Fruits	103.0	102.9	103.3
糖果糕点类	Candy and Cake	101.5	101.5	101.6
调味品	Flavouring	101.6	101.8	101.1
其他食品类	Other Foods	102.0	102.3	101.2
2.茶及饮料	Tea and Beverages	101.2	101.2	101.2
茶　叶	Tea	100.6	100.7	100.0
固体咖啡	Solid Coffee	102.8	103.0	101.7
其他固体饮料	Other Solid Drinks	100.2	100.4	99.9
饮用水	Potable Water	99.1	99.0	99.9
果汁饮料	Fruit Juice	103.1	103.5	101.9
3.烟　酒	Tobacco and Liquor	101.1	101.3	100.7
卷　烟	Cigarettes	101.1	101.6	100.4
酒　类	Liquor	100.9	100.6	101.6
4.在外餐饮	Dining Out	101.1	101.1	101.1
餐馆餐饮	Restaurants	100.9	100.9	100.8
饮品店餐饮	Drink Stores	100.4	100.5	100.1
外　卖	Takeout	101.1	100.9	102.2
其他在外餐饮	Others	102.2	102.5	101.4

3-3 续表1 continued

上年=100 (last year=100)

指　标	Item	全 省 Total Province Indices	城 市 Urban Indices	农 村 Rural Indices
二、衣　着	Clothing	100.3	100.2	100.9
1.服　装	Garments	100.0	99.8	100.7
男式服装	Man's Garments	100.4	100.5	100.2
女式服装	Woman's Garments	99.7	99.2	101.3
儿童服装	Children's Garments	100.1	100.1	100.1
衣着材料及配件	Clothing Materials and Accessories	99.7	99.7	99.8
衣着服务费	Fees for Clothing Services	99.7	99.5	100.4
2.鞋　类	Footwear	101.8	101.8	101.7
鞋	Shoes	101.8	101.8	101.7
鞋类服务	Shoes Services	101.7	102.2	100.0
三、居　住	Residence	100.0	99.9	100.4
1.租赁房房租	Rent	99.6	99.4	100.3
2.住房保养维修及管理	Housing Maintenance and Management	100.2	100.1	100.4
3.水电燃料	Water, Electricity and Fuels	100.1	100.1	100.1
4.自有住房	Private Housing	100.0	99.9	100.5
四、生活用品及服务	Articles for Daily Use and Services	100.3	100.4	100.0
1.家具及室内装饰品	Furniture and Interior Decorations	100.8	100.9	100.3
家　具	Furniture	100.8	100.9	100.1
室内装饰品	Interior Decorations	101.2	101.2	101.4
2.家用器具	Household Appliances	98.9	98.8	98.9
3.家用纺织品	Household Textiles	100.5	100.6	100.2
4.家庭日用杂品	Daily Use Household Articles	100.2	100.3	100.0
5.个人护理用品	Personal Care Articles	101.3	101.4	101.1
6.家庭服务	Household Services	100.5	100.3	102.1
五、交通通信	Transportation and Communication	98.0	97.9	98.3
1.交　通	Transportation	97.8	97.8	97.8
交通工具	Transportation Facility	98.2	98.0	99.6
交通工具用燃料	Fuels of Transportation Facility	94.5	94.5	94.5
交通工具使用和维修	Use and Repairment of Transportation Facility	98.7	98.2	100.5
交通费	Traffic Fare	104.3	105.0	101.2
市内公共交通	Incity Public Transportation	100.0	100.0	100.0
出租汽车	Taxi	99.9	99.7	100.7
飞 机 票	Plane Ticket	113.5	113.5	113.0
火 车 票	Train Ticket	100.2	100.3	99.4
长途汽车	Coach	101.0	101.1	100.7

3-3 续表2 continued

上年=100 (last year=100)

指 标	Item	全 省 Total Province Indices	城 市 Urban Indices	农 村 Rural Indices
2.通 信	Communication	98.6	98.3	99.5
通信工具	Communication Facility	96.9	96.4	98.5
通信服务	Communication Service	99.7	99.5	100.0
邮递服务	Postal Service	100.0	100.0	100.0
六、教育文化和娱乐	Education, Culture and Recreation	100.4	100.3	100.6
1.教 育	Education	99.6	99.2	100.7
教育用品	Education Articles	103.0	102.7	103.6
教育服务	Education Services	99.4	99.0	100.5
2.文化娱乐	Culture and Recreation	101.9	102.1	100.4
文娱耐用消费品	Durable Consumer Goods for Cultural and Recreational Use	98.7	98.7	98.9
其他文娱用品	Other Cultural and Recreational Articles	100.4	100.3	100.7
文化娱乐服务	Cultural and Recreational Services	99.1	99.1	99.1
旅 游	Touring	108.0	108.2	104.9
七、医疗保健	Health Care	100.9	101.1	100.4
1.药品及医疗器具	Medicine and Medical Appliances	102.3	102.8	100.8
中 药	Traditional Chinese Medicine	107.4	108.3	105.1
西 药	Western Medicine	101.8	102.5	99.9
滋补保健品	Health Care Products	99.5	99.7	98.7
医疗卫生器具	Medical Appliances	99.6	99.6	99.6
保健器具	Health Care Appliances	100.2	100.3	100.2
2.医疗服务	Medical Services	100.2	100.2	100.2
综合医疗类	General Practice	101.2	101.2	101.1
诊断类	Diagnosis	100.0	100.0	100.0
治疗类	Treatment	100.0	99.9	100.0
康复类	Rehabilitation	100.0	100.1	100.0
中医医疗服务类	Traditional Chinese Medical Services	100.0	100.0	100.0
其他医疗保健服务	Other Medical Services	99.7	99.6	100.0
八、其他用品及服务	Other Articles and Services	102.4	102.5	102.1
1.其他用品	Other Articles	102.8	103.1	101.9
首饰手表	Jewelry and Watch	105.9	105.8	106.7
母婴用品	Maternal and Infant Supplies	102.2	102.7	100.5
其他杂项用品	Other Miscellaneous Articles	99.4	99.2	100.1
2.其他服务	Other Services	102.0	101.9	102.2
在外住宿	Hotel Accomodation	105.9	106.1	103.4
美容美发洗浴	Hairdressing, Beauty and Bath	101.8	101.2	103.8
养老服务	Pension Services	103.8	103.4	105.1
金融及保险服务	Financial and Insurance Services	101.3	101.3	101.2
中介法律及其他服务	Intermediary, Legal and Other Services	100.0	100.0	100.0

3-4 调查市县居民消费价格指数(2023年)

CONSUMER PRICE INDICES IN CITIES AND COUNTIES SURVEYED(2023)

上年=100 (last year=100)

市 县 Region		居民消费价格指数 Consumer Price Index	食品烟酒 Food, Tobacco and Liquor	衣 着 Clothing	居 住 Residence	生活用品及服务 Articles for Daily Use and Services
全 省	**Total**	**99.9**	**99.8**	**100.3**	**100.0**	**100.3**
太原市	Taiyuan	99.7	99.5	100.1	99.6	100.8
大同市	Datong	99.9	100.1	99.6	100.0	100.1
阳泉市	Yangquan	100.1	100.7	99.1	100.6	99.8
长治市	Changzhi	100.3	100.2	102.8	99.8	100.7
晋城市	Jincheng	100.2	99.6	101.6	100.4	99.9
朔州市	Shuozhou	99.8	100.2	99.0	100.4	100.1
晋中市	Jinzhong	100.0	99.4	98.2	100.2	100.1
运城市	Yuncheng	100.3	101.1	99.8	99.9	99.5
忻州市	Xinzhou	100.0	99.4	101.1	99.4	100.0
临汾市	Linfen	100.1	100.1	99.9	101.0	100.4
吕梁市	Lvliang	99.7	99.7	103.4	99.5	99.5
浑源县	Hunyuan	100.0	100.0	100.3	100.3	99.6
襄垣县	Xiangyuan	100.4	100.3	100.8	100.5	100.1
太谷区	Taigu	99.5	97.8	102.2	100.1	100.1
洪洞县	Hongtong	100.0	100.0	101.2	100.1	100.1
兴 县	Xingxian	99.4	98.1	99.2	100.2	100.6
汾阳市	Fenyang	99.8	98.7	100.7	101.4	99.4

市 县 Region		交通通信 Transportation and Communication	教育文化娱乐 Education, Culture and Recreation	医疗保健 Health Care	其他用品及服务 Other Articles and Services
全 省	**Total**	**98.0**	**100.4**	**100.9**	**102.4**
太原市	Taiyuan	98.4	99.3	101.1	102.1
大同市	Datong	96.8	100.8	101.4	103.2
阳泉市	Yangquan	97.4	100.2	100.7	103.1
长治市	Changzhi	97.7	100.6	101.6	104.1
晋城市	Jincheng	96.5	102.9	101.6	102.0
朔州市	Shuozhou	98.8	98.7	100.2	100.9
晋中市	Jinzhong	98.2	103.8	100.4	101.7
运城市	Yuncheng	98.3	100.6	101.3	102.6
忻州市	Xinzhou	97.8	102.2	101.7	102.8
临汾市	Linfen	98.3	99.6	100.2	103.0
吕梁市	Lvliang	99.1	99.0	98.9	101.9
浑源县	Hunyuan	98.6	100.3	100.4	101.3
襄垣县	Xiangyuan	98.4	100.4	102.4	102.5
太谷区	Taigu	98.7	100.4	100.4	101.8
洪洞县	Hongtong	98.1	101.1	100.0	102.6
兴 县	Xingxian	98.7	100.1	100.4	100.9
汾阳市	Fenyang	98.4	100.4	100.1	101.8

3-5 农产品生产者价格指数
PRODUCER PRICE INDICES FOR FARM PRODUCTS

上年=100 (last year=100)

指 标	Item	2015	2020	2023
农产品生产者价格指数	**Producer Price Indices for Farm Products**	**95.8**	**109.4**	**101.6**
农业产品	**Agriculture Products**	**94.5**	**105.5**	**104.9**
谷 物	Cereals	95.0	108.2	101.2
#小 麦	Wheat	99.6	98.2	93.1
稻 谷	Rice			
玉 米	Corn	94.4	109.6	102.6
大 豆	Soybeans	103.5	116.1	95.5
油 料	Oil-bearing Crops	100.0		90.5
棉 花	Cotton			
糖 料	Sugar Crops			
蔬 菜	Vegetables	100.7	117.9	98.2
水 果	Fruits	86.4	87.6	111.8
林业产品	**Forestry Products**	**93.8**	**103.5**	**100.5**
饲养动物及其产品	**Raised Animals and Related Products**	**98.2**	**116.8**	**95.6**
生 猪	Live Pigs	108.2	157.5	85.2
活 牛	Live Cattle and Buffaloes	100.2	110.6	93.5
活 羊	Live Sheep and Goats	88.1	105.3	90.8
活家禽	Live Poultry	97.1	92.5	108.0
禽 蛋	Eggs	96.4	78.4	101.0
生 奶	Raw Milk	88.6	105.5	92.2
渔业产品	**Fishery Products**	**95.2**	**95.7**	**100.3**
海水养殖产品	Seawater Cultured Products			
海水捕捞产品	Seawater Fishing Products			
淡水养殖产品	Freshwater Cultured Products	95.2	95.7	100.3

3-6 工业生产者出厂价格指数
PRODUCER PRICE INDICES FOR INDUSTRIAL PRODUCTS

上年=100 (last year=100)

指 标	Item	2015	2020	2023
全部工业品	**Total Industrial Products**	**87.7**	**96.7**	**91.3**
1.轻工业	Light Industry	98.1	101.4	100.2
以农产品为原料	Using Farm Products as Raw Materials	98.1	102.1	101.7
以非农产品为原料	Using Non-farm Products as Raw Materials	98.0	97.7	98.0
重工业	Heavy Industry	87.2	96.4	90.7
采掘工业	Ming and Quarrying	82.2	95.9	85.8
原材料工业	Raw Material Industry	86.4	95.9	92.1
加工工业	Manufacturing Industry	90.8	97.7	94.4
2.生产资料	Productive Materials	87.2	96.3	90.2
采掘工业	Ming and Quarrying	82.2	95.9	85.8
原材料工业	Raw Material Industry	86.3	95.8	92.1
加工工业	Manufacturing Industry	90.9	97.5	93.0
生活资料	Living Materials	99.3	101.4	103.2
食 品	Food	98.6	101.9	103.2
衣 着	Clothing	99.8	101.4	98.7
一般日用品	Daily Articles	101.1	103.4	101.9
耐用消费品	Durable Consumer Goods	99.7	99.7	103.9
按工业部门分	**By Department of Industry**			
1.冶金工业	Metallurgical Industry	85.9	98.6	91.4
2.电力工业	Power Industry	101.0	100.0	98.6
3.煤炭及炼焦工业	Coal and Coking Industry	81.6	93.6	84.8
4.石油工业	Petroleum Industry	96.4	93.0	98.4
5.化学工业	Chemical Industry	98.3	96.9	93.8
6.机械工业	Machine Industry	98.2	98.7	99.1
7.建筑材料工业	Building Materials Industry	97.5	100.2	92.0
8.森林工业	Forestry Industry	100.1	96.3	98.3
9.食品工业	Food Industry	98.3	102.8	102.6
10.纺织工业	Textile Industry	94.7	94.2	88.7
11.缝纫工业	Tailoring Industry	99.8	101.4	98.7
12.皮革工业	Leather Industry	103.5	100.6	
13.造纸工业	Paper Making Industry	98.1	96.1	96.0
14.文教艺术用品工业	Cultural, Education & Handicrafts Article	100.0	99.8	99.1
15.其他工业	Other Industry	98.9	93.8	104.2

3-7 工业生产者分行业出厂价格指数
PRODUCER PRICE INDICES FOR INDUSTRIAL PRODUCTS BY SECTOR

上年=100 (last year=100)

指 标	Item	2022	2023
总 指 数	**General Index**	**111.4**	**91.3**
煤炭开采和洗选业	Coal Mining and Dressing	122.1	85.3
石油和天然气开采业	Petroleum and Natural Gas Extraction	124.1	85.4
黑色金属矿采选业	Ferrous Metals Mining and Dressing	86.5	97.0
有色金属矿采选业	Non-ferrous Metals Mining and Dressing	103.9	110.2
非金属矿采选业	Non-metal Minerals Mining and Dressing	106.1	101.0
农副食品加工业	Farm Products Processing	104.2	99.0
食品制造业	Food Manufacturing	102.5	101.7
酒、饮料及精制茶制造业	Alcohol, Beverage and Refined Tea Manufacturing	100.8	108.4
烟草制品业	Tobacoo Products Manfacturing	100.0	100.0
纺织业	Textile Industry	111.9	88.7
纺织服装、服饰业	Textile, Wearing Apparel and Accessories	99.8	98.7
木材加工及木、竹、藤、棕、草制品业	Timber Processing, Bamboo, Cane, Plam, Fiber and Straw Products	104.0	96.2
家具制造业	Furniture Manufacturing	100.1	100.0
造纸及纸制品业	Papermaking and Paper Products	106.1	96.0
印刷和记录媒介复制业	Printing and Record Medium Reproduction	97.6	98.8
文教、工美、体育和娱乐用品制造业	Culture, Education, Art and Crafts, Sport and Entertainment Products	104.0	105.2
石油、煤炭及其他燃料加工业	Petroleum, Coal and Other Fuels Processing	115.0	82.4
化学原料和化学制品制造业	Raw Chemical Materials and Chemical Products	106.8	92.7
医药制造业	Medical and Pharmaceutical Products	103.7	101.2
橡胶和塑料制品业	Rubber and Plastic Products	98.4	96.3
非金属矿物制品业	Non-metal Mineral Products	111.6	94.0
黑色金属冶炼及压延加工业	Smelting and Pressing of Ferrous Metals	91.0	88.7
有色金属冶炼及压延加工业	Smelting and Pressing of Non-ferrous Metals	106.5	98.3
金属制品业	Metal Prodcuts	100.8	97.2

3-7 续表 continued

上年=100 (last year=100)

指 标	Item	2022	2023
通用设备制造业	Ordinary Machinery Manufacturing	103.7	94.0
专用设备制造业	Special Purpose Equipment Manufacturing	102.2	99.1
汽车制造业	Automobile Manufacturing	101.3	95.0
铁路、船舶、航空航天和其他运输设备制造业	Railroad, Marine, Aviation and Other Transport Equipment Manufacturing	99.2	99.6
电气机械及器材制造业	Electric Equipment and Machinery	102.9	95.4
计算机、通信和其他电子设备制造业	Computers, Telecommunication and Other Electronic Equipment Manufacturing	103.0	103.4
仪器仪表制造业	Instruments and Appratus Manufacturing	100.0	79.0
废弃资源综合利用业	Comprehensive Utilization of Waste Resoures	109.5	74.5
金属制品、机械和设备修理业	Metal Products, Machinery and Equipment Repairing	99.5	98.9
电力、热力的生产和供应业	Production and Supply of Electricity and Heat	109.6	98.6
燃气生产和供应业	Production and Supply of Gas	112.3	104.7
水的生产和供应业	Production and Supply of Water	100.4	102.5

3-8 工业生产者购进价格指数
PURCHASING PRICE INDICES OF INDUSTRIAL PRODUCER

上年=100 (last year=100)

名 称	Item	2015	2020	2023
总 指 数	**General Index**	**93.1**	**97.2**	**94.7**
一、燃料动力类	Fuels	93.2	93.5	92.1
二、黑色金属材料类	Ferrous Metal Materials	90.6	103.1	94.5
钢 材	Steel	94.0	97.9	91.7
其 它	Others	88.3	106.8	102.3
三、有色金属材料和电线类	Non-ferrous Metals	93.0	99.7	96.5
四、化工原料类	Chemical Raw Materials	90.0	92.6	90.5
五、木材及纸浆类	Timber and Paper Pulp	99.3	97.1	96.2
六、建筑材料及非金属矿类	Building Materials and Non-metal Mineral	94.7	90.8	98.1
七、其它工业原材料及半成品类	Other Industrial Raw Materials and Half-products	99.6	100.2	98.7
八、农副产品类	Farm Products	98.8	101.8	99.8
九、纺织原料类	Textile Raw Materials	93.4	98.7	88.8

主要统计指标解释

居民消费价格指数 反映居民生活消费品及服务项目价格变动趋势和变动程度的相对数，采用链式拉斯贝尔公式，加权平均计算。根据抽样调查方法在全省抽取17个调查市、县为填报单位。

农产品生产者价格指数 是反映农产品生产者出售农产品价格水平变动趋势及幅度的相对数。

工业生产者出厂价格指数 是反映全部工业产品出厂价格总水平的变动趋势和程度的相对数，根据全省部分重点企业的产品出厂价格的定期调查资料，按加权算术平均公式计算。

工业生产者购进价格指数 是反映工业企业购进主要原材料、燃料、动力价格水平变动趋势和程度的相对数。根据全省部分重点企业主要原材料、燃料、动力购进价格的定期调查资料，按加权算术平均公式计算。

Explanatory Notes on Main Statistical Indicators

Consumer Price Indices reflect the trend and degree of changes in prices of consumer goods and services purchased by urban and rural residents. They are calculated by the weighted arithmetic mean, using Byes formula. According to sampling survey, draw 17 survey cities and counties in total Province as report units.

Producer Price Indices for Farm Products reflect the trend and degree of changes in producers' prices received by farmers when they sell farm products.

Producer Price Indices for Industrial Products reflect the trend and degree of changes in ex-factory prices of all industrial products. They are calculated by the weighted arithmetic mean, according to regular survey data of ex-factory price in part of important enterprises in the province.

Purchasing Price Indices of Industrial Producer reflect the trend and degree of changes in prices of industrial enterprises purchasing raw materials, fuels and power. They are calculated by the weighted arithmetic mean, according to regular survey data of major raw materials, fuels and power purchasing price in part of important enterprises in the province.

4

PEOPLE'S LIVELIHOOD

人民生活

资料整理人员

巩姣姣

人民生活 PEOPLE'S LIVELIHOOD

城镇居民人均可支配收入	Per Capita Disposable Income of Urban Households	41327	元 (yuan)
城镇居民人均消费支出	Per Capita Living Expenditure of Urban Households	24524	元 (yuan)
农民居民人均可支配收入	Per Capita Disposable Income of Rural Households	17677	元 (yuan)
农村居民人均消费支出	Per Capita Living Expenditure of Rural Households	13684	元 (yuan)

城乡居民恩格尔系数 (%)

Engel's Coefficient of Urban and Rural Households (%)

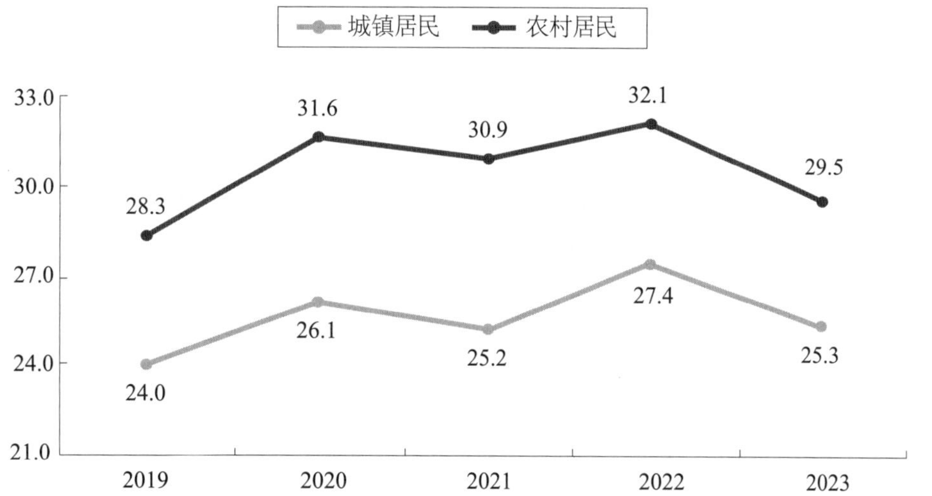

城乡居民家庭人均可支配收入（元）

Per Capita Disposable Income of Urban and Rural Households (yuan)

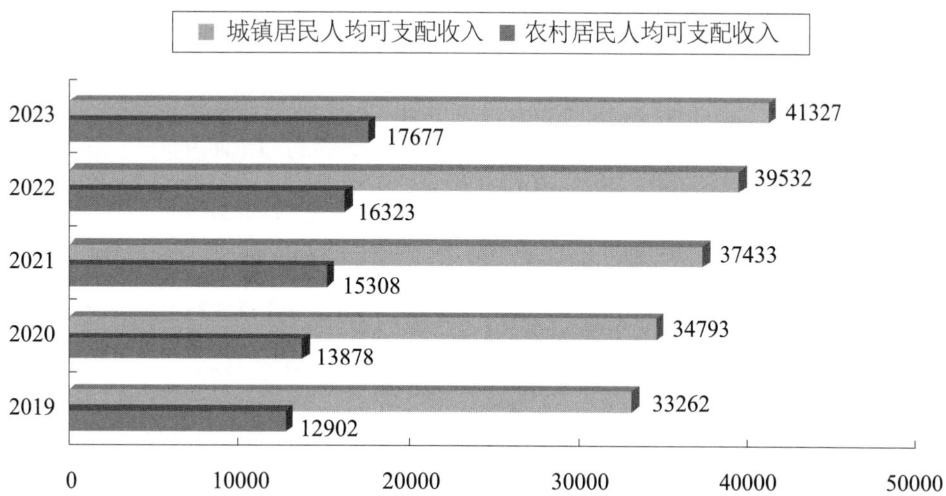

4-1 全省居民人均收支情况

单位：元

年 份 Year	可支配收入 Disposible Income	工资性收入 Wages and Salaries	经营净收入 Net Business Income	财产净收入 Net Property Income	转移净收入 Net Transfer Income	消费支出 Consumption Expenditure	食品烟酒 Food, Tobacco and Liquor
1978	140	120	12	2	6	126	79
1979	184	141	22	2	18	155	92
1980	201	148	31	2	20	179	104
1981	225	161	43	2	19	194	110
1982	271	185	60	3	24	215	127
1983	315	160	133	3	19	246	140
1984	380	178	177	4	21	273	154
1985	416	205	175	5	30	336	176
1986	439	241	159	6	33	375	194
1987	489	275	169	6	38	416	212
1988	576	319	208	8	41	491	248
1989	701	381	260	13	47	574	291
1990	802	401	292	10	99	649	332
1991	813	485	255	9	63	692	355
1992	918	544	281	7	88	730	391
1993	1084	640	332	7	105	883	466
1994	1386	825	402	18	142	1082	562
1995	1840	1059	557	32	192	1444	791
1996	2210	1145	770	33	262	1740	903
1997	2430	1319	780	38	293	1785	882
1998	2567	1332	852	43	340	1755	853
1999	2622	1450	716	37	419	1857	825
2000	2924	1641	777	34	472	2163	851
2001	3196	1865	772	31	528	2283	877
2002	3751	2319	886	61	485	2696	952
2003	4183	2671	988	71	453	2941	1043
2004	4770	3058	1122	126	464	3338	1211
2005	5518	3611	1155	156	595	3902	1341
2006	6235	4088	1208	201	738	4560	1451
2007	7282	4712	1383	291	896	5319	1703
2008	8333	4744	1873	336	1380	5984	1961
2009	8911	5101	1814	464	1532	6449	2021
2010	10149	5796	2056	495	1802	7011	2130
2011	11959	7225	1924	613	2198	8404	2568
2012	13592	8335	2177	651	2429	9446	2765
2013	15120	9424	2338	739	2619	10118	2692
2014	16538	10168	2593	936	2841	10864	2941
2015	17854	10893	2709	987	3265	11729	3089
2016	19049	11305	2693	1112	3939	12683	3098
2017	20420	11957	2624	1228	4611	13664	3325
2018	21990	12552	2809	1304	5325	14810	3688
2019	23828	13396	3109	1306	6017	15863	3997
2020	25214	13854	3250	1386	6724	15733	4362
2021	27426	14936	3688	1509	7293	17191	4622
2022	29178	15629	4044	1785	7721	17537	5058
2023	30924	16630	4278	1832	8184	19756	5258

注：2013年起，国家统计局实施城乡一体化住户调查改革，居民收支相关指标采用新口径，同时对2013年以前数据做了相应调整。

PER CAPTIA INCOME AND CONSUMPTION EXPENDITURE OF THE PROVINCIAL HOUSEHOLDS

(yuan)

衣 着 Clothing	居 住 Residence	生活用品及服务 Household Facilities, Articles and Services	交通通信 Transport and Communication	教育文化娱乐 Education, Culture and Recreation	医疗保健 Health Care	其他用品及服务 Others
20	9	9	1	5	1	2
25	15	13	1	6	2	2
29	23	12	1	8	1	2
32	16	17	1	11	2	5
34	16	18	2	11	3	4
38	24	22	2	11	4	5
42	28	21	2	17	4	5
54	32	29	2	27	7	10
54	44	31	2	31	8	11
59	55	35	2	29	9	15
71	43	48	3	39	11	27
84	50	53	4	53	13	27
96	71	54	5	51	21	18
106	59	59	6	57	20	30
115	51	64	6	60	22	23
130	70	74	14	73	26	30
167	72	81	20	94	33	53
215	100	89	38	121	47	43
252	125	102	59	162	76	61
260	137	114	80	164	84	65
226	140	112	65	184	94	80
229	166	131	97	220	108	81
255	229	159	132	272	147	118
260	274	147	147	303	163	112
335	356	152	216	422	182	81
372	382	160	254	464	197	70
398	433	166	305	530	216	79
505	540	197	338	595	295	91
559	693	255	467	683	346	107
604	884	289	579	739	391	130
644	1154	299	573	750	477	126
663	1309	356	641	802	510	148
718	1341	401	779	897	570	173
891	1596	560	905	1024	628	232
974	1929	595	1070	1113	739	261
999	2174	609	1146	1381	836	282
1085	2199	619	1215	1485	1009	312
1147	2297	673	1501	1628	1102	292
1104	2751	680	1709	1811	1228	303
1206	2934	761	1884	1879	1360	316
1261	3229	856	1845	1940	1635	356
1290	3332	911	1980	2136	1821	397
1236	3460	864	1981	1608	1854	367
1277	3851	1029	1988	2059	1935	429
1209	3961	1034	2078	1809	1944	444
1372	4316	1217	2621	2291	2138	543

Note: The NBS has conducted the integrated household survey reform and related indicators of household income and expenditure have adopted a new coverage since 2013. Data before 2013 has adjusted according to the new coverage.

4-2 城镇居民人均收支情况

单位：元

年份 Year	可支配收入 Disposible Income	工资性收入 Wages and Salaries	经营净收入 Net Business Income	财产净收入 Net Property Income	转移净收入 Net Transfer Income	消费支出 Consumption Expenditure	食品烟酒 Food, Tobacco and Liquor
1978	301	298			3	275	153
1979	338	324			14	305	171
1980	380	352			28	357	195
1981	401	383			18	373	197
1982	433	412			21	390	210
1983	452	430			22	394	216
1984	517	489	1		27	433	231
1985	595	535	4		56	533	262
1986	718	649	5	4	59	635	303
1987	807	724	3	5	74	708	347
1988	945	849	5	11	79	856	404
1989	1176	1037	7	30	102	993	480
1990	1291	994	7	17	273	1048	514
1991	1410	1238	7	15	150	1171	576
1992	1623	1385	10	7	221	1303	658
1993	1957	1628	17	13	299	1560	760
1994	2566	2133	34	12	387	2043	989
1995	3306	2664	36	55	551	2641	1267
1996	3703	2803	63	61	777	3036	1400
1997	3990	2987	79	86	839	3229	1398
1998	4096	2947	64	102	983	3278	1418
1999	4337	3027	72	81	1157	3516	1413
2000	4715	3289	122	58	1246	3982	1384
2001	5377	3805	153	45	1373	4178	1420
2002	6214	4617	307	134	1157	4791	1532
2003	6977	5391	404	140	1042	5210	1713
2004	7866	6114	468	258	1026	5790	1918
2005	8866	6841	513	271	1241	6518	2049
2006	9967	7545	576	350	1496	7395	2240
2007	11487	8613	689	454	1730	8385	2573
2008	13021	8277	1673	520	2550	9145	2897
2009	13883	8859	1666	717	2641	9747	2984
2010	15510	9726	2120	752	2912	10236	2988
2011	17965	11909	1784	1042	3229	11869	3483
2012	20232	13511	2114	1143	3464	12765	3750
2013	22258	14674	2486	1364	3734	13763	3541
2014	24069	15624	2701	1727	4017	14637	3804
2015	25828	16562	2790	1789	4688	15819	3981
2016	27352	16954	2659	2004	5735	16993	3863
2017	29132	17831	2443	2190	6667	18404	4244
2018	31035	18572	2574	2286	7602	19790	4703
2019	33262	19697	2860	2253	8452	21159	5073
2020	34793	20197	2943	2384	9268	20332	5304
2021	37433	21606	3465	2577	9786	21965	5529
2022	39532	22359	3863	3036	10274	21923	6007
2023	41327	23505	3964	3070	10788	24524	6216

PER CAPTIA INCOME AND CONSUMPTION EXPENDITURE OF URBAN HOUSEHOLDS

(yuan)

衣 着 Clothing	居 住 Residence	生活用品及服务 Household Facilities, Articles and Services	交通通信 Transport and Communication	教育文化娱乐 Education, Culture and Recreation	医疗保健 Health Care	其他用品及服务 Others
48	9	31	3	20	4	7
51	12	33	3	23	4	7
59	17	39	4	30	5	8
65	10	40	4	35	2	19
67	15	40	5	34	3	15
71	14	38	6	27	4	17
80	16	40	6	37	5	18
97	15	51	5	65	4	34
105	42	61	5	76	8	35
114	57	73	5	59	10	44
136	22	105	5	85	11	88
160	26	108	7	112	15	85
184	61	106	11	97	23	53
209	32	120	13	106	21	94
236	38	138	11	125	29	68
279	66	169	20	150	36	81
365	81	179	28	195	52	153
473	151	195	95	256	85	118
530	163	202	145	317	146	133
573	201	238	166	322	167	163
472	236	237	138	367	196	215
479	296	292	201	415	210	210
511	377	360	283	502	304	261
516	448	321	314	566	352	241
649	641	288	397	773	369	142
715	700	319	465	789	373	137
734	797	321	568	887	408	156
909	983	366	580	912	547	171
986	1168	450	786	982	600	183
1025	1451	486	969	1020	649	212
1074	1886	473	861	991	770	192
1092	2064	566	1006	1013	791	232
1138	2032	621	1234	1169	784	270
1375	2256	848	1364	1347	864	333
1426	2529	844	1516	1417	915	368
1498	2925	877	1587	1917	1024	394
1616	2899	888	1710	2027	1241	453
1705	3020	948	2148	2208	1394	415
1603	3634	952	2401	2439	1652	450
1774	3867	1094	2658	2559	1741	466
1821	4247	1219	2497	2638	2138	525
1801	4333	1265	2776	2938	2383	589
1671	4452	1149	2687	2150	2421	496
1666	4922	1391	2538	2834	2497	590
1555	4943	1355	2647	2371	2442	602
1755	5317	1556	3336	2975	2633	737

4-3　农村居民人均收支情况

单位：元

年 份 Year	可支配收入 Disposible Income	工资性收入 Wages and Salaries	经营净收入 Net Business Income	财产净收入 Net Property Income	转移净收入 Net Transfer Income	消费支出 Consumption Expenditure	食品烟酒 Food, Tobacco and Liquor
1978	102	78	15	2	7	91	61
1979	145	96	27	3	20	118	73
1980	156	96	39	3	18	134	80
1981	180	103	55	3	19	148	88
1982	227	123	76	4	24	168	105
1983	276	82	171	4	18	203	118
1984	339	84	230	5	19	224	131
1985	358	101	229	6	22	273	148
1986	345	104	210	7	24	287	157
1987	377	116	229	7	26	313	164
1988	439	121	284	7	27	354	190
1989	514	122	360	7	25	409	216
1990	604	160	408	8	28	488	258
1991	568	177	356	7	27	496	265
1992	627	195	393	7	32	493	281
1993	718	226	464	5	23	599	344
1994	884	269	558	20	37	674	381
1995	1208	367	781	23	37	928	586
1996	1557	421	1079	21	37	1174	686
1997	1738	580	1090	17	51	1145	653
1998	1874	599	1209	17	48	1064	596
1999	1800	693	1026	16	65	1062	543
2000	1950	745	1133	21	51	1175	562
2001	2018	817	1106	24	71	1259	584
2002	2236	905	1243	16	71	1407	595
2003	2410	947	1358	27	79	1502	619
2004	2738	1051	1551	40	95	1728	747
2005	3082	1262	1622	73	125	2000	825
2006	3420	1480	1685	88	167	2421	855
2007	3975	1643	1929	163	240	2908	1019
2008	4480	1840	2037	185	418	3386	1192
2009	4677	1901	1940	248	588	3642	1201
2010	5263	2214	1997	262	791	4070	1349
2011	6225	2751	2057	203	1214	5096	1694
2012	7064	3246	2238	167	1412	6184	1796
2013	7950	4150	2190	111	1498	6458	1839
2014	8809	4570	2482	123	1634	6992	2054
2015	9454	4922	2624	142	1766	7421	2150
2016	10082	5204	2730	149	1999	8029	2272
2017	10788	5462	2824	164	2337	8424	2308
2018	11750	5736	3075	193	2746	9172	2540
2019	12902	6098	3396	210	3198	9728	2751
2020	13878	6347	3614	205	3712	10290	3248
2021	15308	6860	3959	216	4274	11410	3525
2022	16323	7272	4268	232	4551	12091	3880
2023	17677	7875	4676	256	4869	13684	4038

PER CAPTIA INCOME AND CONSUMPTION EXPENDITURE OF RURAL HOUSEHOLDS

(yuan)

衣　着 Clothing	居　住 Residence	生活用品及服务 Household Facilities,Articles and Services	交通通信 Transport and Communication	教育文化娱乐 Education, Culture and Recreation	医疗保健 Health Care	其他用品及服务 Others
13	9	4	0.5	2	1	1
18	16	8	1	2	1	1
21	24	5	1	2	1	0.5
24	18	11	1	4	2	1
25	16	12	1	5	3	1
28	27	18	1	7	4	1
30	31	16	1	11	4	1
40	38	22	1	14	7	2
37	44	20	1	16	8	3
39	55	22	2	18	9	4
47	52	28	2	21	11	4
55	59	31	2	29	12	4
61	76	33	2	33	20	4
64	70	34	3	36	19	4
65	56	33	4	33	19	4
67	71	35	12	40	21	9
83	68	39	16	51	25	11
103	78	43	14	63	31	10
131	109	59	22	94	45	30
121	109	59	41	94	46	22
115	97	55	32	101	48	19
110	104	53	47	126	59	20
115	149	50	49	147	62	40
121	180	53	57	160	61	43
142	181	68	105	206	68	43
154	180	58	120	258	86	27
178	193	64	132	295	90	29
210	218	75	163	364	111	34
236	335	108	226	457	155	49
272	438	135	272	518	188	66
291	552	157	335	551	235	72
298	666	178	330	622	271	76
335	711	201	365	650	376	84
428	966	286	468	716	403	136
531	1340	350	632	814	565	155
498	1420	340	702	843	647	170
540	1481	344	707	929	770	168
559	1537	382	820	1017	794	162
565	1798	386	962	1132	770	143
578	1902	393	1028	1127	938	151
626	2076	444	1107	1150	1065	165
697	2171	501	1057	1208	1169	174
721	2287	526	1145	967	1183	214
807	2554	591	1322	1121	1255	235
778	2741	636	1372	1111	1324	248
884	3040	786	1711	1421	1509	295

4-4 居民人均可支配收入和指数
PER CAPITA DISPOSABLE INCOME AND INDEX OF HOUSEHOLDS

单位：元 (yuan)

年份 Year	全省居民人均可支配收入 Per Capita Disposable Income of the Provincial Households		城镇居民人均可支配收入 Per Capita Disposable Income of Urban Households		农村居民人均可支配收入 Per Capita Disposable Income of Rural Households	
	绝对数 Value	指数(1978年=100) Index (Year of 1978=100)	绝对数 Value	指数(1978年=100) Index (Year of 1978=100)	绝对数 Value	指数(1978年=100) Index (Year of 1978=100)
1978	140	100.0	301	100.0	102	100.0
1979	184	130.4	338	111.1	145	142.8
1980	201	138.3	380	118.2	156	151.0
1981	225	150.9	401	121.0	180	170.8
1982	271	177.5	433	127.8	227	210.5
1983	315	203.1	452	131.3	276	252.2
1984	380	238.9	517	146.0	339	303.5
1985	416	240.7	595	154.1	358	297.8
1986	439	240.7	718	174.6	345	273.5
1987	489	250.0	807	180.9	377	280.3
1988	576	243.4	945	173.4	439	272.6
1989	701	247.9	1176	185.7	514	259.8
1990	802	277.5	1291	200.8	604	296.3
1991	813	268.3	1410	206.6	568	270.9
1992	918	282.6	1623	217.9	627	286.0
1993	1084	289.8	1957	226.4	718	290.7
1994	1386	295.8	2566	235.7	884	287.6
1995	1840	336.0	3306	260.2	1208	335.4
1996	2210	374.0	3703	269.1	1557	402.8
1997	2430	398.9	3990	281.2	1738	436.6
1998	2567	427.4	4096	292.5	1874	477.7
1999	2622	438.3	4337	308.5	1800	465.9
2000	2924	470.4	4715	320.3	1950	490.2
2001	3196	515.2	5377	367.1	2018	505.0
2002	3751	614.5	6214	433.8	2236	563.6
2003	4183	673.1	6977	479.4	2410	592.8
2004	4770	737.4	7866	521.7	2738	638.8
2005	5518	833.8	8866	578.2	3082	693.5
2006	6235	923.8	9967	638.5	3420	750.6
2007	7282	1031.4	11487	706.3	3975	825.5
2008	8333	1101.0	13021	748.2	4480	863.9
2009	8911	1182.1	13883	805.8	4677	893.8
2010	10149	1307.2	15510	873.2	5263	978.5
2011	11959	1464.1	17965	962.3	6225	1097.9
2012	13592	1623.4	20232	1058.4	7064	1214.4
2013	15120	1751.6	22258	1130.4	7950	1324.2
2014	16538	1883.9	24069	1200.8	8809	1447.2
2015	17854	2021.6	25828	1280.8	9454	1542.3
2016	19049	2133.5	27352	1341.7	10082	1626.9
2017	20420	2262.2	29132	1409.3	10788	1732.1
2018	21990	2393.0	31035	1474.8	11750	1853.2
2019	23828	2524.9	33262	1540.6	12902	1975.7
2020	25214	2596.4	34793	1567.5	13878	2057.2
2021	27426	2796.2	37433	1668.1	15308	2248.9
2022	29178	2914.0	39532	1727.0	16323	2341.3
2023	30924	3089.8	41327	1808.5	17677	2540.5

4-5 全省居民家庭生活基本情况
BASIC LIVING CONDITIONS OF THE PROVINCIAL HOUSEHOLDS

指　标	Item	2022	2023
一、调查户数(户)	Number of Households Surveyed (household)	4500	4700
二、平均每户常住人口数(人)	Average Number of Resident Population per Household (person)	2.72	2.77
三、平均每户从业人口(人)	Average Number of Employees per Household (person)	1.52	1.54
四、平均每一从业者负担人数(人)	Average Number of Persons Supported by Each Employee (person)	1.90	1.94
五、平均每人全年可支配收入(元)	Per Capita Annual Disposable Income (yuan)	29178	30924
六、平均每人全年消费支出(元)	Per Capita Annual Living Expenditure (yuan)	17537	19756

4-6 城镇居民家庭生活基本情况
BASIC LIVING CONDITIONS OF URBAN HOUSEHOLDS

指　标	Item	2022	2023
一、调查户数(户)	Number of Households Surveyed (household)	2730	2840
二、平均每户常住人口数(人)	Average Number of Resident Population per Household (person)	2.79	2.70
三、平均每户从业人口数(人)	Average Number of Employees per Household (person)	1.35	1.34
四、平均每一从业者负担人数(人)	Average Number of Persons Supported by Each Employee (person)	2.15	2.10
五、平均每人全年可支配收入(元)	Per Capita Annual Disposable Income (yuan)	39532	41327
六、平均每人全年消费支出(元)	Per Capita Annual Living Expenditure (yuan)	21923	24524
七、平均每人期末住房面积(平方米)	Per Capita Living Space at Year-end (sq.m)	36.34	38.59

4-7 城镇居民家庭人均全年总收入
PER CAPITA ANNUAL INCOME OF URBAN HOUSEHOLDS

单位：元 (yuan)

指　标	Item	2022	2023
总收入	**Total Income**	**43405.16**	**45468.50**
一、工资性收入	Income of Wages and Salaries	22358.59	23505.35
二、经营性收入	Business Income	5618.98	5724.55
(一)第一产业	Primary Industry	1364.89	661.52
农　业	Farming	1168.31	390.54
林　业	Forestry	1.73	7.78
牧　业	Animal Husbandry	194.83	263.20
渔　业	Fishery	0.02	
(二)第二产业	Secondary Industry	631.44	853.63
采矿业	Mining		157.71
制造业	Manufacturing	33.11	387.25
电力、热力、燃气及水生产和供应业	Production and Supply of Power, Heat, Gas and Water	16.28	
建筑业	Construction	582.05	308.67
(三)第三产业	Tertiary Industry	3622.65	4209.40
批发和零售业	Wholesale and Retail Trade	2159.29	2363.79
交通运输、仓储和邮政业	Transportation, Storage and Post	464.39	559.42
住宿和餐饮业	Hotels and Catering Services	354.89	534.37
房地产业	Real Estate		30.45
租赁和商务服务业	Leasing and Business Services	39.04	49.57
居民服务、修理和其他服务业	Resident Services, Repair and Other Services	436.18	518.98
农林牧渔服务业	Services of Agriculture, Forestry, Animal Husbandry and Fishery	24.61	8.10
其　他	Others	144.24	144.72
三、财产性收入	Property Income	3082.14	3171.37
#利息收入	Interest	304.19	372.46
红利收入	Dividend and Bonus	727.23	625.14
储蓄性保险净收益	Net Savings Insurance	23.61	31.21
出租房屋财产性净收入	Net Income of Property Rental	360.41	583.71
四、转移性收入	Transfer Income	12345.45	13067.22
#养老金或离退休金	Pension or Retirement Payments	9213.47	9657.18
社会救济和补助	Social Relief and Subsidy	108.57	119.27
政策性生活补贴	Policy Living Allowances	110.35	94.21
赡养收入	Old Alimony	726.68	841.22
报销医疗费	Reimbursement of Medical Expenses	530.00	557.73
从政府和组织得到的实物产品和服务折价	Goods and Services Discount Received from Governments and Organizations	45.07	23.61
政策性惠农补贴	Aagricultural Subsidies	51.66	19.80

4-8 城镇居民家庭人均全年总支出
PER CAPITA ANNUAL EXPENDITURE OF URBAN HOUSEHOLDS

单位：元 (yuan)

项　目	Item	2022	2023
总支出	**Total Expenditure**	**30835.91**	**34621.11**
一、消费支出	Living Expenditure	21922.63	24523.88
二、生产经营费用支出	Production and Operation Expenses	1574.77	1332.17
(一)第一产业	Primary Industry	562.88	229.87
农　业	Farming	501.53	97.02
林　业	Forestry	0.72	2.54
牧　业	Animal Husbandry	60.61	130.32
渔　业	Fishery	0.03	
(二)第二产业	Secondary Industry	121.10	303.84
采矿业	Mining		0.19
制造业	Manufacturing	7.98	157.48
电力、热力、燃气及水生产和供应业	Production and Supply of Power, Heat, Gas and Water	4.65	
建筑业	Construction	108.47	146.17
(三)第三产业	Tertiary Industry	890.79	798.47
批发和零售业	Wholesale and Retail Trade	481.58	356.82
交通运输、仓储和邮政业	Transportation, Storage and Post	154.51	140.36
住宿和餐饮业	Hotels and Catering Services	99.90	143.47
房地产业	Real Estate	0.03	
租赁和商务服务业	Leasing and Business Services	2.81	4.73
居民服务、修理和其他服务业	Resident Services, Repair and Other Services	108.87	126.21
农林牧渔服务业	Services of Agriculture, Forestry, Animal Husbandry and Fishery	23.18	3.85
其　他	Others	19.90	23.02
三、财产性支出	Property Expenditure	45.67	101.17
生活贷款利息支出	Living Loans Interest Expense	37.53	96.23
其他财产性支出	Other Property Expenditure	8.14	4.94
四、转移性支出	Transfer Expenditure	2071.70	2278.75
个人所得税	Individual Income Tax	71.48	75.41
社会保障支出	Social Security Expenditures	1783.22	1922.68
外来从业人员寄给家人的支出	Expenses of Foreign Employees Sent to The Family	1.06	4.46
赡养支出	Alimony Expenses	135.02	183.95
其他转移性支出	Other Property Expenditure	80.93	92.26
五、部分商业保险支出	Part of the Commercial Insurance Expenses	205.63	262.65
六、购置资产及非经常性转移支出	Acquisition of Assets and Non-recurring Transfer Expenditures	4097.10	4712.84
七、借贷性支出	Borrowing Expenditure	918.41	1409.65

4-9 城镇家庭平均每人家庭经营净收入
PER CAPITA NET INCOME FROM HOUSEHOLD BUSINESS OF URBAN HOUSEHOLDS

单位：元 (yuan)

指 标	Item	2022	2023
家庭经营净收入	**Net Income from Household Business**	**3863.27**	**3964.28**
农 业	Farming	643.38	280.48
林 业	Forestry	1.01	5.24
牧 业	Animal Husbandry	131.20	128.45
渔 业	Fishery		
采矿业	Mining		155.78
制造业	Manufacturing	22.92	121.87
电力、热力、燃气及水生产和供应业	Production and Supply of Power, Heat, Gas and Water	7.82	
建筑业	Construction	442.14	152.05
批发和零售业	Wholesale and Retail Trade	1634.32	1899.03
交通运输、仓储和邮政业	Transportation, Storage and Post	277.22	309.73
住宿和餐饮业	Hotels and Catering Services	248.08	361.15
房地产业	Real Estate	-0.03	30.45
租赁和商务服务业	Leasing and Business Services	34.10	32.81
居民服务、修理和其他服务业	Resident Services, Repair and Other Services	303.82	367.01
农林牧渔服务业	Services of Agriculture, Forestry, Animal Husbandry and Fishery	1.43	2.53
其 他	Others	115.87	117.68

4-10 主要年份城镇居民人均可支配收入增长情况
PER CAPITA DISPOSABLE INCOME GROWTH OF URBAN HOUSEHOLDS IN MAJOR YEARS

单位：元 (yuan)

年份 Year	可支配收入 Disposable Income	比上年增加额 Increase Value over Last Year	比上年增长(%) Increase Rate over Last Year (%)	城镇居民消费价格指数(上年=100) Urban Consumer Price Index (last year=100)	扣除物价上涨因素后比上年增长(%) Deducting Price Rising Increase Rate over Last Year (%)
1978	301.4				
1980	379.7			105.5	
1985	595.3	78.4	15.2	109.1	5.6
1990	1290.9	114.8	9.8	101.5	8.2
1995	3306.0	740.3	28.9	116.7	10.4
2000	4715.0	377.9	8.7	104.7	3.8
2005	8865.8	1000.2	12.7	101.7	10.8
2010	15510.1	1626.7	11.7	103.1	8.4
2013	22258.2	2026.0	10.0	103.0	6.8
2014	24069.4	1811.2	8.1	101.8	6.2
2015	25827.7	1758.3	7.3	100.6	6.7
2016	27352.3	1524.6	5.9	101.1	4.8
2017	29131.8	1779.5	6.5	101.4	5.0
2018	31034.8	1903.0	6.5	101.8	4.6
2019	33262.4	2227.6	7.2	102.6	4.5
2020	34792.7	1530.3	4.6	102.8	1.8
2021	37433.1	2640.4	7.6	101.1	6.4
2022	39532.0	2098.9	5.6	102.0	3.5
2023	41327.4	1795.3	4.5	99.9	4.6

4-11 主要年份城镇居民人均消费支出增长情况
PER CAPITA LIVING EXPENDITURE GROWTH OF URBAN HOUSEHOLDS IN MAJOR YEARS

单位：元 (yuan)

年份 Year	消费支出 Living Expenditure	比上年增加额 Increase Value over Last Year	比上年增长(%) Increase Rate over Last Year (%)	城镇居民消费价格指数(上年＝100) Urban Consumer Price Index (last year=100)	扣除物价上涨因素后比上年增长(%) Deducting Price Rising Increase Rate over Last Year (%)
1978	275.4				
1980	356.6	51.8	17.0	105.5	10.8
1985	533.4	100.1	23.1	109.1	12.8
1990	1047.7	54.2	5.5	101.5	3.9
1995	2640.7	597.4	29.2	116.7	10.7
2000	3981.6	465.8	13.3	104.7	8.2
2005	6517.8	727.8	12.6	101.7	10.7
2010	10236.3	489.3	5.0	103.1	1.9
2013	13762.7	997.9	7.8	103.0	4.7
2014	14636.9	874.2	6.4	101.8	4.5
2015	15818.6	1181.7	8.1	100.6	7.4
2016	16992.8	1174.2	7.4	101.1	6.3
2017	18404.0	1411.2	8.3	101.4	6.8
2018	19789.8	1385.9	7.5	101.8	5.6
2019	21159.0	1369.2	6.9	102.6	4.2
2020	20331.9	−827.1	−3.9	102.8	−6.5
2021	21965.5	1633.6	8.0	101.1	6.9
2022	21922.6	−42.9	−0.2	102.0	−2.2
2023	24523.9	2601.3	11.9	99.9	12.0

4-12 城镇居民家庭平均每人食品消费量
PER CAPITA FOOD CONSUMPTION OF URBAN HOUSEHOLDS

单位：公斤 (kg)

指 标	Item	2022	2023
粮 食	Grain	114.88	99.23
油脂类	Oil or Fat	7.38	7.21
蔬菜及菜制品	Vegetables and Processed Products	104.87	93.20
肉 类	Meat	21.90	21.47
禽 类	Poultry	4.25	4.57
水产品	Aquatic Product	3.99	4.42
蛋类及蛋制品	Eggs and Processed Products	17.11	14.67
奶和奶制品	Milk and Processed Products	20.32	18.65
鲜瓜果	Fresh Melons and Fruits	65.36	65.47

4-13 城镇居民家庭平均每百户年末耐用消费品拥有量
DURABLE CONSUMER GOODS OWNED PER 100 URBAN HOUSEHOLDS AT YEAR-END

名 称	Item	2022	2023
家用汽车(辆)	Automobile (unit)	42.56	54.31
摩托车(辆)	Motorcycle (unit)	12.49	9.95
电动助力车(辆)	Electric Bicycle (unit)	60.07	63.82
洗衣机(台)	Washing Machine (set)	99.34	100.15
电冰箱(台)	Refrigerator (set)	98.39	98.71
微波炉(台)	Microwave oven (set)	40.62	44.32
彩色电视机(台)	Color Television (set)	101.47	97.44
空 调(台)	Air conditioner (set)	47.00	65.81
热水器(台)	Water Heater (set)	82.78	90.69
排油烟机(台)	Kitchen Ventilator (set)	79.89	86.76
移动电话(部)	Mobile Telephone (set)	246.26	232.94
计算机(台)	Computer (set)	48.17	45.14
照相机(台)	Camera (set)	7.58	6.99

4-14 城镇居民家庭年末居住情况

HOUSING CONDITIONS OF URBAN HOUSEHOLDS AT YEAR-END

单位：%　　(%)

指　标	Item	2022	2023
一、居住空间样式	Style of Residential Space	100.0	100.0
单栋楼房	Dependent Resident	8.6	7.3
单栋平房	Dependent Bungalow	19.4	9.4
四居室及以上单元房	Apartment with Four and More Bedrooms	0.8	1.6
三居室单元房	Apartment with Three Bedrooms	30.0	36.3
二居室单元房	Apartment with Two Bedrooms	34.5	40.3
一居室单元房	Apartment with One Bedrooms	3.2	4.0
筒子楼或连片平房	Tube-Shaped Apartment or Contiguous Bungalow	3.5	1.1
其　他	Others	0.1	
二、主要建筑材料	Major Building Materials	100.0	100.0
钢筋混凝土	Reinforced Concrete	52.9	70.5
砖混材料	Brick and Concrete Material	40.0	27.6
砖瓦砖木	Tile and Brick	7.1	1.9
竹草土坯	Bamboo, Grass and Adobe		
其　他	Others		
三、现住房房屋来源	Current Housing Sources	100.0	100.0
租赁公房	Rent Public Houses	1.6	1.5
租赁私房	Rent Private Houses	2.7	9.1
自建住房	Self-Build Housing	27.1	15.6
购买商品房	Purchased Commercial Housing	42.8	56.6
购买房改住房	Purchased Housing-Reform Houses	10.6	4.7
购买保障性住房	Purchased Security Housing	5.5	5.2
拆迁安置房	Resettlement Housing	6.4	5.2
继承或获赠住房	Inherited or receive Housing	1.3	0.3
免费借用房	Free Rental Housing	1.0	1.5
雇主提供免费住房	Employer-Provided Free Housing		0.3
其他来源	Other Sources	1.0	

4-14 续表1 continued

单位：%　　(%)

指　　标	Item	2022	2023
四、现住房建筑面积	Current Housing Construction Area	100.0	100.0
10平方米以内	Within 10 sq. m		
10-20平方米	10 – 20 sq. m	0.1	1.0
20-30平方米	20 – 30 sq. m	0.3	1.1
30-60平方米	30 – 60 sq. m	15.5	12.1
60-90平方米	60 – 90 sq. m	32.9	26.6
90-120平方米	90 – 120 sq. m	31.0	35.0
120-200平方米	120 – 200 sq. m	17.4	21.5
200平方米以上	Above 200 sq. m	2.9	2.8
五、住宅外道路路面情况	Road Conditions Outside Houses	100.0	100.0
水泥或柏油路面	Cement or Asphalt Road	97.5	98.1
沙石或石板等硬质路面	Sand, Stone and Other Hard Surfacing Road	2.2	1.8
其　他	Others	0.3	0.1
六、取水位置	Water Intaking	100.0	100.0
住宅内管道取水	Pipelines inside Houses	92.6	97.0
住宅内其他方式取水	Other Ways inside Houses	0.2	0.3
院内管道取水	Pipelines in Yards	6.0	2.4
院内其他方式取水	Other Ways in Yards	1.1	0.2
其他位置取水	Others	0.1	0.1
七、住户主要饮用水来源情况	Major Sources of Drinking Water for Households	100.0	100.0
经过净化处理的自来水	Purified Running Water	96.6	98.1
受保护的井水和泉水	Protected Wells and Springs	2.9	1.5
不受保护的井水和泉水	Unprotected Wells and Springs	0.1	0.1
江河湖泊水	River and Lake Water		
收集雨水	Collected Rainwater		
桶装水	Bottled Water	0.3	0.2
其他水源	Other Water sources		
八、住户厕所类型	Household Toilets	100.0	100.0
水冲式卫生厕所(冲入下水道)	Sanitary Flush Toilets (into Sewers)	79.9	90.0
水冲式卫生厕所(冲入化粪池)	Sanitary Flush Toilets (into Septic Tanks)	2.1	1.6

4-14 续表2 continued

单位：% (%)

指　　标	Item	2022	2023
水冲式卫生厕所(冲入沼气池)	Stanitary Flush Toilets (into Biogas Pits)	0.9	0.0
水冲式卫生厕所(冲入防渗厕坑)	Stanitary Flush Toilets (into Impervious Pits)	1.3	0.2
卫生旱厕	Stanitray Pit Latrines	7.0	6.5
普通旱厕	General Pit Latrines	8.8	1.7
九、住户主要取暖设备状况	Major Heating Equipments for Households	100.0	100.0
由市政或小区集中供暖	Central Heating Supplied by Municipal or Residential Area	82.1	90.4
自行供暖	Self Heating	17.9	9.6
无取暖设备	No Heating Equipments		
十、住户主要取暖用能源状况	Major Heating Energy for Households	100.0	100.0
柴　草	Firewood	0.2	0.3
煤　炭	Coal	6.7	2.0
罐装液化石油气	Bottled Liquefied Petroleum Gas		
管道液化石油气	Pipelined Liquefied Petroleum Gas		
管道煤气	Pipelined Gas	0.4	0.5
管道天然气	Pipelined Natural Gas	5.6	3.6
电	Electricity	4.8	2.8
燃料用油	Fuel oil		
沼　气	Biogas		
其　他	Others	0.1	
无取暖行为	None	82.2	90.7
十一、主要炊用能源状况	Major Cooking Energy	100.0	100.0
柴　草	Firewood	0.1	0.4
煤　炭	Coal	3.3	0.6
罐装液化石油气	Bottled Liquefied Petroleum Gas	3.4	2.3
管道液化石油气	Pipelined Liquefied Petroleum Gas	0.1	
管道煤气	Pipelined Gas	10.5	7.8
管道天然气	Pipelined Natural Gas	57.3	65.7
电	Electricity	24.9	22.9
燃料用油	Fuel oil		
沼　气	Biogas		
其　他	Others		
无炊用行为	None	0.4	0.2

4-15 农村居民家庭生活基本情况
BASIC LIVING CONDITIONS OF RURAL HOUSEHOLDS

指　标	Item	2022	2023
一、调查户数(户)	Number of Households Surveyed (household)	1770	1860
二、平均每户常住人口数(人)	Average Number of Resident Population per Household (person)	2.61	2.87
三、平均每户从业人口数(人)	Average Number of Employees per Household (person)	1.79	1.81
四、平均每一从业者负担人数(人)	Average Number of Persons Supported by Each Employee (person)	1.61	1.77
五、平均每人全年可支配收入(元)	Per Capita Annual Disposable Income (yuan)	16323	17677
六、平均每人全年消费支出(元)	Per Capita Annual Living Expenditure (yuan)	12091	13684
七、人均期末住房面积(平方米)	Per Capita Living Space at Year-end (sq.m)	42.26	37.69

4-16 农村居民家庭人均全年总收入
PER CAPITA ANNUAL INCOME OF RURAL HOUSEHOLDS

单位：元　(yuan)

指　标	Item	2022	2023
总收入	**Total Income**	**19897.16**	**21828.98**
一、工资性收入	Income of Wages and Salaries	7272.41	7874.94
二、经营性收入	Business Income	7211.44	8091.58
(一)第一产业	Primary Industry	5834.30	5118.94
农　业	Farming	4248.79	4027.14
林　业	Forestry	64.37	110.08
牧　业	Animal Husbandry	1521.14	981.62
渔　业	Fishery		0.11
(二)第二产业	Secondary Industry	152.06	195.22
采矿业	Mining	12.43	
制造业	Manufacturing	96.33	135.76

4-16 续表 continued

单位：元 (yuan)

指　标	Item	2022	2023
电力、热力、燃气及水生产和供应业	Production and Supply of Power, Heat, Gas and Water	5.46	
建筑业	Construction	37.84	59.46
(三)第三产业	Tertiary Industry	1225.08	2777.42
批发和零售业	Wholesale and Retail Trade	285.93	1027.84
交通运输、仓储和邮政业	Transportation, Storage and Post	481.18	774.62
住宿和餐饮业	Hotels and Catering Services	220.91	326.85
房地产业	Real Estate		
租赁和商务服务业	Leasing and Business Services		10.78
居民服务、修理和其他服务业	Resident Services, Repair and Other Services	168.15	350.58
农林牧渔服务业	Services of Agriculture, Forestry, Animal Husbandry and Fishery	61.99	169.43
其　他	Others	6.92	117.32
三、财产性收入	Property Income	249.64	279.57
#利息收入	Interest	63.03	67.42
红利收入	Dividend and Bonus	80.57	87.13
储蓄性保险净收益	Net Savings Insurance	0.48	0.26
出租房屋财产性净收入	Net Income of Property Rental	13.03	21.00
四、转移性收入	Transfer Income	5163.67	5582.89
#养老金或离退休金	Pension or Retirement Payments	1834.03	2143.56
社会救济和补助	Social Relief and Subsidy	412.32	340.82
政策性生活补贴	Policy Living Allowances	176.98	61.53
赡养收入	Old Alimony	928.11	747.43
报销医疗费	Reimbursement of Medical Expenses	289.95	320.34
从政府和组织得到的实物产品和服务折价	Goods and Services Discount Received from Governments and Organizations	64.24	29.89
政策性惠农补贴	Aagricultural Subsidies	183.81	187.51

4-17 农村居民家庭人均全年总支出
PER CAPITA ANNUAL EXPENDITURE OF RURAL HOUSEHOLDS

单位：元 (yuan)

项 目	Item	2022	2023
总支出	**Total Expenditure**	**19134.53**	**21066.17**
一、消费支出	Living Expenditure	12090.94	13684.06
二、生产经营费用支出	Production and Operation Expenses	2781.20	2945.20
(一)第一产业	Primary Industry	2186.42	1942.66
农 业	Farming	1397.65	1418.18
林 业	Forestry	11.38	25.38
牧 业	Animal Husbandry	777.03	499.10
渔 业	Fishery	0.36	
(二)第二产业	Secondary Industry	88.08	90.79
采矿业	Mining	2.17	
制造业	Manufacturing	74.15	79.09
电力、热力、燃气及水生产和供应业	Production and Supply of Power, Heat, Gas and Water	1.05	
建筑业	Construction	10.71	11.70
(三)第三产业	Tertiary Industry	506.70	911.75
批发和零售业	Wholesale and Retail Trade	80.28	259.82
交通运输、仓储和邮政业	Transportation, Storage and Post	264.19	401.15
住宿和餐饮业	Hotels and Catering Services	108.49	127.44
房地产业	Real Estate		
租赁和商务服务业	Leasing and Business Services	0.06	1.83
居民服务、修理和其他服务业	Resident Services, Repair and Other Services	41.05	70.38
农林牧渔服务业	Services of Agriculture, Forestry, Animal Husbandry and Fishery	9.92	28.75
其 他	Others	2.71	22.39
三、财产性支出	Property Expenditure	18.05	23.63
生活贷款利息支出	Living Loans Interest Expense	16.24	20.25
其他财产性支出	Other Property Expenditure	1.81	3.38
四、转移性支出	Transfer Expenditure	612.49	712.95
个人所得税	Individual Income Tax	1.68	7.94
社会保障支出	Social Security Expenditures	544.08	640.44
外来从业人员寄给家人的支出	Expenses of Foreign Employees Sent to The Family	1.78	0.10
赡养支出	Alimony Expenses	42.55	53.78
其他转移性支出	Other Property Expenditure	22.40	10.69
五、部分商业保险支出	Part of the Commercial Insurance Expenses	65.30	78.38
六、购置资产及非经常性转移支出	Acquisition of Assets and Non-recurring Transfer Expenditures	3068.22	3111.33
七、借贷性支出	Borrowing Expenditure	498.34	510.60

4-18 农村居民家庭平均每户土地经营情况
LAND MANAGEMENT OF RURAL HOUSEHOLDS

单位：亩 (mu)

指 标	Item	2022	2023
一、期末实际经营土地面积	**Land Area Under Real Management at the End of the Period**	**8.96**	**6.76**
耕 地	Cultivated Land	7.47	6.16
#有效灌溉面积	Effective Irrigated Area	2.70	3.30
林 地	Forest Land	0.65	0.04
园 地	Orchards	0.83	0.56
二、期内主要粮食播种面积	**Sown Area of Major Crops within the Period**	**5.73**	**5.40**
小 麦	Wheat	0.56	0.67
水 稻	Rice	0.01	0.01
玉 米	Corn	4.79	4.55
大 豆	Soybean	0.15	0.06
薯 类	Rubers	0.24	0.11
三、期内主要经济作物播种面积	**Sown Area of Major Commercial Crops within the Period**	**0.95**	**1.05**
棉 花	Cotton		
油 料	Oil-bearing Plants	0.19	0.10
糖料作物	Sugar-yileding Crops		
蔬 菜	Vegetables	0.12	0.18
#设施蔬菜	Greenhouse Vegetables	0.04	0.12
水 果	Fruit	0.64	0.77
#设施水果	Greenhouse Fruit	0.09	0.09
四、农业生产技术应用情况	**Application of Agriculture Production Technology**		
机耕面积	Area Cultivated by Machine	5.74	4.72
机播面积	Area Sown by Machine	5.29	4.16
机收面积	Area Harvested by Machine	4.12	3.93
机电灌溉面积	Area Irrigated by Machine	1.72	2.10

4-19 农村居民家庭平均每人家庭经营净收入

PER CAPITA NET INCOME FROM HOUSEHOLD BUSINESS OF RURAL HOUSEHOLDS

单位：元 (yuan)

指 标	Item	2022	2023
家庭经营净收入	**Net Income from Household Business**	**4267.51**	**4676.38**
农 业	Farming	2803.14	2512.03
林 业	Forestry	52.38	84.70
牧 业	Animal Husbandry	681.77	422.49
渔 业	Fishery	−0.35	0.11
采矿业	Mining	9.49	
制造业	Manufacturing	16.88	34.42
电力、热力、燃气及水生产和供应业	Production and Supply of Power, Heat, Gas and Water	4.06	
建筑业	Construction	27.09	44.53
批发和零售业	Wholesale and Retail Trade	194.99	710.98
交通运输、仓储和邮政业	Transportation, Storage and Post	186.60	213.61
住宿和餐饮业	Hotels and Catering Services	110.03	182.91
房地产业	Real Estate		
租赁和商务服务业	Leasing and Business Services	−0.06	4.58
居民服务、修理和其他服务业	Resident Services, Repair and Other Services	125.65	262.08
农林牧渔服务业	Services of Agriculture, Forestry, Animal Husbandry and Fishery	51.78	117.73
其 他	Others	4.04	86.22

4-20 主要年份农村居民人均可支配收入增长情况

PER CAPITA DISPOSABLE INCOME GROWTH OF RURAL HOUSEHOLDS IN MAJOR YEARS

单位：元 (yuan)

年 份 Year	可支配收 入 Disposable Income	比上年增加额 Increase Value over Last Year	比 上 年增长(%) Increase Rate over Last Year (%)	农村居民消费价 格 指 数(上年=100) Urban Consumer Price Index (last year=100)	扣除物价上涨因素后比上年增长(%) Deducting Price Rising Increase Rate over Last Year (%)
1978	101.6	8.0	8.6		
1980	155.8	10.4	7.1	101.3	5.8
1985	358.3	19.5	5.8	107.8	-1.9
1990	603.5	89.6	17.4	103.0	14.0
1995	1208.3	324.1	36.7	117.2	16.6
2000	1950.4	150.7	8.4	103.0	5.2
2005	3082.0	344.1	12.6	103.7	8.6
2010	5263.3	586.3	12.5	102.8	9.5
2013	7949.5	885.6	12.5	103.2	9.0
2014	8809.4	859.9	10.8	101.4	9.2
2015	9453.9	644.5	7.3	100.7	6.6
2016	10082.5	628.6	6.6	101.1	5.5
2017	10787.5	705.1	7.0	100.5	6.5
2018	11750.0	962.5	8.9	101.8	7.0
2019	12902.4	1152.4	9.8	103.0	6.6
2020	13878.0	975.6	7.6	103.3	4.1
2021	15308.3	1430.3	10.3	100.9	9.3
2022	16322.7	1014.4	6.6	102.4	4.1
2023	17676.7	1354.0	8.3	99.9	8.4

4-21 主要年份农村居民人均消费支出增长情况

PER CAPITA LIVING EXPENDITURE GROWTH OF RURAL HOUSEHOLDS IN MAJOR YEARS

单位：元 (yuan)

年 份 Year	消 费 支 出 Living Expenditure	比上年增加额 IncreaseValue over Last Year	比 上 年增长(%) Increase Rate over Last Year (%)	农村居民消费价 格 指 数(上年＝100) Rural Consumer Price Index (last year=100)	扣除物价上涨因素后比上年增长(%) Deducting Price Rising Increase Rate over Last Year (%)
1978	90.6				
1980	134.4	16.1	13.6	101.3	12.1
1985	272.7	48.4	21.6	107.8	12.8
1990	487.7	78.4	19.2	103.0	15.7
1995	928.0	254.4	37.8	117.2	17.5
2000	1174.8	112.8	10.6	103.0	7.4
2005	1999.8	271.6	15.7	103.7	11.6
2010	4070.4	428.9	11.8	102.8	8.7
2013	6457.7	273.8	4.4	103.2	1.2
2014	6991.7	534.0	8.3	101.4	6.8
2015	7421.2	429.5	6.1	100.7	5.4
2016	8028.8	607.6	8.2	101.1	7.0
2017	8424.0	395.2	4.9	100.5	4.4
2018	9172.2	748.2	8.9	101.8	7.0
2019	9728.4	556.2	6.1	103.0	3.0
2020	10290.1	561.7	5.8	103.3	2.4
2021	11410.1	1120.0	10.9	100.9	9.9
2022	12090.9	680.8	6.0	102.4	3.5
2023	13684.1	1593.1	13.2	99.9	13.3

4-22 农村居民家庭平均每人食品消费量
PER CAPITA FOOD CONSUMPTION OF RURAL HOUSEHOLDS

单位：公斤 (kg)

指　标	Item	2022	2023
粮　食	Grain	156.48	128.90
油脂类	Oil or Fat	8.47	9.13
蔬菜及菜制品	Vegetables and Processed Products	90.60	80.52
肉　类	Meat	17.47	18.16
禽　类	Poultry	3.08	3.25
水产品	Aquatic Product	1.90	2.43
蛋类及蛋制品	Eggs and Processed Products	15.75	15.03
奶和奶制品	Milk and Processed Products	13.61	12.78
鲜瓜果	Fresh Melons and Fruits	47.19	50.22

4-23 农村居民家庭平均每百户耐用消费品拥有量
DURABLE CONSUMER GOODS OWNED PER 100 RURAL HOUSEHOLDS

名　称	Item	2022	2023
家用汽车(辆)	Automobile (unit)	30.06	40.87
摩托车(辆)	Motorcycle (unit)	37.97	27.27
电动助力车(辆)	Electric Bicycle (unit)	64.63	89.68
洗衣机(台)	Washing Machine (set)	93.84	99.89
电冰箱(台)	Refrigerator (set)	89.72	96.66
微波炉(台)	Microwave oven (set)	8.59	12.95
彩色电视机(台)	Color Television (set)	99.49	99.75
空　调(台)	Air Conditioner (set)	27.68	41.85
热水器(台)	Water Heater (set)	35.71	46.97
排油烟机(台)	Kitchen Ventilator (set)	25.65	46.13
移动电话(部)	Mobile Telephone (set)	242.49	264.76
计算机(台)	Computer (set)	23.84	23.26
照相机(台)	Camera (set)	1.13	0.94

4-24 农村居民家庭年末居住情况

HOUSING CONDITIONS OF RURAL HOUSEHOLDS AT YEAR-END

单位：% (%)

指 标	Item	2022	2023
一、居住空间样式	Style of Residential Space	100.0	100.0
单栋楼房	Dependent Resident	9.3	9.1
单栋平房	Dependent Bungalow	79.5	82.7
四居室及以上单元房	Apartment with Four and More Bedrooms	0.1	0.2
三居室单元房	Apartment with Three Bedrooms	4.0	4.2
二居室单元房	Apartment with Two Bedrooms	1.1	2.9
一居室单元房	Apartment with One Bedrooms	0.5	0.7
筒子楼或连片平房	Tube-Shaped Apartment or Contiguous Bungalow	4.5	0.1
其 他	Others	1.0	
二、主要建筑材料	Major Building Materials	100.0	100.0
钢筋混凝土	Reinforced Concrete	12.3	18.5
砖混材料	Brick and Concrete Material	53.4	57.3
砖瓦砖木	Tile and Brick	34.0	24.3
竹草土坯	Bamboo, Grass and Adobe	0.2	
其 他	Others	0.1	
三、现住房房屋来源	Current Housing Sources	100.0	100.0
租赁公房	Rent Public Houses	0.1	0.2
租赁私房	Rent Private Houses	1.6	1.5
自建住房	Self-Build Housing	90.4	88.0
购买商品房	Purchased Commercial Housing	4.4	6.6
购买房改住房	Purchased Housing-Reform Houses	0.3	0.5
购买保障性住房	Purchased Security Housing	0.5	0.4
拆迁安置房	Resettlement Housing	1.4	1.8
继承或获赠住房	Inherited or receive Housing	0.6	0.7
免费借用房	Free Rental Housing	0.7	0.3
雇主提供免费住房	Employer-Provided Free Housing	0.1	
其他来源	Other Sources	0.1	

4-24 续表1 continued

单位：% (%)

指　　标	Item	2022	2023
四、现住房建筑面积	Current Housing Construction Area	100.0	100.0
10平方米以内	Within 10 sq. m		
10-20平方米	10 – 20 sq. m	0.1	
20-30平方米	20 – 30 sq. m	1.6	1.2
30-60平方米	30 – 60 sq. m	17.9	22.4
60-90平方米	60 – 90 sq. m	23.7	22.7
90-120平方米	90 – 120 sq. m	28.1	25.3
120-200平方米	120 – 200 sq. m	23.8	22.9
200平方米以上	Above 200 sq. m	4.7	5.4
五、住宅外道路路面情况	Road Conditions Outside Houses	100.0	100.0
水泥或柏油路面	Cement or Asphalt Road	91.1	92.3
沙石或石板等硬质路面	Sand, Stone and Other Hard Surfacing Road	7.3	6.5
其　他	Others	1.6	1.2
六、取水位置	Water Intaking	100.0	100.0
住宅内管道取水	Pipelines inside Houses	55.1	57.2
住宅内其他方式取水	Other Ways inside Houses	0.9	0.6
院内管道取水	Pipelines in Yards	37.7	39.5
院内其他方式取水	Other Ways in Yards	3.9	1.3
其他位置取水	Others	2.4	1.4
七、住户主要饮用水来源情况	Major Sources of Drinking Water for Households	100.0	100.0
经过净化处理的自来水	Purified Running Water	73.3	85.3
受保护的井水和泉水	Protected Wells and Springs	25.8	14.4
不受保护的井水和泉水	Unprotected Wells and Springs	0.9	
江河湖泊水	River and Lake Water		
收集雨水	Collected rainwater		0.1
桶装水	Bottled water	0.1	0.1
其他水源	Other Water sources		
八、住户厕所类型	Households Toilets	100.0	100.0
水冲式卫生厕所(冲入下水道)	Sanitary Flush Toilets (into Sewers)	9.4	16.7
水冲式卫生厕所(冲入化粪池)	Sanitary Flush Toilets (into Septic Tanks)	1.8	3.2

4–24 续表2 continued

单位：% (%)

指　　标	Item	2022	2023
水冲式卫生厕所(冲入沼气池)	Sanitary Flush Toilets (into Biogas Pits)	2.3	0.4
水冲式卫生厕所(冲入防渗厕坑)	Stanitary Flush Toilets (into Impervious Pits)	4.4	0.6
卫生旱厕	Stanitray Pit Latrines	34.8	49.3
普通旱厕	General Pit Latrines	47.5	29.8
九、住户主要取暖设备状况	Major Heating Equipments for Households	100.0	100.0
由市政或小区集中供暖	Central Heating Supplied by Municipal or Residential Area	12.4	18.9
自行供暖	Self Heating	87.5	81.1
无取暖设备	No Heating Equipments	0.1	
十、住户主要取暖用能源状况	Major Heating Energy for Households	100.0	100.0
柴　草	Firewood	6.0	5.7
煤　炭	Coal	55.8	46.4
罐装液化石油气	Bottled Liquefied Petroleum Gas		
管道液化石油气	Pipelined Liquefied Petroleum Gas	0.1	0.1
管道煤气	Pipelined Gas	0.7	0.9
管道天然气	Pipelined Natural Gas	9.5	10.0
电	Electricity	14.7	18.0
燃料用油	Fuel oil		
沼　气	Biogas		
其　他	Others	0.2	
无取暖行为	None	12.9	18.9
十一、主要炊用能源状况	Major Cooking Energy	100.0	100.0
柴　草	Firewood	8.5	8.9
煤　炭	Coal	27.8	21.0
罐装液化石油气	Bottled Liquefied Petroleum Gas	4.9	3.6
管道液化石油气	Pipelined Liquefied Petroleum Gas	0.2	0.1
管道煤气	Pipelined Gas	1.8	2.2
管道天然气	Pipelined Natural Gas	14.4	16.8
电	Electricity	42.4	47.5
燃料用油	Fuel oil		
沼　气	Biogas		
其　他	Others	0.1	
无炊用行为	None		0.1

主要统计指标解释

可支配收入 指住户在调查期内获得的、可用于最终消费支出和储蓄的总和，即住户可以用来自由支配的收入。可支配收入既包括现金，也包括实物收入。按照收入的来源，可支配收入包含四项，分别为：工资性收入、经营净收入、财产净收入和转移净收入。计算公式为：

可支配收入 = 工资性收入 + 经营净收入 + 财产净收入 + 转移净收入

工资性收入 指就业人员通过各种途径得到的全部劳动报酬和各种福利，包括受雇于单位或个人、从事各种自由职业、兼职和零星劳动得到的全部劳动报酬和福利。

经营净收入 指住户或住户成员从事生产经营活动所获得的净收入，是全部经营收入中扣除经营费用、生产性固定资产折旧和生产税之后得到的净收入。计算公式具体为：

经营净收入 = 经营收入 - 经营费用 - 生产性固定资产折旧 - 生产税

财产净收入 指住户或住户成员将其所拥有的金融资产、住房等非金融资产和自然资源交由其他机构单位、住户或个人支配而获得的回报并扣除相关的费用之后得到的净收入。财产净收入包括利息净收入、红利收入、储蓄性保险净收益、转让承包土地经营权租金净收入、出租房屋净收入、出租其他资产净收入和自有住房折算净租金等。

转移净收入 计算公式为：转移净收入 = 转移性收入 - 转移性支出

转移性收入 指国家、单位、社会团体对住户的各种经常性转移支付和住户之间的经常性收入转移。包括养老金或退休金、社会救济和补助、政策性生产补贴、政策性生活补贴、经常性捐赠和赔偿、报销医疗费、住户之间的赡养收入、本住户非常住成员寄回带回的收入等。

转移性支出 指住户对国家、单位、住户或个人的经常性或义务性转移支付。包括缴纳的税款、各项社会保障支出、赡养支出、经常性捐赠和赔偿支出以及其他经常转移支出等。

消费支出 指住户用于满足家庭日常生活消费需要的全部支出，包括用于消费品的支出和用于服务性消费的支出。根据用途不同，消费支出可划分为食品烟酒、衣着、居住、生活用品及服务、交通通信、教育文化娱乐、医疗保健、其他用品及服务八大类。

Explanatory Notes on Main Statistical Indicators

Disposable Income refers to the disposable income of households which obtained during the survey period, and can be used for final consumption and savings. It includes cash and physical income. It can be divided into four categories, including income of wages and salaries, net business income, net property income and net transfer income by the sources of income. The formula is as follows:

Disposable Income = Income of Wages and Salaries + Net Business Income + Net Property Income + Net Transfer Income

Wages and Salaries refers to total labor rewards and welfare employees received through various channels, including employed by units or individuals, engaged in free occupations, part-time jobs and sporadic jobs.

Net Business Income refers to net income the households or their members received through production and operation activities. It equals to total business income minus business expenses, depreciation of productive fixed assets and production taxes. The formula is as follows:

Net Business Income = Business Income – Business Expenses – Depreciation of Productive Fixed Assets – Production Taxes

Net Property Income refers to net income received as returns deducting related expenses by the households or their members, who owns the financial assets, non-financial assets such as housing and natural resources, by providing them to other institutional units, households or individuals. It includes net interest income, dividend and bonus, net savings insurance, net rental income from transferring management right of contracted land, net rental income from houses, net rental income from other assets, imputed net rental from owner occupied housing and etc.

Net Transfer Income is calculated by the following formula:

Net Transfer Income = Transfer Income – Transfer Expenditure

Transfer Income refers to current transfer payment the state, units, social organizations pay to households and current transfer income among households. It includes pensions or retirement payments, social relief and subsidies, policy living allowances, regular donations and compensations, reimbursement of medical expenses, supporting income among households, income from non-resident members of households, etc.

Transfer Expenditure refers to current or compulsory transfer payment households pay to the state, units, households and individuals. It includes taxes, social security expenditures, alimony payments, regular donations and compensations and other current transfer expenditures.

Living Expenditure refers to total expenditure households used to satisfy daily life consumption, which includes consumer goods and services expenditure. It can be classified into eight categories, including expenditure on food, tobacco and liquor, clothing, residence, household facilities, articles and services, transportation and communication, education, culture and recreation, health care and others.

5

PUBLIC FINANCE, BANKING AND INSURANCE

财政、金融和保险

资料整理人员

张艳芳　尹　伊

PUBLIC FINANCE, BANKING AND INSURANCE 财政、金融和保险

一般公共预算收入	General Public Budget Revenue	3479.4	亿元 (100 million yuan)
一般公共预算支出	General Public Budget Expenditure	6345.6	亿元 (100 million yuan)
住户存款	Deposits of Households	37158.6	亿元 (100 million yuan)
原保险保费收入	Income of Premiums	1106.7	亿元 (100 million yuan)

一般公共预算收入（亿元）

General Public Budget Revenue (100 million yuan)

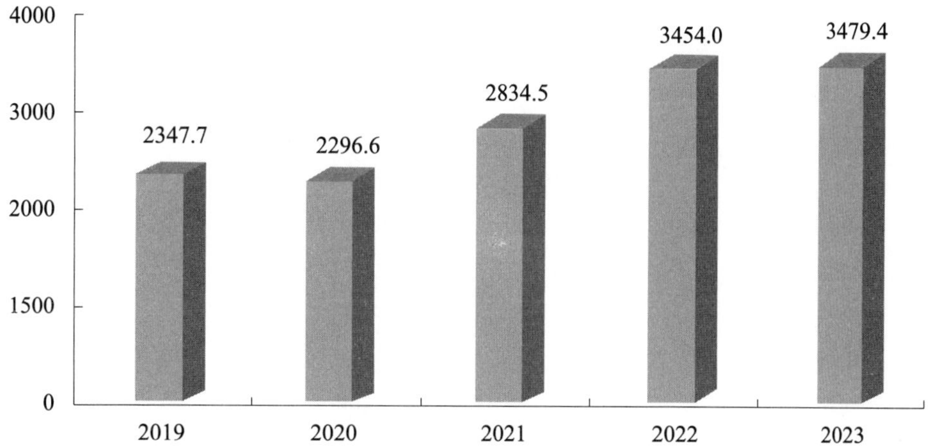

金融机构人民币各项存贷款余额（万亿元）

Balance of Deposits and Loans in RMB of Financial Institutions (trillion yuan)

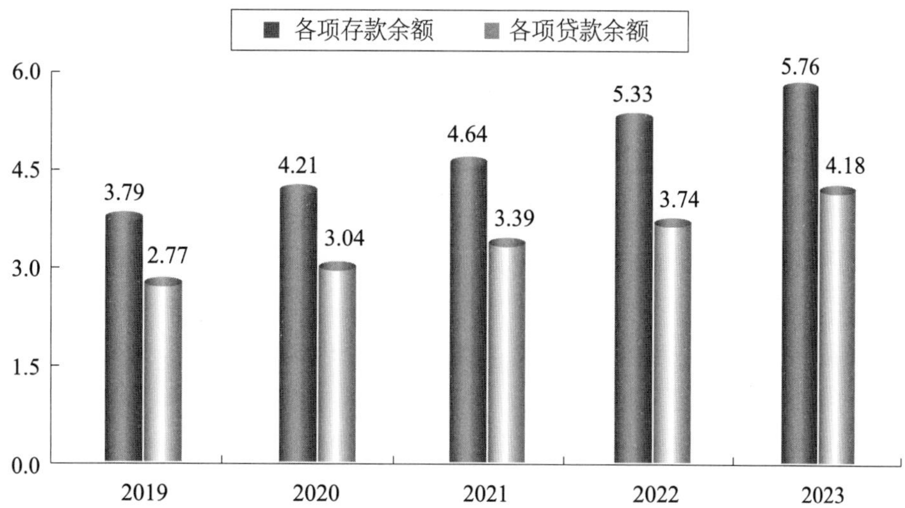

5-1 主要年份财政收支情况

FINANCIAL REVENUE AND EXPENDITURE IN MAJOR YEARS

单位：万元 (10 000 yuan)

年 份 Year	一般公共预算收入 General Public Budget Revenue	一般公共预算支出 General Public Budget Expenditure	一般公共预算收支差额 General Public Budget Balance	一般公共预算收支指数(上年=100) General Public Budget Revenue and Expenditure Indices (last year=100)	
				收 入 Revenue	支 出 Expenditure
1952	18276	10913	7363	138	185
1957	35230	28832	6398	109	95
1962	54001	36423	17578	79	50
1965	68571	51064	17507	115	103
1970	92081	94164	-2083	181	150
1975	123934	149779	-25845	113	98
1978	196419	211118	-14699	148	129
1980	209555	196099	13456	103	95
1985	249906	355483	-105577	92	119
1990	517495	548962	-31467	107	108
1995	722064	1128924	-406860	134	127
2000	1144762	2250554	-1105792	105	121
2005	3683437	6687508	-3004071	144	129
2006	5833752	9155698	-3321946	158	137
2007	5978870	10499228	-4520358	102	115
2008	7480047	13150175	-5670128	125	125
2009	8058279	15617047	-7558768	108	119
2010	9696652	19313641	-9616989	120	124
2011	12134340	23638476	-11504136	125	122
2012	15163780	27594582	-12430802	125	117
2013	17016227	30301263	-13285036	112	110
2014	18206350	30852826	-12646476	107	102
2015	16423546	34229731	-17806185	90	111
2016	15569972	34288617	-18718645	95	100
2017	18670022	37564199	-18894177	120	110
2018	22926982	42839099	-19912117	123	114
2019	23477478	47107629	-23630151	102	110
2020	22965669	51108746	-28143077	98	108
2021	28344743	50466207	-22121464	123	99
2022	34539927	58764956	-24225029	122	116
2023	34793737	63456071	-28662334	101	108

注：1994年以前一般公共预算收支为财政收支。

Note: General public budget revenue and expenditure refer to financial revenue and expenditure before 1994.

5-2 政府性基金收支额(2023年)

REVENUE AND EXPENDITURE OF GOVERNMENT FUNDS(2023)

单位：万元 (10 000 yuan)

项 目	Item	金 额 Value
收入合计	**Total Revenue**	**6017711**
#政府性基金收入	Revenue of Government Funds	5528190
支出合计	**Total Expenditure**	**11976801**
一、文化旅游体育与传媒	Expenditure for Culture, Tourism, Sports and Media	2108
二、社会保障和就业	Expenditure for Social Security and Employment	62992
三、节能环保	Expenditure for Energy Conservation and Environmental Protection	22322
四、城乡社区	Expenditure for Urban and Rural Community	5252749
五、农林水	Expenditure for Agriculture, Forestry and Water Conservancy	43663
六、交通运输	Expenditure for Transportation	574213
七、资源勘探信息等	Expenditure for Resources Exploration and Information	22652
八、债务付息	Expenditure for Interest Payment on Debts	1176320
九、债务发行费用	Expenditure for Debts Issuance	6358
十、抗疫特别国债安排的支出	Anti-epidemic Special Bonds	3894
十一、其他支出	Other Expenditures	4809530

5-3 一般公共预算收入(2023年)

GENERAL PUBLIC BUDGET REVENUE(2023)

单位：万元　　　　(10 000 yuan)

项　目	Item	金 额 Value
收入总计	**Total Revenue**	**34793737**
一、税收收入	**Total taxes**	**25570536**
增值税	Value-added Taxes	9048163
企业所得税	Enterprises Income Taxes	5006930
个人所得税	Individual Income Taxes	660892
资源税	Resource Taxes	6190155
城市维护建设税	Taxes on Urban Construction and Maintenance	1180755
房产税	House Property Taxes	607197
印花税	Stamp Taxes	469350
城镇土地使用税	Taxes on Use of Urban Land	373698
土地增值税	Land Value-added Taxes	440978
车船税	Taxes on Use of Vehicles and vessels	310562
耕地占用税	Taxes on Occuping Cultivated Land	276059
契　税	Contract Taxes	896448
烟叶税	Tobacco Taxes	3796
环境保护税	Environmental Protection Taxes	100798
其他税收收入	Other Taxes	4755
二、非税收入	**Non-tax Revenue**	**9223201**
专项收入	Special Incomes	2044791
行政事业性收费收入	Incomes from Administrative Fees	994535
罚款收入	Penalty Incomes	1183737
国有资本经营预算收入	Business Budget Revenue of State-owned Properties	1140047
国有资源(资产)有偿使用收入	Incomes from State-owned Resource Utilization	3284033
捐赠收入	Donation Incomes	51092
政府住房基金收入	Incomes from Government Housing Fund	371163
其他收入	Other Incomes	153803

5-4　一般公共预算支出(2023年)
GENERAL PUBLIC BUDGET EXPENDITURE(2023)

单位：万元　　(10 000 yuan)

项　目	Item	金 额 Value
支出总计	**Total Expenditure**	**63456071**
一、一般公共服务	Expenditure for General Public Services	5477658
二、国　防	Expenditure for National Defence	51885
三、公共安全	Expenditure for Public Security	2859100
四、教　育	Expenditure for Education	9105524
五、科学技术	Expenditure for Science and Technology	841385
六、文化旅游体育与传媒	Expenditure for Culture, Tourism, Sports and Media	1171644
七、社会保障和就业	Expenditure for Social Security and Employment	11034534
八、卫生健康	Expenditure for Health Care	5165613
九、节能环保	Expenditure for Energy Conservation and Environmental Protection	2416513
十、城乡社区	Expenditure for Urban and Rural Community	6759609
十一、农林水	Expenditure for Agriculture, Forestry and Water Conservancy	6609920
十二、交通运输	Expenditure for Transportation	3376527
十三、资源勘探信息等	Expenditure for Resources Exploration and Information	2070777
十四、商业服务业等	Expenditure for Business and Services	333626
十五、金　融	Expenditure for Finance	838972
十六、援助其他地区	Expenditure for Other Regional Assistance	31906
十七、自然资源海洋气象等	Expenditure for Natural Resource, Ocean and Weather	984975
十八、住房保障	Expenditure for Housing Security	1990932
十九、粮油物资储备	Expenditure for Cereals, Oils and Material Reserves	188108
二十、灾害防治及应急管理	Expenditure for Disaster Prevention and Emergency Management	691084
二十一、债务付息	Expenditure for Interest Payment on Debts	996376
二十二、债务发行费用	Expenditure for Debts Issuance	4868
二十三、其他支出	Other Expenditures	454535

5-5 税收分经济类型情况(2023年)

单位：万元

项　目	Item	合 计 Total	内资 国有企业 Stated-owned Enterprise	集体企业 Collective-owned Enterprise	股份合作企业 Share Cooperative Enterprise	联营企业 Joint Enterprise
税收收入	**Tax Revenue**	**45977246**	**1983323**	**74650**	**23934**	**546**
国内增值税	Domestic Value-added Taxes	18937307	572682	40081	6531	193
#一般纳税人	General Taxpayers	17824820	537922	37450	6296	193
国内消费税	Domestic Consumption Taxes	1394226	467793	40		
企业所得税	Enterprises Income Taxes	12236429	432396	21658	13491	238
个人所得税	Individual Income Taxes	1681621	43202	3380	2352	3
资源税	Resource Taxes	6190159	141463	479	1	100
城市维护建设税	Taxes on Urban Construction and Maintenance	1182849	69391	2162	391	5
房产税	House Property Taxes	607193	32350	3226	694	
印花税	Stamp Taxes	469343	14609	926	82	
城镇土地使用税	Taxes on Use of Urban Land	373692	32921	1711	59	3
土地增值税	Land Value-added Taxes	440976	20845	183		
车船税	Taxes on Use of Vehicles and Vessels	310563	1822		313	
车辆购置税	Vehicle Purchase Taxes	732045	1021	126	17	2
耕地占用税	Taxes on Occuping Cultivated Land	276060	9815	70		
契　税	Contract Taxes	896449	2593	65		
环境保护税	Vironmental Protection Taxes	100797	5505	140	3	2
海关代征	Taxes Collected by the Customs on Behalf of the Tax Authorities	134389	133740			
其他税收	Other Taxes	13148	1175	403		

TAXES REVENUE BY FORM OF OWNERSHIP(2023)

(10 000 yuan)

Civil Funded Enterprises					港澳台商投资企业 Enterprise Funded by Hong Kong, Macao and Taiwan	外商投资企业 Foreign Funded Enterprise	个体经营 Individual	非企业单位 Non-enterprise Units
有限责任公司 Limited Responsibility Company	股份公司 Share Holding Limited Company	#国有控股 State Controlling Share	私营企业 Private Enterprise	其他企业 Other Enterprise				
28167104	**6462931**	**5336276**	**6174983**	**8114**	**708669**	**774934**	**137618**	**1460440**
11341023	2583985	2092428	3552420	4624	333050	253022	97748	151948
10839102	2563554	2087941	3195132	2598	328921	251858	21236	40558
377193	487198	470703	51702	24	2399	5574	2303	
8204963	1731941	1447430	1213549	508	253879	348144		15662
835076	284019	205646	212821	790	9760	15587	26951	247680
4780694	749241	695444	346275	47	62260	102525	1077	5997
716376	184603	151987	170355	122	13512	16782	2886	6264
398371	79433	51784	51694	46	13638	6387	369	20985
293977	44860	30967	96634	218	8249	3049	293	6446
236676	28131	20285	60971	149	6867	3673	368	2163
292207	5047	1766	109046		744	1881	10	11013
33690	241145	145424	16111	507	10	15281	268	1416
64984	1925	1065	216637	102	439	1009	5137	440646
95991	18131	3346	5248	887	407	652	54	144805
423046	11516	7509	53079	84	1472	569	58	403967
62891	11768	10486	17551	6	1983	799	92	57
								649
9946	-12	6	890				4	742

5-6 金融机构信贷收支余额(2023年)
BALANCE OF CREDIT FUNDS OF FINANCIAL INSTITUTIONS(2023)

单位：亿元 (100 million yuan)

项　目	Item	本外币 RMB and Foreign Currency	人民币 RMB
一、各项存款	**Total Deposits**	**57863.29**	**57571.06**
境内存款	Domestic Deposits	57838.90	57558.86
住户存款	Deposits of Households	37246.20	37158.56
#活期存款	Demand Deposits	7855.51	7813.22
非金融企业存款	Deposits of Non-financial Enterprises	13724.45	13534.78
#活期存款	Demand Deposits	6789.05	6737.74
财政性存款	Fiscal Deposits	1220.17	1220.17
机关团体存款	Deposits of Government Departments and Orgnizations	5223.98	5221.61
非银行业金融机构存款	Deposits of Non-banking Financial Institutions	424.10	423.73
境外存款	Overseas Deposites	24.39	12.21
二、所有者权益	**Creditors' Equity**	**2292.13**	**2291.07**
三、各项贷款	**Total Loans**	**41944.07**	**41795.75**
境内贷款	Domestic Loans	41922.41	41774.09
住户贷款	Loans to Households	8872.97	8872.39
#短期贷款	Short-term Loans	2491.81	2491.24
中长期贷款	Medium and Long-term Loans	6381.16	6381.15
企(事)业单位贷款	Loans to Non-financial Enterprises, Government Departments and Orgnizations	33029.43	32881.68
#短期贷款	Short-term Loans	9127.20	8989.09
中长期贷款	Medium and Long-term Loans	20324.27	20314.71
票据融资	Paper Financing	3554.76	3554.76
融资租赁	Financial Leases	15.80	15.80
各项垫款	Total Advances	7.40	7.33
非银行业金融机构贷款	Loans to Non-banking Financial Institutions	20.01	20.01
境外贷款	Overseas Loans	21.66	21.66

5-7 金融机构人民币各项存款和贷款余额

BALANCE OF DEPOSITS AND LOANS IN RENMINBI OF FINANCIAL INSTITUTIONS

单位：万元 (10 000 yuan)

年 份 Year	各项存款合 计 Total Deposits	#非金融企业存款 Non-financial Enterprises	#住户存款 Households	各项贷款合 计 Total Loans	#短期贷款 Short-term	#中长期贷款 Medium and Long-term
1980	392088	125522	128705	591107	578830	12277
1985	1050817	401574	529220	1512441	1185224	247760
1990	3141354	847362	2313378	3569045	2877047	571351
1991	3809523	1034918	2915655	4328291	3262954	943164
1992	4607404	1224459	3636711	5148408	3712448	1274798
1993	5702498	1414515	4603533	6381035	4400154	1778957
1994	6854272	2062932	6159495	8020557	5081106	2756760
1995	12882737	2833481	8444641	12231107	7744271	3210760
1996	15699109	3681447	10738217	14201114	9259966	3910686
1997	17923626	4474154	12368354	15249840	11782869	2965442
1998	20811147	4948038	14370605	17417903	13022710	3360439
1999	23572121	5643636	16143945	19092096	13767722	3740309
2000	26283900	6772936	17484210	24531452	14224781	8212709
2001	30907287	8219315	19797268	24084029	14317608	7687055
2002	37087186	9602764	23073176	29031751	16331829	9587870
2003	46815142	12594164	27815374	35522883	19343085	12138826
2004	58116546	15579954	33423062	40161240	20362341	14893336
2005	70886971	17489745	41196865	42289987	21082074	16994250
2006	85774569	22553297	47961838	47885141	23096219	20234188
2007	100418455	26614242	54223930	53944680	26792518	22980302
2008	127667183	32744816	70486087	59603272	27912981	27300364
2009	156984678	42390374	80994287	78147390	33337917	39118456
2010	185756526	53338036	92229697	96343196	37425196	54092971
2011	209204319	93395109	104554604	111693542	42314059	63877414
2012	240505805	107851389	119970319	131062060	51960561	71455443
2013	261053489	111639664	133393743	148875306	59772430	80157833
2014	267794699	108700270	141451816	164327453	63715573	87589237
2015	283460992	69622303	156758537	184586645	59898305	79535966
2016	303713743	74534097	171280459	202285781	77290669	108638948
2017	324805540	81469491	186202942	224638999	81868248	127923217
2018	349875755	87816646	203451895	250570401	82782425	149650713
2019	378705719	93015535	225449882	277461839	87770239	168040651
2020	420734802	108104653	254820163	303734544	91180525	186558706
2021	463529841	114557288	284598921	339174690	96472877	209724033
2022	532795895	133744327	330077863	374062510	104551218	230757125
2023	575710634	135347777	371585640	417957518	114803315	266958639

注：2015年，央行对金融机构存贷款统计口径进行了调整。本表非金融企业存款2015年以前数据为企事业存款口径；住户存款2015年以前数据为城乡居民储蓄存款口径。

Note：PBC adjusted the coverage of deposits and loans of financial institutions in 2015. Non-financial Enterprises deposits before 2015 uses the former data of corporate deposits; households deposits before 2015 uses the former data of saving deposits of urban and rural residents.

5-8 金融机构存款基准利率
BENCHMARK DEPOSIT RATE OF FINANCIAL INSITITUTIONS

单位：年利率% (annual interest rate %)

项　目	Item	2008.10.30 Oct.30,2008	2008.11.27 Nov.27,2008	2008.12.23 Dec.23,2008	2010.10.20 Oct.20,2010
城乡居民和单位存款	**Deposits of Urban and Rural Residents and Units**				
活　期	Demand Savings	0.72	0.36	0.36	0.36
定　期	Time Savings				
整存整取	Lump-sum Deposit and Withdrawing				
三个月	3 Months	2.88	1.98	1.71	1.91
半　年	6 Months	3.24	2.25	1.98	2.20
一　年	1 Year	3.60	2.52	2.25	2.50
二　年	2 Years	4.14	3.06	2.79	3.25
三　年	3 Years	4.77	3.60	3.33	3.85
五　年	5 Years	5.13	3.87	3.60	4.20
零存整取、整存零取、存本取息	Small Savings for Lump-sum Withdrawal, Big Money Saving and Small Withdrawing, Interest Withdrawal on a Principal Deposited				
一　年	1 Year	2.88	1.98	1.71	1.91
三　年	3 Years	3.24	2.25	1.98	2.30
五　年	5 Years	3.60	2.52	2.25	2.50
定活两便	Time-demand Optional Deposit				

项　目	Item	2010.12.26 Dec.26,2010	2011.2.9 Feb.9,2011	2011.4.6 Apr.6,2011	2011.7.7 Jul.7,2011
城乡居民和单位存款	**Deposits of Urban and Rural Residents and Units**				
活　期	Demand Savings	0.36	0.40	0.50	0.50
定　期	Time Savings				
整存整取	Lump-sum Deposit and Withdrawing				
三个月	3 Months	2.25	2.60	2.85	3.10
半　年	6 Months	2.50	2.80	3.05	3.30
一　年	1 Year	2.75	3.00	3.25	3.50
二　年	2 Years	3.55	3.90	4.15	4.40
三　年	3 Years	4.15	4.50	4.75	5.00
五　年	5 Years	4.55	5.00	5.25	5.50
零存整取、整存零取、存本取息	Small Savings for Lump-sum Withdrawal, Big Money Saving and Small Withdrawing, Interest Withdrawal on a Principal Deposited				
一　年	1 Year	2.25	2.60	2.85	3.10
三　年	3 Years	2.50	2.80	3.05	3.30
五　年	5 Years	2.75	3.00	3.25	3.50
定活两便	Time-demand Optional Deposit				

注：定活两便存款按一年期以内定期整存整取同档次利率打六折执行；2014年起不再公布5年期存款基准利率。

Note: Time-demand optional deposit enjoys a 60% preferential interest rate of lump-sum deposit and withdrawing in a year. Five-year benchmark deposit rate doesn't be announced from 2014.

5-8 续表 continued

单位：年利率%　　(annual interest rate %)

项　目	Item	2012.6.8 Jun.8,2012	2012.7.6 Jul.6,2012	2014.11.22 Nov.22,2014	2015.3.1 Mar.1,2015
城乡居民和单位存款	**Deposits of Urban and Rural Residents and Units**				
活　期	Demand Savings	0.40	0.35	0.35	0.35
定　期	Time Savings				
整存整取	Lump-sum Deposit and Withdrawing				
三个月	3 Months	2.85	2.60	2.35	2.10
半　年	6 Months	3.05	2.80	2.55	2.30
一　年	1 Year	3.25	3.00	2.75	2.50
二　年	2 Years	4.10	3.75	3.35	3.10
三　年	3 Years	4.65	4.25	4.00	3.75
五　年	5 Years	5.10	4.75		
零存整取、整存零取、存本取息	Small Savings for Lump-sum Withdrawal, Big Money Saving and Small Withdrawing, Interest Withdrawal on a Principal Deposited				
一　年	1 Year	2.85	2.60	2.35	2.10
三　年	3 Years	3.05	2.80	2.55	2.30
五　年	5 Years	3.25	3.00		
定活两便	Time-demand Optional Deposit				

项　目	Item	2015.5.11 May.11,2015	2015.6.28 Jun.28,2015	2015.8.26 Aug.26,2015	2015.10.24 Oct.24,2015
城乡居民和单位存款	**Deposits of Urban and Rural Residents and Units**				
活　期	Demand Savings	0.35	0.35	0.35	0.35
定　期	Time Savings				
整存整取	Lump-sum Deposit and Withdrawing				
三个月	3 Months	1.85	1.60	1.35	1.10
半　年	6 Months	2.05	1.80	1.55	1.30
一　年	1 Year	2.25	2.00	1.75	1.50
二　年	2 Years	2.85	2.60	2.35	2.10
三　年	3 Years	3.50	3.25	3.00	2.75
五　年	5 Years				
零存整取、整存零取、存本取息	Small Savings for Lump-sum Withdrawal, Big Money Saving and Small Withdrawing, Interest Withdrawal on a Principal Deposited				
一　年	1 Year	1.85	1.60	1.35	1.10
三　年	3 Years	2.05	1.80	1.55	1.30
五　年	5 Years				
定活两便	Time-demand Optional Deposit				

5-9 保险业基本情况(分险种)
BASIC STATISTICS ON INSURANCE BUSINESS (BY TYPE)

单位：万元 (10 000 yuan)

项　目	Item	2022	2023
原保险保费收入	**Premium of Primary Insurance**	**10129315**	**11066618**
财产险	Property Insurance	2491747	2672146
企业财产保险	Enterprise Property Insurance	88705	94714
家庭财产保险	Family Property Insurance	18819	32262
机动车辆保险	Motor Vehicle Insurance	1768407	1916436
工程保险	Engineering Insurance	19783	23212
责任保险	Liability Insurance	168869	181432
信用保险	Export Credit Insurance	16272	11807
保证保险	Guarantee Insurance	129978	92598
船舶保险	Ship Insurance	161	110
货物运输保险	Freight Transport Insurance	21679	25826
特殊风险保险	Special Risks Insurance	1408	1669
农业保险	Agriculture Insurance	240617	268842
其他险	Other Insurance	17049	23241
人身险	Personal Insurance	7637568	8394471
意外险	Accident Insurance	201752	193845
健康险	Health Insurance	1642524	1679921
寿　险	Life Insurance	5793292	6520705
普通寿险	Ordinary Life Insurance	3570531	4664924
分红寿险	Participating Life Insurance	2203617	1836294
投资连结保险	Investment-linked Life Insurance	385	405
万能寿险	Universal Life Insurance	18759	19082
赔款及给付	**Claim and Payment**	**3290749**	**3695786**
财产险	Property Insurance	1424424	1718463
人身险	Personal Insurance	1866325	1977322
意外险	Accident Insurance	59013	72873
健康险	Health Insurance	687761	735850
寿　险	Life Insurance	1119550	1168600

5-10 保险公司经营情况(2023年)

BASIC STATISTICS ON BUSINESS OF INSURANCE COMPANIES(2023)

单位：万元 (10 000 yuan)

指 标	Item	合 计 Total	财产险公司 Property Insurance Companies	人身险公司 Personal Insurance Companies
一、原保险保费收入	**Premium of Primary Insurance**	**11066618**	**3120686**	**7945931**
财产险	Property Insurance	2672146	2672146	
人身险	Personal Insurance	8394471	448540	7945931
人寿保险	Life Insurance	6520705		6520705
健康保险	Health Insurance	1679921	350107	1329814
意外伤害保险	Accident Insurance	193845	98433	95412
二、非保险合同本年新增交费	**New Revenue of Non-insurance Contracts in the Year**	**1474551**		**1474551**
保户投资款本年新增交费	Investment from the Insured	1438648		1438648
投连险独立账户本年新增交费	Segregated Accounts of Investment-linked Insurance	35902		35902
三、赔付支出	**Payment**	**3695786**	**1988970**	**1706816**
四、资产总额	**Total Assets**	**32798731**	**1960560**	**30838172**

5-11 保险公司原保险保费收入、赔款及给付
PREMIUM OF PRIMARY INSURANCE, CLAIM AND PAYMENT OF INSURANCE COMPANIES

单位：万元 (10 000 yuan)

年份 Year	原保险保费收入 Premium of Primary Insurance	财产险公司 Property Insurance Companies	人身险公司 Personal Insurance Companies	赔款及给付 Claim and Payment	财产险公司 Property Insurance Companies	人身险公司 Personal Insurance Companies
2001	374100			104200		
2002	694621			121023		
2003	905101			156993		
2004	1041413			197050		
2005	1218039			200781		
2006	1409766	391067	1018699	252664		
2007	1803611	517485	1286126	525335	241723	283612
2008	2608864	623297	1985567	735783	316966	418817
2009	2892495	695848	2196646	785450	343523	441927
2010	3652983	957028	2695955	776286	425392	350894
2011	3646683	1165112	2481571	1035324	537913	497411
2012	3846491	1317799	2528692	1193251	670123	523128
2013	4123840	1496297	2627543	1693188	854807	838381
2014	4653746	1628146	3025600	1824737	874976	949761
2015	5867255	1673863	4193392	2002218	946164	1056054
2016	7005480	1839741	5165740	2390159	992062	1398097
2017	8239224	2072099	6167124	2611382	1061891	1549491
2018	8248756	2322803	5925952	2673460	1162816	1510644
2019	8833372	2564737	6268635	2785967	1389272	1396694
2020	9327739	2686512	6641227	3112924	1617001	1495923
2021	9975041	2684011	7291030	3369917	1747175	1622742
2022	10129315	2929927	7199387	3290749	1712775	1577974
2023	11066618	3120686	7945931	3695786	1988970	1706816

5-12 证券业基本情况

BASIC STATISTICS ON SECURITY

年份 Year	境内上市公司(家) Listed Companies in Mainland(unit)	#上交所 Shanghai Stock Exchange	#深交所 Shenzhen Stock Exchange	股票筹资额(万元) Raised Capital (10 000 yuan)
2000	17	7	10	1092835
2001	18	8	10	1234761
2002	19	9	10	1306661
2003	21	12	9	1505721
2004	22	13	9	1531281
2005	22	13	9	1531281
2006	25	16	9	4036272
2007	26	16	10	4387204
2008	27	16	11	4869204
2009	28	17	11	5051201
2010	31	18	13	8411601
2011	34	18	16	8638229
2012	34	18	16	9168729
2013	34	18	16	9873152
2014	35	19	16	10451202
2015	37	19	18	13171489
2016	38	20	18	14122089
2017	38	20	18	15562917
2018	38	20	18	17694423
2019	37	19	18	18622923
2020	39	20	19	19200148
2021	41	21	19	20766671
2022	40	21	17	20842671
2023	41	21	17	21392266

年份 Year	#A股 A Shares	股票总发行股本(万股) Issued Capital (10 000 shares)	股票发行量(万股) Issued Share (10 000 shares)	#A股 A Shares
2000	1070061	663761	206471	188391
2001	1211987	714403	228688	210608
2002	1283887	733432	240216	222136
2003	1482947	809114	267920	249840
2004	1508507	907871	271920	253840
2005	1508507	907871	271920	253840
2006	4013498	2570003	761526	743446
2007	4364430	2734756	807626	789546
2008	4846430	3343555	851495	833415
2009	5028427	3483585	873895	855815
2010	7358740	4314023	1119875	898926
2011	7585368	4623996	1128522	907573
2012	8111468	4983495	1315198	1083249
2013	8815892	5268694	1514809	1282860
2014	9393942	5624837	1533841	1301892
2015	12114229	6944563	2328559	2086610
2016	13064829	7540697	2708300	2466351
2017	14505647	7980539	2918867	2676918
2018	16637153	8116416	3014167	2772218
2019	17565653	9498463	3187655	2848641
2020	18142878	10761598	3465728	3126714
2021	19709401	10741056	3843823	3504809
2022	19785401	10730151	3872305	3533291
2023	20253576	10940709	3965160	3588797

主要统计指标解释

一般公共预算收入 指按照现行财政体制规定列入地方预算，直接缴入地方金库的财政收入。具体由两部分组成：税收收入和非税收入。

税收收入 反映政府税收收入。包括：增值税、企业所得税、个人所得税、城市维护建设税、房产税、印花税、城镇土地使用税、土地增值税、车船税、耕地占用税、契税、烟叶税、环境保护税以及其他税收收入等。

非税收入 反映政府非税收入。包括：专项收入、行政事业性收费收入、罚没收入、国有资本经营收入、国有资源（资产）有偿使用收入以及其他收入等。

一般公共预算支出 是指列入地方预算的财政支出，包括：一般公共服务支出、国防支出、公共安全支出、教育支出、科学技术支出、文化旅游体育与传媒支出、社会保障和就业支出、卫生健康支出、节能环保支出、城乡社区支出、农林水支出、交通运输支出、资源勘探信息等支出、商业服务业等支出、金融支出、自然资源海洋气象等支出、住房保障支出、粮油物资储备支出、灾害防治及应急管理支出、债务还本付息发行支出及其他支出等。

一般公共服务支出 反映政府提供一般公共服务的支出。具体包括人大、政协、政府办公厅（室）及相关机构、发展与改革、统计信息、财政、税收、审计、海关、人力资源、纪检监察、商贸、知识产权、市场监督管理、民族、港澳台、档案、民主党派及工商联、群众团体事务、党委办公厅（室）及相关机构事务、组织事务、宣传事务、统战事务、网信事务、对外联络、其它共产党事务支出、其它一般公共服务支出。

公共安全支出 反映政府维护社会公共安全方面的支出。有关事务包括：武装警察、公安、国家安全、检察、法院、司法、监狱、强制隔离戒毒、国家保密、缉私警察等。

教育支出 反映政府教育事务支出。有关事务包括：教育管理、普通教育、职业教育、中专教育、技校教育、职业高中教育、成人教育、广播电视教育、留学生教育、特殊教育、进修及培训、其他教育支出等。

科学技术支出 反映科学技术方面的支出。有关事务包括：科学技术管理事务、基础研究、应用研究、技术研究与开发、科技条件与服务、社会科学、科学技术普及、科技交流与合作、其他科学技术支出等。

文化旅游体育与传媒支出 反映政府在文化、旅游、文物、体育、广播影视、新闻出版等方面的支出。

社会保障和就业支出 反映政府在社会保障与就业方面的支出。有关事务包括：人力资源和社会保障管理、民政管理、补充全国社会保障基金、行政事业单位离退休、企业改革补助、就业补助、抚恤、退役安置、社会福利、残疾人事业、红十字事业、最低生活保障、临时救助、特困人员救助、补充道路交通事故社会救助基金、其他生活救助、退役军人管理事务等。

卫生健康支出 反映卫生健康方面的支出。有关事务包括：卫生健康管理、公立医院、公共卫生、基层医疗卫生机构、医疗保障、中医药、计划生育事务、医疗救助、医疗保障管理、其他卫生健康支出等。

节能环保支出 反映政府节能环保支出。有关事务包括：环境保护管理、环境监测与监察、污染防治、自然生态保护、天然林保护、退耕还林、风沙荒漠治理、退牧还草、已垦草原退耕还草、能源节约利用、污染减排、可再生能源、循环经济、能源管理、其他节能环保支出等。

城乡社区支出 反映政府城乡社区事务支出。有关事务包括：城乡社会管理、城乡社区规划与管理、城乡社区公共设施、城乡社区环境卫生、建设市场管理与监督、其他城乡社会支出等。

农林水支出 反映政府农林水事务支出。有关事务包括：农业、林业和草原、水利、扶贫、农业综合开发改革、其他农林水支出等。

交通运输支出 反映交通运输和邮政业方面的支出。有关事务包括：公路水路运输、铁路运输、民用航空运输、邮政业、其他交通运输业支出等。

资源勘探信息等支出 反映用于资源勘探、制造业、建筑业、工业信息等方面的支出。有关事务包括：资源勘探、制造业、建筑业、工业和信息产业监管、国有资产监管、支持中小企业发展和管理支出、其他资源勘探信息支出等。

商业服务业等支出 反映商业服务业等方面的支出。有关事务包括：商业流通事务、涉外发展服务支出、其他商业服务业支出等。

金融支出 反映金融部门的行政支出。有关事务包括：金融部门行政支出、金融部门监管支出、金融发展支出、金融调控支出等。

援助其他地区支出 反映援助方政府安排并管理的对其他地区各类援助、捐赠等资金支出。

自然资源海洋气象等支出 反映自然资源管理方面的支出。有关事务包括：自然资源、海洋管理、测绘管理、气象、其他自然资源海洋气象等支出。

住房保障支出 反映政府用于住房方面的支出。有关事务包括：保障性安居工程支出、住房改革支出、城乡社区住宅支出。

粮油物资储备支出 反映政府用于粮油物资储备方面的支出。有关事务包括：粮油事务、物资事务、能源储备、粮油储备、重要商品储备等。

灾害防治及应急管理支出 反映用于自然灾害防治、安全生产监管及应急管理等方面的支出。有关事务包括：应急管理、消防、森林消防、煤矿安全、地震、自然灾害防治、自然灾害及恢复重建、其他灾害防治及应急管理支出等。

存款 机构或个人在保留资金或货币所有权的条件下，以不可流通的存款凭证为依据，暂时让渡或接受资金使用权所形成的债权或债务。

贷款 机构或个人在保留资金或货币所有权的条件下，以不可流通的贷款凭证或类似凭证为依据，暂时让渡或接受资金使用权所形成的债权或债务。

票据融资 指金融机构通过对客户持有票据进行贴现提供的融资。

其他支出 反映不能划分到上述功能科目的其他政府支出。包括年初预留和其他支出。

保费收入 指投保人依据保险合同的约定向保险人缴付的保险费。

赔付支出 指保险人根据保险合同的约定，向被保险人或受益人支付的赔款、死伤医疗给付、满期给付和年金给付。

Explanatory Notes on Main Statistical Indicators

General Public Budget Revenue refers to financial revenue arranged to regional budget and directly paid to local treasury according to the current regulation of financial system. It consists of tax revenue and non-tax revenue.

Tax Revenue reflects the government's tax revenue, including value-added tax, enterprise income tax, individual income tax, urban maintenance and construction tax, house property tax, stamp tax, tax on use of urban land, urban land value-added tax, tax on use of vehicles and vessels, tax on occupying cultivated land, contract tax, tobacco tax and etc.

Non-tax Revenue reflects the government's non-tax revenue, including special revenue, incomes from administrative fees, penalty incomes, business revenue of state-owned properties, incomes form state-owned resource utilization and other incomes.

General Public Budget Expenditure refers to financial expenditure arranged to local budget, including expenditure for public services, national defence, public safety, education, science and technology, culture, tourism, sports and media, social security and employment, health care, energy conservation and environmental protection, urban and rural community, agriculture, forest and water conservancy, transportation, resources exploration and information, business and services, finance, natural resource, ocean and weather, housing security, cereals, oils and material reserves, disaster prevention and emergency management, debts service and issuance, and other expenditures.

Expenditure for General Public Services reflect the government's provision of general public service expenditures, specifically including the NPC and CPPCC, government offices and related agencies, development and reform, statistics, finance, taxation, auditing, customs, human resource, discipline inspection and supervision, commerce, intellectual property rights, market supervision, ethnic, Hong Kong, Macao and Taiwan, files, democratic parties and the federation of industry and commerce, mass organizations, party committee offices and related agencies, organization affairs, publicity affairs, united front affairs, cyberspace affairs, external liaison, other CPC affairs and other affairs.

Expenditure for Public Safety reflects the expenditure of government maintaining social public safety. Related affairs include armed police, public security, national security, prosecution, court, justice, prison, compulsory isolation for drug rehabilitation, state secrecy, anti-smuggling police, etc.

Expenditure for Education reflects the government's education expenditure. Related affairs include education administration, regular education, vocational education, specialized secondary education, technical school education, vocational high school education and higher vocational education, adult education, radio and television education, the international education, special education, further education and training, etc.

Expenditure for Science and Technology reflects the expenditure used for science and technology. It includes science and technology management services, basic research, applied research, technology research and development, science and technology and service conditions, social science, science and technology popularization, scientific and technological exchanges and cooperation, etc.

Expenditure for Culture, Tourism, Sports and Media reflects the expenditures government used for culture, tourism, heritage, sports, radio, film and television, press, publishing and other aspects.

Expenditure for Social Security and Employment reflects expenditures government used in the aspects of employment and social security. Related affairs include human resources and social security management, civil administration, addition of the national social security fund, retirement of administrative and institution units, subsidies for enterprises reform, employment subsidies, pension, retirement and placement, social welfare, disabled cause, Red Cross cause, the minimum living guarantee, temporary assistance, assistance for people in special need, supplementary social assistance fund for road traffic accidents, other life assistance, management of veterans and so on.

Expenditure for Health Care reflects expenditures in the aspects of health care. Related affairs include management of medical and health care, public hospitals, public health care, primary medical and health care institutions, medical security, traditional Chinese medicine, family planning affairs, medical assistance, medical security management, etc.

Expenditure for Energy Conservation and Environmental Protection reflects government's expenditure on energy conservation and environmental protection, including expenditures on management of environmental protection, environmental monitoring and supervision, pollution control, natural and ecological protection, natural forests protection, returning farmland to forests, desertification control, restoring grassland from over-grazing and cultivating, energy conservation and utilization, pollution reduction, renewable energy, recycling economy, energy management, etc.

Expenditure for Urban and Rural Community reflects the government's expenditure on urban and rural community affairs, including urban and rural social management affairs, planning and management of urban and rural communities, public facilities in rural and urban communities, urban and rural community sanitation, management and supervision of the construction market and so on.

Expenditure for Agriculture, Forestry and Water Conservancy reflects the government's expenditure on agriculture, forestry and water conservancy affairs. Related affairs include agriculture, forestry, water conservancy, poverty alleviation, comprehensive agricultural development, etc.

Expenditure for Transportation reflects transport and post expenditure. Related affairs include highway and waterway transport, railway transport and civil aviation transport, post, etc.

Expenditure for Resources Exploration and Information reflects the expenditure used on resources exploration, manufacture, construction and industrial information. Related affairs include resources exploration, manufacture, construction, supervision of industry and information, supervision of national assets, development and management on supporting small and medium-sized enterprises, etc.

Expenditure for Business and Services reflects expenditure on business and services aspects. Related affairs include expenditure on commercial circulation affairs, foreign developing service and so on.

Expenditure for Finance reflects expenditure in banking sector. Related Affairs include administrative expenditure of financial department, supervision of financial department, financial development expenditure, financial regulation expenditure, etc.

Expenditure for Aid to Other Regions reflects various aid and donation funds to other regions arranged and managed by the donor government.

Expenditure for Natural Resource, Ocean and Weather reflects expenditure in the aspects of natural resource management. Related affairs include natural resource, ocean management, surveying and mapping management, etc.

Expenditure for Housing Security reflects government's expenditure on housing. Related affairs include affordable housing project expenditure, housing reform expenditure, urban and rural community expenditure.

Expenditure for Cereals, Oils and Material Reserves reflects the government expenditure in the aspects of cereals, oils, and material reserves. Related affairs include cereals and oils affairs, materials affairs, energy reserves, cereals and oils reserves, critical commodities reserves, etc.

Expenditure for Disaster Prevention and Emergency Management reflects expenditure on natural disaster prevention, production safety supervision and emergency management. Related affairs include emergency management, fire control, forest fire control, coal mine safety, earthquakes, natural disaster prevention, recovery and reconstruction, etc.

Other Expenditures reflect other government expenditures that cannot be subjected to the above mentioned functions, including reserve expenditures at the beginning of the year and other expenses.

Deposits refer to claims and debts that formed by institutions and individuals transferring or accepting the right to use funds temporarily based on non negotiable deposit certificates, while retaining ownership of funds or currency.

Loans refer to claims and debts that formed by institutions and individuals transferring or accepting the right to use funds temporarily based on non negotiable loan vouchers and similar vouchers, while retaining ownership of funds or currency.

Bill Finance refers to the discount bill financing that banking institutions offer customers.

Income of Premiums refers to the fees paid by the insurant to the insurer according to contract agreed terms.

Indemnity Expenditure refers to the indemnity, payment for death, injury and medical treatment, payment at maturity and annuity payment that the insurer paid to the insurant according to the contract agreed terms.

6

ENERGY

能 源

资料整理人员

樊梅洁　武鹏程　吕　洁　李伟琨　牛玉龙
王　馨　陈　晨

ENERGY 能源

能源消费总量（2022年）	Total Energy Consumption(2022)	21918.50	万吨标准煤 (10 000 tons of SCE)
发电装机容量	Total Installed Electricity Capacity	13304.1	万千瓦 (10 000 kw)
#火　电	Thermal Power	8010.7	万千瓦 (10 000 kw)
全社会用电量	Total Electricity Consumption	2885.0	亿千瓦时 (100 million kwh)

全社会用电量（亿千瓦时）

Total Electricity Consumption (100 million kwh)

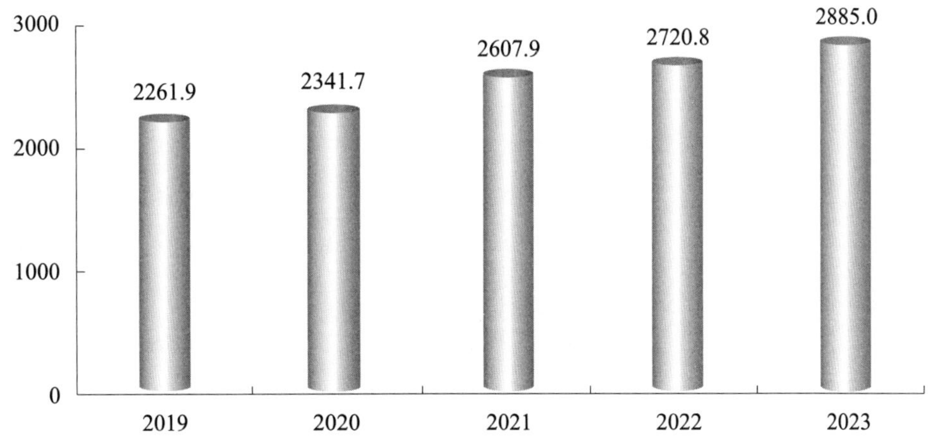

万元地区生产总值能耗降低率 (%)

Decrease Rate of Energy Consumption Per 10 000 Yuan of GDP (%)

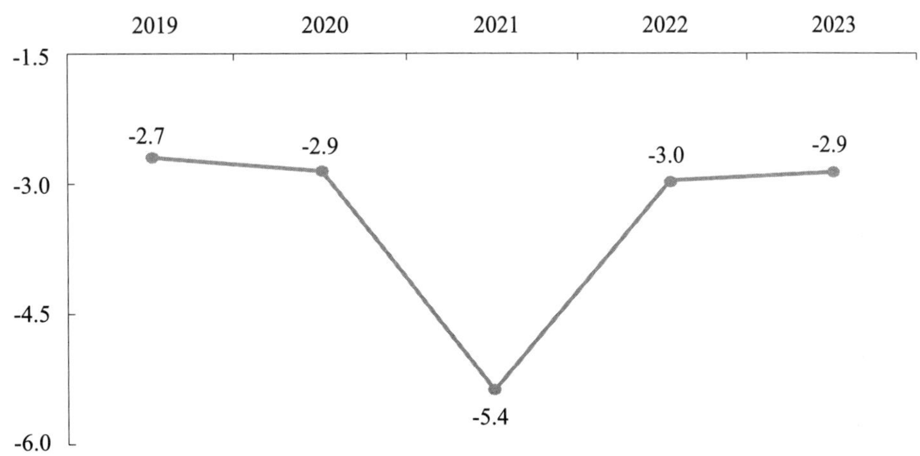

6-1 能源生产、外调、使用平衡表
BALANCE SHEET OF ENERGY PRODUCTION, TRANSFER AND USE

单位：万吨标准煤 (10 000 tons of SCE)

项　目	Item	2015	2020	2022
一、资　源	Resources	80151.28	90184.25	107642.06
年初库存量	Stock of Year Beginning	7050.37	5892.16	6870.53
一次能源生产量	Primary Energy Output	67433.68	73638.39	88450.23
外省市调入量	Transfer from Other Provinces	5081.57	9348.71	10858.05
回收能	Recovery of Energy	585.66	1304.99	1463.25
二、加工转换投入产出差额	Margin of Input and Output for Conversion	4236.28	4050.69	3559.73
加工转换投入量	Input for Conversion	66574.27	81572.50	90801.48
加工转换产出量	Output for Conversion	62337.99	77521.80	87241.75
三、外调出省、出口	Transfer to Other Provinces and Export	51695.93	61173.19	76367.79
调给外省市	Transfer to Other Provinces	51695.93	61173.19	76321.79
供应外贸出口	Export			46.00
四、终端消费	Final Consumption	15088.30	17937.22	19582.62
(一)第一产业	Primary Industry	304.46	296.69	310.25
农、林、牧、渔业	Farming, Forestry, Animal Husbandry And Fishery	304.46	296.69	310.25
(二)第二产业	Secondary Industry	11298.26	14138.01	15547.93
工　业	Industry	11136.73	13969.06	15379.60
轻工业	Light Industry	276.76	182.82	216.83
重工业	Heavy Industry	10859.97	13786.25	15162.75
建筑业	Construction	161.53	168.94	168.33
(三)第三产业	Tertiary Industry	1875.21	1908.83	1986.29
交通运输、仓储和邮政业	Transport, Storage and Post	1015.61	980.28	980.35
批发、零售业和住宿、餐饮业	Wholesale and Retail Trade, Hotels and Catering Services	384.07	367.33	383.13
其　他	Others	475.52	561.22	622.82
(四)人民生活	Residential Consumption	1610.37	1593.69	1738.14
城　镇	Cities and Towns	969.14	1026.72	1094.72
乡　村	Rural Areas	641.23	566.97	643.42
五、损失量	Losses	290.43	297.63	239.40
运输、仓储及输配损失	Losses in Transmission, Storage and Distribution	290.43	297.63	239.40
六、年末库存量	Stock of Year End	8840.34	6725.51	7892.52

6-2 煤炭生产、外调、使用平衡表

BALANCE SHEET OF COAL PRODUCTION, TRANSFER AND USE

单位：万吨　　(10 000 tons)

项 目	Item	2015	2020	2022
一、资 源	Resources	110593.32	124591.60	153149.54
年初库存量	Stock of Year Beginning	8813.12	7778.29	9251.38
一次能源生产量	Primary Energy Product	96680.00	107905.72	132009.01
外省市调入量	Transfer from Other Provinces	5100.20	8907.59	11889.15
二、加工转换投入产出差额	Margin of Input and Output for Conversion	38013.73	48956.41	56113.70
加工转换投入量	Input for Conversion	93804.36	117005.37	134867.09
加工转换产出量	Output for Conversion	55790.63	68048.96	78753.38
三、外调出省、出口	Transfer to Other Provinces and Export	55842.55	62093.36	82654.67
调给外省市	Transfer to Other Provinces	55842.55	62093.36	82621.67
供应外贸出口	Export			33.00
四、终端消费	Final Consumption	5866.89	4782.62	4075.39
(一)第一产业	Primary Industry	175.50	114.55	92.52
农、林、牧、渔业	Farming, Forestry, Animal Husbandry And Fishery	175.50	114.55	92.52
(二)第二产业	Secondary Industry	4299.24	4030.36	3624.70
工 业	Industry	4268.60	4028.12	3623.72
轻工业	Light Industry	223.84	39.51	44.35
重工业	Heavy Industry	4044.75	3988.61	3579.37
建筑业	Construction	30.64	2.24	0.98
(三)第三产业	Tertiary Industry	460.95	264.98	13.09
交通运输、仓储和邮政业	Transport, Storage and Post	69.26	6.80	0.85
批发、零售业和住宿、餐饮业	Wholesale and Retail Trade, Hotels and Catering services	170.60	134.18	3.48
其 他	Others	221.09	124.00	8.76
(四)人民生活	Residential Consumption	931.20	372.73	345.09
城 镇	Cities and Towns	277.50	56.82	41.00
乡 村	Rural Areas	653.70	315.91	304.09
五、损失量	Losses			
运输、仓储损失	Losses in Transmission and Storage			
六、年末库存量	Stock of Year End	10870.15	8759.21	10305.77

6-3 焦炭生产、外调、使用平衡表

BALANCE SHEET OF COKE PRODUCTION, TRANSFER AND USE

单位：万吨 (10 000 tons)

项　目	Item	2015	2020	2022
一、资　源	Resources	760.08	852.93	992.72
年初库存量	Stock of Year Beginning	760.08	343.48	366.79
外省市调入量	Transfer from Other Provinces		509.45	625.93
二、加工转换投入产出差额	Margin of Input and Output for Conversion	8039.88	10493.70	9799.70
加工转换投入量	Input for Conversion			
加工转换产出量	Output for Conversion	8039.88	10493.70	9799.70
三、外调出省、出口	Transfer to Other Provinces and Export	5901.31	8303.93	7570.89
调给外省市	Transfer to Other Provinces	5901.31	8303.93	7544.09
供应外贸出口	Export			26.80
四、终端消费	Final Consumption	2083.43	2698.99	2752.44
(一)第一产业	Primary Industry			
农、林、牧、渔业	Farming, Forestry, Animal Husbandry And Fishery			
(二)第二产业	Secondary Industry	2082.63	2698.99	2752.44
工　业	Industry	2082.49	2698.99	2752.44
轻工业	Light Industry	0.11	0.32	
重工业	Heavy Industry	2082.38	2698.67	2752.44
建筑业	Construction	0.14		
(三)第三产业	Tertiary Industry	0.80		
交通运输、仓储和邮政业	Transport, Storage and Post			
批发、零售业和住宿、餐饮业	Wholesale and Retail Trade, Hotels and Catering services	0.80		
其　他	Others			
(四)人民生活	Residential Consumption			
城　镇	Cities and Towns			
乡　村	Rural Areas			
五、损失量	Losses			
运输、仓储损失	Losses in Transmission and Storage			
六、年末库存量	Stock of Year End	815.22	343.71	469.08

6-4 电力生产、外调、使用平衡表
BALANCE SHEET OF ELECTRICITY PRODUCTION, TRANSFER AND USE

单位：亿千瓦时 (100 million kwh)

项 目	Item	2015	2020	2022
一、资 源	Resources	162.52	783.46	1096.47
一次能源生产量	Primary Energy Output	138.85	471.04	721.91
外省市调入量	Transfer from Other Provinces	23.67	312.42	374.56
二、加工转换投入产出差额	Margin of Input and Output for Conversion	2318.60	3032.50	3576.88
加工转换投入量	Input for Conversion			
加工转换产出量	Output for Conversion	2318.60	3032.50	3576.88
三、外调出省、出口	Transfer to Other Provinces and Export	743.91	1366.04	1838.24
调给外省市	Transfer to Other Provinces	743.91	1366.04	1838.24
四、终端消费	Final Consumption	1644.09	2350.74	2754.33
(一)第一产业	Primary Industry	40.97	47.52	54.40
农、林、牧、渔业	Farming, Forestry, Animal Husbandry And Fishery	40.97	47.52	54.40
(二)第二产业	Secondary Industry	1280.21	1814.55	2088.12
工 业	Industry	1263.37	1789.65	2059.60
轻工业	Light Industry	34.28	38.91	46.71
重工业	Heavy Industry	1229.09	1750.74	2012.88
建筑业	Construction	16.84	24.90	28.52
(三)第三产业	Tertiary Industry	163.04	258.25	324.04
交通运输、仓储和邮政业	Transport, Storage and Post	54.31	82.22	89.82
批发、零售业和住宿、餐饮业	Wholesale and Retail Trade, Hotels and Catering services	35.04	58.60	77.13
其 他	Others	73.69	117.43	157.09
(四)人民生活	Residential Consumption	159.87	230.42	287.78
城 镇	Cities and Towns	99.93	137.67	163.06
乡 村	Rural Areas	59.94	92.75	124.72
五、损失量	Losses	93.12	99.18	80.77
输配损失	Losses in Distribution	93.12	99.18	80.77

6-5 石油制品生产、外调、使用平衡表
BALANCE SHEET OF PETROLEUM PRODUCTS PRODUCTION, TRANSFER AND USE

单位：万吨标准煤 (10 000 tons SCE)

项 目	Item	2015	2020	2022
一、资 源	Resources	1152.89	1051.62	1080.95
年初库存量	Stock of Year Beginning	72.76	53.80	50.01
外省市调入量	Transfer from Other Provinces	1080.14	997.82	1030.94
二、加工转换投入产出差额	Margin of Input and Output for Conversion		177.80	257.99
加工转换投入量	Input for Conversion		1.21	1.97
加工转换产出量	Output for Conversion		179.00	259.95
三、外调出省、出口	Transfer to Other Provinces and Export		170.27	258.49
调给外省市	Transfer to Other Provinces		170.27	258.49
四、终端消费	Final Consumption	1082.30	1009.44	1030.63
(一)第一产业	Primary Industry	61.04	80.94	86.45
农、林、牧、渔业	Farming, Forestry, Animal Husbandry And Fishery	61.04	80.94	86.45
(二)第二产业	Secondary Industry	190.06	225.61	287.82
工 业	Industry	129.03	135.62	207.16
轻工业	Light Industry	1.64	0.85	1.99
重工业	Heavy Industry	127.39	134.77	205.17
建筑业	Construction	61.02	89.99	80.66
(三)第三产业	Tertiary Industry	748.25	639.80	595.17
交通运输、仓储和邮政业	Transport, Storage and Post	706.60	594.32	575.69
批发、零售业和住宿、餐饮业	Wholesale and Retail Trade, Hotels and Catering services	14.75	19.22	11.41
其 他	Others	26.90	26.27	8.06
(四)人民生活	Residential Consumption	82.95	63.08	61.19
城 镇	Cities and Towns	37.16	33.16	31.67
乡 村	Rural Areas	45.79	29.93	29.52
五、损失量	Losses	1.79		
运输、仓储损失	Losses in Transmission and Storage	1.79		
六、年末库存量	Stock of Year End	68.81	49.71	49.81

6-6 主要年份一、二次能源生产量及构成
PRODUCTION AND COMPOSITION OF PRIMARY AND SECONDARY ENERGY IN MAJOR YEARS

年 份 Year	一次能源产量(万吨标准煤) Primary Energy Production (10 000 tons of SCE)	占能源产量(%) Percentage			加工转换能源占一次能源产量(%) Conversion As Percentage of Primary Energy			
		原 煤 Coal	风、光、水电 Wind, Solar and Hydro Power	非常规天然气 Unconven-tional Gas		火 电 Thermal Power	洗精煤及其他洗煤 Washed Coal	焦 炭 Coke
1980	10310.32	99.71	0.18	0.04	11.28	4.68	3.02	3.57
1985	18237.45	99.82	0.16	0.02	8.85	4.06	2.23	2.56
1990	24341.19	99.86	0.13	0.01	17.08	5.37	5.29	6.42
1995	29760.94	99.88	0.10	0.02	38.73	6.77	14.67	17.29
2000	21457.60	99.63	0.31	0.06	53.72	11.44	19.79	22.50
2005	47233.52	99.74	0.17	0.09	47.04	11.05	19.58	16.41
2010	63326.74	99.45	0.23	0.32	47.20	13.43	20.77	13.00
2011	74481.77	99.55	0.26	0.19	45.31	12.46	21.05	11.80
2012	78182.88	99.30	0.47	0.23	45.89	12.62	22.57	10.70
2013	68925.26	98.95	0.45	0.60	70.36	11.44	46.13	12.79
2014	68426.78	98.83	0.52	0.65	71.69	11.54	47.71	12.44
2015	72488.91	98.76	0.60	0.64	64.86	9.95	44.14	10.77
2016	63030.18	98.21	0.99	0.80	74.80	11.36	50.82	12.62
2017	65901.20	97.94	1.23	0.83	75.78	11.72	51.71	12.36
2018	70766.55	97.63	1.51	0.87	71.97	11.83	47.43	12.71
2019	69313.12	97.15	1.76	1.09	77.35	12.53	51.48	13.34
2020	75065.92	96.77	1.91	1.32	85.39	11.83	60.07	13.49
2021	86390.96	95.92	2.42	1.65	79.15	10.93	57.24	10.99
2022	91881.65	96.00	2.34	1.66	77.40	11.23	55.92	10.25
2023	96329.12	95.64	2.63	1.73	76.95	11.09	56.40	9.46

6-7 主要年份煤炭消费量
COAL CONSUMPTION IN MAJOR YEARS

单位：万吨 (10 000 tons)

年 份 Year	总 计 Total	生产建设消费 Production and Construction Consumption	#发 电 Electricity Generation	#炼 焦 Coking	生活用 Living Consumption
1980	4326	3378	727	642	948
1985	5566	4539	1028	1169	1027
1990	7292	6451	1692	2383	841
1995	13373	12757	2717	7264	616
2000	12704	12179	3128	6298	525
2005	22631	21811	6550	11208	820
2010	28180	27098	9968	11640	1082
2011	30896	29702	10980	12498	1194
2012	31085	29840	11547	11800	1245
2013	33062	32043	12271	12334	1019
2014	32056	31078	11597	11971	978
2015	28516	27585	10248	10914	931
2016	29355	28418	10324	10969	937
2017	31640	30662	12112	11161	978
2018	33480	32915	13442	12313	565
2019	34907	34484	13931	12812	423
2020	36186	35813	14496	13842	373
2021	37099	36749	15752	12967	349
2022	38314	37969	17105	12973	345

注：本表煤炭消费量包括终端消费量和用于加工转换消费量。

Note: Data of coal consumption in this table includes end-use consumption and consumption during the process of energy conversion.

6-8 主要年份石油制品、焦炭消费量
PETROLEUM PRODUCTS AND COKE CONSUMPTION IN MAJOR YEARS

单位：吨 (ton)

年 份 Year	石油制品(标准煤) Petroleum Products(SCE)	#工业交通 Industry And Transportation	#农 业 Agriculture	焦 炭 Coke	#工 业 Industry	#建筑业 Construction
1980	1084440	684270	351519	2995572	2553669	9840
1985	1582990	913600	462500	3698900	3118000	17500
1990	1987500	1481400	380400	8326800	7611200	12100
1995	2581000	1828700	449300	12764800	10114700	40800
2000	2751900	1988800	455100	12769000	10103000	62000
2005	5374600	4169400	524300	21399000	20405000	89000
2010	11037700	7744300	1001400	25892200	25867300	2000
2011	11105000	8238700	1004700	25585500	25546900	1500
2012	11296100	8331900	1068700	29385500	29344200	1600
2013	11481700	8876600	597500	21455900	21435500	300
2014	10929900	8677400	583400	21776900	21772000	300
2015	10823000	8356300	610400	20834300	20824900	1400
2016	11105200	8644700	619400	18981000	18978200	1200
2017	11367000	8781400	649900	19582700	19549800	1300
2018	11474800	8727900	736200	23857200	23856700	500
2019	12055800	9043700	798300	25265300	25265300	
2020	10094400	7299400	809400	26989900	26989900	
2021	10252878	7625901	852800	28098900	28098900	
2022	10306278	7828560	864500	27524392	27524392	

6-9 主要年份全社会用电量
TOTAL ELECTRICITY CONSUMPTION IN MAJOR YEARS

单位：万千瓦时 (10 000 kwh)

年 份 Year	全社会用电量 Total Consumption	#农 业 Agriculture	#工 业 Industry	#电力工业 Electricity	#化学工业 Chemistry	#煤炭工业 Coal	#黑色金属 Ferrous Metal	#交通运输 Transportation	#市政生活 Civicism
1980	1185877	171092	962483	248288	218915	146197	121300	5502	46798
1985	1634743	159100	1343101	321440	268079	232152	173668	37281	85000
1990	2552179	146279	2127321	480095	403856	386180	272555	89230	157301
1995	3782338	232387	3280436	809643	547112	553580	391889	121693	298126
2000	5020917	261338	4114046	939969	684945	603963	493088	147750	392327
2005	9463268	356384	7873556	1704567	1380229	1101659	1223916	310704	701698
2010	14600467	351399	11900099	2725517	1323372	1718512	2096358	456362	1482910
2011	16504098	387461	13451317	2933961	1500490	1943094	2223308	507130	1651314
2012	17657848	373888	14340495	3261393	1646993	2129660	2491088	519249	1659972
2013	18323479	378267	14755243	3252894	1676244	2347403	2624159	557756	1824445
2014	18226274	378518	14521438	3416360	1548017	2339848	2543894	587914	1926674
2015	17372078	409692	13564889	3187532	1511069	2359723	2360362	543134	2012292
2016	17971804	384500	13910563	3334719	1501452	2374025	2166583	584274	2152262
2017	19906135	411497	15451576	3583409	1719173	2588149	2291906	667569	2312858
2018	21605278	429615	16671156	3723253	1745432	2878202	2566796	725063	2654820
2019	22619035	490922	17227651	3952769	1830446	2989951	2517393	792892	2869089
2020	23417291	475179	17806450	4051444	1679693	3153689	2672692	822227	3040834
2021	26079132	536406	19754385	4581216	1744963	3334441	2889672	869842	3344209
2022	27207505	543986	20260192	4425385	1681198	3421739	2955169	898175	3769599
2023	28849968	595983	21224369	4483451	1795159	3566224	3164305	939031	4035295

6-10 主要年份能源生产弹性系数
ELASTICITY RATIO OF ENERGY PRODUCTION IN MAJOR YEARS

年 份 Year	能源生产 比上年增长(%) Growth Rate of Energy Production over Preceding Year (%)	电力生产 比上年增长(%) Growth Rate of Electricity over Preceding Year (%)	地区生产总值 比上年增长(%) Growth Rate of Gross Domestic Product over Preceding Year (%)	能源生产 弹性系数 Elasticity Ratio of Energy Production	电力生产 弹性系数 Elasticity Ratio of Electricity Production
1980	11.10	5.38	2.0	5.55	2.69
1985	14.46	10.18	7.1	2.04	1.43
1990	3.96	3.64	5.0	0.79	0.73
1995	5.26	10.73	12.0	0.44	0.89
2000	1.12	9.62	9.4	0.12	1.03
2005	10.85	21.59	10.5	1.03	2.06
2010	24.87	14.97	10.8	2.30	1.39
2011	15.75	9.01	10.0	1.58	0.90
2012	4.94	8.13	9.2	0.54	0.88
2013	5.62	3.57	9.0	0.62	0.40
2014	–3.22	0.22	4.9	–0.66	0.04
2015	4.19	–7.16	3.0	1.40	–2.39
2016	–13.47	2.16	4.1	–3.29	0.53
2017	–3.30	10.16	6.8	–0.49	1.49
2018	12.39	15.81	6.6	1.88	2.40
2019	5.17	4.02	6.1	0.85	0.66
2020	10.41	5.17	3.6	2.89	1.44
2021	11.37	12.06	9.3	1.22	1.30
2022	7.85	9.49	4.4	1.78	2.16

6-11 主要年份能源消费弹性系数
ELASTICITY RATIO OF ENERGY CONSUMPTION IN MAJOR YEARS

年 份 Year	能源消费 比上年增长(%) Growth Rate of Energy Consumption over Preceding Year (%)	电力消费 比上年增长(%) Growth Rate of Electricity Consumption over Preceding Year (%)	地区生产总值 比上年增长(%) Growth Rate of Gross Domestic Product over Preceding Year (%)	能源消费 弹性系数 Elasticity Ratio of Energy Consumption	电力消费 弹性系数 Elasticity Ratio of Electricity Consumption
1980	3.92	–4.22	2.0	1.96	–2.11
1985	10.25	14.85	7.1	1.44	2.09
1990	–0.19	2.98	5.0	–0.04	0.60
1995	10.03	10.82	12.0	0.83	0.90
2000	3.60	11.61	9.4	0.38	1.24
2005	8.61	14.24	10.5	0.82	1.36
2010	7.91	15.47	10.8	0.73	1.43
2011	8.97	14.12	10.0	0.90	1.41
2012	5.57	6.10	9.2	0.61	0.66
2013	4.85	3.53	9.0	0.54	0.39
2014	0.51	–0.31	4.9	0.10	–0.06
2015	–4.20	–4.75	3.0	–1.40	–1.58
2016	–0.29	3.82	4.1	–0.07	0.93
2017	3.20	10.93	6.8	0.47	1.61
2018	3.16	14.88	6.6	0.48	2.26
2019	3.27	2.68	6.1	0.54	0.44
2020	0.58	5.24	3.6	0.16	1.46
2021	3.16	9.75	9.3	0.34	1.05
2022	1.27	6.76	4.4	0.29	1.54

6-12 主要年份能源加工转换投入产出情况
EFFICIENCY OF ENERGY CONVERSION IN MAJOR YEARS

年 份 Year	投入及转换总效率 Total Efficiency		发电及供热投入原煤(万吨) Coal Input in Electricity And Heat (10 000 tons)	洗选加工投入原煤(万吨) Coal Input in Washing (10 000 tons)
	投入总量(万吨标准煤) Total Input (10 000 tons of SCE)	投入产出总效率(%) Efficiency(%)		
1980	1512.30	54.35	727.18	617.16
1985	2214.09	61.77	1108.00	802.00
1990	4792.46	73.22	1812.74	2162.71
1995	13076.80	82.56	2946.49	6864.89
2000	12867.25	81.44	3127.88	6958.75
2005	25291.10	79.72	6597.20	14652.96
2010	34407.94	80.18	9977.89	20225.00
2011	39760.22	80.86	11085.49	24827.28
2012	42285.31	81.08	11742.37	28952.95
2013	63122.88	86.20	12566.48	62776.72
2014	64247.14	86.40	12029.82	66236.01
2015	66574.27	87.12	10895.02	71019.77
2016	64933.96	87.33	10625.63	69121.64
2017	59913.95	85.85	12339.77	67641.65
2018	69124.09	86.67	13226.00	71235.84
2019	71445.92	86.74	13393.28	73560.80
2020	81572.50	88.45	14034.84	85414.35
2021	86683.30	88.99	15090.74	93376.57
2022	90801.48	89.25	16829.74	100361.40

年 份 Year	炼焦投入量 Input in Coking		制气投入原煤(万吨) Coal Input in Making Gas (10 000 tons)	产出总量(万吨标准煤) Total Output (10 000 tons of SCE)
	原 煤(万吨) Coal (10 000 tons)	洗精煤(用于炼焦)(万吨) Cleaned Coal (for Coking) (10 000 tons)		
1980	474.00	168.00		821.90
1985	834.00	234.74		1367.69
1990	1772.80	610.24	72.59	3509.20
1995	3964.26	3298.52	63.97	10796.47
2000	3250.02	3045.74	58.03	10478.69
2005	2633.60	8571.16	136.14	20161.30
2010	223.61	11414.74	33.76	27587.12
2011	297.20	12180.33	55.57	32149.49
2012	67.32	11732.62	55.09	34283.93
2013	25.27	12309.16	52.79	54410.16
2014	26.23	11943.36	42.99	55508.26
2015	32.07	10882.20	24.80	58000.60
2016	32.99	10935.80	99.76	56703.86
2017	123.80	11037.49	95.03	51435.37
2018	21.74	12290.77	146.30	59910.07
2019	3.30	12808.23	115.63	61973.46
2020	1.34	13840.96	96.56	72148.42
2021	0.09	12967.18	134.63	77136.01
2022	184.61	12788.39	195.62	81036.52

注：本表2013-2015年洗选煤产出中的洗精煤(用于炼焦)包括动力洗精煤。
Note: Cleaned coal (for coking) in the washed coal output includes power coal during 2013 to 2015.

6-12 续表 continued

年 份 Year	发电及供热产出 Output of Electricity And Heat		炼焦产出 Output of Coking	
	电 力 (万千瓦时) Electricity (10 000 kwh)	热 力 (万百万千焦) Heat (10 billion kilo-joule)	焦 炭 (万吨) Coke (10 000 tons)	焦炉煤气 (万立方米) Gas (10 000 cu.m)
1980	1156600		320.95	
1985	1777200	1297.88	568.66	55634
1990	3068800	2324.00	1586.57	81600
1995	4988500	3930.40	5294.97	159800
2000	6087300	2367.70	4967.22	179900
2005	12916500	6020.60	7981.04	1440000
2010	21043500	12089.93	8476.44	1607200
2011	22964500	14472.47	9047.91	1868200
2012	24429600	16014.55	8612.66	1674300
2013	25513000	17916.84	9022.40	1780300
2014	25460100	19810.66	8765.84	1709900
2015	23186000	23630.29	8039.88	1600600
2016	23092900	27215.90	8185.98	1595100
2017	25029900	31548.05	8383.14	1631000
2018	28534000	30699.78	9252.20	1874800
2019	29305200	30981.34	9699.53	2024800
2020	30325000	31312.23	10493.70	2264200
2021	32290000	32785.77	9857.24	2234600
2022	35768800	56651.96	9799.70	2622121

年 份 Year	洗选煤产出 Output of Washed Coal		制气产出 Output of Making Gas	
	洗精煤(用于炼焦) (万吨) Cleaned Coal (for Coking) (10 000 tons)	其他洗煤 (万吨) Others (10 000 tons)	焦炉煤气 (万立方米) Coke Gas (10 000 cu.m)	其他煤气 (万立方米) Others (10 000 cu.m)
1980	409.00			
1985	518.55	158.91		
1990	1429.65	366.30	9400	136400
1995	4850.20	710.59	1100	230000
2000	4818.21	590.05		191800
2005	10275.88	1327.49		417900
2010	14863.17	3537.38		101600
2011	17426.68	4652.97		168300
2012	19604.71	5698.09		156000
2013	34615.00	24428.00		117900
2014	35974.94	24563.82		84600
2015	35551.66	20103.84		54200
2016	22458.30	32452.00		219000
2017	21346.04	32019.97		239000
2018	21075.76	34699.59		438600
2019	20140.23	36995.48		442500
2020	23577.14	44284.05		218300
2021	25995.49	48488.92		332400
2022	27278.90	51207.40		469878

6-13 终端能源消费量和构成(2022年)

单位：万吨标准煤

项 目	Ietm	合 计 Total
能源消费量	**Energy Consumption**	**19582.62**
一、第一产业	Primary Industry	310.25
农、林、牧、渔业	Farming, Forestry, Animal Husbandry And Fishery	310.25
二、第二产业	Secondry Industry	15547.93
工 业	Industry	15379.60
轻工业	Light Industry	216.83
重工业	Heavy Industry	15162.75
建筑业	Construction	168.33
三、第三产业	Tertiary Industry	1986.29
交通运输、仓储和邮政业	Transport, Storage and Post	980.35
批发、零售业和住宿、餐饮业	Wholesale and Retail Trade, Hotels and Catering Services	383.13
其 他	Others	622.82
四、人民生活	Residential Consumption	1738.14
按产业分构成 (%)	**Composition of Industry (%)**	**100.00**
一、第一产业	Primary Industry	1.58
农、林、牧、渔业	Farming, Forestry, Animal Husbandry And Fishery	1.58
二、第二产业	Secondry Industry	79.40
工 业	Industry	78.54
轻工业	Light Industry	1.11
重工业	Heavy Industry	77.43
建筑业	Construction	0.86
三、第三产业	Tertiary Industry	10.14
交通运输、仓储和邮政业	Transport, Storage and Post	5.01
批发、零售业和住宿、餐饮业	Wholesale and Retail Trade, Hotels and Catering Services	1.96
其 他	Others	3.18
四、人民生活	Residential Consumption	8.88
按品种分构成(%)	**Composition of Variety (%)**	**100.00**
一、第一产业	Primary Industry	100.00
农、林、牧、渔业	Farming,Forestry,Animal Husbandry And Fishery	100.00
二、第二产业	Secondry Industry	100.00
工 业	Industry	100.00
轻工业	Light Industry	100.00
重工业	Heavy Industry	100.00
建筑业	Construction	100.00
三、第三产业	Tertiary Industry	100.00
交通运输、仓储和邮政业	Transport,Storage and Post	100.00
批发、零售业和住宿、餐饮业	Wholesale and Retail Trade, Hotels and Catering Services	100.00
其 他	Others	100.00
四、人民生活	Residential Consumption	100.00

CONSUMPTION AND COMPOSITION OF END–USE ENERGY(2022)

(10 000 tons of SCE)

原 煤 Coal	洗精煤及其他洗煤 Washed Coal and Others	焦 炭 Coke	石油制品 Petroleum Products	电 力 Electricity	天然气煤气及其他 Natural Gas, Gas and Others
2302.32	**270.27**	**2620.15**	**1030.63**	**8163.33**	**5195.92**
56.55			86.45	161.23	6.03
56.55			86.45	161.23	6.03
2098.37	270.27	2620.15	287.82	6188.80	4082.52
2097.77	270.27	2620.15	207.16	6104.28	4079.97
27.46	0.06		1.99	138.45	48.87
2070.31	270.20	2620.15	205.17	5965.82	4031.09
0.60			80.66	84.53	2.55
8.00			595.17	960.39	422.74
0.52			575.69	266.21	137.93
2.13			11.41	228.60	140.99
5.35			8.06	465.58	143.82
139.41			61.19	852.92	684.63
100.00	**100.00**	**100.00**	**100.00**	**100.00**	**100.00**
2.46			8.39	1.98	0.12
2.46			8.39	1.98	0.12
91.14	100.00	100.00	27.93	75.81	78.57
91.12	100.00	100.00	20.10	74.78	78.52
1.19	0.02		0.19	1.70	0.94
89.92	99.98	100.00	19.91	73.08	77.58
0.03			7.83	1.04	0.05
0.35			57.75	11.76	8.14
0.02			55.86	3.26	2.65
0.09			1.11	2.80	2.71
0.23			0.78	5.70	2.77
6.05			5.94	10.45	13.18
11.76	**1.38**	**13.38**	**5.26**	**41.69**	**26.53**
18.23			27.86	51.97	1.94
18.23			27.86	51.97	1.94
13.50	1.74	16.85	1.85	39.80	26.26
13.64	1.76	17.04	1.35	39.69	26.53
12.66	0.03		0.92	63.85	22.54
13.65	1.78	17.28	1.35	39.35	26.59
0.35			47.92	50.22	1.51
0.40			29.96	48.35	21.28
0.05			58.72	27.15	14.07
0.56			2.98	59.67	36.80
0.86			1.29	74.75	23.09
8.02			3.52	49.07	39.39

6-14 分行业能源消费总量(2022年)

行 业	Sector	能源消费总量(万吨标准煤) Total Energy Consumption (10 000 tons of SCE)
能源消费总量	**Total**	**21918.50**
农、林、牧、渔业	**Farming, Forestry, Animal Husbandry And Fishery**	**310.25**
工 业	**Industry**	**17715.45**
轻工业	Light Industry	230.28
重工业	Heavy Industry	17485.17
按工业行业分	Grouped by Industry Sector	
采矿业	Mining	3789.47
煤炭开采和洗选业	Coal Mining and Dressing	3492.24
石油和天然气开采业	Petroleum and Natural Gas Extraction	69.96
黑色金属矿采选业	Ferrous Metals Mining and Dressing	160.00
有色金属矿采选业	Nonferrous Metals Mining and Dressing	33.75
非金属矿采选业	Nonmetal Minerals Mining and Dressing	13.85
开采辅助活动	Mining Auxiliary Activities	19.67
其他采矿业	Other Minerals Mining	
制造业	Manufacturing	11942.31
农副食品加工业	Farm and Sideline Food Processing	38.06
食品制造业	Food Manufacturing	21.56
酒、饮料和精制茶制造业	Alcohol, Beverage and Refined Tea Manufacturing	21.86
烟草制品业	Tobacoo Manufaturing	0.82
纺织业	Textile Industry	12.14
纺织服装、服饰业	Manufacture of Garments and Accessories	1.19
皮革、毛皮、羽毛及其制品和制鞋业	Manufacture of Leather, Fur, Feather and their Products and Footwear	0.32
木材加工和木、竹、藤、棕、草制品业	Processing of Timber, Manufacture of Wood, Bamboo, Rattan, Palm, and Straw Products	3.87
家具制造业	Manufacture of Funiture	1.60
造纸和纸制品业	Manufacture of Paper and Paper Products	25.61
印刷和记录媒介复制业	Printing and Record Medium Reproduction	2.41
文教、工美、体育和娱乐用品制造业	Manufacture of Articles For Culture, Education and Sport Activity	0.76

TOTAL ENERGY CONSUMPTION BY SECTOR(2022)

煤 炭 (万吨) Coal (10 000 tons)	电 力 (亿千瓦时) Electricity (100 million kwh)	焦 炭 (万吨) Coke (10 000 tons)	汽 油 (万吨) Gasoline (10 000 tons)	柴 油 (万吨) Diesel Oil (10 000 tons)	天然气 (亿立方米) Natural Gas (100 million cu.m)
38314.00	**2835.10**	**2752.44**	**228.57**	**416.48**	**99.46**
92.52	**54.40**		**16.32**	**42.85**	**0.53**
37862.32	**2140.37**	**2752.44**	**32.35**	**79.37**	**59.76**
68.82	52.06		0.12	0.40	2.50
37793.51	2088.32	2752.44	32.23	78.97	57.26
637.64	430.72	7.78	11.11	51.17	9.34
604.38	342.17	7.78	10.99	46.50	8.85
	22.02		0.09	0.02	0.39
32.72	45.17		0.02	3.01	
	11.03			0.70	
0.54	3.75			0.83	0.10
	6.58		0.01	0.11	
18229.07	1150.99	2744.66	21.01	25.41	25.73
6.10	10.27		0.04	0.11	0.30
0.45	4.74		0.03	0.06	0.58
0.05	2.70		0.01	0.03	0.93
	0.20				0.02
2.74	2.24			0.02	0.07
	0.35				0.01
	0.11				
	1.30				
	0.54				
37.23	4.08			0.08	0.11
	0.77		0.01	0.01	
	0.25			0.01	

6-14 续表

行 业	Sector	能源消费总量(万吨标准煤) Total Energy Consumption (10 000 tons of SCE)
石油、煤炭及其他燃料加工业	Processing of Petroleum, Coal and Other Fuels	1982.67
化学原料和化学制品制造业	Manufacture Raw Chemical Materials and Chemical Products	2232.05
医药制造业	Manufacture of Medical Products	68.75
化学纤维制造业	Manufacture of Chemical Fibers	8.57
橡胶和塑料制品业	Manufacture of Rubber and Plastic Products	37.70
非金属矿物制品业	Manufacture of Nonmetals Mineral Products	1129.03
黑色金属冶炼和压延加工业	Smelting and Pressing of Ferrous Metals	4180.13
有色金属冶炼和压延加工业	Smelting and Pressing of Nonferrous Metals	1683.79
金属制品业	Manufacture of Metal Products	254.30
通用设备制造业	Manufacture of Universal Purpose Equipment	73.23
专用设备制造业	Manufacture of Special Purpose Equipment	15.67
汽车制造业	Manufacture of Motor Vehicles	14.35
铁路、船舶、航空航天和其他运输设备制造业	Manufacture of Railways, Ships, Aviation, Aircrafts and Other Transportation Equipments	16.23
电气机械和器材制造业	Manufacture of Electrical Equipment and Machinery	20.41
计算机、通信和其他电子设备制造业	Manufacture of Computer, Telecommunication and Other Electronic Equipments	29.09
仪器仪表制造业	Manufacture of Measuring Instrument and Machinery	0.41
其他制造业	Other Manufacturing	26.63
废弃资源综合利用业	Comprehensive Utilization of Waste	14.86
金属制品、机械和设备修理业	Repair of Metal Products, Machinery and Equipment	24.26
电力、热力、燃气及水生产和供应业	Production and Supply of Electricity, Heat, Gas and Water	1983.68
电力、热力生产和供应业	Production and Supply of Electricity and Heat	1862.46
燃气生产和供应业	Production and Supply of Gas	48.58
水的生产和供应业	Production and Supply of Water	72.64
建筑业	**Construction**	**168.34**
交通运输、仓储和邮政业	**Transport, Storage and Post**	**980.34**
批发、零售业和住宿、餐饮业	**Wholesale and Retail Trade, Hotels and Catering Services**	**383.13**
人民生活及其他	**Residential Consumption and Others**	**2360.96**

continued

煤 炭 (万吨) Coal (10 000 tons)	电 力 (亿千瓦时) Electricity (100 million kwh)	焦 炭 (万吨) Coke (10 000 tons)	汽 油 (万吨) Gasoline (10 000 tons)	柴 油 (万吨) Diesel Oil (10 000 tons)	天然气 (亿立方米) Natural Gas (100 million cu.m)
12546.41	120.18	1.39	5.12	3.08	0.76
1387.46	168.12	27.32	5.12	1.93	1.47
22.25	14.09		0.03	0.08	0.44
	2.74				0.04
	9.94		0.02	0.04	0.33
776.75	134.39	4.82	5.15	13.91	7.44
2050.71	329.10	2673.13	5.04	3.54	3.24
1387.63	214.82	1.94	0.01	1.40	7.38
11.26	64.79	36.06	0.06	0.25	1.50
0.01	24.47		0.11	0.11	0.03
	4.05		0.12	0.21	0.23
0.02	4.06		0.01	0.04	0.15
	3.30		0.01	0.03	0.48
	6.44		0.04	0.03	0.04
	8.92		0.01	0.02	0.09
	0.12		0.03		
	8.98				
	3.64		0.01	0.37	0.10
	1.29		0.03	0.05	
18995.62	558.67		0.23	2.79	24.69
18927.87	523.31		0.07	2.77	23.73
67.74	10.88		0.14	0.01	0.96
0.01	24.47		0.02	0.01	
0.98	**28.52**		**9.00**	**46.11**	**0.10**
0.85	**89.82**		**130.14**	**240.81**	**10.77**
3.48	**77.13**		**2.65**	**5.12**	**5.07**
353.85	**444.87**		**38.11**	**2.22**	**23.23**

主要统计指标解释

能源消费总量 指一定地域内，国民经济各行业和居民家庭在一定时期内消费的各种能源的总和。包括：原煤、原油、天然气、水能、核能、风能、太阳能、地热能、生物质能等一次能源；一次能源通过加工转换产生的洗煤、焦炭、煤气、电力、热力、成品油等二次能源和同时产生的其他产品；其他化石能源、可再生能源和新能源。其中水能、风能、太阳能、地热能、生物质能等可再生能源，是指人们通过一定技术手段获得的，并作为商品能源使用的部分。在核算过程中，一次能源、二次能源消费不能重复计算。能源消费总量分为终端能源消费量、能源加工转换损失量和能源损失量三部分。

1.终端能源消费量：指一定时期内，用于消费(而非用于加工转换产出其他能源)的各种能源之和。

2.能源加工转换损失量：指一定时期内，全省投入加工转换的各种能源数量之和与产出各种能源产品之和的差额。该指标是观察能源在加工转换过程中损失量变化的指标。

3.能源损失量：指一定时期内，能源在输送、分配、储存过程中发生的损失和由客观原因造成的各种损失量，不包括各种气体能源放空、放散量。

能源生产弹性系数 是研究能源生产增长速度与国民经济增长速度之间关系的指标。计算公式为：

$$\text{能源生产弹性系数}=\frac{\text{能源生产量年平均增长速度}}{\text{国民经济年平均增长速度}}$$

电力生产弹性系数 是研究电力生产增长速度与国民经济增长速度之间关系的指标。计算公式为：

$$\text{电力生产弹性系数}=\frac{\text{电力生产量年平均增长速度}}{\text{国民经济年平均增长速度}}$$

能源消费弹性系数 反映能源消费增长速度与国民经济增长速度之间比例关系的指标。计算公式为：

$$\text{能源消费弹性系数}=\frac{\text{能源消费量年平均增长速度}}{\text{国民经济年平均增长速度}}$$

电力消费弹性系数 反映电力消费增长速度与国民经济增长速度之间比例关系的指标。计算公式为：

$$\text{电力消费弹性系数}=\frac{\text{电力消费量年平均增长速度}}{\text{国民经济年平均增长速度}}$$

能源加工转换效率 指一定时期内，能源经过加工、转换后，产出的各种能源产品的数量与同期内投入加工转换的各种能源数量的比率。该指标是观察能源加工转换装置和生产工艺先进与落后、管理水平高低等的重要指标。计算公式为：

$$\text{能源加工转换效率}=\frac{\text{能源加工转换产出量}}{\text{能源加工转换投入量}}\times 100\%$$

Explanatory Notes on Main Statistical Indicators

Total Energy Consumption refers to the total consumption of energy of various kinds by the production sectors of the economy and the households in a given period of time. It includes the primary kinds of energy such as coal, crude oil, natural gas, hydro-power, nuclear power, wind power, solar power, geothermal power and bio-energy; the secondary kinds of energy and their products which are transformed from the primary energy such as washed coal, coke, coal gas, electricity, heating, and petroleum products; and other kinds of fossil energy, renewable energy and new energy. The renewable energy, including hydro-power, wind power, solar power, geothermal power and bio-energy, refers to the part attained with some given technical means and used for commercial purposes. Total energy consumption can be divided into three parts: end-use energy consumption; loss during the process of energy conversion; and energy loss.

1. End-use Energy Consumption: It refers to the sum of various energy sources used for consumption in a given period of time(rather than for processing and converting into other forms of energy sources).

2. Loss during the Process of Energy Conversion: It refers to the total input of various kinds of energy for conversion, minus the total output of various kinds of energy in the province in a given period of time. It is an indicator to show the loss that occurs during the process of energy conversion.

3. Energy Loss: It refers to the total of the loss of energy during the course of energy transport, distribution and storage and the loss caused by any objective reason in a given period of time. The loss of various kinds of gas due to gas discharges and stocktaking is not included.

Elasticity Ratio of Energy Production is an indicator to show the relationship between the growth rate of energy production and the growth rate of the national economy. The formula is:

$$\text{Elasticity Ratio of Energy Production} = \frac{\text{Average Annual Growth Rate of Energy Production}}{\text{Average Annual Growth Rate of National Economy}}$$

Elasticity Ratio of Electricity Production is an indicator to show the relationship between the growth rate of electricity production and the growth rate of the national economy. The formula is:

$$\text{Elasticity Ratio of Electricity Production} = \frac{\text{Average Annual Growth Rate of Electricity Production}}{\text{Average Annual Growth Rate of National Economy}}$$

Elasticity Ratio of Energy Consumption is an indicator to show the relationship between the growth rate of energy consumption and the growth rate of the national economy. The formula is:

$$\text{Elasticity Ratio of Energy Consumption} = \frac{\text{Average Annual Growth Rate of Energy Consumption}}{\text{Average Annual Growth Rate of National Economy}}$$

Elasticity Ratio of Electricity Consumption is an indicator to show the relationship between the growth rate of electricity consumption and the growth rate of the national economy. The formula is:

$$\text{Elasticity Ratio of Electricity Consumption} = \frac{\text{Average Annual Growth Rate of Electricity Consumption}}{\text{Average Annual Growth Rate of National Economy}}$$

Efficiency of Energy Processing and Conversion refers to the ratio of the total output of energy products of various kinds after processing and conversion to the total input of energy of various kinds for processing and conversion in the same reference period. It is an important indicator to show the current conditions of energy processing and conversion equipment, production technique and management. The formula is:

$$\text{Efficiency of Energy Processing and Conversion} = \frac{\text{Output of Energy after Processing and Conversion}}{\text{Input of Energy for Processing and Conversion}} \times 100\%$$

7

INVESTMENT IN FIXED ASSETS

固定资产投资

资料整理人员

邱慧东　芦巧娟　宋雅静

固定资产投资

INVESTMENT IN FIXED ASSETS

固定资产投资增速	Growth Rate of Investment in Fixed Assets	-6.6	(%)
第一产业	Primary Industry	-6.1	(%)
第二产业	Secondary Industry	-3.9	(%)
第三产业	Tertiary Industry	-8.6	(%)

固定资产投资总额构成 (%)

Composition of Investment in Fixed Assets (%)

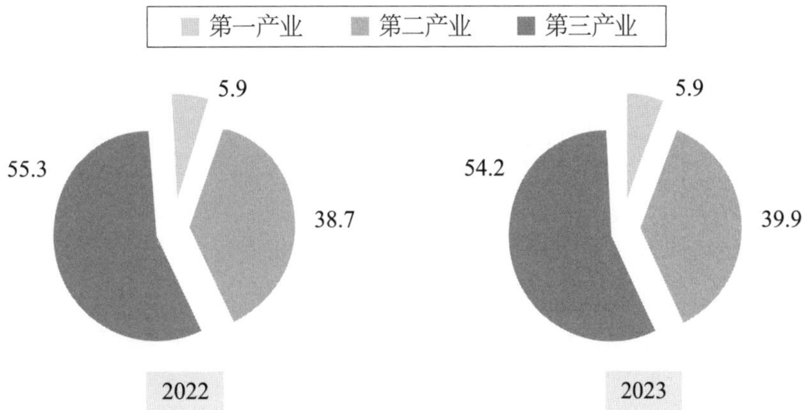

固定资产投资增速 (%)

Growth Rate of Investment in Fixed Assets (%)

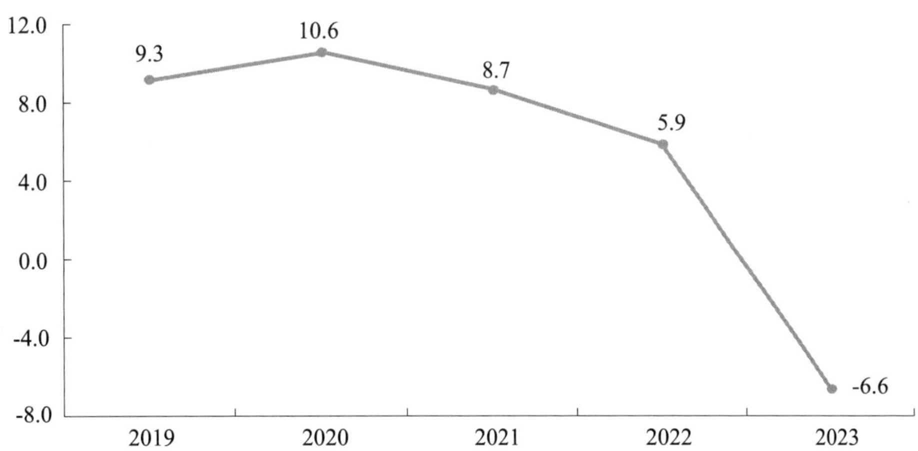

7-1 全社会固定资产投资主要指标增长速度(2023年)
GROWTH RATE OF MAJOR INDICATORS OF TOTAL INVESTMENT IN FIXED ASSETS(2023)

单位：% (%)

指 标	Item	2023
一、投资总额	**Total**	**-6.3**
#房地产开发投资	Real Estate Investment	-0.2
#农户投资	Rural Households Investment	19.7
1.按登记注册类型分	Grouped by Type of Registration Status	
内 资	Domestic-funded Enterprises	-5.8
港、澳、台商投资	Enterprises with Investment from Hong Kong, Macao and Taiwan	-54.4
外商投资	Enterprises with Foreign Investment	-21.8
2.按控股情况分	Grouped by Share Holding	
国有控股	State-holding Enterprises	-3.8
集体控股	Collective-holding Enterprises	-11.5
私人控股	Private-holding Enterprises	-5.9
港澳台商控股	Enterprises with Investment from Hong Kong, Macao and Taiwan	-36.3
外商控股	Enterprises with Foreign Investment	-22.1
其 他	Others	-37.1
3.按构成分	Grouped by Composition	
建筑安装工程	Construction and Installation	-8.5
设备工器具购置	Purchase of Equipment and Instruments	-3.3
其他费用	Other Expenses	3.3
4.按三次产业分	Grouped by Type of Industry	
第一产业	Primary Industry	-5.3
第二产业	Secondary Industry	-3.9
第三产业	Tertiary Industry	-8.0
二、本年资金来源小计	**Total Sources of Funds This Year**	**-8.7**
国家预算内资金	State Budgetary Appropriation	-5.6
国内贷款	Domestic Loans	-8.0
利用外资	Foreign Investment	-81.1
自筹资金	Self-Raised Funds	-7.4
其 他	Others	-14.5

7-2 按国民经济行业分全社会固定资产投资增长速度(2023年)

GROWTH RATE OF TOTAL INVESTMENT IN FIXED ASSETS BY ECONOMIC SECTOR(2023)

单位：% (%)

行业	Sector	全社会固定资产投资 Total Investment in Fixed Assets	#农户投资 Rural Households Investment
总计	**Total**	**-6.3**	**19.7**
农、林、牧、渔业	Farming, Forestry, Animal Husbandry and Fishery	-5.1	5.1
采矿业	Mining	21.3	
制造业	Manufacturing	-11.7	4.4
电力、热力、燃气及水生产和供应业	Production and Supply of Electricity, Heat, Gas and Water	-7.6	
建筑业	Construction	-70.5	2.8
批发和零售业	Wholesale and Retail Trade	-7.6	3.7
交通运输、仓储和邮政业	Transport, Storage and Post	-16.9	-43.0
住宿和餐饮业	Hotels and Catering Services	48.4	414.0
信息传输、软件和信息技术服务业	Information Transmission, Software and Information Technology Services	0.7	
金融业	Banking and Insurance	-51.5	
房地产业	Real Estate Trade	-0.2	65.9
租赁和商务服务业	Lease and Business Affairs Services	-47.2	26.8
科学研究和技术服务业	Scientific Research and Technical Services	14.5	
水利、环境和公共设施管理业	Management of Water Conservancy, Environmental and Public Facilities	-18.2	
居民服务、修理和其他服务业	Resident Services, Repair and Other Services	1.1	3.2
教育	Education	6.0	9.3
卫生和社会工作	Health Care and Social Work	-8.6	12.7
文化、体育和娱乐业	Culture, Sports and Recreation	-15.3	25.2
公共管理、社会保障和社会组织	Public Management, Social Security and Social Organization	39.1	

7-3 固定资产投资主要指标增长速度(2023年)
GROWTH RATE OF MAJOR INDICATORS OF INVESTMENT IN FIXED ASSETS(2023)

单位：% (%)

指 标	Item	2023
一、投资总额	**Total Investment**	**-6.6**
#国有控股	State-Controlled Share Holding	-3.9
#工 业	Industry	-4.0
1.按登记注册类型分	Grouped by Type of Registration Status	
内 资	Domestic-Funded Enterprises	-6.2
港、澳、台商投资	Enterprises with Investment from Hong Kong, Macao and Taiwan	-54.4
外商投资	Enterprises with Foreign Investment	-21.8
2.按构成分	Grouped by Composition	
建筑安装工程	Construction and Installation	-9.3
设备工器具购置	Purchase of Equipment and Instruments	-3.8
其他费用	Others	5.2
3.按建设性质分(不含房地产投资)	Grouped by Type of Construction	
新 建	New Construction	-9.3
扩 建	Expansion	8.4
改建和技术改造	Reconstruction and Technical Reformation	-13.6
其 他	Others	4.5
4.按三次产业分	Grouped by Type of Industry	
第一产业	Primary Industry	-6.1
第二产业	Secondary Industry	-3.9
第三产业	Tertiary Industry	-8.6
二、建设项目(个)	**Construction Projects (unit)**	
施工项目	Projects Under Construction	15173
#本年新开工	Projects Newly Started This Year	7630
本年投产项目	Projects Put into Use This Yesr	6450
三、投资资金来源	**Grouped by Source of Funds**	
上年末结余资金	Balance of Funds at the End of Last Year	0.5
本年资金来源小计	Subtotal Source of Funds This Year	-8.8
国家预算内资金	State-budgetary Appropriation	-5.4
国内贷款	Domestic Loans	-4.2
利用外资	Foreign Investment	-81.1
自筹资金	Self-raised Funds	-8.5
其 他	Others	-13.9

7-4 按国民经济行业分固定资产投资增长速度(2023年)

GROWTH RATE OF INVESTMENT IN FIXED ASSETS BY ECONOMIC SECTOR(2023)

单位：% (%)

行　业	Sector	2023
总　计	**Total**	**-6.6**
农、林、牧、渔业	Farming, Forestry, Animal Husbandry and Fishery	-5.8
农　业	Farming	-0.5
林　业	Forestry	-7.6
畜牧业	Animal Husbandry	-14.3
渔　业	Fishery	62.3
农、林、牧、渔专业及辅助性活动	Professional and Support Activities for Farming, Forestry, Animal Husbandry and Fishery Services	0.1
采矿业	Mining	21.3
煤炭开采和洗选业	Coal Mining and Washsing	24.9
石油和天然气开采业	Extraction of Petroleum and Natural Gas	28.7
黑色金属矿采选业	Mining and Dressing of Ferrous Metals	-44.9
有色金属矿采选业	Mining and Dressing of Nonferrous Metals	-6.4
非金属矿采选业	Mining and Dressing of Nonmetal Ores	62.2
开采专业及辅助性活动	Professional and Support Activities for Mining	-74.6
其他采矿业	Others	-74.0
制造业	Manufacturing	-11.7
农副食品加工业	Farm and Sideline Food Processing	-26.3
食品制造业	Food Manufacturing	-31.7
酒、饮料和精制茶制造业	Alcohol, Beverage and Refined Tea Manufacturing	-3.1
烟草制品业	Tobacoo Manufaturing	-54.0
纺织业	Textile Industry	-14.6
纺织服装、服饰业	Manufacture of Garments and Accessories	-82.0
皮革、毛皮、羽毛及其制品和制鞋业	Manufacture of Leather, Fur, Feather and their Products and Footwear	-89.9
木材加工和木、竹、藤、棕、草制品业	Processing of Timber, Manufacture of Wood, Bamboo, Rattan, Palm, and Straw Products	-35.3
家具制造业	Manufacture of Furniture	-44.9
造纸和纸制品业	Manufacture of Paper and Paper Products	-18.5
印刷和记录媒介复制业	Printing and Record Medium Reproduction	-63.8
文教、工美、体育和娱乐用品制造业	Manufacture of Articles For Culture, Education Arts and Crafts, Sport and Entertainment Activities	39.1
石油、煤炭及其他燃料加工业	Petroleum, Coal and Other Fuels Processing	-15.1
化学原料和化学制品制造业	Manufacture Raw Chemical Materials and Chemical Products	-14.9
医药制造业	Manufacture of Medical Products	26.5
化学纤维制造业	Manufacture of Chemical Fibers	-40.0
橡胶和塑料制品业	Manufacture of Rubber and Plastic Products	16.6
非金属矿物制品业	Manufacture of Nonmetals Mineral Products	-3.7
黑色金属冶炼和压延加工业	Smelting and Pressing of Ferrous Metals	-50.8
有色金属冶炼和压延加工业	Smelting and Pressing of Nonferrous Metals	-16.6
金属制品业	Manufacture of Metal Products	-20.1
通用设备制造业	Manufacture of Universal Purpose Equipment	-8.2
专用设备制造业	Manufacture of Special Purpose Equipment	-27.2
汽车制造业	Manufacture of Motor Vehicles	-45.3

7-4 续表1 continued

单位：% (%)

行 业	Sector	2023
铁路、船舶、航空航天和其他运输设备制造业	Manufacture of Railways, Ships, Aviation, Aircrafts and Other Transportation Equipments	-33.2
电气机械和器材制造业	Manufacture of Electrical Equipment and Machinery	123.0
计算机、通信和其他电子设备制造业	Manufacture of Computer, Telecommunication and Other Electronic Equipments	4.5
仪器仪表制造业	Manufacture of Measuring Instrument and Machinery	-53.7
其他制造业	Other Manufacturing	-70.1
废弃资源综合利用业	Comprehensive Utilization of Waste	47.3
金属制品、机械和设备修理业	Repair of Metal Products, Machinery and Equipment	-59.6
电力、热力、燃气及水生产和供应业	Production and Supply of Electricity, Heat, Gas and Water	-7.6
电力、热力生产和供应业	Production and Supply of Electricity and Heat	-7.7
燃气生产和供应业	Production and Supply of Gas	-12.4
水的生产和供应业	Production and Supply of Water	-5.1
建筑业	Construction	-93.3
房屋建筑业	Buildings Construction	-77.1
土木工程建筑业	Civil Engineering	-94.5
建筑安装业	Building Installation	
建筑装饰、装修和其他建筑业	Building Decoration and Other Construction	-99.8
批发和零售业	Wholesale and Retail Trade	-8.0
批发业	Wholesale Trade	16.7
零售业	Retail Trade	-24.8
交通运输、仓储和邮政业	Transport, Storage and Post	-17.6
铁路运输业	Railway Transport	-10.1
道路运输业	Highway Transport	-21.0
水上运输业	Water Transport	
航空运输业	Air Transport	-9.5
管道运输业	Transport Via Pipelines	
多式联运和运输代理业	Intermodality and Forwarding Agency	-100.0
装卸搬运和仓储业	Loading, Unloading and Storage	4.0
邮政业	Post	-9.7
住宿和餐饮业	Hotels and Catering Services	46.4
住宿业	Hotels	48.1
餐饮业	Catering Services	28.8
信息传输、软件和信息技术服务业	Information Transmission, Software and Information Technology Services	0.7
电信、广播电视和卫星传输服务	Transmission Services of Telecommunication, Broadcast, Television and Satellite	-30.8
互联网和相关服务	Internet and Relative Services	6.8
软件和信息技术服务业	Software and Information Technology Services	2.0
金融业	Banking and Insurance	-51.5
货币金融服务	Monetary Banking	-51.5

7-4 续表2 continued

单位：% (%)

行 业	Sector	2023
资本市场服务	Capital Market	
保险业	Insurance	
其他金融业	Other Financial Activities	
房地产业	Real Estate Trade	-1.4
房地产业	Real Estate Trade	-1.4
租赁和商务服务业	Lease and Business Affairs Services	-48.1
租赁业	Leasing	-83.7
商务服务业	Business Affairs Services	-47.5
科学研究和技术服务业	Scientific Research and Technical Services	14.5
研究和试验发展	Research and Experimental Development	-23.9
专业技术服务业	Professional Technical Services	15.9
科技推广和应用服务业	Services of Science and Technology Exchanges and Promotion	59.3
水利、环境和公共设施管理业	Management of Water Conservancy, Environment and Public Facilities	-18.2
水利管理业	Water Conservancy	9.2
生态保护和环境治理业	Ecological Protection and Environmental Management	-27.9
公共设施管理业	Public Facilities	-20.9
土地管理业	Land Management	-67.0
居民服务、修理和其他服务业	Resident Services, Repair and Other Services	0.8
居民服务业	Residence Services	5.4
机动车、电子产品和日用产品修理业	Repair of Motor Vehicles, Electronic Products and Daily Products	82.7
其他服务业	Other Services	-75.8
教 育	Education	5.9
教 育	Education	5.9
卫生和社会工作	Health Care and Social Work	-8.6
卫 生	Health Care	-6.1
社会工作	Social Work	-27.6
文化、体育和娱乐业	Culture, Sports and Recreation	-15.4
新闻和出版业	Journalism and Publishing Activities	-100.0
广播、电视、电影和录音制作业	Radio, Televisions, Motion Pictures and Audio Procuction	68.1
文化艺术业	Culture and Arts Activities	-0.2
体 育	Sports Activities	-25.9
娱乐业	Entertainment	-39.1
公共管理、社会保障和社会组织	Public Management, Social Security and Social Organization	39.1
中国共产党机关	Organs of CPC	65.2
国家机构	Government Agencies	60.8
人民政协、民主党派	PPCC and Democratic Parties	2036.3
社会保障	Social Security	
群众团体、社会团体和其他成员组织	Mass Organizations, Social Organizations and Other Member Organizations	-47.4
基层群众自治组织及其他组织	Grass Roots Self-governing Organizations and Other Organizations	-40.6

7-5 按登记注册类型分固定资产投资增长速度(2023年)

单位：%

行 业	Sector	本年完成投资 Investment Completed This Year
总 计	**Total**	**-6.6**
农、林、牧、渔业	Farming, Forestry, Animal Husbandry and Fishery	-5.8
农 业	Farming	-0.5
林 业	Forestry	-7.6
畜牧业	Animal Husbandry	-14.3
渔 业	Fishery	62.3
农、林、牧、渔专业及辅助性活动	Professional and Support Activities for Farming, Forestry, Animal Husbandry and Fishery Services	0.1
采矿业	Mining	21.3
煤炭开采和洗选业	Coal Mining and Washsing	24.9
石油和天然气开采业	Extraction of Petroleum and Natural Gas	28.7
黑色金属矿采选业	Mining and Dressing of Ferrous Metals	-44.9
有色金属矿采选业	Mining and Dressing of Nonferrous Metals	-6.4
非金属矿采选业	Mining and Dressing of Nonmetal Ores	62.2
开采专业及辅助性活动	Professional and Support Activities for Mining	-74.6
其他采矿业	Others	-74.0
制造业	Manufacturing	-11.7
农副食品加工业	Farm and Sideline Food Processing	-26.3
食品制造业	Food Manufacturing	-31.7
酒、饮料和精制茶制造业	Alcohol, Beverage and Refined Tea Manufacturing	-3.1
烟草制品业	Tobacoo Manufaturing	-54.0
纺织业	Textile Industry	-14.6
纺织服装、服饰业	Manufacture of Garments and Accessories	-82.0
皮革、毛皮、羽毛及其制品和制鞋业	Manufacture of Leather, Fur, Feather and their Products and Footwear	-89.9
木材加工和木、竹、藤、棕、草制品业	Processing of Timber, Manufacture of Wood, Bamboo, Rattan, Palm, and Straw Products	-35.3
家具制造业	Manufacture of Furniture	-44.9
造纸和纸制品业	Manufacture of Paper and Paper Products	-18.5
印刷和记录媒介复制业	Printing and Record Medium Reproduction	-63.8
文教、工美、体育和娱乐用品制造业	Manufacture of Articles For Culture, Education. Arts and Crafts, Sport and Entertainment Activities	39.1
石油、煤炭及其他燃料加工业	Petroleum, Coal and Other Fuels Processing	-15.1
化学原料和化学制品制造业	Manufacture Raw Chemical Materials and Chemical Products	-14.9
医药制造业	Manufacture of Medical Products	26.5
化学纤维制造业	Manufacture of Chemical Fibers	-40.0
橡胶和塑料制品业	Manufacture of Rubber and Plastic Products	16.6
非金属矿物制品业	Manufacture of Nonmetals Mineral Products	-3.7
黑色金属冶炼和压延加工业	Smelting and Pressing of Ferrous Metals	-50.8
有色金属冶炼和压延加工业	Smelting and Pressing of Nonferrous Metals	-16.6
金属制品业	Manufacture of Metal Products	-20.1
通用设备制造业	Manufacture of Universal Purpose Equipment	-8.2

GROWTH RATE OF INVESTMENT IN FIXED ASSETS BY REGISTRATION STATUS(2023)

(%)

内 资 Domestic-Funded Enterprises	港澳台商投资 Enterprises with Investment from Hong Kong, Macao and Taiwan	外商投资 Enterprises with Foreign Investment
-6.2	**-54.4**	**-21.8**
-5.7	-100.0	-94.7
-0.5		
-7.5	-100.0	
-14.2		-100.0
62.3		
0.3		-84.0
22.8	-100.0	-1.4
26.6	-100.0	-31.8
34.3		16.5
-44.9		
-6.4		
62.2		
-74.6		
-74.0		
-10.9	-52.5	-61.3
-25.6		-77.6
-31.8	-12.0	-70.9
-4.4		493.4
-54.0		
-14.6		
-82.0		
-89.9		
-35.3		
-44.9		
-18.5		
-63.8		
39.1		
-13.7	-82.9	-80.1
-16.3	603.4	65.7
26.2	-100.0	49.9
-40.0		
16.2		
-3.7	96.4	
-50.8		-61.6
-16.7		-32.9
-20.3		-3.5
-8.2	25.9	

7-5 续表1

单位：%

行　业	Sector	本年完成投资 Investment Completed This Year
专用设备制造业	Manufacture of Special Purpose Equipment	-27.2
汽车制造业	Manufacture of Motor Vehicles	-45.3
铁路、船舶、航空航天和其他运输设备制造业	Manufacture of Railways, Ships, Aviation, Aircrafts and Other Transportation Equipments	-33.2
电气机械和器材制造业	Manufacture of Electrical Equipment and Machinery	123.0
计算机、通信和其他电子设备制造业	Manufacture of Computer, Telecommunication and Other Electronic Equipments	4.5
仪器仪表制造业	Manufacture of Measuring Instrument and Machinery	-53.7
其他制造业	Other Manufacturing	-70.1
废弃资源综合利用业	Comprehensive Utilization of Waste	47.3
金属制品、机械和设备修理业	Repair of Metal Products, Machinery and Equipment	-59.6
电力、热力、燃气及水生产和供应业	Production and Supply of Electricity, Heat, Gas and Water	-7.6
电力、热力生产和供应业	Production and Supply of Electricity and Heat	-7.7
燃气生产和供应业	Production and Supply of Gas	-12.4
水的生产和供应业	Production and Supply of Water	-5.1
建筑业	Construction	-93.3
房屋建筑业	Buildings Construction	-77.1
土木工程建筑业	Civil Engineering	-94.5
建筑安装业	Building Installation	
建筑装饰、装修和其他建筑业	Building Decoration and Other Construction	-99.8
批发和零售业	Wholesale and Retail Trade	-8.0
批发业	Wholesale Trade	16.7
零售业	Retail Trade	-24.8
交通运输、仓储和邮政业	Transport, Storage and Post	-17.6
铁路运输业	Railway Transport	-10.1
道路运输业	Highway Transport	-21.0
水上运输业	Water Transport	
航空运输业	Air Transport	-9.5
管道运输业	Transport Via Pipelines	
多式联运和运输代理业	Intermodality and Forwarding Agency	-100.0
装卸搬运和仓储业	Loading, Unloading and Storage	4.0
邮政业	Post	-9.7
住宿和餐饮业	Hotels and Catering Services	46.4
住宿业	Hotels	48.1
餐饮业	Catering Services	28.8
信息传输、软件和信息技术服务业	Information Transmission, Software and Information Technology Services	0.7
电信、广播电视和卫星传输服务	Transmission Services of Telecommunication, Broadcast, Television and Satellite	-30.8
互联网和相关服务	Internet and Relative Services	6.8
软件和信息技术服务业	Software and Information Technology Services	2.0

continued

(%)

内 资 Domestic-Funded Enterprises	港澳台商投资 Enterprises with Investment from Hong Kong, Macao and Taiwan	外商投资 Enterprises with Foreign Investment
-27.8		-100.0
-38.4	-93.3	
-35.5		92.9
129.9		-95.8
10.0	64.3	-82.9
-53.7		
-70.1		
49.7	-100.0	-100.0
-61.4		
-4.8	-63.1	-36.2
-4.3	-63.3	-40.1
-12.3	-65.1	18.1
-5.2	206.7	508.3
-93.3		
-77.1		
-94.5		
-99.8		
-9.6		-25.3
16.7		
-27.7		-25.3
-17.6		-25.7
-10.1		
-21.0		
-9.5		
-100.0		
4.4		-25.7
-9.7		
46.4		
48.1		
28.8		
12.3	-48.5	-63.3
-12.4	-100.0	-38.5
23.0	-43.1	-97.8
9.0	-36.5	-38.5

7-5 续表2

单位：%

行　业	Sector	本年完成投资 Investment Completed This Year
金融业	Banking and Insurance	-51.5
货币金融服务	Monetary Banking	-51.5
资本市场服务	Capital Market	
保险业	Insurance	
其他金融业	Other Financial Activities	
房地产业	Real Estate Trade	-1.4
房地产业	Real Estate Trade	-1.4
租赁和商务服务业	Lease and Business Affairs Services	-48.1
租赁业	Leasing	-83.7
商务服务业	Business Affairs Services	-47.5
科学研究和技术服务业	Scientific Research and Technical Services	14.5
研究和试验发展	Research and Experimental Development	-23.9
专业技术服务业	Professional Technical Services	15.9
科技推广和应用服务业	Services of Science and Technology Exchanges and Promotion	59.3
水利、环境和公共设施管理业	Management of Water Conservancy, Environment and Public Facilities	-18.2
水利管理业	Water Conservancy	9.2
生态保护和环境治理业	Ecological Protection and Environmental Management	-27.9
公共设施管理业	Public Facilities	-20.9
土地管理	Land Management	-67.0
居民服务、修理和其他服务业	Resident Services, Repair and Other Services	0.8
居民服务业	Residence Services	5.4
机动车、电子产品和日用产品修理业	Repair of Motor Vehicles, Electronic Products and Daily Products	82.7
其他服务业	Other Services	-75.8
教　育	Education	5.9
教　育	Education	5.9
卫生和社会工作	Health Care and Social Work	-8.6
卫　生	Health Care	-6.1
社会工作	Social Work	-27.6
文化、体育和娱乐业	Culture, Sports and Recreation	-15.4
新闻和出版业	Journalism and Publishing Activities	-100.0
广播、电视、电影和录音制作业	Radio, Televisions, Motion Pictures and Audio Procuction	68.1
文化艺术业	Culture and Arts Activities	-0.2
体　育	Sports Activities	-25.9
娱乐业	Entertainment	-39.1
公共管理、社会保障和社会组织	Public Management, Social Security and Social Organization	39.1
中国共产党机关	Organs of CPC	65.2
国家机构	Government Agencies	60.8
人民政协、民主党派	PPCC and Democratic Parties	2036.3
社会保障	Social Security	
群众团体、社会团体和其他成员组织	Mass Organizations, Social Organizations and Other Member Organizations	-47.4
基层群众自治组织及其他组织	Grass Roots Self-governing Organizations and Other Organizations	-40.6

continued

(%)

内 资 Domestic-Funded Enterprises	港澳台商投资 Enterprises with Investment from Hong Kong, Macao and Taiwan	外商投资 Enterprises with Foreign Investment
-51.5		
-51.5		
-1.8	1.2	687.6
-1.8	1.2	687.6
-48.1		
-83.7		
-47.5		
14.6		-34.1
-23.9		-34.1
15.9		
59.3		
-18.4	46.5	127.4
9.2		
-27.8	46.5	-66.6
-21.1		211.0
-67.0		
0.8		
5.4		
82.7		
-75.8		
5.9		
5.9		
-8.6		
-6.1		
-27.6		
-15.0	-100.0	
-100.0		
68.1		
-0.2		
-22.9	-100.0	
-39.1		
39.1		
65.2		
60.8		
2036.3		
-47.4		
-40.6		

7-6 按构成分固定资产投资增长速度(2023年)

单位：%

行 业	Sector	本年完成投资 Investment Completed This Year
总 计	**Total**	**-6.6**
农、林、牧、渔业	Farming, Forestry, Animal Husbandry and Fishery	-5.8
农 业	Farming	-0.5
林 业	Forestry	-7.6
畜牧业	Animal Husbandry	-14.3
渔 业	Fishery	62.3
农、林、牧、渔专业及辅助性活动	Professional and Support Activities for Farming, Forestry, Animal Husbandry and Fishery Services	0.1
采矿业	Mining	21.3
煤炭开采和洗选业	Coal Mining and Washsing	24.9
石油和天然气开采业	Extraction of Petroleum and Natural Gas	28.7
黑色金属矿采选业	Mining and Dressing of Ferrous Metals	-44.9
有色金属矿采选业	Mining and Dressing of Nonferrous Metals	-6.4
非金属矿采选业	Mining and Dressing of Nonmetal Ores	62.2
开采专业及辅助性活动	Professional and Support Activities for Mining	-74.6
其他采矿业	Others	-74.0
制造业	Manufacturing	-11.7
农副食品加工业	Farm and Sideline Food Processing	-26.3
食品制造业	Food Manufacturing	-31.7
酒、饮料和精制茶制造业	Alcohol, Beverage and Refined Tea Manufacturing	-3.1
烟草制品业	Tobacoo Manufaturing	-54.0
纺织业	Textile Industry	-14.6
纺织服装、服饰业	Manufacture of Garments and Accessories	-82.0
皮革、毛皮、羽毛及其制品和制鞋业	Manufacture of Leather, Fur, Feather and their Products and Footwear	-89.9
木材加工和木、竹、藤、棕、草制品业	Processing of Timber, Manufacture of Wood, Bamboo, Rattan, Palm, and Straw Products	-35.3
家具制造业	Manufacture of Furniture	-44.9
造纸和纸制品业	Manufacture of Paper and Paper Products	-18.5
印刷和记录媒介复制业	Printing and Record Medium Reproduction	-63.8
文教、工美、体育和娱乐用品制造业	Manufacture of Articles For Culture, Education, Arts and Crafts, Sport and Entertainment Activities	39.1
石油、煤炭及其他燃料加工业	Petroleum, Coal and Other Fuels Processing	-15.1
化学原料和化学制品制造业	Manufacture Raw Chemical Materials and Chemical Products	-14.9
医药制造业	Manufacture of Medical Products	26.5
化学纤维制造业	Manufacture of Chemical Fibers	-40.0
橡胶和塑料制品业	Manufacture of Rubber and Plastic Products	16.6
非金属矿物制品业	Manufacture of Nonmetals Mineral Products	-3.7
黑色金属冶炼和压延加工业	Smelting and Pressing of Ferrous Metals	-50.8
有色金属冶炼和压延加工业	Smelting and Pressing of Nonferrous Metals	-16.6
金属制品业	Manufacture of Metal Products	-20.1
通用设备制造业	Manufacture of Universal Purpose Equipment	-8.2

GROWTH RATE OF INVESTMENT IN FIXED ASSETS BY COMPOSITION(2023)

(%)

建筑安装工程 Construction and Installation	设备工器具购置 Purchase of Equipment and Instruments	其他费用 Others
-9.3	**-3.8**	**5.2**
-7.0	13.8	1.0
-1.5	15.4	12.2
-10.1	-2.7	19.7
-15.8	6.4	-9.1
61.2	148.2	71.6
1.0	33.0	-43.5
12.9	11.9	68.1
19.6	10.9	65.5
17.0	438.8	252.8
-45.9	-48.4	-13.9
-30.1	3.4	34.1
30.2	23.5	247.3
-57.3	-89.1	-40.7
-72.1	-100.0	
-12.2	-13.3	-3.2
-28.0	3.4	-46.7
-35.8	-8.3	-17.9
-23.3	-13.0	331.0
	-68.3	
-4.7	-48.8	-61.1
-83.3	-23.4	-85.8
-98.0		
-22.4	-22.6	-98.6
-52.6	34.5	-99.0
-13.5	-38.9	130.1
-65.1	-59.9	-51.4
26.1	30.5	240.1
-13.5	-3.7	-42.9
-4.9	-31.5	-14.9
16.6	48.9	118.4
-55.6	-5.9	-21.0
-1.6	35.2	56.2
-7.0	-5.1	32.5
-45.5	-58.5	-31.3
-25.9	-27.0	135.9
-16.0	-28.8	-33.4
-17.7	-11.1	93.9

7-6 续表1

单位：%

行　业	Sector	本年完成投资 Investment Completed This Year
专用设备制造业	Manufacture of Special Purpose Equipment	-27.2
汽车制造业	Manufacture of Motor Vehicles	-45.3
铁路、船舶、航空航天和其他运输设备制造业	Manufacture of Railways, Ships, Aviation, Aircrafts and Other Transportation Equipments	-33.2
电气机械和器材制造业	Manufacture of Electrical Equipment and Machinery	123.0
计算机、通信和其他电子设备制造业	Manufacture of Computer, Telecommunication and Other Electronic Equipments	4.5
仪器仪表制造业	Manufacture of Measuring Instrument and Machinery	-53.7
其他制造业	Other Manufacturing	-70.1
废弃资源综合利用业	Comprehensive Utilization of Waste	47.3
金属制品、机械和设备修理业	Repair of Metal Products, Machinery and Equipment	-59.6
电力、热力、燃气及水生产和供应业	Production and Supply of Electricity, Heat, Gas and Water	-7.6
电力、热力生产和供应业	Production and Supply of Electricity and Heat	-7.7
燃气生产和供应业	Production and Supply of Gas	-12.4
水的生产和供应业	Production and Supply of Water	-5.1
建筑业	Construction	-93.3
房屋建筑业	Buildings Construction	-77.1
土木工程建筑业	Civil Engineering	-94.5
建筑安装业	Building Installation	
建筑装饰、装修和其他建筑业	Building Decoration and Other Construction	-99.8
批发和零售业	Wholesale and Retail Trade	-8.0
批发业	Wholesale Trade	16.7
零售业	Retail Trade	-24.8
交通运输、仓储和邮政业	Transport, Storage and Post	-17.6
铁路运输业	Railway Transport	-10.1
道路运输业	Highway Transport	-21.0
水上运输业	Water Transport	
航空运输业	Air Transport	-9.5
管道运输业	Transport Via Pipelines	
多式联运和运输代理业	Intermodality and Forwarding Agency	-100.0
装卸搬运和仓储业	Loading, Unloading and Storage	4.0
邮政业	Post	-9.7
住宿和餐饮业	Hotels and Catering Services	46.4
住宿业	Hotels	48.1
餐饮业	Catering Services	28.8
信息传输、软件和信息技术服务业	Information Transmission, Software and Information Technology Services	0.7
电信、广播电视和卫星传输服务	Transmission Services of Telecommunication, Broadcast, Television and Satellite	-30.8
互联网和相关服务	Internet and Relative Services	6.8
软件和信息技术服务业	Software and Information Technology Services	2.0

continued

(%)

建筑安装工程 Construction and Installation	设备工器具购置 Purchase of Equipment and Instruments	其他费用 Others
−13.8	−48.7	−46.2
−56.8	−32.0	61.2
−15.7	−23.6	−78.1
134.5	108.3	99.5
−9.8	36.7	−9.8
−56.8	−23.5	−39.6
−98.2	−31.6	
54.7	48.6	−8.7
−77.5	−57.6	62.3
−10.5	−4.4	−0.2
−12.3	−3.8	6.2
−11.8	21.4	−58.2
−2.7	−29.6	7.8
−91.5	−93.1	−98.5
−52.8	−100.0	−99.4
−100.0	−65.4	−97.8
−93.6	−100.0	−100.0
−13.3	40.8	13.8
9.8	−6.5	126.4
−32.1	54.6	−11.4
−19.4	100.8	−21.3
−8.7	306.6	−37.6
−25.2	113.6	−11.8
176.5	15.6	−44.8
	−100.0	
−0.4	24.5	32.7
−38.1	2271.0	−100.0
53.5	281.0	−4.5
53.9	708.6	1.0
48.6	−14.3	−82.8
16.1	−40.3	98.1
−55.5	43.1	−31.2
19.6	−51.7	49.1
27.4	−44.0	271.6

7-6 续表2

单位：%

行　业	Sector	本年完成投资 Investment Completed This Year
金融业	Banking and Insurance	-51.5
货币金融服务	Monetary Banking	-51.5
资本市场服务	Capital Market	
保险业	Insurance	
其他金融业	Other Financial Activities	
房地产业	Real Estate Trade	-1.4
房地产业	Real Estate Trade	-1.4
租赁和商务服务业	Lease and Business Affairs Services	-48.1
租赁业	Leasing	-83.7
商务服务业	Business Affairs Services	-47.5
科学研究和技术服务业	Scientific Research and Technical Services	14.5
研究和试验发展	Research and Experimental Development	-23.9
专业技术服务业	Professional Technical Services	15.9
科技推广和应用服务业	Services of Science and Technology Exchanges and Promotion	59.3
水利、环境和公共设施管理业	Management of Water Conservancy, Environment and Public Facilities	-18.2
水利管理业	Water Conservancy	9.2
生态保护和环境治理业	Ecological Protection and Environmental Management	-27.9
公共设施管理业	Public Facilities	-20.9
土地管理业	Land Management	-67.0
居民服务、修理和其他服务业	Resident Services, Repair and Other Services	0.8
居民服务业	Residence Services	5.4
机动车、电子产品和日用产品修理业	Repair of Motor Vehicles, Electronic Products and Daily Products	82.7
其他服务业	Other Services	-75.8
教　育	Education	5.9
教　育	Education	5.9
卫生和社会工作	Health Care and Social Work	-8.6
卫　生	Health Care	-6.1
社会工作	Social Work	-27.6
文化、体育和娱乐业	Culture, Sports and Recreation	-15.4
新闻和出版业	Journalism and Publishing Activities	-100.0
广播、电视、电影和录音制作业	Radio, Televisions, Motion Pictures and Audio Procuction	68.1
文化艺术业	Culture and Arts Activities	-0.2
体　育	Sports Activities	-25.9
娱乐业	Entertainment	-39.1
公共管理、社会保障和社会组织	Public Management, Social Security and Social Organization	39.1
中国共产党机关	Organs of CPC	65.2
国家机构	Government Agencies	60.8
人民政协、民主党派	PPCC and Democratic Parties	2036.3
社会保障	Social Security	
群众团体、社会团体和其他成员组织	Mass Organizations, Social Organizations and Other Member Organizations	-47.4
基层群众自治组织及其他组织	Grass Roots Self-governing Organizations and Other Organizations	-40.6

continued

(%)

建筑安装工程 Construction and Installation	设备工器具购置 Purchase of Equipment and Instruments	其他费用 Others
-39.9	-91.2	-91.2
-39.9	-91.2	-91.2
-6.3	-4.9	15.9
-6.3	-4.9	15.9
-44.5	-73.9	-65.2
-100.0	38.5	-100.0
-43.7	-79.8	-64.9
-14.7	252.4	21.3
-17.3	-49.2	-49.4
-20.3	149.7	176.6
-9.6	595.5	81.5
-16.5	-36.9	-32.7
10.4	-17.0	1.4
-26.8	-53.9	-18.4
-19.0	-19.6	-38.8
-65.7	-100.0	126.7
-0.2	-7.9	21.1
2.2	35.1	20.5
203.6	-4.6	
-73.7	-87.9	43.8
8.4	67.0	-25.8
8.4	67.0	-25.8
-15.7	20.2	-4.7
-14.3	20.2	6.4
-24.3	29.0	-67.1
-9.1	-14.3	-57.0
	-100.0	
269.9	176.0	-30.2
15.1	-27.5	-63.6
-25.3	-35.0	-28.3
-40.1	6.8	-26.2
34.2	47.0	136.9
76.3		-29.1
55.8	44.5	191.0
2036.3		
-50.0		28.8
-42.1		-35.5

7-7 按建设性质分固定资产投资增长速度(2023年)

单位：%

行 业	Sector	本年完成投资 Investment Completed This Year
总 计	**Total**	**-8.2**
农、林、牧、渔业	Farming, Forestry, Animal Husbandry and Fishery	-5.8
农 业	Farming	-0.5
林 业	Forestry	-7.6
畜牧业	Animal Husbandry	-14.3
渔 业	Fishery	62.3
农、林、牧、渔专业及辅助性活动	Professional and Support Activities for Farming, Forestry, Animal Husbandry and Fishery Services	0.1
采矿业	Mining	21.3
煤炭开采和洗选业	Coal Mining and Washsing	24.9
石油和天然气开采业	Extraction of Petroleum and Natural Gas	28.7
黑色金属矿采选业	Mining and Dressing of Ferrous Metals	-44.9
有色金属矿采选业	Mining and Dressing of Nonferrous Metals	-6.4
非金属矿采选业	Mining and Dressing of Nonmetal Ores	62.2
开采专业及辅助性活动	Professional and Support Activities for Mining	-74.6
其他采矿业	Others	-74.0
制造业	Manufacturing	-11.7
农副食品加工业	Farm and Sideline Food Processing	-26.3
食品制造业	Food Manufacturing	-31.7
酒、饮料和精制茶制造业	Alcohol, Beverage and Refined Tea Manufacturing	-3.1
烟草制品业	Tobacoo Manufaturing	-54.0
纺织业	Textile Industry	-14.6
纺织服装、服饰业	Manufacture of Garments and Accessories	-82.0
皮革、毛皮、羽毛及其制品和制鞋业	Manufacture of Leather, Fur, Feather and their Products and Footwear	-89.9
木材加工和木、竹、藤、棕、草制品业	Processing of Timber, Manufacture of Wood, Bamboo, Rattan, Palm, and Straw Products	-35.3
家具制造业	Manufacture of Furniture	-44.9
造纸和纸制品业	Manufacture of Paper and Paper Products	-18.5
印刷和记录媒介复制业	Printing and Record Medium Reproduction	-63.8
文教、工美、体育和娱乐用品制造业	Manufacture of Articles For Culture, Education, Arts and Crafts, Sport and Entertainment Activities	39.1
石油、煤炭及其他燃料加工业	Petroleum, Coal and Other Fuels Processing	-15.1
化学原料和化学制品制造业	Manufacture Raw Chemical Materials and Chemical Products	-14.9
医药制造业	Manufacture of Medical Products	26.5
化学纤维制造业	Manufacture of Chemical Fibers	-40.0
橡胶和塑料制品业	Manufacture of Rubber and Plastic Products	16.6
非金属矿物制品业	Manufacture of Nonmetals Mineral Products	-3.7
黑色金属冶炼和压延加工业	Smelting and Pressing of Ferrous Metals	-50.8
有色金属冶炼和压延加工业	Smelting and Pressing of Nonferrous Metals	-16.6
金属制品业	Manufacture of Metal Products	-20.1
通用设备制造业	Manufacture of Universal Purpose Equipment	-8.2

注：本表不含房地产开发投资。
Note: Investment in this table doesn't include investment in real estate development.

GROWTH RATE OF INVESTMENT IN FIXED ASSETS BY TYPE OF CONSTRUCTION(2023)

(%)

#新 建 New Construction	#扩 建 Expansion	#改建和技术改造 Reconstruction and Technical Reformation
-9.3	**8.4**	**-13.6**
-7.6	2.8	23.7
-2.4	-4.6	36.2
-6.0	-13.7	55.8
-16.0	-3.4	-24.9
60.2	158.4	39.6
-16.3	222.1	56.9
39.1	34.6	-10.8
47.4	37.5	-4.2
33.1	9.9	29.4
-83.2	43.8	-25.2
99.5	-56.9	-69.4
60.0	44.6	141.6
-92.9	1773.0	-84.8
-74.0		
-9.2	-7.3	-18.3
-22.9	17.6	-79.5
-28.7	-39.0	-31.1
22.1	-63.3	-50.4
-78.8	-72.5	195.4
-86.8	716.7	-100.0
-89.9		
-18.5	-100.0	
-21.6	-44.8	-100.0
-16.0	-5.1	-75.9
-41.3	-64.0	-92.9
60.4	452.1	-81.6
-34.2	1.2	0.9
-16.2	-49.1	-2.5
32.9	10.4	-4.8
-40.5		38.1
1.8	-33.7	322.2
-5.4	45.9	-12.2
-57.8	-41.8	-49.9
15.4	-88.5	0.3
-34.1	25.0	3.1
2.4	-41.1	7.0

7-7 续表1

单位：%

行　业	Sector	本年完成投资 Investment Completed This Year
专用设备制造业	Manufacture of Special Purpose Equipment	-27.2
汽车制造业	Manufacture of Motor Vehicles	-45.3
铁路、船舶、航空航天和其他运输设备制造业	Manufacture of Railways, Ships, Aviation, Aircrafts and Other Transportation Equipments	-33.2
电气机械和器材制造业	Manufacture of Electrical Equipment and Machinery	123.0
计算机、通信和其他电子设备制造业	Manufacture of Computer, Telecommunication and Other Electronic Equipments	4.5
仪器仪表制造业	Manufacture of Measuring Instrument and Machinery	-53.7
其他制造业	Other Manufacturing	-70.1
废弃资源综合利用业	Comprehensive Utilization of Waste	47.3
金属制品、机械和设备修理业	Repair of Metal Products, Machinery and Equipment	-59.6
电力、热力、燃气及水生产和供应业	Production and Supply of Electricity, Heat, Gas and Water	-7.6
电力、热力生产和供应业	Production and Supply of Electricity and Heat	-7.7
燃气生产和供应业	Production and Supply of Gas	-12.4
水的生产和供应业	Production and Supply of Water	-5.1
建筑业	Construction	-93.3
房屋建筑业	Buildings Construction	-77.1
土木工程建筑业	Civil Engineering	-94.5
建筑安装业	Building Installation	
建筑装饰、装修和其他建筑业	Building Decoration and Other Construction	-99.8
批发和零售业	Wholesale and Retail Trade	-8.0
批发业	Wholesale Trade	16.7
零售业	Retail Trade	-24.8
交通运输、仓储和邮政业	Transport, Storage and Post	-17.6
铁路运输业	Railway Transport	-10.1
道路运输业	Highway Transport	-21.0
水上运输业	Water Transport	
航空运输业	Air Transport	-9.5
管道运输业	Transport Via Pipelines	
多式联运和运输代理业	Intermodality and Forwarding Agency	-100.0
装卸搬运和仓储业	Loading, Unloading and Storage	4.0
邮政业	Post	-9.7
住宿和餐饮业	Hotels and Catering Services	46.4
住宿业	Hotels	48.1
餐饮业	Catering Services	28.8
信息传输、软件和信息技术服务业	Information Transmission, Software and Information Technology Services	0.7
电信、广播电视和卫星传输服务	Transmission Services of Telecommunication, Broadcast, Television and Satellite	-30.8
互联网和相关服务	Internet and Relative Services	6.8
软件和信息技术服务业	Software and Information Technology Services	2.0

continued

(%)

#新 建 New Construction	#扩 建 Expansion	#改建和技术改造 Reconstruction and Technical Reformation
-28.9	78.7	-69.4
-46.7	-28.3	-8.8
-37.6	27.8	4.4
124.0	194.3	-19.0
-0.1	170.1	34.4
-37.9		-67.6
-100.0		-29.1
57.1	-19.2	11.6
-54.8	-69.2	228.6
-3.0	-30.9	-23.4
-2.7	-32.5	-27.0
-19.2	-43.6	35.1
0.8	-20.0	-46.7
-89.6	-100.0	
-45.1	-100.0	
-95.9		
-95.9		
-12.0	118.8	67.4
16.1	610.4	-66.8
-31.5	16.7	166.1
-23.4	123.8	-18.6
15.0	-35.7	-47.5
-25.6	147.1	-15.0
-56.0	237.9	-100.0
-100.0		
13.1	-22.7	-45.6
-43.6		-100.0
34.7	111.7	182.1
34.2	143.9	196.2
40.5	-62.7	30.2
1.4	-28.8	217.7
-37.0		6861.1
14.2	-31.1	20.3
0.9	121.3	126.8

7-7 续表2

单位：%

行 业	Sector	本年完成投资 Investment Completed This Year
金融业	Banking and Insurance	-51.5
货币金融服务	Monetary Banking	-51.5
资本市场服务	Capital Market	
保险业	Insurance	
其他金融业	Other Financial Activities	
房地产业	Real Estate Trade	-8.4
房地产业	Real Estate Trade	-8.4
租赁和商务服务业	Lease and Business Affairs Services	-48.1
租赁业	Leasing	-83.7
商务服务业	Business Affairs Services	-47.5
科学研究和技术服务业	Scientific Research and Technical Services	14.5
研究和试验发展	Research and Experimental Development	-23.9
专业技术服务业	Professional Technical Services	15.9
科技推广和应用服务业	Services of Science and Technology Exchanges and Promotion	59.3
水利、环境和公共设施管理业	Management of Water Conservancy, Environment and Public Facilities	-18.2
水利管理业	Water Conservancy	9.2
生态保护和环境治理业	Ecological Protection and Environmental Management	-27.9
公共设施管理业	Public Facilities	-20.9
土地管理业	Land Management	-67.0
居民服务、修理和其他服务业	Resident Services, Repair and Other Services	0.8
居民服务业	Residence Services	5.4
机动车、电子产品和日用产品修理业	Repair of Motor Vehicles, Electronic Products and Daily Products	82.7
其他服务业	Other Services	-75.8
教 育	Education	5.9
教 育	Education	5.9
卫生和社会工作	Health Care and Social Work	-8.6
卫 生	Health Care	-6.1
社会工作	Social Work	-27.6
文化、体育和娱乐业	Culture, Sports and Recreation	-15.4
新闻和出版业	Journalism and Publishing Activities	-100.0
广播、电视、电影和录音制作业	Radio, Televisions, Motion Pictures and Audio Procuction	68.1
文化艺术业	Culture and Arts Activities	-0.2
体 育	Sports Activities	-25.9
娱乐业	Entertainment	-39.1
公共管理、社会保障和社会组织	Public Management, Social Security and Social Organization	39.1
中国共产党机关	Organs of CPC	65.2
国家机构	Government Agencies	60.8
人民政协、民主党派	PPCC and Democratic Parties	2036.3
社会保障	Social Security	
群众团体、社会团体和其他成员组织	Mass Organizations, Social Organizations and Other Member Organizations	-47.4
基层群众自治组织及其他组织	Grass Roots Self-governing Organizations and Other Organizations	-40.6

continued

(%)

#新 建 New Construction	#扩 建 Expansion	#改建和技术改造 Reconstruction and Technical Reformation
-51.6	-77.0	243.9
-51.6	-77.0	243.9
-20.8	-41.8	45.5
-20.8	-41.8	45.5
-52.3	-35.0	-21.6
-100.0		
-51.7	-35.0	-21.6
20.3	-33.6	-34.4
-16.2		-48.6
-0.4	-33.6	115.9
61.1		29.1
-20.4	-30.2	-8.9
0.7	-23.8	226.4
-18.8	-62.4	-54.5
-24.1	-27.8	-11.2
-66.7		-92.0
-3.8	205.6	33.4
	217.7	65.8
199.3	17.7	-100.0
-75.0		-100.0
2.0	37.0	68.9
2.0	37.0	68.9
-11.7	-24.9	-37.6
-8.5	-26.9	-42.4
-30.6	817.5	89.1
-17.9	17.9	-5.2
-100.0		
35.3		
-1.5	158.4	-11.5
-17.6	75.6	-61.3
-44.2	-62.9	222.9
42.3	295.2	8.3
79.4	-100.0	
58.0	749.9	-4.1
-100.0		
-46.2	-63.7	-100.0
18.1	-100.0	35.0

7-8 按控股情况分固定资产投资增长速度(2023年)

单位：%

行　业	Sector	本年完成投资 Investment Completed This Year
总　计	**Total**	**-6.6**
农、林、牧、渔业	Farming, Forestry, Animal Husbandry and Fishery	-5.8
农　业	Farming	-0.5
林　业	Forestry	-7.6
畜牧业	Animal Husbandry	-14.3
渔　业	Fishery	62.3
农、林、牧、渔专业及辅助性活动	Professional and Support Activities for Farming, Forestry, Animal Husbandry and Fishery Services	0.1
采矿业	Mining	21.3
煤炭开采和洗选业	Coal Mining and Washsing	24.9
石油和天然气开采业	Extraction of Petroleum and Natural Gas	28.7
黑色金属矿采选业	Mining and Dressing of Ferrous Metals	-44.9
有色金属矿采选业	Mining and Dressing of Nonferrous Metals	-6.4
非金属矿采选业	Mining and Dressing of Nonmetal Ores	62.2
开采专业及辅助性活动	Professional and Support Activities for Mining	-74.6
其他采矿业	Others	-74.0
制造业	Manufacturing	-11.7
农副食品加工业	Farm and Sideline Food Processing	-26.3
食品制造业	Food Manufacturing	-31.7
酒、饮料和精制茶制造业	Alcohol, Beverage and Refined Tea Manufacturing	-3.1
烟草制品业	Tobacoo Manufaturing	-54.0
纺织业	Textile Industry	-14.6
纺织服装、服饰业	Manufacture of Garments and Accessories	-82.0
皮革、毛皮、羽毛及其制品和制鞋业	Manufacture of Leather, Fur, Feather and their Products and Footwear	-89.9
木材加工和木、竹、藤、棕、草制品业	Processing of Timber, Manufacture of Wood, Bamboo, Rattan, Palm, and Straw Products	-35.3
家具制造业	Manufacture of Furniture	-44.9
造纸和纸制品业	Manufacture of Paper and Paper Products	-18.5
印刷和记录媒介复制业	Printing and Record Medium Reproduction	-63.8
文教、工美、体育和娱乐用品制造业	Manufacture of Articles For Culture, Education, Arts and Crafts, Sport and Entertainment Activities	39.1
石油、煤炭及其他燃料加工业	Petroleum, Coal and Other Fuels Processing	-15.1
化学原料和化学制品制造业	Manufacture Raw Chemical Materials and Chemical Products	-14.9
医药制造业	Manufacture of Medical Products	26.5
化学纤维制造业	Manufacture of Chemical Fibers	-40.0
橡胶和塑料制品业	Manufacture of Rubber and Plastic Products	16.6
非金属矿物制品业	Manufacture of Nonmetals Mineral Products	-3.7
黑色金属冶炼和压延加工业	Smelting and Pressing of Ferrous Metals	-50.8
有色金属冶炼和压延加工业	Smelting and Pressing of Nonferrous Metals	-16.6
金属制品业	Manufacture of Metal Products	-20.1
通用设备制造业	Manufacture of Universal Purpose Equipment	-8.2

GROWTH RATE OF INVESTMENT IN FIXED ASSETS BY SHARE HOLDING(2023)

(%)

#国有控股 State-holding	#集体控股 Collective-holding	#私人控股 Private-holding
-3.9	**-11.5**	**-5.9**
-9.2	11.8	-9.0
-14.7	12.8	3.4
-4.5	92.5	-37.4
-7.2	-12.5	-15.8
139.0	32.9	34.9
-3.1	126.8	-12.4
34.0	-11.2	11.8
32.6	-12.1	26.1
51.0	-100.0	40.6
-14.1		-48.2
60.8		-51.6
-20.6		76.9
-60.9		-97.2
-61.9		-100.0
4.9	-37.1	-16.0
-65.1	144.5	-12.1
-28.5	36.0	-32.5
102.8	-99.0	-36.5
-54.0		
180.0		-76.1
-93.5		-53.8
		-89.9
		-35.3
	-100.0	-28.0
		-20.0
-70.0		-67.2
1266.9		15.8
45.3	-76.0	-15.5
-12.5	-17.5	-19.3
-57.6	25.7	59.2
-65.2	-100.0	-38.4
445.5	439.9	29.1
-5.0	101.7	-9.4
-52.3		-50.3
-46.0		6.7
-13.8		-23.9
-1.6		-19.5

7-8 续表1

单位：%

行 业	Sector	本年完成投资 Investment Completed This Year
专用设备制造业	Manufacture of Special Purpose Equipment	-27.2
汽车制造业	Manufacture of Motor Vehicles	-45.3
铁路、船舶、航空航天和其他运输设备制造业	Manufacture of Railways, Ships, Aviation, Aircrafts and Other Transportation Equipments	-33.2
电气机械和器材制造业	Manufacture of Electrical Equipment and Machinery	123.0
计算机、通信和其他电子设备制造业	Manufacture of Computer, Telecommunication and Other Electronic Equipments	4.5
仪器仪表制造业	Manufacture of Measuring Instrument and Machinery	-53.7
其他制造业	Other Manufacturing	-70.1
废弃资源综合利用业	Comprehensive Utilization of Waste	47.3
金属制品、机械和设备修理业	Repair of Metal Products, Machinery and Equipment	-59.6
电力、热力、燃气及水生产和供应业	Production and Supply of Electricity, Heat, Gas and Water	-7.6
电力、热力生产和供应业	Production and Supply of Electricity and Heat	-7.7
燃气生产和供应业	Production and Supply of Gas	-12.4
水的生产和供应业	Production and Supply of Water	-5.1
建筑业	Construction	-93.3
房屋建筑业	Buildings Construction	-77.1
土木工程建筑业	Civil Engineering	-94.5
建筑安装业	Building Installation	
建筑装饰、装修和其他建筑业	Building Decoration and Other Construction	-99.8
批发和零售业	Wholesale and Retail Trade	-8.0
批发业	Wholesale Trade	16.7
零售业	Retail Trade	-24.8
交通运输、仓储和邮政业	Transport, Storage and Post	-17.6
铁路运输业	Railway Transport	-10.1
道路运输业	Highway Transport	-21.0
水上运输业	Water Transport	
航空运输业	Air Transport	-9.5
管道运输业	Transport Via Pipelines	
多式联运和运输代理业	Intermodality and Forwarding Agency	-100.0
装卸搬运和仓储业	Loading, Unloading and Storage	4.0
邮政业	Post	-9.7
住宿和餐饮业	Hotels and Catering Services	46.4
住宿业	Hotels	48.1
餐饮业	Catering Services	28.8
信息传输、软件和信息技术服务业	Information Transmission, Software and Information Technology Services	0.7
电信、广播电视和卫星传输服务	Transmission Services of Telecommunication, Broadcast, Television and Satellite	-30.8
互联网和相关服务	Internet and Relative Services	6.8
软件和信息技术服务业	Software and Information Technology Services	2.0

continued

(%)

#国有控股 State-holding	#集体控股 Collective-holding	#私人控股 Private-holding
-40.8		-15.8
10.8	-48.2	-63.6
-69.8		-16.0
263.5		27.4
-4.6		15.4
		-56.0
		-89.2
3.9	-96.6	63.6
-73.5		0.8
-6.5	-56.2	0.6
-7.3	-53.1	2.6
8.1	-60.9	-15.8
-4.9	-88.1	7.4
-94.5		-89.6
		-77.1
-94.5		
		-99.7
-13.6	636.8	-13.3
-49.7	243.2	22.3
28.1	1052.1	-37.5
-17.9	-11.7	-11.5
-16.8		-6.8
-20.5	35.4	-17.6
-8.9		-79.0
		-100.0
38.6	-24.3	-9.6
-12.0		153.4
105.0	62.8	9.5
104.4	57.6	10.6
139.5	648.3	1.7
-0.3		19.8
-11.9		
152.4		-5.3
-38.2		39.7

7-8 续表2

单位：%

行　业	Sector	本年完成投资 Investment Completed This Year
金融业	Banking and Insurance	-51.5
货币金融服务	Monetary Banking	-51.5
资本市场服务	Capital Market	
保险业	Insurance	
其他金融业	Other Financial Activities	
房地产业	Real Estate Trade	-1.4
房地产业	Real Estate Trade	-1.4
租赁和商务服务业	Lease and Business Affairs Services	-48.1
租赁业	Leasing	-83.7
商务服务业	Business Affairs Services	-47.5
科学研究和技术服务业	Scientific Research and Technical Services	14.5
研究和试验发展	Research and Experimental Development	-23.9
专业技术服务业	Professional Technical Services	15.9
科技推广和应用服务业	Services of Science and Technology Exchanges and Promotion	59.3
水利、环境和公共设施管理业	Management of Water Conservancy, Environment and Public Facilities	-18.2
水利管理业	Water Conservancy	9.2
生态保护和环境治理业	Ecological Protection and Environmental Management	-27.9
公共设施管理业	Public Facilities	-20.9
土地管理业	Land Management	-67.0
居民服务、修理和其他服务业	Resident Services, Repair and Other Services	0.8
居民服务业	Residence Services	5.4
机动车、电子产品和日用产品修理业	Repair of Motor Vehicles, Electronic Products and Daily Products	82.7
其他服务业	Other Services	-75.8
教　育	Education	5.9
教　育	Education	5.9
卫生和社会工作	Health Care and Social Work	-8.6
卫　生	Health Care	-6.1
社会工作	Social Work	-27.6
文化、体育和娱乐业	Culture, Sports and Recreation	-15.4
新闻和出版业	Journalism and Publishing Activities	-100.0
广播、电视、电影和录音制作业	Radio, Televisions, Motion Pictures and Audio Procuction	68.1
文化艺术业	Culture and Arts Activities	-0.2
体　育	Sports Activities	-25.9
娱乐业	Entertainment	-39.1
公共管理、社会保障和社会组织	Public Management, Social Security and Social Organization	39.1
中国共产党机关	Organs of CPC	65.2
国家机构	Government Agencies	60.8
人民政协、民主党派	PPCC and Democratic Parties	2036.3
社会保障	Social Security	
群众团体、社会团体和其他成员组织	Mass Organizations, Social Organizations and Other Member Organizations	-47.4
基层群众自治组织及其他组织	Grass Roots Self-governing Organizations and Other Organizations	-40.6

continued

(%)

#国有控股 State-holding	#集体控股 Collective-holding	#私人控股 Private-holding
-74.1		-30.8
-74.1		-30.8
3.9	-10.2	4.2
3.9	-10.2	4.2
-57.6	-76.3	-32.7
-100.0		-31.4
-56.8	-76.3	-32.7
32.6		-10.1
-40.9		-4.6
173.9		-32.1
119.4		-2.9
-16.5	-24.1	-37.9
11.6	-53.9	-33.1
-16.3	-98.9	-46.6
-20.5	-2.5	-34.2
-79.8	-59.6	30.0
-1.1	103.8	6.7
2.0	87.9	47.3
		76.5
-100.0		-68.5
6.9	-9.4	-5.5
6.9	-9.4	-5.5
-6.2	41.0	-23.3
-7.1	-26.0	43.2
9.7	212.5	-55.4
13.1	90.0	-49.0
16.9		-99.4
17.3	-16.3	-28.8
-17.6	615.1	-66.9
39.1	121.4	-55.1
65.5	40.4	-47.6
65.2		
59.5	-96.6	-44.6
187.1		-66.7
23.0	51.8	

7-9 按资金来源分固定资产投资增长速度(2023年)

单位：%

行 业	Sector	本年资金来源小计 Total Source of Funds
总 计	**Total**	**-8.8**
农、林、牧、渔业	Farming, Forestry, Animal Husbandry and Fishery	-10.8
农 业	Farming	-3.2
林 业	Forestry	-20.6
畜牧业	Animal Husbandry	-16.7
渔 业	Fishery	45.3
农、林、牧、渔专业及辅助性活动	Professional and Support Activities for Farming, Forestry, Animal Husbandry and Fishery Services	-18.2
采矿业	Mining	19.6
煤炭开采和洗选业	Coal Mining and Washsing	19.7
石油和天然气开采业	Extraction of Petroleum and Natural Gas	37.5
黑色金属矿采选业	Mining and Dressing of Ferrous Metals	-45.1
有色金属矿采选业	Mining and Dressing of Nonferrous Metals	-10.4
非金属矿采选业	Mining and Dressing of Nonmetal Ores	112.9
开采专业及辅助性活动	Professional and Support Activities for Mining	-48.7
其他采矿业	Others	-74.0
制造业	Manufacturing	-12.2
农副食品加工业	Farm and Sideline Food Processing	-26.3
食品制造业	Food Manufacturing	-40.8
酒、饮料和精制茶制造业	Alcohol, Beverage and Refined Tea Manufacturing	-0.2
烟草制品业	Tobacoo Manufaturing	-54.0
纺织业	Textile Industry	12.5
纺织服装、服饰业	Manufacture of Garments and Accessories	-81.1
皮革、毛皮、羽毛及其制品和制鞋业	Manufacture of Leather, Fur, Feather and their Products and Footwear	218.6
木材加工和木、竹、藤、棕、草制品业	Processing of Timber, Manufacture of Wood, Bamboo, Rattan, Palm, and Straw Products	-68.2
家具制造业	Manufacture of Furniture	-36.3
造纸和纸制品业	Manufacture of Paper and Paper Products	-20.7
印刷和记录媒介复制业	Printing and Record Medium Reproduction	-61.6
文教、工美、体育和娱乐用品制造业	Manufacture of Articles For Culture, Education, Arts and Crafts, Sport and Entertainment Activities	-45.6
石油、煤炭及其他燃料加工业	Petroleum, Coal and Other Fuels Processing	-19.7
化学原料和化学制品制造业	Manufacture Raw Chemical Materials and Chemical Products	-12.9
医药制造业	Manufacture of Medical Products	30.1
化学纤维制造业	Manufacture of Chemical Fibers	-35.0
橡胶和塑料制品业	Manufacture of Rubber and Plastic Products	7.6
非金属矿物制品业	Manufacture of Nonmetals Mineral Products	-12.4
黑色金属冶炼和压延加工业	Smelting and Pressing of Ferrous Metals	-51.0
有色金属冶炼和压延加工业	Smelting and Pressing of Nonferrous Metals	-27.9
金属制品业	Manufacture of Metal Products	-29.1
通用设备制造业	Manufacture of Universal Purpose Equipment	-19.4

GROWTH RATE OF INVESTMENT IN FIXED ASSETS BY SOURCE OF FUNDS(2023)

(%)

国家预算内资金 State Budgetary Appropriation	国内贷款 Domestic Loans	利用外资 Foreign Investment	自筹资金 Self-raised Funds	其他资金 Others
–5.4	**–4.2**	**–81.1**	**–8.5**	**–13.9**
–15.2	68.5		–7.2	–55.9
–20.4	60.3		5.7	–60.3
–14.1	–100.0		–26.0	–38.9
–15.3	283.2		–15.9	–50.8
21.9			44.5	254.2
7.0	6.1		–20.8	–87.2
975.9	91.7		18.7	–8.6
1308.3	120.2		18.7	–34.8
	18.7		42.5	13.9
	4344.4		–46.4	–98.5
			–26.7	
	–63.0		136.8	–100.0
			–66.8	–100.0
–61.9			–100.0	
–10.4	41.7	–100.0	–14.6	–60.8
–86.6	34.7	–100.0	–22.6	–51.7
–57.6	–70.0	–100.0	–40.1	564.1
–25.5	–80.0		8.4	–70.0
			–54.0	
			12.5	
	–100.0		–64.5	
			218.6	
			–72.8	–100.0
			–36.3	
			–21.3	
	–100.0		–53.6	–86.0
	–100.0		–44.2	–100.0
–100.0	–22.6		–19.3	–53.4
	47.6	–100.0	–14.6	–67.2
–50.4	–100.0		36.5	73.4
	–99.4		–29.1	–100.0
	0.4		13.0	–88.7
–94.9	112.8		–14.4	–49.1
105.3	–100.0		–52.4	401.7
10.9	–38.1		–26.5	–100.0
–66.7	22.6		–28.5	–61.7
–77.4	62.9		–28.1	22.6

7-9 续表1

单位：%

行　业	Sector	本年资金来源小计 Total Source of Funds
专用设备制造业	Manufacture of Special Purpose Equipment	-18.4
汽车制造业	Manufacture of Motor Vehicles	-37.3
铁路、船舶、航空航天和其他运输设备制造业	Manufacture of Railways, Ships, Aviation, Aircrafts and Other Transportation Equipments	-33.3
电气机械和器材制造业	Manufacture of Electrical Equipment and Machinery	172.8
计算机、通信和其他电子设备制造业	Manufacture of Computer, Telecommunication and Other Electronic Equipments	4.7
仪器仪表制造业	Manufacture of Measuring Instrument and Machinery	-49.7
其他制造业	Other Manufacturing	-70.1
废弃资源综合利用业	Comprehensive Utilization of Waste	48.5
金属制品、机械和设备修理业	Repair of Metal Products, Machinery and Equipment	-51.8
电力、热力、燃气及水生产和供应业	Production and Supply of Electricity, Heat, Gas and Water	-9.1
电力、热力生产和供应业	Production and Supply of Electricity and Heat	-6.4
燃气生产和供应业	Production and Supply of Gas	-2.4
水的生产和供应业	Production and Supply of Water	-26.6
建筑业	Construction	-91.1
房屋建筑业	Buildings Construction	-77.1
土木工程建筑业	Civil Engineering	-91.4
建筑安装业	Building Installation	
建筑装饰、装修和其他建筑业	Building Decoration and Other Construction	-99.8
批发和零售业	Wholesale and Retail Trade	-21.4
批发业	Wholesale Trade	-18.3
零售业	Retail Trade	-23.7
交通运输、仓储和邮政业	Transport, Storage and Post	-20.8
铁路运输业	Railway Transport	3.7
道路运输业	Highway Transport	-25.6
水上运输业	Water Transport	
航空运输业	Air Transport	-6.6
管道运输业	Transport Via Pipelines	
多式联运和运输代理业	Intermodality and Forwarding Agency	-100.0
装卸搬运和仓储业	Loading, Unloading and Storage	4.5
邮政业	Post	-0.8
住宿和餐饮业	Hotels and Catering Services	38.3
住宿业	Hotels	39.0
餐饮业	Catering Services	30.1
信息传输、软件和信息技术服务业	Information Transmission, Software and Information Technology Services	-8.6
电信、广播电视和卫星传输服务	Transmission Services of Telecommunication, Broadcast, Television and Satellite	20.4
互联网和相关服务	Internet and Relative Services	-29.2
软件和信息技术服务业	Software and Information Technology Services	3.8

continued

(%)

国家预算内资金 State Budgetary Appropriation	国内贷款 Domestic Loans	利用外资 Foreign Investment	自筹资金 Self-raised Funds	其他资金 Others
-89.6	3.5		-18.6	-47.7
1.1	5500.6		-48.7	
	15.4		-13.5	-100.0
4054.8	366.7		113.8	7950.0
-83.5	-36.6		24.9	-78.9
	-100.0		-46.3	
			-70.1	
-48.1	165.6	-100.0	49.3	-95.7
	-100.0		-24.1	
2.9	-8.0	-71.4	2.5	-78.4
-7.4	-5.6	-61.5	7.0	-82.8
10.3	300.5		-15.6	-46.3
13.8	-46.6	-100.0	-26.0	-67.4
			-93.6	
			-77.1	
			-97.1	
			-99.8	
-49.3	26.2		-11.5	-90.1
	-67.1		-4.8	-96.3
-54.3	262.4		-16.5	-81.1
-15.0	-18.6		-9.4	-78.8
	-100.0		27.5	-89.3
-14.2	-23.3		-18.1	-79.4
-43.6	146.4		36.7	
			-100.0	
42.5	-16.9		0.8	-10.0
			-0.8	
54.1	-4.8	20.0	43.0	-88.1
54.2	14.4	20.0	43.8	-87.9
53.2	-100.0		34.1	-100.0
-39.2	-60.8		1.4	-40.9
-0.6	48.9		21.3	
-8.0	4.7		-30.0	-94.6
-68.2	-69.2		27.1	39.5

7-9 续表2

单位：%

行 业	Sector	本年资金来源小计 Total Source of Funds
金融业	Banking and Insurance	-93.8
货币金融服务	Monetary Banking	-93.8
资本市场服务	Capital Market	
保险业	Insurance	
其他金融服务	Other Financial Activities	
房地产业	Real Estate Trade	-2.6
房地产业	Real Estate Trade	-2.6
租赁和商务服务业	Lease and Business Affairs Services	-61.2
租赁业	Leasing	-83.7
商务服务业	Business Affairs Services	-60.9
科学研究和技术服务业	Scientific Research and Technical Services	15.3
研究和试验发展	Research and Experimental Development	-15.9
专业技术服务业	Professional Technical Services	9.4
科技推广和应用服务业	Services of Science and Technology Exchanges and Promotion	48.4
水利、环境和公共设施管理业	Management of Water Conservancy, Environment and Public Facilities	-20.6
水利管理业	Water Conservancy	-5.2
生态保护和环境治理业	Ecological Protection and Environmental Management	-39.5
公共设施管理业	Public Facilities	-20.2
土地管理业	Land Management	-68.3
居民服务、修理和其他服务业	Resident Services, Repair and Other Services	-20.8
居民服务业	Residence Services	-15.9
机动车、电子产品和日用产品修理业	Repair of Motor Vehicles, Electronic Products and Daily Products	28.9
其他服务业	Other Services	-80.7
教 育	Education	-13.1
教 育	Education	-13.1
卫生和社会工作	Health Care and Social Work	-22.4
卫 生	Health Care	-20.8
社会工作	Social Work	-36.7
文化、体育和娱乐业	Culture, Sports and Recreation	-13.0
新闻和出版业	Journalism and Publishing Activities	-100.0
广播、电视、电影和录音制作业	Radio, Televisions, Motion Pictures and Audio Procuction	-39.6
文化艺术业	Culture and Arts Activities	4.4
体 育	Sports Activities	-17.7
娱乐业	Entertainment	-36.8
公共管理、社会保障和社会组织	Public Management, Social Security and Social Organization	4.9
中国共产党机关	Organs of CPC	76.1
国家机构	Government Agencies	20.0
人民政协、民主党派	PPCC and Democratic Parties	
社会保障	Social Security	
群众团体、社会团体和其他成员组织	Mass Organizations, Social Organizations and Other Member Organizations	-73.2
基层群众自治组织及其他组织	Grass Roots Self-governing Organizations and Other Organizations	-23.2

continued

(%)

国家预算内资金 State Budgetary Appropriation	国内贷款 Domestic Loans	利用外资 Foreign Investment	自筹资金 Self-raisied Funds	其他资金 Others
			-97.6	-75.6
			-97.6	-75.6
83.1	-3.2	-100.0	-14.5	4.1
83.1	-3.2	-100.0	-14.5	4.1
-43.4	-89.1		-57.9	-83.3
-100.0			38.5	
-35.7	-89.1		-58.2	-83.3
68.3	399.6		2.5	-91.7
-9.3	-100.0		-12.8	
101.4			-55.9	940.5
	6059.0		34.4	-100.0
-14.9	2.2	-100.0	-24.4	-63.9
10.2	-11.9		7.2	-60.9
-37.6	-43.8		-39.0	-42.5
-17.6	11.3	-100.0	-22.1	-67.6
44.6			-73.9	
-24.0	-5.5		18.3	-57.4
-24.0			39.8	-57.4
			28.9	
	-100.0		-62.1	
3.6	-20.2	-100.0	-9.5	-66.0
3.6	-20.2	-100.0	-9.5	-66.0
14.9	-73.2	-100.0	-52.8	-70.3
15.2	-78.1	-100.0	-52.2	-70.3
9.6	-28.7		-55.0	-71.1
28.1	-6.5	-55.7	-14.7	-73.3
-100.0				
8.4			-45.5	
20.9	-18.1	-55.7	35.1	-73.3
113.8	-39.2		-44.2	-91.9
-37.9	244.4		-40.0	-60.9
149.3	-100.0		-64.6	-69.1
264.3				-98.6
132.2	-100.0		-51.7	-64.4
691.4			-98.3	
456.4			-34.3	-100.0

主要统计指标解释

全社会固定资产投资 是以货币形式表现的在一定时期内全社会建造和购置固定资产的工作量以及与此有关的费用的总称。该指标是反映固定资产投资规模、结构和发展速度的综合性指标，又是观察工程进度和考核投资效果的重要依据。全社会固定资产投资按登记注册类型可分为国有、集体、联营、股份制、私营和个体、港澳台商、外商、其他等。

固定资产投资（不含农户） 指城镇和农村各种登记注册类型的企业、事业、行政单位及城镇个体户进行的计划总投资500万元及以上的建设项目投资和房地产开发投资，包含原口径的城镇固定资产投资加上农村企事业组织项目投资，该口径自2011年起开始使用。

实际到位资金 指报告期收到的，用于固定资产投资的各类货币资金。包括国家预算资金、国内贷款、利用外资、自筹资金和其他资金。

(1) 国家预算资金 国家预算包括一般预算、政府性基金预算、国有资本经营预算和社保基金预算。各类预算中用于固定资产投资的资金全部作为国家预算资金填报，其中一般预算中用于固定资产投资的部分包括基建投资、车购税、灾后恢复重建基金和其他财政投资。各级政府债券、政府专项债也应归入国家预算资金。

(2) 国内贷款 指报告期固定资产项目投资单位向银行及非银行金融机构借入用于固定资产投资的各种国内借款，包括银行利用自有资金及吸收存款发放的贷款、上级主管部门拨入的国内贷款、国家专项贷款、地方财政专项资金安排的贷款、国内储备贷款、周转贷款等。

(3) 利用外资 指报告期收到的境外（包括外国及港澳台地区）资金（包括设备、材料、技术在内）。包括对外借款（外国政府贷款、国际金融组织贷款、出口信贷、外国银行商业贷款、对外发行债券和股票）、外商直接投资、外商其他投资。不包括我国自有外汇资金（国家外汇、地方外汇、留成外汇、调剂外汇和国内银行自有资金发放的外汇贷款等）。各类外资按报告期末的外汇牌价（中间价）折成人民币计算。

(4) 自筹资金 指在报告期内筹集的用于项目建设和购置的资金。包括自有资金、股东投入资金和借入资金，但不包括各类财政性资金、从各类金融机构借入资金和国外资金。

(5) 其他资金 指在报告期收到的除以上各种资金之外的用于固定资产投资的资金，包括债券、社会集资、个人资金、无偿捐赠的资金及其他单位拨入的资金等。

固定资产投资按国民经济行业分 指根据其从事的社会经济活动性质对各类单位进行的分类。应根据建设项目建成投产后的主要产品种类或主要用途及社会经济活动种类来划分，不能根据项目单位本身的行业类别来划分。如果项目投产后有几种产品，应根据主要产品来确定行业类别。一般情况下，一个建设项目只能属于一种国民经济行业。

固定资产投资按建设性质分 按整个建设项目情况来确定。建设项目的性质一般分为新建、扩建、改建和技术改造、单纯建造生活设施、迁建、恢复、单纯购置。农户投资不划分建设性质。

(1) 新建 指从无到有“平地起家”开始建设的项目。现有企业、事业、行政单位投资的项目一般不属于新建。但如有的单位原有基础很小，经过建设后新增的固定资产价值超过该企业、事业、行政单位原有固定资产价值（原值）三倍以上的，也应作为新建。

(2) 扩建 指在厂内或其他地点，为扩大原有产品的生产能力（或效益）或增加新的产品生产能力，而增建的生产车间（或主要工程）、分厂、独立的生产线的企业、事业单位。行政、事业单位在原单位增建业务性用房（如学校增建教学用房、医院增建门诊部、病房等）也作为扩建。

现有企、事业单位为扩大原有主要产品生产能力或增加新的产品生产能力，增建一个或几个主要生产车间(或主要工程)、分厂，同时进行一些更新改造工程的，也应作为扩建。

(2) 改建和技术改造 指现有企业、事业单位对原有设施进行技术改造或更新（包括相应配套的辅助性生产、生活福利设施）的建设项目。改建项目包括现有企业、事业单位为适应市场变化的需要，而改变企业的主要产品种类（如军工企业转民产品等）的建设项目，原有产品生产作业线由于各工序（车间）之间能力不平衡，为填平补齐充分发挥原有生产能力而增建不增加本企业主要产品设计能力的车间的建设项目。技术改造是指企业、事业单位在现有基础上，用先进的技术代替落后的技术，用先进的工艺和装备代替落后的工艺和装备，以改变企业落后的技术经济面貌，实现以内涵为主的扩大再生产，达到提高产品质量、促进产品更新换代、节约能源、降低消耗、扩大生产规模、全面提高社会经济效益的目的。技术改造具体包括以下内容：机器设备和工具的更新改造；生产工艺改革、节约能源和原材料的改造；厂房建筑和公共设施的改造；保护环境进行的“三废”治理改造；劳动条件和生产环境的改造等。

固定资产投资按构成分

(1) 建筑工程　指各种房屋、建筑物的建造工程。这部分投资额必须兴工动料，通过施工活动才能实现，是固定资产投资额的重要组成部分。

(2) 安装工程　指各种设备、装置的安装工程。

在安装工程中，不包括被安装设备本身价值。

(3) 设备工具器具购置　指报告期内购置或自制的，达到固定资产标准的设备、工具、器具的价值。新建单位及扩建单位的新建车间，按照设计或计划要求购置或自制的全部设备、工具、器具，不论是否达到固定资产标准均计入“设备工具器具购置”中。

(4) 其他费用　指在固定资产建造和购置过程中发生的，除建筑安装工程和设备、工器具购置投资完成额以外的应当分摊计入固定资产投资的费用，不指经营中财务上的其他费用。

施工项目个数　是指本年正式进行过建筑或安装施工活动的建设项目个数。包括本年新开工项目，以前年度开工跨入本年继续施工项目，本年全部建成投产项目、以前年度全部停缓建在本年恢复施工的项目，本年进行过施工又在本年内全部停缓建的项目。施工项目个数可以反映一定时期固定资产投资的实际规模，与同期全部建成投产项目个数相比，可以从建设速度的角度反映固定资产投资的效果。

本年投产项目个数　指报告期内按设计文件规定建成主体工程和相应配套的辅助设施，形成生产能力或工程效益，经过验收合格，并且已正式投入生产或交付使用的建设项目。

Explanatory Notes on Main Statistical Indicators

Total Investment in Fixed Assets in the Whole Society refers to the volume of activities in construction and purchases of fixed assets of the whole society and related fees, expressed in monetary terms during the reference period. It is a comprehensive indicator which shows the size, structure and growth of the investment in fixed assets, providing a basis for observing the progress of construction projects and evaluating results of investment. Total investment in fixed assets in the whole society includes, by type of ownership, the investment by state-owned units, collective-owned units, joint ownership units, share-holding units, private units, individuals as well as investments by entrepreneurs from Hong Kong, Macao and Taiwan, foreign investors and others.

Investment in Fixed Assets (Excluding Rural Households) refers to the investment in construction projects with a total planned investment of 5 million yuan and over by enterprises of various ownerships, institutions, administrative units and urban self-employed individuals, and the investment in real estate development in both urban and rural areas. Since 2011, it covers the urban investment in fixed assets under the previous statistical coverage plus project investments by rural enterprises and institutions.

Actual Funds in Place refer to all kinds of monetary funds received during the reference period and used for fixed assets investment. It includes funds from the State budget, domestic loans, foreign investment, self-raised funds, and others.

(1) Fund from the State budget: State budget consists of general budget, government fund budget, operation budget of state-owned assets and social security fund budget. Funds for investment in fixed assets from various budgets are reported as fund from the state budget, of which, the general budget utilized on fixed assets investment includes investment on infrastructure construction, vehicle purchase tax, post-disaster restoration and reconstruction funds and other financial investment. Government bonds and specific debts at all levels should also be included.

(2) Domestic loans refer to loans of various forms borrowed by investing units from banks and non-bank financial institutions during the reference period for the purpose of investment in fixed assets, including loans issued by banks from their self-owned funds and deposit, loans appropriated by higher responsible authorities, special loans by government, loans arranged by local government from special funds, domestic reserve loan, and revolving loan, etc.

(3) Foreign investment refers to overseas (including foreign countries, Hong Kong, Macao and Taiwan) funds received during the reference period (covering equipment, materials and technology), including foreign borrowings (loans from foreign governments and international financial institutions, export credit, commercial loans from foreign banks, issue of bonds and stocks overseas), foreign direct investment and other foreign investments . Excluded from this category is capital in foreign exchanges owned by China (foreign exchanges owned by the central and local governments, foreign exchanges retained by enterprises, foreign exchanges by enterprises through the regulating mechanism, loans in foreign exchanges issued by the Bank of China with its own fund, etc.). In calculating the utilization of foreign capital, foreign currencies are converted into Chinese RMB applying the exchange rate (central parity rate) at the end of the reference period.

(4) Self-raised funds refer to funds for investment in fixed assets received during the reference period by investing units, including investment in fixed assets using own funds of various enterprises and institutions or funds raised from other units other than financial funds, funds borrowed from financial institutions and overseas funds.

(5) Others refer to funds for investment in fixed assets received from sources other than those listed above, including bonds,funds raised from society,funds raised from individuals, donations, and funds transferred from other units.

Investment in Fixed Assets by Sector refers to the classification of investment by the nature of social economic activities the investing units are engaged in. The classification of construction projects by sector is determined by the major products or the purpose of the projects when they are put into production or use, and by the nature of their social economic activities, instead of being determined by industrial classification of the project enterprises. The project will be classified according to major product if there are several kinds of products yielded. In general, one project can only be classified into one sector.

Investment in Fixed Assets by Type of Construction Construction projects in general can be classified, by the type of construction, into new construction, expansion, reconstruction and technical transformation, purely construction of living facilities, moving, restoration and purely purchasing. However, investment by type of construction is not applied to investment by rural households.

(1) New construction in general refers to construction projects, which start from scratch. The existing projects invested by enterprises, institutions and administrative agencies cannot be classified as new construction. In case the size of the existing unit is quite small, and the value of newly added fixed assets is more than three times of the original value, the expansion will be considered

as new construction.

(2) Expansion refers to construction of new production workshop, branch factory or independent production line within a factory or in other locations, for the purpose of increasing the production capacity (or improving efficiency) or adding new production capacity by enterprises and institutions. Newly constructed accommodation for the operation of institutions and administrative organizations (such as newly constructed buildings for teaching in schools, buildings for clinics or wards in hospitals, etc.) are also classified as expansion.

Also included in expansion are investments by existing enterprises or institutions in building major production lines or branch factories along with some work on innovation, for the purpose of expanding the production capacity of original products or producing new products.

(3) Reconstruction and technical transformation refers to construction projects by existing enterprises or institutions in innovation or technical transformation of the old facilities (including auxiliary production equipment and welfare facilities). Also considered as reconstruction is the construction of new workshops by the existing enterprises or institutions to change the variety of products to meet the market demand (such as the production of civil products by defence industries), or to bring the designed production capacity into full play through a more balanced production process on production lines. Technical transformation refers to replacement of old technology or equipment by new technology or equipment, in order to expand the reproduction through improvement of technology contents in production, to improve product quality, to promote new products, to save energy, to reduce consumption, to expand the production scale and to improve overall social-economic efficiency. Contents of technical transformation include: updating of machinery, equipment and tools; reforming production process by using energy or materials saving technology; construction of factory workshops and transformation of public facilities; treatment transformation of "three wastes" (waste gas, waste water and industrial residue) aiming at environmental protection; improvement of working conditions and environment, etc.

Investment in Fixed Assets by Composition

(1) Construction refers to the construction of houses and buildings. This part of investment can only be achieved through construction activities, it is the major component of the total investment in fixed assets.

(2) Installation refers to the installation of various kinds of equipment and instruments.

The value of equipment installed itself is not included in the value of installation projects.

(3) Purchase of equipment and instruments refers to the total value of equipment, tools, and instruments purchased or self-produced which come up to the cut-off point for fixed assets during the reference period. Equipment, tools and instruments purchased or self-produced for new workshops by newly established or expanded units are categorized as "purchase of equipment and instruments" no matter whether they come up to the cut-off point for fixed assets.

(4) Other expenses refer to expenses arising during the construction or purchase of fixed assets other than those expenses on construction, installation and purchase of equipment and instruments. Other financial expenses arising in operation are not included.

Number of Projects under Construction refers to number of all projects with actual construction or installation activities in current year, including newly started projects, projects started previously and extended into the current year, projects completed and put into operation in current year, projects suspended previously and resumed in current year, and projects started this year but suspended or postponed in current year. The number of projects under construction can reflect the actual size of investment in fixed assets during a given period, and when compared with the number of projects completed and put into use during the same period, it demonstrates the results of investment in fixed assets from the angle of the speed of the construction.

Number of Projects Put into Use This Year refer to projects have completed the main construction and correspondent auxiliary facilities in accordance with the design documents, resulting in forming production capacity (efficiency) and have been checked and accepted after relevant tests, and have been formally delivered for use.

8

FOREIGN TRADE AND ECONOMIC COOPERATION

对外经济贸易

资料整理人员

王玉凤　郭俊凯

FOREIGN TRADE AND ECONOMIC COOPERATION 对外经济贸易

进出口总额	Total Value of Imports and Exports	240.4	亿美元 (USD 100 million)
出口总额	Total Value of Exports	149.0	亿美元 (USD 100 million)
进口总额	Total Value of Imports	91.4	亿美元 (USD 100 million)
实际利用外资额	Actual Utilization of Foreign Capital	14.8	亿美元 (USD 100 million)

进出口总额构成 (%)

Composition of Total Value of Imports and Exports (%)

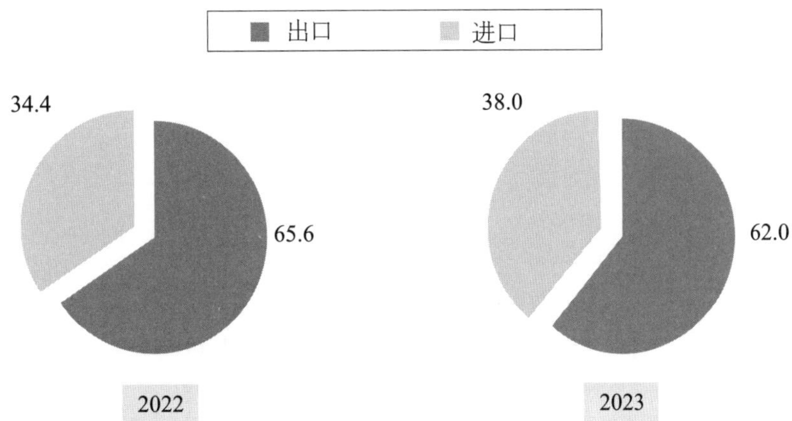

进出口总额（亿美元）

Total Value of Imports and Exports (USD 100 million)

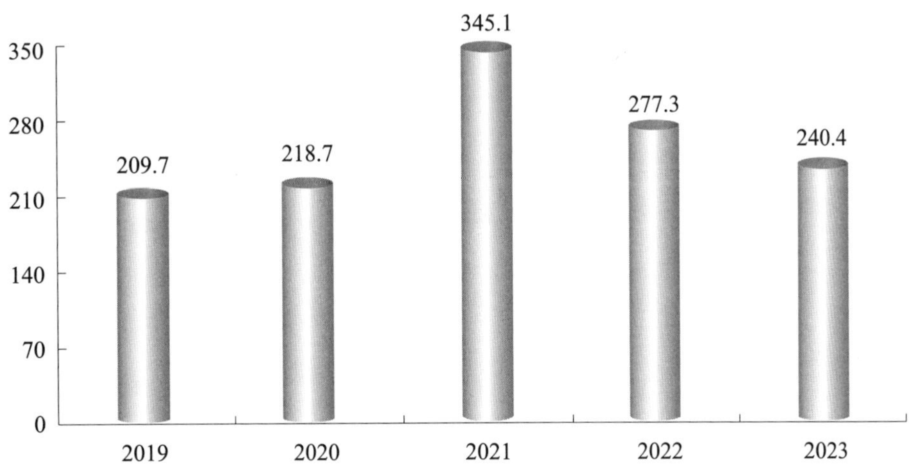

8-1 主要年份进出口贸易总额
TOTAL VALUE OF IMPORTS AND EXPORTS IN MAJOR YEARS

单位：万美元 (USD 10 000)

年份 Year	进出口总额 Total	出口总额 Exports	进口总额 Imports
1990	35000	26300	8700
1995	140769	114367	26402
2000	176438	123687	52751
2005	554597	352871	201726
2010	1257839	470930	786909
2011	1475981	542823	933158
2012	1504325	701620	802705
2013	1579785	799649	780136
2014	1624852	894222	730631
2015	1471541	842091	629449
2016	1664428	993219	671210
2017	1717225	1019681	697544
2018	2077473	1226981	850491
2019	2096651	1169074	927577
2020	2186584	1273053	913530
2021	3451219	2113758	1337461
2022	2773249	1818104	955145
2023	2403657	1490049	913609

8-2 进出口贸易总额(2023年)
TOTAL VALUE OF IMPORTS AND EXPORTS(2023)

单位：万元 (10 000 yuan)

项 目	Item	进出口总额 Total	出口总额 Exports	进口总额 Imports
总 额	**Total**	**16937243**	**10503445**	**6433798**
一、按企业性质分	**Grouped by Ownership**			
国有企业	State-Owned Enterprises	4342653	1227467	3115186
外商投资企业	Foreign Funded Enterprises	7086070	6724382	361689
合作企业	Sino-Foreign Cooperative Operation Enterprises			
合资企业	Sino-Foreign Joint Ventures Enterprises	7022305	6671053	351252
独资企业	Solely Foreign-Funded Enterprises	63765	53329	10437

8-2 续表 continued

单位：万元 (10 000 yuan)

项 目	Item	进出口总额 Total	出口总额 Exports	进口总额 Imports
民营企业	Non-State-Owned Enterprises	5496367	2541878	2954490
集体企业	Collective-owned Enterprises	196490	25841	170649
私人企业	Private-owned Enterprises	5288354	2504514	2783841
个体工商户	Self-employed Business	11523	11523	
其 他	Others	12150	9718	2432
二、按贸易方式分	**Grouped by The Mode of Trade**			
一般贸易	Original Trade	8186323	3784872	4401451
国家间、国际组织无偿援助和赠送的物资	Aid and Donation between Countries and from International Organizations	1494	1494	
华侨、港澳台同胞、外籍华人捐赠物资	Donation of Overseas Chinese, Compatriots in Hong Kong, Macao and Taiwan and Chinese with Foreign Citizenship	355	355	
加工贸易	Processing Trade	8665941	6675813	1990127
来料加工装配贸易	Processing and Assembly Trade for Income Material	1249	971	278
进料加工贸易	Processing Trade for Imported Material	8664692	6674842	1989850
加工贸易进口设备	Processing Trade for Imported Equipment	2932		2932
对外承包工程出口货物	Exported Goods on Contracted Projects	20340	20340	
租赁贸易	Leasing Trade			
外商投资企业作为投资进口的设备、物品	Equipments and Goods Imported as Foreign Investment			
保税仓库进出境货物	Goods of Bonded Warehouse	23773	2667	21106
保税区进出境仓储或转口货物	Storage and Transit Goods of Bonded Area	15856	6601	9255
出口加工区进口设备物品	Imported Equipment and Goods in Export Processing Zone	4831		4831
其 他	Others	15400	11304	4096

8-3 进出口主要商品分类总额(2023年)

TOTAL VALUE OF IMPORTS AND EXPORTS BY CATEGORY OF MAIN COMMODITIES(2023)

单位：万元　　(10 000 yuan)

项　目	Item	出口总额 Exports	进口总额 Imports
合　计	**Total**	**10503445**	**6433798**
1.活动物；动物产品	Live Animals; Animal Products	8001	13371
2.植物产品	Vegetables Products	96409	144836
3.动、植物油、脂、蜡及其分解产品	Animal or Vegetable Oils, Fats and Waxes and their Cleavage Products	110	16329
4.食品；饮料、酒及醋；烟草及制品	Foods, Beverages, Liquor and Vinegar; Tobacco and Its Products	30813	17801
5.矿产品	Mineral Products	227587	1887284
6.化学工业及其相关工业的产品	Chemicals and Related Products	747402	41870
7.塑料及其制品；橡胶及其制品	Plastics and Related Products; Rubber and Related Products	145914	40968
8.生皮、皮革、毛皮及其制品	Raw Hides, Leather, Furs and Related Products	7192	74
9.木及木制品；其他编结材料制品	Wood and Wooden Products; Plaited Products of Other Materials	3328	2363
10.纸浆；纸、纸板及其制品	Paper Pulp; Paper, Paperboard and Their Products	5468	8668
11.纺织原料及纺织制品	Textile Materials and Products	69212	6965
12.鞋帽伞杖鞭；羽毛制品；人造花	Footwear, Headgear, Umbrellas, Canes, Whips; Feather Products; Artificial Flowers	4055	102
13.石料及其制品；陶瓷玻璃及制品	Building Stone and Its Products; Ceramics, Glass and Glassware	131234	506
14.珍珠、宝石、贵金属；仿首饰；硬币	Pearls, Precious Stones, Precious Metals; Imitation Jewelery; Coins	1249	59
15.贱金属及其制品	Base Metals and Related Products	1108999	2046666
16.机器、电子产品、电气设备及零件	Machinery, Electronic Products, Electric Equipment and Accessoris	7424015	2025058
17.车辆、航空器、船舶及运输设备	Vehicles, Aircraft, Vessels and Trasportation Equipment	347968	38547
18.光学、检测、医疗设备；钟表；乐器	Optical, Testing, Medical Apparatus, Clocks and Watches, Musical Instruments	27200	139679
19.杂项制品	Miscellaneous Products	107441	159
20.艺术品、收藏品及古物	Works of Art, Collectors' Pieces and Antiques		1
21.特殊交易品及未分类商品	Special Trading Goods and Non-classified Goods	9848	2492

8-4 分国别(地区)进出口贸易总额(2023年)
TOTAL VALUE OF IMPORTS AND EXPORTS BY COUNTRY(REGION)(2023)

单位：万元 (10 000 yuan)

国 别 (地区)	Country (Region)	进出口总额 Total	出口总额 Exports	进口总额 Imports
总 计	**Total**	**16937243**	**10503445**	**6433798**
亚 洲	**Asia**	**7428063**	**3665605**	**3762458**
#韩 国	Republic of Korea	755530	335285	420245
日 本	Japan	880854	681203	199652
印 度	India	674198	601591	72608
哈萨克斯坦	Kazakhstan	20530	11582	8948
印度尼西亚	Indonesia	1598956	92575	1506381
中国香港	Hong Kong, China	105594	105591	2
中国台湾	Taiwan, China	1164352	118674	1045678
新加坡	Singapore	551848	495716	56131
土耳其	Turkey	211650	193650	18001
马来西亚	Malaysia	132452	84563	47889
泰 国	Thailand	217582	211760	5822
越 南	Vietnam	239978	130262	109716
非 洲	**Africa**	**923410**	**144478**	**778932**
#南 非	South Africa	730015	40404	689611
欧 洲	**Europe**	**2641660**	**2361214**	**280446**
#荷 兰	Netherlands	588240	586387	1853
德 国	Germany	185982	79522	106461
意大利	Italy	302932	273687	29245
俄罗斯联邦	Russia	250218	225355	24863
英 国	United Kingdom	362048	351325	10723
捷 克	Czech Republic	630005	628840	1165
拉丁美洲	**Latin America**	**1451512**	**712926**	**738586**
#巴 西	Brazil	350627	210443	140184
墨西哥	Mexico	459622	308274	151348
智 利	Chile	130848	63077	67771
哥伦比亚	Colombia	207725	41322	166403
北美洲	**North America**	**3552495**	**3409248**	**143247**
#加拿大	Canada	250260	240767	9492
美 国	United States	3302224	3168469	133755
大洋洲	**Oceania**	**937670**	**209973**	**727697**
#澳大利亚	Australia	706417	202764	503653
新喀里多尼亚	New Caledonia	221876	6	221870
东盟组织	**ASEAN**	**2875075**	**1062531**	**1812544**
欧盟组织(除英国)	**EU**	**1930077**	**1764907**	**165170**
一带一路	**B&R**	**7169560**	**3645847**	**3523713**

注：2023年起，一带一路指共建一带一路国家。
Note：B&R refers to the countries jointly build the Belt and Road from 2023.

8-5 实际利用外资额
ACTURAL UTILIZATION OF FOREIGN CAPITAL

单位：万美元 (USD 10 000)

项　目	Item	2015	2020	2023
总　计	**Total**	**325840**	**251403**	**147768**
对外借款	**Foreign Loans**	**38855**	**82345**	**19343**
外国政府贷款	Government Loans	4637	1561	3048
国际金融组织贷款	Loans form International Financial Organizations	5918	3030	1953
一般商业贷款	General Commercial Loans	28300	77754	14342
买方信贷	Buyer Credit			
外商直接投资	**Foreign Direct Investments**	**286985**	**169058**	**128425**

注：2023年实际利用外资额使用商务部口径数据。
Note: Data of actural utilization of foreign capital is from the MOC in 2023.

8-6 主要年份实际利用外资额
ACTURAL UTILIZATION OF FOREIGN CAPITAL IN MAJOR YEARS

单位：万美元 (USD 10 000)

年 份 Year	利用外资总额 Total	对外借款 Foreign Loans	外商直接投资 Foreign Direct Investments	外商其他投资 Other Foreign Investments
1985	176	55	43	78
1990	3763	3006	340	417
1995	16085	7662	6383	2040
2000	63188	40716	22472	
2005	106369	78853	27516	
2006	132438	85239	47199	
2007	191471	57188	134283	
2008	172174	69892	102282	
2009	82646	33331	49315	
2010	116512	45091	71421	
2011	249530	42252	207278	
2012	276711	26332	250379	
2013	299096	18429	280667	
2014	335672	40486	295186	
2015	325840	38855	286985	
2016	343355	110113	233242	
2017	267653	98604	169049	
2018	359037	122866	236171	
2019	228460	92556	135904	
2020	251403	82345	169058	
2021	228977	58836	170141	
2022	153170	70532	82638	
2023	147768	19343	128425	

注：实际利用外资额2011年至2021年为全口径，2022年起为商务部口径，后同。
Note: The actural utilization of foreign capital uses the coverage of whole society from 2011 to 2021, and it uses the data of the MOC from 2022. The same applies to the following.

8-7 按行业分利用外商直接投资额(2023年)
UTILIZATION OF FOREIGN DIRECT INVESTMENT CAPITAL BY SECTOR(2023)

单位：万美元 (USD 10 000)

行　业	Item	新批项目(企业)(个) New Projects & Enterprises (unit)	合同金额 Contract Value	实际使用金额 Actual Value
总　计	**Total**	**80**	**–55816**	**128425**
农、林、牧、渔业	Farming, Forestry, Animal Husbandry and Fishery	1	19352	
采矿业	Mining		–116	104240
制造业	Manufacturing	17	2007	679
电力、热力、燃气及水生产和供应业	Production and Supply of Electricity, Heat, Gas and Water	4	–110543	8590
建筑业	Construction	2	1436	133
批发和零售业	Wholesale and Retail Trade	21	29678	282
交通运输、仓储和邮政业	Transportation, Storage and Post	1	1048	4606
住宿和餐饮业	Hotels and Catering Services	3	1	
信息传输、软件和信息技术服务业	Information Transmission, Software and Information Technology Services	3	42	4736
金融业	Financial Industry			
房地产业	Real Estate Trade	2	139	
租赁和商务服务业	Lease and Business Affairs Services	11	167	1593
科学研究和技术服务业	Scientific Reseach and Technical Services	7	901	3326
水利、环境和公共设施管理业	Management of Water Conservancy, Environment and Public Facilities	1	56	240
居民服务、修理和其他服务业	Resident Services, Repair and Other Services	2	15	
教　育	Education			
卫生和社会工作	Health Care and Social Work	3	1	
文化、体育和娱乐业	Culture, Sports and Recreation	2		

8-8 按国别(地区)分利用外商直接投资额(2023年)
UTILIZATION OF FOREIGN DIRECT INVESTMENT CAPITAL BY COUNTRY(REGION)(2023)

单位：万美元 (USD 10 000)

国　别(地区)	Country (Region)	新批项目(企业)(个) New Projects and Enterprises (unit)	合同金额 Contract Value	实际使用金额 Actual Value
合　计	**Total**	**80**	**–55816**	**128425**
#中国香港	Hong Kong, China	24	38783	32570
新加坡	Singapore	1	–382	965
韩　国	Republic of Korea	1	3	
中国澳门	Macao,China	2	140	
中国台湾	Taiwan, China	2	–122813	
塞舌尔	Seychelles		900	465
德　国	Germany	1	25572	
法　国	France	1	1000	
英属维尔京群岛	British Virgin Is.			51969
加拿大	Canada	3	403	30
美　国	United States		505	12637
澳大利亚	Australia		–116	17162
荷　兰	Netherlands			1525

8-9 主要年份对外承包工程和劳务合作

CONTRACTED PROJECTS AND LABOR COOPERATION WITH FOREIGN COUNTRIES AND REGIONS IN MAJOR YEARS

年 份 Year	新签合同份数 (个) Number of New Contracts (unit)	新签合同额 (万美元) New Contracted Value (USD 10 000)	完成营业额 (万美元) Value of Business (USD 10 000)	派出人数 (人) Persons Posted Abroad (person)	年末在外人数 (人) Persons Abroad at Year-end (person)
1985	1	101	132		
1990	12	186	118		73
1995	43	1537	728		574
2000	50	5563	3892		1518
2005	55	22187	20200	1195	2263
2010	8	48179	72228	1224	6147
2011	71	42187	70018	2447	5934
2012	42	64018	44927	3264	3513
2013	20	23599	76505	1816	4073
2014	14	34586	73542	1511	4232
2015	26	34875	73754	1595	5010
2016	20	22266	68641	2441	7587
2017	18	104648	71249	2066	5202
2018	34	101763	140296	4651	8322
2019	17	142877	142928	2714	3549
2020	45	285134	128040	2256	4382
2021	73	292186	159885	2349	4804
2022	33	160009	156075	4171	4814
2023	69	224433	178013	3178	2943

8-10 开发区综合发展情况

KEY STATISTICS ON DEVELOPMENT ZONES

单位：亿元 (100 million yuan)

指　　标	Item	2022	2023
当年进出口总额	Total Value of Imports and Exports	1327.3	1155.3
出口总额	Total Value of Exports	976.5	843.6
进口总额	Total Value of Imports	350.8	311.8
当年税收收入	Tax Revenue	846.8	918.9
实际到位外资金额	Paid-in Foreign Funds	31.7	56.6
实际到位境内省外资金额	Paid-in Funds from Other Provinces	708.1	546.2
全区从业人员 (万人)	Employees (10 000 persons)	133.2	149.1
“四上”企业营业收入	Major Business Revenue of 4 Types of Enterprises above Designated Size	25344.2	24526.5

8-11 各开发区综合发展情况(2023年)
KEY STATISTICS ON DEVELOPMENT ZONES(2023)

单位：亿元 (100 million yuan)

开发区	Development Zone	"四上"企业营业收入 Major Business Revenue of 4 Types of Enterprises above Designated Size	税收收入 Tax Revenue	进出口总额 Total Value of Imports and Exports
总计	**Total**	**24526.5**	**918.9**	**1155.3**
山西转型综改示范区(太原区)	Shanxi Transformation and Comprehensive Reform Demonstration Zone (Taiyuan)	5666.7	141.1	935.4
清徐经济开发区	Qingxu Economic Development Zone	921.0	21.0	0.7
太原中北高新技术产业开发区	Taiyuan Zhongbei Hi-Tech Industrial Development Zone	426.6	11.6	3.3
阳曲现代农业产业示范区	Yangqu Modern Agricultural Industry Demonstration Zone		1.0	
太原西山生态文化旅游示范区	Taiyuan Xishan Eco-Cultural Tourism Demonstration Zone			
大同经济技术开发区	Datong Eco-Tech Development Zone	399.5	21.5	33.6
左云经济技术开发区	Zuoyun Eco-Tech Development Zone	71.0		
新荣经济技术开发区	Xinrong Eco-Tech Development Zone	68.1	0.6	0.6
云冈经济技术开发区	Yungang Eco-Tech Development Zone	299.3	1.4	
平城现代农业产业示范区	Pingcheng Modern Agricultural Industry Demonstration Zone			
云州现代农业产业示范区	Yunzhou Modern Agricultural Industry Demonstration Zone			
广灵经济技术开发区	Guangling Eco-Tech Development Zone	40.4	1.9	
朔州经济开发区	Shuozhou Economic Development Zone	330.0	6.7	1.5
右玉生态文化旅游示范区	Youyu Eco-Cultural Tourism Demonstration Zone			
怀仁经济技术开发区	Huairen Eco-Tech Development Zone	127.6	1.3	0.6
平鲁经济技术开发区	Pinglu Eco-Tech Development Zone	134.2	10.6	0.4
应县经济技术开发区	Yingxian Eco-Tech Development Zone	20.4	0.5	
山阴经济技术开发区	Shanyin Eco-Tech Development Zone	128.2	9.5	
忻州经济开发区	Xinzhou Economic Development Zone	467.0	15.9	1.3
原平经济技术开发区	Yuanping Eco-Tech Development Zone	135.6	7.3	0.4
繁峙经济技术开发区	Fanshi Eco-Tech Development Zone	99.7	1.1	1.2
静乐现代农业产业示范区	Jingle Modern Agricultural Industry Demonstration Zone		1.5	
定襄经济技术开发区	Dingxiang Eco-Tech Development Zone	68.5	1.9	6.3
岢岚经济技术开发区	Kelan Eco-Tech Development Zone	142.2	2.0	
神池现代农业产业示范区	Shenchi Modern Agricultural Industry Demonstration Zone			
五台现代农业产业示范区	Wutai Modern Agricultural Industry Demonstration Zone		0.1	
五寨现代农业产业示范区	Wuzhai Modern Agricultural Industry Demonstration Zone			
偏关生态文化旅游示范区	Pianguan Eco-Cultural Tourism Demonstration Zone			

8-11 续表1 continued

单位：亿元 (100 million yuan)

开 发 区	Development Zone	"四上"企业营业收入 Major Business Revenue of 4 Types of Enterprises above Designated Size	税收收入 Tax Revenue	进出口总额 Total Value of Imports and Exports
阳泉高新技术产业开发区	Yangquan High-Tech Industrial Development Zone	370.2	9.0	3.9
平定经济技术开发区	Pingding Eco-Tech Development Zone	103.9	2.4	1.7
盂县经济技术开发区	Yuxian Eco-Tech Development Zone	33.3	1.3	
吕梁经济技术开发区	Lvliang Eco-Tech Development Zone	129.3	13.6	0.1
孝义经济开发区	Xiaoyi Economic Development Zone	1043.2	15.2	0.9
文水经济开发区	Wenshui Economic Development Zone	201.4	5.9	4.5
交城经济开发区	Jiaocheng Economic Development Zone	299.9	3.6	8.4
汾阳杏花村经济技术开发区	Fenyang Xinghuacun Eco-Tech Development Zone	583.6	126.7	0.6
兴县经济技术开发区	Xingxian Eco-Tech Development Zone	384.0	69.7	0.1
岚县经济技术开发区	Lanxian Eco-Tech Development Zone	98.9	14.1	
交口经济技术开发区	Jiaokou Eco-Tech Development Zone	70.8	1.0	
方山生态文化旅游示范区	Fangshan Eco-Cultural Tourism Demonstration Zone			
山西转型综改示范区(晋中区)	Shanxi Transformation and Comprehensive Reform Demonstration Zone (Jinzhong)	645.3	27.1	11.3
祁县经济开发区	Qixian Economic Development Zone	90.3	4.1	0.1
介休经济技术开发区	Jiexiu Eco-Tech Development Zone	576.4	6.2	0.1
太谷经济技术开发区	Taigu Eco-Tech Development Zone	69.6	3.1	2.8
左权生态文化旅游示范区	Zuoquan Eco-Cultural Tourism Demonstration Zone			
晋中农业高新技术产业示范区	Jinzhong Agricultural High-Tech Industry Demonstration Zone		1.8	0.2
灵石经济技术开发区	Lingshi Eco-Tech Development Zone	381.1	7.5	2.1
榆社经济技术开发区	Yushe Eco-Tech Development Zone	57.6	1.3	1.6
平遥经济技术开发区	Pingyao Eco-Tech Development Zone	155.5	2.9	5.1
寿阳经济技术开发区	Shouyang Eco-Tech Development Zone	110.3	1.5	0.1
和顺经济技术开发区	Heshun Eco-Tech Development Zone	25.3		
长治高新技术产业开发区	Changzhi High-Tech Industrial Development Zone	460.3	55.0	4.2
壶关经济开发区	Huguan Economic Development Zone	179.4	4.1	1.3
襄垣经济技术开发区	Xiangyuan Eco-Tech Development Zone	382.8	24.3	0.1
长治经济技术开发区	Changzhi Eco-Tech Development Zone	369.9	37.9	1.3
屯留经济技术开发区	Tunliu Eco-Tech Development Zone	457.5	29.9	
潞城经济技术开发区	Lucheng Eco-Tech Development Zone	262.9	5.8	
上党经济技术开发区	Shangdang Eco-Tech Development Zone	100.3	2.8	0.3
沁源经济技术开发区	Qinyuan Eco-Tech Development Zone	139.2	9.8	
沁县现代农业产业示范区	Qinxian Modern Agricultural Industry Demonstration Zone		0.1	
平顺生态文化旅游示范区	Pingshun Eco-Cultural Tourism Demonstration Zone			
武乡现代农业产业示范区	Wuxiang Modern Agricultural Industry Demonstration Zone			

8-11 续表2 continued

单位：亿元 (100 million yuan)

开发区	Development Zone	"四上"企业营业收入 Major Business Revenue of 4 Types of Enterprises above Designated Size	税收收入 Tax Revenue	进出口总额 Total Value of Imports and Exports
长子经济技术开发区	Zhangzi Eco-Tech Development Zone	152.5	26.6	
黎城经济技术开发区	Licheng Eco-Tech Development Zone	145.7	5.0	0.1
晋城经济技术开发区	Jincheng Eco-Tech Development Zone	1230.7	27.2	33.1
高平经济技术开发区	Gaoping Eco-Tech Development Zone	315.0	8.2	0.2
沁水经济技术开发区	Qinshui Eco-Tech Development Zone	199.8	3.9	0.1
阳城经济技术开发区	Yangcheng Eco-Tech Development Zone	81.3	5.6	0.2
陵川生态文化旅游示范区	Lingchuan Eco-Cultural Tourism Demonstration Zone		0.4	
临汾经济开发区	Linfen Eonomic Development Zone	273.5	9.5	5.4
侯马经济开发区	Houma Econmic Development Zone	533.6	2.6	3.4
洪洞经济技术开发区	Hongtong Eco-Tech Development Zone	225.5	9.1	
襄汾经济技术开发区	Xiangfen Eco-Tech Development Zone	107.5	2.0	0.6
安泽经济技术开发区	Anze Eco-Tech Development Zone	186.0	15.7	
隰县现代农业产业示范区	Xixian Modern Agricultural Industry Demonstration Zone			
尧都高新技术产业开发区	Yaodu High-Tech Industrial Development Zone	197.7		7.9
霍州经济技术开发区	Huozhou Eco-Tech Development Zone	52.7	0.8	
古县经济技术开发区	Guxian Eco-Tech Development Zone	64.9	5.3	
乡宁生态文化旅游示范区	Xiangning Eco-Cultural Tourism Demonstration Zone			
曲沃经济技术开发区	Quwo Eco-Tech Development Zone	504.1	3.0	0.2
吉县现代农业产业示范区	Jixian Modern Agricultural Industry Demonstration Zone			
运城经济技术开发区	Yuncheng Eco-Tech Development Zone	597.9	9.2	13.2
盐湖高新技术产业开发区	Yanhu High-Tech Industrial Development Zone	202.7	5.2	1.2
绛县经济开发区	Jiangxian Economic Development Zone	81.3		6.2
风陵渡经济开发区	Fenglingdu Economic Development Zone	103.4	2.6	0.1
闻喜经济技术开发区	Wenxi Eco-Tech Development Zone	316.2	4.0	1.4
永济经济技术开发区	Yongji Eco-Tech Development Zone	702.0	7.8	0.1
河津经济技术开发区	Hejin Eco-Tech Development Zone	702.0	7.8	0.1
稷山经济技术开发区	Jishan Eco-Tech Development Zone	239.2	3.6	8.5
新绛经济技术开发区	Xinjiang Eco-Tech Development Zone	239.2	3.6	8.5
垣曲经济技术开发区	Yuanqu Eco-Tech Development Zone	163.5	5.8	33.9
万荣现代农业产业示范区	Wanrong Modern Agricultural Industry Demonstration Zone			0.5
临猗现代农业产业示范区	Linyi Modern Agricultural Industry Demonstration Zone			

8-12 人民币对主要外币年末汇价(中间价)

YEAR-END EXCHANGE RATE OF RMB YUAN AGAINST MAIN CONVERTIBLE CURRENCIES (MIDDLE RATE)

单位：人民币元 (RMB yuan)

年 份 Year	100美元 100 US Dollars	100日元 100 Japanese Yen	100港元 100 Hong Kong Dollars	100欧元 100 Euros
1985	293.66	1.25	37.57	
1986	345.28	2.07	44.22	
1987	372.21	2.58	47.74	
1988	372.21	2.91	47.70	
1989	376.51	2.74	48.28	
1990	478.32	3.32	61.39	
1991	532.33	3.96	68.45	
1992	551.46	4.36	71.24	
1993	576.20	5.20	74.41	
1994	861.87	8.44	111.53	
1995	835.10	8.92	107.96	
1996	831.42	7.64	107.51	
1997	828.98	6.86	107.09	
1998	827.91	6.35	106.88	
1999	827.83	7.29	106.66	
2000	827.84	7.69	106.18	
2001	827.70	6.81	106.08	
2002	827.70	6.62	106.07	800.58
2003	827.70	7.15	106.24	936.13
2004	827.68	7.66	106.23	1029.00
2005	819.17	7.45	105.30	1019.53
2006	797.18	6.86	102.62	1001.90
2007	760.40	6.46	97.46	1041.75
2008	694.51	6.74	89.19	1022.27
2009	682.78	7.68	88.11	1020.76
2010	662.27	8.11	85.09	878.96
2011	633.59	8.19	81.29	843.89
2012	630.00	7.67	81.30	816.73
2013	613.76	6.02	79.16	830.72
2014	611.62	5.14	78.85	745.22
2015	649.36	5.39	83.78	709.52
2016	693.70	5.96	89.45	730.68
2017	653.42	5.79	83.59	779.79
2018	686.32	6.19	87.62	784.73
2019	697.62	6.41	89.58	781.55
2020	652.49	6.32	84.16	802.50
2021	637.57	5.54	81.76	721.97
2022	696.46	5.24	89.33	742.29
2023	708.27	5.02	90.62	785.92

主要统计指标解释

进出口总额 指实际进出我国关境的货物总金额。包括对外贸易实际进出口货物，来料加工装配进出口货物，国家间、联合国及国际组织无偿援助物资和赠送品，华侨、港澳台同胞和外籍华人捐赠品，租赁期满归承租人所有的租赁货物，进料加工进出口货物，边境地方贸易及边境地区小额贸易进出口货物（边民互市贸易除外），中外合资经营企业、中外合作经营企业、外商独资经营企业进出口货物和公用物品，到、离岸价格在规定限额以上的进出口货样和广告品（无商业价值、无使用价值和免费提供出口的除外），从保税仓库提取在中国境内销售的进出口货物，以及其他进出口货物。进出口总额用以观察一个国家在对外贸易方面的总规模。我国规定出口货物按离岸价格统计，进口货物按到岸价格统计。

实际利用外资 指我国各级政府、部门、企业和其他经济组织通过对外借款、吸收外商直接投资以及用其他方式筹措的境外现汇、设备、技术等。

对外借款 是我国利用外资的重要部分。包括我国通过外国政府贷款、国际金融组织贷款、外国银行商业贷款、出口信贷以及对外发行债券、股票等方式，从境外筹措的资金。

外商直接投资 是指外国企业和经济组织或个人（包括华侨、港澳台同胞以及我国在境外注册的企业）按我国有关政策、法规，用现汇、实物、技术等在我国境内开办外商独资企业，与我国境内的企业或经济组织共同举办中外合资经营企业、合作经营企业或合作开发资源的投资（包括外商投资收益的再投资）以及经政府有关部门批准的项目投资总额内企业从境外借入的资金。

对外承包工程 包括各对外承包公司以招标议标承包方式承揽下列业务：(1) 承包国外工程建设项目；(2) 承包我国对外经援项目；(3) 承包我国驻外机构的工程建设项目；(4) 承包我国境内利用外资进行建设的工程项目；(5) 与外国承包公司合营或联合承包工程项目时我国公司分包部分；(6) 以服务成果向业主收费的技术服务项目（包括承揽地形地貌测绘；地质资源勘探与普查；建设区域规划；提供设计文件、图纸、生产工艺技术资料和工程技术经济咨询；工程项目的可行性考察、研究和评估；进行技术指导和培训人员等）；(7) 对外承包兼经营的房屋开发业务。对外承包工程的营业额是以货币表现的本期内完成的对外承包工程的工作量，包括以前年度签订的合同和本年度新签订的合同在报告期完成的工作量。

Explanatory Notes on Main Statistical Indicators

Total Value of Imports and Exports refers to the real value of commodities imported and exported across the border of China. They include the actual imports and exports through foreign trade, imported and exported goods under the processing and assembling trades and materials, supplies and gifts as aid given gratis between governments and by the United Nations and other international organizations, and contributions donated by overseas Chinese, compatriots in Hong Kong and Macao and Chinese with foreign citizenship, leasing commodities owned by tenant at the expiration of leasing period, the imported and exported commodities processed with imported materials, commodities trading in border areas (excluding mutual exchange goods), the imported and exported commodities and articles for public use of the Sino-foreign joint ventures, cooperative enterprises and ventures with sole foreign investment. Also included is import or export of samples and advertising goods for which CIF or FOB value are beyond the permitted ceiling (excluding goods of no trading or use value and free commodities for export), imported goods sold in China from bonded warehouses and other imported or exported goods. The indicator of the total imports and exports at customs can be used to observe the total size of external trade in a country. In accordance with the stipulation of the Chinese government, imports are calculated at CIF, while exports are calculated at FOB.

Actual Utilization of Foreign Capital refers to remittance, equipment and technology financed from abroad, by loans, foreign direct investment and other forms undertaken by the Chinese governments at all levels, by various departments, enterprises and other economic units.

Foreign Borrowings refer to funds borrowed from abroad, including loans of foreign governments, loans of international financial institutions, commercial loans of foreign banks, export credit, and funds raised by Chinese bonds and shares issued abroad. It is an important part of China's utilization of foreign capitals.

Foreign Direct Investment refers to the investments inside china by foreign enterprises and economic organizations or individuals (including overseas Chinese, compatriots from Hong Kong and Macao, and Chinese enterprises registered abroad), following the relevant policies and laws of china, for the establishment of ventures exclusively with foreign own investment, Sino-foreign joint ventures and cooperative enterprises or for cooperative exploration of resources with enterprises or economic organizations in China. It includes the re-investment of the foreign entrepreneurs with the profits gained from the investment and the funds that enterprises borrow from abroad in the total investment of projects which are approved by the relevant department of the government.

Contracted Projects with Foreign Countries and Regions refer to projects undertaken by Chinese contractors (project contracting companies) through bidding process. They include: (1) overseas civil engineering construction projects financed by foreign investors; (2) overseas projects financed by the Chinese government through its foreign aid programs; (3) construction projects of Chinese diplomatic missions, trade offices and other institutions stationed abroad; (4) construction projects in china financed by foreign investment; (5) sub-contracted projects to be taken by Chinese contractors through a joint umbrella project with foreign contractor(s); (6) projects with charges for technical services from overseas operators. it includes geographic and topographic mapping, geological resource prospecting and survey planning of construction areas, provision of design documents, blueprints, materials on production process and techniques, as well as engineering technical and economic consultation, feasibility study research and evaluation of projects, technical supervising and staff training; (7) housing development projects. The business income from international contracted projects is the work volume of contracted projects completed during the reference period, expressed in monetary terms, including completed work on projects signed in previous years.

9

AGRICULTURE

农 业

资料整理人员

张艳君　郝静敏　王　辉　王　莎　刘　青
李道扬　桑鹏伟

AGRICULTURE 农业

农作物播种面积	Sown Areas of Farm Crops	3641.72	千公顷 (1 000 ha)
#粮　食	Sown Areas of Grain	3160.96	千公顷 (1 000 ha)
粮食产量	Output of Grain	1478.1	万吨 (10 000 tons)
油料产量	Output of Oil-bearing Crops	17.9	万吨 (10 000 tons)
肉类产量	Output of Meat	155.0	万吨 (10 000 tons)

农林牧渔业总产值构成 (%)

Composition of Gross Output Value of Farming, Forestry, Animal Husbandry and Fishery (%)

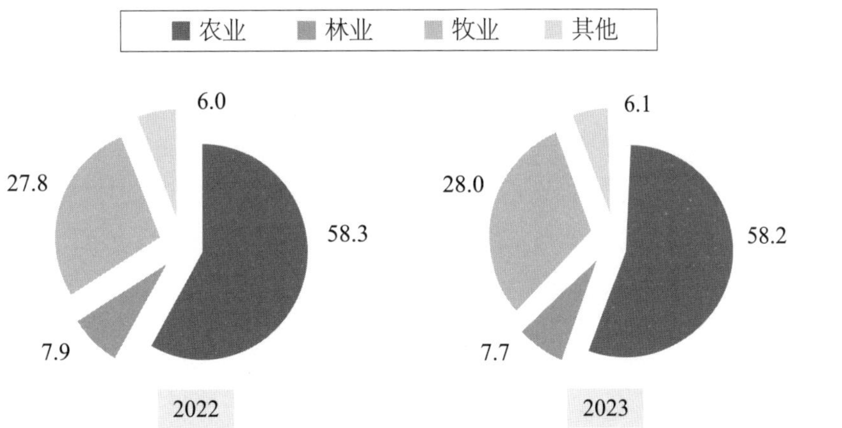

粮食总产量（万吨）

Output of Grain (10 000 tons)

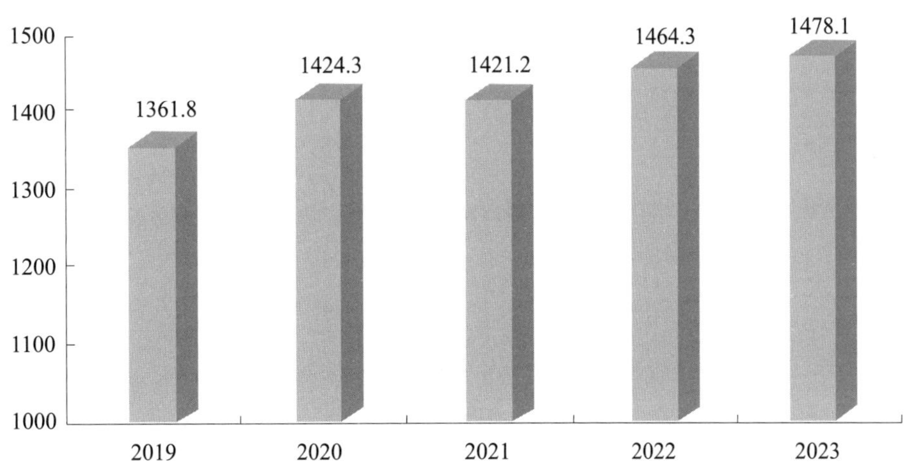

9-1 主要年份农林牧渔业总产值
GROSS OUTPUT VALUE OF FARMING, FORESTRY, ANIMAL HUSBANDRY AND FISHERY IN MAJOR YEARS

按当年价格计算 (at current price)

年 份 Year	农林牧渔业总产值(万元) Total (10 000 yuan)	农 业 Farming	林 业 Forestry	牧 业 Animal Husbandry	渔 业 Fishery	农林牧渔专业及辅助性活动 Specializing and Supportive Activities for Agriculture, Forestry, Animal Husbandry and Fishery
1978	290133	239742	17391	32934	66	
1980	382302	286574	40154	55492	82	
1985	629163	484341	41218	102941	663	
1990	1247781	889037	78275	276170	4299	
1995	2996751	2033892	133136	817463	12260	
2000	3223544	2183303	127258	896667	16316	
2005	4837972	2817384	165153	1485882	26945	342608
2006	5123954	3039735	153420	1503994	35411	391394
2007	5878294	3818660	243935	1516848	33983	264868
2008	7392132	4678838	346918	1942008	40170	384198
2009	8889177	5484276	481729	2379527	48647	495000
2010	10164065	6299625	630003	2610390	55047	569000
2011	11634010	7116094	706389	3108030	65999	637500
2012	12659821	7743453	754326	3384811	71981	705250
2013	13720159	8390636	852565	3632998	78960	765000
2014	14405971	8725551	924834	3840043	79749	835794
2015	14249630	8468670	907813	3927425	78621	867100
2016	14299148	8244205	927435	4155926	76382	895200
2017	14187298	8618934	976551	3588444	76889	926480
2018	14609439	8949469	998981	3615290	68808	976891
2019	16265442	9367617	1013068	4785697	69090	1029970
2020	19358404	10759446	1370806	6063202	66174	1098776
2021	21340185	12231363	1597960	6243931	91240	1175690
2022	22115888	12884066	1745153	6158053	90607	1238010
2023	22917027	13327019	1773548	6427508	95878	1293075

9-2 农作物播种面积
SOWN AREA OF FARM CROPS

单位：千公顷 (1 000 ha)

指 标	Item	2015	2020	2023
农作物总播种面积	**Total Sown Area**	**3610.07**	**3541.51**	**3641.72**
一、粮 食	**Grain**	**3256.34**	**3130.02**	**3160.96**
(一)谷 物	Cereals	2845.88	2762.88	2831.29
#稻 谷	Rice	0.78	2.45	2.21
小 麦	Wheat	575.88	535.88	535.87
玉 米	Corn	1894.48	1742.22	1842.21
谷 子	Millet	203.56	220.30	208.33
高 粱	Sorghum	20.61	87.62	107.67
燕 麦	Nakedoats	53.81	53.55	48.80
(二)豆 类	Beans	242.22	183.84	150.27
#大 豆	Soybean	137.40	119.61	117.00
(三)薯 类	Tubers	168.25	183.30	179.40
#马铃薯	Potato	151.02	160.73	159.13
二、油 料	**Oil-bearing Crops**	**110.06**	**88.32**	**97.96**
#花 生	Peanuts	5.89	4.76	5.71
油菜籽	Rapeseeds	12.61	17.67	19.18
芝 麻	Sesame	1.96	1.74	1.62
胡麻籽	Benne	42.83	21.18	18.85
葵花籽	Sunflower Seeds	27.11	25.37	34.60
三、棉 花	**Cotton**	**5.71**	**1.13**	**0.10**
四、生 麻	**Rough Bast Fiber**	**0.02**	**1.68**	**0.01**
五、甜 菜	**Beetroots**	**1.19**	**0.04**	**0.04**
六、烟 叶	**Tobacco**	**1.97**	**1.35**	**1.58**
七、药 材	**Medicinal Materials**	**30.18**	**77.49**	**101.65**
八、蔬 菜	**Vegetables**	**165.06**	**188.98**	**227.05**
#设施蔬菜	Greenhouse Vegetables	41.68	38.73	48.03
九、瓜果类	**Melons**	**17.83**	**15.84**	**22.23**
十、其他作物	**Others**	**21.70**	**36.66**	**30.13**
#青饲料	Green Feed	18.71	33.32	26.27

9-3 主要年份主要农作物播种面积

SOWN AREAS OF MAJOR FARM CROPS IN MAJOR YEARS

单位：千公顷 (1 000 ha)

年 份 Year	总播种面积 Total Sown Area	#粮食作物 Grain Crops	#谷 物 Cereal	#油 料 Oil-bearing Crops	#棉 花 Cotton	#蔬 菜 Vegetables	#瓜果类 Melons
1978	4389.25	3692.43	3279.15	165.16	237.53	105.18	13.00
1980	4266.60	3508.76	3117.22	231.46	224.31	92.37	22.07
1985	3978.23	3055.05	2634.17	505.61	121.14	104.94	32.89
1990	4016.89	3290.79	2755.55	356.33	130.34	110.59	20.41
1995	3895.55	3151.48	2425.09	342.42	127.10	156.79	25.40
2000	4042.42	3186.46	2326.74	417.06	43.04	242.13	49.19
2005	3795.35	3033.59	2333.37	273.38	97.45	244.93	30.39
2010	3643.34	3210.28	2730.81	154.06	43.31	168.62	21.34
2011	3696.70	3259.28	2805.28	148.03	38.14	181.14	18.73
2012	3692.31	3267.53	2819.77	138.54	24.63	187.88	20.30
2013	3660.38	3245.20	2809.56	133.33	13.46	189.36	25.09
2014	3659.98	3256.77	2830.51	124.36	10.88	192.16	21.98
2015	3610.07	3256.34	2845.88	110.06	5.71	165.06	17.83
2016	3591.57	3227.31	2807.45	118.03	3.56	158.77	14.75
2017	3577.61	3180.92	2757.88	114.08	2.87	169.85	14.52
2018	3555.16	3137.06	2711.80	111.86	2.58	176.94	16.18
2019	3524.42	3126.17	2716.54	99.76	2.26	180.39	17.24
2020	3541.51	3130.02	2762.88	88.32	1.13	188.98	15.84
2021	3587.95	3138.06	2800.10	84.35	0.70	216.21	14.86
2022	3611.59	3150.33	2821.09	89.48	0.32	226.22	15.42
2023	3641.72	3160.96	2831.29	97.96	0.10	227.05	22.23

9-4 主要年份主要农作物产量

OUTPUT OF MAJOR FARM CROPS IN MAJOR YEARS

单位：吨 (ton)

年 份 Year	粮 食 Grain	谷 物 Cereal	#稻 谷 Rice	#小 麦 Wheat	#玉 米 Corn	#谷 子 Millet
1978	7069560	6363715	58990	1288415	2711625	891140
1980	6857060	6201675	69290	1184780	2628820	960370
1985	8226767	7408051	58472	2950507	2098065	883671
1990	9690053	8643731	54429	3192990	3054441	876631
1995	9171000	8162190	41450	2701000	4035207	627530
2000	8533500	7029713	32770	2151500	3547500	602218
2005	9780000	8820582	8974	2022800	6161300	381889
2010	11075424	10616494	4837	2168894	8094496	193284
2011	12254032	11760406	4897	2204466	9145880	247143
2012	13094036	12569613	6432	2333639	9803388	251314
2013	13620056	13044258	7271	2038926	10494470	298545
2014	13872494	13275335	6800	2247070	10454832	353240
2015	13140206	12583730	5164	2315442	9747113	317546
2016	13803322	13105466	5503	2291486	10179585	378328
2017	13550954	12800561	5201	2323958	9778692	415886
2018	13803952	12932182	5568	2285888	9816207	472643
2019	13618048	12667748	17556	2262112	9393703	504951
2020	14242698	13312462	17088	2364953	9799465	542368
2021	14212495	13341416	17543	2433717	9775688	504691
2022	14642515	13803689	14566	2452045	10210691	528188
2023	14780878	13934054	14866	2470763	10351376	495625

9-4 续表 continued

单位：吨 (ton)

年 份 Year	#高粱 Sorghum	豆类 Beans	#大豆 Soybean	薯类 Tubers	#马铃薯 Potato	油料 Oil-bearing Crops
1978	959400	137420	137420	568425		42290
1980	766805	130620	130620	524765		133672
1985	770607	176898	176898	641818	477197	444478
1990	767132	302242	302242	744080	585814	393810
1995	519119	366840	220104	641970	430120	222635
2000	299801	577822	359542	925965	704063	448259
2005	111894	366750	259806	592668	461451	212620
2010	50661	214589	134461	244340	202550	166037
2011	50715	211596	136696	282030	236058	176898
2012	57639	232112	147498	292310	243938	182816
2013	64217	249121	160845	326676	273374	181028
2014	68166	247711	155714	349448	290362	164463
2015	51322	233158	146332	323318	269578	121945
2016	56543	274216	167020	423639	370492	159474
2017	66005	283065	170875	467329	408732	150425
2018	115349	356154	235961	515616	453338	154676
2019	232301	342370	214689	607929	527256	137007
2020	317969	307232	207811	623003	537938	143146
2021	358859	217310	144064	653769	570355	154558
2022	366002	243009	189168	595818	516115	149528
2023	390507	243107	200630	603717	528721	179349

年 份 Year	棉花 Cotton	生麻 Rough Bast Fiber	甜菜 Beetroots	烟叶 Tobacco	蔬菜 Vegetables	瓜果类 Melons
1978	69430	5000	54605	1650	1888975	122315
1980	77500	5792	117024	1001	1804220	228910
1985	73455	3779	248541	4702	2915412	649195
1990	111526	1048	431641	8860	3474121	473778
1995	90817	2155	396978	10455	5428701	452951
2000	44796	680	210313	16319	9203364	1141231
2005	102907	38	39617	6327	9015370	689523
2010	46698	16	251185	7412	6940604	592158
2011	43536	10	204632	6951	7786117	524722
2012	28821	3	407233	7301	8616973	617403
2013	16543	10	204989	7001	9322640	755989
2014	12722	6	65123	7356	9734576	752506
2015	7279	37	54779	6280	8374328	520082
2016	4884	97	32374	6060	7779429	473631
2017	4000	134	6433	5217	8067422	465133
2018	3610	103	1183	3911	8218711	529861
2019	2958	444	623	3474	8278305	545073
2020	1560	6349	1629	4095	8611947	517906
2021	937	1642	4211	4251	9762978	550108
2022	441	265	1768	4413	10102812	584824
2023	136	9	1179	4740	10658850	964556

9-5 主要年份主要农作物单位面积产量
MAJOR FARM CROPS OUTPUT PER HECTARE IN MAJOR YEARS

单位：公斤/公顷 (kg/ha)

年 份 Year	粮 食 Grain	谷 物 Cereal	稻 谷 Rice	小 麦 Wheat	玉 米 Corn	谷 子 Millet	高 粱 Sorghum
1978	1915	1941	5207	1169	3419	1579	3171
1980	1954	1989	5670	1191	3541	1743	3269
1985	2693	2812	6871	2912	4221	2234	4315
1990	2945	3137	5923	3141	4797	2296	4532
1995	2910	3366	6436	2945	5253	2101	4430
2000	2678	3021	7234	2409	4470	2150	4393
2005	3224	3780	3349	2805	5205	1764	2903
2010	3450	3888	4440	3195	4950	990	1560
2011	3760	4192	4530	3391	5190	1275	1830
2012	4007	4458	5940	3766	5415	1307	2160
2013	4197	4643	6840	3406	5715	1548	2430
2014	4260	4690	6885	3841	5595	1800	2475
2015	4035	4422	6645	4021	5145	1560	2490
2016	4277	4668	7000	4063	5471	1932	2760
2017	4260	4641	6810	4146	5412	2088	2936
2018	4400	4769	6960	4080	5617	2390	3503
2019	4356	4663	6930	4137	5477	2387	3494
2020	4550	4818	6986	4413	5625	2462	3629
2021	4529	4765	6629	4533	5515	2284	3426
2022	4648	4893	6750	4583	5629	2410	3536
2023	4676	4921	6720	4611	5619	2379	3627

年 份 Year	豆 类 Beans	薯 类 Tubers	油 料 Oil-bearing Crops	棉 花 Cotton	甜 菜 Beetroots	蔬 菜 Vegetables	瓜果类 Melons
1978	1188	1910	256	292	6067	17959	9408
1980	943	2074	578	346	12077	19533	10372
1985	1066	2517	879	606	23034	27782	19738
1990	1200	2627	1105	856	25556	31414	23213
1995	884	2061	650	715	18243	34624	17833
2000	1194	2465	1075	1041	27819	38010	23200
2005	1059	1674	778	1056	32473	36808	22689
2010	718	1352	1078	1078	44939	41160	27751
2011	773	1565	1195	1141	27516	42984	28016
2012	854	1661	1320	1170	47693	45865	30419
2013	952	1879	1358	1229	44341	49233	30130
2014	972	2038	1322	1169	37078	50658	34235
2015	963	1922	1108	1274	46118	50734	29168
2016	1140	2363	1351	1374	61431	48998	32117
2017	1188	2530	1319	1395	50892	47496	32039
2018	1420	2954	1383	1399	46408	46448	32755
2019	1517	3305	1373	1308	35403	45892	31618
2020	1671	3399	1621	1377	36814	45570	32700
2021	1498	3390	1832	1329	39565	45154	37015
2022	1579	3398	1671	1390	37310	45570	37916
2023	1618	3365	1831	1332	31013	46944	43381

9-6 主要年份主要油料作物产量
OUTPUT OF MAJOR OIL-BEARING CROPS IN MAJOR YEARS

单位：吨 (ton)

年 份 Year	花 生 Peanuts	油菜籽 Rapeseeds	芝 麻 Sesame	胡麻籽 Benne Seeds	葵花籽 Sunflower Seeds
1978	888	2229	968	20437	3488
1980	5025	2800	2214	54932	31452
1985	50247	6766	11810	80071	164865
1990	48539	7758	23469	75102	139664
1995	48611	14759	11716	28820	78645
2000	41404	8638	19081	51279	257370
2005	28583	7676	4268	37889	102668
2010	17277	6253	3633	56395	52306
2011	18201	5749	3955	60211	52524
2012	17562	6558	2689	72961	47594
2013	15822	7190	2657	69651	47996
2014	13997	7212	2116	69289	44387
2015	10104	12788	1802	41205	38755
2016	12598	15179	1618	42136	63314
2017	13050	17759	1471	35376	60266
2018	13386	23705	1942	35217	58985
2019	13518	22201	1643	29262	50487
2020	13203	21351	1932	22499	53060
2021	13317	27943	1579	24389	57907
2022	14743	25679	1264	23088	56960
2023	17242	28987	1908	24433	80604

9-7 主要年份造林和果园面积
AREA OF AFFORESTATION AND ORCHARDS IN MAJOR YEARS

年 份 Year	当年造林面积 (千公顷) Afforestation Area in the year (1 000 ha)	零星植树 (万株) Planting Trees Piecemeal (10 000 units)	年末果园面积 (千公顷) Area of Orchards (1 000 ha)	#苹果园 Apple Orchards
1978	173.65	21992	64.00	37.57
1980	221.57	23129	68.21	40.80
1985	243.33	28764	111.47	56.98
1990	191.05	21057	184.71	101.15
1995	405.18	21418	286.34	188.47
2000	404.86	17176	288.89	177.98
2005	140.26	10596	279.69	151.40
2010	291.10	11098	291.07	136.25
2011	302.53	10803	320.71	145.38
2012	307.22	10415	336.89	152.84
2013	303.00	10504	346.47	156.99
2014	307.99	10062	354.90	160.52
2015	280.94	10023	359.54	160.34
2016	266.69	10131	357.35	152.99
2017	311.97	10775	359.53	152.06
2018	340.15	10775	363.27	147.54
2019	347.36	10857	374.86	145.94
2020	272.07	11200	381.05	144.26
2021	336.39	13893	387.66	139.42
2022	367.33	15197	383.94	133.35
2023	304.47	15386	380.27	131.05

9-8 造林和果园面积
AREA OF AFFORESTATION AND ORCHARDS

单位：千公顷 (1 000 ha)

指 标	Item	2015	2020	2023
一、当年造林面积	**Afforestation Area in the Year**	**280.9**	**272.1**	**304.5**
二、育苗面积	**Area of Growing Seedings**	**71.3**	**76.5**	**62.1**
三、零星植树(万株)	**Planting Trees Piecemeal (10 000 units)**	**10023**	**11200**	**15386**
四、年末果园面积	**Area of Orchards at Year-end**	**359.5**	**381.1**	**380.27**
#苹果园	Apple Orchards	160.3	144.3	131.1
桃 园	Peach Orchards	34.7	50.1	48.0
梨 园	Pear Orchards	35.9	46.7	53.6
葡萄园	Grape Orchards	12.7	15.4	16.8

9-9 主要林产品和水果产量
OUTPUT OF MAJOR FOREST PRODUCTS AND FRUITS

单位：吨 (ton)

指 标	Item	2015	2020	2023
一、主要林产品产量	**Output of Major Forest Products**			
核 桃	Walnuts	168076	194969	264069
板 栗	Chinese Chestnut	1951	2719	2548
二、水果产量	**Output of Fruits**	**7811497**	**8579836**	**9863231**
#苹 果	Apples	4634959	4366313	4414781
桃	Peaches	1028788	1575551	1826091
梨	Pears	747519	977267	1526245
葡 萄	Grapes	279016	345078	447943
红 枣(鲜枣)	Red Jujube (Fresh Jujube)	766246	721048	761788
柿 子(鲜柿)	Persimmon (Fresh Persimmon)	109718	249513	358349

9-10 渔业生产情况
PRODUCTION OF FISHERY

指 标	Item	2015	2020	2023
水产品总产量(吨)	**Total Aquatic Products (ton)**	**52427**	**46799**	**55455**
#鱼类产量	Fish	51850	46310	53669
1.养殖产量	Aquaculture Products	51264	45167	54991
#池 塘	Pond	34389	31999	36978
湖 泊	Lakes	2114	294	456
水 库	Reservoir	14473	12859	12975
2.捕捞产量	Fishing Products	1163	1632	464
水产养殖面积(公顷)	**Aquaculture Area (ha)**	**15715**	**12870**	**17246**

9-11 主要年份肉类产量和猪牛羊数量
OUTPUT OF MEAT AND NUMBER OF HOGS, CATTLE, SHEEP AND GOATS IN MAJOR YEARS

年 份 Year	肉类总产量 (万吨) Total Output of Meat (10 000 tons)	#猪 肉 Pork	猪年末头数 (万头) Hogs at Year-end (10 000 heads)	牛年末头数 (万头) Cattle at Year-end (10 000 heads)	羊年末只数 (万只) Sheep and Goats at Year-end (10 000 heads)	#山 羊 Goats
1978			578.50	108.19	872.04	532.45
1980	17.34	16.20	531.16	109.35	909.87	535.73
1985	22.34	17.67	372.12	140.94	414.28	174.06
1990	31.86	22.45	363.14	179.29	709.58	303.92
1995	60.97	43.44	560.99	251.65	915.01	408.03
2000	65.05	44.90	519.52	225.01	1058.42	474.86
2005	90.59	60.97	626.07	245.22	1196.35	488.82
2010	77.15	56.86	528.83	85.79	769.72	370.25
2011	77.12	56.88	510.39	81.03	825.37	391.33
2012	85.15	62.43	556.82	85.49	894.33	390.48
2013	93.03	68.98	606.34	87.08	952.51	420.35
2014	99.48	73.61	638.46	91.56	1012.81	436.56
2015	99.01	70.32	619.16	90.60	1112.09	484.40
2016	99.35	68.30	588.62	94.36	1022.81	408.45
2017	93.32	62.67	544.11	100.73	943.18	382.10
2018	93.09	62.46	549.48	101.97	875.63	344.11
2019	91.02	56.78	451.41	103.83	868.90	343.00
2020	102.65	62.80	569.41	117.43	970.13	381.93
2021	135.38	88.42	740.23	137.50	1068.11	381.03
2022	143.20	92.40	815.96	145.34	1110.84	393.77
2023	154.99	99.55	814.13	155.52	1172.32	431.72

9–12 畜牧业生产情况
NUMBER OF LIVESTOCK AND LIVESTOCK PRODUCTS

指 标	Item	2015	2020	2023
一、大牲畜年末存栏	**Large Animals at Year–end**	**109.53**	**129.62**	**163.18**
1.牛 (万头)	Cattle (10 000 heads)	90.60	117.43	155.52
2.马 (万匹)	Horses (10 000 heads)	1.06	0.82	1.07
3.驴 (万头)	Donkeys (10 000 heads)	11.67	8.87	5.20
4.骡 (万头)	Mules (10 000 heads)	6.21	2.49	1.37
二、猪年末存栏 (万头)	**Hogs at Year–end (10 000 heads)**	**619.16**	**569.41**	**814.13**
#能繁殖的母猪	Reproducible Hogs	60.36	64.05	74.08
三、羊年末存栏 (万只)	**Sheep and Goats at Year–end (10 000 heads)**	**1112.09**	**970.13**	**1172.32**
1.山 羊	Goats	484.40	381.93	431.72
2.绵 羊	Sheep	627.68	588.20	740.59
四、家禽年末存栏 (万只)	**Poultry at Year–end (10 000 heads)**	**11052.91**	**13347.66**	**15619.74**
五、养兔年末存栏 (万只)	**Rabbits at Year–end (10 000 heads)**	**116.36**	**72.53**	**46.52**
六、猪、牛、羊出栏	**Slaughtered Hogs, Cattle and Sheep**			
猪全年出栏 (万头)	Slaughtered Hog in the Year (10 000 heads)	906.39	797.61	1276.11
牛全年出栏 (万头)	Slaughtered Cattle in the Year (10 000 heads)	40.23	47.90	64.43
羊全年出栏 (万只)	Slaughtered Sheep in the Year (10 000 heads)	537.86	573.14	800.18
七、畜禽产品产量	**Output of Animal and Poulty Products**			
1.肉类总产量 (万吨)	Total Output of Meat (10 000 tons)	99.01	102.65	154.99
#猪 肉	Pork	70.32	62.80	99.55
牛 肉	Beef	5.88	7.37	10.23
羊 肉	Mutton	7.67	8.58	11.95
禽 肉	Poultry	14.10	22.89	32.58
兔 肉	Rabbit	0.42	0.28	0.24
2.禽蛋产量 (吨)	Poultry Eggs (ton)	1089922	1092774	1275655
3.奶类产量 (吨)	Milk (ton)	768442	1173598	1474582
#牛 奶	Cow Milk	759772	1170122	1471342
4.山羊毛产量 (吨)	Output of Wool (ton)	2721	3860	3685
#山羊绒	Cashmere	1197	1424	1527
5.绵羊毛产量 (吨)	Sheep Wool (ton)	9172	8013	11884
6.蜂蜜产量 (吨)	Honey (ton)	5042	8866	8202
7.蚕茧产量 (吨)	Silkworm Cocoons (ton)	5498	2194	1923

9-13 农业现代化情况
AGRICULTURAL MODERNIZATION

指 标	Item	2015	2020	2023
一、农田水利情况	**Irrigation and Drainage**			
年末有效灌溉面积 (千公顷)	Effective Irrigated Area at Year-end (1 000 ha)	1460.28	1517.38	1490.93
二、农用化学情况	**Consumption of Chemical Fertilizers**			
农用化肥施用量 (折纯量，吨)	Consumption of Chemical Fertilizer (ton)	1185472	1074111	1032190
1.氮　肥	Nitrogenous Fertilizer	335291	209422	177435
2.磷　肥	Phosphate Fertilizer	160235	93856	78256
3.钾　肥	Potash Fertilizer	104235	82130	70628
4.复合肥	Compownd Fertilizer	585710	688702	705872
农用塑料薄膜使用量 (吨)	Consumption of Farm Plastic Film (ton)	47864	48592	52823
三、农业机械化情况	**Agricultural Mechanization**			
1.当年实际机耕地面积 (千公顷)	Area Cultivated by Machine at This Year (1 000 ha)	2737	2694	2871
2.当年机械播种面积 (千公顷)	Area Sown by Machine at This Year (1 000 ha)	2647	2662	2791
占总播种面积 (%)	Percentage to Total Sown Area (%)	73.3	75.2	76.6
3.当年机械收获面积 (千公顷)	Mechanical Harvest Area at This Year (1 000 ha)	1825	2010	2248
占总播种面积 (%)	Percentage to Total Sown Area (%)	50.6	56.8	61.7

9-14 主要年份农业生产条件
CONDITIONS OF AGRICULTURAL PRODUCTION IN MAJOR YEARS

年 份 Year	耕地总资源 (千公顷) Resoruces of Cultivated Area (1 000 ha)	有效灌溉面积 (千公顷) Effective Irrigated Area (1 000 ha)	农用化肥施用量 (折纯量，吨) Consumption of Chemical Fertilizer (ton)
1978	3923.41	1092.48	355990
1980	3921.46	1115.14	302904
1985	3761.09	1079.10	397907
1990	3692.51	1134.45	565624
1995	3645.09	1201.99	780568
2000	4341.94	1105.04	869882
2005	3793.19	1088.59	956999
2006	4054.30	1172.10	983000
2007	4053.45	1255.69	1008000
2008	4055.82	1254.56	1034042
2009	4068.40	1261.00	1043239
2010	4064.18	1274.15	1103663
2011	4064.51	1324.78	1145667
2012	4064.19	1319.16	1182795
2013	4061.73	1382.79	1210196
2014	4056.84	1408.17	1196138
2015	4058.79	1460.28	1185472
2016	4056.78	1487.21	1170719
2017	4056.32	1511.21	1119984
2018	4056.78	1518.68	1096108
2019	3869.50	1519.34	1084085
2020	3861.69	1517.38	1074111
2021	3863.21	1515.45	1056424
2022	3870.49	1450.96	1034738
2023		1490.93	1032190

9-15 农业机械年末拥有量
AGRICULTURAL MACHINERY AT YEAR-END

年末数 (end of year)

指 标	Item	2015	2020	2023
农业机械总动力 (万千瓦)	**Total Power of Agricultural Machinery (10 000 kw)**	**3351.65**	**1595.26**	**1803.54**
柴油发动机动力 (万千瓦)	Diesel Engine Power (10 000 kw)	2871.04	1300.07	1498.36
汽油发动机动力 (万千瓦)	Gasoline Engine Power (10 000 kw)	70.61	38.83	47.42
电动机动力 (万千瓦)	Motor Power (10 000 kw)	410.00	256.32	255.85
大中型农用拖拉机 (台)	Large and Medium Tractors for Agriculture (unit)	130685	113170	135391
(万千瓦)	(10 000 kw)	475.86	548.47	694.85
小型农用拖拉机 (台)	Mini-tractors for Agriculture (unit)	357935	278752	257751
(万千瓦)	(10 000 kw)	332.47	272.91	253.78
拖拉机配套机具 (台)	Tractor Towing Farm Machinery (unit)	767971	567619	612426
联合收割机 (台)	Combine Harvesters (unit)	34363	34950	43734
脱粒机 (台)	Threshers (unit)	91441	53521	55454

主要统计指标解释

农林牧渔业总产值 指以货币表现的农、林、牧、渔业全部产品和对农林牧渔业生产活动进行的各种支持性服务活动的价值总量，它反映一定时期内农林牧渔业生产总规模和总成果。1957 年以前的农林牧渔业总产值中包括了厩肥和农民自给性手工业（如农民自制衣服、鞋、袜，自己从事粮食初步加工等）。1958 年及以后，林业中增加了村及村以下竹木采伐产值；牧业中取消了厩肥产值；副业中取消了农民自给性手工业产值，增加了村及村以下办的工业产值；渔业中增加了海洋捕捞水产品产值。1980 年及以后，在副业中增加了农民家庭兼营工业商品部分的产值。从 1984 年起村及村以下工业产值划归工业。从 1993 年起取消副业，将野生动物的捕猎划入牧业，野生植物采集和农民家庭兼营商品性工业划归农业。从 2003 年起，执行新的国民经济行业分类标准，农林牧渔业总产值中包括了农林牧渔服务业产值。林业中增加了森林采运业产值。农业中取消了家庭兼营商品性工业产值，将野生林产品的采集划归林业。2010 年执行《统计用产品分类目录》，对 2009 年的农业、林业产值做了调整，将原林产品中的核桃、板栗和花椒产值调整到农业行业中。从 2018 年开始，将农林牧渔服务业名称改为农林牧渔专业及辅助性活动。

农林牧渔业总产值的计算方法通常是按农、林、牧、渔业产品及其副产品的产量分别乘以各自单位产品价格求得；少数生产周期较长，当年没有产品或产品产量不易统计的，则采用间接方法匡算其产值；然后将四业产品产值及农林牧渔专业及辅助性活动产值相加即为农林牧渔业总产值。

粮食作物 指一般用作人类主食，种植在耕地或非耕地上的农作物。根据我国产品目录分类标准，粮食包括谷物、豆类、薯类。

粮食作物播种面积 指本年度内收获的粮食作物在全部土地（耕地或非耕地）上的播种或移植面积。凡是本年内收获的粮食作物，无论是本年还是上年播种，都算为当年播种面积，但不包括本年播种、下年收获的粮食作物面积。移植的粮食作物面积按移植后的面积计算，不计算移植前的秧田面积。如果因灾害等原因，应该收获却未能收获，也要按原播种面积计算，新补或改种，并在本年收获的，也要按复种作物计算面积。间种、混种的作物面积按比例折算各个作物的面积，如果完全混合、同步生长、收获的作物，按混合面积平均分配。复种、套种的作物，按次数计算面积，每种一次计算一次。再生稻、再生高粱等，因其没有经过播种或移植，不计入播种面积。

粮食作物产量 指本年度内生产的全部粮食作物数量。其中，谷物产量按脱粒后的原粮计算，豆类按去豆荚后的干豆计算，薯类按鲜薯重量统计上报，统一按 5∶1 折算粮食产量。

棉花产量 指全社会的产量。包括春播棉和夏播棉。产量按皮棉计算。不包括木棉。

油料产量 指全部油料作物的生产量。包括花生、油菜籽、芝麻、向日葵籽、胡麻籽（亚麻籽）和其他油料。不包括大豆、木本油料和野生油料。花生以带壳干花生计算。

水产品产量 指渔业（捕捞和养殖）生产活动的最终有效成果，包括全部海水和淡水鱼类、甲壳类（虾、蟹）、贝类、头足类、藻类和其他类渔业产品的最终产量。水产品产量是通过各级水产部门逐级上报取得数据。1995 年及以前，贝类中牡蛎按鲜肉计算；蚶、蛤、蛙按 5 斤鲜品折 1 斤计算。1996 年以后则统一按鲜品计算。

猪肉产量 指本调查期内出栏肥猪头数折算出的鲜、冷鲜、冷冻猪肉总量，按胴体重计算。计算公式为：

猪肉产量=出栏肥猪头数×平均每头肥猪出售重量×肥猪产肉率（%）

牛肉产量 指本调查期内出栏肉牛头数折算出的鲜、冷鲜、冷冻牛肉产量，按胴体重计算。计算公式为：

牛肉产量=出栏肉牛头数 ×平均每头肉牛出售重量× 肉牛产肉率（%）

羊肉产量 指本调查期内出栏肥羊头数折算出的鲜、冷鲜、冷冻羊肉产量，按胴体重计算。计算公式为：

羊肉产量=出栏肥羊头数×平均每只羊出售重量×肥羊产肉率（%）

禽肉产量 指本调查期内出栏肉用家禽产出的禽肉总量。

肉类总产量 指调查期内各种牲畜及家禽、兔等动物肉产量总计。猪、牛、羊、马、驴、骡、骆驼肉产量按去掉头蹄下水后带骨肉的胴体重量计算，兔禽肉产量按屠宰后去毛和内脏后的重量计算。猪牛羊禽四个品种肉产量由主要畜禽监测抽样调查获得，马、驴、骡、骆驼、兔肉产量由全面统计获得，其它特种养殖肉产量可用住户调查资料推算获得。

生猪期末存栏 指本调查期末饲养生猪的总量，包括25公斤以下仔猪、待育肥猪（架子猪）和种猪等数量之和。

牛期末存栏 指本调查期末饲养各类型的牛总量，包括牛犊、待育肥牛（架子牛）、奶牛和种牛等数量之和。

羊期末存栏 指本调查期末饲养各种羊只总量。包括羊羔、待育肥羊（架子羊）、奶羊和种羊等数量之和。

家禽期末存栏 指本调查期末饲养家禽的总量，包括幼禽、肉用家禽、蛋用家禽和种家禽等。

农作物播种面积 指农业生产经营者应在日历年度内收获农作物在全部土地（耕地或非耕地）上的播种或移植面积。凡是本年内收获的农作物，无论是本年还是上年播种，都算为播种面积，但不包括本年播种，下年收获的农作物面积。

耕地有效灌溉面积 指具有一定的水源，地块比较平整，灌溉工程或设备已经配套，在一般年景下能够进行正常灌溉的耕地面积。在一般情况下，耕地灌溉面积应等于灌溉工程或设备已经配套，能够进行正常灌溉的水田和水浇地面积之和。它是反映我国农田水利建设的重要指标。

农用化肥施用量 指统计报告期内（一般指本年内）实际用于农业生产的化肥数量，包括氮肥、磷肥、钾肥和复合肥（复合肥指含有两种或两种以上营养元素的化肥），分为农用化肥施用量（实物）和农用化肥施用量（折纯）。农用化肥施用量（实物）是指实际施用的化肥数量。农用化肥施用量（折纯）是指把氮肥、磷肥、钾肥分别按含氮、含五氧化二磷、含氧化钾的百分比进行折算后的数量，复合肥按其所含主要成分折算。计算公式为：某种化肥折纯量=该种化肥实际施用量×折纯率（某种化肥有效成份含量的百分比），具体折纯率以化肥包装标识为准，也可参考农业农村部官网发布的《化肥折纯量参考计算表》。

农业机械总动力 指全部农业机械动力的额定功率之和。农业机械是指用于农业生产及其产品初加工等相关农事活动的机械及设备。农机总动力按使用能源不同分为以下四部分：

柴油发动机动力：指全部柴油发动机额定功率之和；

汽油发动机动力：指全部汽油发动机额定功率之和；

电动机动力：指全部电动机（含潜水电泵的电动机）额定功率之和；

其他机械动力：指采用柴油、汽油、电力之外的其他能源，如水力、风力、煤炭、太阳能等动力机械功率之和。

该指标统计数据主要来源于农机部门。

Explanatory Notes on Main Statistical Indicators

Gross Output Value of Agriculture, Forestry, Animal Husbandry and Fishery refers to the total value of products of agriculture, forestry, animal husbandry and fishery, and total value of services in support of agriculture, forestry, animal husbandry and fishery activities. It reflects the total scale and results of agricultural production during a given period. Prior to 1957, China's gross agricultural output value included barnyard manure and handicraft products for self-consumption (clothes, shoes, stockings, and initial grain processing undertaken by peasants). Since 1958, cutting and felling of bamboo and trees by villages and other cooperative organizations under villages have been included in forestry; value of barnyard manure has been excluded from animal husbandry; self consumed handicrafts have not been included from sideline occupations, while the output value of industries run by villages and cooperative organizations under village has been included in sideline occupations; and the output value of fish catches by motor fishing boats has been added to fishery. Since 1980, the value of handicraft products made for sale by individuals in households has been added to sideline occupations. Since 1984, industries run by villages and under villages have been included in the sector of industry. Since 1993, the subdivision of sideline occupations has been cancelled, and the hunting of wild animals has been classified into animal husbandry, and the gathering of wild plants and commodity industry run by rural household have been included in farming. A new industrial classification of economic activities was introduced in 2003. Under the classification, value of services to agriculture, forestry, animal husbandry and fishery is included in the gross output value of agriculture, value of wood felling and transport is included in forestry, value of industrial output by rural households is not included in agriculture, gathering wild forest products is included in forestry. *The Classification of Products for Statistical Purposes* implemented in 2010 made relevant revision on the output value of agriculture and forestry in 2009, and value of walnut, Chinese chestnut and Chinese prickly ash is included in farming. In 2018, agriculture, forestry, animal husbandry and fishery services was renamed specializing and supportive activities for agriculture, forestry, animal husbandry, and fishery.

Gross output value of agriculture is obtained by multiplying the output of each product or by-product by its price, resulting in the output value of each single item. For a small number of products, annual output of which is not available or difficult to get due to the long production (growing) process involved, the output value is estimated through an indirect approach. The sum of output values of all products of agriculture, forestry, animal husbandry and fishery and services in support to those industries is then equal to the gross output value of agriculture.

Grain Crops refers to crops that are generally used as staple food for humans and planted on cultivated or non cultivated land. According to the classification standards of our country's product catalog, grains include grains, beans, and potatoes.

The Sowing Area of Grain Crops refers to the sowing or transplanting area of grain crops harvested in the current year on all land (cultivated or non cultivated). All grain crops harvested within this year, whether sown in this year or the previous year, are counted as the sowing area of the current year, but do not include the area of grain crops sown in this year or harvested in the following year. The area of transplanted grain crops is calculated based on the area after transplantation, without considering the area of the paddy field before transplantation. If due to disasters or other reasons, the crop should have been harvested but not, it should still be calculated based on the original sowing area. If it is newly replanted or replanted and harvested in the current year, the area should also be calculated based on the replanted crop. The area of intercropped and mixed crops shall be proportionally converted into the area of each crop. If the crops are completely mixed, grow synchronously, and harvested, they shall be evenly distributed according to the mixed area. For crops that are replanted or intercropped, the area is calculated based on the number of times, with each crop being counted once. Regenerated rice, regenerated sorghum, etc., as they have not been sown or transplanted, are not included in the sowing area.

Grain Crop Yield refers to the total number of grain crops produced during the current year. Among them, grain yield is calculated based on the raw grain after threshing, beans are calculated based on the dry beans after removing the pods, and potatoes are reported based on the weight of fresh potatoes. The grain yield is uniformly converted at a ratio of 5:1.

Cotton Output refers to cotton production in the whole country including cotton planted in spring and in autumn. Output is measured as the weight of ginned cotton. Ceiba is not included.

Output of Oil-bearing Crops refers to the total production of oil-bearing crops of various kinds, including peanuts (dry, in shell), rapeseeds, sesame, sunflower seeds, flax seeds, and other oil-bearing crops. Soybeans, oil-bearing woody plants, and wild oil-bearing crops are not included.

Output of Aquatic Products refers to final output actually yielded from fishing production (fishery and breeding), including all output of marine and freshwater fish, crustaceans (shrimps, crabs), shellfish, cephalopod, seaweed and other fishery products. Data on output of aquatic products are reported by aquatic product agencies level by level. Before 1995, among the shellfish, oyster was counted as fresh meat; 5 kilograms of ark shell, clams and frogs are equivalent to 1 kilogram of fresh aquatic products; they have all been counted as fresh aquatic products since 1996.

Output of Pork refers to the total amount of fresh, chilled, and frozen pork calculated based on the number of fattened pigs slaughtered during the survey period, calculated according to carcass weight. The calculation formula is:

Output of Pork=number of fattened pigs slaughtered x average weight sold per fattened pig x fattened pig meat production rate (%)

Output of Beef refers to the fresh, chilled, and frozen beef production calculated based on the number of beef heads slaughtered during the survey period, calculated according to carcass weight. The calculation formula is:

Output of Beef =number of slaughtered beef heads x average weight sold per beef head x beef meat production rate (%)

Output of Mutton refers to the fresh, chilled, and frozen mutton production calculated based on the number of slaughtered fat sheep during the survey period, calculated according to carcass weight. The calculation formula is:

Output of Mutton=number of slaughtered fat sheep x average weight sold per sheep x meat production rate of fat sheep (%)

Output of Poultry refers to the total amount of poultry meat produced during the survey period.

Output of Total Meat refers to the total meat production of various livestock, poultry, and free range animals during the survey period. The meat production of pigs, cows, sheep, horses, donkeys, mules, and camels is calculated based on the weight of the carcass with flesh and bones after removing the head hooves and entering the water. The meat production of rabbits and poultry is calculated based on the weight after removing the hair and internal organs after slaughter. The meat production of four breeds of pigs, cows, sheep, and poultry is obtained through sampling surveys of major livestock and poultry monitoring. The meat production of horses, donkeys, mules, camels, and rabbits is obtained through comprehensive statistics. The meat production of other special breeding breeds can be calculated using household survey data.

Number of live pigs in stock at the end of the period refers to the total number of live pigs raised at the end of this survey period, including piglets weighing less than 25 kilograms, fattening pigs (scavengers), and breeding pigs.

Number of cattle in stock at the end of the period refers to the total number of various types of cattle raised at the end of this survey, including calves, fattening cattle (frame cattle), cows, and breeding cattle.

Number of sheep in stock at the end of the period refers to the total number of various sheep raised at the end of this survey period. Including the sum of the quantities of lambs, fattening sheep (frame sheep), milk sheep and breeding sheep.

Number of poultry in stock at the end of the period refers to the total amount of poultry raised at the end of this survey period, including young poultry, meat poultry, egg poultry, and breeding poultry.

Sown Area of Crops refers to area of all land (cultivated or non-cultivated area) sown or transplanted with crops that are harvested within the calendar year by agricultural producers. All crops harvested within the year are counted as sown area, regardless of being sown in this year or the previous year. Crops sown this year but will be harvested in the coming year are excluded.

Effective Irrigated Area of Cultivated Land refers to area of land that are effectively irrigated, i.e. relatively level land, where there are water sources or complete sets of irrigation facilities to lift and move adequate water for irrigation purpose under normal conditions. Under normal situations, irrigated area of cultivated land is the sum of watered fields and irrigated fields where irrigation systems or equipment have been installed for regular irrigation purpose. It is an important indicator to reflect the farmland water conservancy construction in China.

Consumption of Chemical Fertilizers in Agriculture refers to the quantity of chemical fertilizers actually applied in agricultural production during the statistical reporting period (generally refers to the current year), including nitrogenous fertilizer, phosphate fertilizer, potash fertilizer and compound fertilizer (compound fertilizer refers to fertilizer that contains two or more nutrient elements), divided into consumption of chemical fertilizers in agricultural (physical) and consumption of chemical fertilizers in agricultural (converted into pure).Consumption of chemical fertilizers in agricultural (physical) refers to the quantity of chemical fertilizer actually applied. Consumption of chemical fertilizers in agricultural (converted into pure) refers to the quantity of nitrogenous fertilizer, phosphate fertilizer and potash fertilizer respectively converted according to the percentage of nitrogen, phosphorus pentoxide and potassium oxide, and the compound fertilizer is converted in regard to its major components. The calculation formula is: the quantity of a certain chemical fertilizer (converted into pure)= the actual consumption of chemical fertilizers × the conversion rate (the percentage of the effective ingredient content of a certain chemical fertilizer), and the specific conversion rate is subject to the packaging label of the chemical fertilizer , or can also refer to the "Reference Calculation Table of Fertilizer Pure Amount" published on the official website of the Ministry of Agriculture and Rural Affairs.

Total Power of Agricultural Machinery refers to the total rated capacity of all agricultural machinery. Agricultural machinery refers to the machineries and equipment which are used for activities of planting, animal husbandry, fishery, primary processing of agricultural products, agricultural transport and infrastructure construction of farmland. Total power of agricultural machinery is grouped into four parts according to the energy used:

Diesel engine power refers to the total rated capacity of all diesel engines.

Gasoline engine power refers to the total rated capacity of all gasoline engines.

Motor power refers to the total rated capacity of all motors (include submersible pump motors).

Other mechanical powers refer to the total mechanical capacity of the sources of energy besides diesel, gasoline and motor power, such as hydro power, wind power, coal and solar energy.

Data are mainly from agricultural machinery agencies.

10

INDUSTRY

工 业

资料整理人员

杨　健　刘肖余　黄岩峰　张国琪　王钰彤
牛玉龙

工 业 INDUSTRY

规模以上工业企业单位数	Number of Industrial Enterprises above Designated Size	8126	个 (unit)
产品产量（全社会）	Output of Products(Total Society)		
原　煤	Coal	137794	万吨 (10 000 tons)
焦　炭	Coke	9571.6	万吨 (10 000 tons)
发电量	Electricity	4572.8	亿千瓦时 (100 million kwh)
钢　材	Steel	6888.8	万吨 (10 000 tons)
非常规天然气	Unconventional Gas	145.9	亿立方米 (100 million cu.m)

规模以上工业增加值构成 (%)

Composition of Industrial Added Value above Designated Size (%)

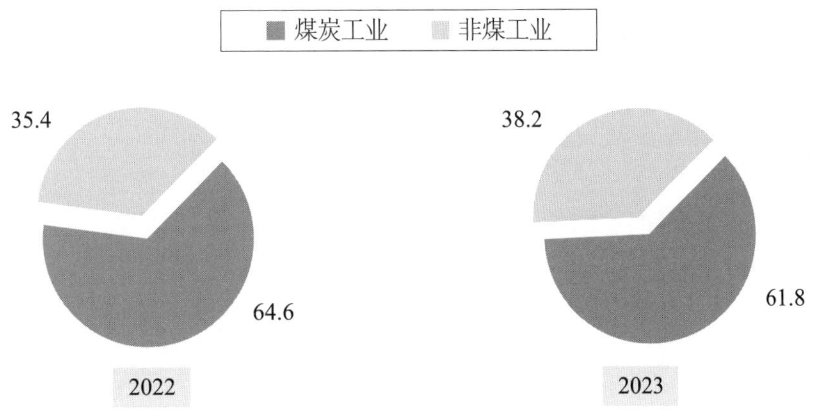

规模以上工业增加值增速 (%)

Growth Rate of Industrial Added Value above Designated Size (%)

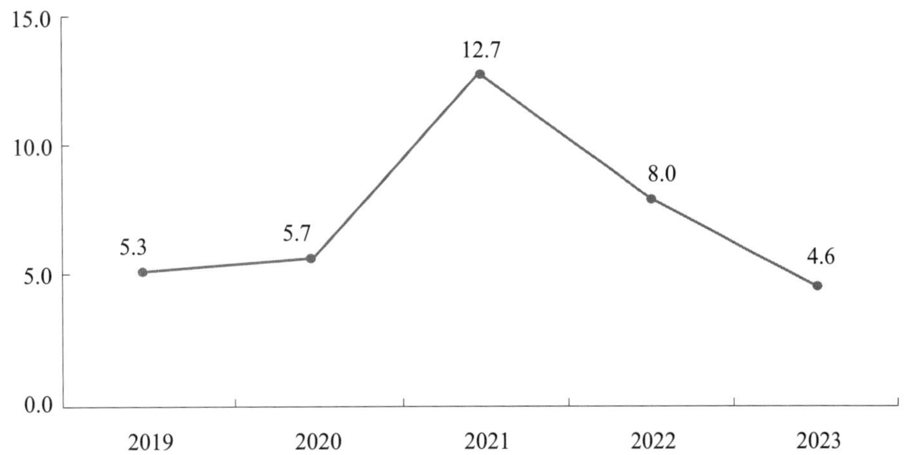

10-1 主要年份工业企业单位数
NUMBER OF INDUSTRIAL ENTERPRISES IN MAJOR YEARS

单位：个 (unit)

年份 Year	工业企业单位数 Number of Industrial Enterprises	按轻重工业分 Grouped by Light & Heavy Industry		按经济类型分 Grouped by Ownership		
		轻工业 Light Industry	重工业 Heavy Industry	国有经济 State-owned Enterprise	集体经济 Collective-owned Enterprise	其他经济 Other Ownership
1978	9381	4463	4918	2547	6834	
1980	9533	4528	5005	2524	7009	
1985	11004	4875	6129	2421	8577	6
1990	12122	4922	7200	2776	9318	28
1995	12086	4080	8006	3042	8698	346
2000	3275	944	2331	1537	766	972
2005	4441	761	3680	879	928	2634
2010	4240	737	3503	266	181	3793
2011	3673	546	3127	227	114	3332
2012	3905	569	3336	237	97	3571
2013	3979	586	3393	110	72	3797
2014	3906	614	3292	84	56	3766
2015	3845	625	3220	74	45	3726
2016	3548	595	2953	56	39	3453
2017	3835	654	3181	54	38	3743
2018	4212	683	3529	48	36	4128
2019	4798	702	4096	50	30	4718
2020	5480	732	4748	60	26	5394
2021	6859	861	5998	47	23	6789
2022	7688	976	6712	45	21	7622
2023	8126					

年份 Year	按企业规模分 Grouped by Size of Enterprises				按隶属关系分 Grouped by Jurisdiction of Management	
	大型企业 Large Enterprises	中型企业 Medium-sized Enterprises	小型企业 Small Enterprises	微型企业 Microenterprises	中央企业 Central Enterprise	地方企业 Local Enterprise
1978	36	117	9228		100	9281
1980	50	94	9389		112	9421
1985	75	144	10785		168	10836
1990	97	169	11856		187	11935
1995	122	252	11712		183	11903
2000	137	228	2910		110	3165
2005	87	757	3597		95	4346
2010	149	970	3121		120	4120
2011	300	924	2297	152	135	3538
2012	295	889	2513	208	150	3755
2013	277	913	2542	247	148	3831
2014	246	898	2547	215	144	3762
2015	219	854	2476	296	147	3698
2016	223	843	2313	169	148	3400
2017	254	843	2516	222	171	3664
2018	271	840	2701	400	209	4003
2019	298	895	3110	495	210	4588
2020	289	906	3631	654	226	5254
2021	332	889	4569	1069	287	6572
2022	338	894	5021	1435	308	7380
2023	335	880	5130	1781		

注：(1)规模以上工业企业统计范围1998-2006年为国有企业、大中型企业和年产品销售收入500万元及以上非国有企业；2007-2010年为年主营业务收入500万元及以上的工业法人企业；2011年及以后为年主营业务收入2000万元及以上的工业法人企业。

(2)2011年起企业规模划分采用新标准。

(3)2023年起，按轻重工业、经济类型和隶属关系数据不再单独发布。

Notes: (1)Enterprises in this table contains enterprises which is state-owned, large & medium-sized and non-state-owned with sales above 5 million yuan from 1998 to 2006; enterprises whose major business revenue is above 5 million yuan from 2007 to 2010; enterprises whose major business revenue is above 20 million yuan since 2011.

(2)New standards of enterprise size have been used since 2011.

(3)The data grouped by light and heavy industry, ownership and administrative relationship will not be released from 2023.

10-2 主要年份主要工业产品产量
OUTPUT OF MAJOR INDUSTRIAL PRODUCTS IN MAJOR YEARS

年 份 Year	原 煤 (万吨) Coal (10 000 tons)	发电量 (亿千瓦时) Electricity (100 million kwh)	生 铁 (万吨) Pig Iron (10 000 tons)	粗 钢 (万吨) Crude Steel (10 000 tons)	钢 材 (万吨) Steel Products (10 000 tons)	氧化铝 (万吨) Aluminum Oxide (10 000 tons)	原 铝 (万吨) Electrolyzed Aluminum (10 000 tons)
1978	9825	106.6	150.4	120.0	74.0		0.5
1980	12103	120.2	171.4	149.4	86.4		0.6
1985	21418	184.6	229.5	183.7	110.8		1.0
1990	28597	314.2	454.9	238.6	128.8		1.9
1995	34731	506.0	1438.3	339.8	217.1		6.4
2000	25152	624.7	1628.0	472.7	392.6		17.7
2005	55426	1316.5	3229.8	1654.7	1368.6	151.2	34.5
2010	74096	2150.6	3402.4	3048.8	2866.4	358.9	80.6
2011	87228	2344.0	3786.1	3490.4	3371.2	500.9	104.7
2012	91333	2535.0	4009.6	3950.2	3799.5	508.6	105.6
2013	92167	2641.1	4310.7	4671.4	4487.0	784.6	104.2
2014	92794	2642.8	4059.3	4325.4	4701.0	903.0	82.7
2015	96680	2457.5	3576.4	3847.0	4267.3	1272.9	66.0
2016	83044	2510.5	3641.1	3936.1	4279.0	1414.1	86.8
2017	87221	2765.5	3951.9	4429.7	4335.4	1928.3	98.5
2018	92634	3087.6	4761.3	5386.2	4903.3	2024.5	93.3
2019	98795	3361.7	5557.1	6039.1	5594.2	1996.3	78.9
2020	107906	3503.5	6089.1	6637.8	6181.5	1812.4	76.2
2021	120346	3926.2	5988.4	6740.7	6173.9	1959.5	101.0
2022	132009	4298.8	5833.5	6423.2	6354.6	2045.3	118.6
2023	137794	4572.8	6022.5	6292.0	6888.8	1953.7	120.1

年 份 Year	焦 炭 (万吨) Coke (10 000 tons)	铜 (吨) Copper (ton)	水 泥 (万吨) Cement (10 000 tons)	平板玻璃 (万重量箱) Plate Glass (10 000 weight cases)	化学肥料 (折有效成份100%, 万吨) Chemical Fertilizer (10 000 tons)	#氮 肥 Nitrogenous	初级形态的塑料 (万吨) Primary Form of Plastics (10 000 tons)
1978	356.5	13583	255.9	47.1	32.3	30.2	0.6
1980	321.0	26607	287.9	52.7	40.2	34.9	0.6
1985	417.3	24400	458.7	113.3	39.3	37.4	0.9
1990	1609.3	25147	612.5	181.6	71.9	60.1	1.8
1995	5297.6	27530	1169.9	241.4	102.3	83.3	2.6
2000	4967.0	28544	1434.0	358.0	170.2	137.6	3.0
2005	7981.0	27225	2310.7	360.2	353.5	336.4	29.3
2010	8502.1	80610	3670.3	1673.4	331.8	321.6	20.2
2011	9047.9	87785	4101.5	1847.6	363.8	353.7	46.3
2012	8612.7	98134	5076.2	1975.8	389.1	379.2	51.9
2013	9022.4	88564	5269.1	2065.3	446.1	439.8	48.5
2014	8765.9	144489	4802.0	1758.9	461.7	453.4	49.4
2015	8039.9	180935	3786.1	1400.8	465.0	455.7	65.5
2016	8186.0	195596	3851.5	1648.1	443.5	431.2	67.2
2017	8383.1	192287	3760.3	1702.6	373.9	368.3	79.5
2018	9256.2	180000	4376.8	2121.7	361.3	342.4	89.1
2019	9699.5	138091	4982.4	1846.9	400.5	392.6	97.8
2020	10493.7	112650	5616.7	2252.2	400.2	386.3	102.4
2021	9857.2	133100	5688.6	2197.9	383.3	376.5	111.1
2022	9799.7	142510	4844.6	2265.8	364.9	358.3	108.9
2023	9571.6	142878	4756.7	2258.4	408.3	406.9	117.9

注：本表产量为全社会口径。
Note: Coverage of products in the table is total society.

10-2 续表 continued

年 份 Year	橡胶轮胎外胎 (万条) Rubber Tires (10 000 units)	矿山专用设备 (吨) Mining Equipment (ton)	纱 (吨) Yarn (ton)	布 (万米) Cloth (10 000 m)	白 酒 (千升) White Spirit (kiloliter)
1978	10.0	18214	72193	32756	
1980	14.4	9349	84145	38652	
1985	29.3	16345	77762	37555	
1990	57.3	25717	94237	42948	
1995	112.5	23675	72165	35593	
2000	154.3	6857	84765	33253	
2005	135.1	109570	149828	36256	77199
2010	173.5	329442	53913	7381	112022
2011	164.9	354327	54012	8139	145722
2012	170.3	434304	61575	7499	130691
2013	166.6	430963	56923	7553	111881
2014	165.2	255155	55125	8172	93597
2015	155.0	260185	52826	7720	83568
2016	145.8	223304	53769	4176	103239
2017	73.2	260521	32243	3668	139907
2018	78.5	324226	21591	2399	167227
2019	83.1	412156	24891	2094	209323
2020	79.3	506947	22040	1715	179311
2021	98.2	598480	23865	2090	217254
2022	72.5	645381	19445	1435	263229
2023	294.5	761566	7529	1261	333939

年 份 Year	食 醋 (吨) Vinegar (ton)	卷 烟 (万箱) Cigarettes (10 000 cases)	机制纸及纸板(万吨) Machine-made Paper and Paperboard (10 000 tons)	合成洗涤剂(吨) Synthetic Detergents (ton)	非常规天然气 (亿立方米) Unconventional Gas (100 million cu.m)
1978		16.8	9.4	14409	
1980		18.6	11.6	18505	
1985		18.7	18.8	60746	
1990		24.2	35.4	68951	
1995		28.4	59.7	135359	
2000		30.3	27.0	189235	
2005		25.0	40.5	162303	
2010	385452	29.5	21.8	119774	29.9
2011	455262	31.0	20.5	98419	27.3
2012	550278	31.2	33.4	101898	33.6
2013	550229	31.7	34.2	108199	35.6
2014	474644	32.7	25.9	92683	38.1
2015	673052	32.7	35.3	87713	39.8
2016	626955	31.1	41.7	79342	43.2
2017	567275	30.0	45.5	72305	46.8
2018	518232	29.8	46.1	68306	52.7
2019	488801	31.0	60.9	70128	64.6
2020	491368	30.2	69.6	61088	85.9
2021	492110	30.5	108.0	54390	123.4
2022	460532	30.6	118.3	37292	132.1
2023	516290	30.8	177.4	49458	145.9

注：本表2019年及以前年份非常规天然气只包含煤层气，2020年起包含煤层气和致密砂岩气，后表同。

Note: Unconventional gas in the table includes both coalbed methane and shale gas from 2020, while it just includes coalbed methane before 2020. The same applies to the following.

10-3 规模以上主要工业产品产量
OUTPUT OF MAJOR INDUSTRIAL PRODUCTS ABOVE DESIGNATED SIZE

指 标		Item	2022	2023
原 煤	(万吨)	Coal (10 000 tons)	130715	135658
发电量	(亿千瓦时)	Electricity (100 million kwh)	4153.3	4376.1
生 铁	(万吨)	Pig Iron (10 000 tons)	5833.5	6022.5
粗 钢	(万吨)	Crude Steel (10 000 tons)	6423.2	6292.0
钢 材	(万吨)	Steel Products (10 000 tons)	6354.6	6888.8
氧化铝	(万吨)	Aluminum Oxide (10 000 tons)	2045.3	1953.7
原 铝	(万吨)	Electrolyzed Aluminum (10 000 tons)	118.6	120.1
焦 炭	(万吨)	Coke (10 000 tons)	9799.7	9571.6
铜	(万吨)	Copper (10 000 tons)	14.3	14.3
水 泥	(万吨)	Cement (10 000 tons)	4798.8	4667.0
平板玻璃	(万重量箱)	Plate Glass (10 000 weight cases)	2167.7	2258.4
硫 酸	(折纯，万吨)	Sulfuric Acid (10 000 tons)	59.2	68.7
化学肥料	(折纯，万吨)	Chemical Fertilizer (10 000 tons)	364.4	406.8
化学农药原药	(吨)	Chemical Pesticide (ton)	1906	5684
初级形态的塑料	(万吨)	Primary Form of Plastics (10 000 tons)	108.9	117.2
橡胶轮胎外胎	(万条)	Rubber Tires (10 000 units)	62.1	283.4
矿山专用设备	(吨)	Mining Equipment (ton)	645381	761566
金属切削机床	(台)	Metal-cutting Machine Tools (unit)	23	26
工业锅炉	(蒸发量吨)	Industrial Boiler (Evaporate Capacity ton)	4377	4189
变压器	(万千伏安)	Transformer (10 000 kva)	947.7	1505.4
泵	(台)	Pump (unit)	125457	174065
纱	(吨)	Yarn (ton)	19445	7529
布	(万米)	Cloth (10 000 m)	1435	1261
白 酒	(千升)	White Spirit (kiloliter)	263229	333939
啤 酒	(千升)	Beer (kiloliter)	188793	170581
卷 烟	(万箱)	Cigarettes (10 000 cases)	30.6	30.8
机制纸及纸板	(万吨)	Machine-made Paper and Paperboard (10 000 tons)	118.3	177.4
合成洗涤剂	(吨)	Synthetic Detergents (ton)	37292	46758
非常规天然气	(亿立方米)	Unconventional Gas (100 million cu.m)	132.1	145.9
电子计算机整机	(台)	Electronic Computers (set)	59845	317457
手 机	(万台)	Mobile Phones (10 000 units)	2741.7	2009.2
化学药品原药	(吨)	Chemical Medicine (ton)	57287	56550
食 醋	(吨)	Vinegar (ton)	460532	516290
太阳能电池	(千瓦)	Solar Cell (kw)	8041123	11467525
新能源汽车	(辆)	New Energy Motor Vehicles (unit)	131236	66981

10-4 工业企业主要财务指标(2023年)

单位：万元

指　　标	Item	单位数(个) Enterprises (unit)	#亏损企业 Loss-making Enterprises
总　计	**Total**	**8126**	**2603**
一、按登记注册类型分	Grouped by Registered Kind		
内资企业	Civil Funded Enterprises	7985	2568
有限责任公司	Limited Liability Corporations	7082	2308
股份有限公司	Share-holding Corporations Ltd.	634	136
非公司企业法人	Non Corporate Legal Entity	33	9
个人独资企业	Sole Proprietorship Enterprises	220	106
合伙企业	Partnership Enterprises	16	9
其他内资	Others		
港澳台投资企业	Enterprises with Investment from Hong Kong, Macao and Taiwan	63	19
港澳台投资有限责任公司	Limited Liability Corporations with Investment from Hong Kong, Macao and Taiwan	59	16
港澳台投资股份有限公司	Share-holding Corporations Ltd. with Investment from Hong Kong, Macao and Taiwan	3	2
港澳台投资合伙企业	Partnership Enterprises with Investment from Hong Kong, Macao and Taiwan		
其他港澳台投资企业	Others	1	1
外商投资企业	Foreign Invested Enterprises	77	15
外商投资有限责任公司	Foreign Invested Limited Liability Corporations	74	15
外商投资股份有限公司	Foreign Invested Share-holding Corporations Ltd.	1	
外商投资合伙企业	Foreign Invested Partnership Enterprises		
其他外商投资企业	Others	2	
其他统计类别	Other Statistical Categories	1	1

MAIN FINANCIAL INDICATORS OF INDUSTRIAL ENTERPRISES(2023)

(10 000 yuan)

资产总计 Total Assets	流动资产合计 Total Current Assets	负债合计 Total Liabilities	所有者权益合计 Total Creditors' Equity	营业收入 Business Revenue	营业成本 Business Cost
613692248	**288116368**	**415189711**	**198501006**	**358620826**	**295386601**
588663243	274455449	401460636	187201077	340904501	280246178
523104442	239994954	368367115	154735807	300399309	247396872
62052492	32523612	30492749	31559734	37197252	30127610
2228571	979187	1529725	698846	1415692	931261
1108571	833885	970853	137717	1739982	1646879
169167	123810	100194	68973	152265	143556
11730003	6969815	7652329	4077675	11300604	10766548
11385381	6915240	7401428	3983953	11154190	10620327
122947	26148	83881	39067	41804	30198
221676	28427	167021	54655	104609	116022
13297756	6690326	6076690	7221065	6414112	4372320
11302320	5992033	4988193	6314126	5902405	4037235
595412	459734	264279	331134	274267	245975
1400024	238559	824219	575805	237441	89110
1246	779	56	1190	1609	1554

10-4 续表1

单位：万元

指　　标	Item	单位数(个) Enterprises (unit)
二、在总计中: 亏损企业	Of the Total: Loss-making Enterprises	2603
在总计中: 国有控股企业	Of the Total: State-Controlled Share Holding Enterprises	1515
在总计中: 大型企业	Of the Total: Large Enterprises	335
中型企业	Medium-sized Enterprises	880
小型企业	Small Enterprises	5130
微型企业	Microenterprises	1781
三、按工业行业大类分	Grouped by Sector	
采矿业	Mining	2284
煤炭开采和洗选业	Coal Mining and Dressing	1923
石油和天然气开采业	Petroleum and Natural Gas Extraction	39
黑色金属矿采选业	Ferrous Metals Mining and Dressing	228
有色金属矿采选业	Nonferrous Metals Mining and Dressing	31
非金属矿采选业	Nonmetal Minerals Mining and Dressing	58
开采专业及辅助性活动	Mining Professional and Auxiliary Activities	5
其他采矿业	Other Mining Industry	
制造业	Manufacturing	4928
农副食品加工业	Farm Products Processing	259
食品制造业	Food Manufacturing	82
酒、饮料和精制茶制造业	Wine, Beverages and Refined Tea Manufacturing	71
烟草制品业	Tobacoo Products Manufacturing	1
纺织业	Textile Industry	21
纺织服装、服饰业	Textile, Wearing Apparel and Accessories	17
皮革、毛皮、羽毛及其制品和制鞋业	Leather, Fur, Feather and Related Products and Footwear	2
木材加工和木、竹、藤、棕、草制品业	Timber Processing, Bamboo, Cane, Palm Fiber and Straw Products	27

continued

(10 000 yuan)

#亏损企业 Loss-making Enterprises	资产总计 Total Assets	流动资产合计 Total Current Assets	负债合计 Total Liabilities	所有者权益合计 Total Creditors' Equity	营业收入 Business Revenue	营业成本 Business Cost
2603	153038733	61623388	138978999	14059721	88993542	87377066
406	390704640	164784820	271356788	119347841	161842930	124014738
79	326551197	156788609	217185994	109365202	167513134	135585764
277	133511811	56860281	89061369	44450438	78446865	59289182
1616	115578670	56748793	81741112	33837506	95555603	85691728
625	31508412	13813234	23491413	8015524	13493847	11800889
851	322119906	160682077	212708119	109411769	144632817	100737370
675	306498242	155550764	203161846	103336381	138901855	96947038
10	8456765	1811371	4295337	4161428	2671026	1617902
130	5150385	2471058	3226432	1923950	2188921	1587769
13	1222179	503422	1007944	214235	531114	330600
21	618443	220731	433896	184547	209197	154663
2	173893	124731	582666	-408772	130705	99398
1494	199871515	102891776	136183446	63686567	171049356	155216436
74	2686156	1472173	1900289	785865	3817815	3630211
17	1904829	928834	929571	975258	1442339	1164714
30	5874009	4169638	2879895	2994114	3142994	1457357
	505324	368464	127592	377732	560469	158931
9	451399	251600	246950	204449	209784	190156
6	270833	206224	168767	102066	172260	122536
	4813	4191	3323	1491	5502	4254
5	87511	75503	73907	13604	71338	66685

10-4 续表2

单位：万元

指　　标	Item	单位数(个) Enterprises (unit)
家具制造业	Furniture Manufacturing	5
造纸和纸制品业	Paper Making and Paper Products	45
印刷和记录媒介复制业	Printing and Record Medium Reproduction	30
文教、工美、体育和娱乐用品制造业	Culture, Education, Art and Crafts, Sport and Entertainment Products	11
石油、煤炭及其他燃料加工业	Petroleum, Coal and Other Fuels Processing	160
化学原料和化学制品制造业	Raw Chemical Materials and Chemical Products	448
医药制造业	Medical and Pharmaceutical Products	136
化学纤维制造业	Chemical Fiber Manufacturing	8
橡胶和塑料制品业	Rubber and Plastic Products	128
非金属矿物制品业	Nonmetal Mineral Products	1345
黑色金属冶炼和压延加工业	Smelting and Pressing of Ferrous Metals	159
有色金属冶炼和压延加工业	Smelting and Pressing of Non-ferrous Metals	138
金属制品业	Metal Prodcuts	615
通用设备制造业	Ordinary Machinery Manufacturing	232
专用设备制造业	Special Purpose Equipment Manufacturing	355
汽车制造业	Automobile Manufacturing	59
铁路、船舶、航空航天和其他运输设备制造业	Railroad, Marine, Aviation and Other Transport Equipments Manufacturing	44
电气机械和器材制造业	Electrical Machinery and Equipment Manufacturing	179
计算机、通信和其他电子设备制造业	Computers, Telecommunication and Other Electronic Equipments Manufacturing	112
仪器仪表制造业	Equipments and Instruments Manufacturing	38
其他制造业	Other Manufacturing	13
废弃资源综合利用业	Comprehensive Utilization of Waste Resources	122
金属制品、机械和设备修理业	Metal Products, Machinery and Equipment Repair	66
电力、热力、燃气及水生产和供应业	Production and Supply of Electricity, Heat, Gas and Water	914
电力、热力生产和供应业	Production and Supply of Electricity and Heat	669
燃气生产和供应业	Production and Supply of Gas	180
水的生产和供应业	Production and Supply of Water	65

continued

(10 000 yuan)

#亏损企业 Loss-making Enterprises	资产总计 Total Assets	流动资产合计 Total Current Assets	负债合计 Total Liabilities	所有者权益合计 Total Creditors' Equity	营业收入 Business Revenue	营业成本 Business Cost
1	23285	7471	19373	3912	12765	10777
12	661540	265951	438096	223444	827507	775934
7	306680	140651	189613	117066	224285	181309
2	162946	89227	89406	73540	76091	62374
85	35685641	14152423	26762875	8922765	28476959	26993030
132	18809173	7132988	15431307	3377861	12318158	10980818
41	5395129	3007808	2507017	2888110	3002389	1946216
2	216982	68628	93058	123924	54724	35523
34	1750392	734069	1218547	531844	859691	774100
469	18758181	10668957	13628339	5126774	9776860	8375379
94	39250272	14874214	25374662	13875610	41214611	38826856
54	11254001	5018189	7484943	3769057	12100536	11197151
135	7391462	4920768	4819209	2572247	7484086	6779681
44	4198655	2883016	2748044	1450610	2046886	1684883
60	10439039	7853610	7229017	3210018	4564394	3739613
33	4641351	2871952	3295789	1345562	4158143	3926553
3	4224858	2722515	2168910	2055947	2261372	1823350
41	5650628	3475732	4009778	1640847	3341992	2945478
41	12066468	9758901	7156174	4910293	14475719	13804723
4	566177	368885	284161	282016	261249	182239
5	2729056	1640806	1733866	995190	1613602	1399911
44	2918308	1943471	2437487	482418	11910988	11496422
10	986417	814919	733483	252933	563849	479271
258	91700827	24542515	66298146	25402671	42938653	39432794
172	75733347	18446685	55537042	20196297	34015563	31112123
59	13086684	5405360	9229949	3856733	8331175	7811292
27	2880796	690471	1531155	1349641	591915	509380

10-4 续表3

单位：万元

指　　标	Item	税金及附加 Tax and Extra Charges
总　计	**Total**	**8711640**
一、按登记注册类型分	Grouped by Registered Kind	
内资企业	Civil Funded Enterprises	8468973
有限责任公司	Limited Liability Corporations	7136994
股份有限公司	Share-holding Corporations Ltd.	1241540
非公司企业法人	Non Corporate Legal Entity	85322
个人独资企业	Sole Proprietorship Enterprises	4873
合伙企业	Partnership Enterprises	244
其他内资	Others	
港澳台投资企业	Enterprises with Investment from Hong Kong, Macao and Taiwan	49255
港澳台投资有限责任公司	Limited Liability Corporations with Investment from Hong Kong, Macao and Taiwan	47732
港澳台投资股份有限公司	Share-holding Corporations Ltd. with Investment from Hong Kong, Macao and Taiwan	777
港澳台投资合伙企业	Partnership Enterprises with Investment from Hong Kong, Macao and Taiwan	
其他港澳台投资企业	Others	747
外商投资企业	Foreign Invested Enterprises	193378
外商投资有限责任公司	Foreign Invested Limited Liability Corporations	191805
外商投资股份有限公司	Foreign Invested Share-holding Corporations Ltd.	1195
外商投资合伙企业	Foreign Invested Partnership Enterprises	
其他外商投资企业	Others	379
其他统计类别	Other Statistical Categories	34

continued

(10 000 yuan)

销售费用 Costs of Sales	管理费用 Costs of Administration	财务费用 Costs of Finance	利润总额 Total Profits	亏损企业亏损总额 Total Loss of Loss-making Enterprises	应交增值税 Value Added Taxes Payable	平均用工人数(万人) Average Employees (10 000 persons)
4508650	**13279447**	**5915140**	**30343117**	**7183615**	**11444848**	**197.22**
4332224	12961240	5800702	28545937	7007776	11084385	189.14
3736824	11415451	5580127	23787791	6451967	9809772	164.64
515970	1398506	161435	4555115	434247	1154429	21.70
32854	115376	51868	191198	98700	99556	2.15
41191	27951	6970	13020	20986	19918	0.61
5386	3956	301	−1188	1877	710	0.04
44092	106100	39088	300523	124006	76035	4.39
43293	100044	34174	316722	105626	75241	4.27
799	6056	1210	739	1442	1641	0.08
		3704	−16937	16937	−847	0.04
132334	212036	75351	1496706	51784	284314	3.68
128237	195548	67818	1324902	51784	284489	3.54
2785	4626	2857	1758		−175	0.10
1313	11862	4677	170046			0.05
	70	0	−49	49	114	

10-4 续表4

单位：万元

指　标	Item	税金及附加 Tax and Extra Charges
二、在总计中: 亏损企业	Of the Total: Loss-making Enterprises	832495
在总计中: 国有控股企业	Of the Total: State-Controlled Share Holding Enterprises	6371737
在总计中: 大型企业	Of the Total: Large Enterprises	5101950
中型企业	Medium-sized Enterprises	2824365
小型企业	Small Enterprises	703755
微型企业	Microenterprises	65336
三、按工业行业大类分	Grouped by Sector	
采矿业	Mining	6824051
煤炭开采和洗选业	Coal Mining and Dressing	6656176
石油和天然气开采业	Petroleum and Natural Gas Extraction	62869
黑色金属矿采选业	Ferrous Metals Mining and Dressing	69635
有色金属矿采选业	Nonferrous Metals Mining and Dressing	27557
非金属矿采选业	Nonmetal Minerals Mining and Dressing	6728
开采专业及辅助性活动	Mining Professional and Auxiliary Activities	1086
其他采矿业	Other Mining Industry	
制造业	Manufacturing	1699311
农副食品加工业	Farm Products Processing	5095
食品制造业	Food Manufacturing	7176
酒、饮料和精制茶制造业	Wine, Beverages and Refined Tea Manufacturing	659428
烟草制品业	Tobacoo Products Manufacturing	274466
纺织业	Textile Industry	1646
纺织服装、服饰业	Textile, Wearing Apparel and Accessories	903
皮革、毛皮、羽毛及其制品和制鞋业	Leather, Fur, Feather and Related Products and Footwear	8
木材加工和木、竹、藤、棕、草制品业	Timber Processing,Bamboo,Cane,Palm Fiber and Straw Products	178

continued

(10 000 yuan)

销售费用 Costs of Sales	管理费用 Costs of Administration	财务费用 Costs of Finance	利润总额 Total Profits	亏损企业亏损总额 Total Loss of Loss-making Enterprises	应交增值税 Value Added Taxes Payable	平均用工人数(万人) Average Employees (10 000 persons)
1235247	3448876	2347746	-7183615	7183615	1157958	51.79
1191795	7632063	4170938	20339632	3983017	7214977	103.61
1176979	6331549	2753124	17459270	2622293	5863479	94.54
1166584	3547193	1430022	8975537	2296654	3170650	53.12
2008648	2849841	1254306	2919056	1901534	1941196	42.12
139910	310665	467167	798616	350666	382702	3.49
1774778	7438608	2773213	25788315	2252014	7674127	94.13
1714060	7075828	2666523	24499275	2115598	7421855	90.93
24667	106593	36760	962494	28794	101413	0.65
17405	171006	27364	236337	68304	112720	1.44
2239	50865	13177	95322	11701	22348	0.56
15230	23068	6991	1120	8193	8989	0.25
1177	11248	22398	-6232	19423	6802	0.30
2577622	4898911	1707858	3263185	3602897	3020527	88.56
59502	79017	33862	17325	45449	7725	2.27
81300	68341	13140	100065	13026	28611	1.46
91224	129907	7138	1195462	12062	218206	2.26
6986	59967	-7064	63390		51744	0.09
3523	10299	5269	-3583	6411	2653	0.37
15212	20912	1662	13274	3665	5154	0.32
361	434	28	404		-60	0.03
1304	2317	392	721	463	1401	0.08

10-4 续表5

单位：万元

指　标	Item	税金及附加 Tax and Extra Charges
家具制造业	Furniture Manufacturing	77
造纸和纸制品业	Paper Making and Paper Products	4028
印刷和记录媒介复制业	Printing and Record Medium Reproduction	1520
文教、工美、体育和娱乐用品制造业	Culture, Education, Art and Crafts, Sport and Entertainment Products	595
石油、煤炭及其他燃料加工业	Petroleum, Coal and Other Fuels Processing	170019
化学原料和化学制品制造业	Raw Chemical Materials and Chemical Products	55307
医药制造业	Medical and Pharmaceutical Products	27671
化学纤维制造业	Chemical Fiber Manufacturing	411
橡胶和塑料制品业	Rubber and Plastic Products	4176
非金属矿物制品业	Nonmetal Mineral Products	59476
黑色金属冶炼和压延加工业	Smelting and Pressing of Ferrous Metals	130709
有色金属冶炼和压延加工业	Smelting and Pressing of Non-ferrous Metals	65477
金属制品业	Metal Prodcuts	21294
通用设备制造业	Ordinary Machinery Manufacturing	18143
专用设备制造业	Special Purpose Equipment Manufacturing	23080
汽车制造业	Automobile Manufacturing	10761
铁路、船舶、航空航天和其他运输设备制造业	Railroad, Marine, Aviation and Other Transport Equipments Manufacturing	13915
电气机械和器材制造业	Electrical Machinery and Equipment Manufacturing	11185
计算机、通信和其他电子设备制造业	Computers, Telecommunication and Other Electronic Equipments Manufacturing	30280
仪器仪表制造业	Equipments and Instruments Manufacturing	1972
其他制造业	Other Manufacturing	4641
废弃资源综合利用业	Comprehensive Utilization of Waste Resources	92427
金属制品、机械和设备修理业	Metal Products, Machinery and Equipment Repair	3247
电力、热力、燃气及水生产和供应业	Production and Supply of Electricity, Heat, Gas and Water	188278
电力、热力生产和供应业	Production and Supply of Electricity and Heat	159619
燃气生产和供应业	Production and Supply of Gas	14343
水的生产和供应业	Production and Supply of Water	14316

continued

(10 000 yuan)

销售费用 Costs of Sales	管理费用 Costs of Administration	财务费用 Costs of Finance	利润总额 Total Profits	亏损企业亏损总额 Total Loss of Loss-making Enterprises	应交增值税 Value Added Taxes Payable	平均用工人数(万人) Average Employees (10 000 persons)
236	1076	116	439		41	0.03
13863	14959	5277	15285	4924	29211	0.37
8812	18594	2316	7889	1217	6096	0.44
5491	5221	1131	1804	721	2905	0.18
349818	933189	377290	-297227	1000043	241170	8.36
238342	545229	347142	134318	582828	208026	7.78
452665	225844	22300	210815	44332	94467	3.32
447	4932	2163	6850	1749	3015	0.09
24713	49826	9820	-22263	39103	39209	1.26
362711	592171	183744	123017	313901	278259	11.33
240083	631984	351011	183904	788603	303344	10.98
80552	194354	127638	356338	190333	202326	3.91
122030	216791	60906	170974	88491	113410	6.88
59927	140997	32445	57495	36440	59470	2.70
120845	277641	87278	121786	88663	105680	4.95
51590	98536	17523	-76034	210485	66896	2.16
35331	125897	10791	177874	1290	61282	2.16
53987	121837	33774	73895	20614	30586	2.23
45453	134671	-47960	388415	62525	31601	8.61
20374	21804	4248	16170	2763	9679	0.36
3101	93824	-6417	98810	9272	29170	1.45
19091	36478	27298	101122	32878	770079	1.12
8753	41863	3597	24450	649	19172	1.03
156251	941929	1434070	1291617	1328703	750195	14.52
45748	624487	1288226	1159454	1106626	642837	10.82
88735	239869	118188	169254	140849	92553	2.33
21768	77572	27655	-37091	81228	14805	1.37

10-5 国有控股工业企业主要财务指标(2023年)

单位：万元

指　　标	Item	单位数(个) Enterprises (unit)	#亏损企业 Loss-making Enterprises
总　计	**Total**	**1515**	**406**
按工业行业大类分	Grouped by Sector		
采矿业	Mining	504	144
煤炭开采和洗选业	Coal Mining and Dressing	464	131
石油和天然气开采业	Petroleum and Natural Gas Extraction	27	9
黑色金属矿采选业	Ferrous Metals Mining and Dressing	4	2
有色金属矿采选业	Nonferrous Metals Mining and Dressing	5	
非金属矿采选业	Nonmetal Minerals Mining and Dressing	2	1
开采专业及辅助性活动	Mining Professional and Auxiliary Activities	2	1
其他采矿业	Other Mining Industry		
制造业	Manufacturing	449	122
农副食品加工业	Farm Products Processing	5	2
食品制造业	Food Manufacturing	3	
酒、饮料和精制茶制造业	Wine, Beverages and Refined Tea Manufacturing	12	4
烟草制品业	Tobacoo Products Manufacturing	1	
纺织业	Textile Industry	2	1
纺织服装、服饰业	Textile, Wearing Apparel and Accessories	6	1
皮革、毛皮、羽毛及其制品和制鞋业	Leather, Fur, Feather and its products and Footwear		
木材加工和木、竹、藤、棕、草制品业	Timber Processing, Bamboo, Cane, Palm Fiber and Straw Products		
家具制造业	Furniture Manufacturing		
造纸和纸制品业	Paper Making and Paper Products		
印刷和记录媒介复制业	Printing and Record Medium Reproduction	7	2
文教、工美、体育和娱乐用品制造业	Culture, Education, Art and Crafts, Sport and Entertainment Products		

MAIN FINANCIAL INDICATORS OF STATE-HOLDING INDUSTRIAL ENTERPRISES(2023)

(10 000 yuan)

资产总计 Total Assets	流动资产合计 Total Current Assets	负债合计 Total Liabilities	所有者权益合计 Total Creditors' Equity	营业收入 Business Revenue	营业成本 Business Cost
390704640	**164784820**	**271356788**	**119347841**	**161842930**	**124014738**
245378614	115337829	170152291	75226321	80078017	50318187
237175275	113228242	165807264	71368009	77032290	48554304
6379677	1437388	3243009	3136668	2013178	1167542
1380374	385891	296648	1083725	863695	460063
298061	188708	233787	64274	96195	78180
7128	4559	6366	762	4473	4053
138099	93041	565216	-427118	68187	54044
70221990	30495360	47107555	23114431	44192357	38865728
78455	40630	77143	1312	15049	13046
21695	15505	4635	17060	13974	11995
4512557	3333559	2023902	2488655	2507839	986084
505324	368464	127592	377732	560469	158931
114127	56712	77406	36721	52588	47493
62086	46230	46544	15542	35664	26925
127261	60572	74282	52979	64922	50076

10-5 续表1

单位：万元

指　　标	Item	单位数(个) Enterprises (unit)
石油、煤炭及其他燃料加工业	Petroleum, Coal and Other Fuels Processing	15
化学原料和化学制品制造业	Raw Chemical Materials and Chemical Products	57
医药制造业	Medical and Pharmaceutical Products	9
化学纤维制造业	Chemical Fiber	1
橡胶和塑料制品业	Rubber and Plastic Products	12
非金属矿物制品业	Nonmetal Mineral Products	58
黑色金属冶炼和压延加工业	Smelting and Pressing of Ferrous Metals	9
有色金属冶炼和压延加工业	Smelting and Pressing of Non-ferrous Metals	15
金属制品业	Metal Prodcuts	26
通用设备制造业	Ordinary Machinery Manufacturing	31
专用设备制造业	Special Purpose Equipment Manufacturing	74
汽车制造业	Automobile Manufacturing	9
铁路、船舶、航空航天和其他运输设备制造业	Railroad, Marine, Aviation and Other Transport Equipments Manufacturing	21
电气机械和器材制造业	Electrical Machinery and Equipment Manufacturing	21
计算机、通信和其他电子设备制造业	Computers, Telecommunication and Other Electronic Equipments Manufacturing	11
仪器仪表制造业	Equipments and Instruments Manufacturing	6
其他制造业	Other Manufacturing	10
废弃资源综合利用业	Comprehensive Utilization of Waste Resources	10
金属制品、机械和设备修理业	Metal Products, Machinery and Equipment Repair	18
电力、热力、燃气及水生产和供应业	Production and Supply of Electricity, Heat, Gas and Water	562
电力、热力生产和供应业	Production and Supply of Electricity and Heat	421
燃气生产和供应业	Production and Supply of Gas	98
水的生产和供应业	Production and Supply of Water	43

continued

(10 000 yuan)

#亏损企业 Loss-making Enterprises	资产总计 Total Assets	流动资产合计 Total Current Assets	负债合计 Total Liabilities	所有者权益合计 Total Creditors' Equity	营业收入 Business Revenue	营业成本 Business Cost
10	6925799	934488	4510940	2414858	2380259	2399826
24	8331090	2683956	8771882	-440792	4380081	3919393
3	988815	483863	456436	532379	671270	435826
	138958	33844	39785	99172	30906	14167
2	615755	152080	488740	127015	185150	161043
24	3018400	1117494	2161574	856825	994344	866596
4	14995330	2785200	7724522	7270808	12372533	12052259
7	5386892	1997887	3847511	1539381	5788688	5361141
3	1511876	898164	951588	560288	755626	637773
6	2441386	1579280	1679439	761947	933129	799718
7	7779876	5917359	5692588	2087287	3012447	2498480
5	906398	573736	493091	413308	708305	612184
1	3898905	2464699	1952795	1946109	2070827	1681561
4	2982735	1681396	2388716	594019	1371235	1201733
6	955084	592969	636125	318959	719638	601476
1	92061	47299	45983	46078	40652	28001
3	2053124	1374392	1234895	818229	717039	604617
2	1218201	788370	1137561	80640	3511557	3432027
	559801	467212	461880	97921	298167	263359
140	75104037	18951631	54096942	21007089	37572556	34830824
83	61994790	14027235	45059755	16935030	30660734	28278253
36	10800516	4372182	7848749	2951766	6474693	6154617
21	2308731	552214	1188437	1120294	437129	397953

10–5 续表2

单位：万元

指　　标	Item	税金及附加 Taxes and Extra Charges
总　计	**Total**	**6371737**
按工业行业大类分	Grouped by Sector	
采矿业	Mining	4997412
煤炭开采和洗选业	Coal Mining and Dressing	4888244
石油和天然气开采业	Petroleum and Natural Gas Extraction	58820
黑色金属矿采选业	Ferrous Metals Mining and Dressing	46680
有色金属矿采选业	Nonferrous Metals Mining and Dressing	2623
非金属矿采选业	Nonmetal Minerals Mining and Dressing	120
开采专业及辅助性活动	Petroleum, Coal and Other Fuels Processing	925
其他采矿业	Other Mining Industry	
制造业	Manufacturing	1210940
农副食品加工业	Farm Products Processing	60
食品制造业	Food Manufacturing	63
酒、饮料和精制茶制造业	Wine, Beverages and Refined Tea Manufacturing	599475
烟草制品业	Tobacoo Products Manufacturing	274466
纺织业	Textile Industry	460
纺织服装、服饰业	Textile, Wearing Apparel and Accessories	393
皮革、毛皮、羽毛及其制品和制鞋业	Leather, Fur, Feather and its products and Footwear	
木材加工和木、竹、藤、棕、草制品业	Timber Processing, Bamboo, Cane, Palm Fiber and Straw Products	
家具制造业	Furniture Manufacturing	
造纸和纸制品业	Paper Making and Paper Products	
印刷和记录媒介复制业	Printing and Record Medium Reproduction	776
文教、工美、体育和娱乐用品制造业	Culture, Education, Art and Crafts, Sport and Entertainment Products	

continued

(10 000 yuan)

销售费用 Costs of Sales	管理费用 Costs of Administration	财务费用 Costs of Finance	利润总额 Total Profits	亏损企业亏损总额 Total Loss of Lossmaking Enterprises	应交增值税 Value Added Taxes Payable	平均用工人数(万人) Average Employees (10 000 persons)
1191795	**7632063**	**4170938**	**20339632**	**3983017**	**7214977**	**103.61**
595427	5272866	2352549	17464139	1754032	5420093	67.76
574207	5111641	2297686	16499201	1705598	5252931	66.58
21165	83636	29093	759497	28078	97366	0.50
	59848	825	220725	1103	58763	0.13
34	7525	2631	3907		4976	0.26
20	275	105	−66	69	189	0.01
	9940	22209	−19125	19184	5868	0.27
500049	1618706	640814	1974338	1128113	1179534	24.18
680	1829	754	−902	1430	268	0.03
128	1163	−22	679		516	0.04
45492	99426	192	1173048	3664	198896	1.45
6986	59967	−7064	63390		51744	0.09
439	2928	2013	5	1291	417	0.13
1150	10338	−438	−393	2749	2033	0.16
3145	9884	637	1380	453	2444	0.15

10-5 续表3

单位：万元

指　标	Item	税金及附加 Taxes and Extra Charges
石油、煤炭及其他燃料加工业	Petroleum, Coal and Other Fuels Processing	92277
化学原料和化学制品制造业	Raw Chemical Materials and Chemical Products	22105
医药制造业	Medical and Pharmaceutical Products	8843
化学纤维制造业	Chemical Fiber	382
橡胶和塑料制品业	Rubber and Plastic Products	2072
非金属矿物制品业	Nonmetal Mineral Products	9708
黑色金属冶炼和压延加工业	Smelting and Pressing of Ferrous Metals	59751
有色金属冶炼和压延加工业	Smelting and Pressing of Non-ferrous Metals	40161
金属制品业	Metal Prodcuts	4723
通用设备制造业	Ordinary Machinery Manufacturing	13219
专用设备制造业	Special Purpose Equipment Manufacturing	15997
汽车制造业	Automobile Manufacturing	3806
铁路、船舶、航空航天和其他运输设备制造业	Railroad, Marine, Aviation and Other Transport Equipments Manufacturing	12658
电气机械和器材制造业	Electrical Machinery and Equipment Manufacturing	4996
计算机、通信和其他电子设备制造业	Computers, Telecommunication and Other Electronic Equipments Manufacturing	1284
仪器仪表制造业	Equipments and Instruments Manufacturing	476
其他制造业	Other Manufacturing	2658
废弃资源综合利用业	Comprehensive Utilization of Waste Resources	38188
金属制品、机械和设备修理业	Metal Products, Machinery and Equipment Repair	1942
电力、热力、燃气及水生产和供应业	Production and Supply of Electricity, Heat, Gas and Water	163385
电力、热力生产和供应业	Production and Supply of Electricity and Heat	139970
燃气生产和供应业	Production and Supply of Gas	10824
水的生产和供应业	Production and Supply of Water	12592

continued

(10 000 yuan)

销售费用 Costs of Sales	管理费用 Costs of Administration	财务费用 Costs of Finance	利润总额 Total Profits	亏损企业亏损总额 Total Loss of Loss-making Enterprises	应交增值税 Value Added Taxes Payable	平均用工人数(万人) Average Employees (10 000 persons)
12323	107412	121043	-88598	220820	78001	1.22
57655	278254	197142	-14590	357296	58576	3.24
146375	32217	6823	10544	23246	14043	0.65
69	3007	462	8392		3006	0.05
1918	15043	3670	-3372	6253	22233	0.34
17831	111046	39842	-60824	81568	25186	1.03
21121	214174	87788	367006	182353	112022	2.71
11471	89805	70849	107879	107235	98498	1.99
6316	46232	6002	39268	1557	11574	0.98
18004	61065	19666	-2121	28480	23442	1.16
67431	163631	71849	35588	72591	62244	2.84
9332	32576	899	21730	12984	16613	0.56
30552	109676	8653	158733	1172	51213	1.75
19029	55940	14973	20547	4324	17682	0.97
16106	18981	2686	42051	8500	-903	0.34
1952	4685	1038	1943	532	1796	0.09
1762	66757	-12140	46880	8827	13390	1.11
1045	3840	2344	37411	789	304592	0.56
1739	18830	1153	8664		10010	0.54
96320	740491	1177575	901155	1100873	615351	11.68
29771	498630	1057571	871456	909927	527746	8.73
45995	173332	102307	89120	112059	77038	1.71
20555	68529	17696	-59421	78887	10566	1.23

10-6 外商投资和港澳台投资工业企业主要财务指标(2023年)

单位：万元

指　　标	Item	单位数(个) Enterprises (unit)	#亏损企业 Loss-making Enterprises
总　计	**Total**	**140**	**34**
按工业行业大类分	Grouped by Sector		
采矿业	Mining	13	3
煤炭开采和洗选业	Coal Mining and Dressing	10	2
石油和天然气开采业	Petroleum and Natural Gas Extraction	3	1
黑色金属矿采选业	Ferrous Metals Mining and Dressing		
有色金属矿采选业	Nonferrous Metals Mining and Dressing		
非金属矿采选业	Nonmetal Minerals Mining and Dressing		
开采专业及辅助性活动	Mining Professional and Auxiliary Activities		
其他采矿业	Other Mining Industry		
制造业	Manufacturing	86	22
农副食品加工业	Farm Products Processing	4	3
食品制造业	Food Manufacturing	7	2
酒、饮料和精制茶制造业	Wine, Beverages and Refined Tea Manufacturing	11	2
烟草制品业	Tobacoo Products Manufacturing		
纺织业	Textile Industry	1	1
纺织服装、服饰业	Textile, Wearing Apparel and Accessories		
皮革、毛皮、羽毛及其制品和制鞋业	Leather, Fur, Feather and its products and Footwear		
木材加工和木、竹、藤、棕、草制造业	Timber Processing, Bamboo, Cane, Palm Fiber and Straw Products		
家具制造业	Furniture Manufacturing		
造纸和纸制品业	Paper Making and Paper Products		
印刷和记录媒介复制业	Printing and Record Medium Reproduction		
文教、工美、体育和娱乐用品制造业	Culture, Education, Art and Crafts, Sport and Entertainment Products		

MAIN FINANCIAL INDICATORS OF INDUSTRIAL ENTERPRISES WITH HONG KONG, MACAO, TAIWAN AND FOREIGN FUNDS(2023)

(10 000 yuan)

资产总计 Total Assets	流动资产合计 Total Current Assets	负债合计 Total Liabilities	所有者权益合计 Total Creditors' Equity	营业收入 Business Revenue	营业成本 Business Cost
25027759	**13660141**	**13729019**	**11298740**	**17714715**	**15138868**
7052180	3734256	2779615	4272564	3152957	1630537
5628797	3484850	1949855	3678942	2894270	1520355
1423383	249405	829761	593623	258687	110183
11810417	8232714	7032639	4777779	11633773	10988195
203139	113476	166095	37044	223921	216421
477442	251382	205334	272109	468980	388208
268811	173253	123027	145785	259062	204904
9810	4387	2604	7206	3288	3597

10–6 续表1

单位：万元

指　标	Item	单位数(个) Enterprises (unit)
石油、煤炭及其他燃料加工业	Petroleum, Coal and Other Fuels Processing	2
化学原料和化学制品制造业	Raw Chemical Materials and Chemical Products	14
医药制造业	Medical and Pharmaceutical Products	2
化学纤维制造业	Chemical Fiber Manufacturing	
橡胶和塑料制品业	Rubber and Plastic Products	1
非金属矿物制品业	Nonmetal Mineral Products	7
黑色金属冶炼和压延加工业	Smelting and Pressing of Ferrous Metals	1
有色金属冶炼和压延加工业	Smelting and Pressing of Non–ferrous Metals	2
金属制品业	Metal Prodcuts	3
通用设备制造业	Ordinary Machinery Manufacturing	4
专用设备制造业	Special Purpose Equipment Manufacturing	9
汽车制造业	Automobile Manufacturing	3
铁路、船舶、航空航天和其他运输设备制造业	Railroad, Marine, Aviation and Other Transport Equipment Manufacturing	5
电气机械和器材制造业	Electrical Machinery and Equipment Manufacturing	3
计算机、通信和其他电子设备制造业	Computers, Telecommunication and Other Electronic Equipments Manufacturing	4
仪器仪表制造业	Equipments and Instruments Manufacturing	
其他制造业	Other Manufacturing	
废弃资源综合利用业	Comprehensive Utilization of Waste Resources	1
金属制品、机械和设备修理业	Metal products, Machinery and Equipment Repair	2
电力、热力、燃气及水生产和供应业	Production and Supply of Electricity, Heat, Gas and Water	41
电力、热力生产和供应业	Production and Supply of Electricity and Heat	29
燃气生产和供应业	Production and Supply of Gas	9
水的生产和供应业	Production and Supply of Water	3

continued

(10 000 yuan)

#亏损企业 Loss-making Enterprises	资产总计 Total Assets	流动资产合计 Total Current Assets	负债合计 Total Liabilities	所有者权益合计 Total Creditors' Equity	营业收入 Business Revenue	营业成本 Business Cost
2	142107	82995	146650	-4542	158104	159635
6	1445016	307185	1090306	354709	564004	435556
	164319	69300	36535	127784	41752	17017
	40311	33612	12968	27343	9218	8313
1	313924	105272	249652	64272	221352	216781
	1728	1535	868	860	4510	3124
1	570914	145243	328936	241978	612222	584666
	19839	13055	9474	10365	22657	17794
	29709	23667	11422	18287	50412	43088
	169294	114415	88759	80535	150538	114448
2	10561	7595	10123	438	15999	14385
	426753	337062	185833	240920	226465	168174
1	662846	514448	313381	349465	331422	287689
1	6757570	5876113	4011695	2745875	8221635	8071848
	48385	19505	2201	46185	25814	14126
	47938	39213	36778	11160	22419	18421
9	6165162	1693171	3916765	2248397	2927985	2520136
6	5439625	1387353	3489790	1949834	2603080	2275283
2	565871	271047	340257	225614	269693	211035
1	159667	34771	86718	72949	55212	33818

10-6 续表2

单位：万元

指　标	Item	税金及附加 Taxes and Extra Charges
总　计	**Total**	**242634**
按工业行业大类分	Grouped by Sector	
采矿业	Mining	178518
煤炭开采和洗选业	Coal Mining and Dressing	178104
石油和天然气开采业	Petroleum and Natural Gas Extraction	414
黑色金属矿采选业	Ferrous Metals Mining and Dressing	
有色金属矿采选业	Nonferrous Metals Mining and Dressing	
非金属矿采选业	Nonmetal Minerals Mining and Dressing	
开采专业及辅助性活动	Mining Professional and Auxiliary Activities	
其他采矿业	Other Mining Industry	
制造业	Manufacturing	44625
农副食品加工业	Farm Products Processing	475
食品制造业	Food Manufacturing	1617
酒、饮料和精制茶制造业	Wine, Beverages and Refined Tea Manufacturing	1927
烟草制品业	Tobacoo Products Manufacturing	
纺织业	Textile Industry	25
纺织服装、服饰业	Textile, Wearing Apparel and Accessories	
皮革、毛皮、羽毛及其制品和制鞋业	Leather, Fur, Feather and its products and Footwear	
木材加工和木、竹、藤、棕、草制造业	Timber Processing, Bamboo, Cane, Palm Fiber and Straw Products	
家具制造业	Furniture Manufacturing	
造纸和纸制品业	Paper Making and Paper Products	
印刷和记录媒介复制业	Printing and Record Medium Reproduction	
文教、工美、体育和娱乐用品制造业	Culture, Education, Art and Crafts, Sport and Entertainment Products	

continued

(10 000 yuan)

销售费用 Costs of Sales	管理费用 Costs of Administration	财务费用 Costs of Finance	利润总额 Total Profits	亏损企业亏损总额 Total Loss of Loss-making Enterprises	应交增值税 Value Added Taxes Payable	平均用工人数(万人) Average Employees (10 000 persons)
176426	**318137**	**114439**	**1797229**	**175790**	**360349**	**8.08**
45374	107057	11524	1263480	4415	214255	1.82
43809	94668	6776	1094150	3698	214117	1.76
1566	12389	4749	169330	716	138	0.06
101159	170576	11044	287687	81441	89189	4.92
5228	4415	-364	-2089	3748	868	0.05
24625	25066	3966	24287	8503	2446	0.21
29620	6962	932	15309	2357	7545	0.21
49	164	10	-552	552	88	0.01

10–6 续表3

单位：万元

指　　标	Item	税金及附加 Taxes and Extra Charges
石油、煤炭及其他燃料加工业	Petroleum, Coal and Other Fuels Processing	3544
化学原料和化学制品制造业	Raw Chemical Materials and Chemical Products	4727
医药制造业	Medical and Pharmaceutical Products	678
化学纤维制造业	Chemical Fiber Manufacturing	
橡胶和塑料制品业	Rubber and Plastic Products	24
非金属矿物制品业	Nonmetal Mineral Products	1442
黑色金属冶炼和压延加工业	Smelting and Pressing of Ferrous Metals	496
有色金属冶炼和压延加工业	Smelting and Pressing of Non–ferrous Metals	4769
金属制品业	Metal Prodcuts	103
通用设备制造业	Ordinary Machinery Manufacturing	184
专用设备制造业	Special Purpose Equipment Manufacturing	626
汽车制造业	Automobile Manufacturing	36
铁路、船舶、航空航天和其他运输设备制造业	Railroad, Marine, Aviation and Other Transport Equipment Manufacturing	1404
电气机械和器材制造业	Electrical Machinery and Equipment Manufacturing	1462
计算机、通信和其他电子设备制造业	Computers, Telecommunication and Other Electronic Equipments Manufacturing	20655
仪器仪表制造业	Equipments and Instruments Manufacturing	
其他制造业	Other Manufacturing	
废弃资源综合利用业	Comprehensive Utilization of Waste Resources	311
金属制品、机械和设备修理业	Metal products, Machinery and Equipment Repair	120
电力、热力、燃气及水生产和供应业	Production and Supply of Electricity, Heat, Gas and Water	19491
电力、热力生产和供应业	Production and Supply of Electricity and Heat	17410
燃气生产和供应业	Production and Supply of Gas	994
水的生产和供应业	Production and Supply of Water	1088

continued

(10 000 yuan)

销售费用 Costs of Sales	管理费用 Costs of Administration	财务费用 Costs of Finance	利润总额 Total Profits	亏损企业亏损总额 Total Loss of Loss-making Enterprises	应交增值税 Value Added Taxes Payable	平均用工人数(万人) Average Employees (10 000 persons)
3229	12672	2265	-23408	23408	1491	0.09
2364	27001	39746	52426	12846	37960	0.27
8222	2722	701	9163		1706	0.07
640	753	-790	158		8	0.02
1775	15623	2404	-17558	20318	2944	0.12
194	484	25	216		199	
1642	7069	4779	-3491	3735	9044	0.12
1069	735	328	1458		522	0.02
2262	1475	-163	3720		979	0.03
8712	6821	1076	12798		2529	0.15
352	683	-55	-225	493	-24	0.03
4861	10046	2924	40665		9779	0.10
4075	7186	3978	10360	1394	1693	0.13
1660	35472	-51134	155050	4087	6232	3.25
194	3209	-22	8350		2696	0.01
387	2020	439	1050		483	0.02
29892	40504	91871	246063	89935	56905	1.33
	18151	88954	225576	79273	51511	1.00
29375	19567	366	4420	10391	3176	0.29
517	2785	2550	16067	271	2218	0.04

10-7 大中型工业企业主要财务指标(2023年)

单位：万元

指 标	Item	单位数(个) Enterprises (unit)	#亏损企业 Loss-making Enterprises
总 计	**Total**	**1189**	**356**
按工业行业大类分	Grouped by Sector		
采矿业	Mining	615	134
煤炭开采和洗选业	Coal Mining and Dressing	598	132
石油和天然气开采业	Petroleum and Natural Gas Extraction	3	
黑色金属矿采选业	Ferrous Metals Mining and Dressing	5	
有色金属矿采选业	Nonferrous Metals Mining and Dressing	5	1
非金属矿采选业	Nonmetal Minerals Mining and Dressing	1	
开采专业及辅助性活动	Mining Professional and Auxiliary Activities	3	1
其他采矿业	Other Mining Industry		
制造业	Manufacturing	479	174
农副食品加工业	Farm Products Processing	13	3
食品制造业	Food Manufacturing	13	1
酒、饮料和精制茶制造业	Wine, Beverages and Refined Tea Manufacturing	9	2
烟草制品业	Tobacoo Products Manufacturing	1	
纺织业	Textile Industry	2	
纺织服装、服饰业	Textile, Wearing Apparel and Accessories	3	1
皮革、毛皮、羽毛及其制品和制鞋业	Leather, Fur, Feather and its products and Footwear		
木材加工和木、竹、藤、棕、草制品业	Timber Processing, Bamboo, Cane, Palm Fiber and Straw Products		
家具制造业	Furniture Manufacturing		
造纸和纸制品业	Paper Making and Paper Products	2	
印刷和记录媒介复制业	Printing and Record Medium Reproduction	5	2
文教、工美、体育和娱乐用品制造业	Culture, Education, Art and Crafts, Sport and Entertainment Products	1	

MAIN FINANCIAL INDICATORS OF LARGE AND MEDIUM-SIZED INDUSTRIAL ENTERPRISES(2023)

(10 000 yuan)

资产总计 Total Assets	流动资产合计 Total Current Assets	负债合计 Total Liabilities	所有者权益合计 Total Creditors' Equity	营业收入 Business Revenue	营业成本 Business Cost
460063008	**213648890**	**306247363**	**153815640**	**245959999**	**194874946**
285177146	139978722	185055724	100121420	99625374	60418144
280025318	138270517	182625079	97400237	97435561	59194634
2638611	838224	879949	1758662	751407	394805
1628010	517278	369861	1258149	1031403	563047
661213	228474	580245	80968	271129	161790
66798	15266	33101	33697	25025	23035
157197	108964	567489	-410292	110850	80833
138537092	64775027	94526826	44010263	120729692	109966071
803161	425883	597798	205363	1303387	1244771
887647	360725	392779	494868	828145	669831
4657588	3404865	2175448	2482140	2622463	1054455
505324	368464	127592	377732	560469	158931
101959	73563	51709	50250	113256	102858
106509	96207	66667	39842	75552	44716
267621	90336	171140	96481	343165	308329
151208	50332	98039	53170	92808	70382
29334	18750	10010	19325	15119	12429

10-7 续表1

单位：万元

指　标	Item	单位数(个) Enterprises (unit)
石油、煤炭及其他燃料加工业	Petroleum, Coal and Other Fuels Processing	64
化学原料和化学制品制造业	Raw Chemical Materials and Chemical Products	50
医药制造业	Medical and Pharmaceutical Products	31
化学纤维制造业	Chemical Fiber Manufacturing	
橡胶和塑料制品业	Rubber and Plastic Products	11
非金属矿物制品业	Nonmetal Mineral Products	56
黑色金属冶炼和压延加工业	Smelting and Pressing of Ferrous Metals	48
有色金属冶炼和压延加工业	Smelting and Pressing of Non-ferrous Metals	25
金属制品业	Metal Prodcuts	41
通用设备制造业	Ordinary Machinery Manufacturing	10
专用设备制造业	Special Purpose Equipment Manufacturing	35
汽车制造业	Automobile Manufacturing	10
铁路、船舶、航空航天和其他运输设备制造业	Railroad, Marine, Aviation and Other Transport Equipments Manufacturing	9
电气机械和器材制造业	Electrical Machinery and Equipment Manufacturing	12
计算机、通信和其他电子设备制造业	Computers, Telecommunication and Other Electronic Equipments Manufacturing	18
仪器仪表制造业	Equipments and Instruments Manufacturing	2
其他制造业	Other Manufacturing	
废弃资源综合利用业	Comprehensive Utilization of Waste Resources	2
金属制品、机械和设备修理业	Metal Products, Machinery and Equipment Repair	6
电力、热力、燃气及水生产和供应业	Production and Supply of Electricity, Heat, Gas and Water	95
电力、热力生产和供应业	Production and Supply of Electricity and Heat	66
燃气生产和供应业	Production and Supply of Gas	18
水的生产和供应业	Production and Supply of Water	11

continued

(10 000 yuan)

#亏损企业 Loss-making Enterprises	资产总计 Total Assets	流动资产合计 Total Current Assets	负债合计 Total Liabilities	所有者权益合计 Total Creditors' Equity	营业收入 Business Revenue	营业成本 Business Cost
42	31952297	12109043	23694518	8257779	25635576	24149199
22	12611107	3909583	11623152	987956	7759677	7062670
6	3702478	2019684	1345245	2357233	2016180	1222222
5	995359	257372	750256	245103	270271	241184
19	3914596	1851844	2731105	1183490	2206469	1895101
32	36572004	13281020	23540569	13031435	38363922	36071728
10	9523775	3835295	6080800	3442975	9206637	8415317
12	2356949	1594474	1676397	680552	3376350	3107423
1	1325212	822624	963197	362015	583920	504130
4	7244045	5370244	5176002	2068043	2853898	2340080
5	3030832	1837236	2111890	918941	2860168	2721230
	2504481	1575936	1334991	1169491	1327288	1100144
2	3529352	1950687	2602316	927037	1880443	1662971
5	10103420	8339851	5777626	4325794	13207321	12693109
	131409	80408	59067	72342	55581	38002
	1110049	697983	1059952	50097	2929988	2863156
	419377	352620	308564	110814	241638	211705
48	36348769	8895141	26664812	9683957	25604934	24490732
31	29307515	6373587	21480681	7826834	23425419	22439760
8	5606029	2116814	4433673	1172356	1909167	1778644
9	1435225	404741	750458	684767	270348	272328

10-7 续表2

单位：万元

指　　标	Item	税金及附加 Tax and Extra Charges
总　计	**Total**	**7926315**
按工业行业大类分	Grouped by Sector	
采矿业	Mining	6373560
煤炭开采和洗选业	Coal Mining and Dressing	6298207
石油和天然气开采业	Petroleum and Natural Gas Extraction	14114
黑色金属矿采选业	Ferrous Metals Mining and Dressing	51781
有色金属矿采选业	Nonferrous Metals Mining and Dressing	8298
非金属矿采选业	Nonmetal Minerals Mining and Dressing	79
开采专业及辅助性活动	Mining Professional and Auxiliary Activities	1081
其他采矿业	Other Mining Industry	
制造业	Manufacturing	1445426
农副食品加工业	Farm Products Processing	2028
食品制造业	Food Manufacturing	4691
酒、饮料和精制茶制造业	Wine, Beverages and Refined Tea Manufacturing	620335
烟草制品业	Tobacoo Products Manufacturing	274466
纺织业	Textile Industry	656
纺织服装、服饰业	Textile, Wearing Apparel and Accessories	322
皮革、毛皮、羽毛及其制品和制鞋业	Leather, Fur, Feather and its products and Footwear	
木材加工和木、竹、藤、棕、草制品业	Timber Processing, Bamboo, Cane, Palm Fiber and Straw Products	
家具制造业	Furniture Manufacturing	
造纸和纸制品业	Paper Making and Paper Products	2618
印刷和记录媒介复制业	Printing and Record Medium Reproduction	971
文教、工美、体育和娱乐用品制造业	Culture, Education, Art and Crafts, Sport and Entertainment Products	219

continued

(10 000 yuan)

销售费用 Costs of Sales	管理费用 Costs of Administration	财务费用 Costs of Finance	利润总额 Total Profits	亏损企业亏损总额 Total Loss of Loss-making Enterprises	应交增值税 Value Added Taxes Payable	平均用工人数（万人） Average Employees (10 000 persons)
2343563	**9878742**	**4183146**	**26434807**	**4918947**	**9034129**	**147.66**
778747	6514598	2476096	23620117	1748169	7004957	85.40
770348	6378369	2439036	22935278	1726046	6888218	83.94
1058	21109	4034	378354		32684	0.22
6570	80007	1347	253440		71158	0.53
771	23062	8591	58718	2939	6113	0.37
	846	886	429			0.03
	11205	22203	-6103	19184	6784	0.30
1490833	2860527	1244098	2602280	2551785	1734004	52.79
13779	21091	16882	2925	18739	2359	1.02
39172	31550	6113	75742	262	18968	0.78
68763	102822	848	1169774	2516	204257	1.62
6986	59967	-7064	63390		51744	0.09
2269	4133	642	1489		414	0.17
11149	9930	135	10859	2749	1244	0.15
11217	6375	1279	12816		18204	0.09
3644	9900	674	5263	696	2401	0.21
869	698	61	832		611	0.03

10-7 续表3

单位：万元

指 标	Item	税金及附加 Tax and Extra Charges
石油、煤炭及其他燃料加工业	Petroleum, Coal and Other Fuels Processing	154371
化学原料和化学制品制造业	Raw Chemical Materials and Chemical Products	37463
医药制造业	Medical and Pharmaceutical Products	22111
化学纤维制造业	Chemical Fiber Manufacturing	
橡胶和塑料制品业	Rubber and Plastic Products	2434
非金属矿物制品业	Nonmetal Mineral Products	16698
黑色金属冶炼和压延加工业	Smelting and Pressing of Ferrous Metals	124013
有色金属冶炼和压延加工业	Smelting and Pressing of Non-ferrous Metals	58551
金属制品业	Metal Prodcuts	8820
通用设备制造业	Ordinary Machinery Manufacturing	10295
专用设备制造业	Special Purpose Equipment Manufacturing	15239
汽车制造业	Automobile Manufacturing	7368
铁路、船舶、航空航天和其他运输设备制造业	Railroad, Marine, Aviation and Other Transport Equipments Manufacturing	8611
电气机械和器材制造业	Electrical Machinery and Equipment Manufacturing	6155
计算机、通信和其他电子设备制造业	Computers, Telecommunication and Other Electronic Equipments Manufacturing	27691
仪器仪表制造业	Equipments and Instruments Manufacturing	167
其他制造业	Other Manufacturing	
废弃资源综合利用业	Comprehensive Utilization of Waste Resources	37315
金属制品、机械和设备修理业	Metal Products, Machinery and Equipment Repair	1819
电力、热力、燃气及水生产和供应业	Production and Supply of Electricity, Heat, Gas and Water	107329
电力、热力生产和供应业	Production and Supply of Electricity and Heat	98770
燃气生产和供应业	Production and Supply of Gas	4321
水的生产和供应业	Production and Supply of Water	4238

continued

(10 000 yuan)

销售费用 Costs of Sales	管理费用 Costs of Administration	财务费用 Costs of Finance	利润总额 Total Profits	亏损企业亏损总额 Total Loss of Loss-making Enterprises	应交增值税 Value Added Taxes Payable	平均用工人数(万人) Average Employees (10 000 persons)
303700	746200	344701	-16205	703768	215802	6.77
119683	328825	300485	-14545	477141	106991	4.52
354759	149481	8220	163309	28813	68230	2.32
9752	19028	6602	-22566	26254	30181	0.54
46824	112157	42295	59921	74628	56974	2.68
213428	578366	337658	190572	719971	276722	10.18
55682	145495	109313	276163	151954	152856	3.07
33709	57472	17366	104504	38743	42598	2.29
14480	28133	10910	-1261	16427	12704	0.70
72085	155268	71892	47215	71435	59988	2.82
41670	60350	3902	-77192	183655	40072	1.44
18957	61119	6666	110412		36162	1.09
28352	65981	20157	35567	3434	8892	1.34
15262	85413	-58985	361260	30601	18509	7.77
3849	3781	943	6601		996	0.08
48	1668	2228	25260		296653	0.54
749	15325	175	10174		9472	0.48
73983	503617	462952	212410	618993	295167	9.48
20886	359431	397759	285835	500332	243367	7.59
34007	95822	57409	-8941	49987	45451	1.02
19091	48364	7784	-64484	68674	6350	0.86

10-8 工业企业主要效益指标(2023年)

MAIN BENEFIT INDICATORS OF INDUSTRIAL ENTERPRISES(2023)

单位：%　　(%)

指　标	Item	亏损面 Range of Deficits	资产负债率 Ratio of Debts to Assets	营业收入利润率 Ratio of Profits to Business Revenue
总　计	**Total**	**32.0**	**67.7**	**8.46**
一、按登记注册类型分	Grouped by Registered Kind			
内资企业	Civil Funded Enterprises	32.2	68.2	8.37
有限责任公司	Limited Liability Corporations	32.6	70.4	7.92
股份有限公司	Share-holding Corporations Ltd.	21.5	49.1	12.25
非公司企业法人	Non Corporate Legal Entity	27.3	68.6	13.51
个人独资企业	Sole Proprietorship Enterprises	48.2	87.6	0.75
合伙企业	Partnership Enterprises	56.3	59.2	-0.78
其他内资	Others			
港澳台投资企业	Enterprises with Investment from Hong Kong, Macao and Taiwan	30.2	65.2	2.66
港澳台投资有限责任公司	Limited Liability Corporations with Investment from Hong Kong, Macao and Taiwan	27.1	65.0	2.84
港澳台投资股份有限公司	Share-holding Corporations Ltd. with Investment from Hong Kong, Macao and Taiwan	66.7	68.2	1.77
港澳台投资合伙企业	Partnership Enterprises with Investment from Hong Kong, Macao and Taiwan			
其他港澳台投资企业	Others	100.0	75.3	-16.19
外商投资企业	Foreign Invested Enterprises	19.5	45.7	23.33
外商投资有限责任公司	Foreign Invested Limited Liability Corporations	20.3	44.1	22.45
外商投资股份有限公司	Foreign Invested Share-holding Corporations Ltd.		44.4	0.64
外商投资合伙企业	Foreign Invested Partnership Enterprises			
其他外商投资企业	Others		58.9	71.62
其他统计类别	Other Statistical Categories	100.0	4.5	-3.03

10-8 续表1 continued

单位：% (%)

指 标	Item	亏损面 Range of Deficits	资产负债率 Ratio of Debts to Assets	营业收入利润率 Ratio of Profits to Business Revenue
二、在总计中: 亏损企业	Of the Total: Loss-making Enterprises	100.0	90.8	-8.07
在总计中: 国有控股企业	Of the Total: State-Controlled Share Holding Enterprises	26.8	69.5	12.57
在总计中: 大型企业	Of the Total: Large Enterprises	24.6	66.5	10.42
中型企业	Medium-sized Enterprises	31.9	66.7	11.44
小型企业	Small Enterprises	31.6	70.7	3.05
微型企业	Microenterprises	35.1	74.6	5.92
三、按工业行业大类分	Grouped by Sector			
采矿业	Mining	37.3	66.0	17.83
煤炭开采和洗选业	Coal Mining and Dressing	35.1	66.3	17.64
石油和天然气开采业	Petroleum and Natural Gas Extraction	25.6	50.8	36.03
黑色金属矿采选业	Ferrous Metals Mining and Dressing	57.0	62.6	10.80
有色金属矿采选业	Nonferrous Metals Mining and Dressing	41.9	82.5	17.95
非金属矿采选业	Nonmetal Minerals Mining and Dressing	36.2	70.2	0.54
开采专业及辅助性活动	Mining Professional and Auxiliary Activities	40.0	335.1	-4.77
其他采矿业	Other Mining Industry			
制造业	Manufacturing	30.3	68.1	1.91
农副食品加工业	Farm Products Processing	28.6	70.7	0.45
食品制造业	Food Manufacturing	20.7	48.8	6.94
酒、饮料和精制茶制造业	Wine, Beverages and Refined Tea Manufacturing	42.3	49.0	38.04
烟草制品业	Tobacoo Products Manufacturing		25.3	11.31
纺织业	Textile Industry	42.9	54.7	-1.71
纺织服装、服饰业	Textile,Wearing Apparel and Accessories	35.3	62.3	7.71
皮革、毛皮、羽毛及其制品和制鞋业	Leather, Fur, Feather and Related Products and Footwear		69.0	7.34
木材加工和木、竹、藤、棕、草制品业	Timber Processing, Bamboo, Cane, Palm Fiber and Straw Products	18.5	84.5	1.01

10-8 续表2 continued

单位：% (%)

指　标	Item	亏损面 Range of Deficits	资产负债率 Ratio of Debts to Assets	营业收入利润率 Ratio of Profits to Business Revenue
家具制造业	Furniture Manufacturing	20.0	83.2	3.44
造纸和纸制品业	Paper Making and Paper Products	26.7	66.2	1.85
印刷和记录媒介复制业	Printing and Record Medium Reproduction	23.3	61.8	3.52
文教、工美、体育和娱乐用品制造业	Culture, Education, Art and Crafts, Sport and Entertainment Products	18.2	54.9	2.37
石油、煤炭及其他燃料加工业	Petroleum, Coal and Other Fuels Processing	53.1	75.0	-1.04
化学原料和化学制品制造业	Raw Chemical Materials and Chemical Products	29.5	82.0	1.09
医药制造业	Medical and Pharmaceutical Products	30.1	46.5	7.02
化学纤维制造业	Chemical Fiber Manufacturing	25.0	42.9	12.52
橡胶和塑料制品业	Rubber and Plastic Products	26.6	69.6	-2.59
非金属矿物制品业	Nonmetal Mineral Products	34.9	72.7	1.26
黑色金属冶炼和压延加工业	Smelting and Pressing of Ferrous Metals	59.1	64.7	0.45
有色金属冶炼和压延加工业	Smelting and Pressing of Non-ferrous Metals	39.1	66.5	2.94
金属制品业	Metal Prodcuts	22.0	65.2	2.28
通用设备制造业	Ordinary Machinery Manufacturing	19.0	65.5	2.81
专用设备制造业	Special Purpose Equipment Manufacturing	16.9	69.3	2.67
汽车制造业	Automobile Manufacturing	55.9	71.0	-1.83
铁路、船舶、航空航天和其他运输设备制造业	Railroad, Marine, Aviation and Other Transport Equipments Manufacturing	6.8	51.3	7.87
电气机械和器材制造业	Electrical Machinery and Equipment Manufacturing	22.9	71.0	2.21
计算机、通信和其他电子设备制造业	Computers, Telecommunication and Other Electronic Equipments Manufacturing	36.6	59.3	2.68
仪器仪表制造业	Equipments and Instruments Manufacturing	10.5	50.2	6.19
其他制造业	Other Manufacturing	38.5	63.5	6.12
废弃资源综合利用业	Comprehensive Utilization of Waste Resources	36.1	83.5	0.85
金属制品、机械和设备修理业	Metal products, Machinery and Equipment Repair	15.2	74.4	4.34
电力、热力、燃气及水生产和供应业	Production and Supply of Electricity, Heat, Gas and Water	28.2	72.3	3.01
电力、热力生产和供应业	Production and Supply of Electricity and Heat	25.7	73.3	3.41
燃气生产和供应业	Production and Supply of Gas	32.8	70.5	2.03
水的生产和供应业	Production and Supply of Water	41.5	53.2	-6.27

10-9 国有控股工业企业主要效益指标(2023年)

MAIN BENEFIT INDICATORS OF STATE-HOLDING INDUSTRIAL ENTERPRISES(2023)

单位：% (%)

指 标	Item	亏损面 Range of Deficits	资产负债率 Ratio of Debts to Assets	营业收入利润率 Ratio of Profits to Business Revenue
总 计	**Total**	**26.8**	**69.5**	**12.57**
按工业行业大类分	Grouped by Sector			
采矿业	Mining	28.6	69.3	21.81
煤炭开采和洗选业	Coal Mining and Dressing	28.2	69.9	21.42
石油和天然气开采业	Petroleum and Natural Gas Extraction	33.3	50.8	37.73
黑色金属矿采选业	Ferrous Metals Mining and Dressing	50.0	21.5	25.56
有色金属矿采选业	Nonferrous Metals Mining and Dressing		78.4	4.06
非金属矿采选业	Nonmetal Minerals Mining and Dressing	50.0	89.3	-1.48
开采专业及辅助性活动	Mining Professional and Auxiliary Activities	50.0	409.3	-28.05
其他采矿业	Other Mining Industry			
制造业	Manufacturing	27.2	67.1	4.47
农副食品加工业	Farm Products Processing	40.0	98.3	-5.99
食品制造业	Food Manufacturing		21.4	4.86
酒、饮料和精制茶制造业	Wine, Beverages and Refined Tea Manufacturing	33.3	44.9	46.78
烟草制品业	Tobacoo Products Manufacturing		25.3	11.31
纺织业	Textile Industry	50.0	67.8	0.01
纺织服装、服饰业	Textile, Wearing Apparel and Accessories	16.7	75.0	-1.10
皮革、毛皮、羽毛及其制品和制鞋业	Leather, Fur, Feather and its products and Footwear			
木材加工和木、竹、藤、棕、草制品业	Timber Processing, Bamboo, Cane, Palm Fiber and Straw Products			
家具制造业	Furniture Manufacturing			
造纸和纸制品业	Paper Making and Paper Products			
印刷和记录媒介复制业	Printing and Record Medium Reproduction	28.6	58.4	2.13
文教、工美、体育和娱乐用品制造业	Culture, Education, Art and Crafts, Sport and Entertainment Products			

10-9 续表 continued

单位：% (%)

指　　标	Item	亏损面 Range of Deficits	资产负债率 Ratio of Debts to Assets	营业收入利润率 Ratio of Profits to Business Revenue
石油、煤炭及其他燃料加工业	Petroleum, Coal and Other Fuels Processing	66.7	65.1	-3.72
化学原料和化学制品制造业	Raw Chemical Materials and Chemical Products	42.1	105.3	-0.33
医药制造业	Medical and Pharmaceutical Products	33.3	46.2	1.57
化学纤维制造业	Chemical Fiber		28.6	27.15
橡胶和塑料制品业	Rubber and Plastic Products	16.7	79.4	-1.82
非金属矿物制品业	Nonmetal Mineral Products	41.4	71.6	-6.12
黑色金属冶炼和压延加工业	Smelting and Pressing of Ferrous Metals	44.4	51.5	2.97
有色金属冶炼和压延加工业	Smelting and Pressing of Non-ferrous Metals	46.7	71.4	1.86
金属制品业	Metal Prodcuts	11.5	62.9	5.20
通用设备制造业	Ordinary Machinery Manufacturing	19.4	68.8	-0.23
专用设备制造业	Special Purpose Equipment Manufacturing	9.5	73.2	1.18
汽车制造业	Automobile Manufacturing	55.6	54.4	3.07
铁路、船舶、航空航天和其他运输设备制造业	Railroad, Marine, Aviation and Other Transport Equipments Manufacturing	4.8	50.1	7.67
电气机械和器材制造业	Electrical Machinery and Equipment Manufacturing	19.0	80.1	1.50
计算机、通信和其他电子设备制造业	Computers, Telecommunication and Other Electronic Equipments Manufacturing	54.5	66.6	5.84
仪器仪表制造业	Equipments and Instruments Manufacturing	16.7	50.0	4.78
其他制造业	Other Manufacturing	30.0	60.2	6.54
废弃资源综合利用业	Comprehensive Utilization of Waste Resources	20.0	93.4	1.07
金属制品、机械和设备修理业	Metal Products, Machinery and Equipment Repair		82.5	2.91
电力、热力、燃气及水生产和供应业	Production and Supply of Electricity, Heat, Gas and Water	24.9	72.0	2.40
电力、热力生产和供应业	Production and Supply of Electricity and Heat	19.7	72.7	2.84
燃气生产和供应业	Production and Supply of Gas	36.7	72.7	1.38
水的生产和供应业	Production and Supply of Water	48.8	51.5	-13.59

10-10 外商投资和港澳台投资工业企业主要效益指标(2023年)

MAIN BENEFIT INDICATORS OF INDUSTRIAL ENTERPRISES WITH HONG KONG, MACAO, TAIWAN AND FOREIGN FUNDS(2023)

单位：%　　(%)

指　标	Item	亏损面 Range of Deficits	资产负债率 Ratio of Debts to Assets	营业收入利润率 Ratio of Profits to Business Revenue
总　计	**Total**	**24.3**	**54.9**	**10.15**
按工业行业大类分	Grouped by sector			
采矿业	Mining	23.1	39.4	40.07
煤炭开采和洗选业	Coal Mining and Dressing	20.0	34.6	37.80
石油和天然气开采业	Petroleum and Natural Gas Extraction	33.3	58.3	65.46
黑色金属矿采选业	Ferrous Metals Mining and Dressing			
有色金属矿采选业	Nonferrous Metals Mining and Dressing			
非金属矿采选业	Nonmetal Minerals Mining and Dressing			
开采专业及辅助性活动	Mining Professional and Auxiliary Activities			
其他采矿业	Other Mining Industry			
制造业	Manufacturing	25.6	59.6	2.47
农副食品加工业	Farm Products Processing	75.0	81.8	-0.93
食品制造业	Food Manufacturing	28.6	43.0	5.18
酒、饮料和精制茶制造业	Wine, Beverages and Refined Tea Manufacturing	18.2	45.8	5.91
烟草制品业	Tobacoo Products Manufacturing			
纺织业	Textile Industry	100.0	26.5	-16.79
纺织服装、服饰业	Textile, Wearing Apparel and Accessories			
皮革、毛皮、羽毛及其制品和制鞋业	Leather, Fur, Feather and Related Products and Footwear			
木材加工和木、竹、藤、棕、草制品业	Timber Processing, Bamboo, Cane, Palm Fiber and Straw Products			
家具制造业	Furniture Manufacturing			
造纸和纸制品业	Paper Making and Paper Products			
印刷和记录媒介复制业	Printing and Record Medium Reproduction			
文教、工美、体育和娱乐用品制造业	Culture, Education, Art and Crafts, Sport and Entertainment Products			

10-10 续表 continued

单位：%　　　　(%)

指　标	Item	亏损面 Range of Deficits	资产负债率 Ratio of Debts to Assets	营业收入利润率 Ratio of Profits to Business Revenue
石油、煤炭及其他燃料加工业	Petroleum, Coal and Other Fuels Processing	100.0	103.2	-14.81
化学原料和化学制品制造业	Raw Chemical Materials and Chemical Products	42.9	75.5	9.30
医药制造业	Medical and Pharmaceutical Products		22.2	21.95
化学纤维制造业	Chemical Fiber Manufacturing			
橡胶和塑料制品业	Rubber and Plastic Products		32.2	1.71
非金属矿物制品业	Nonmetal Mineral Products	14.3	79.5	-7.93
黑色金属冶炼和压延加工业	Smelting and Pressing of Ferrous Metals		50.2	4.79
有色金属冶炼和压延加工业	Smelting and Pressing of Non-ferrous Metals	50.0	57.6	-0.57
金属制品业	Metal Prodcuts		47.8	6.44
通用设备制造业	Ordinary Machinery Manufacturing		38.5	7.38
专用设备制造业	Special Purpose Equipment Manufacturing		52.4	8.50
汽车制造业	Automobile Manufacturing	66.7	95.9	-1.40
铁路、船舶、航空航天和其他运输设备制造业	Railroad, Marine, Aviation and Other Transport Equipment Manufacturing		43.6	17.96
电气机械和器材制造业	Electrical Machinery and Equipment Manufacturing	33.3	47.3	3.13
计算机、通信和其他电子设备制造业	Computers, Telecommunication and Other Electronic Equipments Manufacturing	25.0	59.4	1.89
仪器仪表制造业	Equipments and Instruments Manufacturing			
其他制造业	Other Manufacturing			
废弃资源综合利用业	Comprehensive Utilization of Waste Resources		4.6	32.35
金属制品、机械和设备修理业	Metal products, Machinery and Equipment Repair		76.7	4.68
电力、热力、燃气及水生产和供应业	Production and Supply of Electricity, Heat, Gas and Water	22.0	63.5	8.40
电力、热力生产和供应业	Production and Supply of Electricity and Heat	20.7	64.2	8.67
燃气生产和供应业	Production and Supply of Gas	22.2	60.1	1.64
水的生产和供应业	Production and Supply of Water	33.3	54.3	29.10

10-11 大中型工业企业主要效益指标(2023年)
MAIN BENEFIT INDICATORS OF LARGE AND MEDIUM-SIZED INDUSTRIAL ENTERPRISES(2023)

单位：%　　(%)

指　标	Item	亏损面 Range of Deficits	资产负债率 Ratio of Debts to Assets	营业收入利润率 Ratio of Profits to Business Revenue
总　计	**Total**	**29.9**	**66.6**	**10.75**
按工业行业大类分	Grouped by Sector			
采矿业	Mining	21.8	64.9	23.71
煤炭开采和洗选业	Coal Mining and Dressing	22.1	65.2	23.54
石油和天然气开采业	Petroleum and Natural Gas Extraction		33.4	50.35
黑色金属矿采选业	Ferrous Metals Mining and Dressing		22.7	24.57
有色金属矿采选业	Nonferrous Metals Mining and Dressing	20.0	87.8	21.66
非金属矿采选业	Nonmetal Minerals Mining and Dressing		49.6	1.72
开采专业及辅助性活动	Mining Professional and Auxiliary Activities	33.3	361.0	-5.51
其他采矿业	Other Mining Industry			
制造业	Manufacturing	36.3	68.2	2.16
农副食品加工业	Farm Products Processing	23.1	74.4	0.22
食品制造业	Food Manufacturing	7.7	44.3	9.15
酒、饮料和精制茶制造业	Wine, Beverages and Refined Tea Manufacturing	22.2	46.7	44.61
烟草制品业	Tobacoo Products Manufacturing		25.3	11.31
纺织业	Textile Industry		50.7	1.31
纺织服装、服饰业	Textile,Wearing Apparel and Accessories	33.3	62.6	14.37
皮革、毛皮、羽毛及其制品和制鞋业	Leather, Fur, Feather and its products and Footwear			
木材加工和木、竹、藤、棕、草制品业	Timber Processing, Bamboo, Cane, Palm Fiber and Straw Products			
家具制造业	Furniture Manufacturing			
造纸和纸制品业	Paper Making and Paper Products		64.0	3.73
印刷和记录媒介复制业	Printing and Record Medium Reproduction	40.0	64.8	5.67
文教、工美、体育和娱乐用品制造业	Culture, Education, Art and Crafts, Sport and Entertainment Products		34.1	5.51

10-11 续表 continued

单位：% (%)

指　标	Item	亏损面 Range of Deficits	资产负债率 Ratio of Debts to Assets	营业收入利润率 Ratio of Profits to Business Revenue
石油、煤炭及其他燃料加工业	Petroleum, Coal and Other Fuels Processing	65.6	74.2	-0.06
化学原料和化学制品制造业	Raw Chemical Materials and Chemical Products	44.0	92.2	-0.19
医药制造业	Medical and Pharmaceutical Products	19.4	36.3	8.10
化学纤维制造业	Chemical Fiber Manufacturing			
橡胶和塑料制品业	Rubber and Plastic Products	45.5	75.4	-8.35
非金属矿物制品业	Nonmetal Mineral Products	33.9	69.8	2.72
黑色金属冶炼和压延加工业	Smelting and Pressing of Ferrous Metals	66.7	64.4	0.50
有色金属冶炼和压延加工业	Smelting and Pressing of Non-ferrous Metals	40.0	63.9	3.00
金属制品业	Metal Prodcuts	29.3	71.1	3.10
通用设备制造业	Ordinary Machinery Manufacturing	10.0	72.7	-0.22
专用设备制造业	Special Purpose Equipment Manufacturing	11.4	71.5	1.65
汽车制造业	Automobile Manufacturing	50.0	69.7	-2.70
铁路、船舶、航空航天和其他运输设备制造业	Railroad, Marine, Aviation and Other Transport Equipments Manufacturing		53.3	8.32
电气机械和器材制造业	Electrical Machinery and Equipment Manufacturing	16.7	73.7	1.89
计算机、通信和其他电子设备制造业	Computers, Telecommunication and Other Electronic Equipments Manufacturing	27.8	57.2	2.74
仪器仪表制造业	Equipments and Instruments Manufacturing		45.0	11.88
其他制造业	Other Manufacturing			
废弃资源综合利用业	Comprehensive Utilization of Waste Resources		95.5	0.86
金属制品、机械和设备修理业	Metal products, Machinery and Equipment Repair		73.6	4.21
电力、热力、燃气及水生产和供应业	Production and Supply of Electricity, Heat, Gas and Water	50.5	73.4	0.83
电力、热力生产和供应业	Production and Supply of Electricity and Heat	47.0	73.3	1.22
燃气生产和供应业	Production and Supply of Gas	44.4	79.1	-0.47
水的生产和供应业	Production and Supply of Water	81.8	52.3	-23.85

主要统计指标解释

工业 指从事自然资源的开采，对采掘品和农产品进行加工和再加工的物质生产部门。具体包括：(1)对自然资源的开采，如采矿、晒盐等（但不包括禽兽捕猎和水产捕捞）；(2)对农副产品的加工、再加工，如粮油加工、食品加工、缫丝、纺织、制革等；(3)对采掘品的加工、再加工，如炼铁、炼钢、化工生产、石油加工、机器制造、木材加工等，以及电力、燃气及水的生产和供应等；(4)对工业品的修理、翻新，如机器设备的修理等。

工业统计调查单位为工业法人单位。

工业法人单位指从事工业生产经营活动的法人单位。工业法人单位应同时具备以下条件：①依法成立，有自己的名称、组织机构和场所，能够独立承担民事责任；②独立拥有（或授权）使用资产，承担负债，有权与其他单位签订合同；③具有包括资产负债表在内的帐户，或者能够根据需要编制帐户。

企业（单位）登记注册类型 是以在工商行政管理机关登记注册的各类企业为划分对象，以工商行政管理部门对企业登记注册的类型为依据，将企业登记注册类型分为内资企业、港澳台商投资企业和外商投资企业三大类。内资企业包括国有企业、集体企业、股份合作企业、联营企业、有限责任公司、股份有限公司、私营企业和其他企业；港澳台商投资企业和外商投资企业分别包括合资经营企业、合作经营企业、独资经营企业和股份有限公司等。对不在工商行政管理部门进行登记注册的行政机关、事业单位和社会团体，主要按其经费来源和管理方式进行划分。

国有控股企业 即原来的国有及国有控股企业，根据企业实收资本中国有经济成分的出资人的实际投资情况，或国有经济成分的出资人对企业资产的实际控制、支配程度进行分类。以下情况为国有控股：（1）在企业的全部实收资本中，国有经济成分的出资人拥有的实收资本（股本）所占企业全部实收资本（股本）的比例大于50%的国有绝对控股。（2）在企业的全部实收资本中，国有经济成分的出资人拥有的实收资本（股本）所占比例虽未大于 50%，但相对大于其他任何一方经济成分的出资人所占比例的国有相对控股；或者虽不大于其他经济成分，但根据协议规定拥有企业实际控制权的国有协议控股。（3）投资双方各占 50%，且未明确由谁绝对控股的企业，若其中一方为国有经济成分的，一律按国有控股处理。

资产总计 指企业过去的交易或者事项形成的、由企业拥有或者控制的、预期会给企业带来经济利益的资源。资产一般按流动性（资产的变现或耗用时间长短）分为流动资产和非流动资产。其中流动资产可分为货币资金、交易性金融资产、应收票据、应收账款、预付款项、其他应收款、存货等；非流动资产可分为长期股权投资、固定资产、无形资产及其他非流动资产等。

流动资产合计 资产满足以下条件之一应归为流动资产：(1)预计在一个正常营业周期中变现、出售或耗用，主要包括存货、应收账款等；(2)主要为交易目的而持有；(3)预计在资产负债表日起一年内（含一年）变现；(4)自资产负债日起一年内，交换其他资产或清偿负债的能力不受限制的现金或现金等价物。包括货币资金、应收票据、应收账款、存货等项目。

负债合计 指企业过去的交易或者事项形成的，预期会导致经济利益流出企业的现时义务。负债一般按偿还期长短分为流动负债和非流动负债。

所有者权益合计 指企业资产扣除负债后由所有者享有的剩余权益。公司的所有者权益又称股东权益。包括实收资本、资本公积、盈余公积、未分配利润等。

营业收入 指企业从事销售商品、提供劳务和让渡资产使用权等生产经营活动形成的经济利益流入。

营业成本 指企业从事销售商品、提供劳务和让渡资产使用权等生产经营活动发生的实际成本。

税金及附加 指企业因从事生产经营活动按税法规定应缴纳的消费税、城市维护建设税、资源税、环境保护税、教育费附加及房产税、土地使用税、车船使用税、印花税等相关税费。

销售费用 指企业在销售商品和材料、提供劳务的过程中发生的各种费用，包括保险费、包装费、展览费和广告费、商品维修费、预计产品质量保证损失、运输费、装卸费等以及为销售本企业商品而专设的销售机构（含销售网点、售后服务网点等）的职工薪酬、业务费、折旧费等经营费用。

管理费用 指企业为组织和管理企业生产经营所发生的费用，包括企业在筹建期间内发生的开办费、董事会和行政管理部门在企业经营管理中发生的，或者应当由企业统一负担的公司经费等。

财务费用 指企业为筹集生产经营所需资金等而发生的筹资费用，包括企业生产经营期间发生的利息支出（减利息收入）、汇兑损失（减汇兑收益）以及相关的手续费等。

利润总额 指企业在一定会计期间的经营成果，是生产经营过程中各种收入扣除各种耗费后的盈余，反映企业在报告期内实现的盈亏总额。利润总额为营业利润加上营业外收入，减去营业外支出后的金额。

应交增值税 指按照税法规定，以销售货物、服务、无形资产、不动产或提供加工、修理修配劳务的增值额和货物进口金额为计税依据而课征的一种流转税。

平均用工人数 指报告期企业平均实际拥有的、参与本企业生产经营活动的人员数。

亏损面 指亏损企业单位数占全部工业企业单位数的比重。计算公式为：

亏损面=亏损企业单位数/全部工业企业单位数 × 100%

资产负债率 又称举债经营比率，反映企业利用债权人提供资金进行经营活动的能力，也是衡量企业负债水平及经营风险程度的重要指标。计算公式：

资产负债率=负债总额/资产总额 × 100%

营业收入利润率 指企业实现的利润与同期营业收入的比率。该指标既可考核企业利润计划的完成情况，又可比较各企业之间或不同时期的经营管理水平。计算公式：

营业收入利润率=利润总额/营业收入 × 100%

Explanatory Notes on Main Statistical Indicators

Industry refers to the material production sector which is engaged in the extraction of natural resources and processing and reprocessing of minerals and agricultural products, including (1) extraction of natural resources, such as mining, salt production (but not including hunting and fishing); (2) processing and reprocessing of farm and sideline products, such as grain and oil processing, food processing, silk reeling, spinning and weaving and leather making; (3) processing and reprocessing of mineral products, such as steel making, iron smelting, chemicals manufacturing, petroleum processing, machine building, timber processing, and production and supply of electricity, gas and water; (4) repairing and renovating of industrial products such as the machinery.

In industrial surveys, the units of enquiry are industrial corporate units.

Industrial corporate units refer to corporate units engaging in industrial production and operation activities, which meet the following requirements: (1) They are established legally, having their own names, organizations, location, and are able to take civil liability independently; (2) They possess (or are authorized to use) assets independently, assume liabilities and are entitled to sign contracts with other units; (3) They have accounts including the balance sheets or can compile the accounts according to the need.

Registration Status of Enterprises (Units) Enterprises are classified into 3 categories, namely domestic-funded enterprises, enterprises with investment from Hong Kong, Macao and Taiwan, and enterprises with foreign investment, according to the registration status of an enterprise in industrial and commercial administration agencies. Domestic-funded enterprises include State-owned enterprises, collective-owned enterprises, cooperative enterprises, joint ownership enterprises, limited liability corporations, share-holding corporations Ltd., private enterprises and other enterprises. Included in the enterprises with investment from Hong Kong, Macao and Taiwan and enterprises with foreign investment are joint-venture enterprises, cooperative enterprises, sole investment enterprises and share-holding corporations Ltd. For government agencies, institutions and social organizations which are not registered in industrial and commercial administration agencies, they are classified mainly by their sources of funding and manner of management.

State-holding Enterprises cover the original state-owned enterprises and state-holding enterprises. They are classified according to the actual investment made by the contributor of state-owned part in the paid-in capital of the enterprises, or the degree of control or dominance of the contributor on the assets of the enterprises. The following cases are regarded as state-holding: (1) Absolute state-holding in which the contributors of state-owned parts possess more than 50% of all the paid-in capital (stocks) of the enterprises; (2) Relative state-holding in which the contributors of state-owned parts possess no more than 50% of the paid-in capital (stocks) of the enterprises, but more than that of any other contributors; or agreed state-holding in which the contributors of state-owned parts possess no more than other contributors but have actual control over the enterprises according to agreements; (3) In the case both contributors possess 50% and it is not clear which one is in absolute holding position, the enterprise is regarded as state-holding enterprise if one of the contributor has state-owned elements.

Total Assets refer to all resources that are owned or controlled by enterprises through previous trades or transactions with expectation of making economic profits. Classified by the degree of liquidity, total assets include current assets and non-current assets. Current assets can be classified into monetary capital, trading financial assets, notes receivable, accounts receivable, advanced payments, other receivables and inventories. Non-current assets can be divided into long-term equity investment, fixed assets, intangible assets and other non-current assets.

Total Current Assets refer to the assets that meet one of the following requirements: (1) expected to be cashed, sold or used in a normal operation cycle, mainly including inventory and accounts receivable; (2) be owned for trading purpose mainly; (3) expected to be cashed in one year (including one year) from the day of the Balance Sheet; (4) unlimited cash or cash equivalents that can be exchanged with other assets or being capable of settling debts during one year since the day of the Balance Sheet. Included are monetary capital, notes receivable, accounts receivable and inventories.

Total Liabilities refer to payable liabilities of enterprises that accumulated from previous trades or transactions with expectation of economic profits leaking out. In terms of payment, it can be divided into liquid liabilities and long-term liabilities.

Total Creditors' Equity refers to the residual interest in the assets of an enterprise after deducting all its liabilities. Creditors' equity of a company is also known as shareholders' equity. Included are paid-in capital, capital reserve, surplus reserve, undistributed profits, etc.

Business Revenue refers to the economic benefits enterprises gained in the production and operating activities such as selling products, providing services and alienating the right to use assets.

Business Cost refers to the actual cost occurred in the production and operating activities of enterprises such as selling products, providing services and alienating the right to use assets.

Taxes and Extra Charges refer to the relevant taxes and fees that enterprises should bear in the production and operating activities according to the tax law, including consumption tax, city maintenance and construction tax, resources tax, environmental protection tax, extra charge of education, real estate tax, land use tax, vehicle and vessel use tax, stamp tax, etc.

Costs of Sales refers to the cost during the sale of goods and materials, providing labour services, including insurance, packing, exhibition fees and advertising fees, merchandise maintenance costs, expected product quality guarantee loss, transportation fees, handling fees, and operating expenses for the sales of the company's products such as employee compensation, business expenses, depreciation costs for dedicated sales offices (including sales outlets, after-sales service outlets, etc.).

Administrative Expenses refers to the expenses for the organization and management of enterprise operating, including the start-up costs during the construction of enterprises, funds occurred during enterprises operating by board of directors and executive management in the enterprise management, or burden by enterprises.

Financial Expenses refers to cost of raising fund for enterprises to raise funds for production and operation, including interest payments (a reduction in interest income), exchange loss (less exchange gains) and related fees during the period of production.

Total Profits refers to the operation results in a certain accounting period, and it is the balance of various incomes minus various spending in the course of operation, reflecting the total profits and losses of enterprises in reference period. It is balance of business profits plus non-business income, minus non-business expense.

Value Added Taxes Payable refers to the turnover taxes which is imposed on the added value of selling goods, services, intangible assets, real estate, or providing processing and repairing, and on imported value of import goods according to the tax laws.

Average Employees refers to the number of persons engaged in the enterprise production and operation activities in the reporting period, which are actually owned by the enterprise.

Range of Deficits refers to the proportion of loss-making enterprises in the number of all industrial enterprises. The formula is as follows:

Range of Deficits = Number of Loss-making Enterprises / Total Number of Industrial Enterprises ×100%

Ratio of Debts to Assets is also called leverage ratio. It reflects both the capability and the operation risk of the enterprises in making use of the capital from the creditors. It is calculated as follows:

Ratio of Debts to Assets = Total Debts / Total Assets ×100%

Ratio of Profits to Business Revenue refers to the profits to the business revenue in the same period. This indicator can evaluate accomplishment of profits plan of enterprises, as well as compare management level of different enterprises or different periods. The formula is as follows:

Ratio of Profits to Business Revenue = Total Profits / Business Revenue ×100%

11

CONSTRUCTION

建筑业

资料整理人员

郝志军　陈烨松　许婷瑜

建筑业

CONSTRUCTION

建筑业施工企业个数	Number of Construction Enterprises	3834	个 (unit)
建筑业总产值	Gross Output Value of Construction	6159.6	亿元 (100 million yuan)
建筑业竣工产值	Completed Output Value of Costruction	1827.9	亿元 (100 million yuan)
建筑业房屋竣工面积	Floor Space of Buildings of Construction Completed	4229	万平方米 (10 000 sq.m)

建筑业总产值构成 (%)

Composition of Gross Output Value of Construction (%)

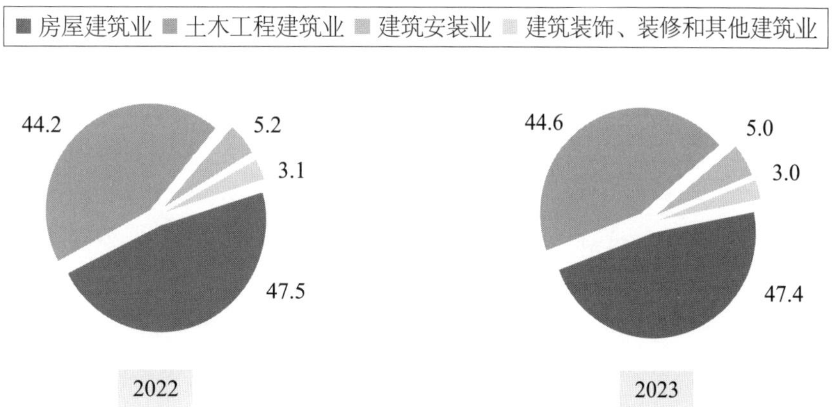

建筑业总产值（亿元）

Gross Output Value of Construction (100 million yuan)

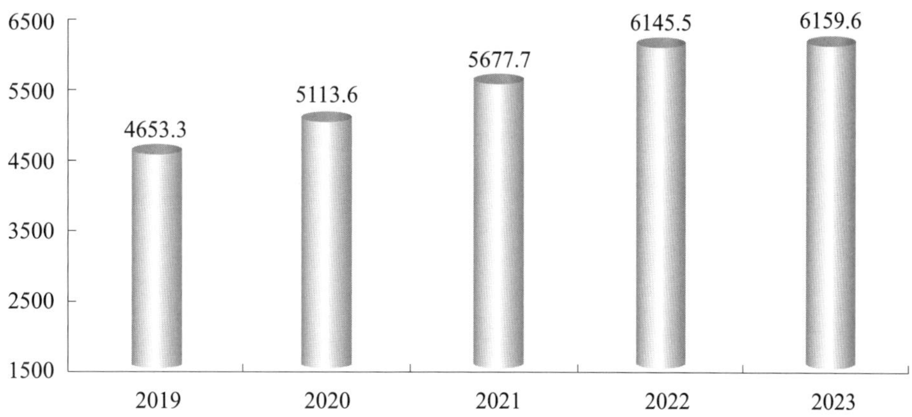

11-1 建筑施工企业主要经济指标
MAJOR ECONOMIC INDICATORS OF CONSTRUCTION ENTERPRISES

指 标	Item	2022	2023
施工企业个数 (个)	Number of Construction Enterprises (unit)	3689	3834
从事建筑业活动的平均人数 (万人)	Average Number of Employees Engaged in Construction Activities (10 000 persons)	130	135
固定资产原价 (万元)	Original Value of Fixed Assets (10 000 yuan)	7048671	7636794
自有机械设备年末总台数 (台)	Number of Machinery and Equipment Owned (set)	187747	175027
自有机械设备年末净值 (万元)	Net Value of Machinery and Equipment Owned (10 000 yuan)	2249749	1333064
自有机械设备年末总功率 (万千瓦)	Total Power of Machinery and Equipment Owned (10 000 kw)	823	723
建筑业总产值 (万元)	Gross Output Value of Construction (10 000 yuan)	61454730	61596340
竣工产值 (万元)	Output Value of Buildings Completed (10 000 yuan)	18268325	18279062
累计折旧 (万元)	Accumulated Depreciation (10 000 yuan)	3663103	4049842
本年折旧 (万元)	Depreciation in This Year (10 000 yuan)	637765	651618
施工面积 (万平方米)	Floor Space of Buildings under Construction (10 000 sq.m)	22648	22404
房屋建筑竣工面积 (万平方米)	Floor Space of Buildings Completed (10 000 sq.m)	5635	4229
房屋建筑竣工价值 (万元)	Value of Buildings Completed (10 000 yuan)	9647371	8775168
营业利润 (万元)	Profits of Business (10 000 yuan)	1445022	1713902
管理费用 (万元)	Costs of Administration (10 000 yuan)	1913705	2048100
利润总额 (万元)	Total Profits (10 000 yuan)	1446953	1713696
按总产值计算的 劳动生产率 (元/人)	Labor Productivity in Terms of Total Output Value (yuan/person)	472018	457916
实收资本 (万元)	Capitals Hold (10 000 yuan)	12635758	12403435
资产总计 (万元)	Total Assets (10 000 yuan)	98565929	107475468
负债合计 (万元)	Total Liabilities (10 000 yuan)	73680459	80747198
所有者权益合计 (万元)	Total Creditors Equity (10 000 yuan)	24885470	26728270
竣工率(按产值计算) (%)	Rate of Completed (by Output Value) (%)	29.7	29.7
资产负债率 (%)	Ratio of Debts to Assets (%)	74.8	75.1
产值利润率 (%)	Ratio of Profit to Gross Output Value (%)	2.4	2.8

11-2 建筑业企业总产值和竣工产值(2023年)

GROSS OUTPUT VALUE AND COMPLETED VALUE OF CONSTRUCTION ENTERPRISES(2023)

单位：万元 (10 000 yuan)

指 标	Item	建筑业总产值 Gross Output Value	#建筑工程 Construction	#安装工程 Installation	竣工产值 Output Value of Buildings Completed
总 计	**Total**	**61596340**	**54789361**	**5495748**	**18279062**
#国有及国有控股	State Owned and State Controlling Share	38837460	35307256	3090342	9010090
按登记注册类型分	**Grouped by Registered Kind**				
内资企业	Civil Funded Enterprises	61596327	54789349	5495748	18279062
国有独资企业	Companies Exclusively with Investment from State	1290133	1215802	50251	601654
私营有限责任公司	Private Limited Responsibility Corporations	19087365	16478622	1845670	8086060
其他有限责任公司	Other Limited Responsibility Corporations	38360098	35079662	2807684	8884924
私营股份有限公司	Private Share-holding Limited Corporations	1044945	950520	54262	135659
其他股份有限公司	Other Share-holding Limited Corporations	1458800	732126	726673	374918
全民所有制企业(国有企业)	Enterprises Owned by the Whole People (State-owned Enterprises)	174931	163455	3787	71500
集体所有制企业(集体企业)	Enterprises Owned by the Collective (Collective Enterprises)	180056	169162	7421	124346
港澳台商投资企业	Enterprises Funded by Hong Kong, Macao and Taiwan	13	13		
外商投资企业	Foreign Funded Enterprises				
按国民经济行业分	**Grouped by Economic Sector**				
房屋建筑业	Construction of Buildings	29226984	26884673	1902258	11179937
土木工程建筑业	Civil Engineering	27471486	24822816	2077489	5029412
建筑安装业	Building Installation	3074198	1661493	1346808	1209841
建筑装饰、装修和其他建筑业	Building Decoration and Other Construction	1823672	1420380	169194	859872
按企业资质等级分	**Grouped by Qualification Criteria**				
施工总承包	Overall Contract	58237369	52498343	4691980	16892711
特 级	Special Grade	26233798	23885794	2221859	5441569
一 级	1st Grade	16692831	15511486	902196	4962722
二 级	2nd Grade	7978897	7013383	736137	3524081
三级及以下	3rd Grade and below	7331843	6087680	831788	2964339
专业承包	Specialized Contract	3358972	2291018	803768	1386351
一 级	1st Grade	1256754	826152	389835	488406
二 级	2nd Grade	1257041	888959	219441	528116
三级及以下	3rd Grade and below	845177	575907	194492	369829

11-3 按主要用途分的房屋建筑竣工面积(2023年)

单位：平方米

指标	Item	总计 Total	住宅房屋 Residential Buildings
总　计	**Total**	**42289986**	**28253267**
#国有及国有控股	State Owned and State Controlling Share	22154394	13473515
按登记注册类型分	**Grouped by Registered Kind**		
内资企业	Civil Funded Enterprises	42289986	28253267
国有独资企业	Companies Exclusively with Investment from State	184540	102602
私营有限责任公司	Private Limited Responsibility Corporations	18470506	13589997
其他有限责任公司	Other Limited Responsibility Corporations	22554563	13780424
私营股份有限公司	Private Share-holding Limited Corporations	297353	58752
其他股份有限公司	Other Share-holding Limited Corporations		
全民所有制企业(国有企业)	Enterprises Owned by the Whole People (State-owned Enterprises)	205432	166182
集体所有制企业(集体企业)	Enterprises Owned by the Collective (Collective Enterprises)	577592	555310
港澳台商投资企业	Enterprises Funded by Hong Kong, Macao and Taiwan		
外商投资企业	Foreign Funded Enterprises		
按国民经济行业分	**Grouped by Economic Sector**		
房屋建筑业	Construction of Buildings	39124341	26430870
土木工程建筑业	Civil Engineering	1834314	882587
建筑安装业	Building Installation	942581	821556
建筑装饰、装修和其他建筑业	Building Decoration and Other Construction	388750	118254
按企业资质等级分	**Grouped by Qualification Criteria**		
施工总承包	Overall Contract	40248742	27190974
特　级	Special Grade	20079483	12227595
一　级	1st Grade	9265045	6837003
二　级	2nd Grade	7602986	6138646
三级及以下	3rd Grade and below	3301228	1987730
专业承包	Specialized Contract	2041244	1062293
一　级	1st Grade	65750	45351
二　级	2nd Grade	1586319	951127
三级及以下	3rd Grade and below	389175	65815

FLOOR SPACE OF BUILDINGS COMPLETED BY MAJOR USE(2023)

(sq.m)

商业及服务用房屋 Commercial and Service Buildings	办公用房 Oiffices	科研、教育、医疗用房屋 Scientific Research, Education and Healthcare Buildings	文化、体育、娱乐用房屋 Culture, Sports and Entertaninment Buildings	厂房及建筑物 Factory Buildings	仓库 Warehouses	其他未列明的房屋建筑物 Other Unlisted Buildings
2011701	**772190**	**4166532**	**739722**	**4967319**	**216535**	**1162720**
833015	531486	3486533	621984	2770267	111198	326396
2011701	772190	4166532	739722	4967319	216535	1162720
549	13620	7497	7032	46743		6497
966400	206481	676748	116115	2030823	97055	786887
862322	526795	3457178	613883	2836977	119040	357944
177460	16994			38660		5487
3859		25109	2692	3590		4000
1111	8300			10526	440	1905
1724953	727162	4062243	739472	4432732	210925	795984
28759	20730	100939	250	480160	2465	318424
67494	11307			31024		11200
190495	12991	3350		23403	3145	37112
1744770	720152	4143583	733022	4415710	209284	1091247
914716	514595	3570964	628768	2146170	63819	12856
556172	72938	280492	65050	983437	108235	361718
176733	71626	180865	33679	734171	8192	259074
97149	60993	111262	5525	551932	29038	457599
266931	52038	22949	6700	551609	7251	71473
	10515			2		9882
193800	22063	22919		342940	5559	47911
73131	19460	30	6700	208667	1692	13680

11-4 按主要用途分的房屋建筑竣工价值(2023年)

单位：万元

指 标	Item	总 计 Total	住宅房屋 Residential Buildings
总 计	**Total**	**8775168**	**5063505**
#国有及国有控股	State Owned and State Controlling Share	5323290	2519540
按登记注册类型分	**Grouped by Registered Kind**		
内资企业	Civil Funded Enterprises	8775168	5063505
国有独资企业	Companies Exclusively with Investment from State	48102	24091
私营有限责任公司	Private Limited Responsibility Corporations	3179212	2349738
其他有限责任公司	Other Limited Responsibility Corporations	5386644	2560480
私营股份有限公司	Private Share-holding Limited Corporations	30198	13536
其他股份有限公司	Other Share-holding Limited Corporations		
全民所有制企业(国有企业)	Enterprises Owned by the Whole People (State-owned Enterprises)	32173	24280
集体所有制企业(集体企业)	Enterprises Owned by the Collective (Collective Enterprises)	98840	91380
港澳台商投资企业	Enterprises Funded by Hong Kong, Macao and Taiwan		
外商投资企业	Foreign Funded Enterprises		
按国民经济行业分	**Grouped by Economic Sector**		
房屋建筑业	Construction of Buildings	8289149	4824693
土木工程建筑业	Civil Engineering	440737	219007
建筑安装业	Building Installation	22194	12002
建筑装饰、装修和其他建筑业	Building Decoration and Other Construction	23088	7802
按企业资质等级分	**Grouped by Qualification Criteria**		
施工总承包	Overall Contract	8653168	5037125
特 级	Special Grade	4768628	2210565
一 级	1st Grade	1942527	1380245
二 级	2nd Grade	1355395	1072056
三级及以下	3rd Grade and below	586618	374259
专业承包	Specialized Contract	122000	26380
一 级	1st Grade	7182	1220
二 级	2nd Grade	82158	22994
三级及以下	3rd Grade and below	32660	2166

VALUE OF BUILDINGS COMPLETED BY MAJOR USE(2023)

(10 000 yuan)

商业及服务用房屋 Commercial and Service Buildings	办公用房 Oiffices	科研、教育、医疗用房屋 Scientific Research, Education and Healthcare Buildings	文化、体育、娱乐用房屋 Culture, Sports and Entertaninment Buildings	厂房及建筑物 Factory Buildings	仓 库 Warehouses	其他未列明的房屋建筑物 Other Unlisted Buildings
463196	**194198**	**1314179**	**272170**	**1176536**	**58279**	**233106**
268281	136459	1158737	244041	816958	39167	140109
463196	194198	1314179	272170	1176536	58279	233106
126	3749	1986	2038	14423		1689
182854	48653	154954	27825	309798	17730	87661
271955	134181	1152437	241957	843873	40441	141320
7099	4248			4247		1068
945		4803	350	628		1165
218	3366			3567	108	202
444649	184608	1270926	271986	1092888	57790	141608
6634	6418	42766	184	78520	182	87028
2495	1135			2978		3584
9418	2037	488		2150	307	886
450213	187330	1302530	272156	1123305	57273	223236
280212	133699	1191823	248352	652147	18464	33366
106520	19857	64304	16459	208384	33842	112918
46526	19991	36835	6520	147093	1380	24994
16955	13784	9569	824	115682	3588	51958
12983	6867	11649	15	53230	1006	9870
	1818			1180		2965
9457	4272	11609		28532	863	4431
3527	777	40	15	23518	142	2475

11-5 建筑业企业房屋建筑面积(2023年)

FLOOR SPACE OF BUILDINGS CONSTRUCTED BY CONSTRUCTION ENTERPRISES(2023)

单位: 平方米 (sq.m)

指 标	Item	房屋建筑施工面积 Floor Space of Buildings under Construction	#本年新开工面积 Newly Started This Year
总 计	**Total**	**224043357**	**56104707**
#国有及国有控股	State Owned and State Controlling Share	143979365	27733415
按登记注册类型分	**Grouped by Registered Kind**		
内资企业	Civil Funded Enterprises	224043357	56104707
国有独资企业	Companies Exclusively with Investment from State	2973543	785857
私营有限责任公司	Private Limited Responsibility Corporations	72084125	25524616
其他有限责任公司	Other Limited Responsibility Corporations	142604178	28206424
私营股份有限公司	Private Share-holding Limited Corporations	2002910	521829
其他股份有限公司	Other Share-holding Limited Corporations		
全民所有制企业 (国有企业)	Enterprises Owned by the Whole People (State-owned Enterprises)	2545473	872468
集体所有制企业 (集体企业)	Enterprises Owned by the Collective (Collective Enterprises)	1833128	193513
港澳台商投资企业	Enterprises Funded by Hong Kong, Macao and Taiwan		
外商投资企业	Foreign Funded Enterprises		
按国民经济行业分	**Grouped by Economic Sector**		
房屋建筑业	Construction of Buildings	210490734	51881781
土木工程建筑业	Civil Engineering	8729719	1830825
建筑安装业	Building Installation	3869087	1628623
建筑装饰、装修和其他建筑业	Building Decoration and Other Construction	953817	763478
按企业资质等级分	**Grouped by Qualification Criteria**		
施工总承包	Overall Contract	217961228	53058240
特 级	Special Grade	139891866	29570202
一 级	1st Grade	33864788	9048189
二 级	2nd Grade	29812486	9398147
三级及以下	3rd Grade and below	14392088	5041702
专业承包	Specialized Contract	6082129	3046467
一 级	1st Grade	2763731	1295640
二 级	2nd Grade	2739815	1443422
三级及以下	3rd Grade and below	578583	307405

11-6 建筑业企业机械设备情况(2023年)
MACHINERY AND EQUIPMENT OF CONSTRUCTION ENTERPRISES(2023)

指 标	Item	自有机械设备年末总台数(台) Number of Machinery and Equipment Owned(unit)	自有机械设备年末总功率(千瓦) Total Power of Machinery and Equipment Owned(kw)	自有机械设备年末净值(万元) Net Value of Machinery and Equipment Owned (10 000 yuan)
总 计	**Total**	**175027**	**7228453**	**1333064**
#国有及国有控股	State Owned and State Controlling Share	104274	5740827	930609
按登记注册类型分	**Grouped by Registered Kind**			
内资企业	Civil Funded Enterprises	175027	7228453	1333064
国有独资企业	Companies Exclusively with Investment from State	33005	184955	8951
私营有限责任公司	Private Limited Responsibility Corporations	64075	1273809	368211
其他有限责任公司	Other Limited Responsibility Corporations	74326	5681531	936188
私营股份有限公司	Private Share-holding Limited Corporations	961	20608	3790
其他股份有限公司	Other Share-holding Limited Corporations	637	27190	7117
全民所有制企业(国有企业)	Enterprises Owned by the Whole People (State-owned Enterprises)	989	15090	4751
集体所有制企业(集体企业)	Enterprises Owned by the Collective (Collective Enterprises)	1034	25270	4058
港澳台商投资企业	Enterprises Funded by Hong Kong, Macao and Taiwan			
外商投资企业	Foreign Funded Enterprises			
按国民经济行业分	**Grouped by Economic Sector**			
房屋建筑业	Construction of Buildings	97281	1381877	290825
土木工程建筑业	Civil Engineering	65585	5534717	932757
建筑安装业	Building Installation	6305	158546	45299
建筑装饰、装修和其他建筑业	Building Decoration and Other Construction	5856	153313	64183
按企业资质等级分	**Grouped by Qualification Criteria**			
施工总承包	Overall Contract	164265	6925981	1212155
特 级	Special Grade	34788	3837227	575885
一 级	1st Grade	54134	2049441	360553
二 级	2nd Grade	60429	648583	142106
三级及以下	3rd Grade and below	14914	390730	133611
专业承包	Specialized Contract	10762	302472	120909
一 级	1st Grade	2853	99173	46677
二 级	2nd Grade	5787	141731	45764
三级及以下	3rd Grade and below	2122	61568	28468

11-7 建筑业企业劳动生产率(2023年)

LABOR PRODUCTIVITY OF CONSTRUCTION ENTERPRISES(2023)

指 标	Item	企业个数(个) Number of Enterprises (unit)	从事建筑业活动的平均人数(人) Average Number of Employees (person)	按总产值计算的劳动生产率(元/人) Labor Productivity in Terms of Gross Output Value (yuan/person)	人均竣工产值(元/人) Per Capita Output Value of Buildings Completed (yuan/person)
总 计	**Total**	**3834**	**1345146**	**457916**	**135889**
#国有及国有控股	State Owned and State Controlling Share	324	703138	552345	128141
按登记注册类型分	**Grouped by Registered Kind**				
内资企业	Civil Funded Enterprises	3833	1345142	457917	135889
国有独资企业	Companies Exclusively with Investment from State	29	26334	489912	228471
私营有限责任公司	Private Limited Responsibility Corporations	3226	552226	345644	146427
其他有限责任公司	Other Limited Responsibility Corporations	444	722754	530749	122932
私营股份有限公司	Private Share-holding Limited Corporations	76	21538	485164	62986
其他股份有限公司	Other Share-holding Limited Corporations	6	9677	1507491	387432
全民所有制企业(国有企业)	Enterprises Owned by the Whole People (State-owned Enterprises)	17	6999	249937	102158
集体所有制企业(集体企业)	Enterprises Owned by the Collective (Collective Enterprises)	35	5614	320726	221493
港澳台商投资企业	Enterprises Funded by Hong Kong, Macao and Taiwan	1	4	32000	
外商投资企业	Foreign Funded Enterprises				
按国民经济行业分	**Grouped by Economic Sector**				
房屋建筑业	Construction of Buildings	1634	660314	442623	169312
土木工程建筑业	Civil Engineering	1120	568368	483340	88489
建筑安装业	Building Installation	508	60131	511250	201201
建筑装饰、装修和其他建筑业	Building Decoration and Other Construction	572	56333	323731	152641
按企业资质等级分	**Grouped by Qualification Criteria**				
施工总承包	Overall Contract	2600	1251373	465388	134993
特 级	Special Grade	24	449327	583846	121105
一 级	1st Grade	142	399078	418285	124355
二 级	2nd Grade	550	193563	412212	182064
三级及以下	3rd Grade and below	1884	209405	350127	141560
专业承包	Specialized Contract	1234	93773	358202	147841
一 级	1st Grade	173	27155	462807	179858
二 级	2nd Grade	549	37694	333486	140106
三级及以下	3rd Grade and below	512	28924	292206	127862

11-8 建筑业企业资本金及资产(2023年)

CAPITAL AND ASSETS OF CONSTRUCTION ENTERPRISES(2023)

单位：万元 (10 000 yuan)

指　标	Item	实收资本 Capitals Hold	资产总计 Total Assets	#流动资产合计 Total Current Assets	#固定资产原价 Original Value of Fixed Assets
总　计	**Total**	**12403435**	**107475468**	**80278315**	**7636794**
#国有及国有控股	State Owned and State Controlling Share	6984249	79920025	56550306	4828127
按登记注册类型分	**Grouped by Registered Kind**				
内资企业	Civil Funded Enterprises	12401636	107472660	80275540	7636441
国有独资企业	Companies Exclusively with Investment from State	143463	2190710	1965307	93116
私营有限责任公司	Private Limited Responsibility Corporations	4665704	21862677	18625318	2401495
其他有限责任公司	Other Limited Responsibility Corporations	7115074	78562288	55405440	4948035
私营股份有限公司	Private Share-holding Limited Corporations	234253	1444738	1238479	80241
其他股份有限公司	Other Share-holding Limited Corporations	180817	2337519	2023858	41968
全民所有制企业(国有企业)	Enterprises Owned by the Whole People (State-owned Enterprises)	27084	387005	358707	33372
集体所有制企业(集体企业)	Enterprises Owned by the Collective (Collective Enterprises)	35241	687724	658432	38213
港澳台商投资企业	Enterprises Funded by Hong Kong, Macao and Taiwan	1799	2808	2775	354
外商投资企业	Foreign Funded Enterprises				
按国民经济行业分	**Grouped by Economic Sector**				
房屋建筑业	Construction of Buildings	5260062	41532146	31250146	2621922
土木工程建筑业	Civil Engineering	5862032	57903235	42101090	4304865
建筑安装业	Building Installation	746043	4846411	4240590	333219
建筑装饰、装修和其他建筑业	Building Decoration and Other Construction	535299	3193677	2686488	376789
按企业资质等级分	**Grouped by Qualification Criteria**				
施工总承包	Overall Contract	11136379	100912188	74743696	6863890
特　级	Special Grade	4025538	54283391	36145774	2059254
一　级	1st Grade	2314180	21327726	18238262	1897631
二　级	2nd Grade	2169676	13329163	10423081	1827900
三级及以下	3rd Grade and below	2626985	11971909	9936579	1079105
专业承包	Specialized Contract	1267056	6563280	5534619	772904
一　级	1st Grade	403123	2739458	2342170	263695
二　级	2nd Grade	479914	2108494	1713877	288279
三级及以下	3rd Grade and below	384019	1715328	1478572	220930

11-9 建筑业企业负债及所有者权益(2023年)
LIABILITIES AND CREDITORS' EQUITY OF CONSTRUCTION ENTERPRISES(2023)

单位：万元 (10 000 yuan)

指 标	Item	负债合计 Total Liabilities	#流动负债合计 Current Liabilities	#非流动负债合计 Non-current Liabilities	所有者权益合计 Total Creditors' Equity
总 计	**Total**	**80747198**	**70231627**	**7678736**	**26728270**
#国有及国有控股	State Owned and State Controlling Share	61983186	54165908	7239759	17936839
按登记注册类型分	**Grouped by Registered Kind**				
内资企业	Civil Funded Enterprises	80745259	70229688	7678736	26727401
国有独资企业	Companies Exclusively with Investment from State	1968784	1856614	95227	221926
私营有限责任公司	Private Limited Responsibility Corporations	14487980	12206735	266237	7374697
其他有限责任公司	Other Limited Responsibility Corporations	60360512	52391076	7231126	18201776
私营股份有限公司	Private Share-holding Limited Corporations	1045156	1017454	7412	399583
其他股份有限公司	Other Share-holding Limited Corporations	1917329	1869081	48249	420190
全民所有制企业(国有企业)	Enterprises Owned by the Whole People (State-owned Enterprises)	333160	280738	30187	53844
集体所有制企业(集体企业)	Enterprises Owned by the Collective (Collective Enterprises)	632338	607991	299	55386
港澳台商投资企业	Enterprises Funded by Hong Kong, Macao and Taiwan	1939	1939		869
外商投资企业	Foreign Funded Enterprises				
按国民经济行业分	**Grouped by Economic Sector**				
房屋建筑业	Construction of Buildings	29756999	25456763	2851590	11775147
土木工程建筑业	Civil Engineering	45080817	39508537	4648739	12822417
建筑安装业	Building Installation	3648946	3402057	113225	1197465
建筑装饰、装修和其他建筑业	Building Decoration and Other Construction	2260436	1864271	65183	933240
按企业资质等级分	**Grouped by Qualification Criteria**				
施工总承包	Overall Contract	76497427	66665335	7515331	24414761
特 级	Special Grade	43258832	37210388	6048424	11024558
一 级	1st Grade	16640615	15809482	504076	4687111
二 级	2nd Grade	8733167	7307326	434046	4595996
三级及以下	3rd Grade and below	7864813	6338139	528785	4107096
专业承包	Specialized Contract	4249770	3566293	163406	2313509
一 级	1st Grade	1812124	1631389	56715	927334
二 级	2nd Grade	1386971	1141822	44102	721522
三级及以下	3rd Grade and below	1050675	793082	62589	664653

11-10 建筑业企业收入及成本情况(2023年)
REVENUE AND COST OF CONSTRUCTION ENTERPRISES(2023)

单位：万元 (10 000 yuan)

指 标	Item	营业收入 Revenue of Business	#主营业务收入 Revenue of Major Business	主营业务成本 Cost of Major Business
总 计	**Total**	**66332381**	**64749336**	**55951443**
#国有及国有控股	State Owned and State Controlling Share	44529264	44119834	39772389
按登记注册类型分	**Grouped by Registered Kind**			
内资企业	Civil Funded Enterprises	66332368	64749323	55951431
国有独资企业	Companies Exclusively with Investment from State	1016116	1002130	932840
私营有限责任公司	Private Limited Responsibility Corporations	18409606	17404023	13725735
其他有限责任公司	Other Limited Responsibility Corporations	44693591	44193032	39492169
私营股份有限公司	Private Share-holding Limited Corporations	662529	653279	507288
其他股份有限公司	Other Share-holding Limited Corporations	1178881	1153163	1023186
全民所有制企业(国有企业)	Enterprises Owned by the Whole People (State-owned Enterprises)	161514	150074	136549
集体所有制企业(集体企业)	Enterprises Owned by the Collective (Collective Enterprises)	210130	193622	133665
港澳台商投资企业	Enterprises Funded by Hong Kong, Macao and Taiwan	13	13	12
外商投资企业	Foreign Funded Enterprises			
按国民经济行业分	**Grouped by Economic Sector**			
房屋建筑业	Construction of Buildings	28284839	27637157	23472759
土木工程建筑业	Civil Engineering	32949253	32257774	28500944
建筑安装业	Building Installation	3157329	2992694	2474794
建筑装饰、装修和其他建筑业	Building Decoration and Other Construction	1940959	1861711	1502947
按企业资质等级分	**Grouped by Qualification Criteria**			
施工总承包	Overall Contract	62241038	60996819	52966027
特 级	Special Grade	32997977	32879221	29939271
一 级	1st Grade	12926394	12699579	11319920
二 级	2nd Grade	8479701	8205463	6434128
三级及以下	3rd Grade and below	7836967	7212556	5272708
专业承包	Specialized Contract	4091343	3752518	2985416
一 级	1st Grade	1468187	1450187	1166696
二 级	2nd Grade	1521785	1365986	1062041
三级及以下	3rd Grade and below	1101371	936345	756680

11-11 建筑业企业费用情况(2023年)
EXPENSES OF CONSTRUCTION ENTERPRISES(2023)

单位：万元 (10 000 yuan)

指　标	Item	销售费用 Sales Expenses	管理费用 Administrative Expenses	财务费用 Financial Expenses
总　计	**Total**	**88997**	**2048100**	**431189**
#国有及国有控股	State Owned and State Controlling Share	18974	1023375	324017
按登记注册类型分	**Grouped by Registered Kind**			
内资企业	Civil Funded Enterprises	88997	2048098	431189
国有独资企业	Companies Exclusively with Investment from State	593	30488	14611
私营有限责任公司	Private Limited Responsibility Corporations	61253	867058	91225
其他有限责任公司	Other Limited Responsibility Corporations	23534	1043636	302363
私营股份有限公司	Private Share-holding Limited Corporations	1605	40412	4246
其他股份有限公司	Other Share-holding Limited Corporations	845	48905	18520
全民所有制企业(国有企业)	Enterprises Owned by the Whole People (State-owned Enterprises)	1126	7785	-22
集体所有制企业(集体企业)	Enterprises Owned by the Collective (Collective Enterprises)	40	9814	246
港澳台商投资企业	Enterprises Funded by Hong Kong, Macao and Taiwan		2	
外商投资企业	Foreign Funded Enterprises			
按国民经济行业分	**Grouped by Economic Sector**			
房屋建筑业	Construction of Buildings	23936	835365	140211
土木工程建筑业	Civil Engineering	39636	868408	249362
建筑安装业	Building Installation	12686	204962	28493
建筑装饰、装修和其他建筑业	Building Decoration and Other Construction	12739	139365	13124
按企业资质等级分	**Grouped by Qualification Criteria**			
施工总承包	Overall Contract	67673	1739020	405777
特　级	Special Grade	7845	523172	273908
一　级	1st Grade	4591	401857	92148
二　级	2nd Grade	12244	345588	26610
三级及以下	3rd Grade and below	42993	468403	13112
专业承包	Specialized Contract	21324	309080	25412
一　级	1st Grade	4608	93299	8218
二　级	2nd Grade	9499	121181	11553
三级及以下	3rd Grade and below	7216	94600	5642

11-12 建筑业企业薪酬及利润情况(2023年)

REMUNERATION AND PROFITS OF CONSTRUCTION ENTERPRISES(2023)

单位：万元 (10 000 yuan)

指 标	Item	应付职工薪酬 Remuneration Payable	营业利润 Business Profits	其他业务利润 Profits of Other Business
总 计	**Total**	**4753446**	**1713902**	**84011**
#国有及国有控股	State Owned and State Controlling Share	2642795	1369010	68957
按登记注册类型分	**Grouped by Registered Kind**			
内资企业	Civil Funded Enterprises	4753439	1713903	84011
国有独资企业	Companies Exclusively with Investment from State	128904	6919	2610
私营有限责任公司	Private Limited Responsibility Corporations	1810130	268573	11304
其他有限责任公司	Other Limited Responsibility Corporations	2644691	1400149	68204
私营股份有限公司	Private Share-holding Limited Corporations	57895	20174	552
其他股份有限公司	Other Share-holding Limited Corporations	60736	11880	
全民所有制企业(国有企业)	Enterprises Owned by the Whole People (State-owned Enterprises)	18471	5677	326
集体所有制企业(集体企业)	Enterprises Owned by the Collective (Collective Enterprises)	32612	532	1015
港澳台商投资企业	Enterprises Funded by Hong Kong, Macao and Taiwan	7	-1	
外商投资企业	Foreign Funded Enterprises			
按国民经济行业分	**Grouped by Economic Sector**			
房屋建筑业	Construction of Buildings	2037451	760748	39570
土木工程建筑业	Civil Engineering	2136459	866897	40339
建筑安装业	Building Installation	349569	49309	2377
建筑装饰、装修和其他建筑业	Building Decoration and Other Construction	229967	36949	1725
按企业资质等级分	**Grouped by Qualification Criteria**			
施工总承包	Overall Contract	4281536	1616947	77627
特 级	Special Grade	1427205	1009855	53622
一 级	1st Grade	1266900	222371	13411
二 级	2nd Grade	879532	167713	4078
三级及以下	3rd Grade and below	707899	217008	6516
专业承包	Specialized Contract	471910	96955	6384
一 级	1st Grade	138324	44167	3794
二 级	2nd Grade	186735	30252	1462
三级及以下	3rd Grade and below	146851	22537	1129

11-13 建筑业企业利润及税金情况(2023年)

PROFITS AND TAXES OF CONSTRUCTION ENTERPRISES(2023)

单位：万元 (10 000 yuan)

指　标	Item	利润总额 Total Profits	主营业务税金及附加 Taxes and Extra Charges of Major Business	应交增值税 Value-added Taxes Payable
总　计	**Total**	**1713696**	**158226**	**1390886**
#国有及国有控股	State Owned and State Controlling Share	1375826	95910	760322
按登记注册类型分	**Grouped by Registered Kind**			
内资企业	Civil Funded Enterprises	1713698	158226	1390885
国有独资企业	Companies Exclusively with Investment from State	6788	4234	37240
私营有限责任公司	Private Limited Responsibility Corporations	258310	51720	542630
其他有限责任公司	Other Limited Responsibility Corporations	1409364	96348	740090
私营股份有限公司	Private Share-holding Limited Corporations	21829	1920	18952
其他股份有限公司	Other Share-holding Limited Corporations	10461	2754	39475
全民所有制企业(国有企业)	Enterprises Owned by the Whole People (State-owned Enterprises)	6069	680	6644
集体所有制企业(集体企业)	Enterprises Owned by the Collective (Collective Enterprises)	877	571	5854
港澳台商投资企业	Enterprises Funded by Hong Kong, Macao and Taiwan	-1		1
外商投资企业	Foreign Funded Enterprises			
按国民经济行业分	**Grouped by Economic Sector**			
房屋建筑业	Construction of Buildings	748353	69776	734098
土木工程建筑业	Civil Engineering	879764	74342	502667
建筑安装业	Building Installation	48794	8893	104049
建筑装饰、装修和其他建筑业	Building Decoration and Other Construction	36785	5214	50073
按企业资质等级分	**Grouped by Qualification Criteria**			
施工总承包	Overall Contract	1611271	147477	1280570
特　级	Special Grade	1005404	64147	507078
一　级	1st Grade	220906	38213	285862
二　级	2nd Grade	172869	27876	242543
三级及以下	3rd Grade and below	212092	17242	245087
专业承包	Specialized Contract	102426	10749	110316
一　级	1st Grade	48702	4679	39699
二　级	2nd Grade	29756	3278	37600
三级及以下	3rd Grade and below	23968	2792	33018

主要统计指标解释

建筑业总产值 指以货币表现的建筑业企业在一定时期内生产的建筑业产品和服务的总和。建筑业总产值包括建筑工程产值、安装工程产值和其他产值三部分内容，不包括境外产值。

竣工产值 一般是以单位工程为对象，当该工程按照设计所规定的工程内容全部完成，达到了设计规定的交工条件，经有关部门检查验收鉴定合格的单位工程价值，即为竣工产值。竣工产值包括范围应是报告期内竣工单位工程从开工到竣工的全部自行完成的价值，竣工产值不包括附属辅助企业或内部核算的其他单位为外单位生产和服务的价值。

房屋施工面积 指报告期内施工的全部房屋建筑面积。包括本期新开工的房屋建筑面积、上期跨入本期继续施工的房屋建筑面积、上期停缓建在本期恢复施工的房屋建筑面积、本期竣工的房屋建筑面积以及本期施工后又停缓建的房屋建筑面积。

房屋竣工面积 指报告期内房屋建筑按照设计要求已全部完工，达到住人和使用条件，经验收鉴定合格或达到竣工验收标准，可正式移交使用的各栋房屋建筑面积的总和。

房屋竣工价值 指在报告期内按规定已经上报竣工的房屋本身的建造价值。一般按房屋设计和预算规定的内容计算。一般按结算价格（或中标价）计算。

资产总计 指企业过去的交易或者事项形成的、由企业拥有或者控制的、预期会给企业带来经济利益的资源。资产一般按流动性分为流动资产和非流动资产。

负债合计 指企业过去的交易或者事项形成的，预期会导致经济利益流出企业的现时义务。负债一般按偿还期长短分为流动负债和非流动负债。

所有者权益合计 指企业资产扣除负债后由所有者享有的剩余权益。公司的所有者权益又称股东权益。包括实收资本、资本公积、盈余公积、未分配利润等。

主营业务收入 指企业经营主要业务所实现的收入。

销售费用 指企业在销售商品和材料、提供劳务的过程中发生的各种费用，包括保险费、包装费、展览费和广告费、商品维修费、预计产品质量保证损失、运输费、装卸费等以及为销售本企业商品而专设的销售机构（含销售网点、售后服务网点等）的职工薪酬、业务费、折旧费等经营费用。

营业利润 指企业从事生产经营活动所取得的利润。

利润总额 指企业在一定会计期间的经营成果，是生产经营过程中各种收入扣除各种耗费后的盈余，反映企业在报告期内实现的亏盈总额。利润总额为营业利润加上营业外收入，减去营业外支出后的金额。

应付职工薪酬 指企业为获得职工提供的服务或解除劳动关系而给予的各种形式的报酬或补偿。包括职工工资、奖金、津贴和补贴，职工福利费，医疗保险费、养老保险费、失业保险费、工伤保险费和生育保险费等社会保险费，住房公积金，工会经费和职工教育经费，带薪缺勤，利润分享计划，非货币性福利，辞退福利和其他为获得职工提供的服务而给予的报酬或补偿。

应交增值税 指按照税法规定，以销售货物、服务、无形资产、不动产或提供加工、修理修配劳务的增值额和货物进口金额为计税依据而课征的一种流转税。

Explanatory Notes on Main Statistical Indicators

Gross Output Value of Construction refers to total of construction products and services, expressed in money terms, completed by construction enterprises during a given period of time. It includes three parts: output value of construction projects, output value of installation projects and output value of others.The output value from abroad is not included.

Output Value of Buildings Completed refers to the value of unit project that is completed in accordance with the requirements of the design, up to the standard for handing in, and has been checked and accepted by concerned departments as qualified one. It includes entire value of the completed project from start to completing in the reference period. If a project is under construction in two years, the output value of building completed should include completed value last year. Some large projects, such as large factory building, senior hotel, pipelines, roads, railways, which can be constructed by span, layer or fragment and can be put into use separately by contract, can calculate their output value separately. It excludes the value of products and services which affiliated enterprises or other inner accounting units provide to outer units.

Floor Space of Buildings under Construction refers to total floor space of buildings under construction during the reference period, including newly started buildings, buildings started earlier and continued during the reference period, and buildings suspended earlier but restarted during the reference period, buildings completed during the reference period, and buildings under construction and then suspended during the reference period.

Floor Space of Buildings Completed refers to the floor space of buildings that are completed in the reference period in accordance with the requirement of the design, up to the standard for being resided in and put into use, and have been checked and accepted by concerned departments as qualified ones or up to the standard of buildings completed and can be handed over for putting into use.

Value of Buildings Completed refers to the constructing value of buildings which have reported completing in accordance with the requirement in reference period. Generally, it calculates by stipulated items in design and budget. It can report in term of settling value or value of attaining contract.

Total Assets refer to all resources that are owned or controlled by enterprises through previous trades or transactions with expectation of making economic profits. Classified by the degree of liquidity, total assets include current assets and non-current assets.

Total Liabilities refer to payable liabilities of enterprises that accumulated from previous trades or transactions with expectation of economic profits leaking out. In terms of payment, it can be divided into liquid liabilities and long-term liabilities.

Total Creditors' Equity refers to the residual interest in the assets of an enterprise after deducting all its liabilities. Creditors' equity of a company is also known as shareholders' equity. Included are paid-in capital, capital reserve, surplus reserve, undistributed profits, etc.

Revenue of Major Business refers to the revenue enterprises achieved from the major business.

Costs of Sales refers to the cost during the sale of goods and materials, providing labour services, including insurance, packing, exhibition fees and advertising fees, merchandise maintenance costs, expected product quality guarantee loss, transportation fees, handling fees, and operating expenses for the sales of the company's products such as employee compensation, business expenses, depreciation costs for dedicated sales offices (including sales outlets, after-sales service outlets, etc.).

Profits of Business refer to profits realized through the business of enterprises.

Total Profits refers to the operation results in a certain accounting period, and it is the balance of various incomes minus various spending in the course of operation, reflecting the total profits and losses of enterprises in reference period. It is balance of business profits plus non-business income, minus non-business expense.

Remuneration Payable of Staff and Workers refers to all kinds of payments and compensation that enterprises pay staff and workers for getting services or terminating labor relations. It includes wages, bonus, allowances, subsides, welfare fees, health insurance premiums, endowment insurance premiums, unemployment insurance premiums, employment injury insurance premiums, birth insurance premiums, housing provident funds, labor union expenditures, educational expenditures, paid absence, profit-sharing plan, non-monetary welfare, termination benefits, etc.

Value Added Taxes Payable refers to the turnover taxes which is imposed on the added value of selling goods, services, intangible assets, real estate, or providing processing and repairing, and on imported value of import goods according to the tax laws.

12

REAL ESTATE

房地产

资料整理人员

郝志军　蒋文鑫

REAL ESTATE 房地产

房地产开发投资	Investment in Real Estate Development	1760.1	亿元 (100 million yuan)
#住　宅	Residential Buildings	1421.9	亿元 (100 million yuan)
房屋施工面积	Floor Space of Buildings under Construction	24601.3	万平方米 (10 000 sq.m)
#住　宅	Residential Buildings	18534.1	万平方米 (10 000 sq.m)
房屋竣工面积	Floor Space of Buildings Completed	2363.8	万平方米 (10 000 sq.m)
#住　宅	Residential Buildings	1888.6	万平方米 (10 000 sq.m)

房地产开发投资构成 (%)

Composition of Investment in Real Estate Development (%)

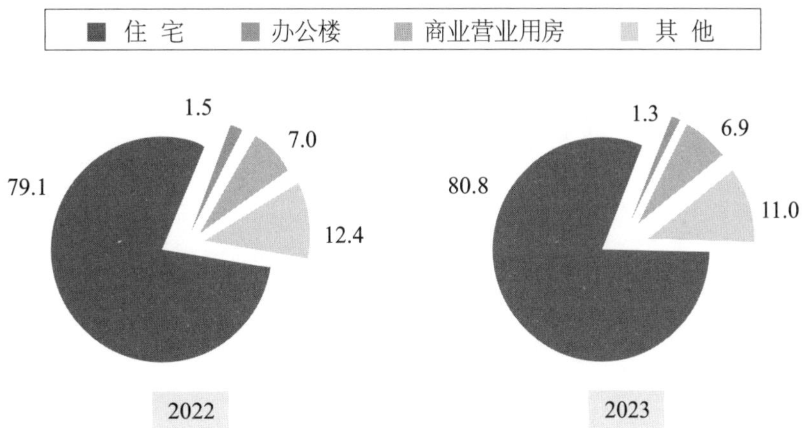

房地产开发投资(亿元)

Investment in Real Estate Development (100 million yuan)

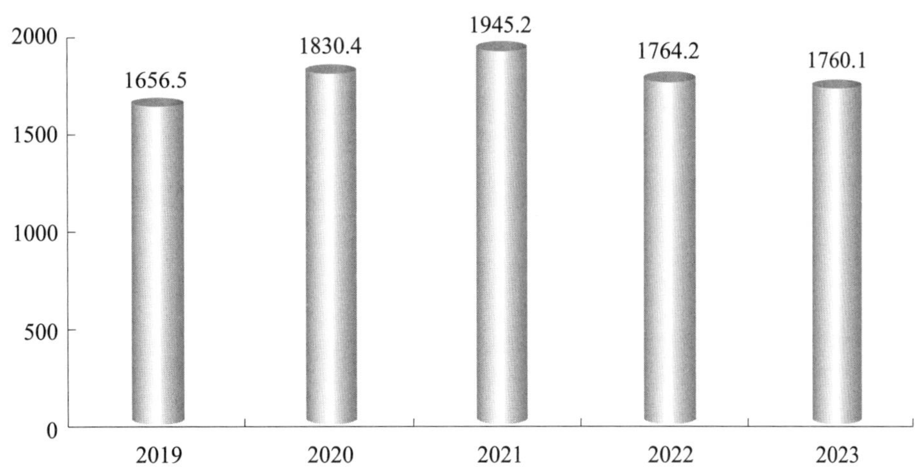

12-1 房地产开发企业主要指标

MAJOR INDICATORS OF REAL ESTATE DEVELOPMENT ENTERPRISES

单位：万元 (10 000 yuan)

指　标	Item	2022	2023
一、企业个数(个)	**Number of Enterprises (unit)**	**2768**	**2766**
二、本年完成投资	**Investment Completed This Year**	**17641986**	**17600841**
按工程用途分	Grouped by Use of Projects		
住　宅	Residential Buildings	13954190	14218582
办公楼	Office Buildings	271409	227944
商业营业用房	Buildings for Business Operation	1230536	1217819
其　他	Other Expenses	2185851	1936496
三、本年新增固定资产	**Newly Increased Fixed Assets This Year**	**6617567**	**7318983**
四、本年实际到位资金	**Actual Funds in Place This Year**	**20311225**	**19903430**
#国内贷款	Domestic Loans	622539	660224
自筹资金	Self-raised Fund	8002362	6914787
定金及预收款	Deposit and Pre Payment	7105327	7736646
个人按揭贷款	Individual Mortgage Loans	3649682	4007647
其他到位资金	Others	931315	584126
五、房屋建筑面积(平方米)	**Floor Space of Buildings (sq.m)**		
房屋施工面积	Floor Space of Buildings Under Construction	253505089	246012518
#住　宅	Residential Buildings	190686198	185341345
本年新开工面积	Floor Space of Buildings Newly Started Construction This Year	34539127	24994646
#住　宅	Residential Buildings	27349105	20130568
房屋竣工面积	Floor Space of Buildings Completed	21268247	23638468
#住　宅	Residential Buildings	16365938	18886188
六、商品房销售(平方米)	**Selling of Commercial Buildings (sq.m)**		
新建商品房销售面积	Sold Space of Newly-built Commercial Buildings	22567120	23560487
#住　宅	Residential Buildings	21521608	22578836
新建商品房销售额(万元)	Sales of Newly-built Commercial Buildings (10 000 yuan)	15149825	15972952
#住　宅	Residential Buildings	14184188	15140623
七、经营状况	**Operation Condition**		
资产总计	Total Assets	167566874	172742332
营业收入	Business Revenue	18202810	18760089
#主营业务收入	Revenue of Major Business	16736391	18642773
营业利润	Business Profits	191558	751141
利润总额	Total Profits	112369	762225
八、从业人员平均人数(人)	**Average Number of Employees (person)**	**56158**	**52836**

12-2　房地产开发企业完成投资

COMPLETED INVESTMENT OF REAL ESTATE DEVELOPMENT ENTERPRISES

单位：万元　　　　(10 000 yuan)

年 份 Year	本年完成投资 Investement Completed This Year	住 宅 Residential Buildings	办公楼 Office Buildings	商业营业用房 Buildings for Business Operation	其 他 Others
1990	28486	24635	342	2108	1401
1991	32642	27132			5510
1992	51869	41963	1473	1451	6982
1993	129685	102732		2362	24591
1994	116512	87606	2964	6169	19773
1995	150866	101914	12353	13841	22758
1996	147893	107111	6442	7471	26869
1997	181736	151687	6258	6990	16801
1998	278653	199862	9774	21609	47408
1999	350458	270496	7771	30307	41884
2000	394556	272280	19201	48178	54897
2001	466464	288916	17639	67861	92048
2002	674331	369041	46104	88518	170668
2003	950740	473991	53641	211630	211478
2004	1449898	846989	110917	353485	138507
2005	1779937	1168931	107448	274199	229359
2006	2086231	1558224	83778	238224	206005
2007	2589251	1902509	51973	245495	389274
2008	3279807	2287311	81888	389808	520800
2009	4772748	3778904	106264	437877	449703
2010	5922376	4574340	125367	604588	618081
2011	7901982	6153199	172888	736434	839461
2012	10104513	7356137	227958	1392518	1127900
2013	13086275	9588469	484284	1825554	1187968
2014	14035549	10106901	692123	1913124	1323401
2015	14948719	10983176	855037	1712127	1398379
2016	15973532	11410813	751536	2172920	1638263
2017	11662833	8463841	356003	1477912	1365077
2018	13765808	10337564	367745	1531545	1528954
2019	16565005	12964760	452789	1384146	1763310
2020	18303640	14318037	402935	1486123	2096545
2021	19452324	15560775	305701	1478167	2107681
2022	17641986	13954190	271409	1230536	2185851
2023	17600841	14218582	227944	1217819	1936496

12-3　房地产开发企业施工、销售和待售情况(2023年)

指　标	Item	合计 Total
房屋施工面积 (平方米)	Floor Space of Buildings under Construction (sq.m)	246012518
#本年新开工面积	Buildings Newly Started Construction This Year	24994646
房屋竣工面积 (平方米)	Floor Space of Buildings Completed (sq.m)	23638468
#不可销售面积	Buildings Unable to be Sold	1728033
住宅竣工套数 (套)	Sets of Residential Buildings Completed (set)	
房屋竣工价值 (万元)	Value of Buildings Completed (10 000 yuan)	6341939
房屋出租面积 (平方米)	Floor Space of Buildings Leased (sq.m)	33411
新建商品房销售面积 (平方米)	Sold Space of Newly-built Commercial Buildings (sq.m)	23560487
现　房	Completed Buildings	2704796
期　房	Forward Delivery Buildings	20855691
新建商品房销售额 (万元)	Sales of Newly-built Commercial Buildings (10 000 yuan)	15972952
现　房	Completed Buildings	1620601
期　房	Forward Delivery Buildings	14352351
商品住宅销售套数 (套)	Sets of Commercial Residential Buildings Sold (set)	
现　房	Completed Buildings	
期　房	Forward Delivery Buildings	
待售面积 (平方米)	Floor Space for Sale (sq.m)	9043218
#待售1-3年面积	Floor Space for Sale in 1-3 Years	3575677
待售3年以上面积	Floor Space for Sale More Than 3 Years	1303025

BUILDINGS UNDER CONSTRUCTION, SELLING AND FOR SALE OF REAL ESTATE DEVELOPMENT ENTERPRISES(2023)

住 宅 Residential Buildings	办公楼 Office Buildings	商业营业用房 Buildings for Business Operation	其 他 Others
185341345	5133625	17215588	38321960
20130568	273678	1263158	3327242
18886188	138308	1365104	3248868
385744	24109	176636	1141544
155035			
5053729	42381	430754	815075
382	2873	15194	14962
22578836	57951	652490	271210
2357070	19306	205300	123120
20221766	38645	447190	148090
15140623	38423	682778	111128
1369965	15271	195857	39508
13770658	23152	486921	71620
194539			
19146			
175393			
6256455	163199	1981360	642204
2403517	39455	879860	252845
741277	37365	315710	208673

12-4 房地产开发企业投资完成情况(2023年)

单位：万元

指 标	Item	企业个数 (个) Enterprises (unit)
总 计	**Total**	**2766**
按登记注册统计类别分	**Grouped by Type of Registration Status**	
内资企业	Civil Funded Enterprises	2757
国有独资公司	State Sole Funed Corporations	28
私营有限责任公司	Private Limited Liability Corporations	1987
其他有限责任公司	Other Limited Liability Corporations	726
私营股份有限公司	Private Share Holding Limited Corporations	4
其他股份有限公司	Other Share Holding Limited Corporations	
全民所有制企业(国有企业)	Enterprises owned by the whole people(state-owned enterprise)	9
集体所有制企业(集体企业)	Collectively Owned Enterprises(collective enterprise)	2
股份合作企业	Share Holding Cooperative Enterprises	
联营企业	Joint Owned Enterprises	
个人独资企业	Sole Proprietorship Enterprises	1
合伙企业	Partnership Enterprises	
其 他	Others	
港澳台商投资企业	Enterprises with Investment from Hong Kong, Macao and Taiwan	6
港澳台投资有限责任公司	Limited Liability Corporations with Investment from Hong Kong, Macao and Taiwan	6
港澳台投资股份有限公司	Share Holding Limited Corporations with Investment from Hong Kong, Macao and Taiwan	
港澳台投资合伙企业	Partnership Enterprises with Investment from Hong Kong, Macao and Taiwan	
其 他	Others	
外商投资企业	Enterprises with Foreign Investment	3
外商投资有限责任公司	Limited Liability Corporations with Foreign Investment	3
外商投资股份有限公司	Share Holding Limited Corporations with Foreign Investment	
外商投资合伙企业	Partnership Enterprises with Foreign Investment	
其 他	Others	
农民专业合作社(联合社)	Specialized Farmers' cooperatives	
个体工商户	Individual Businesses	
其他市场主体	Other market subjects	
按控股情况分	**Grouped by Share Holding**	
国有控股	State Holding Enterprises	259
集体控股	Collective-owned Holding Enterprises	29
私人控股	Private Holding Enterprises	2469
港澳台商控股	Hong Kong, Macao and Taiwan Holding Enterprises	4
外商控股	Foreign Holding Enterprises	5

COMPLETED INVESTMENT OF REAL ESTATE DEVELOPMENT ENTERPRISES(2023)

(10 000 yuan)

计划总投资 Total Planned Investment	自开始建设累计完成投资 Accumulative Investment Completed	本年完成投资 Investment Completed This Year	
			建筑工程 Construction	安装工程 Installation
173946389	**96367110**	**17600841**	**12097394**	**714945**
173114198	95870693	17545985	12063027	713826
2584931	1557437	433338	291144	1827
64124134	39203715	8313862	6022207	376848
105742288	54697984	8719444	5699358	334422
184841	102460	13814	9969	
421425	278142	63565	39265	
38500	9624	654	520	
18079	21331	1308	564	729
423444	228254	44897	26821	1119
423444	228254	44897	26821	1119
408747	268163	9959	7546	
408747	268163	9959	7546	
39296161	22101740	3888237	2467504	65517
1157809	720298	104895	82580	1047
132295364	72985614	13537783	9503801	645747
295772	199424	31035	20017	25
901283	360034	38891	23492	2609

12-4 续表1

单位：万元

指 标	Item	设备工器具购置 Purchase of Equipment and Instruments
总 计	**Total**	**146340**
按登记注册统计类别分	**Grouped by Type of Registration Status**	
内资企业	Civil Funded Enterprises	146340
国有独资公司	State Sole Funed Corporations	1170
私营有限责任公司	Private Limited Liability Corporations	75243
其他有限责任公司	Other Limited Liability Corporations	69912
私营股份有限公司	Private Share Holding Limited Corporations	
其他股份有限公司	Other Share Holding Limited Corporations	
全民所有制企业(国有企业)	Enterprises owned by the whole people(state-owned enterprise)	
集体所有制企业(集体企业)	Collectively Owned Enterprises(collective enterprise)	
股份合作企业	Share Holding Cooperative Enterprises	
联营企业	Joint Owned Enterprises	
个人独资企业	Sole Proprietorship Enterprises	15
合伙企业	Partnership Enterprises	
其 他	Others	
港澳台商投资企业	Enterprises with Investment from Hong Kong, Macao and Taiwan	
港澳台投资有限责任公司	Limited Liability Corporations with Investment from Hong Kong, Macao and Taiwan	
港澳台投资股份有限公司	Share Holding Limited Corporations with Investment from Hong Kong, Macao and Taiwan	
港澳台投资合伙企业	Partnership Enterprises with Investment from Hong Kong, Macao and Taiwan	
其 他	Others	
外商投资企业	Enterprises with Foreign Investment	
外商投资有限责任公司	Limited Liability Corporations with Foreign Investment	
外商投资股份有限公司	Share Holding Limited Corporations with Foreign Investment	
外商投资合伙企业	Partnership Enterprises with Foreign Investment	
其 他	Others	
农民专业合作社(联合社)	Specialized Farmers' cooperatives	
个体工商户	Individual Businesses	
其他市场主体	Other market subjects	
按控股情况分	**Grouped by Share Holding**	
国有控股	State Holding Enterprises	14696
集体控股	Collective-owned Holding Enterprises	621
私人控股	Private Holding Enterprises	131023
港澳台商控股	Hong Kong, Macao and Taiwan Holding Enterprises	
外商控股	Foreign Holding Enterprises	

continued

(10 000 yuan)

其他费用 Other Expenses	#旧建筑物购置费 Purchase of old Building	#土地购置费 Purchase of Land	住宅 Residential Buildings	#90平方米及以下住房 90 sq.m and Below
4642162	**27989**	**3336484**	**14218582**	**1540097**
4622792	27989	3322785	14173188	1535825
139197		126464	279252	21767
1839564	18811	1360232	6908096	597560
2615752	9178	1817897	6916034	915601
3845		3300	13291	100
24300		14892	54642	60
134			565	149
			1308	588
16957		11878	37622	1815
16957		11878	37622	1815
2413		1821	7772	2457
2413		1821	7772	2457
1340520	580	970445	2948214	405823
20647		16148	89982	17211
3257212	27409	2334199	11112677	1087525
10993		7926	31005	
12790		7766	36704	29538

12-4 续表2

单位：万元

指　标	Item	#144平方米以上住房 Above 144 sq.m
总　计	**Total**	**2574252**
按登记注册统计类别分	**Grouped by Type of Registration Status**	
内资企业	Civil Funded Enterprises	2570986
国有独资公司	State Sole Funed Corporations	5050
私营有限责任公司	Private Limited Liability Corporations	956269
其他有限责任公司	Other Limited Liability Corporations	1609652
私营股份有限公司	Private Share Holding Limited Corporations	15
其他股份有限公司	Other Share Holding Limited Corporations	
全民所有制企业(国有企业)	Enterprises owned by the whole people(state-owned enterprise)	
集体所有制企业(集体企业)	Collectively Owned Enterprises(collective enterprise)	
股份合作企业	Share Holding Cooperative Enterprises	
联营企业	Joint Owned Enterprises	
个人独资企业	Sole Proprietorship Enterprises	
合伙企业	Partnership Enterprises	
其　他	Others	
港澳台商投资企业	Enterprises with Investment from Hong Kong, Macao and Taiwan	1023
港澳台投资有限责任公司	Limited Liability Corporations with Investment from Hong Kong, Macao and Taiwan	1023
港澳台投资股份有限公司	Share Holding Limited Corporations with Investment from Hong Kong, Macao and Taiwan	
港澳台投资合伙企业	Partnership Enterprises with Investment from Hong Kong, Macao and Taiwan	
其　他	Others	
外商投资企业	Enterprises with Foreign Investment	2243
外商投资有限责任公司	Limited Liability Corporations with Foreign Investment	2243
外商投资股份有限公司	Share Holding Limited Corporations with Foreign Investment	
外商投资合伙企业	Partnership Enterprises with Foreign Investment	
其　他	Others	
农民专业合作社(联合社)	Specialized Farmers' cooperatives	
个体工商户	Individual Businesses	
其他市场主体	Other market subjects	
按控股情况分	**Grouped by Share Holding**	
国有控股	State Holding Enterprises	638825
集体控股	Collective-owned Holding Enterprises	7098
私人控股	Private Holding Enterprises	1925513
港澳台商控股	Hong Kong, Macao and Taiwan Holding Enterprises	573
外商控股	Foreign Holding Enterprises	2243

continued

(10 000 yuan)

办公楼 Office Buildings	商业营业用房 Buildings for Business Operation	其　他 Others	本年新增固定资产 Newly Increased Fixed Assets This Year
227944	**1217819**	**1936496**	**7318983**
227944	1213583	1931270	7318983
681	7343	146062	146252
88268	624133	693365	4853335
138906	581874	1082630	2274637
	215	308	36532
	18	8905	
89			
			8227
	4032	3243	
	4032	3243	
	204	1983	
	204	1983	
42209	272515	625299	566687
1185	7302	6426	107057
184550	937798	1302758	6645239
		30	
	204	1983	

12-5 房地产开发企业资金来源情况(2023年)

单位：万元

指 标	Item	上年末结余资金 Remaining Funds at the End of Last Year
总 计	**Total**	**8442998**
按登记注册统计类别分	**Grouped by Type of Registration Status**	
内资企业	Civil Funded Enterprises	8437183
国有独资公司	State Sole Funed Corporations	106740
私营有限责任公司	Private Limited Liability Corporations	2998684
其他有限责任公司	Other Limited Liability Corporations	5318017
私营股份有限公司	Private Share Holding Limited Corporations	278
其他股份有限公司	Other Share Holding Limited Corporations	
全民所有制企业(国有企业)	Enterprises owned by the whole people(state-owned enterprise)	13399
集体所有制企业(集体企业)	Collectively Owned Enterprises(collective enterprise)	
股份合作企业	Share Holding Cooperative Enterprises	
联营企业	Joint Owned Enterprises	
个人独资企业	Sole Proprietorship Enterprises	65
合伙企业	Partnership Enterprises	
其 他	Others	
港澳台商投资企业	Enterprises with Investment from Hong Kong, Macao and Taiwan	5331
港澳台投资有限责任公司	Limited Liability Corporations with Investment from Hong Kong, Macao and Taiwan	5331
港澳台投资股份有限公司	Share Holding Limited Corporations with Investment from Hong Kong, Macao and Taiwan	
港澳台投资合伙企业	Partnership Enterprises with Investment from Hong Kong, Macao and Taiwan	
其 他	Others	
外商投资企业	Enterprises with Foreign Investment	484
外商投资有限责任公司	Limited Liability Corporations with Foreign Investment	484
外商投资股份有限公司	Share Holding Limited Corporations with Foreign Investment	
外商投资合伙企业	Partnership Enterprises with Foreign Investment	
其 他	Others	
农民专业合作社(联合社)	Specialized Farmers' cooperatives	
个体工商户	Individual Businesses	
其他市场主体	Other market subjects	
按控股情况分	**Grouped by Share Holding**	
国有控股	State Holding Enterprises	1993585
集体控股	Collective-owned Holding Enterprises	46758
私人控股	Private Holding Enterprises	6388844
港澳台商控股	Hong Kong, Macao and Taiwan Holding Enterprises	
外商控股	Foreign Holding Enterprises	13811

SOURCE OF FUNDS FOR REAL ESTATE DEVELOPMENT ENTERPRISES(2023)

(10 000 yuan)

本年实际到位资金 Actual Funds in Place This Year	#国内贷款 Domestic Loans	#自筹资金 Self-raised Funds	#定金及预付款 Deposit and Pre Payment	#个人按揭贷款 Individual Mortgage	#其他到位资金 Others
19903430	**660224**	**6914787**	**7736646**	**4007647**	**584126**
19837728	660224	6900131	7692366	4000881	584126
178399	9504	61942	42364	1242	63347
9644963	142199	4360417	3245882	1643374	253091
9938372	474767	2467804	4375721	2353824	266256
14178		7827	6351		
54505	33754		20751		
5781		2141	1297	2343	
1530				98	1432
53895		4712	42417	6766	
53895		4712	42417	6766	
11807		9944	1863		
11807		9944	1863		
3915496	380220	1138877	1599778	629898	166723
135485		61191	51765	15229	7300
15791713	280004	5704775	6041334	3355497	410103
35869			35869		
24867		9944	7900	7023	

12-6 房地产开发企业土地开发和待售情况(2023年)

单位：平方米

指 标	Item	待开发土地面积 Land Area Pending Development
总 计	**Total**	**8834560**
按登记注册统计类别分	**Grouped by Type of Registration Status**	
内资企业	Civil Funded Enterprises	8801843
国有独资公司	State Sole Funed Corporations	6105
私营有限责任公司	Private Limited Liability Corporations	4187548
其他有限责任公司	Other Limited Liability Corporations	4599466
私营股份有限公司	Private Share Holding Limited Corporations	
其他股份有限公司	Other Share Holding Limited Corporations	
全民所有制企业(国有企业)	Enterprises owned by the whole people(state-owned enterprise)	8724
集体所有制企业(集体企业)	Collectively Owned Enterprises(collective enterprise)	
股份合作企业	Share Holding Cooperative Enterprises	
联营企业	Joint Owned Enterprises	
个人独资企业	Sole Proprietorship Enterprises	
合伙企业	Partnership Enterprises	
其 他	Others	
港澳台商投资企业	Enterprises with Investment from Hong Kong, Macao and Taiwan	32717
港澳台投资有限责任公司	Limited Liability Corporations with Investment from Hong Kong, Macao and Taiwan	32717
港澳台投资股份有限公司	Share Holding Limited Corporations with Investment from Hong Kong, Macao and Taiwan	
港澳台投资合伙企业	Partnership Enterprises with Investment from Hong Kong, Macao and Taiwan	
其 他	Others	
外商投资企业	Enterprises with Foreign Investment	
外商投资有限责任公司	Limited Liability Corporations with Foreign Investment	
外商投资股份有限公司	Share Holding Limited Corporations with Foreign Investment	
外商投资合伙企业	Partnership Enterprises with Foreign Investment	
其 他	Others	
农民专业合作社(联合社)	Specialized Farmers' cooperatives	
个体工商户	Individual Businesses	
其他市场主体	Other market subjects	
按控股情况分	**Grouped by Share Holding**	
国有控股	State Holding Enterprises	1409098
集体控股	Collective-owned Holding Enterprises	
私人控股	Private Holding Enterprises	7425462
港澳台商控股	Hong Kong, Macao and Taiwan Holding Enterprises	
外商控股	Foreign Holding Enterprises	

LAND DEVELOPING AND FOR SALE OF REAL ESTATE DEVELOPMENT ENTERPRISES(2023)

(sq.m)

待售面积 Land Area for Sale	#待售面积 (一年至三年) Land Area for Sale in 1-3 Years	#待售面积 (三年以上) Land Area for Sale More Than Three Years
9043218	**3575677**	**1303025**
9030401	3562860	1303025
40099	26976	5561
7109054	2980527	957918
1863356	545063	339546
7598		
10294	10294	
12817	12817	
12817	12817	
554553	182925	106636
96620	61154	452
8379228	3318781	1195937
12817	12817	

12-7 房地产开发企业施工和销售情况(2023年)

单位：平方米

指　标	Item	房屋施工面积 Floor Space of Buildings under Construction
总　计	**Total**	**246012518**
按登记注册统计类别分	**Grouped by Type of Registration Status**	
内资企业	Civil Funded Enterprises	245128029
国有独资公司	State Sole Funed Corporations	3470247
私营有限责任公司	Private Limited Liability Corporations	123432070
其他有限责任公司	Other Limited Liability Corporations	117385131
私营股份有限公司	Private Share Holding Limited Corporations	306520
其他股份有限公司	Other Share Holding Limited Corporations	
全民所有制企业(国有企业)	Enterprises owned by the whole people(state-owned enterprise)	434087
集体所有制企业(集体企业)	Collectively Owned Enterprises(collective enterprise)	47405
股份合作企业	Share Holding Cooperative Enterprises	
联营企业	Joint Owned Enterprises	
个人独资企业	Sole Proprietorship Enterprises	52569
合伙企业	Partnership Enterprises	
其他内资企业	Others	
港澳台商投资企业	Enterprises with Investment from Hong Kong, Macao and Taiwan	602058
港澳台投资有限责任公司	Limited Liability Corporations with Investment from Hong Kong, Macao and Taiwan	602058
港澳台投资股份有限公司	Share Holding Limited Corporations with Investment from Hong Kong, Macao and Taiwan	
港澳台投资合伙企业	Partnership Enterprises with Investment from Hong Kong, Macao and Taiwan	
其　他	Others	
外商投资企业	Enterprises with Foreign Investment	282431
外商投资有限责任公司	Limited Liability Corporations with Foreign Investment	282431
外商投资股份有限公司	Share Holding Limited Corporations with Foreign Investment	
外商投资合伙企业	Partnership Enterprises with Foreign Investment	
其他外商投资企业	Others	
农民专业合作社(联合社)	Specialized Farmers' cooperatives	
个体工商户	Individual Businesses	
其他市场主体	Other market subjects	
按控股情况分	**Grouped by Share Holding**	
国有控股	State Holding Enterprises	47301398
集体控股	Collective-owned Holding Enterprises	1756980
私人控股	Private Holding Enterprises	195917241
港澳台商控股	Hong Kong, Macao and Taiwan Holding Enterprises	427259
外商控股	Foreign Holding Enterprises	609640

CONSTRUCTION AND SALES OF REAL ESTATE DEVELOPMENT ENTERPRISES(2023)

(sq.m)

住 宅 Residential Buildings	办公楼 Office Buildings	商业营业用房 Buildings for Business Operation	其 他 Others
185341345	**5133625**	**17215588**	**38321960**
184723376	5133625	17118409	38152619
2452786	11984	236046	769431
94978828	1803716	9527465	17122061
86600471	3315537	7337755	20131368
273440		7179	25901
324365		6364	103358
40917	2388	3600	500
52569			
443888		50886	107284
443888		50886	107284
174081		46293	62057
174081		46293	62057
34894614	995408	2745643	8665733
1282747	10205	118315	345713
148392415	4128012	14269238	29127576
309074		31656	86529
462495		50736	96409

12-7 续表1

单位：平方米

指　标	Item	本年新开工面积 Floor Space of Builings Newly Started Construction
总　计	**Total**	**24994646**
按登记注册统计类别分	**Grouped by Type of Registration Status**	
内资企业	Civil Funded Enterprises	24930376
国有独资公司	State Sole Funed Corporations	22629
私营有限责任公司	Private Limited Liability Corporations	16434188
其他有限责任公司	Other Limited Liability Corporations	8456084
私营股份有限公司	Private Share Holding Limited Corporations	
其他股份有限公司	Other Share Holding Limited Corporations	
全民所有制企业(国有企业)	Enterprises owned by the whole people(state-owned enterprise)	
集体所有制企业(集体企业)	Collectively Owned Enterprises(collective enterprise)	17475
股份合作企业	Share Holding Cooperative Enterprises	
联营企业	Joint Owned Enterprises	
个人独资企业	Sole Proprietorship Enterprises	
合伙企业	Partnership Enterprises	
其　他	Others	
港澳台商投资企业	Enterprises with Investment from Hong Kong, Macao and Taiwan	64270
港澳台投资有限责任公司	Limited Liability Corporations with Investment from Hong Kong, Macao and Taiwan	64270
港澳台投资股份有限公司	Share Holding Limited Corporations with Investment from Hong Kong, Macao and Taiwan	
港澳台投资合伙企业	Partnership Enterprises with Investment from Hong Kong, Macao and Taiwan	
其　他	Others	
外商投资企业	Enterprises with Foreign Investment	
外商投资有限责任公司	Limited Liability Corporations with Foreign Investment	
外商投资股份有限公司	Share Holding Limited Corporations with Foreign Investment	
外商投资合伙企业	Partnership Enterprises with Foreign Investment	
其　他	Others	
农民专业合作社(联合社)	Specialized Farmers' cooperatives	
个体工商户	Individual Businesses	
其他市场主体	Other market subjects	
按控股情况分	**Grouped by Share Holding**	
国有控股	State Holding Enterprises	3582990
集体控股	Collective-owned Holding Enterprises	62852
私人控股	Private Holding Enterprises	21348804
港澳台商控股	Hong Kong, Macao and Taiwan Holding Enterprises	
外商控股	Foreign Holding Enterprises	

continued

(sq.m)

住 宅 Residential Buildings	办公楼 Office Buildings	商业营业用房 Buildings for Business Operation	其 他 Others
20130568	**273678**	**1263158**	**3327242**
20086155	273678	1255648	3314895
22629			
13234126	114902	912589	2172571
6814313	156388	343059	1142324
15087	2388		
44413		7510	12347
44413		7510	12347
2805768	89938	168000	519284
48774	2388	3453	8237
17276026	181352	1091705	2799721

12-7 续表2

单位：平方米

指 标	Item	房屋竣工面积 Floor Space of Buildings Completed
总　计	**Total**	**23638468**
按登记注册统计类别分	**Grouped by Type of Registration Status**	
内资企业	Civil Funded Enterprises	23638468
国有独资公司	State Sole Funed Corporations	338240
私营有限责任公司	Private Limited Liability Corporations	16611447
其他有限责任公司	Other Limited Liability Corporations	6505682
私营股份有限公司	Private Share Holding Limited Corporations	130530
其他股份有限公司	Other Share Holding Limited Corporations	
全民所有制企业(国有企业)	Enterprises owned by the whole people(state-owned enterprise)	
集体所有制企业(集体企业)	Collectively Owned Enterprises(collective enterprise)	
股份合作企业	Share Holding Cooperative Enterprises	
联营企业	Joint Owned Enterprises	
个人独资企业	Sole Proprietorship Enterprises	52569
合伙企业	Partnership Enterprises	
其　他	Others	
港澳台商投资企业	Enterprises with Investment from Hong Kong, Macao and Taiwan	
港澳台投资有限责任公司	Limited Liability Corporations with Investment from Hong Kong, Macao and Taiwan	
港澳台投资股份有限公司	Share Holding Limited Corporations with Investment from Hong Kong, Macao and Taiwan	
港澳台投资合伙企业	Partnership Enterprises with Investment from Hong Kong, Macao and Taiwan	
其　他	Others	
外商投资企业	Enterprises with Foreign Investment	
外商投资有限责任公司	Limited Liability Corporations with Foreign Investment	
外商投资股份有限公司	Share Holding Limited Corporations with Foreign Investment	
外商投资合伙企业	Partnership Enterprises with Foreign Investment	
其　他	Others	
农民专业合作社(联合社)	Specialized Farmers' cooperatives	
个体工商户	Individual Businesses	
其他市场主体	Other market subjects	
按控股情况分	**Grouped by Share Holding**	
国有控股	State Holding Enterprises	1771732
集体控股	Collective-owned Holding Enterprises	211399
私人控股	Private Holding Enterprises	21655337
港澳台商控股	Hong Kong, Macao and Taiwan Holding Enterprises	
外商控股	Foreign Holding Enterprises	

continued

(sq.m)

住　宅 Residential Buildings	办公楼 Office Buildings	商业营业用房 Buildings for Business Operation	其　他 Others
18886188	**138308**	**1365104**	**3248868**
18886188	138308	1365104	3248868
249204	370	50901	37765
13272153	93702	998127	2247465
5207633	44236	316076	937737
104629			25901
52569			
1348281	43945	152623	226883
104754	3313	13198	90134
17433153	91050	1199283	2931851

12-7 续表3

单位：万元

指 标	Item	房屋竣工价 值 Value of Buildings Completed
总 计	**Total**	**6341939**
按登记注册统计类别分	**Grouped by Type of Registration Status**	
内资企业	Civil Funded Enterprises	6341939
国有独资公司	State Sole Funed Corporations	140945
私营有限责任公司	Private Limited Liability Corporations	4429490
其他有限责任公司	Other Limited Liability Corporations	1726746
私营股份有限公司	Private Share Holding Limited Corporations	36531
其他股份有限公司	Other Share Holding Limited Corporations	
全民所有制企业(国有企业)	Enterprises owned by the whole people(state-owned enterprise)	
集体所有制企业(集体企业)	Collectively Owned Enterprises(collective enterprise)	
股份合作企业	Share Holding Cooperative Enterprises	
联营企业	Joint Owned Enterprises	
个人独资企业	Sole Proprietorship Enterprises	8227
合伙企业	Partnership Enterprises	
其 他	Others	
港澳台商投资企业	Enterprises with Investment from Hong Kong, Macao and Taiwan	
港澳台投资有限责任公司	Limited Liability Corporations with Investment from Hong Kong, Macao and Taiwan	
港澳台投资股份有限公司	Share Holding Limited Corporations with Investment from Hong Kong, Macao and Taiwan	
港澳台投资合伙企业	Partnership Enterprises with Investment from Hong Kong, Macao and Taiwan	
其 他	Others	
外商投资企业	Enterprises with Foreign Investment	
外商投资有限责任公司	Limited Liability Corporations with Foreign Investment	
外商投资股份有限公司	Share Holding Limited Corporations with Foreign Investment	
外商投资合伙企业	Partnership Enterprises with Foreign Investment	
其 他	Others	
农民专业合作社(联合社)	Specialized Farmers' cooperatives	
个体工商户	Individual Businesses	
其他市场主体	Other market subjects	
按控股情况分	**Grouped by Share Holding**	
国有控股	State Holding Enterprises	556284
集体控股	Collective-owned Holding Enterprises	57289
私人控股	Private Holding Enterprises	5728366
港澳台商控股	Hong Kong, Macao and Taiwan Holding Enterprises	
外商控股	Foreign Holding Enterprises	

continued

(10 000 yuan)

住　宅 Residential Buildings	办公楼 Office Buildings	商业营业用房 Buildings for Business Operation	其　他 Others
5053729	**42381**	**430754**	**815075**
5053729	42381	430754	815075
105605	457	26957	7926
3569350	26630	297164	536346
1343704	15294	106633	261115
26843			9688
8227			
399940	15477	77387	63480
30022	930	3791	22546
4623767	25974	349576	729049

12-7 续表4

单位：平方米

指 标	Item	新建商品房销售面积 Sold Space of Newly-built Commercial Buildings
总 计	**Total**	**23560487**
按登记注册统计类别分	**Grouped by Type of Registration Status**	
内资企业	Civil Funded Enterprises	23492616
国有独资公司	State Sole Funed Corporations	243259
私营有限责任公司	Private Limited Liability Corporations	13446943
其他有限责任公司	Other Limited Liability Corporations	9770534
私营股份有限公司	Private Share Holding Limited Corporations	8395
其他股份有限公司	Other Share Holding Limited Corporations	
全民所有制企业(国有企业)	Enterprises owned by the whole people(state-owned enterprise)	10865
集体所有制企业(集体企业)	Collectively Owned Enterprises(collective enterprise)	10755
股份合作企业	Share Holding Cooperative Enterprises	
联营企业	Joint Owned Enterprises	
个人独资企业	Sole Proprietorship Enterprises	1865
合伙企业	Partnership Enterprises	
其 他	Others	
港澳台商投资企业	Enterprises with Investment from Hong Kong, Macao and Taiwan	66137
港澳台投资有限责任公司	Limited Liability Corporations with Investment from Hong Kong, Macao and Taiwan	66137
港澳台投资股份有限公司	Share Holding Limited Corporations with Investment from Hong Kong, Macao and Taiwan	
港澳台投资合伙企业	Partnership Enterprises with Investment from Hong Kong, Macao and Taiwan	
其 他	Others	
外商投资企业	Enterprises with Foreign Investment	1734
外商投资有限责任公司	Limited Liability Corporations with Foreign Investment	1734
外商投资股份有限公司	Share Holding Limited Corporations with Foreign Investment	
外商投资合伙企业	Partnership Enterprises with Foreign Investment	
其 他	Others	
农民专业合作社(联合社)	Specialized Farmers' cooperatives	
个体工商户	Individual Businesses	
其他市场主体	Other market subjects	
按控股情况分	**Grouped by Share Holding**	
国有控股	State Holding Enterprises	3717687
集体控股	Collective-owned Holding Enterprises	128656
私人控股	Private Holding Enterprises	19684811
港澳台商控股	Hong Kong, Macao and Taiwan Holding Enterprises	3820
外商控股	Foreign Holding Enterprises	25513

continued

(sq.m)

住　宅 Residential Buildings	办公楼 Office Buildings	商业营业用房 Buildings for Business Operation	其　他 Others
22578836	**57951**	**652490**	**271210**
22515149	57951	648306	271210
175090		879	67290
12983848	13658	377679	71758
9324331	44293	269748	132162
8395			
10865			
10755			
1865			
62678		3459	
62678		3459	
1009		725	
1009		725	
3505360	13885	114473	83969
126883	464	1309	
18921444	43602	532524	187241
361		3459	
24788		725	

12-7 续表5

单位：万元

指　标	Item	新建商品房销售额 Sales of Newly-built Commercial Buildings
总　计	**Total**	**15972952**
按登记注册统计类别分	**Grouped by Type of Registration Status**	
内资企业	Civil Funded Enterprises	15909242
国有独资公司	State Sole Funed Corporations	154915
私营有限责任公司	Private Limited Liability Corporations	7613420
其他有限责任公司	Other Limited Liability Corporations	8123974
私营股份有限公司	Private Share Holding Limited Corporations	5960
其他股份有限公司	Other Share Holding Limited Corporations	
全民所有制企业(国有企业)	Enterprises owned by the whole people(state-owned enterprise)	5926
集体所有制企业(集体企业)	Collectively Owned Enterprises(collective enterprise)	4006
股份合作企业	Share Holding Cooperative Enterprises	
联营企业	Joint Owned Enterprises	
个人独资企业	Sole Proprietorship Enterprises	1041
合伙企业	Partnership Enterprises	
其　他	Others	
港澳台商投资企业	Enterprises with Investment from Hong Kong, Macao and Taiwan	61762
港澳台投资有限责任公司	Limited Liability Corporations with Investment from Hong Kong, Macao and Taiwan	61762
港澳台投资股份有限公司	Share Holding Limited Corporations with Investment from Hong Kong, Macao and Taiwan	
港澳台投资合伙企业	Partnership Enterprises with Investment from Hong Kong, Macao and Taiwan	
其　他	Others	
外商投资企业	Enterprises with Foreign Investment	1948
外商投资有限责任公司	Limited Liability Corporations with Foreign Investment	1948
外商投资股份有限公司	Share Holding Limited Corporations with Foreign Investment	
外商投资合伙企业	Partnership Enterprises with Foreign Investment	
其　他	Others	
农民专业合作社(联合社)	Specialized Farmers' cooperatives	
个体工商户	Individual Businesses	
其他市场主体	Other market subjects	
按控股情况分	**Grouped by Share Holding**	
国有控股	State Holding Enterprises	3219856
集体控股	Collective-owned Holding Enterprises	90304
私人控股	Private Holding Enterprises	12632912
港澳台商控股	Hong Kong, Macao and Taiwan Holding Enterprises	5207
外商控股	Foreign Holding Enterprises	24673

continued

(10 000 yuan)

住　宅 Residential Buildings	办公楼 Office Buildings	商业营业用房 Buildings for Business Operation	其　他 Others
15140623	**38423**	**682778**	**111128**
15082973	38423	676718	111128
135908		710	18297
7228319	10392	355222	19487
7701813	28031	320786	73344
5960			
5926			
4006			
1041			
56899		4863	
56899		4863	
751		1197	
751		1197	
3036986	10019	142430	30421
88826	316	1162	
11990991	28088	533126	80707
344		4863	
23476		1197	

12-8 房地产开发企业财务状况(2023年)

单位：万元

指 标	Item	固定资产原 价 Original Value of Fixed Assets
总 计	**Total**	**2608477**
按登记注册统计类别分	**Grouped by Type of Registration Status**	
内资企业	Civil Funded Enterprises	2596935
国有独资公司	State Sole Funed Corporations	766885
私营有限责任公司	Private Limited Liability Corporations	1209332
其他有限责任公司	Other Limited Liability Corporations	611282
私营股份有限公司	Private Share Holding Limited Corporations	3045
其他股份有限公司	Other Share Holding Limited Corporations	
全民所有制企业(国有企业)	Enterprises owned by the whole people(state-owned enterprise)	5672
集体所有制企业(集体企业)	Collectively Owned Enterprises(collective enterprise)	719
股份合作企业	Share Holding Cooperative Enterprises	
联营企业	Joint Owned Enterprises	
个人独资企业	Sole Proprietorship Enterprises	
合伙企业	Partnership Enterprises	
其 他	Others	
港澳台商投资企业	Enterprises with Investment from Hong Kong, Macao and Taiwan	1482
港澳台投资有限责任公司	Limited Liability Corporations with Investment from Hong Kong, Macao and Taiwan	1482
港澳台投资股份有限公司	Share Holding Limited Corporations with Investment from Hong Kong, Macao and Taiwan	
港澳台投资合伙企业	Partnership Enterprises with Investment from Hong Kong, Macao and Taiwan	
其 他	Others	
外商投资企业	Enterprises with Foreign Investment	10060
外商投资有限责任公司	Limited Liability Corporations with Foreign Investment	10060
外商投资股份有限公司	Share Holding Limited Corporations with Foreign Investment	
外商投资合伙企业	Partnership Enterprises with Foreign Investment	
其 他	Others	
农民专业合作社(联合社)	Specialized Farmers' cooperatives	
个体工商户	Individual Businesses	
其他市场主体	Other market subjects	
按控股情况分	**Grouped by Share Holding**	
国有控股	State Holding Enterprises	912799
集体控股	Collective-owned Holding Enterprises	8293
私人控股	Private Holding Enterprises	1676860
港澳台商控股	Hong Kong, Macao and Taiwan Holding Enterprises	430
外商控股	Foreign Holding Enterprises	10096

FINANCIAL CONDITION OF REAL ESTATE DEVELOPMENT ENTERPRISES(2023)

(10 000 yuan)

累计折旧 Accumulative Depreciation	#本年折旧 Depreciation of This Year	资产总计 Total Assets	负债合计 Total Liabilities	所有者权益合计 Total Creditors' Equity	#实收资本 Paid-in Capital
733754	**105475**	**172742332**	**156792967**	**15949365**	**14220070**
725956	105039	171613909	155893517	15720392	14137517
48783	2073	13932137	9498626	4433511	1976440
474971	69895	65803981	62682516	3121465	5447230
197546	31887	90723793	82489363	8234430	6695177
2941	906	347856	399578	-51721	14000
1505	238	707966	721148	-13182	4184
210	40	67069	69190	-2121	487
		31107	33097	-1990	
1278	45	341136	308194	32942	37175
1278	45	341136	308194	32942	37175
6521	391	787287	591255	196031	45377
6521	391	787287	591255	196031	45377
93860	9484	44056997	36194182	7862815	4284015
3658	869	1098641	1002131	96510	89918
629272	94723	126378474	118600388	7778086	9770584
417	1	188370	161331	27039	27175
6548	398	1019850	834934	184916	48377

12-8 续表1

单位：万元

指　标	Item	营业收入 Business Revenue
总　计	**Total**	**18760089**
按登记注册统计类别分	**Grouped by Type of Registration Status**	
内资企业	Civil Funded Enterprises	18442295
国有独资公司	State Sole Funed Corporations	115349
私营有限责任公司	Private Limited Liability Corporations	7184007
其他有限责任公司	Other Limited Liability Corporations	11125310
私营股份有限公司	Private Share Holding Limited Corporations	3801
其他股份有限公司	Other Share Holding Limited Corporations	
全民所有制企业(国有企业)	Enterprises owned by the whole people(state-owned enterprise)	8068
集体所有制企业(集体企业)	Collectively Owned Enterprises(collective enterprise)	3
股份合作企业	Share Holding Cooperative Enterprises	
联营企业	Joint Owned Enterprises	
个人独资企业	Sole Proprietorship Enterprises	5759
合伙企业	Partnership Enterprises	
其　他	Others	
港澳台商投资企业	Enterprises with Investment from Hong Kong, Macao and Taiwan	110482
港澳台投资有限责任公司	Limited Liability Corporations with Investment from Hong Kong, Macao and Taiwan	110482
港澳台投资股份有限公司	Share Holding Limited Corporations with Investment from Hong Kong, Macao and Taiwan	
港澳台投资合伙企业	Partnership Enterprises with Investment from Hong Kong, Macao and Taiwan	
其　他	Others	
外商投资企业	Enterprises with Foreign Investment	207313
外商投资有限责任公司	Limited Liability Corporations with Foreign Investment	207313
外商投资股份有限公司	Share Holding Limited Corporations with Foreign Investment	
外商投资合伙企业	Partnership Enterprises with Foreign Investment	
其　他	Others	
农民专业合作社(联合社)	Specialized Farmers' cooperatives	
个体工商户	Individual Businesses	
其他市场主体	Other market subjects	
按控股情况分	**Grouped by Share Holding**	
国有控股	State Holding Enterprises	4120198
集体控股	Collective-owned Holding Enterprises	51663
私人控股	Private Holding Enterprises	14185784
港澳台商控股	Hong Kong, Macao and Taiwan Holding Enterprises	110454
外商控股	Foreign Holding Enterprises	291991

continued

(10 000 yuan)

#主营业务收　入 Revenue of Major Business	土地转让收　入 Land Transferred Revenue	商品房屋销售收入 Sales Revenue of Commercial Buildings	自持物业收入 Revenue from Self-owned Real Estate	#房屋出租收入 Revenue from Buildings Leasing	其他收入 Other Revenue
18642773	**68286**	**17820710**	**213033**	**133602**	**540744**
18329151	68286	17512719	209453	130022	538693
98077		87425	4156	4090	6496
7136558	22888	6926953	52201	49470	134516
11076889	45397	10481676	152972	76389	396844
3801		3196			605
8068		7711	125	73	232
5759		5759			
110481		104849	3580	3580	2051
110481		104849	3580	3580	2051
203142		203142			
203142		203142			
4079276		3641461	58243	47715	379572
51660		50526	1117	1117	17
14113563	68286	13736054	150120	81217	159104
110454		104849	3554	3554	2051
287820		287820			

12-8 续表2

单位：万元

指　标	Item	营业成本 Business Costs
总　计	**Total**	**16141787**
按登记注册统计类别分	**Grouped by Type of Registration Status**	
内资企业	Civil Funded Enterprises	15907973
国有独资公司	State Sole Funed Corporations	94789
私营有限责任公司	Private Limited Liability Corporations	6066094
其他有限责任公司	Other Limited Liability Corporations	9730966
私营股份有限公司	Private Share Holding Limited Corporations	3613
其他股份有限公司	Other Share Holding Limited Corporations	
全民所有制企业(国有企业)	Enterprises owned by the whole people(state-owned enterprise)	6846
集体所有制企业(集体企业)	Collectively Owned Enterprises(collective enterprise)	
股份合作企业	Share Holding Cooperative Enterprises	
联营企业	Joint Owned Enterprises	
个人独资企业	Sole Proprietorship Enterprises	5664
合伙企业	Partnership Enterprises	
其　他	Others	
港澳台商投资企业	Enterprises with Investment from Hong Kong, Macao and Taiwan	88175
港澳台投资有限责任公司	Limited Liability Corporations with Investment from Hong Kong, Macao and Taiwan	88175
港澳台投资股份有限公司	Share Holding Limited Corporations with Investment from Hong Kong, Macao and Taiwan	
港澳台投资合伙企业	Partnership Enterprises with Investment from Hong Kong, Macao and Taiwan	
其　他	Others	
外商投资企业	Enterprises with Foreign Investment	145639
外商投资有限责任公司	Limited Liability Corporations with Foreign Investment	145639
外商投资股份有限公司	Share Holding Limited Corporations with Foreign Investment	
外商投资合伙企业	Partnership Enterprises with Foreign Investment	
其　他	Others	
农民专业合作社(联合社)	Specialized Farmers' cooperatives	
个体工商户	Individual Businesses	
其他市场主体	Other market subjects	
按控股情况分	**Grouped by Share Holding**	
国有控股	State Holding Enterprises	3517858
集体控股	Collective-owned Holding Enterprises	42082
私人控股	Private Holding Enterprises	12269134
港澳台商控股	Hong Kong, Macao and Taiwan Holding Enterprises	88153
外商控股	Foreign Holding Enterprises	224559

continued

(10 000 yuan)

#主营业务成　本 Costs of Major Business	税金及附加 Tax and Extra Charges	营业利润 Business Profits	利润总额 Total Profits	所得税费用 Income Taxes Expenses	从业人员期末人数(人) Employees at The End of Period (person)
15962009	**620589**	**751141**	**762225**	**277909**	**51934**
15732147	606086	690982	701692	274032	51760
76404	10123	17660	15522	5369	846
5968412	211696	234930	215539	95994	33010
9671356	383160	443919	476509	172670	17290
3613	190	–3660	–3695		88
6699	796	–1443	–1595		254
	40	–414	–583		266
5664	81	–9	–4		6
88102	5107	11424	11228	3876	71
88102	5107	11424	11228	3876	71
141760	9396	48735	49305		103
141760	9396	48735	49305		103
3485020	133013	317024	319525	92277	8381
41392	1783	–2558	–2703	405	724
12126836	471114	370834	379189	181351	42633
88081	5061	15241	15045	3876	42
220680	9618	50601	51168		154

主要统计指标解释

房地产开发投资 指各种登记注册统计类别的房地产开发法人单位统一开发的住宅、饭店、宾馆、度假村、写字楼、办公楼等房屋建筑物，配套的服务设施，土地开发工程（如道路、给水、排水、供电、供热、通讯、平整场地等基础设施工程）和土地购置的投资；不包括单纯的土地开发和交易活动。

本年实际到位资金 指在报告期收到的，用于在建项目投资的各种货币资金。包括国内贷款、利用外资、自筹资金、定金及预收款、个人按揭贷款和其他资金。

房屋新开工面积 指报告期内新开工建设的房屋建筑面积，以单位工程为核算对象，即整栋房屋的全部建筑面积，不能分割计算。不包括在上期开工跨入报告期继续施工的房屋建筑面积和上期停缓建而在本期恢复施工的房屋建筑面积。房屋的开工应以房屋地基正式开始破土刨槽（地基处理或打永久桩）的日期为准。

房屋竣工面积 指报告期内房屋建筑按照设计要求已全部完工，达到住人和使用条件，经验收鉴定合格或达到竣工验收标准，可正式移交使用的各栋房屋建筑面积的总和。

房屋竣工价值 指报告期内按规定已经上报竣工的房屋本身的建造价值。

新建商品房销售面积 指报告期内出售商品房屋的合同总面积（即双方签署的正式买卖合同中所确定的建筑面积）。商品房销售面积由现房销售面积和期房销售面积两部分组成。

新建商品房销售额 指报告期内出售商品房屋的合同总价款（即双方签署的正式买卖合同中所确定的合同总价）。该指标与商品房销售面积同口径，由现房销售额和期房销售额两部分组成。

待售面积 指报告期末已竣工的可供销售或出租的商品房屋建筑面积中，尚未销售或出租的商品房屋建筑面积，包括以前年度竣工和本期竣工的房屋面积，但不包括报告期已竣工的拆迁还建、统建代建、公共配套建筑、房地产公司自用及周转房等不可销售或出租的房屋面积。按照商品房待售时间的长短可以划分为待售一年以下、待售一到三年（含一年）和待售三年以上（含三年）。

Explanatory Notes on Main Statistical Indicators

Investment in Real Estate Development refers to investment by real estate development corporation units of various registration and statistical categories in the construction of buildings, such as residential buildings, hotels, guesthouses, holiday villages, office buildings, complementary service facilities, land development projects and land purchase, such as roads, water supply, water drainage, power supply, heating supply, telecommunications, land leveling and other infrastructural projects. It does not include activities in pure land transactions.

Actual Funds in Place This Year refers to all kinds of monetary funds received in the reference period for investment in projects under construction, including domestic loans, foreign investment, self-raising fund, down payment and advance collections, personal mortgage loans and other funds.

Floor Space of Buildings Newly Started This Year refers to the total floor space area of the buildings started in the year by real estate development companies. It excludes the buildings started in previous years and continued in the year, and the buildings suspended in previous years but restarted in the year. The start of a construction is defined by the date of ground breaking or pile driving.

Floor Space of Buildings Completed refers to the floor space of buildings that are completed in the reference period in accordance with the requirement of the design, up to the standard for being resided in and put into use, and have been checked and accepted by concerned departments as qualified ones or up to the standard of buildings completed and can be handed over for putting into use.

Value of Buildings Completed refers to the constructing value of buildings which have reported completing in accordance with the requirement in reference period.

Sold Space of Newly-built Commercial Buildings refers to total contracted area of commercialized buildings sold, i.e. area of floor space as designated in the formal contracts signed by both sides, during the reference time. It consists of floor space of completed buildings sold and forward delivery buildings sold.

Sales of Newly-built Commercial Buildings refers to the total contracted value, i.e. value of commercialized buildings as designated in the contract signed by both sides, during the reference period. This indicator has the same coverage with the area of commercialized buildings sold, and it consists of sales of completed buildings and sales of forward delivery buildings.

Floor Space for Sale refers to the floor space of commercial buildings hasn't been sold or leased which is marketable or rentable in the reference period. It includes floor space of building which has been completed in the previous and current period, excluding floor space of completed buildings, such as relocation building, buildings built for employees by the government agencies and institutions units, auxiliary facilities of public buildings, buildings of real estate enterprises for self use, temporary houses, which cannot be sold or rent. Floor space for sale can be divided into floor space for sale less than a year, floor space for sale in 1-3 years, floor space for sale more than 3years according to the sales time.

13

WHOLESALE AND RETAIL TRADE

批发和零售业

资料整理人员

张艳芳　邓　娜　郭俊凯　尹　伊　高芳蕊

批发和零售业

WHOLESALE AND RETAIL TRADE

社会消费品零售总额	Total Retail Sales of Consumer Goods	7981.8	亿元 (100 million yuan)
城　镇	Urban Area	6588.0	亿元 (100 million yuan)
乡　村	Rural Area	1393.8	亿元 (100 million yuan)

社会消费品零售总额构成 (%)

Composition of Total Retail Sales of Consumer Goods (%)

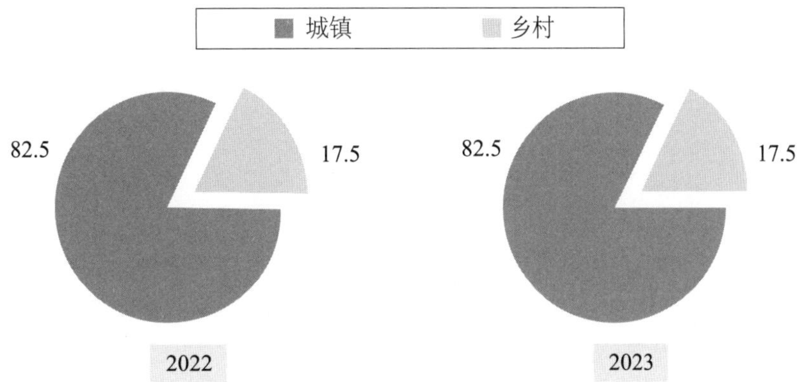

社会消费品零售总额（亿元）

Total Retail Sales of Consumer Goods (100 million yuan)

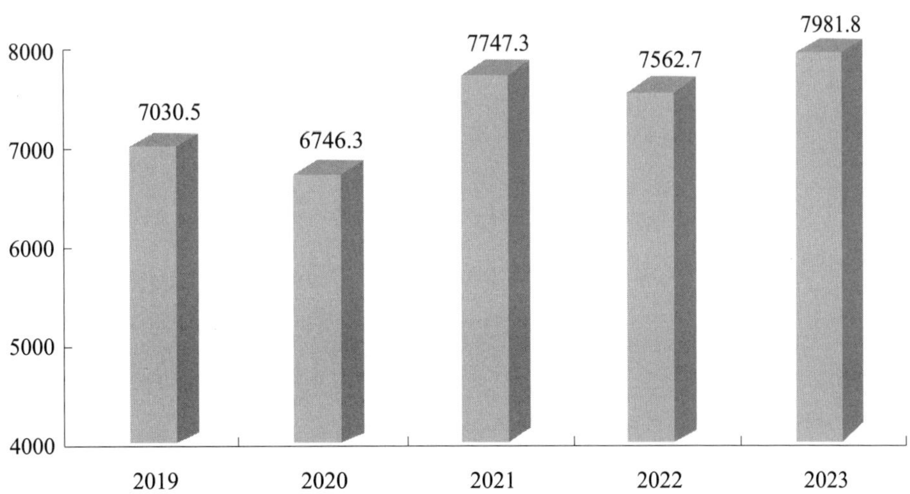

13-1 主要年份社会消费品零售总额

TOTAL RETAIL SALES OF CONSUMER GOODS IN MAJOR YEARS

单位：万元 (10 000 yuan)

年份 Year	社会消费品零售总额 Total Retail Sales of Consumer Goods	市 City	县 County	县以下 Below County
1952	57436	19536	37900	
1957	119600	52278	67322	
1962	146532	59686	86846	
1965	153257	57252	96005	
1970	190949	63853	127096	
1975	265190	108543	133713	22934
1978	323837	121772	113985	88080
1980	426597	163154	122191	141252
1985	894413	394784	278646	220983
1990	1580415	848543	413831	318041
1995	3700291	2097078	847914	755299
2000	6927050	4064919	1458760	1403372
2001	7448622	4473751	1486665	1488206
2002	8224337	4949494	1631444	1643399
2003	9481701	6127870	1757629	1596201
2004	11488364	7541053	2056225	1891086
2005	13227915	8518777	2473620	2235518
2006	15255403	9916013	2822249	2517141
2007	18126034	11818174	3335190	2972670
2008	22353311	14574359	4135363	3643589
2009	25786488	16043280	5321536	4421671

年份 Year	社会消费品零售总额 Total Retail Sales of Consumer Goods	城镇 Urban Area	乡村 Rural Area
2010	30270955	24356011	5914944
2011	35373104	28894590	6478514
2012	40605496	33178694	7426802
2013	46039562	37557812	8481750
2014	50912784	41509151	9403633
2015	53451365	43561024	9890341
2016	56992471	46474433	10518039
2017	60585324	49424218	11161106
2018	65232605	52949234	12283371
2019	70304842	58073157	12231685
2020	67463422	55700211	11763211
2021	77472612	63767425	13705187
2022	75627306	62425972	13201334
2023	79817930	65879555	13938376

注：本表2010年起分区域划分为“城镇”和“乡村”。

Note: Regions are divided into urban and rural area since 2010 in this table.

13-2 社会消费品零售总额
TOTAL RETAIL SALES OF CONSUMER GOODS

单位：亿元 (100 million yuan)

指　标	Item	2022	2023
社会消费品零售总额	**Total Retail Sales of Consumer Goods**	**7562.7**	**7981.8**
#网上零售额	Online Retail Sales	847.4	1094.5
#实物商品网上零售额	Online Retail Sales in Goods	701.3	876.1
按销售地区分	By Selling Region		
城　镇	Urban Area	6242.6	6588.0
#城　区	Urban District	4311.6	4594.9
乡　村	Rural Area	1320.1	1393.8
按消费形态分	By Consumption Pattern		
商品零售	Retail Sales	6807.9	7134.6
餐饮收入	Catering Income	754.9	847.2

13-3 限额以上连锁批发零售业经营情况(2023年)
MANAGEMENT OF CHAIN ENTERPRISES ABOVE DESIGNATED SIZE IN WHOLESALE AND RETAIL TRADE(2023)

指　标	Item	合 计 Total	直营店 Regular Chain	加盟店 Franchise Chain
一、门店总数(个)	Number of Stores (unit)	11235	6281	4954
二、年末零售业营业面积(平方米)	Business Area of Retail at Year-end (sq.m)	2670433	2213854	456579
三、年末从业人员(人)	Employees at Year-end (person)	56120	33390	22730
四、商品购进总额(万元)	Total Purchases Value (10 000 yuan)	3653969	3094891	559078
#统一配送商品购进额	Value of Unified Distribution	2360407	2103024	257383
自有配送中心配送商品购进额	Disrtibuted by Owned Distribution Center	1383626	1145809	237817
非自有配送中心配送商品购进额	Distributed by Other Distribution Center	67893	59877	8016
五、商品销售总额(万元)	Total Sales Value (10 000 yuan)	4509964	3916390	593574
#零售额	Retail Sales	3735140	3150613	584527

13-4 限额以上批发和零售业法人企业主要经营情况

MANAGEMENT OF CORPORATION ENTERPRISES ABOVE DESIGNATED SIZE IN WHOLESALE AND RETAIL TRADE

指 标	Item	2022	2023
批发和零售业	**Wholesale and Retail Trade**		
法人企业数 (个)	Corporation Enterprises (unit)	7029	7853
从业人员期末人数(人)	Employees at Year-end (person)	249465	258848
商品购进额(万元)	Total Purchases Value (10 000 yuan)	212312585	223494032
#进 口	Imports	2166725	2221215
商品销售额(万元)	Total Sales Value (10 000 yuan)	236018928	236655982
#通过公共网络实现的商品销售额	by Public Network	9458673	9047514
#通过非自营平台实现的商品销售额	by Non-self-operating Platform	594358	543008
#批发额(万元)	Wholesale Value (10 000 yuan)	212024681	211369460
#出 口	Exports	628149	639548
#零售额(万元)	Retail Value (10 000 yuan)	23798218	25286522
#通过公共网络实现的商品销售额	by Public Network	2000527	2307255
#通过非自营平台实现的商品销售额	by Non-self-operating Platform	248146	295476
期末商品库存额(万元)	Stock at Year-end (10 000 yuan)	8188665	9395346
服务营业额(万元)	Turnover of Services (10 000 yuan)	420693	619035
年末零售营业面积(平方米)	Retail Operating Area at Year-end (sq.m)	11328989	12273588
批发业	**Wholesale Trade**		
法人企业数 (个)	Corporation Enterprises (unit)	3949	4513
从业人员期末人数(人)	Employees at Year-end (person)	115361	122737
商品购进额(万元)	Total Purchases Value (10 000 yuan)	191416898	200514564
#进 口	Imports	1826712	1955226
商品销售额(万元)	Total Sales Value (10 000 yuan)	212174929	210977295
#通过公共网络实现的商品销售额	by Public Network	7559222	6826953
#通过非自营平台实现的商品销售额	by Non-self-operating Platform	370661	282553

13-4 续表
continued

指 标	Item	2022	2023
#批发额(万元)	Wholesale Value (10 000 yuan)	209412115	208712153
#出 口	Exports	627837	638497
#零售额(万元)	Retail Value (10 000 yuan)	2570979	2265142
#通过公共网络实现的商品销售额	by Public Network	171624	211300
#通过非自营平台实现的商品销售额	by Non-self-operating Platform	34123	44850
期末商品库存额(万元)	Stock at Year-end (10 000 yuan)	5528948	6973370
服务营业额(万元)	Turnover of Services (10 000 yuan)	225580	382608
年末零售营业面积(平方米)	Retail Operating Area at Year-end (sq.m)	1728034	2915462
零售业	**Retail Trade**		
法人企业数(个)	Corporation Enterprises (unit)	3080	3340
从业人员期末人数(人)	Employees at Year-end (person)	134104	136111
商品购进额(万元)	Total Purchases Value (10 000 yuan)	20895687	22979468
#进 口	Imports	340013	265989
商品销售额(万元)	Total Sales Value (10 000 yuan)	23843999	25678687
#通过公共网络实现的商品销售额	by Public Network	1899452	2220562
#通过非自营平台实现的商品销售额	by Non-self-operating Platform	223698	260455
#批发额(万元)	Wholesale Value (10 000 yuan)	2612566	2657307
#出 口	Exports	312	1051
#零售额(万元)	Retail Value (10 000 yuan)	21227238	23021381
#通过公共网络实现的商品销售额	by Public Network	1828902	2095956
#通过非自营平台实现的商品销售额	by Non-self-operating Platform	214022	250627
期末商品库存额(万元)	Stock at Year-end (10 000 yuan)	2659717	2421976
服务营业额(万元)	Turnover of Services (10 000 yuan)	195113	236428
年末零售营业面积(平方米)	Retail Operating Area at Year-end (sq.m)	9600955	9358126

13-5 限额以上批发业法人企业经营情况(2023年)

单位：万元

指　标	Item	法　人 企业数 (个) Corporation Enterprises(unit)
总　计	**Total**	**4513**
一、按登记注册类型分	Grouped by Registered Kind	
国有独资公司	Companies Exclusively with Investment from State	21
私营有限责任公司	Private Limited Responsibility Corporations	3527
其他有限责任公司	Other Limited Responsibility Corporations	755
私营股份有限公司	Private Share-holding Limited Corporations	135
其他股份有限公司	Other Share-holding Limited Corporations	15
全民所有制企业(国有企业)	Enterprise Owned by the Whole People (State-owned Enterprises)	15
集体所有制企业(集体企业)	Collectively Owned Enterprises (Collective Enterprises)	5
股份合作企业	Share Cooperative Enterprises	2
个人独资企业	Sole Proprietorship Enterprises	24
合伙企业	Partnership Enterprises	3
港澳台投资有限责任公司	Limited Responsibility Corporations with Hong Kong, Macao and Taiwan Investment	3
港澳台投资股份有限公司	Share Holding Limited Corporations with Hong Kong, Macao and Taiwan Investment	1
港澳台投资合伙企业	Partnership Enterprises with Hong Kong, Macao and Taiwan Investment	1
外商投资有限责任公司	Limited Responsibility Corporations with Foreign Investment	3
外商投资股份有限公司	Limited Liability Corporations with Foreign Investment	1
农民专业合作社(联合社)	Farmers' Professional Cooperative (Association)	2
二、按批发行业小类分	Grouped by Wholesale Trade	
谷物、豆及薯类批发	Wholesale of Grains, Beans, and Potatoes	69
种子批发	Seed Wholesale	5
畜牧渔业饲料批发	Wholesale of Animal Husbandry and Fishery Feed	15
棉、麻批发	Wholesale of Cotton and Linen	
林业产品批发	Wholesale of Forestry Products	1
牲畜批发	Wholesale of Livestock	2
渔业产品批发	Wholesale of Fishery Products	
其他农牧产品批发	Wholesale of Other Agricultural and Animal Husbandry Products	7
米、面制品及食用油批发	Wholesale of Rice, Flour Products, and Edible Oil	51
糕点、糖果及糖批发	Wholesale of Pastries, Candies, and Sugar	6
果品、蔬菜批发	Wholesale of Fruits and Vegetables	25
肉、禽、蛋、奶及水产品批发	Wholesale of Meat, Poultry, Eggs, Milk, and Aquatic Products	41

MANAGEMENT OF CORPORATION ENTERPRISES ABOVE DESIGNATED SIZE IN WHOLESALE AND RETAIL TRADE(2023)

(10 000 yuan)

从业人员期末人数(人) Employees at Year-end(person)	商品购进额 Total Purchases Value	#进口 Imports	商品销售额 Total Sales Value	#通过公共网络实现的商品销售额 by Public Network	#通过非自营平台实现的商品销售额 by Non-self-operating Platform
122737	**200514564**	**1955226**	**210977295**	**6826953**	**282553**
2050	3661478	1058404	3711352		
51703	62237990	565741	65309620	3149109	149205
53475	123074418	239047	127258795	3060413	127284
2200	1114970		1181535	20392	6064
4734	6296597	64796	8018155		
6591	3175487		4471629	597039	
1238	634168		676459		
34	8880		9991		
273	124715		132151		
27	40730		46959		
87	15618		12193		
90	63188		71248		
182	44418	26160	54519		
22	12584	1078	13129		
31	9323		9559		
898	586750		602499	11929	
305	42059		56081		
178	133359	1164	137363		
239	9638		54717		
9	28196		29250		
264	123830		128373	104514	
1291	338149		352262	2698	942
192	44872		48587	104	104
1081	644781		702315	2051	137
835	257197		264538	2191	

13-5 续表1

单位：万元

指　标	Item	法　人 企业数 (个) Corporation Enterprises(unit)
盐及调味品批发	Wholesale of Salt and Condiment	15
营养和保健品批发	Wholesale of Nutrition and Health Products	6
酒、饮料及茶叶批发	Wholesale of Alcohol, Beverages, and Tea	128
烟草制品批发	Wholesale of Tobacco Products	14
其他食品批发	Wholesale of Other Foods	43
纺织品、针织品及原料批发	Wholesale of Textiles, Knitwear, and Raw Materials	1
服装批发	Wholesale of Clothing	15
鞋帽批发	Wholesale of Shoes and Hats	2
化妆品及卫生用品批发	Wholesale of Cosmetics and Hygiene Products	9
厨具卫具及日用杂品批发	Wholesale of Kitchenware, Sanitary Ware, and Daily Necessities	10
灯具、装饰物品批发	Wholesale of Lighting Fixtures and Decorative Items	1
家用视听设备批发	Wholesale of Household Audiovisual Equipments	5
日用家电批发	Wholesale of Daily Household Appliances	25
其他家庭用品批发	Wholesale of Other Household Articles	2
文具用品批发	Wholesale of Stationery	19
体育用品及器材批发	Wholesale of Sports Supplies and Equipments	9
图书批发	Wholesale of Books	15
报刊批发	Wholesale of Newspapers and Magazines	
音像制品、电子和数字出版物批发	Wholesale of Audiovisual Products, Electronic and Digital publications	
首饰、工艺品及收藏品批发	Wholesale of Jewelry, Handicrafts, and Collectibles	8
乐器批发	Wholesale of Musical Instruments	
其他文化用品批发	Wholesale of Other Culture Articles	1
西药批发	Wholesale of Western Medicine	116
中药批发	Wholesale of Chinese Herbal Medicine	39
动物用药品批发	Wholesale of Animal Drugs	4
医疗用品及器材批发	Wholesale of Medical Supplies and Equipments	151
煤炭及制品批发	Wholesale of Coal and Related Products	1550
石油及制品批发	Wholesale of Petroleum and Related Products	143
非金属矿及制品批发	Wholesale of Non-metallic Minerals and Related Products	24
金属及金属矿批发	Wholesale of Metals and Metal Ores	633
建材批发	Wholesale of Building Materials	279
化肥批发	Wholesale of Chemical Fertilizer	42
农药批发	Wholesale of Pesticides	2
农用薄膜批发	Wholesale of Agriculture Films	

continued

(10 000 yuan)

从业人员期末人数(人) Employees at Year-end(person)	商品购进额 Total Purchases Value	#进口 Imports	商品销售额 Total Sales Value	#通过公共网络实现的商品销售额 by Public Network	#通过非自营平台实现的商品销售额 by Non-self-operating Platform
1095	115760		142819	1	
132	24825		31075	13433	13433
5894	4047782	224	5254035	24867	7868
6581	3190174		4484233	597039	
1331	444342		494698	17997	8754
1					
957	110121		110317	21	21
113	9356		11483		
151	52800		47548	8023	
315	45527		51584	6455	5645
30	4788		5187		
139	102370		113039	1279	
447	284275		288071	5471	5100
43	5404		5570	234	
374	360910		365821	19584	
226	78888		97301	14385	
765	214473		248418	913	
226	179490		177883	531	531
7	397		2485		
10777	5266258	50983	5629340	301551	36732
3073	740163		878517	81092	64076
128	16893		22869		
3485	1147725	9004	1339426	20708	13136
48289	125822353	126845	131444586	1054187	36446
3357	5033953	8184	4944641	131152	129
143	261310		270147		
5439	29463289	1677210	30004304	38987	3000
3305	4128011		4402074	17913	
762	1335346		1401467		
46	17212		19032		

13-5 续表2

单位：万元

指 标	Item	法 人 企业数 (个) Corporation Enterprises(unit)
其他化工产品批发	Wholesale of Other Chemical Products	195
农业机械批发	Wholesale of Agricultural Machinery	17
汽车及零配件批发	Wholesale of Automobiles and Spare Parts	207
摩托车及零配件批发	Wholesale of Motorcycles and Spare Parts	5
五金产品批发	Wholesale of Hardware Products	54
电气设备批发	Wholesale of Electrical Equipments	32
计算机、软件及辅助设备批发	Wholesale of Computers, Software, and Auxiliary Equipments	54
通讯设备批发	Wholesale of Communication Equipments	46
广播影视设备批发	Wholesale of Broadcasting and Film Equipments	
其他机械设备及电子产品批发	Wholesale of Other Mechanical Equipments and Electronic Products	209
贸易代理	Trade Agency	5
一般物品拍卖	General item auction	
艺术品、收藏品拍卖	Artwork and Collectibles Auction	
艺术品代理	Art Agency	
其他贸易经纪与代理	Other Trade Brokers and Agents	
再生物资回收与批发	Recycling and Wholesale of Recycled Materials	15
宠物食品用品批发	Wholesale of Pet Food and Supplies	1
互联网批发	Online Wholesale	13
其他未列明批发业	Other Unspecified Wholesale Businesses	127
三、按控股情况分	Grouped by Share Holding	
国有控股	State Holding Enterprises	479
集体控股	Collective-owned Holding Enterprises	28
私人控股	Private Holding Enterprises	3999
港澳台商控股	Hong Kong, Macao and Taiwan Holding Enterprises	4
外商控股	Foreign Holding Enterprises	2
四、按经营形式分	Grouped by Management Form	
独立门店	Independent Stores	2950
连锁总店(总部)	Chain Headquarters	8
连锁直营店	Direct Chain Stores	4
连锁加盟店	Franchise Chain Stores	9
其 他	Others	1528
五、按单位规模分	Grouped by Enterprise Size	
大 型	Large-size	76
中 型	Medium-size	785
小 型	Small-size	2259
微 型	Micro-size	1391

continued

(10 000 yuan)

从业人员期末人数(人) Employees at Year-end(person)	商品购进额 Total Purchases Value	#进口 Imports	商品销售额 Total Sales Value	#通过公共网络实现的商品销售额 by Public Network	#通过非自营平台实现的商品销售额 by Non-self-operating Platform
2630	2401281	4175	2544361	25772	5123
331	62136		64578		
3674	3191479		3120191	175	
99	40945		43395		
1107	979691		1041439	3179	
1001	147275		176126	6124	2649
1090	363639		389976	43878	10342
1082	664209		707572	41399	15933
5201	1902088	37811	2050487	24575	14641
108	39254	17796	40651		
102	497855		512892		
35	7503		8637		
279	4243344	20256	4267355	4197530	37812
3075	1260840	1573	1345685	5011	
53498	113038295	1360419	119291068	1557193	115292
3105	4091621		4207417	51	
65907	83350266	591445	87446122	5269709	167262
87	15618		12193		
136	12126	3363	13767		
72394	116415252	1197647	123291716	767536	100294
1058	4051213		4403998	370847	
631	39328		48538		
551	131710		135890	12205	
47964	79730420	757580	82946338	5676365	182259
35085	66223082	49875	69804013	689559	29846
52306	75224550	1309660	79988758	5289794	143576
29971	35823858	594818	37317463	606563	46051
5344	23233751	874	23857501	241037	63081

13-5 续表3

单位：万元

指　标	Item	批发额 Wholesale Value
总　计	**Total**	**208712153**
一、按登记注册类型分	Grouped by Registered Kind	
国有独资公司	Companies Exclusively with Investment from State	3703724
私营有限责任公司	Private Limited Responsibility Corporations	64184050
其他有限责任公司	Other Limited Responsibility Corporations	126278082
私营股份有限公司	Private Share-holding Limited Corporations	1113873
其他股份有限公司	Other Share-holding Limited Corporations	7960153
全民所有制企业(国有企业)	Enterprise Owned by the Whole People (State-owned Enterprises)	4471608
集体所有制企业(集体企业)	Collectively Owned Enterprises (Collective Enterprises)	676412
股份合作企业	Share Cooperative Enterprises	9991
个人独资企业	Sole Proprietorship Enterprises	127452
合伙企业	Partnership Enterprises	37440
港澳台投资有限责任公司	Limited Responsibility Corporations with Hong Kong, Macao and Taiwan Investment	10818
港澳台投资股份有限公司	Share Holding Limited Corporations with Hong Kong, Macao and Taiwan Investment	71248
港澳台投资合伙企业	Partnership Enterprises with Hong Kong, Macao and Taiwan Investment	
外商投资有限责任公司	Limited Responsibility Corporations with Foreign Investment	46030
外商投资股份有限公司	Limited Liability Corporations with Foreign Investment	13129
农民专业合作社(联合社)	Farmers' Professional Cooperative (Association)	8143
二、按批发行业小类分	Grouped by Wholesale Trade	
谷物、豆及薯类批发	Wholesale of Grains, Beans, and Potatoes	599055
种子批发	Seed Wholesale	56081
畜牧渔业饲料批发	Wholesale of Animal Husbandry and Fishery Feed	137363
棉、麻批发	Wholesale of Cotton and Linen	
林业产品批发	Wholesale of Forestry Products	54717
牲畜批发	Wholesale of Livestock	29250
渔业产品批发	Wholesale of Fishery Products	
其他农牧产品批发	Wholesale of Other Agricultural and Animal Husbandry Products	125376
米、面制品及食用油批发	Wholesale of Rice, Flour Products, and Edible Oil	275786
糕点、糖果及糖批发	Wholesale of Pastries, Candies, and Sugar	46150
果品、蔬菜批发	Wholesale of Fruits and Vegetables	678556
肉、禽、蛋、奶及水产品批发	Wholesale of Meat, Poultry, Eggs, Milk, and Aquatic Products	253588

continued

(10 000 yuan)

#出口 Exports	零售额 Retail Value	#通过公共网络实现的商品零售额 by Public Network	#通过非自营平台实现的商品零售额 by Non-self-operating Platform	期末商品库存额 Stock at Year-end	服务营业额 Turnover of Services	年末零售营业面积(平方米) Retail Operating Area at Year-end (sq.m)
638497	**2265142**	**211300**	**44850**	**6973370**	**382608**	**2915462**
	7627			236265		38847
393903	1125569	117680	38756	3174129	67905	1683677
243414	980713	87544	29	3183931	306070	1009329
	67662	6076	6064	79213	6742	76378
	58002			37123	1672	66367
	21			201353	177	8961
	48			29801		1490
				95		400
	4699			4560		15882
	9519			318		3896
821	1375			12998		595
				1		
202	8488			13500	42	9520
157						
	1417			84		120
368	3443			97936		50389
				38941	67	
				8139		100
				34472		
				34		500
	2996	129		2300		245
	76476	2698	942	85113	782	197483
	2438	104	104	2753	53	23114
14073	23759			13744	11456	56410
	10950			7855	686	7412

13-5 续表4

单位：万元

指　标	Item	批发额 Wholesale Value
盐及调味品批发	Wholesale of Salt and Condiment	128639
营养和保健品批发	Wholesale of Nutrition and Health Products	31075
酒、饮料及茶叶批发	Wholesale of Alcohol, Beverages, and Tea	5067517
烟草制品批发	Wholesale of Tobacco Products	4484233
其他食品批发	Wholesale of Other Foods	489517
纺织品、针织品及原料批发	Wholesale of Textiles, Knitwear, and Raw Materials	
服装批发	Wholesale of Clothing	102794
鞋帽批发	Wholesale of Shoes and Hats	11483
化妆品及卫生用品批发	Wholesale of Cosmetics and Hygiene Products	42835
厨具卫具及日用杂品批发	Wholesale of Kitchenware, Sanitary Ware, and Daily Necessities	48822
灯具、装饰物品批发	Wholesale of Lighting Fixtures and Decorative Items	4746
家用视听设备批发	Wholesale of Household Audiovisual Equipments	105292
日用家电批发	Wholesale of Daily Household Appliances	240230
其他家庭用品批发	Wholesale of Other Household Articles	5337
文具用品批发	Wholesale of Stationery	360703
体育用品及器材批发	Wholesale of Sports Supplies and Equipments	93597
图书批发	Wholesale of Books	244790
报刊批发	Wholesale of Newspapers and Magazines	
音像制品、电子和数字出版物批发	Wholesale of Audiovisual Products, Electronic and Digital publications	
首饰、工艺品及收藏品批发	Wholesale of Jewelry, Handicrafts, and Collectibles	162857
乐器批发	Wholesale of Musical Instruments	
其他文化用品批发	Wholesale of Other Culture Articles	1317
西药批发	Wholesale of Western Medicine	5457125
中药批发	Wholesale of Chinese Herbal Medicine	847930
动物用药品批发	Wholesale of Animal Drugs	21026
医疗用品及器材批发	Wholesale of Medical Supplies and Equipments	1333133
煤炭及制品批发	Wholesale of Coal and Related Products	131318936
石油及制品批发	Wholesale of Petroleum and Related Products	4794731
非金属矿及制品批发	Wholesale of Non-metallic Minerals and Related Products	270147
金属及金属矿批发	Wholesale of Metals and Metal Ores	29395017
建材批发	Wholesale of Building Materials	4354960
化肥批发	Wholesale of Chemical Fertilizer	1401399
农药批发	Wholesale of Pesticides	19032
农用薄膜批发	Wholesale of Agriculture Films	

continued

(10 000 yuan)

#出　口 Exports	零售额 Retail Value	#通过公共网络实现的商品零售额 by Public Network	#通过非自营平台实现的商品零售额 by Non-self-operating Platform	期末商品库存额 Stock at Year-end	服　务 营业额 Turnover of Services	年末零售营业面积(平方米) Retail Operating Area at Year-end (sq.m)
	14180			3670	164	1156
				865		8460
15086	186518	5995		1094754	9451	31406
				205097	177	3594
	5181	816		77303	1848	23622
	7523	21	21	39960		7685
				6		65
	4713	4377		3509	1105	2140
13036	2763	810		5263	1133	2803
	441			157		600
	7747	1073		25374		1146
	47841	85		15421	3916	15559
	234	234		1836	81	601
	5117			35001		2536
46658	3704	3704		4572	41	1
	3628	810		61844	448	9670
5754	15026	399	399	19567		2172
	1168			467	1056	278
3383	172215	33459	1770	611154	6378	235405
	30588			66315	204	47823
	1844			2564		152
157	6292	3577	3577	84791	3485	140351
57940	125650			2211279	217821	1078962
11424	149910	7196	29	225384	4589	405600
169				5094		273
238215	609287	5900	86	720745	1740	75838
9709	47114	17913		184964	1123	38941
45877	68			107276	2299	3093
						100

13-5 续表5

单位：万元

指　标	Item	批发额 Wholesale Value
其他化工产品批发	Wholesale of Other Chemical Products	2433041
农业机械批发	Wholesale of Agricultural Machinery	64541
汽车及零配件批发	Wholesale of Automobiles and Spare Parts	2862346
摩托车及零配件批发	Wholesale of Motorcycles and Spare Parts	38542
五金产品批发	Wholesale of Hardware Products	1009158
电气设备批发	Wholesale of Electrical Equipments	171442
计算机、软件及辅助设备批发	Wholesale of Computers, Software, and Auxiliary Equipments	368003
通讯设备批发	Wholesale of Communication Equipments	630612
广播影视设备批发	Wholesale of Broadcasting and Film Equipments	
其他机械设备及电子产品批发	Wholesale of Other Mechanical Equipments and Electronic Products	1974870
贸易代理	Trade Agency	40651
一般物品拍卖	General item auction	
艺术品、收藏品拍卖	Artwork and Collectibles Auction	
艺术品代理	Art Agency	
其他贸易经纪与代理	Other Trade Brokers and Agents	
再生物资回收与批发	Recycling and Wholesale of Recycled Materials	495381
宠物食品用品批发	Wholesale of Pet Food and Supplies	8574
互联网批发	Online Wholesale	4223017
其他未列明批发业	Other Unspecified Wholesale Businesses	1296838
三、按控股情况分	Grouped by Share Holding	
国有控股	State Holding Enterprises	118581183
集体控股	Collective-owned Holding Enterprises	4206304
私人控股	Private Holding Enterprises	85901842
港澳台商控股	Hong Kong, Macao and Taiwan Holding Enterprises	10818
外商控股	Foreign Holding Enterprises	5279
四、按经营形式分	Grouped by Management Form	
独立门店	Independent Stores	122077894
连锁总店(总部)	Chain Headquarters	4391338
连锁直营店	Direct Chain Stores	47934
连锁加盟店	Franchise Chain Stores	118117
其　他	Others	81928427
五、按单位规模分	Grouped by Enterprise Size	
大　型	Large-size	69622934
中　型	Medium-size	79232826
小　型	Small-size	36616098
微　型	Micro-size	23232152

continued

(10 000 yuan)

#出　口 Exports	零售额 Retail Value	#通过公共网络实现的商品零售额 by Public Network	#通过非自营平台实现的商品零售额 by Non-self-operating Platform	期末商品库存额 Stock at Year-end	服务营业额 Turnover of Services	年末零售营业面积(平方米) Retail Operating Area at Year-end (sq.m)
53292	111320	25772	5123	49946	5164	23981
4754	36			15137		36093
10983	257845			327660	83916	109092
	4853			6530		630
28552	32281			32303	19	11797
	4684			12539	813	70380
8783	21973	9627	7856	56827	5205	7546
	76961	38595	14022	50055	1528	8805
62359	75617	4247		246738	14606	55193
2547				742	1053	100
	17511			2772		6329
	63			1117	3	390
	44338	43759	10920	14243	16	2761
5380	48847			51245	184	106680
217389	709885	50323	29	3007481	211476	644878
	1113	51		124237	7	2435
420257	1544281	160926	44820	3824269	171082	2267234
821	1375			12998		595
31	8488			4332	42	320
139534	1213822	95227	6922	3949724	177749	1711084
	12660	62		95473	1215	10390
	605			934	137	600
	17773	42		12803	563	11525
498964	1017911	115969	37928	2903467	202888	1175372
14601	181079	42962		1750793	141252	170757
290806	755932	20528	971	2810791	174334	1750798
174975	701365	112547	30680	1744741	45764	625178
158116	625349	35263	13198	666961	21258	368609

13-6 限额以上零售业法人企业经营情况(2023年)

单位：万元

指 标	Item	法 人 企业数 (个) Corporation Enterprises(unit)
总 计	**Total**	**3340**
一、按登记注册类型分	Grouped by Registered Kind	
国有独资公司	Companies Exclusively with Investment from State	9
私营有限责任公司	Private Limited Responsibility Corporations	2470
其他有限责任公司	Other Limited Responsibility Corporations	424
私营股份有限公司	Private Share-holding Limited Corporations	103
其他股份有限公司	Other Share-holding Limited Corporations	24
全民所有制企业(国有企业)	Enterprise Owned by the Whole People (State-owned Enterprises)	5
集体所有制企业(集体企业)	Collectively Owned Enterprises (Collective Enterprises)	25
股份合作企业	Share Cooperative Enterprises	1
个人独资企业	Sole Proprietorship Enterprises	239
合伙企业	Partnership Enterprises	12
港澳台投资有限责任公司	Limited Responsibility Corporations with Hong Kong, Macao and Taiwan Investment	9
其他港澳台投资企业	Other Enterprises with Hong Kong, Macao and Taiwan Investment	1
外商投资有限责任公司	Limited Responsibility Corporations with Foreign Investment	4
其他外商投资企业	Other Foreign-Invested Enterprises	1
农民专业合作社(联合社)	Farmers' Professional Cooperative (Association)	13
二、按零售行业小类分	Grouped by Retail Industry	
百货零售	Retail of Department Stores	158
超级市场零售	Retail of Supermarkets	289
便利店零售	Retail of Convenience Stores	22
其他综合零售	Other Comprehensive Retail	11
粮油零售	Retail of Grain and Oil	64
糕点、面包零售	Retail of Pastry and Bread	8
果品、蔬菜零售	Retail of Fruits and Vegetables	35
肉、禽、蛋、奶及水产品零售	Retail of Meat, Poultry, Eggs, Milk, and Aquatic Products	27
营养和保健品零售	Retail of Nutrition and Health Products	5
酒、饮料及茶叶零售	Retail of Alcohol, Beverages, and Tea	95
烟草制品零售	Retail of Tobacco Products	5
其他食品零售	Retail of Other Food	48
纺织品及针织品零售	Retail of Textiles and Knitwear	4
服装零售	Retail of Clothing	77
鞋帽零售	Retail of Shoes and Hats	8
化妆品及卫生用品零售	Retail of Cosmetics and Hygiene Products	8
厨具卫具及日用杂品零售	Retail of Kitchenware, Sanitary Ware, and Daily Necessities	8
钟表、眼镜零售	Retail of Clocks and Glasses	5
箱包零售	Retail of Luggage	

MANAGEMENT OF CORPORATION ENTERPRISES ABOVE DESIGNATED SIZE IN RETAIL TRADE(2023)

(10 000 yuan)

从业人员期末人数(人) Employees at Year-end(person)	商品购进额 Total Purchases Value	#进口 Imports	商品销售额 Total Sales Value	#通过公共网络实现的商品销售额 by Public Network	#通过非自营平台实现的商品销售额 by Non-self-operating Platform
136111	**22979468**	**265989**	**25678687**	**2220562**	**260455**
778	297356		326007		
84143	11956653	106116	12797443	819610	146004
30907	6073337	95824	6366522	1144683	84287
7281	1014256		1421419	42882	6702
6176	2091692		3248808	67	67
105	5954		7041		
502	57604		63691		
3	878		938		
3704	418899		457001	5076	5076
162	20532		21422		
1032	366113	49195	391955	118534	
93	9779		10772		
458	76843	14855	81138	13164	13164
504	510048		399227		
263	79525		85303	76546	5157
9929	976473		1416763	20737	491
23989	1814166		1921196	73865	14248
1191	184595		202358	20082	347
144	16336		18102		
1307	108207		115786	4693	2035
267	21021		23620	2022	387
676	66763		74146	4881	836
1235	105477	336	121548	144	73
120	6718		7286	132	132
1872	420633		450490	75654	
197	30272		34012		
2241	306797		319952	13821	2191
269	37593		51001	1891	
4610	381686		515810	2359	215
228	23332		23735		
512	29876		40498	5998	3186
154	14373		14562	282	282
238	39824		52179		

13-6 续表1

单位：万元

指　标	Item	法　人 企业数 (个) Corporation Enterprises(unit)
自行车等代步设备零售	Retail of Transportation Devices Such As Bicycles	12
其他日用品零售	Retail of Other Daily Necessities	3
文具用品零售	Retail of Stationery	4
体育用品及器材零售	Retail of Sports Equipment Facilities	2
图书、报刊零售	Retail of Books, Newspapers and Magazines	39
音像制品、电子和数字出版物零	Retail of Audiovisual Products, Electronic and Digital Publications	
珠宝首饰零售	Retail of Jewelry	37
工艺美术品及收藏品零售	Retail of Art Crafts and Collections	5
乐器零售	Retail of Musical Instruments	6
照相器材零售	Retail of Photographic Equipments	1
其他文化用品零售	Retail of Other Stationery	1
西药零售	Retail of Western Medicine	168
中药零售	Retail of Chinese Herbal Medicine	12
动物用药品零售	Retail of Animal Drugs	1
医疗用品及器材零售	Retail of Medical Supplies and Equipments	8
保健辅助治疗器材零售	Retail of Health Auxiliary Treatment Equipments	
汽车新车零售	Retail of New Motor Vehicles	935
汽车旧车零售	Retail of Used Motor Vehicles	19
汽车零配件零售	Retail of Auto Parts	21
摩托车及零配件零售	Retail of Motorcycle Parts	27
机动车燃油零售	Retail of Motor Vehicle Petrol	414
机动车燃气零售	Retail of Motor Vehicle Gas	34
机动车充电销售	Sales of Motor Vehicle Charging	1
家用视听设备零售	Retail of Household Audiovisual Equipments	4
日用家电零售	Retail of Daily Household Appliances	245
计算机、软件及辅助设备零售	Retail of Computers, Software, and Auxiliary Equipments	56
通信设备零售	Retail of Communication Equipments	155
其他电子产品零售	Retail of Other Electronic Products	14
五金零售	Hardware Retail	19
灯具零售	Retail of Lighting Fixtures	3
家具零售	Furniture Retail	22
涂料零售	Coating Retail	1
卫生洁具零售	Retail of Sanitary Ware	4
木质装饰材料零售	Retail of Wooden Decorative Materials	5
陶瓷、石材装饰材料零售	Retail of Ceramic and Stone Decorative Materials	6
其他室内装饰材料零售	Retail of Other Interior Decoration Materials	6
流动货摊零售	Retail of Mobile stalls	
互联网零售	E-Retail	147
邮购及电视、电话零售	Retail of Mail Order and Televisions, Telephones	1
自动售货机零售	Retail of Vending Machines	
旧货零售	Retail of used goods	

continued

(10 000 yuan)

从业人员期末人数(人) Employees at Year-end(person)	商品购进额 Total Purchases Value	#进口 Imports	商品销售额 Total Sales Value	#通过公共网络实现的商品销售额 by Public Network	#通过非自营平台实现的商品销售额 by Non-self-operating Platform
112	48561		48848		
44	5246		6216	2	
48	2432		3057		
48	15282		17833	5192	233
2948	225279		223416	517	515
1343	104336		160545	765	67
110	13074		12502	3349	
63	5290		6209		
11	5859		6095		
26	3518		3319		
25339	1047753		1231203	21493	1095
598	25230		28859	1160	
10	3154		3284		
276	10778		20579	30	
28904	9681714	261829	9661131	543440	20635
219	84278		81910		
314	50508		51471		
305	47362	2253	53897		
14067	4094187		5547779	4956	3798
691	180486		201902	4	
4	100		100		
123	24714		27620		
3493	633163		671411	95658	36293
825	77666		93786	17888	129
1970	421923		444203	8740	662
167	26490		31580	3264	3264
244	25364		28432	2503	
45	7119		7649		
497	22161		30867	17	
9	939		1135		
38	4922		4938		
54	6466		6734		
116	12935		13968		
50	14067		14590		
3119	1340946	1571	1394888	1285022	169341
99	2408		3532		

13-6 续表2

单位：万元

指　　标	Item	法　人 企业数 (个) Corporation Enterprises(unit)
生活用燃料零售	Retail of Household Fuels	11
宠物食品用品零售	Retail of Pet food supplies	1
其他未列明零售业	Other Unspecified Retail Businesses	13
三、按控股情况分	Grouped by Share Holding	
国有控股	State Holding Enterprises	147
集体控股	Collective-owned Holding Enterprises	52
私人控股	Private Holding Enterprises	3118
港澳台商控股	Hong Kong, Macao and Taiwan Holding Enterprises	12
外商控股	Foreign Holding Enterprises	6
其　他	Others	3
四、按经营形式分	Grouped by Management Form	
独立门店	Independent Stores	2881
连锁总店	Chain Headquarters	112
连锁直营店	Direct Chain Stores	55
连锁加盟店	Franchise Chain Stores	31
其　他	Others	252
五、按单位规模分	Grouped by Enterprise Size	
大　型	Large-size	39
中　型	Medium-size	559
小　型	Small-size	1623
微　型	Micro-size	1105
六、按零售业态分	Grouped by Retail Format	
便利店	Convenient Store	161
超　市	Supermarket	386
折扣店	Discount Store	9
仓储会员店	Warehouse Club	11
百货店	Department Store	131
购物中心	Shopping Center	78
专业店	Specialty Store	1138
品牌专卖店	Brand Store	912
集合店	Collection Store	38
无人值守商店	Unmanned Store	
网络零售	Online Retailing	153
电视/广播零售	Television/Radio Retail	
邮寄零售	Postal Retail	
无人售货设备零售	Retail of Unmanned Vending Equipment	
电话零售	Telephone Retail	12
直　销	Direct Sales	76
流动货摊零售	Mobile Stall Retail	2
其　他	Others	226

continued

(10 000 yuan)

从业人员期末人数(人) Employees at Year-end(person)	商品购进额 Total Purchases Value	#进口 Imports	商品销售额 Total Sales Value	#通过公共网络实现的商品销售额 by Public Network	#通过非自营平台实现的商品销售额 by Non-self-operating Platform
332	79202		87355		
2	2130		2130		
269	38289		40673		
20461	3928578	5757	5205351	39236	21896
2313	308036	1991	324689	1329	
111099	17763177	194191	19247064	2042384	220239
1138	378219	49195	405465	118534	
991	587771	14855	482097	13164	13164
58	7120		7311	5157	5157
89902	15902486	262889	18097845	844129	83424
28381	3249229		3448497	116365	42708
9300	1167386	336	1491493	122080	15112
721	140558		139643	362	347
7500	2493045	2764	2470922	1135152	118732
32100	4596019		6188731	165959	96
60271	9472261	236364	10032504	789069	79865
37718	6385570	24535	6809291	365246	110571
5718	2444939	5091	2561717	823741	64768
10490	2663330		2609407	34392	347
29171	2188505		2334227	75365	14343
166	32684		33869		
109	19327		20364	3122	309
7410	927254		1336162	21047	491
5045	316901		434871	2176	120
45815	6869850	103468	8212516	199450	61346
27526	7372199	144167	7962585	511037	8936
585	92415		103158	9853	321
3201	1349353	1571	1404008	1317170	170006
323	69816		74271	132	132
1492	303180	16421	310760	178	
42	5949		4841		
4575	752598	363	818185	45567	4103

13-6 续表3

单位：万元

指　标	Item	批发额 Wholesale Value
总　计	**Total**	**2657307**
一、按登记注册类型分	Grouped by Registered Kind	
国有独资公司	Companies Exclusively with Investment from State	39120
私营有限责任公司	Private Limited Responsibility Corporations	930075
其他有限责任公司	Other Limited Responsibility Corporations	482069
私营股份有限公司	Private Share-holding Limited Corporations	115186
其他股份有限公司	Other Share-holding Limited Corporations	925351
全民所有制企业(国有企业)	Enterprise Owned by the Whole People (State-owned Enterprises)	110
集体所有制企业(集体企业)	Collectively Owned Enterprises (Collective Enterprises)	4292
股份合作企业	Share Cooperative Enterprises	
个人独资企业	Sole Proprietorship Enterprises	38818
合伙企业	Partnership Enterprises	1785
港澳台投资有限责任公司	Limited Responsibility Corporations with Hong Kong, Macao and Taiwan Investment	9281
其他港澳台投资企业	Other Enterprises with Hong Kong, Macao and Taiwan Investment	
外商投资有限责任公司	Limited Responsibility Corporations with Foreign Investment	
其他外商投资企业	Other Foreign-Invested Enterprises	110483
农民专业合作社(联合社)	Farmers' Professional Cooperative (Association)	737
二、按零售行业小类分	Grouped by Retail Industry	
百货零售	Retail of Department Stores	42661
超级市场零售	Retail of Supermarkets	6646
便利店零售	Retail of Convenience Stores	3416
其他综合零售	Other Comprehensive Retail	
粮油零售	Retail of Grain and Oil	11349
糕点、面包零售	Retail of Pastry and Bread	3616
果品、蔬菜零售	Retail of Fruits and Vegetables	2879
肉、禽、蛋、奶及水产品零售	Retail of Meat, Poultry, Eggs, Milk, and Aquatic Products	17602
营养和保健品零售	Retail of Nutrition and Health Products	1100
酒、饮料及茶叶零售	Retail of Alcohol, Beverages, and Tea	107703
烟草制品零售	Retail of Tobacco Products	
其他食品零售	Retail of Other Food	7441
纺织品及针织品零售	Retail of Textiles and Knitwear	
服装零售	Retail of Clothing	32206
鞋帽零售	Retail of Shoes and Hats	
化妆品及卫生用品零售	Retail of Cosmetics and Hygiene Products	2100
厨具卫具及日用杂品零售	Retail of Kitchenware, Sanitary Ware, and Daily Necessities	2854
钟表、眼镜零售	Retail of Clocks and Glasses	7983
箱包零售	Retail of Luggage	

continued

(10 000 yuan)

#出口 Exports	零售额 Retail Value	#通过公共网络实现的商品零售额 by Public Network	#通过非自营平台实现的商品零售额 by Non-self-operating Platform	期末商品库存额 Stock at Year-end	服务营业额 Turnover of Services	年末零售营业面积(平方米) Retail Operating Area at Year-end (sq.m)
1051	**23021381**	**2095956**	**250627**	**2421976**	**236428**	**9358126**
	286886			14109		17100
349	11867368	772128	136285	1559042	159219	4764555
	5884453	1068691	84177	643175	55848	2157737
702	1306233	41750	6702	54078	1392	623539
	2323457	67	67	88331	1428	1262717
	6931			134		2494
	59400			2840	60	27734
	938			5		80
	418183	5076	5076	22385	682	282568
	19637			1729		17040
	382675	118534		18180	145	147380
	10772			998	221	3090
	81138	13164	13164	10597	3322	33632
	288744			5550	14109	2500
	84565	76546	5157	824		15960
	1374102	20737	491	208790	7102	1142052
	1914550	73865	14248	123299	8088	1303597
	198941	20082	347	8218	3047	140878
	18102			1557	42	5691
349	104437	4285	1999	18418	1208	50023
	20004	2022	387	657		3219
702	71267	4180	836	6160	13	86450
	103946	71		3218		29344
	6186	132	132	4021		915
	342788	74048		61416	471	25783
	34012			2528		940
	312511	13413	2042	10965	228	113994
	51001	1891		12759		4600
	483605	2359	215	65118	6513	577119
	23735			2662		12693
	38398	5998	3186	6756		23239
	11707	253	253	4279	2	1098
	44196			2957		3264

13-6 续表4

单位：万元

指　标	Item	批发额 Wholesale Value
自行车等代步设备零售	Retail of Transportation Devices Such As Bicycles	11145
其他日用品零售	Retail of Other Daily Necessities	1102
文具用品零售	Retail of Stationery	761
体育用品及器材零售	Retail of Sports Equipment Facilities	3187
图书、报刊零售	Retail of Books, Newspapers and Magazines	583
音像制品、电子和数字出版物零售	Retail of Audiovisual Products, Electronic and Digital Publications	
珠宝首饰零售	Retail of Jewelry	18813
工艺美术品及收藏品零售	Retail of Art Crafts and Collections	159
乐器零售	Retail of Musical Instruments	301
照相器材零售	Retail of Photographic Equipments	2865
其他文化用品零售	Retail of Other Stationery	
西药零售	Retail of Western Medicine	14326
中药零售	Retail of Chinese Herbal Medicine	
动物用药品零售	Retail of Animal Drugs	
医疗用品及器材零售	Retail of Medical Supplies and Equipments	1090
保健辅助治疗器材零售	Retail of Health Auxiliary Treatment Equipments	
汽车新车零售	Retail of New Motor Vehicles	629893
汽车旧车零售	Retail of Used Motor Vehicles	282
汽车零配件零售	Retail of Auto Parts	1129
摩托车及零配件零售	Retail of Motorcycle Parts	6989
机动车燃油零售	Retail of Motor Vehicle Petrol	1392002
机动车燃气零售	Retail of Motor Vehicle Gas	33186
机动车充电销售	Sales of Motor Vehicle Charging	
家用视听设备零售	Retail of Household Audiovisual Equipments	
日用家电零售	Retail of Daily Household Appliances	50324
计算机、软件及辅助设备零售	Retail of Computers, Software, and Auxiliary Equipments	21984
通信设备零售	Retail of Communication Equipments	38646
其他电子产品零售	Retail of Other Electronic Products	4704
五金零售	Hardware Retail	2520
灯具零售	Retail of Lighting Fixtures	4222
家具零售	Furniture Retail	
涂料零售	Coating Retail	
卫生洁具零售	Retail of Sanitary Ware	
木质装饰材料零售	Retail of Wooden Decorative Materials	395
陶瓷、石材装饰材料零售	Retail of Ceramic and Stone Decorative Materials	
其他室内装饰材料零售	Retail of Other Interior Decoration Materials	4026
流动货摊零售	Retail of Mobile stalls	
互联网零售	E-Retail	143440
邮购及电视、电话零售	Retail of Mail Order and Televisions, Telephones	
自动售货机零售	Retail of Vending Machines	
旧货零售	Retail of used goods	

continued

(10 000 yuan)

#出　口 Exports	零售额 Retail Value	#通过公共网络实现的商品零售额 by Public Network	#通过非自营平台实现的商品零售额 by Non-self-operating Platform	期末商品库存额 Stock at Year-end	服　务营业额 Turnover of Services	年末零售营业面积(平方米) Retail Operating Area at Year-end (sq.m)
	37703			3999		5807
	5114	2		872		1200
	2296			1391		2830
	14646	5192	233	1624		759
	222834	517	515	54840	374	67754
	141732	765	67	66940	497	19650
	12343	3349		3442		3780
	5908			5100		4220
	3230			42	33	100
	3319			200		600
	1216877	21398	1095	186138	2957	716565
	28859	1160		5904	148	12129
	3284			18		200
	19489	30		2271		15966
	9031238	541094	20599	1120638	168250	2009665
	81628			11987	51	30190
	50342			4921	71	24257
	46908			13191	39	17606
	4155778	4956	3798	135485	21372	2188859
	168715	4		8051	3044	125372
	100			174		1000
	27620			4502		11001
	621087	95658	36293	108934	3287	294263
	71802	5061	129	12656	2696	9801
	405557	3660	466	46305	4380	39289
	26876	3264	3264	3947	143	3250
	25912	8		3644		9981
	3427			1413		290
	30867	17		7917	97	113676
	1135			64		100
	4938			1135	20	336
	6338			1808		2512
	13968			1223	28	7413
	10564			3007		996
	1251448	1186486	160031	48292	2227	54056
	3532					700

13-6 续表5

单位：万元

指　标	Item	批发额 Wholesale Value
生活用燃料零售	Retail of Household Fuels	19480
宠物食品用品零售	Retail of Pet food supplies	
其他未列明零售业	Other Unspecified Retail Businesses	198
三、按控股情况分	Grouped by Share Holding	
国有控股	State Holding Enterprises	1122185
集体控股	Collective-owned Holding Enterprises	9791
私人控股	Private Holding Enterprises	1404829
港澳台商控股	Hongkong, Macao and Taiwan Holding Enterprises	9281
外商控股	Foreign Holding Enterprises	110483
其　他	Others	737
四、按经营形式分	Grouped by Management Form	
独立门店	Independent Stores	1639900
连锁总店	Chain Headquarters	332549
连锁直营店	Direct Chain Stores	224672
连锁加盟店	Franchise Chain Stores	7158
其　他	Others	451835
五、按单位规模分	Grouped by Enterprise Size	
大　型	Large-size	1109737
中　型	Medium-size	718180
小　型	Small-size	534618
微　型	Micro-size	294035
六、按零售业态分	Grouped by Retail Format	
便利店	Convenient Store	524246
超　市	Supermarket	27605
折扣店	Discount Store	761
仓储会员店	Warehouse Club	290
百货店	Department Store	22160
购物中心	Shopping Center	9714
专业店	Specialty Store	1101402
品牌专卖店	Brand Store	663263
集合店	Collection Store	4707
无人值守商店	Unmanned Store	
网络零售	Online Retailing	133389
电视/广播零售	Television/Radio Retail	
邮寄零售	Postal Retail	
无人售货设备零售	Retail of Unmanned Vending Equipment	
电话零售	Telephone Retail	3057
直　销	Direct Sales	33606
流动货摊零售	Mobile Stall Retail	
其　他	Others	132035

continued

(10 000 yuan)

#出　口 Exports	零售额 Retail Value	#通过公共网络实现的商品零售额 by Public Network	#通过非自营平台实现的商品零售额 by Non-self-operating Platform	期末商品库存额 Stock at Year-end	服务营业额 Turnover of Services	年末零售营业面积(平方米) Retail Operating Area at Year-end (sq.m)
	67875			1403		15192
	2130					50
	40475			4724		21812
	4083166	39123	21896	275949	10519	1881966
	314898	1329		45120	3691	178803
1051	17842235	1917891	210410	2065120	204217	7094578
	396185	118534		19179	570	153927
	371614	13164	13164	16147	17432	36832
	6573	5157	5157	16		11020
1051	16457945	813080	82978	1974185	201027	6790702
	3115948	116292	42635	206074	7189	1372241
	1266821	122080	15112	76755	20397	744599
	132484	362	347	21763	915	45973
	2019086	1042742	109422	140483	6901	398055
	5078994	165959	96	238804	19474	2240341
	9314324	777467	79606	1213473	132276	3577785
702	6274673	344936	110234	796939	72009	2919907
349	2267683	731048	55534	171867	12669	603933
	2085161	33716	347	104828	23133	1061697
	2306622	75365	14343	171825	8294	1572681
	33108			4426	272	6235
	20074	3122	309	2461		12979
	1314001	21047	491	114429	6412	899688
	425158	2176	120	166501	6340	631825
	7111114	197140	61310	771729	65496	2637701
	7299322	508946	8824	904301	112788	2115359
	98452	9824	292	12857	1145	30151
702	1270619	1226345	160659	51822	2994	52634
	71214	132	132	2487	4	3627
349	277154	161		41685	2902	94412
	4841			1263		2800
	686151	17982	3798	69447	6650	233229

13–7 限额以上批发和零售业法人企业主要财务状况

FINANCIAL CONDITION OF CORPORATION ENTERPRISES IN WHOLESALE AND RETAIL TRADE ABOVE DESIGNATED SIZE

单位：万元 (10 000 yuan)

指 标	Item	2022	2023
批发和零售业	**Wholesale and Retail Trade**		
年初存货	Beginning Inventory	7634928	8539688
流动资产合计	Total Current Assets	108378079	113843788
#应收账款	Accounts Receivable	21063034	18511887
#存 货	Inventory	8645997	9248885
固定资产原价	Original Value of Fixed Assets	8906919	9514733
累计折旧	Accumulated Depreciation	3990300	4280510
#本年折旧	Depreciation This Year	494550	519320
资产总计	Total Assets	137516551	155171022
流动负债合计	Total Liquid Liabilities	98722407	99222009
负债合计	Total Liabilities	108053110	114655232
所有者权益合计	Total Creditors' Equity	29436461	40515578
#实收资本	Capital Hold	18139794	32880724
#个人资本	Individual	2509513	6768957
营业收入	Business Revenue	210750658	209404326
#主营业务收入	Revenue of Major Business	207540990	207833392
营业成本	Business Costs	200550656	199086254
税金及附加	Taxes and Extra Charges	875105	847334
其他业务利润	Profits of Other Business	528028	317166
销售费用	Costs of Sales	3597372	3591765
管理费用	Costs of Adminastration	2627080	2743986
财务费用	Costs of Finance	934917	774381

13-7 续表1
continued

单位：万元 (10 000 yuan)

指　标	Item	2022	2023
#利息收入	Interest Revenue	543250	504593
#利息费用	Costs of Interest	1467993	1261998
营业利润	Business Profits	3826094	5671275
利润总额	Total Profits	3886593	5731172
所得税费用	Costs of Income Tax	665031	769624
应付职工薪酬(本年贷方累计发生额)	Remuneration Payable(Accumulated Credit Balance of The Year)	2018326	2398694
应交增值税	Added Taxes Payable	1350460	1411732
批发业	**Wholesale Trade**		
年初存货	Beginning Inventory	5610688	6284430
流动资产合计	Total Current Assets	100115104	105317775
#应收账款	Accounts Receivable	19919480	17434522
#存　货	Inventory	6151924	6718985
固定资产原价	Original Value of Fixed Assets	6064681	6586327
累计折旧	Accumulated Depreciation	2712305	2911843
#本年折旧	Depreciation This Year	321573	339970
资产总计	Total Assets	125551290	142899828
流动负债合计	Total Liquid Liabilities	89983621	90071958
负债合计	Total Liabilities	97611214	103789733
所有者权益合计	Total Creditors' Equity	27886646	39109855
#实收资本	Capital Hold	13681680	21730636
#个人资本	Individual	1233304	4229419

13-7 续表2
continued

单位：万元 (10 000 yuan)

指　标	Item	2022	2023
营业收入	Business Revenue	189084752	186201907
#主营业务收入	Revenue of Major Business	186560681	185233610
营业成本	Business Costs	180932280	177857418
税金及附加	Taxes and Extra Charges	829485	795218
其他业务利润	Profits of Other Business	319031	168911
销售费用	Costs of Sales	2407868	2328180
管理费用	Costs of Adminastration	1917590	2071918
财务费用	Costs of Finance	801273	641888
#利息收入	Interest Revenue	536808	501148
#利息费用	Costs of Interest	1396278	1189871
营业利润	Business Profits	3894393	5829106
利润总额	Total Profits	3926368	5849357
所得税费用	Costs of Income Tax	628195	731078
应付职工薪酬(本年贷方累计发生额)	Remuneration Payable(Accumulated Credit Balance of The Year)	1347755	1591803
应交增值税	Added Taxes Payable	1148319	1153894
零售业	**Retail Trade**		
年初存货	Beginning Inventory	2024240	2255258
流动资产合计	Total Current Assets	8262975	8526013
#应收账款	Accounts Receivable	1143554	1077365
#存　货	Inventory	2494074	2529900
固定资产原价	Original Value of Fixed Assets	2842238	2928407
累计折旧	Accumulated Depreciation	1277995	1368667

13-7 续表3
continued

单位：万元 (10 000 yuan)

指　标	Item	2022	2023
#本年折旧	Depreciation This Year	172976	179350
资产总计	Total Assets	11965261	12271194
流动负债合计	Total Liquid Liabilities	8738786	9150051
负债合计	Total Liabilities	10441896	10865500
所有者权益合计	Total Creditors' Equity	1549816	1405723
#实收资本	Capital Hold	4458114	11150087
#个人资本	Individual	1276209	2539538
营业收入	Business Revenue	21665906	23202419
#主营业务收入	Revenue of Major Business	20980309	22599782
营业成本	Business Costs	19618376	21228836
税金及附加	Taxes and Extra Charges	45620	52116
其他业务利润	Profits of Other Business	208997	148255
销售费用	Costs of Sales	1189505	1263585
管理费用	Costs of Adminastration	709490	672067
财务费用	Costs of Finance	133645	132494
#利息收入	Interest Revenue	6441	3445
#利息费用	Costs of Interest	71716	72127
营业利润	Business Profits	-68299	-157831
利润总额	Total Profits	-39774	-118185
所得税费用	Costs of Income Tax	36836	38546
应付职工薪酬(本年贷方累计发生额)	Remuneration Payable(Accumulated Credit Balance of The Year)	670571	806891
应交增值税	Added Taxes Payable	202141	257838

13-8 限额以上批发业法人企业财务状况(2023年)

单位：万元

指 标	Item	年初存货 Beginning Inventory
总 计	**Total**	**6284430**
一、按登记注册类型分	Grouped by Registered Kind	
国有独资公司	Companies Exclusively with Investment from State	77871
私营有限责任公司	Private Limited Responsibility Corporations	3006960
其他有限责任公司	Other Limited Responsibility Corporations	2757794
私营股份有限公司	Private Share-holding Limited Corporations	84545
其他股份有限公司	Other Share-holding Limited Corporations	131196
全民所有制企业(国有企业)	Enterprise Owned by the Whole People (State-owned Enterprises)	152002
集体所有制企业(集体企业)	Collectively Owned Enterprises (Collective Enterprises)	48032
股份合作企业	Share Cooperative Enterprises	287
联营企业	Joint Venture	
个人独资企业	Sole Proprietorship Enterprises	7012
合伙企业	Partnership Enterprises	939
其他内资企业	Other Domestic Enterprises	
港澳台投资有限责任公司	Limited Responsibility Corporations with Hong Kong, Macao and Taiwan Investment	7553
港澳台投资股份有限公司	Share Holding Limited Corporations with Hong Kong, Macao and Taiwan Investment	
港澳台投资合伙企业	Partnership Enterprises with Hong Kong, Macao and Taiwan Investment	
其他港澳台投资企业	Other Enterprises with Hong Kong, Macao and Taiwan Investment	
外商投资有限责任公司	Limited Responsibility Corporations with Foreign Investment	10101
外商投资股份有限公司	Limited Liability Corporations with Foreign Investment	31
外商投资合伙企业	Partnership Enterprises with Foreign Investment	
其他外商投资企业	Other Enterprises with Foreign Investment	
农民专业合作社(联合社)	Farmers' Professional Cooperative (Association)	107
二、按批发行业小类分	Grouped by Wholesale Trade	
谷物、豆及薯类批发	Wholesale of Grains, Beans, and Potatoes	113170
种子批发	Seed Wholesale	27234
畜牧渔业饲料批发	Wholesale of Animal Husbandry and Fishery Feed	9083
棉、麻批发	Wholesale of Cotton and Linen	
林业产品批发	Wholesale of Forestry Products	37479
牲畜批发	Wholesale of Livestock	451
渔业产品批发	Wholesale of Fishery Products	
其他农牧产品批发	Wholesale of Other Agricultural and Animal Husbandry Products	2516
米、面制品及食用油批发	Wholesale of Rice, Flour Products, and Edible Oil	76254

FINANCIAL CONDITION OF CORPORATION ENTERPRISES IN WHOLESALE TRADE ABOVE DESIGNATED SIZE(2023)

(10 000 yuan)

流动资产合计 Total Current Assets	#应收帐款 Accounts Receivable	#存货 Inventory	固定资产原价 Original Value of Fixed Assets	累计折旧 Accumulated Depreciation	#本年折旧 Depreciation This Year	资产总计 Total Assets
105317775	**17434522**	**6718985**	**6586327**	**2911843**	**339970**	**142899828**
2478787	123829	241750	85540	44668	3877	2872574
23336901	4918006	3161745	1486010	678925	121271	29127091
71684050	11970386	2877790	4254147	1700793	153596	97909252
484136	137037	98982	46328	20912	3952	528514
5608562	194918	103636	229255	147534	–3757	9533119
1216697	10793	181706	387486	260705	17735	1393366
211726	32588	23787	74888	44011	42408	247163
4158	1924	95	1992	1038	37	5751
42808	14361	6540	5266	3610	364	51910
7820	5493	340	1672	1239	18	8449
14011	1159	11492	7694	6324	132	24865
134335	10938	1	436	357	13	1072869
47930	5198	11024	4088	1500	260	51986
43379	7008		123	53	19	69242
2476	887	98	1403	175	44	3677
333459	72564	138477	77039	31816	3086	416895
79063	16903	38531	17419	6056	657	109482
21442	3530	6139	1514	858	252	22519
278303	86266	34560	8240	3660	310	335131
2790	2373	34				2790
15575	–4930	2179	1153	707	65	21168
173294	30738	91620	45991	22925	2154	225022

13-8 续表1

单位：万元

指　标	Item	年初存货 Beginning Inventory
糕点、糖果及糖批发	Wholesale of Pastries, Candies, and Sugar	2620
果品、蔬菜批发	Wholesale of Fruits and Vegetables	21771
肉、禽、蛋、奶及水产品批发	Wholesale of Meat, Poultry, Eggs, Milk, and Aquatic Products	7933
盐及调味品批发	Wholesale of Salt and Condiment	13659
营养和保健品批发	Wholesale of Nutrition and Health Products	1095
酒、饮料及茶叶批发	Wholesale of Alcohol, Beverages, and Tea	772200
烟草制品批发	Wholesale of Tobacco Products	152625
其他食品批发	Wholesale of Other Foods	70273
纺织品、针织品及原料批发	Wholesale of Textiles, Knitwear, and Raw Materials	
服装批发	Wholesale of Clothing	25577
鞋帽批发	Wholesale of Shoes and Hats	
化妆品及卫生用品批发	Wholesale of Cosmetics and Hygiene Products	3747
厨具卫具及日用杂品批发	Wholesale of Kitchenware, Sanitary Ware, and Daily Necessities	4232
灯具、装饰物品批发	Wholesale of Lighting Fixtures and Decorative Items	175
家用视听设备批发	Wholesale of Household Audiovisual Equipments	6918
日用家电批发	Wholesale of Daily Household Appliances	18686
其他家庭用品批发	Wholesale of Other Household Articles	1740
文具用品批发	Wholesale of Stationery	58225
体育用品及器材批发	Wholesale of Sports Supplies and Equipments	11670
图书批发	Wholesale of Books	61198
报刊批发	Wholesale of Newspapers and Magazines	
音像制品、电子和数字出版物批发	Wholesale of Audiovisual Products, Electronic and Digital publications	
首饰、工艺品及收藏品批发	Wholesale of Jewelry, Handicrafts, and Collectibles	11946
乐器批发	Wholesale of Musical Instruments	
其他文化用品批发	Wholesale of Other Culture Articles	643
西药批发	Wholesale of Western Medicine	431870
中药批发	Wholesale of Chinese Herbal Medicine	73060
动物用药品批发	Wholesale of Animal Drugs	2868
医疗用品及器材批发	Wholesale of Medical Supplies and Equipments	104231
煤炭及制品批发	Wholesale of Coal and Related Products	2098576
石油及制品批发	Wholesale of Petroleum and Related Products	236290
非金属矿及制品批发	Wholesale of Non-metallic Minerals and Related Products	7307
金属及金属矿批发	Wholesale of Metals and Metal Ores	735759
建材批发	Wholesale of Building Materials	206295
化肥批发	Wholesale of Chemical Fertilizer	117734
农药批发	Wholesale of Pesticides	

continued

(10 000 yuan)

流动资产合计 Total Current Assets	#应收帐款 Accounts Receivable	#存货 Inventory	固定资产原价 Original Value of Fixed Assets	累计折旧 Accumulated Depreciation	#本年折旧 Depreciation This Year	资产总计 Total Assets
13288	3005	3139	2063	839	297	14518
156686	103471	14212	83160	44696	4106	735960
127509	55914	8350	14352	7727	450	138226
115686	14514	9292	31960	23935	914	166439
17683	12951	907	1673	1424	216	19529
2563093	90678	990385	45030	26628	3325	2769408
1224228	10076	185635	389077	260598	17749	1405552
501573	134164	75242	55587	7850	2854	608137
38						38
68234	18247	30106	2146	1491	128	70781
2963	2246	6	226	39	39	3150
13471	4091	5952	641	502	128	13701
20477	6272	4707	888	760	18	20612
1587	101	157	19	18		1588
65534	4762	26392	2116	714	123	66949
133685	91443	21844	4829	2700	216	138561
6193		2143	98	91	10	6242
143339	52342	31525	5410	2987	372	152130
66220	17073	6141	4008	2849	295	70819
367530	37262	61985	37624	19328	1443	523491
37908	2983	17846	9128	6957	246	56622
1409	43	467	23	16	3	1715
3109162	1258867	447565	142077	71409	9561	3348041
426786	159419	60195	31729	15008	2123	469871
8167	3973	2644	388	189	102	8365
1031088	632372	82731	37320	27132	6439	1091082
76676415	9099282	2032520	3977338	1777685	187275	107341700
992565	172177	267052	185268	96273	10669	2256090
113554	42357	5497	2161	734	289	120423
6050641	1483577	810074	632577	69949	17387	7589662
3528397	1849997	180911	74180	40132	6690	3730992
615031	170824	105874	68857	20216	2349	742261
58410	456		1			58410

13-8 续表2

单位：万元

指 标	Item	年初存货 Beginning Inventory
农用薄膜批发	Wholesale of Agriculture Films	
其他化工产品批发	Wholesale of Other Chemical Products	57987
农业机械批发	Wholesale of Agricultural Machinery	13247
汽车及零配件批发	Wholesale of Automobiles and Spare Parts	180316
摩托车及零配件批发	Wholesale of Motorcycles and Spare Parts	5580
五金产品批发	Wholesale of Hardware Products	38330
电气设备批发	Wholesale of Electrical Equipments	20158
计算机、软件及辅助设备批发	Wholesale of Computers, Software, and Auxiliary Equipments	55192
通讯设备批发	Wholesale of Communication Equipments	47304
广播影视设备批发	Wholesale of Broadcasting and Film Equipments	
其他机械设备及电子产品批发	Wholesale of Other Mechanical Equipments and Electronic Products	281014
贸易代理	Trade Agency	5310
一般物品拍卖	General item auction	
艺术品、收藏品拍卖	Artwork and Collectibles Auction	
艺术品代理	Art Agency	
其他贸易经纪与代理	Other Trade Brokers and Agents	
再生物资回收与批发	Recycling and Wholesale of Recycled Materials	4729
宠物食品用品批发	Wholesale of Pet Food and Supplies	1145
互联网批发	Online Wholesale	2447
其他未列明批发业	Other Unspecified Wholesale Businesses	44563
三、按控股情况分	Grouped by Share Holding	
国有控股	State Holding Enterprises	2499163
集体控股	Collective-owned Holding Enterprises	114891
私人控股	Private Holding Enterprises	3659347
港澳台商控股	Hong Kong, Macao and Taiwan Holding Enterprises	7553
外商控股	Foreign Holding Enterprises	3475
四、按经营形式分	Grouped by Management Form	
独立门店	Independent Stores	3500024
连锁总店(总部)	Chain Headquarters	276779
连锁直营店	Direct Chain Stores	9635
连锁加盟店	Franchise Chain Stores	10217
其 他	Others	2477467
五、按单位规模分	Grouped by Enterprise Size	
大 型	Large-size	1423587
中 型	Medium-size	2541740
小 型	Small-size	1574829
微 型	Micro-size	744167

continued

(10 000 yuan)

流动资产合计 Total Current Assets	#应收帐款 Accounts Receivable	#存货 Inventory	固定资产原价 Original Value of Fixed Assets	累计折旧 Accumulated Depreciation	#本年折旧 Depreciation This Year	资产总计 Total Assets
1032245	249400	60422	96243	42825	15745	1560898
39861	11983	14133	3421	1366	183	45749
1241787	407025	327459	66918	30367	6043	1400868
7372	447	5274	1360	502	137	8371
352515	89011	36264	10325	5961	731	364213
141516	45038	18363	127766	86581	10541	269453
192387	67684	61932	5634	3202	681	197718
145258	49005	49610	2591	1113	346	149577
1874000	622052	278500	173530	92443	16146	2409126
35331	10556	5661	9939	5584	31	44574
37482	9426	2699	1085	270	37	41106
1755	315	1015	10	2	2	1763
653182	42885	2406	518	318	97	871023
400609	87315	52214	93684	44413	6913	661317
72139764	10646957	2726259	4240820	1837211	144346	100785843
1646692	209171	110116	262587	127546	50513	2201334
31508092	6574393	3868206	2075195	940761	144977	39878541
14011	1159	11492	7694	6324	132	24865
8125	2090	2912				8125
63320470	10187780	4005233	2703115	1385253	154490	86463338
990915	27863	167967	58892	36312	1577	1161388
100619	7092	6768	37616	27585	838	157902
47687	15782	17137	979	620	126	51679
40799965	7178745	2509734	3784167	1461245	182659	55006353
48695263	4743106	1559318	2841128	1327412	132298	70776268
35291255	7201990	2799974	2639580	1054543	123182	47883006
12593721	3391152	1711222	804565	377955	62826	14078268
8735061	2097387	648373	299650	151759	21621	10158609

13-8 续表3

单位：万元

指 标	Item	流动负债合计 Total Liquid Liabilities	负债合计 Total Liabilities
总 计	**Total**	**90071958**	**103789733**
一、按登记注册类型分	Grouped by Registered Kind		
国有独资公司	Companies Exclusively with Investment from State	1621486	2087889
私营有限责任公司	Private Limited Responsibility Corporations	21041937	22914492
其他有限责任公司	Other Limited Responsibility Corporations	60393270	70288194
私营股份有限公司	Private Share-holding Limited Corporations	334352	376787
其他股份有限公司	Other Share-holding Limited Corporations	5834760	7011120
全民所有制企业(国有企业)	Enterprise Owned by the Whole People (State-owned Enterprises)	364655	365095
集体所有制企业(集体企业)	Collectively Owned Enterprises (Collective Enterprises)	192802	206475
股份合作企业	Share Cooperative Enterprises	4076	4200
联营企业	Joint Venture		
个人独资企业	Sole Proprietorship Enterprises	47980	49273
合伙企业	Partnership Enterprises	4241	4241
其他内资企业	Other Domestic Enterprises		
港澳台投资有限责任公司	Limited Responsibility Corporations with Hong Kong, Macao and Taiwan Investment	13809	13809
港澳台投资股份有限公司	Share Holding Limited Corporations with Hong Kong, Macao and Taiwan Investment	203829	441229
港澳台投资合伙企业	Partnership Enterprises with Hong Kong, Macao and Taiwan Investment		
其他港澳台投资企业	Other Enterprises with Hong Kong, Macao and Taiwan Investment		
外商投资有限责任公司	Limited Responsibility Corporations with Foreign Investment	10176	12176
外商投资股份有限公司	Limited Liability Corporations with Foreign Investment	4586	12986
外商投资合伙企业	Partnership Enterprises with Foreign Investment		
其他外商投资企业	Other Enterprises with Foreign Investment		
农民专业合作社(联合社)	Farmers' Professional Cooperative (Association)		1768
二、按批发行业小类分	Grouped by Wholesale Trade		
谷物、豆及薯类批发	Wholesale of Grains, Beans, and Potatoes	248662	330258
种子批发	Seed Wholesale	40946	49130
畜牧渔业饲料批发	Wholesale of Animal Husbandry and Fishery Feed	17401	17401
棉、麻批发	Wholesale of Cotton and Linen		
林业产品批发	Wholesale of Forestry Products	85846	85846
牲畜批发	Wholesale of Livestock	1999	1999
渔业产品批发	Wholesale of Fishery Products		
其他农牧产品批发	Wholesale of Other Agricultural and Animal Husbandry Products	7045	7787
米、面制品及食用油批发	Wholesale of Rice, Flour Products, and Edible Oil	140080	168738
糕点、糖果及糖批发	Wholesale of Pastries, Candies, and Sugar	14011	14011

continued

(10 000 yuan)

所有者权益合计 Total Creditors' Equity	#实收资本 Capital Hold	#个人资本 Individual	营业收入 Business Revenue	主营业务收入 Revenue of Major Business	营业成本 Business Costs	税金及附加 Taxes and Extra Charges	其他业务利润 Profits of Other Business
39109855	**21730636**	**4229419**	**186201907**	**185233610**	**177857418**	**795218**	**168911**
784685	323063		3294500	3288157	3228170	2879	1048
6212359	6182397	4075013	58092084	57907287	55585486	53678	48816
27621059	13774266	82340	112925607	112235372	108674826	180560	117798
151727	104028	54090	1069596	1066519	1009717	737	87
2522000	1083038	7351	5833408	5755730	5609048	8050	
1028271	17352		3993407	3991335	2806310	547195	857
40688	24054		678833	675626	658899	1333	191
1551	2505	1505	9478	9478	8465	29	
2637	4406	2556	118460	117895	114950	338	
4207	169	169	41565	41565	36854	95	
11056	12601	6296	10886	10876	9967	51	1
631641	137799		65479	65366	57971	103	113
39810	9600	100	48366	48165	37553	153	
56256	55359		11471	11471	10951	10	
1909			8770	8770	8252	6	
86637	76867	17708	566009	565644	540173	208	
60352	33534	17367	58660	56027	40567	90	
5118	4761	1039	129681	129580	127265	42	
249285	15000	15000	56271	54704	12613	140	633
791	84		28573	28550	28018	8	23
13381	11140	1651	118211	118182	113240	96	
56284	37827	8646	334508	333522	315633	368	293
507	1500	710	37122	36980	33169	25	339

13-8 续表4

单位：万元

指 标	Item	流动负债合 计 Total Liquid Liabilities	负 债合 计 Total Liabilities
果品、蔬菜批发	Wholesale of Fruits and Vegetables	217585	229693
肉、禽、蛋、奶及水产品批发	Wholesale of Meat, Poultry, Eggs, Milk, and Aquatic Products	125328	126329
盐及调味品批发	Wholesale of Salt and Condiment	81521	90104
营养和保健品批发	Wholesale of Nutrition and Health Products	14755	14911
酒、饮料及茶叶批发	Wholesale of Alcohol, Beverages, and Tea	1560086	1564092
烟草制品批发	Wholesale of Tobacco Products	364432	371527
其他食品批发	Wholesale of Other Foods	272641	481549
纺织品、针织品及原料批发	Wholesale of Textiles, Knitwear, and Raw Materials	81	81
服装批发	Wholesale of Clothing	95838	95941
鞋帽批发	Wholesale of Shoes and Hats	2439	2439
化妆品及卫生用品批发	Wholesale of Cosmetics and Hygiene Products	7997	7997
厨具卫具及日用杂品批发	Wholesale of Kitchenware, Sanitary Ware, and Daily Necessities	12077	13907
灯具、装饰物品批发	Wholesale of Lighting Fixtures and Decorative Items	1226	1226
家用视听设备批发	Wholesale of Household Audiovisual Equipments	51972	54204
日用家电批发	Wholesale of Daily Household Appliances	95830	126797
其他家庭用品批发	Wholesale of Other Household Articles	5692	5692
文具用品批发	Wholesale of Stationery	123720	124105
体育用品及器材批发	Wholesale of Sports Supplies and Equipments	56923	56923
图书批发	Wholesale of Books	299187	302331
报刊批发	Wholesale of Newspapers and Magazines		
音像制品、电子和数字出版物批发	Wholesale of Audiovisual Products, Electronic and Digital publications		
首饰、工艺品及收藏品批发	Wholesale of Jewelry, Handicrafts, and Collectibles	37671	37868
乐器批发	Wholesale of Musical Instruments		
其他文化用品批发	Wholesale of Other Culture Articles	1409	1409
西药批发	Wholesale of Western Medicine	2674028	2745694
中药批发	Wholesale of Chinese Herbal Medicine	369881	377151
动物用药品批发	Wholesale of Animal Drugs	3280	4294
医疗用品及器材批发	Wholesale of Medical Supplies and Equipments	740060	760746
煤炭及制品批发	Wholesale of Coal and Related Products	67042722	78080941
石油及制品批发	Wholesale of Petroleum and Related Products	1100324	1399440
非金属矿及制品批发	Wholesale of Non-metallic Minerals and Related Products	77926	88909
金属及金属矿批发	Wholesale of Metals and Metal Ores	4808023	5859114
建材批发	Wholesale of Building Materials	2875529	3412586
化肥批发	Wholesale of Chemical Fertilizer	592637	600602
农药批发	Wholesale of Chemical Fertilizer	39760	39760
农用薄膜批发	Wholesale of Pesticides		

continued

(10 000 yuan)

所有者权益合计 Total Creditors' Equity	#实收资本 Capital Hold	#个人资本 Individual	营业收入 Business Revenue	主营业务收入 Revenue of Major Business	营业成本 Business Costs	税金及附加 Taxes and Extra Charges	其他业务利润 Profits of Other Business
506267	35020	6116	672279	659509	645656	1037	1116
11897	19120	4840	247432	244834	230098	138	695
76336	30919	2616	130678	126413	106329	674	223
4618	2200	1200	27953	27943	22762	38	
1205316	129006	37747	4655073	4652194	3438304	17140	1807
1034025	13149	52	4003572	4001591	2813058	547283	857
126587	118590	8329	448413	442213	415801	680	4892
-42						5	
-25160	15912	3500	100746	99661	85870	138	784
711			10162	10162	9356	9	
5705	4434	40	43607	43498	40332	23	109
6706	3716	1260	48641	48013	41724	20	
362	100		4590	4590	4268	4	
12745	1500	1000	100315	100215	93257	194	
11764	512844	3594	266627	265633	257147	212	743
550	600		5007	5007	4584	2	
28025	10759	3210	324343	324040	313408	252	162
13895	4909	209	93033	93033	78879	74	1457
221160	27650		248862	246689	220784	387	273
18754	21079	8526	158082	158082	153297	139	
306	200		2199	2199	2098	1	
602348	382266	29789	4946714	4925459	4603712	8917	6624
92720	61480	16989	778180	776330	646104	2356	5022
4071	1150	150	21912	21912	18413	22	
330336	170944	23729	1200879	1196442	1047347	2710	1338
29260760	15699884	2575956	115924169	115159899	112292897	170039	126312
856650	311472	55367	4019128	3998462	3876441	4566	-2979
31514	28525	18625	239584	239584	231926	149	210
1730548	1308936	313965	26322530	26306422	25878101	16598	4734
318166	322377	85148	3889445	3885847	3752885	4452	1492
141659	168217	8214	1284843	1269058	1260960	1266	2
18650	20000		18995	18995	17212	16	

13-8 续表5

单位：万元

指 标	Item	流动负债合计 Total Liquid Liabilities	负债合计 Total Liabilities
其他化工产品批发	Wholesale of Other Chemical Products	982954	1070669
农业机械批发	Wholesale of Agricultural Machinery	33843	34785
汽车及零配件批发	Wholesale of Automobiles and Spare Parts	1277616	1322861
摩托车及零配件批发	Wholesale of Motorcycles and Spare Parts	6751	6751
五金产品批发	Wholesale of Hardware Products	255103	258124
电气设备批发	Wholesale of Electrical Equipments	91262	133264
计算机、软件及辅助设备批发	Wholesale of Computers, Software, and Auxiliary Equipments	116208	118926
通讯设备批发	Wholesale of Communication Equipments	126291	126428
广播影视设备批发	Wholesale of Broadcasting and Film Equipments		
其他机械设备及电子产品批发	Wholesale of Other Mechanical Equipments and Electronic Products	1771832	1820968
贸易代理	Trade Agency	24148	28652
一般物品拍卖	General item auction		
艺术品、收藏品拍卖	Artwork and Collectibles Auction		
艺术品代理	Art Agency		
其他贸易经纪与代理	Other Trade Brokers and Agents		
再生物资回收与批发	Recycling and Wholesale of Recycled Materials	31807	32807
宠物食品用品批发	Wholesale of Pet Food and Supplies	208	208
互联网批发	Online Wholesale	592826	599261
其他未列明批发业	Other Unspecified Wholesale Businesses	452542	482501
三、按控股情况分	Grouped by Share Holding		
国有控股	State Holding Enterprises	60767896	71668428
集体控股	Collective-owned Holding Enterprises	1727108	1869744
私人控股	Private Holding Enterprises	27555945	30227506
港澳台商控股	Hong Kong, Macao and Taiwan Holding Enterprises	13809	13809
外商控股	Foreign Holding Enterprises	7201	9201
四、按经营形式分	Grouped by Management Form		
独立门店	Independent Stores	51357174	60622673
连锁总店(总部)	Chain Headquarters	1048980	1095301
连锁直营店	Direct Chain Stores	82005	86967
连锁加盟店	Franchise Chain Stores	34233	34233
其 他	Others	37505265	41901758
五、按单位规模分	Grouped by Enterprise Size		
大 型	Large-size	39104164	47351486
中 型	Medium-size	33102549	36020314
小 型	Small-size	10913746	11660201
微 型	Micro-size	6951501	8755964

continued

(10 000 yuan)

所有者权益合计 Total Creditors' Equity	#实收资本 Capital Hold	#个人资本 Individual	营业收入 Business Revenue	主营业务收入 Revenue of Major Business	营业成本 Business Costs	税金及附加 Taxes and Extra Charges	其他业务利润 Profits of Other Business
490229	537279	188519	2293745	2279258	2185754	1344	1976
10964	7370	1826	63616	63462	57958	61	129
78007	694513	532839	2765583	2754915	2683150	2101	2165
1620	916	108	38899	38899	36507	18	
106089	36886	16956	926560	897672	875347	1113	20
136190	17127	2437	180029	179841	149841	353	
78792	52579	16400	352584	352199	325403	321	186
23149	13644	7470	637460	635155	608251	533	1353
588159	356128	60733	1885165	1871000	1720672	4135	5636
15923	13392	500	39221	38301	37312	171	
8299	9917	2500	497662	497662	493762	861	
1556	180		7911	7906	6866	8	5
271761	227260	101000	3712393	3712329	3690347	2656	31
178815	155775	25840	1234055	1227895	1172559	1025	251
29117415	13219264	11248	104215316	103531793	99311285	713806	107257
331590	256794	100	3768641	3751856	3585613	5196	7849
9650795	8240378	4211675	78188647	77920741	74934844	76137	53804
11056	12601	6296	10886	10876	9967	51	1
-1076	1600	100	12246	12173	9620	27	
25840425	15137020	3473974	108114125	107579966	103232339	344298	130491
66087	70150	60000	3382178	3367984	3196172	48364	2609
70935	37289	258	43608	41160	31024	660	
17446	7689	2727	124857	124857	120781	111	3
13104595	6472077	688609	74389915	73991586	71136739	401654	35808
23424782	9210443	44141	62179317	61745475	58098542	669132	97697
11862693	5950580	557068	69012664	68654674	66353060	83663	46748
2418067	3654981	2184674	33601970	33526309	32388351	28133	20209
1402405	2914633	1443537	21399186	21298383	21009212	14285	4257

13-8 续表6

单位：万元

指　标	Item	销售费用 Costs of Sales	管理费用 Costs of Administration
总　计	**Total**	**2328180**	**2071918**
一、按登记注册类型分	Grouped by Registered Kind		
国有独资公司	Companies Exclusively with Investment from State	7086	34018
私营有限责任公司	Private Limited Responsibility Corporations	1192390	679656
其他有限责任公司	Other Limited Responsibility Corporations	962683	978127
私营股份有限公司	Private Share-holding Limited Corporations	29564	19119
其他股份有限公司	Other Share-holding Limited Corporations	60196	114549
全民所有制企业(国有企业)	Enterprise Owned by the Whole People (State-owned Enterprises)	62063	226343
集体所有制企业(集体企业)	Collectively Owned Enterprises (Collective Enterprises)	8330	10921
股份合作企业	Share Cooperative Enterprises	351	283
联营企业	Joint Venture		
个人独资企业	Sole Proprietorship Enterprises	799	1854
合伙企业	Partnership Enterprises	261	378
其他内资企业	Other Domestic Enterprises		
港澳台投资有限责任公司	Limited Responsibility Corporations with Hong Kong, Macao and Taiwan Investment	1583	513
港澳台投资股份有限公司	Share Holding Limited Corporations with Hong Kong, Macao and Taiwan Investment	1	2510
港澳台投资合伙企业	Partnership Enterprises with Hong Kong, Macao and Taiwan Investment		
其他港澳台投资企业	Other Enterprises with Hong Kong, Macao and Taiwan Investment		
外商投资有限责任公司	Limited Responsibility Corporations with Foreign Investment	2747	2793
外商投资股份有限公司	Limited Liability Corporations with Foreign Investment		596
外商投资合伙企业	Partnership Enterprises with Foreign Investment		
其他外商投资企业	Other Enterprises with Foreign Investment		
农民专业合作社(联合社)	Farmers' Professional Cooperative (Association)	126	259
二、按批发行业小类分	Grouped by Wholesale Trade		
谷物、豆及薯类批发	Wholesale of Grains, Beans, and Potatoes	14097	11607
种子批发	Seed Wholesale	2902	3703
畜牧渔业饲料批发	Wholesale of Animal Husbandry and Fishery Feed	2210	1203
棉、麻批发	Wholesale of Cotton and Linen		
林业产品批发	Wholesale of Forestry Products	7043	2172
牲畜批发	Wholesale of Livestock	73	75
渔业产品批发	Wholesale of Fishery Products		
其他农牧产品批发	Wholesale of Other Agricultural and Animal Husbandry Products	927	2920
米、面制品及食用油批发	Wholesale of Rice, Flour Products, and Edible Oil	12545	9179
糕点、糖果及糖批发	Wholesale of Pastries, Candies, and Sugar	2994	1496

continued

(10 000 yuan)

财务费用 Costs of Finance	#利息收入 Interest Revenues	#利息费用 Interest Expenses	营业利润 Business Profits	利润总额 Total Profits	所得税费用 Income Tax Expenses	应付职工薪酬(本年贷方累计发生额) Remuneration Payable (Accumulated Credit Balance of The Year)	应交增值税 Added Taxes Payable
641888	**501148**	**1189871**	**5829106**	**5849357**	**731078**	**1591803**	**1153894**
10573	2826	10596	174469	174706	7393	31147	16070
170966	15332	140367	1050299	1057654	81865	361871	357057
474999	367923	937929	3900201	3913219	511750	845517	580138
3081	148	1983	6751	8289	503	11927	3598
17653	77445	95443	292418	292093	14196	121704	31150
-39216	34554	50	395696	391394	112015	203805	156433
1086	2455	1918	-1724	464	334	8787	3859
15	6	71	288	289	128	256	343
406	-1	446	138	418	129	1212	2182
41	-1	42	3935	3941	1336	164	649
332			-1561	-1509	21	351	106
1517	447	689	3524	3715	45	1741	1189
425	-1	14	4696	4712	1351	2703	1090
-10	13	325	-133	-137	8	455	
19			109	109	4	164	30
1900	398	1882	-1107	145	98	5989	269
1350	167	1485	7185	7598	2	2403	73
144	46	163	-1984	-2019	34	1615	90
79	2	81	34311	34344	167	1359	79
131	-2	133	270	275	50	33	12
59	37	82	1599	1596	207	1642	401
1207	178	894	23	1889	248	7146	2447
86	2	75	-648	-828	6	885	243

13-8 续表7

单位：万元

指 标	Item	销售费用 Costs of Sales	管理费用 Costs of Administration
果品、蔬菜批发	Wholesale of Fruits and Vegetables	15311	9852
肉、禽、蛋、奶及水产品批发	Wholesale of Meat, Poultry, Eggs, Milk, and Aquatic Products	8503	3436
盐及调味品批发	Wholesale of Salt and Condiment	11222	10584
营养和保健品批发	Wholesale of Nutrition and Health Products	2517	1883
酒、饮料及茶叶批发	Wholesale of Alcohol, Beverages, and Tea	344088	64569
烟草制品批发	Wholesale of Tobacco Products	62365	228383
其他食品批发	Wholesale of Other Foods	21970	12812
纺织品、针织品及原料批发	Wholesale of Textiles, Knitwear, and Raw Materials		4
服装批发	Wholesale of Clothing	8695	6990
鞋帽批发	Wholesale of Shoes and Hats	834	79
化妆品及卫生用品批发	Wholesale of Cosmetics and Hygiene Products	2078	895
厨具卫具及日用杂品批发	Wholesale of Kitchenware, Sanitary Ware, and Daily Necessities	3499	2599
灯具、装饰物品批发	Wholesale of Lighting Fixtures and Decorative Items	147	127
家用视听设备批发	Wholesale of Household Audiovisual Equipments	2722	1618
日用家电批发	Wholesale of Daily Household Appliances	6993	3395
其他家庭用品批发	Wholesale of Other Household Articles	310	172
文具用品批发	Wholesale of Stationery	4256	3651
体育用品及器材批发	Wholesale of Sports Supplies and Equipments	8300	3154
图书批发	Wholesale of Books	7587	11983
报刊批发	Wholesale of Newspapers and Magazines		
音像制品、电子和数字出版物批发	Wholesale of Audiovisual Products, Electronic and Digital publications		
首饰、工艺品及收藏品批发	Wholesale of Jewelry, Handicrafts, and Collectibles	4412	1626
乐器批发	Wholesale of Musical Instruments		
其他文化用品批发	Wholesale of Other Culture Articles	10	36
西药批发	Wholesale of Western Medicine	170762	89474
中药批发	Wholesale of Chinese Herbal Medicine	99398	19629
动物用药品批发	Wholesale of Animal Drugs	1235	1495
医疗用品及器材批发	Wholesale of Medical Supplies and Equipments	49950	56087
煤炭及制品批发	Wholesale of Coal and Related Products	1047561	1085500
石油及制品批发	Wholesale of Petroleum and Related Products	42217	37664
非金属矿及制品批发	Wholesale of Non-metallic Minerals and Related Products	4644	1654
金属及金属矿批发	Wholesale of Metals and Metal Ores	98360	76098
建材批发	Wholesale of Building Materials	31052	65633
化肥批发	Wholesale of Chemical Fertilizer	15007	10362
农药批发	Wholesale of Pesticides	1062	34

continued

(10 000 yuan)

财务费用 Costs of Finance	#利息收入 Interest Revenues	#利息费用 Interest Expenses	营业利润 Business Profits	利润总额 Total Profits	所得税费用 Income Tax Expenses	应付职工薪酬(本年贷方累计发生额) Remuneration Payable (Accumulated Credit Balance of The Year)	应交增值税 Added Taxes Payable
3459	7	1458	-3024	-2480	32	7101	807
-609	912	178	19	280	119	4426	647
239	28	273	1964	2184	820	11277	3858
333	4	263	421	423	75	1402	432
2340	122	3240	826206	826914	209812	111460	142256
-38474	34543	805	395972	391689	112182	203600	157450
7118	7845	14985	-8708	-8450	342	8506	2066
			-9	-5		3	
-68	-194	113	-3706	-3641	66	7231	635
14			-130	-230		324	1087
147	2	156	132	183	14	1007	239
135	42	77	663	820	30	1706	635
-1	1	-2	46	46	2	177	46
-88	-147	20	2497	2514	656	1522	1279
-190	5	82	-950	-1543	164	2604	746
3			-64	-48		162	2
591	219	641	2121	2139	396	4025	1770
-196	67	-38	2595	1520	453	2360	169
-1583	1626	36	17415	17280	2558	10717	276
527	13	175	-1367	-1126	38	1281	319
7		7	46	46		42	6
30651	14453	29352	42796	44396	15913	87491	57372
4239	2249	5784	1929	1686	2218	34364	13108
21	1	15	725	708	46	950	310
8152	1212	7369	36483	36659	6991	32538	24877
407687	400766	922362	4413851	4409302	298728	730288	527464
9571	5615	5630	58213	60047	3948	34940	25499
902	13	734	101	585	219	945	253
94780	13268	91528	26398	30446	13410	46939	59519
49979	3241	44706	-20629	-21111	5430	30971	28272
5103	3579	7828	-7015	-5165	472	9309	7734
1795	-3	1765	-1125	-1105		403	1

13-8 续表8

单位：万元

指　标	Item	销售费用 Costs of Sales	管理费用 Costs of Administration
农用薄膜批发	Wholesale of Agriculture Films		
其他化工产品批发	Wholesale of Other Chemical Products	54925	36891
农业机械批发	Wholesale of Agricultural Machinery	1831	2683
汽车及零配件批发	Wholesale of Automobiles and Spare Parts	34341	28205
摩托车及零配件批发	Wholesale of Motorcycles and Spare Parts	1254	737
五金产品批发	Wholesale of Hardware Products	10589	9521
电气设备批发	Wholesale of Electrical Equipments	5467	14163
计算机、软件及辅助设备批发	Wholesale of Computers, Software, and Auxiliary Equipments	7298	10852
通讯设备批发	Wholesale of Communication Equipments	13482	14421
广播影视设备批发	Wholesale of Broadcasting and Film Equipments		
其他机械设备及电子产品批发	Wholesale of Other Mechanical Equipments and Electronic Products	53222	70993
贸易代理	Trade Agency	561	876
一般物品拍卖	General item auction		
艺术品、收藏品拍卖	Artwork and Collectibles Auction		
艺术品代理	Art Agency		
其他贸易经纪与代理	Other Trade Brokers and Agents		
再生物资回收与批发	Recycling and Wholesale of Recycled Materials	2864	512
宠物食品用品批发	Wholesale of Pet Food and Supplies	529	368
互联网批发	Online Wholesale	2746	8579
其他未列明批发业	Other Unspecified Wholesale Businesses	19217	29288
三、按控股情况分	Grouped by Share Holding		
国有控股	State Holding Enterprises	723020	1170223
集体控股	Collective-owned Holding Enterprises	82835	43048
私人控股	Private Holding Enterprises	1518608	857263
港澳台商控股	Hong Kong, Macao and Taiwan Holding Enterprises	1583	513
外商控股	Foreign Holding Enterprises	2097	852
四、按经营形式分	Grouped by Management Form		
独立门店	Independent Stores	1399135	1086766
连锁总店(总部)	Chain Headquarters	11453	26418
连锁直营店	Direct Chain Stores	1938	8597
连锁加盟店	Franchise Chain Stores	4282	2698
其　他	Others	909330	945206
五、按单位规模分	Grouped by Enterprise Size		
大　型	Large-size	703457	875628
中　型	Medium-size	916406	735617
小　型	Small-size	583814	352484
微　型	Micro-size	124377	107931

continued

(10 000 yuan)

财务费用 Costs of Finance	#利息收入 Interest Revenues	#利息费用 Interest Expenses	营业利润 Business Profits	利润总额 Total Profits	所得税费用 Income Tax Expenses	应付职工薪酬（本年贷方累计发生额）Remuneration Payable (Accumulated Credit Balance of The Year)	应交增值税 Added Taxes Payable
10759	6256	14789	-68612	-67542	4607	22618	11594
13	9	160	1070	1131	48	1580	363
9314	2578	9399	2706	6443	30675	28237	10533
70	1	58	314	370	22	731	160
336	89	240	29685	30257	6709	8046	3663
2399	44	2104	7141	5677	795	7260	5267
1136	367	701	1045	2714	478	9707	4266
613	18	492	276	621	444	9082	3211
16655	974	9197	16196	25884	7306	60164	24971
-64	59	53	380	370	55	1770	154
101		37	-442	-425	16	557	14130
19	1	2	120	121	7	483	107
4164	355	4315	7360	7465	1110	5973	2891
4836	82	3989	8352	8308	2861	24455	9840
419524	467563	989717	4387000	4389194	552065	1060871	685486
7179	6186	7343	133553	136228	42699	31169	18562
214560	27400	192798	1310733	1326066	136282	497885	449536
332			-1561	-1509	21	351	106
293	-1	14	-642	-645	11	1517	204
327603	315486	608149	4118089	4139046	525564	865470	698275
23287	8058	29003	-12827	-12788	8652	26985	16371
946	22	925	656	906	410	6316	1046
233	12	221	-740	-475	-1	3253	1770
288792	177527	550570	1722504	1721219	196311	688484	433284
229794	349329	732015	3994085	3995109	475449	738778	545723
261271	130912	317478	1550436	1555732	163133	601044	337032
87344	5180	77231	133654	141106	37154	205758	182543
63460	15726	63147	150824	157302	55339	46059	88566

13-9 限额以上零售业法人企业财务状况(2023年)

单位：万元

指 标	Item	年初存货 Beginning Inventory
总 计	**Total**	**2255258**
一、按登记注册类型分	Grouped by Registered Kind	
国有独资公司	Companies Exclusively with Investment from State	16964
私营有限责任公司	Private Limited Responsibility Corporations	1385102
其他有限责任公司	Other Limited Responsibility Corporations	533768
私营股份有限公司	Private Share-holding Limited Corporations	66833
其他股份有限公司	Other Share-holding Limited Corporations	143091
全民所有制企业(国有企业)	Enterprise Owned by the Whole People (State-owned Enterprises)	173
集体所有制企业(集体企业)	Collectively Owned Enterprises (Collective Enterprises)	2679
股份合作企业	Share Cooperative Enterprises	6
联营企业	Joint Venture	
个人独资企业	Sole Proprietorship Enterprises	30220
合伙企业	Partnership Enterprises	3308
其他内资企业	Other Domestic Enterprises	
港澳台投资有限责任公司	Limited Responsibility Corporations with Hong Kong, Macao and Taiwan Investment	17613
港澳台投资股份有限公司	Share Holding Limited Corporations with Hong Kong, Macao and Taiwan Investment	
港澳台投资合伙企业	Partnership Enterprises with Hong Kong, Macao and Taiwan Investment	
其他港澳台投资企业	Other Enterprises with Hong Kong, Macao and Taiwan Investment	893
外商投资有限责任公司	Limited Responsibility Corporations with Foreign Investment	8814
外商投资股份有限公司	Limited Liability Corporations with Foreign Investment	
外商投资合伙企业	Partnership Enterprises with Foreign Investment	
其他外商投资企业	Other Enterprises with Foreign Investment	45244
农民专业合作社(联合社)	Farmers' Professional Cooperative (Association)	553
二、按零售行业小类分	Grouped by Wholesale Trade	
百货零售	Retail of Department Stores	54042
超级市场零售	Retail of Supermarkets	154701
便利店零售	Retail of Convenience Stores	7704
其他综合零售	Other Comprehensive Retail	1667
粮油零售	Retail of Grain and Oil	36459
糕点、面包零售	Retail of Pastry and Bread	567
果品、蔬菜零售	Retail of Fruits and Vegetables	7498
肉、禽、蛋、奶及水产品零售	Retail of Meat, Poultry, Eggs, Milk, and Aquatic Products	3632
营养和保健品零售	Retail of Nutrition and Health Products	3742
酒、饮料及茶叶零售	Retail of Alcohol, Beverages, and Tea	60497
烟草制品零售	Retail of Tobacco Products	2075
其他食品零售	Retail of Other Food	19915
纺织品及针织品零售	Retail of Textiles and Knitwear	17435
服装零售	Retail of Clothing	63992

FINANCIAL CONDITION OF CORPORATION ENTERPRISES IN RETAIL TRADE ABOVE DESIGNATED SIZE(2023)

(10 000 yuan)

流动资产合计 Total Current Assets	#应收帐款 Accounts Receivable	#存货 Inventory	固定资产原价 Original Value of Fixed Assets	累计折旧 Accumulated Depreciation	#本年折旧 Depreciation This Year	资产总计 Total Assets
8526013	**1077365**	**2529900**	**2928407**	**1368667**	**179350**	**12271194**
46723	4100	22699	90677	43442	3533	128651
5323800	721945	1575623	1114901	501821	81417	6832583
2126706	261632	574832	609841	279017	42854	3060862
231697	22506	88209	157766	75643	8847	450291
470803	4174	173543	775138	385337	35868	1266340
1955	157	88	623	359	49	2484
15965	2298	2260	14059	6607	201	24641
289		4	65	30	12	324
115068	32139	29840	44272	13696	3077	166251
8663	3130	2551	3035	779	154	10631
81155	7604	15009	26781	17985	1595	128700
932	18	830	733	519	141	1435
42012	432	6770	10847	5584	651	62405
37252	1	36876	75443	36795	694	109458
22993	17229	768	4228	1054	257	26141
722155	36917	60378	249561	87065	10906	1121343
644614	42573	149010	332154	181116	20315	1041560
105903	9252	7933	8749	4821	323	140943
9487	1234	1592	343	173	122	9801
122592	39595	36006	22335	6681	927	192593
4743	3238	708	1053	449	125	5855
36154	7851	11149	28784	9105	781	64144
55541	18939	4369	4680	1605	283	59014
7497	2793	3824	352	90	37	7618
182356	23282	67649	8037	3793	1094	197544
10592	1291	2538	1951	807	45	11511
136831	23181	22835	19661	11166	2193	163060
34471	12521	13876	7241	2305	249	42680
328828	20333	78842	111431	29105	2590	606211

13-9 续表1

单位：万元

指　标	Item	年初存货 Beginning Inventory
鞋帽零售	Retail of Shoes and Hats	1734
化妆品及卫生用品零售	Retail of Cosmetics and Hygiene Products	7089
厨具卫具及日用杂品零售	Retail of Kitchenware, Sanitary Ware, and Daily Necessities	2583
钟表、眼镜零售	Retail of Clocks and Glasses	2228
箱包零售	Retail of Luggage	
自行车等代步设备零售	Retail of Transportation Devices Such As Bicycles	2907
其他日用品零售	Retail of Other Daily Necessities	875
文具用品零售	Retail of Stationery	2077
体育用品及器材零售	Retail of Sports Equipment Facilities	1742
图书、报刊零售	Retail of Books, Newspapers and Magazines	31926
音像制品、电子和数字出版物零售	Retail of Audiovisual Products, Electronic and Digital Publications	
珠宝首饰零售	Retail of Jewelry	61630
工艺美术品及收藏品零售	Retail of Art Crafts and Collections	5604
乐器零售	Retail of Musical Instruments	4521
照相器材零售	Retail of Photographic Equipments	64
其他文化用品零售	Retail of Other Stationery	285
西药零售	Retail of Western Medicine	195748
中药零售	Retail of Chinese Herbal Medicine	6835
动物用药品零售	Retail of Animal Drugs	3
医疗用品及器材零售	Retail of Medical Supplies and Equipments	4977
保健辅助治疗器材零售	Retail of Health Auxiliary Treatment Equipments	
汽车新车零售	Retail of New Motor Vehicles	931187
汽车旧车零售	Retail of Used Motor Vehicles	3064
汽车零配件零售	Retail of Auto Parts	4792
摩托车及零配件零售	Retail of Motorcycle Parts	12273
机动车燃油零售	Retail of Motor Vehicle Petrol	262027
机动车燃气零售	Retail of Motor Vehicle Gas	6211
机动车充电销售	Sales of Motor Vehicle Charging	174
家用视听设备零售	Retail of Household Audiovisual Equipments	5830
日用家电零售	Retail of Daily Household Appliances	120515
计算机、软件及辅助设备零售	Retail of Computers, Software, and Auxiliary Equipments	17371
通信设备零售	Retail of Communication Equipments	42116
其他电子产品零售	Retail of Other Electronic Products	3352
五金零售	Hardware Retail	6239
灯具零售	Retail of Lighting Fixtures	1032
家具零售	Furniture Retail	8058
涂料零售	Coating Retail	73
卫生洁具零售	Retail of Sanitary Ware	605
木质装饰材料零售	Retail of Wooden Decorative Materials	1278
陶瓷、石材装饰材料零售	Retail of Ceramic and Stone Decorative Materials	914
其他室内装饰材料零售	Retail of Other Interior Decoration Materials	2402
流动货摊零售	Retail of Mobile stalls	

(10 000 yuan)

流动资产合计 Total Current Assets	#应收帐款 Accounts Receivable	#存货 Inventory	固定资产原价 Original Value of Fixed Assets	累计折旧 Accumulated Depreciation	#本年折旧 Depreciation This Year	资产总计 Total Assets
6132	1456	2658	405	270	42	8320
16467	849	7781	2834	1739	179	19216
12968	2286	4374	359	175	45	13151
27049	2178	2852	2410	2169	152	27917
8861	-340	3903	524	115	62	9967
3197	494	829	158	73	25	3352
3965	1175	1812	107	90	6	3997
5185	2382	1489	735	334	57	6109
257157	34334	37325	107979	49283	4681	340721
114364	10656	67845	31076	16989	2746	156532
9503	552	5791	1506	793	15	10232
8240	1533	4557	242	181	14	8363
2985	553	37				2985
1740		279	2649	599	77	4347
476903	84158	214034	53089	32215	10036	675211
17302	1751	7276	1113	798	124	18121
3280	2591	18	118	108	18	3290
17015	9672	3123	1959	854	227	18519
3222253	302250	1076827	583961	294513	55182	3869074
20914	1653	12698	1537	928	207	24444
27467	8091	9435	4524	2295	400	30856
28249	2114	12196	3506	1455	293	32533
784489	104800	279442	1137536	556177	51768	2034940
61975	26100	8434	53999	26487	5189	114815
1662	832	179	1028	347	127	2343
24570	1136	4412	5297	2979	237	29298
309498	52180	129257	28136	10833	2277	347344
118445	41352	33740	4555	3079	763	120526
156093	29226	48206	6685	4691	590	162144
23056	11463	4160	1529	914	285	24273
24037	8279	6598	4525	1990	238	27369
4917	3021	1279	666	607	9	4977
26935	5407	9793	18578	3629	355	54945
358		64	4	4		358
979	-144	1018	308	91	36	1206
4287	943	1836	285	185	29	4409
7633	3362	1463	339	124	32	8004
18529	6643	2873	430	250	80	18764

13-9 续表2

单位：万元

指　标	Item	年初存货 Beginning Inventory
互联网零售	E-Retail	48741
邮购及电视、电话零售	Retail of Mail Order and Televisions, Telephones	
自动售货机零售	Retail of Vending Machines	
旧货零售	Retail of used goods	
生活用燃料零售	Retail of Household Fuels	5803
宠物食品用品零售	Retail of Pet food supplies	
其他未列明零售业	Other Unspecified Retail Businesses	4449
三、按控股情况分	Grouped by Share Holding	
国有控股	State Holding Enterprises	326126
集体控股	Collective-owned Holding Enterprises	37426
私人控股	Private Holding Enterprises	1818969
港澳台商控股	Hong Kong, Macao and Taiwan Holding Enterprises	18505
外商控股	Foreign Holding Enterprises	54057
其　他	Others	18
四、按经营形式分	Grouped by Management Form	
独立门店	Independent Stores	1706740
连锁总店	Chain Headquarters	239331
连锁直营店	Direct Chain Stores	125028
连锁加盟店	Franchise Chain Stores	15919
其　他	Others	162856
五、按单位规模分	Grouped by Enterprise Size	
大　型	Large-size	356284
中　型	Medium-size	927225
小　型	Small-size	779094
微　型	Micro-size	192073
六、按零售业态分	Grouped by Retail Format	
便利店	Convenient Store	155408
超　市	Supermarket	178283
折扣店	Discount Store	6035
仓储会员店	Warehouse Club	5245
百货店	Department Store	70623
购物中心	Shopping Center	65487
专业店	Specialty Store	727941
品牌专卖店	Brand Store	842585
集合店	Collection Store	11521
无人值守商店	Unmanned Store	
网络零售	Online Retailing	52766
电视/广播零售	Television/Radio Retail	
邮寄零售	Postal Retail	
无人售货设备零售	Retail of Unmanned Vending Equipment	
电话零售	Telephone Retail	2718
直　销	Direct Sales	45265
流动货摊零售	Mobile Stall Retail	574
其　他	Others	86775

continued

(10 000 yuan)

流动资产合计 Total Current Assets	#应收帐款 Accounts Receivable	#存货 Inventory	固定资产原价 Original Value of Fixed Assets	累计折旧 Accumulated Depreciation	#本年折旧 Depreciation This Year	资产总计 Total Assets
197947	61515	52116	16575	6470	1762	228871
1067			3	2		1067
50098	4318	2770	42832	4062	437	110097
5						5
16472	3546	4411	7979	1493	561	24309
1106281	122793	360524	1133007	557762	53918	2437413
95353	10179	30370	46978	22256	1384	129445
7159487	935842	2079162	1632844	726946	120776	9397833
82485	8017	15838	27526	18515	1736	130533
79385	485	43646	86289	42379	1346	171984
318	19	14	991	630	73	691
6782315	826568	1975976	2125543	972016	134053	9275919
806230	59323	253281	371308	189793	26337	1569577
314808	48717	122008	225880	114996	8410	576097
52374	10584	19532	6234	2365	684	57505
555008	128841	153670	195229	88242	9786	773848
1219745	69917	392322	991270	515305	53255	2547861
3539233	320774	1049872	1181042	529355	70900	5108470
2851373	433514	869672	614898	268742	44830	3522116
891915	235793	217219	136522	53922	10078	1065685
507097	68621	152300	390948	194042	15447	1001138
841643	67671	196081	399055	208833	23373	1303469
24856	2006	18882	863	497	104	25391
12417	3003	6466	3609	382	57	17316
529895	34320	63104	204475	79501	8194	964914
510563	27385	69241	98930	30421	4081	642798
2578466	370469	900748	1094843	530512	75087	3930022
2680974	291217	907681	573735	257733	43617	3354805
49770	12273	12534	3216	1801	336	53743
212461	65971	57567	30217	11075	1944	257186
22492	1509	1700	4033	536	140	26218
180375	34179	44131	39977	16588	1795	226872
1190	205	433	77	57	56	1652
365743	97524	94788	80782	35699	5105	454837

13-9 续表3

单位：万元

指 标	Item	流动负债合计 Total Liquid Liabilities	负债合计 Total Liabilities
总 计	**Total**	**9150051**	**10865500**
一、按登记注册类型分	Grouped by Registered Kind		
国有独资公司	Companies Exclusively with Investment from State	228507	254267
私营有限责任公司	Private Limited Responsibility Corporations	4876098	5557474
其他有限责任公司	Other Limited Responsibility Corporations	2003976	2299059
私营股份有限公司	Private Share-holding Limited Corporations	123004	605631
其他股份有限公司	Other Share-holding Limited Corporations	1546413	1700788
全民所有制企业(国有企业)	Enterprise Owned by the Whole People (State-owned Enterprises)	843	867
集体所有制企业(集体企业)	Collectively Owned Enterprises (Collective Enterprises)	14727	15681
股份合作企业	Share Cooperative Enterprises	292	292
联营企业	Joint Venture		
个人独资企业	Sole Proprietorship Enterprises	104276	113698
合伙企业	Partnership Enterprises	7934	8011
其他内资企业	Other Domestic Enterprises		
港澳台投资有限责任公司	Limited Responsibility Corporations with Hong Kong, Macao and Taiwan Investment	47717	82294
港澳台投资股份有限公司	Share Holding Limited Corporations with Hong Kong, Macao and Taiwan Investment		
港澳台投资合伙企业	Partnership Enterprises with Hong Kong, Macao and Taiwan Investment		
其他港澳台投资企业	Other Enterprises with Hong Kong, Macao and Taiwan Investment	-1619	-1619
外商投资有限责任公司	Limited Responsibility Corporations with Foreign Investment	41128	54331
外商投资股份有限公司	Limited Liability Corporations with Foreign Investment		
外商投资合伙企业	Partnership Enterprises with Foreign Investment		
其他外商投资企业	Other Enterprises with Foreign Investment	151864	169547
农民专业合作社(联合社)	Farmers' Professional Cooperative (Association)	4892	5179
二、按零售行业小类分	Grouped by Wholesale Trade		
百货零售	Retail of Department Stores	563800	949451
超级市场零售	Retail of Supermarkets	675841	934801
便利店零售	Retail of Convenience Stores	108161	108341
其他综合零售	Other Comprehensive Retail	4584	9222
粮油零售	Retail of Grain and Oil	70146	81987
糕点、面包零售	Retail of Pastry and Bread	3607	3947
果品、蔬菜零售	Retail of Fruits and Vegetables	41648	43506
肉、禽、蛋、奶及水产品零售	Retail of Meat, Poultry, Eggs, Milk, and Aquatic Products	45311	45409
营养和保健品零售	Retail of Nutrition and Health Products	5755	5841
酒、饮料及茶叶零售	Retail of Alcohol, Beverages, and Tea	132400	138977
烟草制品零售	Retail of Tobacco Products	3338	3517
其他食品零售	Retail of Other Food	108450	116177
纺织品及针织品零售	Retail of Textiles and Knitwear	22739	23281
服装零售	Retail of Clothing	298148	416631

continued

(10 000 yuan)

所有者权益合计 Total Creditors' Equity	#实收资本 Capital Hold	#个人资本 Individual	营业收入 Business Revenue	主营业务收入 Revenue of Major Business	营业成本 Business Costs	税金及附加 Taxes and Extra Charges	其他业务利润 Profits of Other Business
1405723	**11150087**	**2539538**	**23202419**	**22599782**	**21228836**	**52116**	**148255**
-125616	10561		313031	283395	302165	412	942
1275109	7875441	2459164	11505152	11203333	10447459	24815	103308
761831	2111476	16639	5822611	5665103	5208335	16969	36250
-155340	1068326	41885	1341703	1337488	1231150	1555	1797
-434448	19028	2445	2851234	2764132	2786770	4130	818
1617	1250		5975	5905	4859	8	
8959	1897	323	67089	66811	60339	79	21
32	12	12	863	863	785	1	
52552	24688	16390	413591	408154	373695	1026	194
2620	896	825	19155	19153	17499	39	
46406	16763		365079	351562	322485	2432	3331
3054			9625	9410	6907	26	216
8075	16043		75270	73046	63848	286	1297
-60089			331157	331142	324646	318	
20961	3705	1857	80883	80285	77897	22	82
171892	1147701	1056345	1198649	1133714	1000091	6636	8338
106759	1281062	41869	1806545	1755283	1554258	3659	31514
32602	17756	100	179582	178938	162301	281	413
579	1351	740	16285	16285	14285	11	
110607	86264	7829	106649	105895	97294	156	116
1908	270	100	21317	21183	17438	25	
20638	1212300	5580	73069	72064	65596	56	163
13605	12556	6861	111089	110949	97918	258	30
1778	796	71	6651	6642	5274	21	
58567	30419	5586	403310	398935	366642	710	119
7993	1037	716	33738	33738	31926	19	
46883	26435	3350	307810	296090	282794	435	11030
19400	8000	1500	47065	46868	33341	309	70
189580	176350	18247	476994	460326	379822	2695	5955

13-9 续表4

单位：万元

指 标	Item	流动负债合计 Total Liquid Liabilities	负债合计 Total Liabilities
鞋帽零售	Retail of Shoes and Hats	6674	6674
化妆品及卫生用品零售	Retail of Cosmetics and Hygiene Products	14667	14681
厨具卫具及日用杂品零售	Retail of Kitchenware, Sanitary Ware, and Daily Necessities	10083	10088
钟表、眼镜零售	Retail of Clocks and Glasses	5767	5767
箱包零售	Retail of Luggage		
自行车等代步设备零售	Retail of Transportation Devices Such As Bicycles	7958	8002
其他日用品零售	Retail of Other Daily Necessities	1454	1454
文具用品零售	Retail of Stationery	1513	1513
体育用品及器材零售	Retail of Sports Equipment Facilities	4197	4494
图书、报刊零售	Retail of Books, Newspapers and Magazines	204602	208895
音像制品、电子和数字出版物零售	Retail of Audiovisual Products, Electronic and Digital Publications		
珠宝首饰零售	Retail of Jewelry	80063	80818
工艺美术品及收藏品零售	Retail of Art Crafts and Collections	4919	4919
乐器零售	Retail of Musical Instruments	4186	4186
照相器材零售	Retail of Photographic Equipments	2307	2307
其他文化用品零售	Retail of Other Stationery	832	832
西药零售	Retail of Western Medicine	449649	509537
中药零售	Retail of Chinese Herbal Medicine	16176	16640
动物用药品零售	Retail of Animal Drugs	3091	3091
医疗用品及器材零售	Retail of Medical Supplies and Equipments	11322	11375
保健辅助治疗器材零售	Retail of Health Auxiliary Treatment Equipments		
汽车新车零售	Retail of New Motor Vehicles	3197196	3358704
汽车旧车零售	Retail of Used Motor Vehicles	8799	9811
汽车零配件零售	Retail of Auto Parts	26079	26381
摩托车及零配件零售	Retail of Motorcycle Parts	23126	24041
机动车燃油零售	Retail of Motor Vehicle Petrol	2094844	2681202
机动车燃气零售	Retail of Motor Vehicle Gas	58128	89668
机动车充电销售	Sales of Motor Vehicle Charging	2042	2042
家用视听设备零售	Retail of Household Audiovisual Equipments	26839	26839
日用家电零售	Retail of Daily Household Appliances	277707	302122
计算机、软件及辅助设备零售	Retail of Computers, Software, and Auxiliary Equipments	69774	70069
通信设备零售	Retail of Communication Equipments	111781	115061
其他电子产品零售	Retail of Other Electronic Products	13090	13251
五金零售	Hardware Retail	19940	20304
灯具零售	Retail of Lighting Fixtures	3016	3016
家具零售	Furniture Retail	30954	45199
涂料零售	Coating Retail	328	328
卫生洁具零售	Retail of Sanitary Ware	387	630
木质装饰材料零售	Retail of Wooden Decorative Materials	2936	2954
陶瓷、石材装饰材料零售	Retail of Ceramic and Stone Decorative Materials	5364	5449
其他室内装饰材料零售	Retail of Other Interior Decoration Materials	15236	15236
流动货摊零售	Retail of Mobile stalls		

continued

(10 000 yuan)

所有者权益合计 Total Creditors' Equity	#实收资本 Capital Hold	#个人资本 Individual	营业收入 Business Revenue	主营业务收入 Revenue of Major Business	营业成本 Business Costs	税金及附加 Taxes and Extra Charges	其他业务利润 Profits of Other Business
1646	620	200	21389	20962	16528	27	1
4534	3231	1000	36128	35972	27197	86	156
3062	1137	333	12524	12522	10010	118	2
22151	2600	1100	46305	46274	34530	183	10
1965	794	773	44117	44117	42078	17	
1899	1100	600	5513	5513	4833	7	
2483	1532	501	3480	3480	3334	6	
1615	530	530	17030	17017	14155	18	14
131826	61261	1277	225948	217837	160895	948	3268
75714	23192	14325	142899	142899	121666	3740	75
5313	1171	373	11743	11725	9484	204	
4178	4006	2500	5515	5515	4624	5	
678	500	500	5425	5425	5271	3	
3515	832		1370	1332	914	5	38
165674	114178	19070	1106867	1092988	856224	2185	6276
1481	13528		26681	26502	21726	34	160
199			2906	2906	2791	6	
7143	4390	1160	16630	16574	11692	70	8
510398	5424050	1161280	8807889	8553358	8373702	19106	67273
14633	10430	749	78784	77754	74131	50	41
4476	3600	794	49511	47182	46681	63	
8492	5491	1645	48307	48211	44297	29	60
-646263	1206219	45266	4901719	4765046	4669317	6961	8950
25147	40771	14816	178283	174128	170724	208	77
301			524	524	347		
2459	1847	500	24525	24525	22498	54	
45222	57660	22940	589477	583231	540662	779	1358
50456	25980	16576	88006	87645	76182	117	105
47083	34664	20552	406501	403844	380300	237	420
11021	7160	5878	27952	27821	24097	33	11
7064	6229	1421	24580	24248	21702	59	32
1961	1625		6747	6722	6040	8	
9746	8293	3639	26531	26459	21868	103	1
29			1005	1005	948	1	
575	261	61	4445	4445	3989	4	
1455	1545	589	6053	6053	5562	5	
2555	688	165	11956	11853	10473	12	77
3528	443	243	13118	13118	12137	21	

13-9 续表5

单位：万元

指 标	Item	流动负债合计 Total Liquid Liabilities	负债合计 Total Liabilities
互联网零售	E-Retail	176038	193047
邮购及电视、电话零售	Retail of Mail Order and Televisions, Telephones	145	145
自动售货机零售	Retail of Vending Machines		
旧货零售	Retail of used goods		
生活用燃料零售	Retail of Household Fuels	55529	66015
宠物食品用品零售	Retail of Pet food supplies	328	328
其他未列明零售业	Other Unspecified Retail Businesses	17062	17296
三、按控股情况分	Grouped by Share Holding		
国有控股	State Holding Enterprises	2278870	2588270
集体控股	Collective-owned Holding Enterprises	99513	105023
私人控股	Private Holding Enterprises	6529376	7864340
港澳台商控股	Hong Kong, Macao and Taiwan Holding Enterprises	46248	80825
外商控股	Foreign Holding Enterprises	192895	223781
其 他	Others	63	63
四、按经营形式分	Grouped by Management Form		
独立门店	Independent Stores	6889406	7849740
连锁总店	Chain Headquarters	1162006	1451905
连锁直营店	Direct Chain Stores	422580	834209
连锁加盟店	Franchise Chain Stores	44874	46958
其 他	Others	618782	670189
五、按单位规模分	Grouped by Enterprise Size		
大 型	Large-size	2456150	3201174
中 型	Medium-size	3469880	4151559
小 型	Small-size	2486379	2729526
微 型	Micro-size	732078	777389
六、按零售业态分	Grouped by Retail Format		
便利店	Convenient Store	942919	1033295
超 市	Supermarket	850215	1121528
折扣店	Discount Store	9927	9952
仓储会员店	Warehouse Club	10292	10740
百货店	Department Store	402143	699860
购物中心	Shopping Center	375786	560550
专业店	Specialty Store	3302737	3585676
品牌专卖店	Brand Store	2528742	3062115
集合店	Collection Store	40901	42033
无人值守商店	Unmanned Store		
网络零售	Online Retailing	196873	214377
电视/广播零售	Television/Radio Retail		
邮寄零售	Postal Retail		
无人售货设备零售	Retail of Unmanned Vending Equipment		
电话零售	Telephone Retail	7043	16930
直 销	Direct Sales	163741	173260
流动货摊零售	Mobile Stall Retail	1294	1550
其 他	Others	308504	324698

continued

(10 000 yuan)

所有者权益合计 Total Creditors' Equity	#实收资本 Capital Hold	#个人资本 Individual	营业收入 Business Revenue	主营业务收入 Revenue of Major Business	营业成本 Business Costs	税金及附加 Taxes and Extra Charges	其他业务利润 Profits of Other Business
35824	32398	12931	1261192	1242612	1149540	1219	2369
922	780		3450	3450	2408	5	
44082	37029	35000	80410	79903	78713	81	−305
−322			1782	1782	1610		
7013	6032	1360	38452	38396	33978	33	33
−150857	345089	2173	4700201	4544222	4362536	9768	15760
24451	22013	706	291033	286133	266799	510	169
1533493	10748510	2535750	17411738	16986353	15865360	38767	127482
49708	16863		377530	363395	331450	2460	3546
−51797	16063		407960	405721	389374	608	1297
628	909	909	7311	7311	7104	2	
1426207	9794932	2450709	16354418	15884012	15003201	42026	117217
117672	129181	33567	3150924	3081901	2811291	4981	23662
−258112	1044567	4218	1303240	1279869	1189442	2242	4078
10547	14584	4676	127771	124909	119335	163	1365
103659	163363	44530	2235679	2198757	2077689	2685	1933
−653313	150846	9574	5635369	5468371	5158849	9396	34941
956911	1996862	118994	9034358	8733755	8214531	26997	83739
792590	8295856	2333276	6194015	6085263	5670061	12711	26558
288325	702777	75837	2256583	2230967	2106695	2991	2935
−32157	1106693	12514	2343594	2260536	2201400	3314	14378
181942	1327818	45356	2177306	2114158	1861259	4469	35232
15439	1969	1108	32420	32416	27791	10	
6576	2048	1750	18178	18178	16274	11	
265054	383441	6186	1116399	1062624	921544	6346	5366
82248	76839	24751	417486	401966	337612	2906	6262
344346	3005575	173062	7331609	7157689	6754764	14430	37637
292719	3964887	2196806	7276065	7097328	6836862	15101	43519
11711	11355	5418	93260	91800	83362	581	43
42809	40437	14139	1267708	1249927	1151338	1092	2446
9288	3655	2214	66517	66372	63753	69	141
53612	65979	25061	277437	274191	259155	2311	935
101			2667	2631	2214	2	
130138	1158110	31175	761505	749753	692359	1465	2296

13-9 续表6

单位：万元

指　标	Item	销售费用 Costs of Sales	管理费用 Costs of Administration
总　计	**Total**	**1263585**	**672067**
一、按登记注册类型分	Grouped by Registered Kind		
国有独资公司	Companies Exclusively with Investment from State	13047	5120
私营有限责任公司	Private Limited Responsibility Corporations	596497	408332
其他有限责任公司	Other Limited Responsibility Corporations	373286	166110
私营股份有限公司	Private Share-holding Limited Corporations	67494	31177
其他股份有限公司	Other Share-holding Limited Corporations	151319	25581
全民所有制企业(国有企业)	Enterprise Owned by the Whole People (State-owned Enterprises)	462	321
集体所有制企业(集体企业)	Collectively Owned Enterprises (Collective Enterprises)	829	4155
股份合作企业	Share Cooperative Enterprises	65	1
联营企业	Joint Venture		
个人独资企业	Sole Proprietorship Enterprises	12325	16793
合伙企业	Partnership Enterprises	825	554
其他内资企业	Other Domestic Enterprises		
港澳台投资有限责任公司	Limited Responsibility Corporations with Hong Kong, Macao and Taiwan Investment	22393	7917
港澳台投资股份有限公司	Share Holding Limited Corporations with Hong Kong, Macao and Taiwan Investment		
港澳台投资合伙企业	Partnership Enterprises with Hong Kong, Macao and Taiwan Investment		
其他港澳台投资企业	Other Enterprises with Hong Kong, Macao and Taiwan Investment	1570	
外商投资有限责任公司	Limited Responsibility Corporations with Foreign Investment	7435	2346
外商投资股份有限公司	Limited Liability Corporations with Foreign Investment		
外商投资合伙企业	Partnership Enterprises with Foreign Investment		
其他外商投资企业	Other Enterprises with Foreign Investment	14109	3188
农民专业合作社(联合社)	Farmers' Professional Cooperative (Association)	1929	474
二、按零售行业小类分	Grouped by Wholesale Trade		
百货零售	Retail of Department Stores	73775	54420
超级市场零售	Retail of Supermarkets	166549	80509
便利店零售	Retail of Convenience Stores	9436	6243
其他综合零售	Other Comprehensive Retail	639	400
粮油零售	Retail of Grain and Oil	4444	7121
糕点、面包零售	Retail of Pastry and Bread	1134	2180
果品、蔬菜零售	Retail of Fruits and Vegetables	4260	3260
肉、禽、蛋、奶及水产品零售	Retail of Meat, Poultry, Eggs, Milk, and Aquatic Product	10208	2407
营养和保健品零售	Retail of Nutrition and Health Products	675	680
酒、饮料及茶叶零售	Retail of Alcohol, Beverages, and Tea	11905	10423
烟草制品零售	Retail of Tobacco Products	413	1369
其他食品零售	Retail of Other Food	17699	8433
纺织品及针织品零售	Retail of Textiles and Knitwear	4686	4856
服装零售	Retail of Clothing	45854	40286

continued

(10 000 yuan)

财务费用 Costs of Finance	#利息收入 Interest Revenues	#利息费用 Interest Expenses	营业利润 Business Profits	利润总额 Total Profits	所得税费用 Income Tax Expenses	应付职工薪酬(本年贷方累计发生额) Remuneration Payable (Accumulated Credit Balance of The Year)	应交增值税 Added Taxes Payable
132494	**3445**	**72127**	**−157831**	**−118185**	**38546**	**806891**	**257838**
1133	−17	604	−26557	−26581	17	5931	1585
80184	1065	49082	−46474	−22596	14016	414468	167914
29770	1906	16606	30403	38949	21391	243005	58256
6749	−200	1603	2325	6083	186	42649	5809
11634	168	2433	−127155	−129607	−974	63692	10083
5	1		321	296	12	491	93
53	9	38	1638	1473	73	2446	593
			12	12	1	15	9
1240	17	791	7340	7670	438	13215	3542
27		13	212	201	4	567	148
70	440	205	10103	10239	2818	9217	5315
21		21	1091	1094	5	776	207
715	56	704	531	837	529	3137	900
827			−11926	−13067		6440	3286
68		26	306	6812	31	842	100
21880	−564	8145	44549	44766	11106	41462	86258
13594	−185	5053	−10740	−6453	1752	100683	12731
627	2	512	1087	1325	478	9688	1857
192	1	75	759	791	3	506	143
232	322	376	−2745	−2050	−23	7501	1079
45	1	35	365	398	6	1791	373
646	−1	474	−773	845	12	3347	301
585	14	590	−286	98	12	6251	1106
10		1	−10	5	8	594	93
1000	134	779	12316	12520	3190	8878	5724
31		93	−16	−9	16	1261	119
−328	−1057	331	−52	414	426	12696	2691
419	17	328	2985	2985	523	4238	1403
5164	315	4238	3882	4213	2506	23211	7666

13-9 续表7

单位：万元

指　标	Item	销售费用 Costs of Sales	管理费用 Costs of Administration
鞋帽零售	Retail of Shoes and Hats	2477	1462
化妆品及卫生用品零售	Retail of Cosmetics and Hygiene Products	7805	1109
厨具卫具及日用杂品零售	Retail of Kitchenware, Sanitary Ware, and Daily Necessities	1058	825
钟表、眼镜零售	Retail of Clocks and Glasses	5347	946
箱包零售	Retail of Luggage		
自行车等代步设备零售	Retail of Transportation Devices Such As Bicycles	701	1164
其他日用品零售	Retail of Other Daily Necessities	179	313
文具用品零售	Retail of Stationery	21	215
体育用品及器材零售	Retail of Sports Equipment Facilities	1660	886
图书、报刊零售	Retail of Books, Newspapers and Magazines	42115	11515
音像制品、电子和数字出版物零售	Retail of Audiovisual Products, Electronic and Digital Publications		
珠宝首饰零售	Retail of Jewelry	12271	5382
工艺美术品及收藏品零售	Retail of Art Crafts and Collections	737	467
乐器零售	Retail of Musical Instruments	502	419
照相器材零售	Retail of Photographic Equipments	22	83
其他文化用品零售	Retail of Other Stationery	402	96
西药零售	Retail of Western Medicine	182875	49800
中药零售	Retail of Chinese Herbal Medicine	3294	1555
动物用药品零售	Retail of Animal Drugs	59	50
医疗用品及器材零售	Retail of Medical Supplies and Equipments	1105	2198
保健辅助治疗器材零售	Retail of Health Auxiliary Treatment Equipments		
汽车新车零售	Retail of New Motor Vehicles	268608	192343
汽车旧车零售	Retail of Used Motor Vehicles	1644	2408
汽车零配件零售	Retail of Auto Parts	972	2090
摩托车及零配件零售	Retail of Motorcycle Parts	890	3006
机动车燃油零售	Retail of Motor Vehicle Petrol	236923	91363
机动车燃气零售	Retail of Motor Vehicle Gas	7445	3903
机动车充电销售	Sales of Motor Vehicle Charging	17	226
家用视听设备零售	Retail of Household Audiovisual Equipments	550	1203
日用家电零售	Retail of Daily Household Appliances	30187	18317
计算机、软件及辅助设备零售	Retail of Computers, Software, and Auxiliary Equipments	3765	6597
通信设备零售	Retail of Communication Equipments	10433	11528
其他电子产品零售	Retail of Other Electronic Products	396	2219
五金零售	Hardware Retail	423	1879
灯具零售	Retail of Lighting Fixtures	259	349
家具零售	Furniture Retail	2417	1752
涂料零售	Coating Retail	25	23
卫生洁具零售	Retail of Sanitary Ware	29	398
木质装饰材料零售	Retail of Wooden Decorative Materials	161	309
陶瓷、石材装饰材料零售	Retail of Ceramic and Stone Decorative Materials	561	702
其他室内装饰材料零售	Retail of Other Interior Decoration Materials		475
流动货摊零售	Retail of Mobile stalls		

continued

(10 000 yuan)

财务费用 Costs of Finance	#利息收入 Interest Revenues	#利息费用 Interest Expenses	营业利润 Business Profits	利润总额 Total Profits	所得税费用 Income Tax Expenses	应付职工薪酬 (本年贷方累计发生额) Remuneration Payable (Accumulated Credit Balance of The Year)	应交增值税 Added Taxes Payable
20	-4	14	875	929	40	1875	293
87	29	13	-170	-186	8	3389	714
45	-1	39	469	590	28	835	216
38	36	56	5252	5181	1270	4038	1391
40		28	100	161	15	612	212
40	1	41	140	193	9	189	110
34		31	-130	-122	2	210	39
58	1	2	249	380	19	456	174
-166	300		11137	10883	2586	36425	567
1050	9	316	-875	199	746	8044	1917
87	2	37	337	338		740	48
49	1	48	-84	-34	1	372	76
11			36	34	2	25	30
-6	6		-35	-25		112	6
5907	736	5095	15622	17500	5453	119726	15269
158		111	-78	-126	24	2480	400
-3		-3	4	4		53	80
311	-4	116	1289	1383	415	1432	624
47459	2434	29246	-93729	-72455	4666	207530	57470
71	4	40	484	594	103	1127	472
194	154	301	-490	-467	24	1611	257
101	1	80	-394	-298	24	1926	494
17161	272	5435	-137374	-143173	1779	120225	30873
2405	77	1974	-7186	-7112	-77	4473	532
			-67	-67		34	1
258		1	-37	25	8	569	295
2636	164	935	-2764	-627	193	19190	2806
311	26	235	-98	615	94	5450	3271
1164	29	364	2559	2975	342	10028	5177
97	2	58	687	889	15	927	702
159	1	154	358	524	29	1469	400
15	-1	12	75	76	6	288	30
1307	2	414	-875	-30	9	1773	348
1			8	8		34	9
1		1	24	24		149	22
46	-1		-30	65	6	206	21
56	2	46	149	165	17	682	151
63		63	421	422	24	237	294

13-9 续表8

单位：万元

指 标	Item	销售费用 Costs of Sales	管理费用 Costs of Administration
互联网零售	E-Retail	79173	25824
邮购及电视、电话零售	Retail of Mail Order and Televisions, Telephones	913	66
自动售货机零售	Retail of Vending Machines		
旧货零售	Retail of used goods		
生活用燃料零售	Retail of Household Fuels	1137	2578
宠物食品用品零售	Retail of Pet food supplies	23	4
其他未列明零售业	Other Unspecified Retail Businesses	2324	1438
三、按控股情况分	Grouped by Share Holding		
国有控股	State Holding Enterprises	326782	94609
集体控股	Collective-owned Holding Enterprises	8210	13715
私人控股	Private Holding Enterprises	881667	550104
港澳台商控股	Hong Kong, Macao and Taiwan Holding Enterprises	24614	7918
外商控股	Foreign Holding Enterprises	22005	5534
其 他	Others	79	62
四、按经营形式分	Grouped by Management Form		
独立门店	Independent Stores	746877	513662
连锁总店	Chain Headquarters	296472	73251
连锁直营店	Direct Chain Stores	96403	23406
连锁加盟店	Franchise Chain Stores	5549	3725
其 他	Others	117428	56875
五、按单位规模分	Grouped by Enterprise Size		
大 型	Large-size	418838	115254
中 型	Medium-size	492295	282931
小 型	Small-size	277966	223600
微 型	Micro-size	72439	49549
六、按零售业态分	Grouped by Retail Format		
便利店	Convenient Store	132733	47128
超 市	Supermarket	205151	97429
折扣店	Discount Store	1139	3355
仓储会员店	Warehouse Club	1213	470
百货店	Department Store	73011	54351
购物中心	Shopping Center	34890	31407
专业店	Specialty Store	432149	191155
品牌专卖店	Brand Store	255051	172738
集合店	Collection Store	3723	4216
无人值守商店	Unmanned Store		
网络零售	Online Retailing	82315	26214
电视/广播零售	Television/Radio Retail		
邮寄零售	Postal Retail		
无人售货设备零售	Retail of Unmanned Vending Equipment		
电话零售	Telephone Retail	1217	1413
直 销	Direct Sales	10319	10511
流动货摊零售	Mobile Stall Retail	260	33
其 他	Others	29861	31117

continued

(10 000 yuan)

财务费用 Costs of Finance	#利息收入 Interest Revenues	#利息费用 Interest Expenses	营业利润 Business Profits	利润总额 Total Profits	所得税费用 Income Tax Expenses	应付职工薪酬(本年贷方累计发生额) Remuneration Payable (Accumulated Credit Balance of The Year)	应交增值税 Added Taxes Payable
6065	138	4799	-3409	-2723	592	21331	9562
1	1		60	65	3	514	8
804	30	761	-2199	-1321	32	2213	321
6			139	149		3	
256	2	238	399	6363	23	1791	613
17519	1777	8436	-125157	-126232	9873	185192	36940
1488	49	820	573	1401	121	10726	1690
111824	1122	61920	-33424	1241	25184	590715	209374
100	440	226	11297	11438	2829	10067	5565
1542	56	704	-11208	-12043	538	9744	4257
5		6	47	47	1	263	8
106246	3544	61821	-74976	-43487	29820	519481	206689
14860	-526	5666	-43849	-41324	5189	159122	22761
5895	119	1927	-13421	-14525	1487	62748	8939
693	15	261	-1623	-1244	53	3756	317
4704	284	2402	-24286	-17961	1990	60588	18765
22860	-960	6772	-101519	-103433	7398	214117	37671
65224	1924	38662	-45969	-25391	22660	368209	154580
38185	2176	23366	-31969	-19580	4685	194439	45663
6159	305	3299	21289	23377	3771	29005	19820
5082	-619	3739	-61796	-60121	2371	76434	18547
14635	-91	5519	-821	4164	2961	131190	15401
103	3	57	22	37	5	618	43
18	1	46	192	204	21	673	102
12540	-95	9008	52000	52912	12756	35570	81076
14962	-42	3206	-4274	-4868	480	24513	12364
36055	1205	18169	-92816	-81958	9305	276667	55588
36360	2521	22744	-43114	-32092	7288	192714	50854
338	4	283	1036	1211	44	4353	929
6204	145	4876	-2799	-2822	592	22022	10120
91	6	11	-24	69	25	1511	190
2614	79	1989	-7361	-5662	51	9089	1809
6			152	152	3	118	4
3458	322	2472	1773	10560	2641	30909	10749

13-10 限额以上批发零售业商品销售类值(2023年)
SALES VALUE OF ENTERPRISES ABOVE DESIGNATED SIZE IN WHOLESALE AND RETAIL TRADE BY CATEGORY OF COMMODITIES(2023)

单位：万元 (10 000 yuan)

指标	Item	销售额 Sales Value	批发额 Wholesale	零售额 Retail
总计	**Total**	**219588729**	**195923319**	**23665410**
一、批发业	**Wholesale Trade**	**194351916**	**193373929**	**977987**
1.粮油、食品类	Grain, Oil and Food	1553389	1417051	136338
2.饮料类	Beverages	217932	214859	3073
3.烟酒类	Tobacco and Liquor	9560207	9409221	150986
4.服装、鞋帽、针纺织品类	Clothing, Shoes and Hats, Textiles	137168	129003	8165
5.化妆品类	Cosmetics	15959	12819	3140
6.金银珠宝类	Gold, Silver and Jewellery	171688	157061	14627
7.日用品类	Articles for Daily Use	147049	139730	7319
8.五金、电料类	Hardware and Electrical Materials	222718	199551	23167
9.体育、娱乐用品类	Sports and Recreation Articles	83281	79576	3704
10.书报杂志类	Newspapers and Magazines	220993	218175	2818
11.电子出版物及音像制品类	Electronic Publications and Audiovisual Products	12028	11217	810
12.家用电器和音像器材类	Household Appliances and Audiovisual Equipment	362376	311783	50593
13.中西药品类	Traditional Chinese and Western Medicine	6175769	6007857	167912
14.文化办公用品类	Culture and Office Articles	687573	636136	51437
#计算机及其配套产品	Computer and Related Equipment	332896	305146	27750
15.家具类	Furnitures	10365	9610	756
16.通讯器材类	Communication Equipment	672948	607541	65408
17.煤炭及制品类	Coal and Related Products	121500382	121486719	13664
18.木材及制品类	Timber and Related Products	75830	75830	
19.石油及制品类	Petroleum and Related Products	3949020	3810068	138952
20.化工材料及制品类	Chemical Materials and Related Products	4188293	4188293	
#化肥类	Chemical Fertilizer	1128150	1128150	
21.金属材料类	Metal Materials	32062815	32062815	
22.建筑及装潢材料类	Building and Decoration Materials	1483745	1466310	17435
23.机电产品及设备类	Mechanical and Electrical Products and Equipment	1573285	1568988	4297
#农机类	Farm Machineries	35618	35618	
24.汽车类	Automobiles	2693672	2643480	50193
#新能源汽车	New Energy Vehicles	522922	516511	6412
25.种子饲料类	Seeds and Forages	443901	443901	
26.棉麻类	Cotton and Hemp			
27.其他类	Others	6129534	6066336	63198

13-10 续表 continued

单位：万元 (10 000 yuan)

指 标	Item	销售额 Sales Value	批发额 Wholesale	零售额 Retail
二、零售业	**Retail Trade**	**25236814**	**2549390**	**22687424**
1.粮油、食品类	Grain, Oil and Food	2302335	35332	2267004
2.饮料类	Beverages	284917	4548	280369
3.烟酒类	Tobacco and Liquor	929240	83947	845293
4.服装、鞋帽、针纺织品类	Clothing, Shoes and Hats, Textiles	1471433	19932	1451502
5.化妆品类	Cosmetics	238160	10141	228019
6.金银珠宝类	Gold, Silver and Jewellery	279837	14432	265406
7.日用品类	Articles for Daily Use	512912	23045	489868
8.五金、电料类	Hardware and Electrical Materials	49765	6653	43112
9.体育、娱乐用品类	Sports and Recreation Articles	72292	17734	54558
10.书报杂志类	Newspapers and Magazines	226775	604	226171
11.电子出版物及音像制品类	Electronic Publications and Audiovisual Products	3474		3474
12.家用电器和音像器材类	Household Appliances and Audiovisual Equipment	999090	71316	927773
13.中西药品类	Traditional Chinese and Western Medicine	1254266	14691	1239575
14.文化办公用品类	Culture and Office Articles	210561	30418	180143
#计算机及其配套产品	Computer and Related Equipment	107876	23049	84827
15.家具类	Furnitures	35695	575	35121
16.通讯器材类	Communication Equipment	674349	106502	567847
17.煤炭及制品类	Coal and Related Products	55161	2288	52873
18.木材及制品类	Timber and Related Products			
19.石油及制品类	Petroleum and Related Products	5503239	1374542	4128697
20.化工材料及制品类	Chemical Materials and Related Products	1415	1415	
21.金属材料类	Metal Materials	461	461	
22.建筑及装潢材料类	Building and Decoration Materials	69672	6224	63448
23.机电产品及设备类	Mechanical and Electrical Products and Equipment	54997	10445	44552
24.汽车类	Automobiles	9557925	657756	8900169
#新能源汽车	New Energy Vehicles	2098110	218313	1879797
25.种子饲料类	Seeds and Forages			
26.棉麻类	Cotton and Hemp			
27.其他类	Others	448842	56391	392451

13-11 亿元以上商品交易市场基本情况(2023年)
BASIC STATISTICS ON COMMODITY EXCHANGE MARKETS OF TRANSACTION VOLUME OVER 100 MILLION YUAN(2023)

市　场	Market Category	市场数量(个) Number of Markets (unit)	年末出租摊位数(个) Number of Stalls at Year-end (unit)	营业面积(平方米) Area of Bussiness (sq.m)	成交额(万元) Volume of Transaction (10 000 yuan)
总　计	**Total**	**29**	**20073**	**2373026**	**6498203**
一、按市场类别分	Grouped by Market Category				
1.综合市场	Comprehensive Markets	13	15136	1697288	5772932
生产资料综合市场	Productive Materials Comprehensive Markets	1	105	23000	12306
工业消费品综合市场	Industrial Consumable Comprehensive Markets	1	213	59720	11532
农产品综合市场	Farm Products Comprehensive Markets	8	3879	383948	2523463
其他综合市场	Others	3	10939	1230620	3225631
2.专业市场	Special Markets	16	4937	675738	725271
农产品市场	Farm Products Comprehensive Markets	4	1017	187080	196466
蔬菜市场	Vegetables Markets	2	629	146200	153466
干鲜果品市场	Dried and Fresh Melons and Fruits Markets	2	388	40880	43000
食品、饮料及烟酒市场	Food, Beverages, Tobacco and Liquor Markets	1	103	3000	12815
纺织、服装、鞋帽市场	Textiles, Clothing, Shoes and Hats Markets	8	2824	303314	386836
服装市场	Clothing Markets	7	2631	274314	379006
鞋帽市场	Shoes and Hats Markets	1	193	29000	7830
家具、五金及装饰材料市场	Furniture, Hardware and Decoration Materials	3	993	182344	129154
家具市场	Furniture Markets	1	494	135603	64523
装饰材料市场	Decoration Materials Markets	2	499	46741	64631
二、按经营方式分	Grouped by Business Style				
1.以批发为主	Wholesale mainly	25	18933	2005682	6142926
2.以零售为主	Retail mainly	4	1140	367344	355277
三、按经营环境分	Grouped by Business Environment				
1.露天式	Open-air Markets	4	1215	236800	167345
2.封闭式	Enclosed Markets	20	15074	1919606	6118449
3.其　他	Others	5	3784	216620	212409

13-12 亿元以上商品交易市场按摊位分类成交情况(2023年)

CLASSIFICATION OF COMMODITY EXCAHNGE MARKETS OF TRANSACTION VOLUME OVER 100 MILLION YUAN(2023)

类 别	Classification	年末出租摊位数(个) Number of Stalls at Year-end (unit)	成交额(万元) Volume of Transaction (10 000 yuan)
总 计	**Total**	**20073**	**6498203**
1.粮油、食品类	Grain, Oil and Food	4851	2764094
#粮油类	Grain and Oil	654	509804
肉禽蛋类	Meat, Poultry and Eggs	513	266213
水产品类	Aquatic Products	270	67809
蔬菜类	Vegetables	1954	1123045
干鲜果品类	Dried and Fresh Fruits	1371	705263
2.饮料类	Beverages	375	19990
3.烟酒类	Tobacco and Liquor	355	275314
4.服装、鞋帽、针纺织品类	Clothing, Shoes, Hats and Textiles	7268	709837
服装类	Clothing	4687	569135
鞋帽类	Footwear and Hats	1371	39952
针纺织品类	Knitwear and Textiles	1210	100750
5.化妆品类	Cosmetics	228	2089
6.金银珠宝类	Gold, Silver and Jewellery	2	54
7.日用品类	Articles for Daily Use	1340	327975
8.五金、电料类	Hardware and Electrical Materials	587	277924
9.体育、娱乐用品类	Sports and Recreational Articles	13	1239
10.电子出版物及音像制品类	Electronic Publication and Audiovisual Products	4	91
11.家用电器和音像器材类	Household Appliances and Audiovisual Equipment	54	4555
#能效等级为1和2级的商品	EEI of Level Ⅰ and Ⅱ	14	1295
#智能家用电器和音像器材	Intelligent Products	18	1216
12.中西药品类	Traditional Chinese and Western Medicine	1	9
13.文化办公用品类	Cultural and Official Articles	24	2615
14.家具类	Furniture	1052	74150
15.通讯器材类	Communication Equipment	6	84
16.木材及制品类	Timber and Related Products	22	2542
17.化工材料及制品类	Raw Chemical Materials and Related Products	4	261
18.金属材料类	Metal Materials	125	582300
19.建筑及装潢材料类	Building and Decoration Materials	1765	606469
20.汽车类	Automobiles	52	743040
21.其他类	Others	1945	103571

13-13 城市商业综合体基本情况(2023年)

项 目	Item	商户数(个) Commercial Tenants (unit)	法 人 Corporations
自营、联营部分的经营情况	**Operation of Self-support and Pool**		
合 计	**Total**	**1556**	**1281**
一、零售业	**Retail Trade**	**1460**	**1260**
1.百货零售	Reatail of General Merchandise	5	1
2.超级市场零售	Supermarket Retail	260	259
3.食品、饮料及烟草制品零售	Retail of Food, Beverage and Tobaccos	3	2
4.服装鞋帽针纺织品零售	Retail of Clothing, Shoes, Hats and Textiles	1107	925
5.化妆品零售	Retail of Cosmetics	29	23
6.日用品零售	Retail of Daily Articles	17	17
7.家用电器及电子产品零售	Retail of Household Appliances and Electronic Products	9	5
8.珠宝首饰零售	Retail of Jewellery	25	23
9.其 他	Others	5	5
二、餐饮业	**Catering Services**	**55**	**12**
三、服务业	**Services**	**41**	**9**
1.电影放映	Motion Picture Projection	4	2
2.教育培训	Education and Training	3	1
3.娱乐活动	Recreattion	25	4
4.健身休闲活动	Fitness and Leisure Activities	8	1
5.其他	Others	1	1

BASIC STATISTICS ON URBAN COMMERCIAL COMPLEXES(2023)

分支机构 Branches	个体户 Individuals	商户从业人员期末人数(人) Employees at Year-end (person)	商户商品销售额(商户营业额)(万元) Sales Value (Business Volume) (10 000 yuan)	营业面积(平方米) Operating Area (sq.m)
10	**265**	**6288**	**383734**	**265912**
7	**193**	**5552**	**374209**	**226192**
1	3	116	3568	6163
	1	246	12203	13070
	1	10	366	160
3	179	4742	319386	198387
3	3	116	4412	2540
		77	2424	1809
	4	39	3198	976
	2	183	27744	2506
		23	908	581
2	**41**	**362**	**4147**	**7295**
1	**31**	**374**	**5378**	**32425**
	2	61	1759	10027
	2	77	20	392
1	20	156	3416	17621
	7	75	131	3591
		5	52	794

13-13 续表

项　目	Item	商户数(个) Commercial Tenants (unit)	法 人 Corporations
租赁部分的经营情况	**Operation of Lease**		
合　计	**Total**	**6335**	**1821**
一、零售业	**Retail Trade**	**3992**	**1141**
1.百货零售	Reatail of General Merchandise	224	57
2.超级市场零售	Supermarket Retail	101	33
3.食品、饮料及烟草制品零售	Retail of Food, Beverage and Tobaccos	158	32
4.服装鞋帽针纺织品零售	Retail of Clothing, Shoes, Hats and Textiles	2358	595
5.化妆品零售	Retail of Cosmetics	173	56
6.日用品零售	Retail of Daily Articles	153	49
7.家用电器及电子产品零售	Retail of Household Appliances and Electronic Products	202	109
8.珠宝首饰零售	Retail of Jewellery	311	122
9.其　他	Others	312	88
二、餐饮业	**Catering Services**	**1622**	**441**
三、服务业	**Services**	**721**	**239**
1.电影放映	Motion Picture Projection	32	21
2.教育培训	Education and Training	133	64
3.室内娱乐活动	Indoor Recreation	269	72
4.理发及美容服务	Hairdressing and Beauty Services	139	28
5.健身休闲活动	Fitness and Leisure Activities	26	18
6.摄影服务	Photography Services	21	11
7.其　他	Others	101	25

continued

分支机构 Branches	个体户 Individuals	商户从业人员期末人数(人) Employees at Year-end (person)	租金总额 (万元) Total Rental (10 000 yuan)	商户商品销售额 (商户营业额) (万元) Sales Value (Business Volume) (10 000 yuan)	营业面积 (平方米) Operating Area (sq.m)
371	**4143**	**39621**	**153416**	**1614993**	**1465706**
243	**2608**	**18327**	**100915**	**1172882**	**782276**
48	119	1608	6918	87125	90127
6	62	2163	7027	172024	204523
9	117	846	2689	21686	11025
97	1666	8328	56740	429646	343789
4	113	760	3684	38103	14749
17	87	653	2837	27273	18533
18	75	884	5458	127075	25505
29	160	1823	9044	204089	33397
15	209	1262	6519	65861	40628
86	**1095**	**16140**	**34987**	**341912**	**273541**
42	**440**	**5154**	**17514**	**100200**	**409889**
8	3	490	4962	29435	139118
9	60	1136	2457	11412	52155
7	190	1698	6065	29045	136553
7	104	855	1712	12496	13615
	8	361	800	4795	29310
1	9	218	423	4029	13527
10	66	396	1095	8987	25611

13-14 私营企业基本情况(2023年)

BASIC STATISTICS ON PRIVATE-OWNED ENTERPRISES(2023)

单位：户 (household)

指 标	Item	年末实有户数 Real Number of Enterprises at Year-end	#本年登记 Registered This Year
总 计	**Total**	**1147009**	**254426**
农、林、牧、渔业	Farming, Forestry, Animal Husbandry and Fishery	78277	26307
采矿业	Mining	5789	337
制造业	Manufacturing	63383	7873
电力、热力、燃气及水生产和供应业	Production and Supply of Electricity, Heat, Gas and Water	6355	1106
建筑业	Construction	129953	26469
批发和零售业	Wholesale and Retail Trade	419739	102212
交通运输、仓储和邮政业	Transport, Storage and Post	36510	7082
住宿和餐饮业	Hotels and Catering Services	23555	6535
信息传输、软件和信息技术服务业	Information Transmission, Software and Information Technology Services	38984	7170
金融业	Financial Industry	5123	217
房地产业	Real Estate	30870	4062
租赁和商务服务业	Lease and Business Affairs Services	113728	22651
科学研究和技术服务业	Scientific Reseach and Technical Services	105456	21125
水利、环境和公共设施管理业	Water, Environmental Protection and Public Facility Management	7474	1325
居民服务、修理和其他服务业	Resident Services, Repair and Other Services	35833	9348
教 育	Education	5759	791
卫生和社会工作	Health Care and Social Work	8721	2479
文化、体育和娱乐业	Culture, Sports and Recreation	30626	7330
其他行业	Others	874	7

13–15 个体工商业基本情况(2023年)
BASIC STATISTICS ON INDIVIDUAL BUSINESS(2023)

单位：户 (household)

指 标	Item	年末实有户数 Real Number of Households at Year-end	#本年登记 Registered This Year
总 计	**Total**	**2954553**	**633409**
农、林、牧、渔业	Farming, Forestry, Animal Husbandry and Fishery	270065	68119
采矿业	Mining	548	12
制造业	Manufacturing	111858	18585
电力、热力、燃气及水生产和供应业	Production and Supply of Electricity, Heat, Gas and Water	732	22
建筑业	Construction	18932	3553
批发和零售业	Wholesale and Retail Trade	1476520	304467
交通运输、仓储和邮政业	Transport, Storage and Post	198154	32197
住宿和餐饮业	Hotels and Catering Services	426559	99012
信息传输、软件和信息技术服务业	Information Transmission, Software and Information Technology Services	14230	4658
金融业	Financial Industry	431	32
房地产业	Real Estate	7376	1430
租赁和商务服务业	Lease and Business Affairs Services	63642	22193
科学研究和技术服务业	Scientific Reseach and Technical Services	15083	7278
水利、环境和公共设施管理业	Water, Environmental Protection and Public Facility Management	3802	626
居民服务、修理和其他服务业	Resident Services, Repair and Other Services	296700	55558
教 育	Education	885	91
卫生和社会工作	Health Care and Social Work	12580	1871
文化、体育和娱乐业	Culture, Sports and Recreation	36332	13705
其他行业	Others	124	

主要统计指标解释

批发业 指向其他批发或零售单位（含个体经营者）及其他企事业单位、机关团体等批量销售生活用品、生产资料的活动，以及从事进出口贸易和贸易经纪与代理的活动。

零售业 指百货商店、超级市场、专门零售商店、品牌专卖店、售货摊等主要面向最终消费者（如居民等）的销售活动，以互联网、邮政、电话、售货机等方式的销售活动，还包括在同一地点，后面加工生产，前面销售的店铺（如面包房）。

批发和零售业法人企业 指具备如下条件的批发零售贸易企业：(1)依法成立，有自己的名称、组织机构和场所，能够承担民事责任；(2)独立拥有和使用资产，承担负债，有权与其他单位签订合同；(3)独立核算盈亏，并能够编制包括资产负债表在内的全部会计帐户。

限额以上批发企业 年主营业务收入 2000 万元及以上的批发企业。

限额以上零售企业 年主营业务收入 500 万元及以上的零售企业。

社会消费品零售总额 指企业（单位、个体户）通过交易直接售给个人、社会集团非生产、非经营用的实物商品金额，以及提供餐饮服务所取得的收入金额。个人包括城乡居民和入境人员，社会集团包括机关、社会团体、部队、学校、企事业单位、居委会或村委会等。

批发和零售业零售额 指批发和零售业企业、产业活动单位和个体户售给城乡居民用于生活消费和社会集团用于公共消费的商品金额。

门店总数 指该连锁企业所拥有的全部门店（包括直营店和加盟店）数量。其中，总店（如果总公司有门店的话）作为一个直营店处理。此外，有的地区分出控股店，控股店按直营店统计。

连锁总店（总部） 负责连锁企业资源（商号、商誉、经营模式、服务标准、管理模式等）的开发、配置、控制或使用等功能的企业核心管理机构。连锁经营是指经营同类商品或服务，使用统一商号的若干店铺，在同一总店（总部）的管理下，采取统一采购或特许经营等方式实现规模效益的组织形式，包括直营连锁、特许连锁和自愿连锁三种形式。

直营店 由连锁企业总部投资开设，按连锁经营管理模式，由总店（总部）统一管理，按照总店（总部）的指示和服务规范要求，承担日常销售业务的店铺。

加盟店 在特许连锁中，被特许人获得特许人授权后，使用其商标、商号、经营模式、专利和专有技术等经营资源建立的，按照总店（总部）的指示和服务规范要求，承担日常销售业务的店铺，也包括自愿连锁的成员店。

零售业态 指零售企业（单位）为满足不同的消费需求进行相应的要素组合而形成的不同经营形态；分类原则是，零售业态按零售店铺的结构特点，根据其经营方式、商品结构、服务功能，以及选址、商圈、规模、店堂设施、目标顾客和有无固定营业场所进行分类。

零售业态从总体上可以分为有店铺零售业态和无店铺零售业态两类。有店铺零售业态分为便利店、超市、折扣店、仓储会员店、百货店、购物中心、专业店、品牌专卖店、集合店、无人值守商店等；无店铺零售业态分为网络零售、电视/广播零售、邮寄零售、无人售货设备零售、电话零售、直销、流动货摊零售、其他等。

商品购进额 指从本企业以外的单位和个人购进（包括从国外直接进口）作为转卖或加工后转卖的商品金额（含增值税）。本指标反映批发和零售业从国内外市场上购进商品的总价。

商品销售额 指对本单位以外的单位和个人出售的商品金额（包括售给本单位消费用的商品，含增值税），在批发零售业中本指标反映在国内市场上销售商品以及出口商品的总量。

期末商品库存额 对于批发和零售业法人单位和个体经营户，是指报告期末取得所有权的全部商品金额（含增值税）；对于批发和零售业产业活动单位，是指报告期末实际在库且归属法人具有所有权的全部商品金额（含增值税）。该指标反映批发和零售业商品库存情况，以及对市场商品供应的保证程度。

服务营业额　指批发和零售业单位在经营活动中，因提供服务取得的收入（含增值税），包括贸易经济代理服务、拍卖服务、汽车维修和装饰服务、各种商务服务和商品代理、互联网交易平台服务、场地和商品租赁、充电服务等。

城市商业综合体　指以区域为中心、以购物中心为主导，融合了商业零售、餐饮、休闲养生、娱乐、文化、教育等多项城市主要功能活动，面向各类生活消费人群、提供综合性服务的大型建筑综合体。城市商业综合体除具备以上特征外，还应同时满足以下几个条件：(1)由企业有计划地管理运营，有统一的名称，如**中心、**广场、**城等。(2)涵盖超市、百货、专业店、专卖店等商品零售业态，正餐、快餐等餐饮业态，以及文化、娱乐、健身、培训等两项及以上主要服务业态。(3)营业面积不少于 1 万平方米且独立开展经营活动的商户不少于 50 个。(4)具备专门的停车场所，专供在城市商业综合体内进行消费的顾客使用。

亿元以上商品交易市场　指年成交额在亿元及以上的商品交易市场。商品交易市场是指经有关部门和组织批准设立，有固定场所、设施，有经营管理部门和监管人员，若干市场经营者入内，常年或实际开业三个月以上，集中、公开、独立地进行生活消费品、生产资料等现货商品交易以及提供相关服务的交易场所，包括各类消费品市场、生产资料市场等。

Explanatory Notes on Main Statistical Indicators

Wholesale Trade refers to the activities of wholesaler selling commodities in bulk for daily use and capital goods to other wholesale and retail enterprises, institutions and government offices, including the activities of wholesaler engaged in import and export and acting as a trade agent.

Retail Trade refers to the activities of department store, supermarket, franchised store, brand store, retail stall and on-the-spot-making-selling store selling commodities to the final consumers (citizens) by any means including internet, post, telephone, sales machine.

Wholesale and Retail Corporation Enterprises refer to the wholesale and retail trade enterprises satisfy the conditions as follow: (1) They are established legally, having their own names, organizations, location, able to take civil liability; (2) They possess and use their assets independently, assume liabilities, and are entitled to sign contracts with other units; (3) They are financially independent and compile their own balance sheets.

Wholesale Enterprises above Designated Size refer to wholesale enterprises whose annual revenue of major business amounts to 20 million yuan and over.

Retail Trade Enterprises above Designated Size refer to retail enterprises whose annual revenue of major business amounts to 5 million yuan and over.

Total Retail Sales of Consumer Goods refer to the amount obtained by enterprises (units, self-employed individuals) through direct sales of non-production and non-business physical commodity to individuals, social institutions, and revenue from providing catering services. Individuals include rural and urban households, population from abroad, and social institutions include government agencies, social organizations, military units, schools, institutions, neighborhood (village) committees, etc.

Total Retail Sales of Wholesale and Retail Trade refer to the amount obtained by wholesale and retail enterprises, active units and self-employed individuals through sales to residents and social groups for mass consumption.

Total Number of Stores refers to the total number of stores owned by the chain enterprises, including direct stores and franchises. The headquarter (if there has one) is counted as a direct store. In addition, there are some holding stores in some regions, and these stores are also counted as direct stores.

Chain Head Stores (Headquarters) refer to the core leading stores responsible for development, allocation, administration and utilization of resources (name of stores, brand of stores, operation model, service standard, management way, etc.) of chain stores. Chain stores refer to the stores engaged in providing homogeneous commodities or services, with the central leadership of head stores (headquarters) and guided by common policies, conduct centralized purchase and efficiency through standardized operation. The chain stores include direct chain stores, franchise chain stores and voluntary chain stores.

Direct Chain stores refer to stores that are invested and set up by the headquarters of chain enterprises. They are under the unified management of the head stores (headquarters) according to the chain operation management mode, and undertake the daily sales business according to the instructions and service specification requirements of the head stores (headquarters).

Franchise Chain Stores In the franchise chain, the franchisee, after being authorized by the franchisor, uses its trademark, trade name, business model, patent and proprietary technology and other business resources to undertake daily sales business in accordance with the instructions and service specification requirements of the head stores (headquarters). The member stores of voluntary chain are also included.

Retail Trade Format refers to the different business forms which combined by corresponding factors to satisfy different consumption needs. It is classified according to retail stores' structure characters, such as business form, commodities' structure, service function, address, business circle, scale, store facilities, target customers and whether having a fixed business place.

Retail trade format can be divided into store-based and non-store retail. Store-based retail includes convenient store, supermarket, discount store, warehouse club, department store, shopping center, specialty store, exclusive store, collection store, unattended store, etc. Non-store retail includes online retail, TV/Radio retail, mail retail, unmanned vending machine retail, telephone retail, direct sale, mobile stall retail, etc.

Value of Commodities Purchases refers to the value of commodities purchasing by enterprises from other units or individuals with value-added tax, including direct import form abroad, for the purpose of re-selling, either with or without further processing of the commodities purchased. It reflects the total commodities value that wholesale and retail trade purchased from the domestic and abroad market.

Value of Commodities Sales refers to the value of commodities sold by the units to other units or individuals with value-added tax, including goods sold for self consumption. It reflects the total commodities amount sold and exported in domestic market in wholesale and retail trade.

Total Value of Storing at The End of Period refers to total possessed commodities value including value-added tax for the wholesale and retail corporation units and individuals at the end of report period. And it refers to the total commodities value at the end of report period, including value-added tax, which are in stock and belong to the corporation units for the wholesale and retail active units. It reflects the goods stock of the wholesale and retail trade and the guarantee degree of goods supply to the market.

Turnover of Services refers to the income (including value-added taxes) obtained by wholesale and retail enterprises in business activities due to the provision of services, including trade brokerage services, auction services, automobile maintenance and decoration services, various business services and commodity agency, internet trading platform services, venue and commodity leasing ,charging services, etc.

Urban Commercial Complex refers to a large-scale building complex which is based on the regional center, and is mainly shopping center. It integrates many major urban functional activities such as commercial retail, catering, leisure and health care, entertainment, culture, education, etc., and provides comprehensive services for all kinds of consumer groups. In addition to the above characteristics, the urban commercial complexes should also meet the following conditions: (1) It should be managed and operated by the enterprises in a planned way, and have a unified name, such as ** center, ** square, and ** city. (2) It covers supermarkets, department stores, specialized stores, exclusive stores and other commodity retail formats, catering formats such as dinner and fast food, and two or more major service formats such as culture, entertainment, fitness and training. (3) The business area is no less than 10 thousand square meters, and there are no less than 50 independent commercial tenants. (4) There is a special parking space for customers to consume in the urban commercial complex.

Commodities Trading Market over 100 Million Yuan refers to the commodity market with an annual transaction at and above 100 million yuan. Commodities trading market refers market that is approved by related government departments, which has fixed sites, facilities, managers and administration offices, traders, and has operated for more than three months. It is a place where the commodities including the articles for daily consumption, productive materials, goods transactions and services are traded in a centralized, independent and open way. And it includes consumer market, materials market and etc.

14

HOTELS, CATERING SERVICES AND TOURISM

住宿、餐饮业和旅游

资料整理人员

邓　娜　郭俊凯　尹　伊　高芳蕊

住宿和餐饮业

HOTELS AND CATERING SERVICES

限额以上住宿、餐饮业营业额	Business Volume of Hotels and Catering Services above Designated Size	206.4	亿元 (100 million yuan)
住宿业	Hotels	70.0	亿元 (100 million yuan)
餐饮业	Catering Services	136.4	亿元 (100 million yuan)

限额以上住宿业营业额（亿元）

Business Volume of Hotels above Designated Size (100 million yuan)

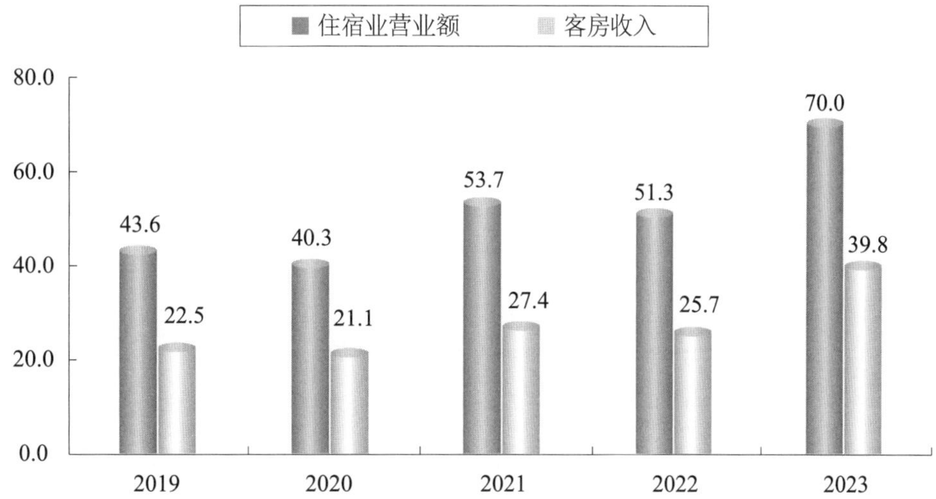

限额以上餐饮业营业额（亿元）

Business Volume of Catering Services above Designated Size (100 million yuan)

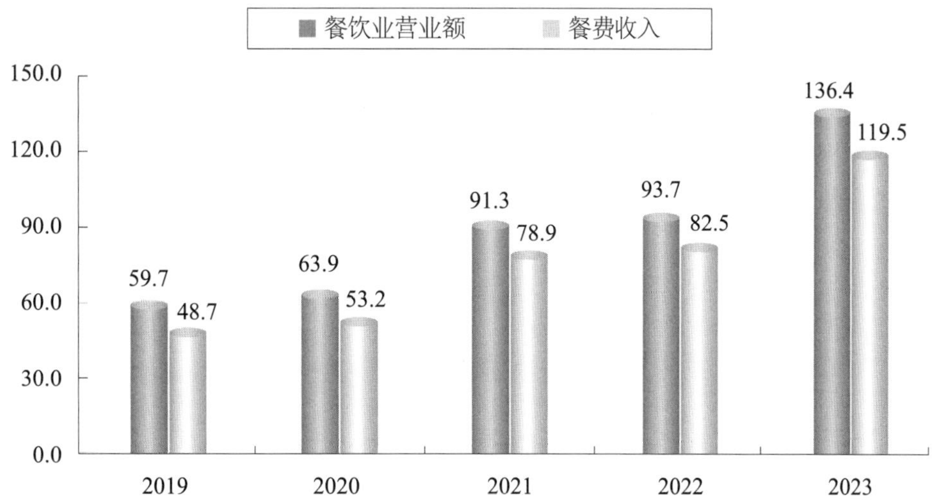

14-1 限额以上住宿和餐饮业法人企业主要经营情况

MANAGEMENT OF HOTELS AND CATERING CORPORATION ENTERPRISES ABOVE DESIGNATED SIZE

指 标	Item	2022	2023
住宿和餐饮业	**Hotels and Catering Services**		
法人企业数 (个)	Corporation Enterprises (unit)	1484	1823
从业人员期末人数(人)	Employees at Year-end (person)	86723	103812
营业额(万元)	Business Volume (10 000 yuan)	1450858	2063732
#客房收入	Revenue of Guest Room	327270	511540
#通过公共网络实现的商品销售额	by Public Network	41602	90176
#通过非自营平台实现的商品销售额	by Non-self-operating Platform	14392	28873
#餐费收入(万元)	Revenue of Dining (10 000 yuan)	1013028	1406572
#通过公共网络实现的商品销售额	by Public Network	48366	88827
#通过非自营平台实现的商品销售额	by Non-self-operating Platform	4182	39590
商品销售额收入(万元)	Sales Revenue of Commodities(10 000 yuan)	19402	24415
其他收入(万元)	Other Revenue (10 000 yuan)	91158	121206
#外卖送餐服务收入	Takeout Delivery	1795	2089
客房数(间)	Rooms (unit)	108131	161453
床位数(个)	Beds (unit)	173653	261169
餐位数(位)	Tables (unit)	709349	863258
年末餐饮营业面积(平方米)	Operating Area of Catering Services at Year-end(sq.m)	4042107	4735292
住宿业	**Hotels**		
法人企业数 (个)	Corporation Enterprises (unit)	603	714
从业人员期末人数(人)	Employees at Year-end (person)	34283	37756
营业额(万元)	Business Volume (10 000 yuan)	513443	700109
#客房收入	Revenue of Guest Room	257245	397627
#通过公共网络实现的商品销售额	by Public Network	36988	79049
#通过非自营平台实现的商品销售额	by Non-self-operating Platform	13150	24660
#餐费收入(万元)	Revenue of Dining (10 000 yuan)	187663	211915

14-1 续表
continued

指 标	Item	2022	2023
#通过公共网络实现的商品销售额	by Public Network	2465	3722
#通过非自营平台实现的商品销售额	by Non-self-operating Platform	801	1794
商品销售额收入(万元)	Sales Revenue of Commodities(10 000 yuan)	6280	7167
其他收入(万元)	Other Revenue (10 000 yuan)	62255	83400
#外卖送餐服务收入	Takeout Delivery	71	63
客房数(间)	Rooms (unit)	76916	133803
床位数(个)	Beds (unit)	125502	216334
餐位数(位)	Tables (unit)	147138	148946
年末餐饮营业面积(平方米)	Operating Area of Catering Services at Year-end(sq.m)	1943418	2258112
餐饮业	**Catering Services**		
法人企业数 (个)	Corporation Enterprises (unit)	881	1109
从业人员期末人数(人)	Employees at Year-end (person)	52440	66056
营业额(万元)	Business Volume (10 000 yuan)	937415	1363624
#客房收入	Revenue of Guest Room	70025	113913
#通过公共网络实现的商品销售额	by Public Network	4615	11127
#通过非自营平台实现的商品销售额	by Non-self-operating Platform	1243	4213
#餐费收入(万元)	Revenue of Dining (10 000 yuan)	825365	1194657
#通过公共网络实现的商品销售额	by Public Network	45901	85104
#通过非自营平台实现的商品销售额	by Non-self-operating Platform	3381	37796
商品销售额收入(万元)	Sales Revenue of Commodities(10 000 yuan)	13122	17248
其他收入(万元)	Other Revenue (10 000 yuan)	28904	37806
#外卖送餐服务收入	Takeout Delivery	1724	2026
客房数(间)	Rooms (unit)	31215	27650
床位数(个)	Beds (unit)	48151	44835
餐位数(位)	Tables (unit)	562211	714312
年末餐饮营业面积(平方米)	Operating Area of Catering Services at Year-end(sq.m)	2098689	2477180

14-2 限额以上住宿业法人企业经营情况(2023年)

单位：万元

指 标	Item	法人企业数(个) Corporation Enterprises (unit)
总 计	**Total**	**714**
一、按登记注册类型分	Grouped by Registered Kind	
国有独资公司	Companies Exclusively with Investment from State	5
私营有限责任公司	Private Limited Responsibility Corporations	577
其他有限责任公司	Other Limited Responsibility Corporations	85
私营股份有限公司	Private Share-holding Limited Corporations	3
其他股份有限公司	Other Share Holding Limited Corporations	1
全民所有制企业(国有企业)	Enterprise Owned by the Whole People (State-owned Enterprises)	15
集体所有制企业(集体企业)	Collectively Owned Enterprises (Collective Enterprises)	4
股份合作企业	Share Cooperative Enterprises	
联营企业	Joint Venture	
个人独资企业	Sole Proprietorship Enterprises	23
合伙企业	Partnership Enterprises	1
二、按住宿行业小类分	Grouped by Hotels	
旅游饭店	Tourist Hotels	248
经济型连锁酒店	Economical Chain Hotels	105
其他一般旅馆	Other General Hotels	333
民宿服务	Homestay Services	3
露营地服务	Campsite Services	2
其他住宿业	Other Accommodation Industries	23
三、按控股情况分	Grouped by Share Holding	
国有控股	State Holding Enterprises	60
集体控股	Collective-owned Holding Enterprises	6
私人控股	Private Holding Enterprises	647
四、按经营形式分	Grouped by Management Form	
独立门店	Independent Stores	545
连锁总店(总部)	Chain Headquarters	
连锁直营店	Direct Chain Stores	10
连锁加盟店	Franchise Chain Stores	128
其 他	Others	30
五、按单位规模分	Grouped by Enterprise Size	
大 型	Large-size	3
中 型	Medium-size	45
小 型	Small-size	590
微 型	Micro-size	73
六、按星级分	Grouped by Stars	
一 星	One Star	7
二 星	Two Star	14
三 星	Three Star	105
四 星	Four Star	64
五 星	Five Star	15
其 他	Others	507

MANAGEMENT OF HOTELS CORPORATION ENTERPRISES ABOVE DESIGNATED SIZE(2023)

(10 000 yuan)

从业人员期末人数(人) Employees at The End of Period (person)	营业额 Business Volume	客房收入 Revenue of Guest Room	#通过公共网络实现的客房收入 by Public Network	#通过非自营平台实现的客房收入 by Non-self-operating Platform
37756	**700109**	**397627**	**79049**	**24660**
1386	23713	4907	607	556
21523	410489	279003	68415	20789
8668	159893	81090	7063	3012
172	1930	1106	263	
48	612	223	69	69
4988	86315	21698	1419	46
138	1846	987	298	
812	15050	8515	902	175
21	262	99	14	14
19188	362686	173670	32158	6669
3318	69625	53145	15828	4303
14025	249295	157859	28144	13145
62	1476	1213	603	5
81	1367	977	218	218
1082	15659	10763	2099	321
11203	195570	65210	3251	1288
335	4848	2318	418	
25566	492568	328261	74804	23372
31868	580550	303601	50632	18743
303	9362	8771	1160	174
3074	70913	65073	24426	5671
2497	38915	19814	2831	72
2484	45543	9075	557	556
10715	205944	85272	6319	2618
22012	381735	272643	65700	20470
442	24272	21199	5136	1017
198	3325	3187	1044	304
349	6329	4360	543	197
6408	107943	50975	7154	2021
4490	90949	45241	8256	2214
3757	80529	30445	2241	
22514	410436	262926	59798	19925

14-2 续表1

单位：万元

指 标	Item	餐费收入 Revenue of Dining	#通过公共网络实现的餐费收入 by Public Network
总 计	**Total**	**211915**	**3722**
一、按登记注册类型分	Grouped by Registered Kind		
国有独资公司	Companies Exclusively with Investment from State	12550	79
私营有限责任公司	Private Limited Responsibility Corporations	102084	3083
其他有限责任公司	Other Limited Responsibility Corporations	55027	380
私营股份有限公司	Private Share-holding Limited Corporations	476	
其他股份有限公司	Other Share Holding Limited Corporations	384	
全民所有制企业(国有企业)	Enterprise Owned by the Whole People (State-owned Enterprises)	34752	8
集体所有制企业(集体企业)	Collectively Owned Enterprises (Collective Enterprises)	729	
股份合作企业	Share Cooperative Enterprises		
联营企业	Joint Venture		
个人独资企业	Sole Proprietorship Enterprises	5913	173
合伙企业	Partnership Enterprises		
二、按住宿行业小类分	Grouped by Hotels		
旅游饭店	Tourist Hotels	126892	2329
经济型连锁酒店	Economical Chain Hotels	12717	206
其他一般旅馆	Other General Hotels	67702	1101
民宿服务	Homestay Services	200	
露营地服务	Campsite Services	316	1
其他住宿业	Other Accommodation Industries	4089	86
三、按控股情况分	Grouped by Share Holding		
国有控股	State Holding Enterprises	75884	302
集体控股	Collective-owned Holding Enterprises	2142	23
私人控股	Private Holding Enterprises	130292	3398
四、按经营形式分	Grouped by Management Form		
独立门店	Independent Stores	191295	3123
连锁总店(总部)	Chain Headquarters		
连锁直营店	Direct Chain Stores	245	
连锁加盟店	Franchise Chain Stores	4347	300
其 他	Others	16029	300
五、按单位规模分	Grouped by Enterprise Size		
大 型	Large-size	22273	71
中 型	Medium-size	87293	882
小 型	Small-size	84796	2550
微 型	Micro-size	2560	220
六、按星级分	Grouped by Stars		
一 星	One Star	3	
二 星	Two Star	1665	83
三 星	Three Star	41735	826
四 星	Four Star	28743	1370
五 星	Five Star	29879	9
其 他	Others	109787	1435

continued

(10 000 yuan)

#通过非自营平台实现的餐费收入 by Non-self-operating Platform	商品销售额收入 Sales Revenue of Commodities	其他收入 Other Revenue	#外卖送餐服务收入 Takeout Delivery	客房数(间) Rooms (unit)	床位数(个) Beds (unit)	餐位数(位) Tables (unit)	年末餐饮营业面积(平方米) Operating Area of Catering Services at Year-end(sq.m)
1794	**7167**	**83400**	**63**	**133803**	**216334**	**148946**	**2258112**
59	223	6033	63	836	1390	3460	24612
1627	4700	24703	1	105207	166318	96821	1631577
100	1495	22282		22203	39174	32508	451726
	21	327		437	839	1383	13399
	6			90	156	300	3932
8	314	29551		2427	3948	8349	49998
	4	125		312	453	230	6128
1	401	220		2258	3995	5869	74500
	4	158		33	61	26	2240
1033	3410	58714	63	42338	70212	75774	994973
81	433	3330		39273	58093	11331	304231
678	3208	20526	1	49777	84252	55551	872852
	18	46		207	318	312	997
1	41	34		62	109	200	2124
	56	752		2146	3350	5778	82935
67	981	53494	63	19092	34226	31986	365153
	6	381		571	955	510	11778
1727	6179	27835	1	113785	180578	116250	1876321
1694	6646	79009	63	114696	188897	133824	1711846
	62	284		1484	1930	303	54656
101	354	1139		12604	17987	4306	275554
	105	2968		4907	7356	10409	205725
59	202	13993	63	852	1365	3490	23100
309	3150	30229		13428	22487	40888	439482
1422	3571	20726	1	114060	183859	99728	1681141
5	169	344		4585	7264	3637	105899
		135		1268	2051	112	21227
	47	257		1122	1942	914	27365
763	1482	13752	63	11353	18628	26632	381985
466	1432	15532		48156	75499	28239	370408
	441	19764		2655	4247	4886	76057
565	3763	33960	1	69089	113707	87759	1370039

14-3 限额以上餐饮业法人企业经营情况(2023年)

单位：万元

指 标	Item	法人企业数(个) Corporation Enterprises (unit)
总 计	**Total**	**1109**
一、按登记注册类型分	Grouped by Registered Kind	
国有独资公司	Companies Exclusively with Investment from State	6
私营有限责任公司	Private Limited Responsibility Corporations	862
其他有限责任公司	Other Limited Responsibility Corporations	154
私营股份有限公司	Private Share-holding Limited Corporations	11
其他股份有限公司	Other Share-holding Limited Corporations	
全民所有制企业(国有企业)	Enterprise Owned by the Whole People (State-owned Enterprises)	7
集体所有制企业(集体企业)	Collectively Owned Enterprises (Collective Enterprises)	1
股份合作企业	Share Cooperative Enterprises	1
联营企业	Joint Venture	
个人独资企业	Sole Proprietorship Enterprises	59
合伙企业	Partnership Enterprises	5
其他内资企业	Other Domestic Enterprises	
港澳台投资有限责任公司	Limited Responsibility Corporations with Hong Kong, Macao and Taiwan Investment	2
港澳台投资股份有限公司	Share Holding Limited Corporations with Hong Kong, Macao and Taiwan Investment	
港澳台投资合伙企业	Partnership Enterprises with Hong Kong, Macao and Taiwan Investment	
其他港澳台投资企业	Other Enterprises with Hong Kong, Macao and Taiwan Investment	
外商投资有限责任公司	Limited Responsibility Corporations with Foreign Investment	1
外商投资股份有限公司	Limited Liability Corporations with Foreign Investment	
外商投资合伙企业	Partnership Enterprises with Foreign Investment	
其他外商投资企业	Other Enterprises with Foreign Investment	
农民专业合作社(联合社)	Farmers' Professional Cooperative (Association)	
个体工商户	Individually-owned Business	
其他市场主体	Other Market Entities	

MANAGEMENT OF CATERING CORPORATION ENTERPRISES ABOVE DESIGNATED SIZE(2023)

(10 000 yuan)

从业人员期末人数(人) Employees at The End of Period (person)	营业额 Business Volume	客房收入 Revenue of Guest Room	#通过公共网络实现的客房收入 by Public Network	#通过非自营平台实现的客房收入 by Non-self-operating Platform
66056	**1363624**	**113913**	**11127**	**4213**
744	11774	2779	292	292
41933	881825	73324	7738	2407
13134	270690	27314	2576	1435
1392	26557	2622	243	
449	5862	1850		
108	2029	1217		
43	452	51		
1737	27713	4756	278	79
97	2591			
2024	39465			
4395	94667			

14-3 续表1

单位：万元

指　标	Item	法人企业数(个) Corporation Enterprises (unit)
二、按餐饮行业小类分	Grouped by Catering Services	
正餐服务	Dinner Services	1068
快餐服务	Fast Food Services	20
茶馆服务	Teahouse Services	
咖啡馆服务	Cafe Services	1
酒吧服务	Bar Services	
其他饮料及冷饮服务	Other Beverages and Cold Drink Services	5
餐饮配送服务	Catering Delivery Services	8
外卖送餐服务	Food Delivery Services	
小吃服务	Snack Services	2
其他未列明餐饮业	Other Unspecified Catering Industries	5
三、按控股情况分	Grouped by Share Holding	
国有控股	State Holding Enterprises	48
集体控股	Collective-owned Holding Enterprises	8
私人控股	Private Holding Enterprises	1049
港澳台商控股	Hong Kong, Macao and Taiwan Holding Enterprises	2
外商控股	Foreign Holding Enterprises	1
四、按经营形式分	Grouped by Management Form	
独立门店	Independent Stores	986
连锁总店(总部)	Chain Headquarters	7
连锁直营店	Direct Chain Stores	9
连锁加盟店	Franchise Chain Stores	18
其　他	Others	87
五、按单位规模分	Grouped by Enterprise Size	
大　型	Large-size	8
中　型	Medium-size	83
小　型	Small-size	840
微　型	Micro-size	177

continued

(10 000 yuan)

从业人员期末人数(人) Employees at The End of Period (person)	营业额 Business Volume	客房收入 Revenue of Guest Room	#通过公共网络实现的客房收入 by Public Network	#通过非自营平台实现的客房收入 by Non-self-operating Platform
55903	1158964	108399	11127	4213
7821	157134	13		
184	8431			
139	5521			
459	9042			
64	1427			
1486	23105	5501		
8010	120487	23619	1842	1500
367	6093	1387		
51223	1102614	88823	9285	2713
2024	39465			
4395	94667			
51223	1053079	107023	10346	3558
7639	150804	185		
559	17863			
424	10809			
6128	129132	6705	781	655
11921	243964	17530	1673	891
17776	387737	36899	3895	957
35394	674150	57972	5559	2366
928	57475	1428		

14-3 续表2

单位：万元

指　标	Item	餐费收入 Revenue of Dining	#通过公共网络实现的餐费收入 by Public Network
总　计	**Total**	**1194657**	**85104**
一、按登记注册类型分	Grouped by Registered Kind		
国有独资公司	Companies Exclusively with Investment from State	7643	
私营有限责任公司	Private Limited Responsibility Corporations	779996	18212
其他有限责任公司	Other Limited Responsibility Corporations	225672	14942
私营股份有限公司	Private Share-holding Limited Corporations	19734	186
其他股份有限公司	Other Share-holding Limited Corporations		
全民所有制企业(国有企业)	Enterprise Owned by the Whole People (State-owned Enterprises)	3804	
集体所有制企业(集体企业)	Collectively Owned Enterprises (Collective Enterprises)	811	
股份合作企业	Share Cooperative Enterprises	317	
联营企业	Joint Venture		
个人独资企业	Sole Proprietorship Enterprises	22664	34
合伙企业	Partnership Enterprises	2591	170
其他内资企业	Other Domestic Enterprises		
港澳台投资有限责任公司	Limited Responsibility Corporations with Hong Kong, Macao and Taiwan Investment	36758	32391
港澳台投资股份有限公司	Share Holding Limited Corporations with Hong Kong, Macao and Taiwan Investment		
港澳台投资合伙企业	Partnership Enterprises with Hong Kong, Macao and Taiwan Investment		
其他港澳台投资企业	Other Enterprises with Hong Kong, Macao and Taiwan Investment		
外商投资有限责任公司	Limited Responsibility Corporations with Foreign Investment	94667	19170
外商投资股份有限公司	Limited Liability Corporations with Foreign Investment		
外商投资合伙企业	Partnership Enterprises with Foreign Investment		
其他外商投资企业	Other Enterprises with Foreign Investment		
农民专业合作社(联合社)	Farmers' Professional Cooperative (Association)		
个体工商户	Individually-owned Business		
其他市场主体	Other Market Entities		

continued

(10 000 yuan)

#通过非自营平台实现的餐费收入 by Non-self-operating Platform	商品销售额收入 Sales Revenue of Commodities	其他收入 Other Revenue	#外卖送餐服务收入 Takeout Delivery	客房数(间) Rooms (unit)	床位数(个) Beds (unit)	餐位数(位) Tables (unit)	年末餐饮营业面积(平方米) Operating Area of Catering Services at Year-end(sq.m)
37796	**17248**	**37806**	**2026**	**27650**	**44835**	**714312**	**2477180**
	436	916		459	777	2987	44642
3239	9973	18532	501	18856	30378	516116	1831667
2154	4848	12855	15	5277	8065	113782	337197
	670	3531		396	660	7049	37951
		208		555	1040	3410	18284
				118	321	500	2500
		85		24	51	350	2000
11	142	151		1965	3543	45628	126964
						3294	1279
32391	1179	1528	1510			6316	26089
						14880	48607

14-3 续表3

单位：万元

指　标	Item	餐费收入 Revenue of Dining	#通过公共网络实现的餐费收入 by Public Network
二、按餐饮行业小类分	Grouped by Catering Services		
正餐服务	Dinner Services	1005444	18062
快餐服务	Fast Food Services	151870	52408
茶馆服务	Teahouse Services		
咖啡馆服务	Cafe Services	8077	8077
酒吧服务	Bar Services		
其他饮料及冷饮服务	Other Beverages and Cold Drink Services	5514	2908
餐饮配送服务	Catering Delivery Services	8355	3649
外卖送餐服务	Food Delivery Services		
小吃服务	Snack Services	1427	
其他未列明餐饮业	Other Unspecified Catering Industries	13969	
三、按控股情况分	Grouped by Share Holding		
国有控股	State Holding Enterprises	84612	2172
集体控股	Collective-owned Holding Enterprises	3709	90
私人控股	Private Holding Enterprises	974699	31280
港澳台商控股	Hong Kong, Macao and Taiwan Holding Enterprises	36758	32391
外商控股	Foreign Holding Enterprises	94667	19170
四、按经营形式分	Grouped by Management Form		
独立门店	Independent Stores	900171	18547
连锁总店(总部)	Chain Headquarters	147107	55593
连锁直营店	Direct Chain Stores	17508	9057
连锁加盟店	Franchise Chain Stores	10742	226
其　他	Others	117192	1682
五、按单位规模分	Grouped by Enterprise Size		
大　型	Large-size	217016	52567
中　型	Medium-size	328170	15416
小　型	Small-size	594796	15553
微　型	Micro-size	54462	1569

continued

(10 000 yuan)

#通过非自营平台实现的餐费收入 by Non-self-operating Platform	商品销售额收 入 Sales Revenue of Commodities	其他收入 Other Revenue	#外卖送餐服务收入 Takeout Delivery	客房数(间) Rooms (unit)	床位数(个) Beds (unit)	餐位数(位) Tables (unit)	年末餐饮营业面积(平方米) Operating Area of Catering Services at Year-end(sq.m)
5404	12999	32122	516	27017	44025	664764	2365973
32391	3394	1857	1510	88	176	48837	96053
	162	192				45	1800
	7					177	2171
	686						7956
						63	1030
		3634		545	634	426	2197
997	1655	10601	8	3456	5389	44505	181495
		997		226	528	2738	27387
4408	14414	24679	507	23908	38808	645573	2192681
32391	1179	1528	1510			6316	26089
						1	48607
4259	14576	31309	516	25665	41407	601156	2114173
32391	1216	2296	1510	76	123	23691	89443
797	164	192				1905	18151
81	49	18				1928	10115
267	1243	3991		1909	3305	85132	242575
33064	1451	7967	1510	1516	2385	25099	144995
482	7373	15296	8	5756	8764	89806	481829
3281	7461	13921	468	19325	31912	528117	1767618
968	963	622	40	993	1664	70990	81817

14-4 限额以上住宿和餐饮业法人企业主要财务状况
FINANCIAL CONDITION OF HOTELS AND CATERING CORPORATION ENTERPRISES ABOVE DESIGNATED SIZE

单位：万元 (10 000 yuan)

指　标	Item	2022	2023
住宿和餐饮业	**Hotels and Catering Services**		
年初存货	Beginning Inventory	113993	126225
流动资产合计	Total Current Assets	1483464	1758516
#应收账款	Accounts Receivable	241809	285049
#存　货	Inventory	122636	138806
固定资产原价	Original Value of Fixed Assets	2256671	2704554
累计折旧	Accumulated Depreciation	993494	1051556
#本年折旧	Depreciation This Year	99693	115844
资产总计	Total Assets	3743965	4442896
流动负债合计	Total Liquid Liabilities	2898614	3327236
负债合计	Total Liabilities	3412064	4091364
所有者权益合计	Total Creditors' Equity	319273	346740
#实收资本	Capital Hold	1311477	10603044
#个人资本	Individual	208267	7534110
营业收入	Business Revenue	1404544	1970846
#主营业务收入	Revenue in Major Business	1369029	1934380
营业成本	Business Costs	812987	1137890
税金及附加	Taxes and Extra Charges	13177	17217
其他业务利润	Profits of Other Business	9235	19492
销售费用	Costs of Sales	403259	497455
管理费用	Costs of Administration	332423	424789
财务费用	Costs of Finance	32138	53893
#利息收入	Interest Revenues	636	1048
#利息费用	Interest Expenses	16929	40048
营业利润	Business Profits	-200391	-131938
利润总额	Total Profits	-192224	-116775
所得税费用	Income Tax Expenses	2380	5567
应付职工薪酬	Remuneration Payable	334718	522605
(本年贷方累计发生额)	(Accumulated Credit Balance of The Year)		
应交增值税	Value-added Taxes Payable	19851	30763
住宿业	**Hotels**		
年初存货	Beginning Inventory	40487	38182
流动资产合计	Total Current Assets	768703	795907
#应收账款	Accounts Receivable	110277	107104
#存　货	Inventory	39852	44070
固定资产原价	Original Value of Fixed Assets	1528663	1923779
累计折旧	Accumulated Depreciation	688796	707185
#本年折旧	Depreciation This Year	64222	70348
资产总计	Total Assets	2115710	2530333
流动负债合计	Total Liquid Liabilities	1690273	1898305
负债合计	Total Liabilities	2030328	2415859
所有者权益合计	Total Creditors' Equity	74420	114520
#实收资本	Capital Hold	644581	7831802
#个人资本	Individual	122796	5232174

14-4 续表
continued

单位：万元 (10 000 yuan)

指　标	Item	2022	2023
营业收入	Business Revenue	495356	672976
#主营业务收入	Revenue in Major Business	479925	647239
营业成本	Business Costs	260458	358580
税金及附加	Taxes and Extra Charges	8754	11173
其他业务利润	Profits of Other Business	4055	11844
销售费用	Costs of Sales	149001	177139
管理费用	Costs of Administration	191489	233500
财务费用	Costs of Finance	16946	31732
#利息收入	Interest Revenues	517	
#利息费用	Interest Expenses	9379	24101
营业利润	Business Profits	-133416	-112616
利润总额	Total Profits	-131414	-105206
所得税费用	Income Tax Expenses	28	664
应付职工薪酬	Remuneration Payable	153312	206585
(本年贷方累计发生额)	(Accumulated Credit Balance of The Year)		
应交增值税	Value-added Taxes Payable	6678	13019
餐饮业	**Catering Services**		
年初存货	Beginning Inventory	73506	88044
流动资产合计	Total Current Assets	714761	962609
#应收账款	Accounts Receivable	131532	177946
#存　货	Inventory	82785	94736
固定资产原价	Original Value of Fixed Assets	728008	780775
累计折旧	Accumulated Depreciation	304698	344371
#本年折旧	Depreciation This Year	35472	45495
资产总计	Total Assets	1628255	1912563
流动负债合计	Total Liquid Liabilities	1208342	1428931
负债合计	Total Liabilities	1381736	1675505
所有者权益合计	Total Creditors' Equity	244853	232220
#实收资本	Capital Hold	666896	2771243
#个人资本	Individual	85471	2301935
营业收入	Business Revenue	909188	1297869
#主营业务收入	Revenue in Major Business	889104	1287141
营业成本	Business Costs	552529	779310
税金及附加	Taxes and Extra Charges	4422	6045
其他业务利润	Profits of Other Business	5181	7648
销售费用	Costs of Sales	254258	320317
管理费用	Costs of Administration	140933	191289
财务费用	Costs of Finance	15192	22162
#利息收入	Interest Revenues	119	1049
#利息费用	Interest Expenses	7550	15947
营业利润	Business Profits	-66974	-19322
利润总额	Total Profits	-60810	-11569
所得税费用	Income Tax Expenses	2352	4903
应付职工薪酬	Remuneration Payable	181406	316020
(本年贷方累计发生额)	(Accumulated Credit Balance of The Year)		
应交增值税	Value-added Taxes Payable	13172	17744

14–5 限额以上住宿法人企业财务状况(2023年)

单位：万元

指 标	Item	年初存货 Beginning Inventory
总 计	**Total**	**38182**
一、按登记注册类型分	Grouped by Registered Kind	
国有独资公司	Companies Exclusively with Investment from State	287
私营有限责任公司	Private Limited Responsibility Corporations	23298
其他有限责任公司	Other Limited Responsibility Corporations	10724
私营股份有限公司	Private Share-holding Limited Corporations	373
其他股份有限公司	Other Share Holding Limited Corporations	16
全民所有制企业(国有企业)	Enterprise Owned by the Whole People (State-owned Enterprises)	2038
集体所有制企业(集体企业)	Collectively Owned Enterprises (Collective Enterprises)	49
股份合作企业	Share Cooperative Enterprises	
联营企业	Joint Venture	
个人独资企业	Sole Proprietorship Enterprises	1398
合伙企业	Partnership Enterprises	
二、按住宿行业小类分	Grouped by Hotels	
旅游饭店	Tourist Hotels	17650
经济型连锁酒店	Economical Chain Hotels	2724
其他一般旅馆	Other General Hotels	16750
民宿服务	Homestay Services	251
露营地服务	Campsite Services	21
其他住宿业	Other Accommodation Industries	788
三、按控股情况分	Grouped by Share Holding	
国有控股	State Holding Enterprises	7256
集体控股	Collective-owned Holding Enterprises	367
私人控股	Private Holding Enterprises	30423
四、按经营形式分	Grouped by Management Form	
独立门店	Independent Stores	34241
连锁总店(总部)	Chain Headquarters	
连锁直营店	Direct Chain Stores	41
连锁加盟店	Franchise Chain Stores	2098
其 他	Others	1796
五、按单位规模分	Grouped by Enterprise Size	
大 型	Large-size	632
中 型	Medium-size	12901
小 型	Small-size	22255
微 型	Micro-size	1435
六、按星级分	Grouped by Stars	
一 星	One Star	83
二 星	Two Star	263
三 星	Three Star	6119
四 星	Four Star	6197
五 星	Five Star	5806
其 他	Others	19708

FINANCIAL CONDITION OF HOTELS CORPORATION ENTERPRISES ABOVE DESIGNATED SIZE(2023)

(10 000 yuan)

流动资产合计 Total Current Assets	#应收帐款 Accounts Receivable	#存货 Inventory	固定资产原价 Original Value of Fixed Assets	累计折旧 Accumulated Depreciation	#本年折旧 Depreciation This Year	资产总计 Total Assets
795907	**107104**	**44070**	**1923779**	**707185**	**70348**	**2530333**
10490	1538	331	60394	21737	1597	69399
501309	68722	27301	603879	264290	30704	1129769
232354	31465	12608	976491	271960	28530	1100003
7952	618	420	30424	12324	1345	32083
8273	66	15	2013	284	16	8284
21631	3367	2055	228566	130327	7459	157471
1265	143	50	9654	741	71	10691
12443	1185	1291	12153	5521	625	22414
191	1		205	1	1	220
380029	56461	21690	1261262	492278	40871	1385990
92306	7527	2924	179231	21665	4114	317026
310748	40689	18169	455505	186766	23872	787263
2201	142	232	216	122	49	3678
631	95	25	9051	1269	513	8916
9992	2190	1030	18513	5086	929	27460
113463	13465	9531	1005037	322456	25453	957445
2638	388	196	15324	2063	388	17213
677742	92336	34218	859776	361845	43218	1529051
679146	90433	36697	1439904	661425	56944	1863253
5077	1447	143	6268	3101	265	17389
56639	5918	2015	149782	17383	3740	248586
54534	9236	5208	327707	25205	9328	400307
11188	920	610	137032	52722	4818	111222
260440	27408	15943	861300	240409	32320	1142664
444156	72703	25598	781082	326964	28385	1097960
74274	4891	959	35618	14350	1876	104339
2246	354	52	1854	763	106	3935
3739	422	222	6384	2520	217	8563
117063	20274	7029	189739	90934	5660	278149
114825	19396	7175	286685	164620	11045	355959
46985	8678	4584	349610	152310	12896	328687
510414	57902	24996	1089336	295944	40350	1554045

14-5 续表1

单位：万元

指　标	Item	流动负债 合　计 Liquid Liabilities
总　计	**Total**	**1898305**
一、按登记注册类型分	Grouped by Registered Kind	
国有独资公司	Companies Exclusively with Investment from State	67189
私营有限责任公司	Private Limited Responsibility Corporations	961206
其他有限责任公司	Other Limited Responsibility Corporations	687903
私营股份有限公司	Private Share-holding Limited Corporations	31767
其他股份有限公司	Other Share Holding Limited Corporations	6314
全民所有制企业(国有企业)	Enterprise Owned by the Whole People (State-owned Enterprises)	113829
集体所有制企业(集体企业)	Collectively Owned Enterprises (Collective Enterprises)	12447
股份合作企业	Share Cooperative Enterprises	
联营企业	Joint Venture	
个人独资企业	Sole Proprietorship Enterprises	17651
合伙企业	Partnership Enterprises	
二、按住宿行业小类分	Grouped by Hotels	
旅游饭店	Tourist Hotels	1204431
经济型连锁酒店	Economical Chain Hotels	123608
其他一般旅馆	Other General Hotels	538469
民宿服务	Homestay Services	2248
露营地服务	Campsite Services	2144
其他住宿业	Other Accommodation Industries	27404
三、按控股情况分	Grouped by Share Holding	
国有控股	State Holding Enterprises	697323
集体控股	Collective-owned Holding Enterprises	14829
私人控股	Private Holding Enterprises	1165159
其　他	Others	
四、按经营形式分	Grouped by Management Form	
独立门店	Independent Stores	1429990
连锁总店(总部)	Chain Headquarters	
连锁直营店	Direct Chain Stores	15872
连锁加盟店	Franchise Chain Stores	126166
其　他	Others	326277
五、按单位规模分	Grouped by Enterprise Size	
大　型	Large-size	124475
中　型	Medium-size	822749
小　型	Small-size	830943
微　型	Micro-size	94080
六、按星级分	Grouped by Stars	
一　星	One Star	1787
二　星	Two Star	5280
三　星	Three Star	278570
四　星	Four Star	245575
五　星	Five Star	106113
其　他	Others	1260823

continued

(10 000 yuan)

负债合计 Total Liabilities	所有者权益 Creditors' Equity	#实收资本 Capital Hold	#个人资本 Individual
2415859	**114520**	**7831802**	**5232174**
73652	-4253	7214	
1174020	-44206	2459262	220757
916639	183364	5297546	5009740
32121	-38	10800	300
6314	1970	1450	
177292	-19821	51426	
12447	-1756	353	
23375	-961	3531	1158
1	220	220	220
1517717	-131728	7313859	5029894
239178	77893	183624	21326
621741	165522	215251	69173
2969	709	1169	
5489	3427		
28765	-1305	117899	111781
940921	16524	118046	120
18787	-1574	1453	800
1434825	94271	7674954	5231254
1832990	30308	7760754	5199759
21573	-4185	549	72
221190	27396	30590	14212
339753	60555	39908	18132
146422	-35201	6208	
991276	151388	2242513	46770
1109445	-11440	5419033	5180258
99724	4616	124933	5146
1821	2114	1441	118
6109	2455	1299	697
344272	-66123	2057242	16064
349099	6860	5156753	5016841
217459	111229	73376	3793
1496588	57502	541691	194663

14-5 续表2

单位：万元

指 标	Item	营业收入 Business Revenue
总 计	**Total**	**672976**
一、按登记注册类型分	Grouped by Registered Kind	
国有独资公司	Companies Exclusively with Investment from State	22430
私营有限责任公司	Private Limited Responsibility Corporations	398182
其他有限责任公司	Other Limited Responsibility Corporations	152055
私营股份有限公司	Private Share-holding Limited Corporations	1926
其他股份有限公司	Other Share Holding Limited Corporations	610
全民所有制企业(国有企业)	Enterprise Owned by the Whole People (State-owned Enterprises)	80783
集体所有制企业(集体企业)	Collectively Owned Enterprises (Collective Enterprises)	1816
股份合作企业	Share Cooperative Enterprises	
联营企业	Joint Venture	
个人独资企业	Sole Proprietorship Enterprises	14918
合伙企业	Partnership Enterprises	256
二、按住宿行业小类分	Grouped by Hotels	
旅游饭店	Tourist Hotels	354917
经济型连锁酒店	Economical Chain Hotels	68162
其他一般旅馆	Other General Hotels	231869
民宿服务	Homestay Services	1421
露营地服务	Campsite Services	1312
其他住宿业	Other Accommodation Industries	15295
三、按控股情况分	Grouped by Share Holding	
国有控股	State Holding Enterprises	186949
集体控股	Collective-owned Holding Enterprises	4744
私人控股	Private Holding Enterprises	474369
其 他	Others	
四、按经营形式分	Grouped by Management Form	
独立门店	Independent Stores	555312
连锁总店(总部)	Chain Headquarters	
连锁直营店	Direct Chain Stores	9014
连锁加盟店	Franchise Chain Stores	68964
其 他	Others	39318
五、按单位规模分	Grouped by Enterprise Size	
大 型	Large-size	42825
中 型	Medium-size	195606
小 型	Small-size	368801
微 型	Micro-size	25349
六、按星级分	Grouped by Stars	
一 星	One Star	3326
二 星	Two Star	6105
三 星	Three Star	101755
四 星	Four Star	87557
五 星	Five Star	77808
其 他	Others	395831

continued

(10 000 yuan)

#主营业务收入 Revenue in Major Business	营业成本 Business Costs	税金及附加 Taxes and Extra Charges	其他业务利润 Profits of Other Business	销售费用 Costs of Sales
647239	**358580**	**11173**	**11844**	**177139**
22385	8641	465		11808
387019	170910	3639	3514	112795
146512	112002	4486	1393	40551
1926	721	5		1225
610	446			1
71894	55988	2422	6213	5677
1811	1001	13		631
14831	8718	142	724	4447
252	154	1		4
335058	222842	8540	8522	87268
67921	24878	675	966	22080
226417	103141	1791	2184	60800
1413	665	1		687
1311	652	7		883
15120	6403	159	172	5421
176379	148495	6652	6245	42503
4660	1969	52	32	2025
460979	201469	4108	5568	132035
531703	269131	8200	10039	146870
8912	5301	11	94	2702
68504	25210	295	391	19605
37752	58608	2667	1320	7959
40095	22263	1136	6213	9178
186690	129800	5767	1389	56926
363036	164434	2676	4066	103884
21848	10809	166	177	5402
3326	1414	58		851
6025	4014	26		770
98957	51509	1181	248	33644
84057	39136	1535	866	24183
70964	44081	2059		13603
383316	217988	6313	10731	104024

14-5 续表3

单位：万元

指　标	Item	管理费用 Costs of Administration
总　计	**Total**	**233500**
一、按登记注册类型分	Grouped by Registered Kind	
国有独资公司	Companies Exclusively with Investment from State	4021
私营有限责任公司	Private Limited Responsibility Corporations	124423
其他有限责任公司	Other Limited Responsibility Corporations	74906
私营股份有限公司	Private Share-holding Limited Corporations	389
其他股份有限公司	Other Share Holding Limited Corporations	164
全民所有制企业(国有企业)	Enterprise Owned by the Whole People (State-owned Enterprises)	26902
集体所有制企业(集体企业)	Collectively Owned Enterprises (Collective Enterprises)	468
股份合作企业	Share Cooperative Enterprises	
联营企业	Joint Venture	
个人独资企业	Sole Proprietorship Enterprises	2226
合伙企业	Partnership Enterprises	1
二、按住宿行业小类分	Grouped by Hotels	
旅游饭店	Tourist Hotels	114730
经济型连锁酒店	Economical Chain Hotels	24028
其他一般旅馆	Other General Hotels	89695
民宿服务	Homestay Services	431
露营地服务	Campsite Services	361
其他住宿业	Other Accommodation Industries	4256
三、按控股情况分	Grouped by Share Holding	
国有控股	State Holding Enterprises	68587
集体控股	Collective-owned Holding Enterprises	1263
私人控股	Private Holding Enterprises	159123
其　他	Others	
四、按经营形式分	Grouped by Management Form	
独立门店	Independent Stores	177716
连锁总店(总部)	Chain Headquarters	
连锁直营店	Direct Chain Stores	1880
连锁加盟店	Franchise Chain Stores	25622
其　他	Others	28252
五、按单位规模分	Grouped by Enterprise Size	
大　型	Large-size	13519
中　型	Medium-size	83298
小　型	Small-size	118659
微　型	Micro-size	6117
六、按星级分	Grouped by Stars	
一　星	One Star	1053
二　星	Two Star	1221
三　星	Three Star	24570
四　星	Four Star	32905
五　星	Five Star	30838
其　他	Others	142852

continued

(10 000 yuan)

财务费用 Costs of Finance			营业利润 Business Profits	利润总额 Total Profits	所得税费用 Income Tax Expenses	应付职工薪酬(本年贷方累计发生额) Remuneration Payable (Accumulated Credit Balance of The Year)	应交增值税 Value-added Taxes Payable
	#利息收入 Interest Revenues	#利息费用 Interest Expenses					
31732		**24101**	**-112616**	**-105206**	**664**	**206585**	**13019**
113	12	36	-2629	-655	2	10049	415
11416	-46	8128	-30934	-25728	268	96857	7107
19293	17	15747	-66975	-66477	370	54854	4201
625		36	-1042	-1021	1	697	7
2		2	-2	-3		139	
159	16	72	-10117	-10432	-1	39938	1074
1			-297	-283		488	35
123	1	81	-717	-703	24	3466	181
1			97	97		97	
19353	-35	13859	-70886	-68484	186	119381	6444
6322	-22	6172	-9845	-9396	47	15753	1259
5689	50	3765	-29636	-25302	415	66253	4925
24		23	-385	-367		444	56
236		234	-824	-808		424	32
107	7	48	-1041	-849	15	4332	303
16680	19	14531	-63601	-61367	42	83551	3382
88	2	69	-653	-724		1334	124
14954	-22	9491	-43154	-37913	621	116829	9543
14390	-3	9013	-66523	-59778	591	175322	10721
303	2	296	-1080	-1027		1429	-271
4974	-3	4364	-6575	-6349	56	14509	1319
12064	2	10427	-38438	-38054	17	15261	1248
48	25	34	-3220	-1719	-1	18874	666
17605	31	14675	-67927	-63313	307	67032	4241
13702	-69	9135	-34496	-32479	340	95762	7514
317	7	247	-1079	-911	18	2826	380
-1	2		-27	-25	3	981	43
6		1	-57	-35	5	1255	72
2535	156	2085	-11988	-9554	8	35124	1050
4697	10	3435	-14708	-14757	-1	24323	2134
1196	6	812	-13734	-15112	1	30383	1429
23296	-175	17766	-72130	-65751	647	114399	8286

14-6 限额以上餐饮业法人企业财务状况(2023年)

单位：万元

指　标	Item	年初存货 Beginning Inventory
总　计	**Total**	**88044**
一、按登记注册类型分	Grouped by Registered Kind	
国有独资公司	Companies Exclusively with Investment from State	421
私营有限责任公司	Private Limited Responsibility Corporations	49320
其他有限责任公司	Other Limited Responsibility Corporations	33590
私营股份有限公司	Private Share-holding Limited Corporations	917
其他股份有限公司	Other Share-holding Limited Corporations	
全民所有制企业(国有企业)	Enterprise Owned by the Whole People (State-owned Enterprises)	146
集体所有制企业(集体企业)	Collectively Owned Enterprises (Collective Enterprises)	313
股份合作企业	Share Cooperative Enterprises	5
联营企业	Joint Venture	
个人独资企业	Sole Proprietorship Enterprises	2003
合伙企业	Partnership Enterprises	3
其他内资企业	Other Domestic Enterprises	
港澳台投资有限责任公司	Limited Responsibility Corporations with Hong Kong, Macao and Taiwan Investment	453
港澳台投资股份有限公司	Share Holding Limited Corporations with Hong Kong, Macao and Taiwan Investment	
港澳台投资合伙企业	Partnership Enterprises with Hong Kong, Macao and Taiwan Investment	
其他港澳台投资企业	Other Enterprises with Hong Kong, Macao and Taiwan Investment	
外商投资有限责任公司	Limited Responsibility Corporations with Foreign Investment	874
二、按餐饮行业小类分	Grouped by Catering Services	
正餐服务	Dinner Services	84642
快餐服务	Fast Food Services	2372
茶馆服务	Teahouse Services	
咖啡馆服务	Cafe Services	
酒吧服务	Bar Services	
其他饮料及冷饮服务	Other Beverages and Cold Drink Services	48
餐饮配送服务	Catering Delivery Services	723
外卖送餐服务	Food Delivery Services	
小吃服务	Snack Services	46
其他未列明餐饮业	Other Unspecified Catering Industries	213
三、按控股情况分	Grouped by Share Holding	
国有控股	State Holding Enterprises	29426
集体控股	Collective-owned Holding Enterprises	382
私人控股	Private Holding Enterprises	56909
港澳台商控股	Hong Kong, Macao and Taiwan Holding Enterprises	453
外商控股	Foreign Holding Enterprises	874
四、按经营形式分	Grouped by Management Form	
独立门店	Independent Stores	80354
连锁总店(总部)	Chain Headquarters	2036
连锁直营店	Direct Chain Stores	353
连锁加盟店	Franchise Chain Stores	479
其　他	Others	4805
五、按单位规模分	Grouped by Enterprise Size	
大　型	Large-size	31782
中　型	Medium-size	16737
小　型	Small-size	37968
微　型	Micro-size	1557

FINANCIAL CONDITION OF CATERING CORPORATION ENTERPRISES ABOVE DESIGNATED SIZE(2023)

(10 000 yuan)

流动资产合计 Total Circulating Assets	#应收帐款 Accounts Receivable	#存货 Inventory	固定资产原价 Original Value of Fixed Assets	累计折旧 Accumulated Depreciation	#本年折旧 Depreciation This Year	资产总计 Total Assets
962609	**177946**	**94736**	**780775**	**344371**	**45495**	**1912563**
4797	1563	784	15944	6197	898	15987
630372	101959	52913	378915	201485	18701	1087350
283826	63372	35921	290101	97939	14566	628090
16347	6354	1410	17221	6640	615	42391
3124	326	152	16125	4310	1677	17733
2246	1915	86	2843	2179	23	3583
87	16		289	155	17	314
15307	2205	1970	26195	11470	1807	33533
150		6	83	43	16	280
2446	160	480	17450	7255	1250	35651
3906	76	1014	15611	6699	5925	47650
898513	159567	89114	727093	324807	36008	1721023
30540	12593	3005	39642	16967	8009	115836
689			5	2		5717
1456	12	42	656	267	53	1979
12874	3323	864	7460	1443	840	22165
1376	349	74	867	196	69	3373
17160	2102	1637	5052	690	516	42470
163239	44798	30878	212212	67088	10561	415036
5578	2086	171	21895	3900	1518	30705
787258	130799	62193	512698	258629	25443	1383227
2446	160	480	17450	7255	1250	35651
3906	76	1014	15611	6699	5925	47650
827249	138559	87619	668749	285536	31403	1627456
40423	21613	2343	48314	26145	9826	124734
6086	157	271	2028	1195	673	14692
4120	96	415	1702	1147	379	6973
80976	14669	4065	59731	30224	3150	133348
81186	11694	29121	151931	56750	11254	292222
286084	68488	15227	268405	133765	14131	577071
562218	89358	47188	349509	150479	18482	996110
32939	8380	3199	10020	2577	830	46866

14-6 续表1

单位：万元

指　标	Item	流动负债合　计 Liquid Liabilities
总　计	**Total**	**1428931**
一、按登记注册类型分	Grouped by Registered Kind	
国有独资公司	Companies Exclusively with Investment from State	10449
私营有限责任公司	Private Limited Responsibility Corporations	898545
其他有限责任公司	Other Limited Responsibility Corporations	428147
私营股份有限公司	Private Share-holding Limited Corporations	14886
其他股份有限公司	Other Share-holding Limited Corporations	
全民所有制企业(国有企业)	Enterprise Owned by the Whole People (State-owned Enterprises)	9847
集体所有制企业(集体企业)	Collectively Owned Enterprises (Collective Enterprises)	1406
股份合作企业	Share Cooperative Enterprises	28
联营企业	Joint Venture	
个人独资企业	Sole Proprietorship Enterprises	29844
合伙企业	Partnership Enterprises	286
其他内资企业	Other Domestic Enterprises	
港澳台投资有限责任公司	Limited Responsibility Corporations with Hong Kong, Macao and Taiwan Investment	19547
港澳台投资股份有限公司	Share Holding Limited Corporations with Hong Kong, Macao and Taiwan Investment	
港澳台投资合伙企业	Partnership Enterprises with Hong Kong, Macao and Taiwan Investment	
其他港澳台投资企业	Other Enterprises with Hong Kong, Macao and Taiwan Investment	
外商投资有限责任公司	Limited Responsibility Corporations with Foreign Investment	15947
二、按餐饮行业小类分	Grouped by Catering Services	
正餐服务	Dinner Services	1327863
快餐服务	Fast Food Services	61644
茶馆服务	Teahouse Services	
咖啡馆服务	Cafe Services	2865
酒吧服务	Bar Services	
其他饮料及冷饮服务	Other Beverages and Cold Drink Services	421
餐饮配送服务	Catering Delivery Services	16195
外卖送餐服务	Food Delivery Services	
小吃服务	Snack Services	4117
其他未列明餐饮业	Other Unspecified Catering Industries	15827
三、按控股情况分	Grouped by Share Holding	
国有控股	State Holding Enterprises	219164
集体控股	Collective-owned Holding Enterprises	29647
私人控股	Private Holding Enterprises	1143779
港澳台商控股	Hong Kong, Macao and Taiwan Holding Enterprises	19547
外商控股	Foreign Holding Enterprises	15947
四、按经营形式分	Grouped by Management Form	
独立门店	Independent Stores	1224820
连锁总店(总部)	Chain Headquarters	67861
连锁直营店	Direct Chain Stores	11227
连锁加盟店	Franchise Chain Stores	6767
其　他	Others	115088
五、按单位规模分	Grouped by Enterprise Size	
大　型	Large-size	77797
中　型	Medium-size	519460
小　型	Small-size	801792
微　型	Micro-size	29035

continued

(10 000 yuan)

负债合计 Total Liabilities	所有者权益 Creditors' Equity	#实收资本 Capital Hold	#个人资本 Individual
1675505	**232220**	**2771243**	**2301935**
14009	1978	8223	
1077707	4805	2462030	2277364
440902	187188	264320	13562
28775	13616	16700	6250
17877	−143	2700	
1406	2178	2170	
28	286	100	100
33260	273	8159	4657
292	−12	3	3
25865	9786	5100	
35384	12266	1739	
1542995	173190	2750650	2299330
88774	27062	12613	2495
6921	−1205		
565	1415	240	110
16304	5861	5027	
4120	−747	158	
15827	26643	2555	
234315	180720	184716	200
29647	1058	3550	
1349446	28943	2576138	2301735
25865	9786	5100	
35384	12266	1739	
1402482	220137	2722231	2290607
109503	15231	21709	
16300	−1607	1567	1449
7098	−125	2637	1495
136954	−3606	21020	6385
109377	182845	102284	
612506	−34413	207714	24930
915613	74637	2450003	2274593
37163	9704	11242	2412

14-6 续表2

单位：万元

指　标	Item	营业收入 Business Revenue
总　计	**Total**	**1297869**
一、按登记注册类型分	Grouped by Registered Kind	
国有独资公司	Companies Exclusively with Investment from State	11736
私营有限责任公司	Private Limited Responsibility Corporations	836995
其他有限责任公司	Other Limited Responsibility Corporations	261061
私营股份有限公司	Private Share-holding Limited Corporations	26227
其他股份有限公司	Other Share-holding Limited Corporations	
全民所有制企业(国有企业)	Enterprise Owned by the Whole People (State-owned Enterprises)	4262
集体所有制企业(集体企业)	Collectively Owned Enterprises (Collective Enterprises)	2025
股份合作企业	Share Cooperative Enterprises	445
联营企业	Joint Venture	
个人独资企业	Sole Proprietorship Enterprises	26488
合伙企业	Partnership Enterprises	2574
其他内资企业	Other Domestic Enterprises	
港澳台投资有限责任公司	Limited Responsibility Corporations with Hong Kong, Macao and Taiwan Investment	37227
港澳台投资股份有限公司	Share Holding Limited Corporations with Hong Kong, Macao and Taiwan Investment	
港澳台投资合伙企业	Partnership Enterprises with Hong Kong, Macao and Taiwan Investment	
其他港澳台投资企业	Other Enterprises with Hong Kong, Macao and Taiwan Investment	
外商投资有限责任公司	Limited Responsibility Corporations with Foreign Investment	88831
二、按餐饮行业小类分	Grouped by Catering Services	
正餐服务	Dinner Services	1103626
快餐服务	Fast Food Services	147998
茶馆服务	Teahouse Services	
咖啡馆服务	Cafe Services	7941
酒吧服务	Bar Services	
其他饮料及冷饮服务	Other Beverages and Cold Drink Services	5221
餐饮配送服务	Catering Delivery Services	8497
外卖送餐服务	Food Delivery Services	
小吃服务	Snack Services	1362
其他未列明餐饮业	Other Unspecified Catering Industries	23226
三、按控股情况分	Grouped by Share Holding	
国有控股	State Holding Enterprises	118388
集体控股	Collective-owned Holding Enterprises	5856
私人控股	Private Holding Enterprises	1047327
港澳台商控股	Hong Kong, Macao and Taiwan Holding Enterprises	37227
外商控股	Foreign Holding Enterprises	88831
四、按经营形式分	Grouped by Management Form	
独立门店	Independent Stores	999066
连锁总店(总部)	Chain Headquarters	144581
连锁直营店	Direct Chain Stores	17117
连锁加盟店	Franchise Chain Stores	10513
其　他	Others	124655
五、按单位规模分	Grouped by Enterprise Size	
大　型	Large-size	233256
中　型	Medium-size	369198
小　型	Small-size	644181
微　型	Micro-size	50994

continued

(10 000 yuan)

#主营业务收入 Revenue in Major Business	营业成本 Business Costs	税金及附加 Taxes and Extra Charges	其他业务利润 Profits of Other Business	销售费用 Costs of Sales
1287141	**779310**	**6045**	**7648**	**320317**
11734	8651	76		511
829869	507966	2848	5285	203476
257803	165759	2782	2238	59758
26227	14698	134		6849
4115	2527	22	117	693
1900	733	2		749
445	159	7		192
26433	16078	109	8	6771
2574	1087	3		890
37210	12035	23		20670
88831	49616	39		19758
1093733	672590	5650	7647	269495
147706	76138	85		44695
7941	6872	3		
5220	1761	1		2593
8496	5418	57	1	1951
1362	460	17		560
22682	16071	231		1024
116205	83603	2322	135	13389
5731	3292	19		1570
1038959	630619	3640	7513	264930
37210	12035	23		20670
88831	49616	39		19758
990725	608514	5543	7559	241483
144132	71633	156	3	45485
17021	10399	11	85	4817
10496	4605	6		4780
122830	83304	328		22586
232686	145883	1598	67	47593
365512	209974	2299	3021	109418
640277	384759	2028	4552	158052
48463	38550	118	8	5254

14-6 续表3

单位：万元

指　标	Item	管理费用 Costs of Administration
总　计	**Total**	**191289**
一、按登记注册类型分	Grouped by Registered Kind	
国有独资公司	Companies Exclusively with Investment from State	4490
私营有限责任公司	Private Limited Responsibility Corporations	125714
其他有限责任公司	Other Limited Responsibility Corporations	40957
私营股份有限公司	Private Share-holding Limited Corporations	3388
其他股份有限公司	Other Share-holding Limited Corporations	
全民所有制企业(国有企业)	Enterprise Owned by the Whole People (State-owned Enterprises)	2356
集体所有制企业(集体企业)	Collectively Owned Enterprises (Collective Enterprises)	485
股份合作企业	Share Cooperative Enterprises	62
联营企业	Joint Venture	
个人独资企业	Sole Proprietorship Enterprises	3985
合伙企业	Partnership Enterprises	467
其他内资企业	Other Domestic Enterprises	
港澳台投资有限责任公司	Limited Responsibility Corporations with Hong Kong, Macao and Taiwan Investment	1611
港澳台投资股份有限公司	Share Holding Limited Corporations with Hong Kong, Macao and Taiwan Investment	
港澳台投资合伙企业	Partnership Enterprises with Hong Kong, Macao and Taiwan Investment	
其他港澳台投资企业	Other Enterprises with Hong Kong, Macao and Taiwan Investment	
外商投资有限责任公司	Limited Responsibility Corporations with Foreign Investment	7775
二、按餐饮行业小类分	Grouped by Catering Services	
正餐服务	Dinner Services	169327
快餐服务	Fast Food Services	12676
茶馆服务	Teahouse Services	
咖啡馆服务	Cafe Services	616
酒吧服务	Bar Services	
其他饮料及冷饮服务	Other Beverages and Cold Drink Services	681
餐饮配送服务	Catering Delivery Services	1955
外卖送餐服务	Food Delivery Services	
小吃服务	Snack Services	622
其他未列明餐饮业	Other Unspecified Catering Industries	5411
三、按控股情况分	Grouped by Share Holding	
国有控股	State Holding Enterprises	25692
集体控股	Collective-owned Holding Enterprises	997
私人控股	Private Holding Enterprises	154760
港澳台商控股	Hong Kong, Macao and Taiwan Holding Enterprises	1611
外商控股	Foreign Holding Enterprises	7775
四、按经营形式分	Grouped by Management Form	
独立门店	Independent Stores	159839
连锁总店(总部)	Chain Headquarters	12100
连锁直营店	Direct Chain Stores	1391
连锁加盟店	Franchise Chain Stores	2170
其　他	Others	15477
五、按单位规模分	Grouped by Enterprise Size	
大　型	Large-size	22971
中　型	Medium-size	50598
小　型	Small-size	110011
微　型	Micro-size	7255

continued

(10 000 yuan)

财务费用 Costs of Finance			营业利润 Business Profits	利润总额 Total Profits	所得税费用 Income Tax Expenses	应付职工薪酬(本年贷方累计发生额) Remuneration Payable (Accumulated Credit Balance of The Year)	应交增值税 Value-added Taxes Payable
	#利息收入 Interest Revenues	#利息费用 Interest Expenses					
22162	**1049**	**15947**	**-19322**	**-11569**	**4903**	**316020**	**17744**
106			-1974	-1679		3775	463
13505	525	8239	-17928	-14116	686	183293	11539
5479	456	5536	-12069	-9951	556	69861	5090
985	2	320	173	390	64	5611	433
29	2	22	-1248	-43	10	1530	218
			57	63		449	10
			24	25	1	174	7
250	51	32	-846	-785	40	7693	293
15			113	130		475	20
658	13	670	2848	2860	660	13768	269
1134	1	1129	11529	11537	2886	29392	-600
20126	1035	13963	-32868	-25676	1238	254695	17315
2070	13	1978	13774	14008	3659	47747	-276
76			373	385		1532	-172
6			201	189	-3	1109	17
10	1	2	-1135	-886		2196	15
2		5	-300	-300		272	31
-128		1	633	710	9	8469	816
4036		4065	-10363	-8091	247	42083	3757
11	-1		-32	71		1264	75
16323	1036	10083	-22942	-17904	1110	229477	14240
658	13	670	2848	2860	660	13768	269
1134	1	1129	11529	11537	2886	29392	-600
17731	1014	12022	-33426	-27160	918	235261	14980
2098	12	2022	14575	15555	3540	48309	12
152		2	359	514	30	3400	-111
55		2	-886	-876	8	2540	-13
1951	23	1729	621	956	406	25866	2859
2495	-3	2620	14310	14632	3542	68637	1739
9395	456	6833	-10747	-8768	545	89087	5406
10147	595	6452	-22231	-17337	743	153355	10147
124	1	43	-294	-54	74	4905	450

14-7 限额以上连锁住宿餐饮业经营情况(2023年)
MANAGEMENT OF CHAIN ENTERPRISES ABOVE DESIGNATED SIZE IN HOTELS AND CATERING SERVICES(2023)

指 标	Item	合 计 Total	直营店 Regular Chain	加盟店 Franchise Chain
一、门店总数 (个)	Number of Stores (uint)	286	280	6
二、年末餐饮业营业面积 (平方米)	Business Area of Catering at Year-end (sq.m)	78904	77954	950
三、年末从业人员 (人)	Employees at Year-end (person)	6932	6784	148
四、年末经营餐饮业务餐位数 (位)	Number of Catering Tables at Year-end (uint)	24063	23453	610
五、商品购进总额 (万元)	Total Purchases Value (10 000 yuan)	59361	58654	707
#统一配送商品购进额	Value of Unified Distribution	58654	58654	
自有配送中心配送商品购进额	Disrtibuted by Owned Distribution Center	49616	49616	
非自有配送中心配送商品购进额	Distributed by Other Distribution Center	2609	2609	
六、营业收入 (万元)	Business Revenue (10 000 yuan)	143638	141680	1958
餐费收入	Revenue of Dining	140935	138984	1951

14-8 主要年份旅游接待人数
NUMBER OF TOURISTS IN MAJOR YEARS

年 份 Year	接待国内游客人数 (万人次) Domestic Tourists (10 000 person-times)	接待入境过夜游客人数(人次) Inbound Overnight Tourists (person-time)	外国人 Foreigners	华 侨 Overseas Chinese	港澳台同胞 Compatriots from Hong Kong, Macao and Taiwan	#台湾同胞 Compatriots from Taiwan
1985	360	34327	26066	1523	6738	2628
1990	465	46777	26983	908	18886	10786
1995	977	71199	51513	1106	18580	10035
2000	2905	165282	116578		48704	21460
2005	6545	421458	253986		167472	64970
2010	12497	1302856	820935		481921	178480
2011	14975	1553208	982522		570686	213088
2012	19434	1891758	1204155		687603	261330
2013	24605	2126372	1350399		775973	296177
2014	29951	564770	361272		203498	82258
2015	36007	593772	380390		213382	86425
2016	44330	629836	404221		225615	91981
2017	56073	670023	434686		235337	96628
2018	70378	713466	465950		247516	103753
2019	83390	762230	498047		264183	106216
2020	33252	16529	10012		6517	2268
2021	32815					
2022	29049					
2023	36453					

注：2014年起，海外旅游相关指标采用新口径；2021年起，国内旅游相关指标采用新口径，后同。

Note: Oversea tourism and related indicators have adopted a new coverage since 2014. Domestic tourism and related indicators have adopted a new coverage since 2021. The same applies to the following.

14-9 主要年份旅游收入

TOTAL INCOME OF TOURISM IN MAJOR YEARS

单位：亿元 (100 million yuan)

年 份 Year	旅 游 总收入 Total Income of Tourism	国 内 旅游收入 Revenue from Domestic Tourism	旅 游 外 汇 收入(万美元) Foreign Exchange Earnings from Tourism (USD 10 000)	国 内 旅 游 人均花费(元) Per Capita Expenditure of Domestic Tourists (yuan)
1985	0.48	0.36	146	10
1990	2.80	2.22	458	48
1995	16.71	15.00	2062	154
2000	81.35	77.21	4991	266
2005	291.99	281.91	11622	447
2010	1083.46	1052.26	46460	861
2011	1342.59	1305.10	56720	879
2012	1813.01	1766.28	72024	903
2013	2305.44	2253.65	82268	966
2014	2846.51	2829.29	28073	855
2015	3447.50	3428.91	29710	884
2016	4247.12	4227.97	31738	963
2017	5360.21	5338.61	35014	907
2018	6728.70	6699.46	37798	947
2019	8026.92	7999.35	40995	959
2020	2920.08	2919.71	605	878
2021		2920.54		738
2022		1452.99		479
2023		3530.10		736

14-10 旅游4A级以上景区(2023年)

TOURIST ATTRACTIONS ABOVE 4A GRADE(2023)

名 称	Name	地 址	Address
5A 级	**5A Grade**		
云冈石窟	Yungang Grottoes	大同市云冈区云冈旅游区	Yungang Tourist Area, Yungang, Datong
五台山风景名胜区	Wutai Mount Scenic Area	忻州市五台县台怀镇	Taihuai, Wutai, Xinzhou
代县雁门关风景区	Yanmenguan Pass Scenic Area	忻州市代县雁门关乡	Yanmenguan, Daixian, Xinzhou
平遥古城景区	Pingyao Accient City	晋中市平遥县古陶镇	Gutao, Pingyao, Jinzhong
绵山景区	Mianshan Scenic Area	晋中市介休市南槐志村	Nanhuaizhi Vil., JieXiu, Jinzhong
太行山八泉峡景区	Baquan Gorge under Taihang Mount	长治市壶关县	Huguan, Changzhi
皇城相府	Royal Prime Minister's Palace	晋城市阳城县北留镇	Beiliu, Yangcheng, Jincheng
洪洞大槐树寻根祭祖园	Hongtong Dahuaishu Ancestor Memorial Garden	临汾市洪洞县	Hongtong, Linfen
乡宁县云丘山景区	Mount Yun Scenic Area	临汾市乡宁县	Xiangning, Linfen
黄河壶口瀑布风景名胜区	Hukou Waterfall Scenic Spot	临汾市吉县壶口镇	Hukou, Jixian, Linfen

14–10 续表1 continued

名 称	Name	地 址	Address
4A 级	**4A Grade**		
晋祠天龙山	Jinci–Tianlongshan Scenic Area	太原市晋源区晋祠镇	Jinci, Jinyuan, Taiyuan
汾河景区	Fenhe Scenic Area	太原市滨河东路中段	East Binhe Rd., Taiyuan
蒙山大佛景区	Mengshan Grand Buddha	太原市晋源区罗城寺底旧村	Sidi Vil., Jinyuan, Taiyuan
东湖醋园	Vinegar Park in East Lake	太原市杏花岭区赛马场马道坡街	Madaopo St., Xinghualing, Taiyuan
太原动物园	Taiyuan Zoo	太原市杏花岭区东山马路	Dongshan Rd., Xinghualing, Taiyuan
太原市森林公园	Taiyuan Forest Park	太原市尖草坪区大同路	Datong Rd., Jiancaoping, Taiyuan
中国煤炭博物馆"煤海探秘游"	China Coal Museum	太原市万柏林区迎泽西大街	West Yingze St., Wanbailin, Taiyuan
宝源老醋坊	Baoyuan Vinegar Mill	太原市清徐县孟封镇	Mengfeng, Qingxu, Taiyuan
紫林醋文化工业园区	Zilin Vinegar Cultural and Industrial Zone	太原市清徐县紫林路	Zilin Rd., Xingxu, Taiyuan
六味斋云梦坞	Liuweizhai Yunmengwu	太原市清徐县太茅路	Taimao Rd., Qingxu, Taiyuan
青龙古镇	Qinglong Ancient Town	太原市阳曲县侯村乡	Houcun, Yangqu, Taiyuan
恒山风景名胜区	Mount Hengshan Scenic Area	大同市浑源县恒山南路	South Hengshan Rd., Hunyuan, Datong
大同华严寺	Huayan Temple in Datong	大同市城区下寺坡街	Xiasipo St., Chengqu, Datong
大同善化寺景区	Shanhua Temple in Datong	大同市城区南寺巷	Nansi Lane, Chengqu, Datong
大同城墙景区	Datong Circumvallation	大同市平城区和阳门内街	Heyangmennei St., Pingcheng, Datong
晋华宫矿井下游景区	Jinhuagong Mine Park	大同市矿区晋华宫街	Jinhuagong St., Kuangqu, Datong
大同方特欢乐世界景区	Datong Fantawild Adventure	大同市平城区南环路	Nanhuan Rd., Pingcheng, Datong
大同魏都水世界	Datong Weidu Water World	大同市云冈区西韩岭乡	Xihanling, Yungang, Datong
李二口长城景区	Lierkou Great Wall Scenic Spot	大同市天镇县	Tianzhen, Datong
平型关大捷纪念馆	Pingxingguan Memorial Hall	大同市灵丘县白崖台乡	Baiyatai, Lingqiu, Datong
大同火山群	Datong Volcanic Group	大同市云州区	Yunzhou, Datong
应县木塔	Sakyamuni Pagoda of Fogong Temple	朔州市应县金城镇	Jincheng, Yingxian, Shuozhou
金沙滩生态旅游区	Golden Beach Ecotourism Area	朔州市怀仁市何家堡乡	Hejiapu, Huairen, Shuozhou
右玉生态旅游区	Youyu Ecotourism Area	朔州市右玉县	Youyu, Shuozhou
崇福寺景区	Chongfu Temple	朔州市朔城区老城东大街	East Laocheng St., Shuocheng, Shuozhou
定襄河边民俗博物馆	Hebian Folk Museum	忻州市定襄县河边镇	Hebian, Dingxiang, Xinzhou
宁武万年冰洞旅游区	Ningwu Ice Cave	忻州市宁武县	Ningwu, Xinzhou
宁武芦芽山生态旅游区	Ningwu Luya Mountain Ecotourism Area	忻州市宁武县东寨镇	Dongzhai, Ningwu, Xinzhou
宁武汾河源头旅游区	Source Area of Fenhe	忻州市宁武县	Ningwu, Xinzhou
忻府区云中河景区	Yunzhonghe Scenic Area	忻州市忻府区	Xinfu, Xinzhou
忻府区禹王洞景区	Yuwang Cave Scenic Area	忻州市忻府区西张乡	Xizhang, Xinfu, Xinzhou

14-10 续表2 continued

名 称	Name	地 址	Address
忻州滹源景区	Huyuan Scenic Area	忻州市繁峙县向阳南路	South Xiangyang Rd., Fanshi, Xinzhou
原平市天涯山	Yuanping Tianya Mountain	忻州市原平市子干乡	Zigan, Yuanping, Xinzhou
偏关县老牛湾景区	Pianguan Laoniu River Bend	忻州市偏关县万家寨镇	Wanjiazhai, Pianguan, Xinzhou
忻府区忻州古城	Xinzhou Ancient City	忻州市忻府区	Xinfu, Xinzhou
静乐县天柱山	Jingle Tianzhu Mountain	忻州市静乐县鹅城镇	Echeng, Jingle, Xinzhou
繁峙县憨山文化旅游景区	Hanshan Cultrual Tourism Scenic Spot	忻州市繁峙县	Fanshi, Xinzhou
偏关县红门口地下长城	Underground Great Wall at Hongmenkou Scenic Spot	忻州市偏关县水泉镇水泉村	Shuiquan Vil., Shuiquan, Pianguan, Xinzhou
宋家沟景区	Songjiagou Tourism Area	忻州市岢岚县宋家沟村	Songjiagou Vil., Kelan, Xinzhou
常家庄园	Mansion of the Chang's	晋中市榆次区	Yuci, Jinzhong
乌金山国家森林公园	Wujinshan National Forest Park	晋中市榆次区乌金山镇	Wujinshan, Yuci, Jinzhong
榆次老城	Yuci Ancient City	晋中市榆次区	Yuci, Jinzhong
九龙国际文化生态旅游区	Jiulong Ecotourism Spot	晋中市榆次区	Yuci, Jinzhong
后沟古村	Hougou Ancient Village	晋中市榆次区	Yuci, Jinzhong
昭馀古城茶商文化旅游景区	Zhaoyu Ancient City Tea Cultural Tourism Area	晋中市祁县昭馀镇	Zhaoyu, Qixian, Jinzhong
太行龙泉旅游区	Taihang Dragon Spring Tourist Area	晋中市左权县龙泉乡	Longquan, Zuoquan, Jinzhong
麻田八路军总部纪念馆	Memorial Hall of the Eighth Route Army Headquarters in Matian	晋中市左权县麻田镇	Matian, Zuoquan, Jinzhong
灵石县王家大院民居艺术馆	Wang's Grand Courtyard	晋中市灵石县静升镇	Jingsheng, Lingshi, Jinzhong
红崖峡谷景区	Hongya Gorge Scenic Area	晋中市灵石县马和乡	Mahe, Lingshi, Jinzhong
石膏山风景区	Shigaoshan Scenic Area	晋中市灵石县峪口村	Yukou Vil., Lingshi, Jinzhong
张壁古堡景区	Zhangbi Ancient Castle	晋中市介休市龙凤镇	Longfeng, Jiexiu, Jinzhong
平遥县双林寺彩塑艺术馆	Painted Sculpture Art Gallery in Shuanglin Temple	晋中市平遥县中都乡	Zhongdu, Pingyao, Jinzhong
平遥县镇国寺	Pingyao Zhenguo Temple	晋中市平遥县襄垣乡	Xiangyuan, Pingyao, Jinzhong
大寨景区	Dazhai Scenic Area	晋中市昔阳县大寨镇	Dazhai, Xiyang, Jinzhong
小西沟	Xiaoxigou Scenic Spot	晋中市榆次区	Yuci, Jinzhong
藏山	Cang Mountain Scenic Area	阳泉市盂县苌池镇	Changchi, Yuxian, Yangquan
大汖温泉	Dachang Hot Spring	阳泉市盂县梁家寨乡	Liangjiazhai, Yuxian, Yangquan
娘子关	Niangzi Pass	阳泉市平定县娘子关镇	Pingding, Yangquan
桃林沟	Taolingou Scenic Spot	阳泉市郊区平坦镇	Pingtan, Jiaoqu, Yangquan
城区阳泉记忆•1947文化园	Memories of Yangquan 1947 Cultural Park	阳泉市城区南庄路	Nanzhuang Rd., Chengqu, Yangquan
城区小河古村评梅景区	Xiaohe Ancient Village Pingmei Tourism Area	阳泉市城区义井镇小河村	Xiaohe Vil., Yijing, Chengqu, Yangquan
盂县华北奕丰生态园	Huabei Yifeng Ecological Park	阳泉市盂县牛村镇前元吉村	Qianyuanji Vil., Niucun, Yuxian, Yangquan
翠枫山	Cuifeng Mountain	阳泉市郊区平坦镇	Pingtan, Jiaoqu, Yangquan
方山县北武当山风景名胜区	Mount Beiwudang Scenic Area	北武当镇真武山庄	Zhenwu Mountain Villa, Beiwudang
汾阳汾酒文化景区	Fenjiu Cultural Scenic Spot	吕梁市汾阳市	Fenyang, Lvliang
汾阳市贾家庄文化生态旅游区	Jiajiazhuang Ecotourism Area	吕梁市汾阳市	Fenyang, Lvliang

14-10 续表3 continued

名 称	Name	地 址	Address
交城县卦山景区	Guashan Tourist Attraction	吕梁市交城县	Jiaocheng, Lvliang
交城县玄中寺景区	Xuanzhong Temple	吕梁市交城县洪相乡	Hongxiang, Jiaocheng, Lvliang
孝义三皇庙景区	Xiaoyi Sanhuang Temple	吕梁市孝义市三皇庙	Xiaoyi, Lvliang
孝义市金龙山风景区	Xiaoyi Jinlongshan Scenic Area	吕梁市孝义市高阳园区南	Gaoyang Zone, Xiaoyi, Lvliang
孝义市胜溪湖国家森林公园	Shengxihu National Forest Park	吕梁市孝义市时代大道	Shidai Blvd., Xiaoyi, Lvliang
孝义市孝河湿地公园	Xiaoyi Xiaohe Wetland Park	吕梁市孝义市时代大道	Shidai Blvd., Xiaoyi, Lvliang
临县义居寺景区	Linxian Yiju Temple	吕梁市临县三交镇	Sanjiao, Linxian, Lvliang
临县碛口景区	Linxian Qikou Sceninc Area	吕梁市临县碛口镇	Qikou, Linxian, Lvliang
吕梁市兴县蔡家崖晋绥文化景区	Caijia Cliff Revolutionary Cultural Scenic Spot in Shanxi-Suiyuan Region	兴县蔡家崖村	Caijiaya Vil., Xingxian
太行山大峡谷景区	Grand Canyon of Taihang Mountain	长治市壶关县	Huguan, Changzhi
洗耳河景区	Xier River Scenic Area	长治市黎城县彭庄村	Pengzhuang Vil., Licheng, Changzhi
欢乐太行谷	Taihang Happy Valley	长治市壶关县集店乡	Jidian, Huguan, Changzhi
太行水乡	Taihang Water Town Scenic Spot	长治市平顺县阳高乡	Yanggao, Pingshun, Changzhi
振兴小镇	Zhenxing Town	长治市上党区振兴村	Zhenxing Vil., Shangdang, Changzhi
通天峡景区	Tongtian Gorge Scenic Area	长治市平顺县虹梯关乡	Hongtiguan, Pingshun, Changzhi
天脊山景区	Tianjishan Scenic Area	长治市平顺县东寺头乡	Dongsitou, Pingshun, Changzhi
黄崖洞文化旅游区	Yellow Cliff Cave Tourist Resort	长治市黎城县黄崖洞镇	Huangyadong, Licheng, Changzhi
八路军太行纪念馆	Taihang Museum for the Eighth Route Army	长治市武乡县	Wuxiang, Changzhi
八路军文化园	Cultural Park for the Eighth Route Army	长治市武乡县太行西街	West Taihang Rd., Wuxiang, Changzhi
太行溶洞	Taihang Karst Cave	长治市武乡县蟠龙镇	Panlong, Wuxiang, Changzhi
仙堂山	Xiantang Mountain Scenic Area	长治市襄垣县下良镇	Xialiang, Xiangyuan, Changzhi
珏山景区	Jue Mountain Scenic Area	晋城市金村镇	Jincun, Jincheng
大阳古镇景区	Daiyang Ancient Town	晋城市泽州县大阳镇	Daiyang, Zezhou, Jincheng
炎帝陵景区	Tomb of Emperor Yan	晋城市高平市神农镇	Shennong, Gaoping, Jincheng
天官王府	Tianguan Palace	晋城市阳城县	Yangcheng, Jincheng
郭峪古城	Guoyu Ancient Castle	晋城市阳城县北留镇	Beiliu, Yangcheng, Jincheng
蟒河景区	Python River Scenic Spot	晋城市阳城县蟒河镇	Manghe, Yangcheng, Jincheng
王莽岭景区	Wangmangling Scenic Spot	晋城市陵川县古郊乡	Gujiao, Lingchuan, Jincheng
历山景区	Mount Li Scenic Spot	晋城市沁水县中村镇	Zhongcun, Qinshui, Jincheng
柳氏民居景区	Liu's Folk House	晋城市沁水县	Qinshui, Jincheng
湘峪古堡景区	Xiangyu Ancient Castle	晋城市沁水县郑村镇	Zhengcun, Qinshui, Jincheng
司徒小镇景区	Situ Town	晋城市泽州县北石店镇	Beishidian, Zezhou, Jincheng

14-10 续表4 continued

名　称	Name	地　址	Address
海会书院	Haihui Academy	晋城市阳城县北留镇	Beiliu, Yangcheng, Jincheng
羊头山炎帝文化旅游区	Emperor Yan Cultural Relic in Mt. Yangtou	高平市神农镇李家庄村	Lijiazhuang Vil., Shengnong, Gaoping
尧庙-华门景区	Yaomiao Huamen Scenic Spot	临汾市尧都区尧庙镇	Yaomiao, Yaodu, Linfen
汾河文化生态景区	Fenhe Ecological Scenic Area	临汾市尧都区滨河西路	West Binhe Rd., Yaodu, Linfen
古县牡丹文化旅游景区	Gu County Peony Culture Scenic Spot	临汾市古县石壁乡	Shibi, Guxian, Linfen
隰县小西天景区	Small Western Paradise in Xixian	隰县小西天沟	Xiaoxitiangou, Xixian
蒲县柏山东岳庙	Dongyue Temple in Cypress Mountain	临汾市蒲县东岳路	Dongyue Rd., Puxian, Linfen
彭真故居纪念馆	Former Residence of Pengzhen	临汾市侯马市新田乡	Xintian, Houma, Linfen
曲沃晋国博物馆	Quwo Jin State Museum	临汾市曲沃县曲村镇	Qucun, Quwo, Linfen
临汾人祖山景区	Linfen Renzushan Scenic Area	临汾市吉县屯里镇	Tunli, Jixian, Linfen
曲沃晋园景区	Quwo Jinyuan Scenic Spot	临汾市曲沃县东城新区	Dongchengxinqu, Quwo, Linfen
霍太山(广胜)风景名胜区	Huotaishan Scenic Area	临汾市洪洞县广胜寺镇	Guangshengsi, Hongtong, Linfen
襄汾龙澍峪景区	Xiangfen Longshuyu Scenic Spot	临汾市襄汾县襄陵镇	Xiangling, Xiangfen, Linfen
永和县黄河乾坤湾景区	Yellow River Qiankun Bay	临汾市永和县	Yonghe, Linfen
襄汾县荷花小镇旅游景区	Lotus Town Tourist Attraction	临汾市襄汾县邓庄镇	Dengzhuang, Xiangfen, Linfen
临汾市尧都区尧帝陵景区	Emperor Yao Mausoleum	临汾市尧都区大阳镇	Dayang, Yaodu, Linfen
襄汾尧京酒庄	Chateau YaoKing	襄汾县大邓乡上西梁村	Shangxiliang Vil., Dadeng, Xiangfen
中镇霍山七里峪景区	Seven Valley Scenic Area	临汾市霍州市李曹镇	LiCao, Huozhou, Linfen
乡宁县戎子酒庄景区	Chateau Rongzi	临汾市乡宁县东廒村	Dongao Vil., Xiangning, Linfen
关公故里文化旅游景区	Temple of Guanyu in Haizhou Town	运城市盐湖区解州镇	Haizhou, Yanhu, Yuncheng
永乐宫壁画艺术博物馆	Yongle Palace Mural Art Museum	运城市芮城县永乐北街	North Yongle St., Ruicheng, Yuncheng
李家大院	Li's Courtyard	运城市万荣县高村乡	Gaocun, Wanrong, Yuncheng
运城盐湖	Salt Lake of Yuncheng	运城市盐湖区城南	South of Yanhu, Yuncheng
历山风景区	Lishan Scenic Area	运城市垣曲县历山镇	Lishan, Yuanqu, Yuncheng
运城市永济鹳雀楼	Stork Tower in Yongji	运城市永济市蒲州古城西	West of Ancient Puzhou City, Yongji, Yuncheng
永济五老峰风景名胜区	Five Old Men Peak Landscape Resort	运城市永济市虞乡镇	Yuxiang, Yongji, Yuncheng
普救寺旅游区	Pujiu Temple	运城市永济市蒲州镇	Puzhou, Yongji, Yuncheng
神潭大峡谷	Shentan Grand Gorge	运城市永济市城西街道	Chengxi Subdistrict, Yongji, Yuncheng
大禹渡黄河风景区	Dayu Ferry Scenic Spot	运城市芮城县大禹渡村	Dayudu Vil., Ruicheng, Yuncheng
圣天湖	Shengtian Lake Scenic Spot	运城市芮城县陌南镇	Monan, Ruicheng, Yuncheng
舜帝陵	Tomb of Emperor Shun	运城市盐湖区北相镇	Beixiang, Yanhu, Yuncheng
夏县司马光祠	Temple of Simaguang	运城市夏县水头镇	Shuitou, Xiaxian, Yuncheng
黄河大梯子崖	Ancient Ladder Cliff	运城市河津市下化乡	Xiahua, Hejin, Yuncheng
万荣后土祠	Wanrong Houtu Temple	运城市万荣县荣河镇	Ronghe, Wanrong, Yuncheng
望仙大峡谷	Wangxian Grand Gorge	运城市垣曲县历山镇	Lishan, Yuanqu, Yuncheng
运城市夏县堆云洞景区	Duiyundong Scenic Spot	夏县水头镇上牛村洞沟	Shangniu Vil., Shuitou, Xiaxian
运城市河津市黄河龙门景区	Longmen Scenic Spot of the Yellow River	河津市清涧街道办龙门村	Longmen Vil., Qingjian Subdistrict, Hejin
盐湖区凤凰谷景区	Yanhu Phoenix Valley Scenic Area	运城市盐湖区柏口窑村	Baikouyao Vil., Yanhu,Yuncheng
新绛县绛州署景区	Jiangzhou Ancient Government Office in Xinjiang County	运城市新绛县衙坡上1号	No.1, Yaposhang, Xinjiang, Yuncheng

14-11 旅游四星级以上饭店(2023年)

TOURIST HOTELS ABOVE FOUR STAR GRADE(2023)

名 称	Name	地 址	Address
五星级	**5 Star**		
山西国贸大饭店	Shanxi World Trade Hotel	太原市府西街69号	No.69, Fuxi St., Taiyuan
晋祠宾馆	Jinci Hotel	太原晋祠路中段669号	No.669, Middle Section of Jinci Rd., Taiyuan
丽华大酒店	Lihua Grand Hotel	太原长风街1号	No.1, Changfeng St., Taiyuan
金地豪生大酒店	Howard Johnson Jindi Plaza	大同市御河北路甲1号	No. Jia1, North Yuhe Rd., Datong
宏源国际饭店	Hongyuan International Hotel	灵石静升镇旌介村	Jingjie Vil., Jingsheng Town, Lingshi
万豪美悦国际酒店	Wanhaomeiyue International Hotel	榆次迎宾西街345号	No.345, West Yingbin St., Yuci
益东国际酒店	Yidong International Hotel	长治市西环路	West Ring Rd., Changzhi
东明国际大酒店	Dongming International Hotel	长治市紫金东街369号	No.369, East Zijin St., Changzhi
阳城环城凯斯顿酒店	Huancheng Caston Hotel	阳城县滨河西路1001号	No.1001,West Binhe Rd., Yangcheng
东兴帝豪酒店	Royal Dongxing Hotel	孝义市崇文大街181号	No.181, Chongwen St., Xiaoyi
阳城美韵花园大酒店	Yangcheng Meiyun Garden Hotel	阳城县新阳西街	West Xinyang St., Yangcheng
万通源大酒店	Wangtongyuan Hotel	朔城区开发北路68号	No. 68, North Kaifa Rd., Shuocheng
四星级	**4 Star**		
山西大酒店	Shanxi Grand Hotel	太原新建南路5号	No.5, South Xinjian Rd., Taiyuan
山西愉园大酒店	Shanxi Yuyuan Hotel	太原开化寺街86号	No.86, Kaihuasi St.,Taiyuan
三晋国际饭店	Sanjin International Hotel	太原迎泽大街108号	No.108, Yingze St., Taiyuan
黄河京都大酒店	Huanghe Jingdu Grand Hotel	太原平阳路19号	No.19, Pingyang Rd., Taiyuan
山西鑫阳光大酒店	Shanxi Xinyangguang Grand Hotel	太原北大街93号	No.93, North St., Taiyuan
山西晋协宾馆	Shanxi Jinxie Hotel	太原东缉虎营35号	No.35, Dongjihuying, Taiyuan
西山大厦	Xishan Hotel	太原西矿街318号	No.318, Xikuang St., Taiyuan
云水国际大酒店	Yunshui International Hotel	太原平阳路48号	No.48, Pingyang Rd., Taiyuan

14–11 续表1 continued

名　称	Name	地　址	Address
太原兰博泰尔酒店	Rainbow Hotel	太原市府西街103号	No.103, Fuxi St., Taiyuan
泰瑞国际商务酒店	Tairui International Commercial Hotel	太原长风街7号	No.7, Changfeng St., Taiyuan
大同宾馆	Datong Hotel	大同迎宾西路37号	No.37, West Yingbin Rd., Datong
大同国宾大酒店	Datong Presidential Hotel	大同御河西路898号	No.898, West Yuhe Rd., Datong
花园大饭店	Huayuan Hotel	大同大南街59号	No.59, Danan St., Datong
浩海国际酒店	Haohai International Hotel	大同魏都大道	Weidu Ave., Datong
晨光国际酒店	Chenguang International Hotel	大同迎宾路68号	No.68, Yingbin Rd., Datong
北冰洋大酒店	Beibingyang Hotel	阳泉北大街80号	No.80, North St., Yangquan
山西泉美国际大酒店	Shanxi quanmei International Hotel	阳泉市南大西街15号	No.15, West of South Street, Yangquan
祥禾大酒店	Xianghe Grand Hotel	阳泉市开发区烟台路1号	No.1 Yantai Rd., Development Zone, Yangquan
晋城大酒店	Jincheng Grand Hotel	晋城凤台西街88号	No.88, West Fengtai St., Jincheng
太平洋大厦	Pacific Ocean Hotel	晋城凤台西街899号	No.899, West Fengtai St., Jincheng
颐宾大酒店	Yibin Hotel	晋城前进路1428号	No.1428, Qianjin Rd., Jincheng
晋城高都大酒店	Jincheng Gaodu Grand Hotel	晋城新市东街9号	No.9, East Xinshi St., Jincheng
晋城阳光大酒店	Jincheng Sunshine Hotel	晋城市泽州南路568号	No.568, South Zezhou Rd., Jincheng
棋源山庄	Qiyuan Mountain Village	晋城陵川县古郊乡	Gujiao Township, Lingchuan, Jincheng
兰花大酒店	Lanhua Hotel	晋城凤台东街2288号	No.2288, East Fengtai St., Jincheng
泽州大酒店	Zezhou Hotel	晋城市凤台西街2839号	No.2839, West Feitai St., Jincheng
皇城相府贵宾楼	Xiangfu Grand Hotel	晋城市阳城北留皇城村	Huangcheng Vil., Beiliu, Yangcheng, Jincheng
万通源平鲁宾馆	Wantongyuan Pinglu Hotel	朔州市平鲁区胜利南路	South Shengli Rd., Pinglu District, Shuozhou
平朔宾馆	Pingshuo Hotel	朔州平朔生活区	Living District , Pingshuo, Shuozhou

14–11 续表2 continued

名 称	Name	地 址	Address
圣厚源大酒店	Shenghouyuan Hotel	朔州开发区安泰街2号	No.2, Antai St., Development Zone, Shuozhou
玉龙国际酒店	Yulong International Hotel	右玉县新城镇大西街	Daxi St., Xincheng Town, Youyu
颐景国际大酒店	Yijing International Hotel	晋中市榆次区西顺城街150号	No.150, Xishuncheng St., Yuci District, Jinzhong
平遥峰岩大酒店	Pingyao Fengyan Hotel	晋中市平遥县曙光路26号	No.26, Shuguang Rd., Pingyao, Jinzhong
介休市正达海悦酒店	Jiexiu Zhengdahaiyue Hotel	晋中市介休市北坛东路25号	No.25, East Beitan Rd., Jiexiu, Jinzhong
介休市锦源大酒店	Jiexiu Jinyuan Hotel	晋中市介休市区北坛中路	Middle Beitan Rd., Jiexiu, Jinzhong
天都大酒店	Tiandu Hotel	河津市振兴东路	East Zhenxing Rd., Hejin
芮城惠阳大酒店	Ruicheng Huiyang Hotel	芮城县洞宾街8号	No.8, Dongbin St., Ruicheng
五台山银海山庄	Wutai Mountain Yinhai Village	忻州五台山杨柏峪	Yangbaiyu Vil., Wutai Mountain, Xinzhou
原平市黄河京都大酒店	Yuanping Huanghe Jingdu Grand Hotel	忻州原平前进西街479号	No.479, West Qianjin St., Yuanping, Xinzhou
花卉山庄	Huahui Mountain Village	忻州五台山风景区	Wutai Mount Scenic Area, Xinzhou
繁峙县嘉盛伦大酒店	Fanshi Jiashenglun Hotel	忻州市繁峙县向阳路	Xiangyang Rd., Fanshi, Xinzhou
侯马华翔大酒店	Houma Huaxiang Hotel	临汾市侯马市花园南街15号	No.15, South Huayuan St., Houma, Linfen
思麦尔国际酒店	Smir International Hotel	临汾市鼓楼东大街40号	No.40, East Gulou St., Linfen
山西丁陶国际大酒店	Shanxi Dingtao International Hotel	临汾市襄汾县丁陶大道1号	No.1, Dingtao Ave., Xiangfen, Linfen
华强大酒店	Huaqiang Grand Hotel	侯马市呈王东路69号	No.69, East Chengwang Rd., Houma
吕梁国际宾馆	Lvliang International Hotel	离石区滨河南中路268号	No.268, South Binhe Rd., Lishi District
贾家庄裕和花园酒店	Jiajiazhuang Yuhe Garden Hotel	吕梁市汾阳县贾家庄腾飞路	Tengfei Rd., Jiajiazhuang, Fenyang, Lvliang
东兴酒店	Dongxing Hotel	孝义市府前街55号	No.55, Fuqian St., Xiaoyi

主要统计指标解释

住宿业 指为旅行者提供短期留宿场所的活动，有些单位只提供住宿，也有些单位提供住宿、饮食、商务、娱乐一体的服务。

餐饮业 指通过即时制作加工、商业销售和服务性劳动等，向消费者提供食品和消费场所及设施的服务。

限额以上住宿企业 年主营业务收入 200 万元及以上的住宿企业。

限额以上餐饮企业 年主营业务收入 200 万元及以上的餐饮企业。

住宿业单位星级评定情况 星级等级指根据《旅游饭店星级的划分与评定》(GB/T14308-2010)标准，经过有关旅游管理权威部门评定（验收）后授予的“星级”称号填写，分为一星级到五星级 5 个标准。

营业额 指住宿和餐饮业单位在经营活动中因提供服务或销售商品等取得的全部收入（含增值税），收入主要来源于提供客房、餐费服务、商品销售和其他服务，如商务服务。不包括多产业法人企业附营的其他行业产业活动单位的餐费收入、商品销售收入等各项收入。

客房收入 指住宿和餐饮业单位在经营活动中因提供住宿服务取得的收入（含增值税）。不包括多产业法人企业附营的其他行业产业活动单位的客房收入。

餐费收入 指本单位为顾客提供就餐服务取得的收入（含增值税）。包括：经烹饪、调制加工后出售的各种食品，如主食、炒菜、凉拌菜等的收入。不包括多产业法人企业附营的其他行业产业活动单位的餐费收入。

商品销售额 指对本单位以外的单位和个人出售的商品金额（包括售给本单位消费用的商品，含增值税）。在住宿和餐饮业中，本指标反映住宿和餐饮业单位出售商品的销售总额（含增值税），不包括法人企业附营的其他行业产业活动单位的商品销售额。

其他收入 指提供客房、餐饮服务、商品销售以外的其他服务获得的收入（含增值税），如商品服务、健身娱乐等。

入境过夜游客 指入境游客中在中国（大陆）的旅游住宿单位内至少停留一夜的外国人、港澳台同胞。

国内游客 指报告期内在中国（大陆）观光游览、休闲度假、探亲访友、保健疗养、购物娱乐、学习交流、会议培训或开展经济、文化、体育、宗教等活动的中国（大陆）居民，其出游的目的不是通过所从事的活动谋取报酬。

旅游外汇收入 入境游客在中国（大陆）境内旅行、游览过程中用于交通、参观游览、住宿、餐饮、购物、娱乐等全部花费。

国内旅游收入 指国内游客在国内旅行、游览过程中用于交通、参观游览、住宿、餐饮、购物、娱乐等全部花费。

Explanatory Notes on Main Statistical Indicators

Hotel Services refer to the accommodation services provided to visitors. Some units may provide only accommodation while others provide a combination of accommodation, meals, business services and recreational facilities.

Catering Services refer to the activities of providing foods, serving locations and facilities to customers through instant processing, commercial sales and service-type labor.

Hotel Enterprises above Designated Size refer to hotel enterprises whose annual revenue of major business amounts to 2 million yuan and over.

Catering Enterprises above Designated Size refer to catering enterprises whose annual revenue of major business amounts to 2 million yuan and over.

Star Rating of Hotels refers to hotels rated with stars as evaluated (accepted) by the relevant tourism authorities according to GB/T14308-2010 standard. Hotels can be divided into five standards from one-star to five-star.

Business Revenue refers to total revenue (including value-added tax) of hotels and catering services received from providing services or selling commodities through business activities, income comes mainly from providing hotels, catering services, selling of commodities and other services, such as commodity services. It does not include revenue such as meal fees, selling of commodities of other industrial units affiliated with multi industrial legal entities.

Room Revenue refers to business revenue (including value-added tax) hotel and catering enterprises got by providing lodging services. It does not include the revenue get from other industrial active units which belonging to the multi-industry enterprises.

Dinning Revenue refers to revenue (including value-added tax) hotel and catering enterprises got by providing customers catering services, including selling of cooked or prepared foods, such as staple food, cooked dishes, or cold dishes. It does not include the revenue get from other industrial units affiliated with multi industrial legal entities.

Commodity Sales refer to value of commodities sold by the units to other units and individuals (including goods sold for self-consumption, including the value-added tax). It reflects the total commodities value sold by hotel and catering units (including the value-added tax). It does not include the sales value get from other industrial units affiliated with multi industrial legal entities.

Other Revenue refers to other revenue (including value-added tax) hotel and catering enterprises got by providing other services, such as commodities service, fitness and entertainment.

Inbound Overnight Tourists refer to foreigners and compatriots from Hong Kong, Macao and Taiwan among the inbound tourists, who come to China (the mainland) and stay in the tourist accommodation units for at least one night.

Domestic Tourists refer to residents of China (the mainland) who travel within China (the mainland) for sightseeing, leisure vacation, visiting relatives and friends, health care, shopping and entertainment, studying and exchanging, meetings and training, engaging in economic, cultural, sports and religious activities, etc. And the purpose of their travelling isn't for profits.

Foreign Exchange Earnings from Tourism refer to the total expenditures of inbound tourists during their stay in the mainland of China on transportation, sightseeing, accommodation, food, shopping and entertainment.

Revenue from Domestic Tourism refers to the total expenditures of domestic tourists during their stay in the mainland of China on transportation, sightseeing, accommodation, food, shopping and entertainment.

15

TRANSPORTATION, POST AND TELECOMMUNICATION SERVICES

交通运输、邮电通信业

资料整理人员

阮并晶

TRANSPORTATION, POST AND TELECOMMUNICATION SERVICES 交通运输、邮电通信业

铁路营业里程	Length of Railways in Operation	6348	公里 (km)
公路通车里程	Length of Highways	146545	公里 (km)
货物周转量	Turnover Volume of Freight Traffic	6877.4	亿吨公里 (100 million ton-km)
旅客周转量	Turnover Volume of Passenger Traffic	277.5	亿人公里 (100 million person-km)
邮政行业业务总量	Business Volume of Post Services	167.1	亿标准量 (100 million std.pcs)
电信业务总量	Business Volume of Telecommunication Services	363.9	亿元 (100 million yuan)

民用汽车拥有量（万辆）
Number of Civil Motor Vihicles (10 000 units)

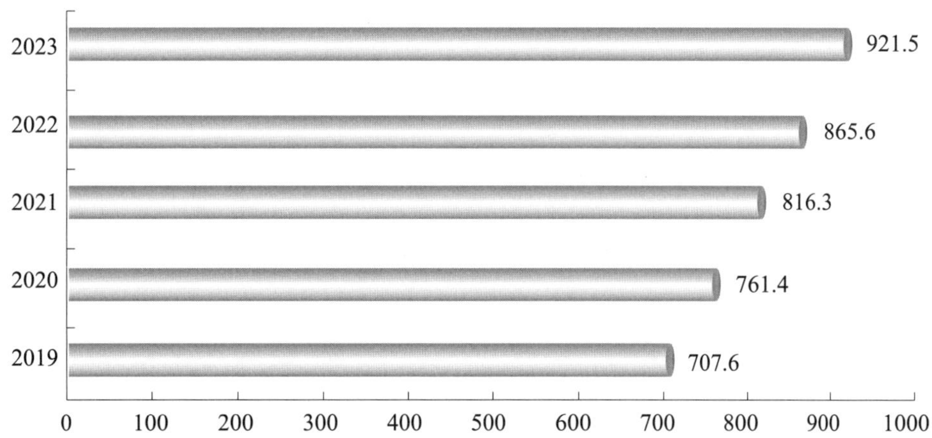

公路通车里程（公里）
Length of Highways (km)

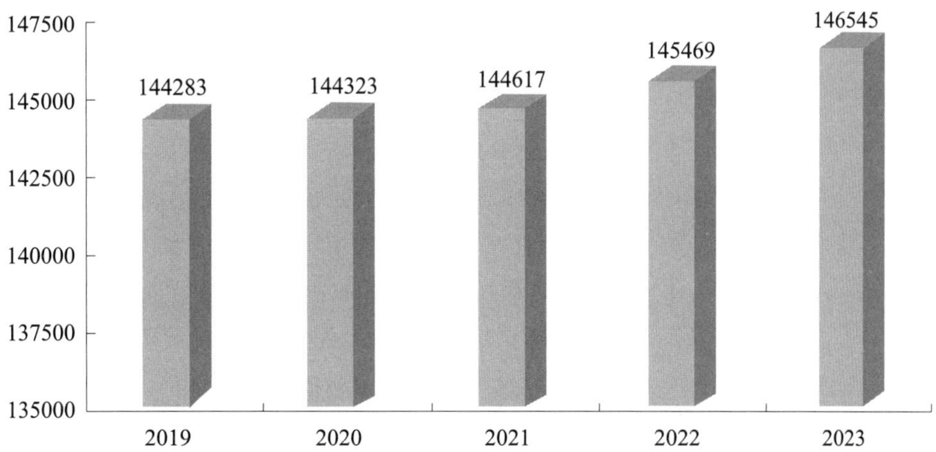

15-1 主要年份运输线路长度
LENGTH OF TRANSPORT ROUTES IN MAJOR YEARS

单位：公里 (km)

年 份 Year	铁路营业里程 Length of Railways in Operation	公路通车里程 Length of Highways	#高速公路 Expressways	每百平方公里平均里程 Average Length Per Square Kilometre 铁 路 Railways	公 路 Highways
1978	2057	31868		1.3	20.3
1980	2129	27261		1.4	17.4
1985	2169	28762		1.4	18.4
1990	2330	30784		1.5	19.6
1995	2435	33644		1.6	21.5
2000	2511	55408	518	1.6	35.4
2005	3514	111227	1686	2.2	71.0
2010	3752	131644	3003	2.4	84.0
2011	3774	134808	4005	2.4	86.0
2012	3775	137771	5011	2.4	87.9
2013	3786	139434	5011	2.4	89.1
2014	4980	140436	5011	3.2	89.9
2015	5086	140960	5028	3.2	90.0
2016	5293	142066	5265	3.4	90.7
2017	5317	142855	5335	3.4	91.2
2018	5428	143326	5605	3.5	91.7
2019	5890	144283	5711	3.8	92.1
2020	6247	144323	5745	4.0	92.1
2021	6252	144617	5763	4.0	92.3
2022	6268	145469	5859	4.0	92.8
2023	6348	146545	6188	4.1	93.5

注：2005年起公路线路里程包括村道里程数；2006年起铁路营业里程包括国铁、合资和地方铁路。

Note: Length of highways and all-weather highways has included length of roads between villages since 2005. Length of railways has included length of national railways, joint-venture railways and local railways since 2006.

15-2 主要年份货运量
FREIGHT TRAFFIC IN MAJOR YEARS

单位：万吨 (10 000 tons)

年 份 Year	合 计 Total	铁 路 Railways	公 路 Highways	水 运 Water Transport	民 航 Civil Aviation
1978	15620	9166	6443	11	0.09
1980	18080	11067	7004	9	0.15
1985	29181	16110	13071		0.35
1990	50111	23332	26706	72	0.55
1995	65962	26095	39776	90	0.67
2000	86624	28779	57813	31	0.60
2005	125367	49067	76201	95	3.80
2010	124677	63836	60819	18	4.49
2011	134441	69194	65201	41	4.53
2012	144622	71437	73150	30	4.84
2013	156048	73181	82834	28	5.00
2014	164924	76411	88491	17	5.07
2015	161772	70509	91240	17	5.04
2016	167082	64861	102200	16	5.49
2017	189521	74616	114880	20	5.50
2018	211503	85260	126213	23	6.15
2019	219312	91321	127961	24	6.74
2020	190238	92002	98206	24	5.85
2021	217637	102909	114705	16	6.57
2022	211545	104515	107024	1	4.51
2023	222759	101001	121751	1	6.02

15-3 主要年份货物周转量

TURNOVER VOLUME OF FREIGHT TRAFFIC IN MAJOR YEARS

单位：万吨公里 (10 000 ton-km)

年 份 Year	合 计 Total	铁 路 Railways	公 路 Highways	水 运 Water Transport
1978	1896350	1784790	111483	77
1980	2253618	2096450	157126	42
1985	3609795	3086917	522878	
1990	5948295	4795516	1152520	259
1995	7179630	5363846	1815463	321
2000	8679954	5979696	2700206	52
2005	13625549	9697012	3927715	822
2010	23324205	13624714	9698896	595
2011	30827489	20355804	10471189	496
2012	33458466	21435390	12022480	596
2013	35923686	23137331	12785747	608
2014	37108069	23475689	13631956	423
2015	34385474	20637317	13747614	543
2016	35654565	21133151	14520591	823
2017	41850327	24262711	17586569	1047
2018	44894386	25815610	19077478	1298
2019	46904687	27747481	19155877	1328
2020	57117630	29267489	27849561	580
2021	64446663	32189198	32257121	345
2022	64729994	33087449	31642533	12
2023	68774180	34942013	33832156	12

注：2011年起，铁路为全行业数据，包括国家铁路(含控股)、非控股合资铁路及地方铁路。

Note: Volume of railways is calculated by the whole industry coverage from 2011, which includes national railways, non-shareholding joint venture railways and local railways.

15-4 主要年份旅客运输量和周转量

PASSENGER TRAFFIC AND TURNOVER VOLUME IN MAJOR YEARS

年 份 Year	客运量(万人) Passenger Traffic (10 000 persons)	#铁 路 Railways	#公 路 Highways	旅客周转量(万人公里) Passenger Kilometers (10 000 person-km)	#铁 路 Railways	#公 路 Highways
1978	4498	2124	2375	387366	270950	116416
1980	5865	2523	3342	497897	356420	141477
1985	10564	3391	7173	931783	621351	310432
1990	15960	3226	12728	1260441	668100	587953
1995	21337	3308	17956	1750989	806580	861061
2000	31818	2953	28821	2245807	833600	1358962
2005	40209	3433	36456	3295406	1056422	1809406
2010	39059	5746	32606	3715683	1558206	2157019
2011	39932	6219	32865	4158078	1957808	2199108
2012	40839	6208	33662	4229773	1923652	2306121
2013	34781	6294	28487	3864404	1898201	1966203
2014	34040	6949	27091	3843762	2023842	1819920
2015	30676	7393	22085	3799506	2154182	1645324
2016	27619	7530	18702	3604561	2193137	1411424
2017	26749	7664	17333	3737555	2232856	1503565
2018	25679	7958	15717	3939476	2342289	1596434
2019	24342	8153	14009	3955728	2366931	1588193
2020	13757	4890	7460	2262321	1356669	905652
2021	13267	6454	5279	2212877	1654405	558472
2022	7047	3716	2477	1191434	965670	225459
2023	14207	8514	3659	2775101	2318829	455553

注：2009年起旅客周转量不包括民航数据。

Note: Passenger turnover volume doesn't include civil aviation data from 2009.

15-5 主要年份民用汽车拥有量
NUMBER OF CIVIL MOTOR VEHICLES IN MAJOR YEARS

单位：辆 (unit)

年 份 Year	民用汽车总数 Total	#载货汽车 Trucks	#载客汽车 Passenger Vehicles	#个 人 Individual	#载 货 Trucks	#载 客 Passenger Vehicles	每百公里公路平均汽车数 Average Number of Motor Vehicles Per 100 km
1978	45634	34383	8341				143.2
1980	70730	47872	10329				259.5
1985	129286	102033	20968	23664	21525	1884	449.5
1990	232665	174618	46390	46540	36084	10450	755.8
1995	332886	210157	106924	94987	54806	40131	989.4
2000	550148	278235	253481	235078	98837	135909	992.9
2005	1074350	379599	677746	587721	155570	430314	965.9
2010	2478905	558169	1899271	1865984	319589	1541432	1883.0
2011	2953253	612696	2316189	2301975	364040	1931590	2190.7
2012	3275805	567788	2708017	2697177	362482	2334695	2377.7
2013	3758528	582913	3175615	3180579	385930	2794649	2695.6
2014	4219470	591108	3628362	3661596	400345	3261251	3004.6
2015	4665842	571789	4094053	4137927	393407	3744520	3310.0
2016	5240814	595149	4645665	4720486	406394	4314092	3689.0
2017	5896070	639361	5256709	5327549	413659	4913890	4127.3
2018	6495704	702534	5793170	5873204	443827	5429377	4532.1
2019	7076377	763988	6312389	6396485	472023	5924462	4904.5
2020	7613865	833675	6780190	6862334	486928	6375406	5275.6
2021	8163074	908769	7254305	7327155	507741	6819414	5644.6
2022	8655557	948576	7706981	7766147	526336	7239811	5950.1
2023	9214599	990581	8224018	8236594	539100	7697494	6287.9

注：民用汽车总数和个人汽车数不包括三轮汽车和低速货车。
Note: Number of civil motor vehicles and number of private cars exclude tricars and lower-speed cars.

15-6 民用车辆拥有量(2023年)
NUMBER OF CIVILIAN VEHICLES(2023)

单位：辆 (unit)

指 标	Item	合 计 Total	#营 运 Business	#非营运 Non-business	#个 人 Individual
一、民用汽车	Civil Motor Vehicles	9430618	743753	8684755	8282600
1.载客汽车	Passenger Vehicles	8224018	82411	8139497	7697494
#大 型	Large	33806	23478	8955	538
中 型	Medium	10441	2201	7503	1520
小 型	Small	8082021	56667	8025354	7602865
微 型	Mini	97750	65	97685	92571
#轿 车	Cars	5581140	53974	5527166	5312313
2.载货汽车	Trucks	990581	635545	355036	539100
#重 型	Heavy	392959	385594	7365	90514
中 型	Medium	7959	4817	3142	2301
轻 型	Light	589438	245090	344348	446126
微 型	Mini	225	44	181	159
#普通载货汽车	Ordinary	354260	103191	251069	290407
3.其他汽车	Others	216019	25797	190222	46006
二、拖拉机	Tractors	252647		252647	
三、摩托车	Motorcycles	630410	22290	608120	549760
四、载货挂车	Trailers	266805	265420	1385	66864
五、其他类型车	Other Kinds of Vehicles	20	1	19	7

注：民用汽车拥有量包括三轮汽车和低速货车。
Note: Number of civil motor vehicles include tricars and lower-speed cars.

15-7 民用航空航线(2023年)
CIVIL AVIATION ROUTES(2023)

太原-北京	Taiyuan-Beijing	太原-南昌	Taiyuan-Nanchang
太原-上海	Taiyuan-Shanghai	太原-桂林	Taiyuan-Guilin
太原-广州	Taiyuan-Guangzhou	太原-温州	Taiyuan-Wenzhou
太原-深圳	Taiyuan-Shenzhen	太原-合肥	Taiyuan-Hefei
太原-西宁	Taiyuan-Xining	太原-丽江	Taiyuan-Lijiang
太原-成都	Taiyuan-Chengdu	太原-徐州	Taiyuan-Xuzhou
太原-青岛	Taiyuan-Qingdao	太原-长春	Taiyuan-Changchun
太原-无锡	Taiyuan-Wuxi	太原-敦煌	Taiyuan-Dunhuang
太原-南京	Taiyuan-Nanjing	太原-南昌-深圳	Taiyuan-Nanchang-Shenzhen
太原-厦门	Taiyuan-Xiamen	太原-遵义-深圳	Taiyuan-Zunyi-Shenzhen
太原-长沙	Taiyuan-Changsha	太原-恩施-深圳	Taiyuan-Enshi-Shenzhen
太原-福州	Taiyuan-Fuzhou	太原-南京-泉州	Taiyuan-Nanjing-Quanzhou
太原-杭州	Taiyuan-Hangzhou	太原-武汉-泉州	Taiyuan-Wuhan-Quanzhou
太原-三亚	Taiyuan-Sanya	太原-武汉-福州	Taiyuan-Wuhan-Fuzhou
太原-昆明	Taiyuan-Kunming	太原-武汉-厦门	Taiyuan-Wuhan-Xiamen
太原-海口	Taiyuan-Haikou	太原-合肥-厦门	Taiyuan-Hefei-Xiamen
太原-重庆	Taiyuan-Chongqing	太原-长治-厦门	Taiyuan-Changzhi-Xiamen
太原-天津	Taiyuan-Tianjin	太原-杭州-厦门	Taiyuan-Hangzhou-Xiamen
太原-琼海	Taiyuan-Qionghai	太原-长沙-厦门	Taiyuan-Changsha-Xiamen
太原-大同	Taiyuan-Datong	太原-长沙-珠海	Taiyuan-Changsha-Zhuhai
太原-宁波	Taiyuan-Ningbo	太原-长沙-福州	Taiyuan-Changsha-Fuzhou
太原-兰州	Taiyuan-Lanzhou	太原-南通-福州	Taiyuan-Nantong-Fuzhou
太原-大连	Taiyuan-Dalian	太原-盐城-杭州	Taiyuan-Yancheng-Hangzhou
太原-贵阳	Taiyuan-Guiyang	太原-杭州-三亚	Taiyuan-Hangzhou-Sanya
太原-哈尔滨	Taiyuan-Harbin	太原-合肥-昆明	Taiyuan-Hefei-Kunming
太原-海拉尔	Taiyuan-Hailar	太原-合肥-海口	Taiyuan-Hefei-Haikou
太原-珠海	Taiyuan-Zhuhai	太原-贵阳-海口	Taiyuan-Guiyang-Haikou

15-7 续表1 continued

太原-桂林-海口	Taiyuan-Guilin-Haikou	温州-太原-北京	Wenzhou-Taiyuan-Beijing
太原-长治-重庆	Taiyuan-Changzhi-Chongqing	重庆-太原-北京	Chongqing-Taiyuan-Beijing
太原-长治-南宁	Taiyuan-Changzhi-Nanning	上海-太原-呼和浩特	Shanghai-Taiyuan-Hohhot
太原-南京-三亚	Taiyuan-Nanjing-Sanya	西宁-太原-深圳	Xining-Taiyuan-Shenzhen
太原-长沙-台州	Taiyuan-Changsha-Taizhou	深圳-太原-呼和浩特	Shenzhen-Taiyuan-Hohhot
太原-长沙-海口	Taiyuan-Changsha-Haikou	成都-太原-大连	Chengdu-Taiyuan-Dalian
太原-宜宾-贵阳	Taiyuan-Yibin-Guiyang	成都-太原-日照	Chengdu-Taiyuan-Rizhao
太原-桂林-三亚	Taiyuan-Guilin-Sanya	成都-太原-大同	Chengdu-Taiyuan-Datong
太原-鄂尔多斯-银川	Taiyuan-Erdos-Yinchuan	乌鲁木齐-太原-青岛	Urumqi-Taiyuan-Qingdao
太原-合肥-深圳	Taiyuan-Hefei-Shenzhen	青岛-太原-兰州	Qingdao-Taiyuan-Lanzhou
太原-绵阳-南宁	Taiyuan-Mianyang-Nanning	南京-太原-乌鲁木齐	Nanjing-Taiyuan-Urumqi
太原-南昌-珠海	Taiyuan-Nanchang-Zhuhai	长沙-太原-沈阳	Changsha-Taiyuan-Shenyang
太原-南昌-桂林	Taiyuan-Nanchang-Guilin	哈尔滨-太原-三亚	Harbin-Taiyuan-Sanya
太原-吕梁-南宁	Taiyuan-Lvliang-Nanning	昆明-太原-长春	Kunming-Taiyuan-Changchun
太原-宜昌-珠海	Taiyuan-Yichang-Zhuhai	昆明-太原-哈尔滨	Kunming-Taiyuan-Harbin
太原-徐州-福州	Taiyuan-Xuzhou-Fuzhou	昆明-太原-大同	Kunming-Taiyuan-Datong
太原-南昌-厦门	Taiyuan-Nanchang-Xiamen	昆明-太原-呼和浩特	Kunming-Taiyuan-Hohhot
太原-张家界-惠州	Taiyuan-Zhangjiajie-Huizhou	昆明-太原-大连	Kunming-Taiyuan-Dalian
太原-南昌-广州	Taiyuan-Nanchang-Guangzhou	昆明-太原-沈阳	Kunming-Taiyuan-Shenyang
太原-济宁-宁波	Taiyuan-Jining-Ningbo	大连-太原-海口	Dalian-Taiyuan-Haikou
太原-淮安-宁波	Taiyuan-Huai'an-Ningbo	重庆-太原-沈阳	Chongqing-Taiyuan-Shenyang
太原-长沙-昆明	Taiyuan-Changsha-Kunming	重庆-太原-长春	Chongqing-Taiyuan-Changchun
太原-长治-海口	Taiyuan-Changzhi-Haikou	大连-太原-银川	Dalian-Taiyuan-Yinchuan
太原-合肥-三亚	Taiyuan-Hefei-Sanya	南宁-太原-大连	Nanning-Taiyuan-Dalian
太原-怀化-深圳	Taiyuan-Huaihua-Shenzhen	哈尔滨-太原-南宁	Harbin-Taiyuan-Nanning
太原-巴中-贵阳	Taiyuan-Bazhong-Guiyang	贵阳-太原-哈尔滨	Guiyang-Taiyuan-Harbin
太原-重庆-拉萨	Taiyuan-Chongqing-Lhasa	济南-太原-包头	Jinan-Taiyuan-Baotou
北京-太原-昆明	Beijing-Taiyuan-Kunming	榆林-太原-天津	Yulin-Taiyuan-Tianjin

15-7　续表2　continued

南京-太原-呼和浩特	Nanjing-Taiyuan-Hohhot	杭州-太原-兰州	Hangzhou-Taiyuan-Lanzhou
南京-太原-兰州	Nanjing-Taiyuan-Lanzhou	成都-太原-营口	Chengdu-Taiyuan-Yingkou
南京-太原-银川	Nanjing-Taiyuan-Yinchuan	沈阳-太原-合肥	Shenyang-Taiyuan-Hefei
长沙-太原-大连	Changsha-Taiyuan-Dalian	包头-太原-桂林	Baotou-Taiyuan-Guilin
哈尔滨-太原-桂林	Harbin-Taiyuan-Guilin	沈阳-太原-琼海	Shenyang-Taiyuan-Qionghai
南京-太原-西宁	Nanjing-Taiyuan-Xining	太原-海口-悉尼	Taiyuan-Haikou-Sydney
天津-太原-西宁	Tianjin-Taiyuan-Xining	太原-成都-圣彼得堡	Taiyuan-Chengdu-Saint Petersburg
大连-太原-西宁	Dalian-Taiyuan-Xining		
乌鲁木齐-太原-烟台	Urumqi-Taiyuan-Yantai	太原-浦东-芝加哥	Taiyuan-Pudong-Chicago
青岛-太原-绵阳	Qingdao-Taiyuan-Mianyang	太原-昆明-芭提雅	Taiyuan-Kunming-Pattaya
福州-太原-银川	Fuzhou-Taiyuan-Yinchuan	太原-昆明-合艾	Taiyuan-Kunming-Hat Yai
桂林-太原-沈阳	Guilin-Taiyuan-Shenyang	北京首都-长治	Beijing Capital-Changzhi
南昌-太原-银川	Nanchang-Taiyuan-Yinchuan	北京南苑-长治	Beijing Nanyuan-Changzhi
丽江-太原-哈尔滨	Lijiang-Taiyuan-Harbin	上海浦东-长治	Shanghai Pudong-Changzhi
海口-太原-乌海	Haikou-Taiyuan-Wuhai	广州-长治	Guangzhou-Changzhi
呼和浩特-太原-济南	Hohhot-Taiyuan-Jinan	广州-武汉-长治	Guangzhou-Wuhan-Changzhi
兰州-太原-烟台	Lanzhou-Taiyuan-Yantai	成都-长治	Chengdu-Changzhi
无锡-太原-呼和浩特	Wuxi-Taiyuan-Hohhot	海口-长治-天津	Haikou-Changzhi-Tianjin
长春-太原-兰州	Changchun-Taiyuan-Lanzhou	西安-长治-大连	Xi'an-Changzhi-Dalian
乌鲁木齐-太原-宁波	Urumqi-Taiyuan-Ningbo	昆明-长治-沈阳	Kunming-Changzhi-Shenyang
合肥-太原-包头	Hefei-Taiyuan-Baotou	昆明-长治-天津	Kunming-Changzhi-Tianjin
南昌-太原-长春	Nanchang-Taiyuan-Changchun	天津-长治-桂林	Tianjin-Changzhi-Guilin
南宁-太原-满洲里	Nanning-Taiyuan-Manzhouli	太原-长治-海口	Taiyuan-Changzhi-Haikou
南宁-太原-海拉尔	Nanning-Taiyuan-Hailar	大同-北京	Datong-Beijing
宁波-太原-呼和浩特	Ningbo-Taiyuan-Hohhot	大同-上海	Datong-Shanghai
南京-太原-呼和浩特	Nanjing-Taiyuan-Hohhot	银川-大同-北京南苑	Yinchuan-Datong-Beijing Nanyuan

15-7 续表3 continued

哈尔滨-大同-厦门	Harbin-Datong-Xiamen	昆明-五台山-哈尔滨	Kunming-Wutaishan-Harbin
西安-大同-沈阳	Xi'an-Datong-Shenyang	重庆-五台山-天津	Chongqing-Wutaishan-Tianjin
天津-大同-呼和浩特	Tianjin-Datong-Hohhot	济南-五台山-兰州	Jinan-Wutaishan-Lanzhou
大同-武汉-广州	Datong-Wuhan-Guangzhou	南京-五台山-曼谷	Nanjing-Wutaishan-Bangkok
大同-大连	Datong-Dalian	运城-北京	Yuncheng-Beijing
天津-大同-海口	Tianjin-Datong-Haikou	运城-广州	Yuncheng-Guangzhou
大同-香港	Datong-Hong Kong	运城-珠海	Yuncheng-Zhuhai
大同-暹粒	Datong-Siem Reap	运城-昆明	Yuncheng-Kunming
大同-岘港	Datong-Da Nang	运城-成都	Yuncheng-Chengdu
大同-曼谷	Datong-Bangkok	运城-上海	Yuncheng-Shanghai
大同-金边	Datong-Phnom Penh	大连-运城-贵阳	Dalian-Yuncheng-Guiyang
吕梁-北京	Lvliang-Beijing	大连-运城-海口	Dalian-Yuncheng-Haikou
吕梁-呼和浩特	Lvliang-Hohhot	哈尔滨-运城-三亚	Harbin-Yuncheng-Sanya
吕梁-长沙	Lvliang-Changsha	天津-运城-桂林	Tianjin-Yuncheng-Guilin
吕梁-青岛	Lvliang-Qingdao	三亚-运城-哈尔滨	Sanya-Yuncheng-Harbin
吕梁-南京	Lvliang-Nanjing	运城-长沙-海口	Yuncheng-Changsha-Haikou
吕梁-西安	Lvliang-Xi'an	重庆-运城-沈阳	Chongqing-Yuncheng-Shenyang
吕梁-广州	Lvliang-Guangzhou	天津-运城-香港	Tianjin-Yuncheng-Hong Kong
吕梁-杭州	Lvliang-Hangzhou	南京-运城-芭提雅	Nanjing-Yuncheng-Pattaya
上海浦东-吕梁-兰州	Shanghai Pudong-Lvliang-Lanzhou	临汾-武汉	Linfen-Wuhan
重庆-吕梁-天津	Chongqing-Lvliang-Tianjin	临汾-北京	Linfen-Beijing
五台山-沈阳	Wutaishan-Shenyang	临汾-长春	Linfen-Changchun
五台山-成都	Wutaishan-Chengdu	呼和浩特-临汾-成都	Hohhot-Linfen-Chengdu
上海浦东-五台山-银川	Shanghai Pudong-Wutaishan-Yinchuan	临汾-昆明	Linfen-Kunming
		临汾-广州	Linfen-Guangzhou
广州-郑州-五台山	Guangzhou-Zhengzhou-Wutaishan	上海-临汾-银川	Shanghai-Linfen-Yinchuan
深圳-郑州-五台山	Shenzhen-Zhengzhou-Wutaishan	青岛-临汾-昆明	Qingdao-Linfen-Kunming
海口-桂林-五台山	Haikou-Guilin-Wutaishan	天津-临汾-海口	Tianjin-Linfen-Haikou
厦门-南京-五台山	Xiamen-Nanjing-Wutaishan	海口-桂林-临汾	Haikou-Guilin-Linfen
三亚-五台山-哈尔滨	Sanya-Wutaishan-Harbin	重庆-临汾-天津	Chongqing-Linfen-Tianjin
深圳-五台山-哈尔滨	Shenzhen-Wutaishan-Harbin		

15-8 太原局国家铁路分货类运输量(2023年)

NATIONAL RAILWAY FREIGHT TRAFFIC BY CATEGORY OF CARGO OF TAIYUAN BUREAU(2023)

指 标	Item	货运量 (万吨) Volume of Freight Traffic (10 000 tons)	货物周转量 (万吨公里) Turnover Volume of Freight Traffic (10 000 ton-km)	平均运程 (公里) Average Transport Mileage (km)
合 计	**Total**	**105558.1**	**44615078.4**	**422.7**
煤 炭	Coal	83470.4	39230933.7	470.0
石 油	Petroleum	752.2	208041.0	276.6
焦 炭	Coke	2032.2	560743.2	275.9
金属矿石	Metal Ore	5862.1	1333807.6	227.5
钢 铁	Steel	2456.0	651212.6	265.2
非金属矿石	Nonmetal Ores	608.1	123011.2	202.3
磷矿石	Phosphate Rock	18.1	2906.0	160.9
矿建筑材料	Mine Construction Materials	2686.7	191059.5	71.1
水 泥	Cement	0.2	99.5	578.5
木 材	Timber	4.9	993.4	202.4
粮 食	Grain	293.8	142448.9	484.8
棉 花	Cotton	29.4	10016.8	341.0
化肥及农药	Chemical Fertilizers and Pesticides	391.4	104258.1	266.3
盐	Salt	12.6	7496.3	593.4
化工品	Chemical Products	353.0	127182.9	360.3
金属制品	Metal Products	5.5	1929.0	353.3
工业机械	Industrial Machinery	64.2	20064.6	312.7
电子电气机械	Electronic and Electrical Appliances	10.4	2988.5	286.9
农业机具	Agricultural Machinery	0.01	1.6	320.0
鲜活货物	Fresh and Live Goods	0.6	227.6	363.1
农副产品	Agricultural and Sideline Products	0.8	262.2	313.7
饮食及烟草	Diet and Tobacco	18.0	6504.9	360.7
纺织皮革毛	Textile, Leather and Wool	1.9	604.2	312.6
纸及文教品	Paper and Staionery	34.9	11330.5	324.6
医药品	Medical Products	0.6	405.8	719.0
集装箱	Container Transport	6379.3	1849738.9	290.0
其 他	Others	70.9	26809.9	377.9

15-9 地方铁路营运概况(2023年)
BASIC STATISTICS ON LOCAL RAILWAYS(2023)

线路名称 Name of Railway Lines	起讫地址 The Beginning and The End	机 车(台) Locomotives (unit)		
		合 计 Total	电 气 Electrical	内 燃 Diesel
总　计　Total		**49**	**21**	**28**
一、合资铁路 Joint Venture Railways		40	21	19
武沁铁路公司 Wuqin Railway Company	武乡-左权；沁县-沁源 Wuxiang-Zuoquan;Qinxian-Qinyuan	10		10
孝柳有限责任公司 Xiaoliu Railway Co., Ltd.	孝西-穆村 Xiaoxi-Mucun	30	21	9
二、地方铁路 Local Railways		9		9
宁静铁路 Ningjing Railway	宁武-静乐 Ningwu-Jingle	7		7
静静铁路 Jingjing Railway	静乐-静游 Jingle-Jingyou	2		2

线路名称 Name of Railway Lines	线路长度 (公里) Length of Railways (km)		货物运输 Freight Traffic	
	延展里程 Length of Extention	正线里程 Length of the Truck Lines	货运量 (万吨) Freight Traffic (10 000 tons)	货物周转量 (万吨公里) Turnover of Freight Traffic (10 000 ton-km)
总　计　Total	**485**	**356**	**3562**	**224766**
一、合资铁路 Joint Venture Railways	332	234	3024	210732
武沁铁路公司 Wuqin Railway Company	147	118	704	36191
孝柳有限责任公司 Xiaoliu Railway Co., Ltd.	185	116	2320	174541
二、地方铁路 Local Railways	153	122	538	14033
宁静铁路 Ningjing Railway	121	94	364	9174
静静铁路 Jingjing Railway	32	28	174	4859

15-10 邮电业务基本情况
BASIC CONDITIONS OF POST AND TELECOMMUNICATION SERVICES

指 标	Item	2022	2023
邮政行业业务总量 (亿标准量)	**Business Volume of Post Services (100 million std. pcs)**	**124.9**	**167.1**
函 件 (万件)	Number of Letters (10 000 pcs)	564.5	618.3
包 裹 (万件)	Number of Parcels (10 000 pcs)	11.1	39.8
汇 兑 (万笔)	Number of Postal Money Orders (10 000 pcs)	12.2	11.3
机要邮件 (万件)	Number of Confidential Letters (10 000 pcs)	52.0	55.0
快 递 (亿件)	Express Deliveries (100 million pcs)	7.1	11.0
订销报纸期发数 (万份)	Issue of Newspapers (10 000 copies)	218.5	223.2
订销报纸累计数 (万份)	Accumulative Newspapers Subscribed and Sold (10 000 copies)	57940.3	58065.0
订销杂志期发数 (万份)	Issue of Magazines (10 000 copies)	107.8	103.5
订销杂志累计数 (万份)	Accumulative Magazines Subscribed and Sold (10 000 copies)	1731.5	1644.4
电信业务总量 (亿元)	**Business Volume of Telecommunication Services (100 million yuan)**	**360.0**	**363.9**
固定电话用户 (万户)	Number of Fixed Telephone Subscribers (10 000 subscribers)	270.4	278.7
移动电话用户 (万户)	Number of Mobile Telephone Subscribers (10 000 subscribers)	4141.0	4214.6
#4G移动电话用户	4G Mobile Phone Subscribers	2422.1	1953.2
5G移动电话用户	5G Mobile Phone Subscribers	1414.0	2047.6
移动互联网接入流量 (亿GB)	Flow Accessed to Mobile Internet (100 million GB)	54.0	64.5

注：2021年起，邮政行业业务总量按2020年不变价格计算，电信业务总量按上年不变价格计算。

Note: From 2021, business volume of post services is calculated at 2020 constant price, and business volume of telecommunication services is calculated at the constant price of last year.

15-11 主要年份邮政业网点及邮递线路
POSTAL SERVICE OUTLETS AND POSTAL ROUTES

年 份 Year	邮政支局所 (处) Number of Branch Post Offices (unit)	#在农村 In Rural Area	邮路长度 (公里) Length of Postal Routes (km)	#航 空 Air Mail Routes	#汽 车 Highway Routes
1978	1675	1444	143907		17672
1980	1629	1380	141596		17902
1985	1890	1591	146024		21454
1990	1813	1456	146251		20320
1995	1888	1454	157202		30700
2000	1730	1239	203725		45488
2005	1603	1045	181703		48016
2010	1306	759	184998		58698
2011	1526	853	213310		81394
2012	1516	738	169908		82490
2013	1483	773	150648		58770
2014	1518	1072	87520		68938
2015	1582	1158	86946		74542
2016	1636	1194	93323		83107
2017	1637	1191	104080		103414
2018	1639	1190	108802		108582
2019	1645	1182	115074	56217	58857
2020	1649	1189	139456	75182	64274
2021	1650	1149	136812	60963	75344
2022	1650	1175	155847	76298	77247
2023	1650	1181	133453	37773	94725

注：2014年邮政实施网运改革，邮路长度采用新口径；2019年起，邮路长度指单程长度，包含航空邮路和汽车邮路。

Note: Length of postal routes has adopted a new coverage since 2014 because of the post reform of network operation. And from 2019, it refers to the single length, which includes air mail routes and highway routes.

15-12 邮政邮路
POSTAL ROUTES

单位：公里 (km)

指　标	Item	2022	2023
邮路条数(条)	Number of Postal Routes (route)	934	921
#汽　车	Highway Postal Routes	868	889
邮路长度	Length of Postal Routes	155847	133454
#汽　车	Highway Postal Routes	77247	94725
农村邮路条数(条)	Number of Rural Postal Routes (route)	301	302
农村邮路长度	Length of Rural Postal Routes	16559	16636
城市投递路线条数(条)	Number of Rural Delivery Routes (route)	2811	2770
城市投递路线长度	Length of Rural Delivery Routes	51445	50287
农村投递路线条数(条)	Number of Rural Delivery Routes (route)	1971	1933
#摩托车	Motorcycles	1579	1313
农村投递线路长度	Length of Rural Delivery Routes	97653	97803
#摩托车	Motorcycles	74980	62407

15-13 邮政局所、服务点
NUMBER OF POSTAL OFFICES AND SERVICE PLACES

单位：处 (unit)

指　标	Item	2022	2023
邮政支局所	Number of Branch Post Offices	1650	1650
#设在农村的	In Rural Area	1175	1181
#电子化支局	Electrical Branch Offices	1650	1650
#自办邮政所	Number of Post Offices Operated by Post Department	1218	1650
邮政信筒信箱 (个)	Post Boxes (unit)	1782	1782

主要统计指标解释

铁路营业里程 又称营业长度，指投入客货运输营业或临时营业的线路长度。

公路里程 指报告期末公路的实际长度。统计范围：包括城间、城乡间、乡（村）间能行驶汽车的公共道路，公路通过城镇街道的里程，公路桥梁长度、隧道长度、渡口宽度。不包括城市街道里程，断头路里程，农（林）业生产用道路里程，工（矿）企业等内部道路里程。统计原则：按已竣工验收或交付使用的实际里程计算；两条或多条公路共同经由同一路段的重复里程，只计算一次。

货（客）运量 指在一定时期内，各种运输工具实际运送的货物重量（旅客数量）。货运按吨计算，客运按人计算。货物不论运输距离长短、货物类别，均按实际重量统计。旅客不论行程远近或票价多少，均按一人一次客运量统计；半价票、儿童票也按一人统计。

货物（旅客）周转量 指在一定时期内，由各种运输工具运送的货物（旅客）数量与其相应运输距离的乘积之总和。该指标可以反映运输业生产的总成果，也是编制和检查运输生产计划，计算运输效率、劳动生产率以及核算运输单位成本的主要基础资料。计算货物周转量通常按发出站与到达站之间的最短距离，也就是计费距离计算。计算公式为：

货物（旅客）周转量=∑（货物（旅客）运输量×运输距离）

民用汽车拥有量 指报告期末，在公安交通管理部门按照《机动车注册登记工作规范》，已注册登记领有民用车辆牌照的全部汽车数量。汽车拥有量统计的主要分类：根据汽车结构分为载客汽车、载货汽车及其他汽车；根据汽车所有者不同分为个人(私人)汽车、单位汽车；根据汽车的使用性质分为营运汽车、非营运汽车；根据汽车大小规格不同，载客汽车分为大型、中型、小型和微型，载货汽车分为重型、中型、轻型和微型。

邮政、电信业务总量 指以货币形式表示的邮政、电信通信企业为社会提供各类邮政、电信通信服务的总数量。计算方法为各类业务的实物量分别乘以相应的不变单价，求出各类业务的货币量加总求得。没有不变单价的业务按其业务收入直接相加。

移动电话用户 指在电信运营企业营业网点办理开户登记手续，通过移动电话交换机进入移动电话网，占用移动电话号码的各类电话用户。包括各类签约用户、智能网预付费用户、无线上网卡用户。

固定电话用户 指在电信企业营业网点办理开户登记手续并已接入固定电话网上的全部电话用户。包括普通电话用户、无线市话用户、公用电话用户、窄带综合业务数字网（N–ISDN）用户、智能网专用接入终端用户等。

邮路 各邮政局所之间，邮政局所与车站、码头、机场、转运站、邮件处理中心、报刊社之间，邮区中心局与邮政局所及各邮区中心局之间由自办或委办人员按固定班期规定路线交换邮件（包括机要文件）、报刊的路线。包括农村地区运邮兼投递的路线，不包括城市、农村地区纯投递路线。按运输方式可分为航空邮路、铁路邮路、汽车邮路、水路邮路和其他邮路等。

邮路长度 邮路由起点到终点的长度。单程长度统计法的计算方法是直线算单程，环型算全程；直环混合中直线部分算单程，环型部分算全程；Y 型三段相加算单程。

Explanatory Notes on Main Statistical Indicators

Length of Railways in Operation refers to the total length of the trunk line for passenger and freight transportation in full operation or temporary operation.

Length of Highways refers to the actual length of highways at the end of reference period. It covers public roads running vehicles among cities, city and rural areas, township (villages), highways passing through streets at small cities and towns, length of bridges and tunnels, width of ferry piers. It does not include the length of streets in cities, dead end highways, the length of streets built for agricultural (forest) production and inside factories (mines). It can only be calculated with the actual mileage having been completed, checked and accepted or put into operation. If two or more highways go the same section of the way, the length of the section is only calculated for once.

Freight (Passenger) Traffic refers to the weight of freight (number of passenger) transported with various means within a specific period of time. Freight transport is calculated in tons and passenger traffic is calculated in terms of number of persons. Freight transport is calculated in terms of the actual weight of the goods and takes no account of the type of freight and distance of travel. Passenger traffic is calculated by the principle that one person can be counted only once in one trip and takes no account of the travelling distance and ticket price. The passengers who travel with a half price ticket or a child's ticket is also calculated as one person.

Freight Ton-kilometers (Passenger-kilometers) refers to the sum of the product of the volume of transported cargo (passengers) multiplied by the transport distance. It is an important indicator to reflect the achievement of the transportation industry. This is an important indicator to show the total results of the transport industry; to prepare and examine the transport plan; and to serve as the main basic data for calculating the efficiency, labour productivity and unit cost of transport. Normally, the shortest distance between the departure station and the destination station (i.e., the payable distance) is the basis in calculating the freight ton-kilometres. The formula is as follows:

Freight ton-kilometers (passenger-kilometers) $=\Sigma$(freight (passenger) traffic $\times$ distance of transportation)

Possession of Civil Motor Vehicles refer to the total numbers of vehicles that are registered and received vehicles license tags according to the *Work Standard for Motor Vehicles Registration* formulated by the Transport Management Office under the department of public security at the end of the reference period. They are divided into categories. According to the structure of motor vehicles, they are divided into passenger vehicles, trucks and others; according to ownership into private vehicles and vehicles for the unit's use; according to kind of usage into working vehicles and non-working vehicles; and according to size of vehicles into large passenger vehicles, medium-sized passenger vehicles, small passenger vehicles and mini passenger vehicles, heavy trucks, light-heavy trucks, light trucks and mini-trucks.

Business Volume of Post and Telecommunications refers to the total amount of postal and telecommunication services, expressed in value terms, provided by the post and telecommunications departments for society. Business volume of post and telecommunications is the sum of each service in kind multiplying with its correspondent unit price (constant price). Business without constant price add their business revenue directly.

Mobile Telephone Subscribers refer to persons who have gone through registration procedures in the operation points of enterprises engaged in telecommunications and are hence connected with the mobile telephone communication network through the mobile telephone switchboards and occupy mobile phone numbers. Included are various types of subscriber, prepaid users for intelligent network and wireless network card users.

Local Telephone Subscribers refer to all subscribers who have gone through registration procedures in the operation points of enterprises engaged in telecommunications and are hence connected to the local telecommunications service provider through fixed line network. Included are general subscribers, wireless local telephone subscribers, public telephones subscribers, N-ISDN subscribers and intelligent network terminal subscribers.

Postal Routes refer routes that self-run clerks or clients change mails, newspapers and magazines by fixed schedule and regular routes between post offices, post offices and stations, docks, airports, transfer stations, mail processing centers, newspaper agencies. It includes posting and delivering routes in rural areas, while excludes routes that only delivers in urban and rural areas. It can be divided into airway postal routes, railway postal routes, automobile postal routes, waterway postal routes and other postal routes according to transport means.

Length of Post Routes refers length of postal routes from the start point to the end point. The single length is calculated by the following method, that is, straight line route is calculated as single way, circle route as entire way, straight line and circle mixed route is calculated separately, and Y type route is calculated as the sum of three single lines.

16

EDUCATION, SCIENCE AND TECHNOLOGY

教育、科技

资料整理人员

徐永库　陈俊伶　王俊鹏

教育、科技

EDUCATION, SCIENCE AND TECHNOLOGY

普通、职业高等学校数	Regular and Vocational Institutions of Higher Education	83	所 (unit)
普通、职业高等学校专任教师数	Full-time Teachers of Regular and Vocational HEIs	4.4	万人 (10 000 persons)
普通、职业本专科在校生数	Students Enrollment of Regular and Vocational HEIs	96.29	万人 (10 000 persons)
普通、职业本专科毕业生数	Graduates of Regular and Vocational HEIs	26.31	万人 (10 000 persons)
科学研究机构	Scientific Research Institutions	65	个 (unit)

研究生在校生数（人）

Number of Postgraduate Enrollment (person)

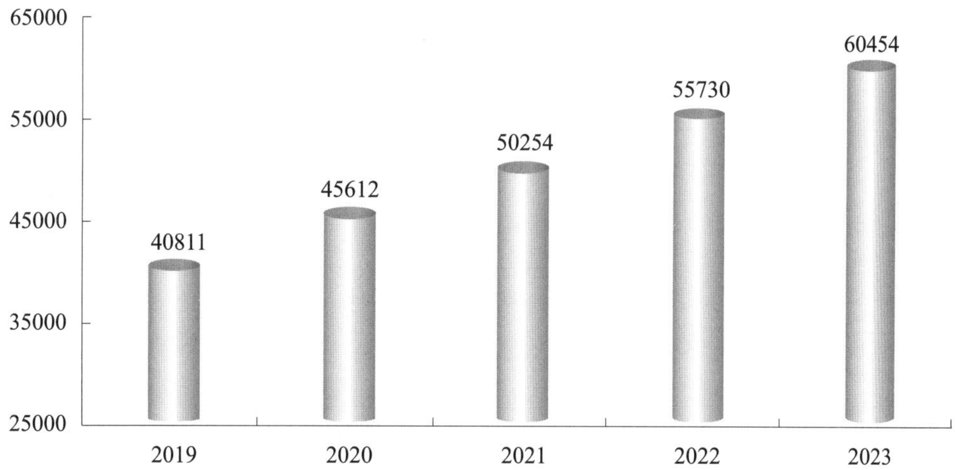

全社会R&D经费内部支出（亿元）

Total Internal Expenditures on R&D (100 million yuan)

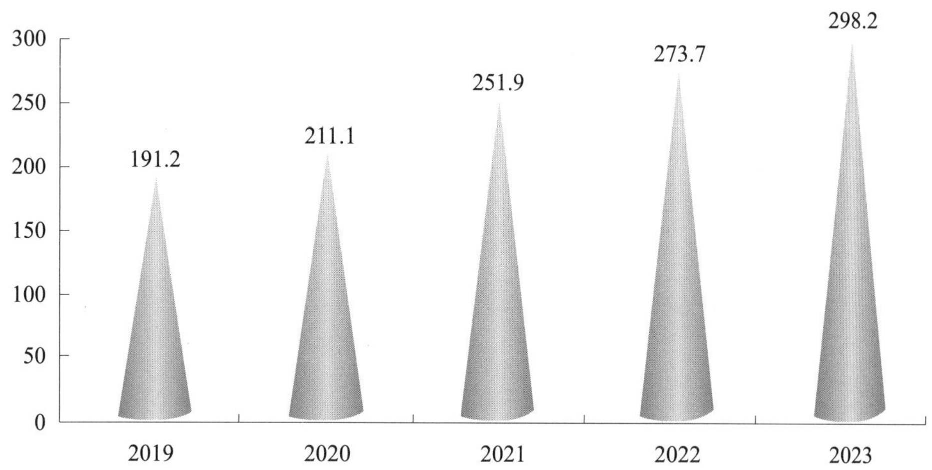

16-1 主要年份各类学校数
SCHOOLS BY LEVEL IN MAJOR YEARS

单位：所 (unit)

年份 Year	普通、职业高等学校 Regular and Vocational Instiutions of Higher Education	中等职业教育 Secondary Vocational Education	#普通中专 Regular Specialized Secondary Schools	#职业中学 Vocational Schools	#技工学校 Skilled Workers Schools	普通中学 Regular Secondary Schools	普通小学 Regular Primary Schools	特殊教育学校 Special Education Schools
1978	16	731	73	87	50	14062	33393	12
1980	16	3628	90	342	60	9895	37746	12
1985	22	746	113	408	70	4749	42394	12
1990	26	793	125	380	97	3944	42195	13
1995	26	791	129	377	110	3401	40795	63
2000	24	787	127	339	134	3346	37451	39
2005	59	629	73	309	106	3279	24339	40
2010	65	584	92	259	110	2747	12776	45
2011	66	573	93	249	111	2611	10936	51
2012	67	556	90	246	100	2534	10042	53
2013	70	507	92	234	62	2495	8946	56
2014	71	543	92	233	99	2418	6885	62
2015	79	542	92	233	98	2400	6403	64
2016	80	544	92	235	98	2353	6043	69
2017	80	535	92	238	86	2340	5646	73
2018	83	442	89	229	84	2299	5445	76
2019	82	429	88	230	86	2284	5312	80
2020	85	427	88	227	87	2227	5153	85
2021	82	411	86	228	74	2055	4668	86
2022	82	415	85	240	75	1911	4208	87
2023	83	413	85	246	76	1856	3805	88

注：2015年起，普通高等学校数含独立学院。

Note: Independent colleges has been included in regular institutions of higher education since 2015.

16-2 主要年份各类学校专任教师数
NUMBER OF FULL-TIME TEACHERS BY LEVEL OF SCHOOL IN MAJOR YEARS

单位：人 (person)

年份 Year	普通、职业高等教育 Regular and Vocational Instiutions of Higher Education	中等职业教育 Secondary Vocational Education	#普通中专 Regular Specia-lized Secondary Schools	#职业中学 Vocational Schools	#技工学校 Skilled Workers Schools	普通中学 Regular Secondary Schools	普通小学 Regular Primary Schools
1978	4244	5933	3246	330	938	103772	132785
1980	5077	7915	3991	1090	1386	104075	148255
1985	7417	14322	6176	4512	1931	92619	157251
1990	8963	22440	8295	6976	4165	108774	163693
1995	9140	24729	9161	8632	4446	113216	171860
2000	10466	26916	9823	10343	3655	127582	180362
2005	27862	25005	5687	11132	5500	159803	192271
2010	36492	26578	7437	12461	3542	172793	190538
2011	37527	28004	7877	13030	3888	175443	188820
2012	38124	29295	7903	13597	4365	176319	184326
2013	40764	28871	7943	13806	3652	177344	180548
2014	40317	30744	7793	13671	5803	176853	176840
2015	40406	32652	7830	13997	7485	175053	172957
2016	41301	32877	7853	14199	7583	173503	171535
2017	40971	30534	7691	14150	5338	172224	169057
2018	41910	28865	7615	14010	5491	172249	168018
2019	42798	28868	7316	14440	5620	173428	167801
2020	43642	29435	7176	14959	5863	172916	168284
2021	40205	31877	6860	15768	6468	171294	171741
2022	42613	32316	6843	16677	6228	168525	167962
2023	44317	31974	6707	17709	5658	168587	166104

注：专任教师按照教育层次进行归类。
Note: Full-time teachers are classified by education levels.

16-3 主要年份各类学校在校生数

STUDENTS ENROLMENT BY LEVEL OF SCHOOL IN MAJOR YEARS

单位：万人 (10 000 persons)

年 份 Year	普通、职业本专科 Ungraduate in Regular and Vocational HEIs	中等职业教育 Secondary Vocational Education	#普通中专 Regular Specia-lized Secondary Schools	#职业中学 Vocational Schools	#技工学校 Skilled Workers Schools	普通中学 Regular Secondary Schools	#高 中 Senior	普通小学 Regular Primary Schools
1978	2.09	4.73	2.90	0.64	1.19	194.28	58.45	377.36
1980	3.31	8.38	4.61	2.12	1.65	179.55	31.06	384.16
1985	4.19	14.58	5.14	7.58	1.86	156.97	22.87	335.20
1990	5.13	21.47	8.68	8.78	4.01	145.08	22.31	297.40
1995	6.74	26.40	10.74	10.51	5.15	150.97	19.04	327.04
2000	12.57	37.19	19.65	13.62	3.92	199.75	33.72	343.60
2005	40.70	46.58	20.15	17.04	9.39	261.15	71.37	350.26
2010	56.29	56.51	20.73	24.65	11.13	253.67	82.29	291.06
2011	59.45	61.94	18.33	22.32	11.08	249.55	85.27	277.19
2012	63.73	60.00	17.85	21.45	11.68	235.74	85.50	261.76
2013	67.68	50.46	16.38	19.40	6.82	213.99	84.85	229.64
2014	71.32	51.03	15.37	18.39	11.10	204.68	82.78	224.50
2015	74.02	43.59	13.99	17.91	10.62	192.06	79.37	226.95
2016	75.63	43.82	12.12	17.83	10.03	184.65	75.38	227.09
2017	76.30	42.95	11.55	17.73	10.02	180.21	71.97	228.12
2018	76.56	39.25	9.99	16.90	9.05	181.69	67.93	228.50
2019	80.20	38.41	9.36	17.05	8.75	180.20	66.01	229.33
2020	84.20	39.12	10.70	18.46	8.99	177.01	65.45	235.28
2021	89.08	41.82	9.33	19.69	9.61	177.57	68.31	232.83
2022	94.57	42.37	8.97	21.48	9.09	178.06	68.69	230.18
2023	96.29	41.61	8.42	22.21	8.51	179.94	67.77	231.84

注：中等职业教育学生数包含普通中专学校、成人中专学校、职业高中学校、技工学校、中等职业教育其他机构、附设中职班学生数，下表同。

Note: Students enrolment of secondary vocational education includes students of regular specialized secondary schools, adult specialized secondary schools, vocational senior schools, skilled workers schools, other institutions and attached classes of secondary vocational education. The same applies to the following.

16-4 主要年份各类学校招生数
ENTRANTS BY LEVEL OF SCHOOL IN MAJOR YEARS

单位：人 (person)

年 份 Year	普通、职业本专科 Ungraduate in Regular and Vocational HEIs	中等职业教育 Secondary Vocational Education	#普通中专 Regular Specialized Secondary Schools	#职业中学 Vocational Schools	#技工学校 Skilled Workers Schools	普通中学 Regular Secondary Schools	#高 中 Senior	普通小学 Regular Primary Schools	特殊教育学校 Special Education Schools
1978	10744	29699	15531	5708	8460	884918	275642	879737	376
1980	8287	97500	18990	11696	8096	539613	65803	664927	234
1985	14107	95883	20864	37437	9122	529347	75238	548667	390
1990	15710	103887	28615	38566	14606	482926	78749	557803	503
1995	20926	116548	35898	46721	18817	552978	69774	642867	1110
2000	48041	157521	67975	52476	13823	726669	137662	631942	856
2005	127514	187674	75240	65842	40000	887403	263159	548755	743
2010	184399	274149	71680	134823	37303	852635	280984	451390	1088
2011	184602	217326	66613	87893	41030	795844	286680	440802	1339
2012	208122	214892	74147	87237	42475	755080	292630	440460	906
2013	215296	164653	64007	73583	21710	701819	288826	394203	729
2014	214394	170977	56337	71877	39134	634452	255585	347419	824
2015	222685	156124	46966	68497	37247	583570	248426	376640	913
2016	219954	145033	42662	65749	34020	620287	244539	383579	1153
2017	221360	141457	35438	62193	31765	597077	227416	379249	1441
2018	223904	126946	32314	56376	26475	600486	207013	400913	1353
2019	253357	136764	34010	62421	29819	602496	224654	398696	2226
2020	263597	145010	36771	70081	35163	562744	221156	410415	1725
2021	275321	152992	31356	76494	34059	601669	235639	355801	1622
2022	309498	149620	29096	80333	31592	603086	228491	356434	1698
2023	284909	137689	29184	74923	28168	583217	211836	398925	1744

16-5 主要年份各类学校毕业生数
GRADUATES BY LEVEL OF SCHOOL IN MAJOR YEARS

单位：万人　(10 000 persons)

年份 Year	普通、职业本专科 Ungraduate in Regular and Vocational HEIs	普通中专 Regular Specialized Secondary Schools	职业中学 Vocational Schools	技工学校 Skilled Workers Schools	普通中学 Regular Secondary Schools	#高中 Senior	普通小学 Regular Primary Schools	特殊教育学校 Special Education Schools
1978	0.45	1.18	0.08	0.38	75.26	19.11	62.09	0.01
1980		1.36	0.49	1.06	84.83	28.31	59.05	0.01
1985	0.85	1.68	1.69	0.64	39.09	5.49	64.68	0.01
1990	1.51	2.68	3.18	1.17	47.63	7.27	51.31	0.05
1995	2.03	3.15	3.82	1.55	43.17	7.08	55.36	0.06
2000	1.98	4.24	4.84	1.77	56.18	7.86	64.09	0.06
2005	8.83	5.49	4.75	1.80	82.95	19.69	63.56	0.05
2010	16.55	7.53	8.72	5.30	83.48	25.94	57.35	0.09
2011	15.27	7.80	8.89	4.03	82.54	27.01	52.78	0.08
2012	16.26	7.35	9.08	3.23	86.39	28.53	54.73	0.09
2013	17.33	6.97	8.23	2.54	82.76	28.61	47.73	0.09
2014	17.41	6.45	7.75	3.82	72.22	27.35	38.81	0.06
2015	19.13	6.35	6.18	3.79	71.12	28.36	34.11	0.06
2016	19.93	5.45	7.04	3.85	69.54	28.44	38.03	0.07
2017	21.04	3.83	5.97	2.97	64.16	26.03	37.50	0.10
2018	21.66	3.78	6.00	3.27	58.61	24.76	40.15	0.10
2019	21.18	3.69	5.87	2.95	61.96	24.44	38.66	0.11
2020	21.88	3.62	6.08	2.79	59.75	22.71	34.78	0.12
2021	21.94	2.63	5.24	2.79	60.07	20.76	37.59	0.14
2022	24.82	3.01	5.85	3.17	60.52	22.49	38.21	0.17
2023	26.31	3.36	6.31	3.03	56.99	22.14	37.93	0.22

16-6 高等教育学校学生数(2023年)
STUDENTS IN HIGHER EDUCATION INSTITUTIONS(2023)

单位：人　(person)

项目	Item	毕(结)业生数 Number of Graduates	授予学位数 Degrees Awarded	招生数 Number of Entrants	在校生数 Number of Enrolment
普通本科	Regular Undergraduates	138436	137718	146802	550715
职业本科、专科生	Undergraduates in Vocational HEIs	124704		138107	412144
专　科	Short-cycle Courses	124704		127227	389708
本　科	Normal Courses			10880	22436
成人本科、专科生	Undergraduates in Adult HEIs	42877	4340	71341	204938
专　科	Short-cycle Courses	13047		20875	58229
本　科	Normal Courses	29830	4340	50466	146709
研究生	Postgraduates	16028	16072	21423	60454
硕　士	Master's Degree	15413	15452	19960	55395
博　士	Doctor's Degree	615	620	1463	5059
国际学生	International Students	236	141	352	1403

16-7 主要年份研究生数
NUMBER OF POSTGRADUATES IN MAJOR YEARS

单位：人 (person)

年 份 Year	培养研究生的单位数(个) Institutions(unit)	毕业生数 Graduates	招生数 Entrants	在校生数 Enrolment
1978	4		151	151
1980	6		15	218
1985	8	84	399	670
1990	9	288	219	688
1995	12	263	524	1336
2000	12	466	1190	2633
2005	12	2069	4929	12059
2010	12	5929	8074	23555
2011	12	7330	8745	24790
2012	12	7771	9212	26098
2013	13	7754	9384	27473
2014	14	8492	9141	27962
2015	14	8795	9769	28668
2016	14	9118	10078	29299
2017	15	8983	12143	37870
2018	15	9593	12731	38638
2019	16	9978	14128	40811
2020	16	11850	17709	45612
2021	16	12285	18928	50254
2022	16	14127	20201	55730
2023	16	16028	21423	60454

注：2017年至2020年，在校研究生数包含在职人员申请硕士学位在校研究生数。
Note：Inservice personnels applying for master degree have been included in the enrolment during 2017 to 2020.

16-8 研究生数(2023年)
NUMBER OF POSTGRADUATES(2023)

单位：人 (person)

项 目	Item	毕业生数 Graduates	#硕士 Master Degree	招生数 Entrants	#硕士 Master Degree	在校生数 Enrolment	#硕士 Master Degree
总 计	**Total**	**16028**	**15413**	**21423**	**19960**	**60454**	**55395**
按类型分	By Type						
普通高校	Regular HEIs	15919	15304	21285	19822	60076	55017
科研机构	Scentific Institutions	109	109	138	138	378	378
按计划分	By Scheme						
全日制	Full-time	14379	13764	19675	18219	55225	50173
非全日制	Part-time	1649	1649	1748	1741	5229	5222
总计中：学术学位	In total: Academic Degree	6682	6093	8403	7199	25760	21293
专业学位	Professional Degree	9346	9320	13020	12761	34694	34102

16-9 普通本科分形式、分学科学生情况(2023年)

REGULAR STUDENTS FOR NORMAL COURSES IN HEIS BY FORM AND DISCIPLINE(2023)

单位：人 (person)

类 别	Type	毕业生数 Graduates	招生数 Entrants	在校生数 Enrolment
总 计	**Total**	**138436**	**146802**	**550715**
按形式分	By Form			
高中起点	From High Schools	121290	125271	505476
专科起点	From Colleges	17135	21517	45111
第二学士学位	The Second Bachlor's Degree	11	14	128
按学科分	By Discipline			
哲 学	Philosophy	93	84	427
经济学	Economics	5444	5625	19732
法 学	Law	5342	4757	19906
教育学	Education	8350	8169	28393
文 学	Literature	10298	10152	38550
历史学	History	1414	1649	6285
理 学	Science	11198	13075	47913
工 学	Engineering	49862	58681	213993
农 学	Agriculture	2294	2786	10357
医 学	Medicine	10996	12498	50468
管理学	Administration	20404	17111	65752
艺术学	Artistics	12741	12215	48939
总计中：师范生	Of the Total: Normal University Students	22585	21632	84843

16-10 职业本科分形式、分专业大类学生情况(2023年)

VOCATIONAL STUDENTS FOR NORMAL COURSES IN HEIS BY FORM AND DISCIPLINE(2023)

单位：人 (person)

类 别	Type	毕业生数 Graduates	招生数 Entrants	在校生数 Enrolment
总 计	**Total**		**10880**	**22436**
按形式分	By Form			
高中起点	From High Schools		6255	16811
专科起点	From Colleges		4625	5625
第二学士学位	The Second Bachlor's Degree			
按专业大类分	By Major			
农林牧渔大类	Farming, Forestry, Animal Husbandry and Fishery			
资源环境与安全大类	Resource, Environment and Security		270	742
能源动力与材料大类	Engery, Power and Materials			
土木建筑大类	Civil Construction		2530	5729
水利大类	Hydraulic Engineering			
装备制造大类	Equipment Manufacturing		1019	2492
生物与化工大类	Biology and Chemical Engineering			
轻工纺织大类	Light and Textile Industry			
食品药品与粮食大类	Food, Medicine and Grain			
交通运输大类	Transportation		587	1211
电子与信息大类	Electronics and Information		1715	3377
医药卫生大类	Medicine and Hygiene		716	1381
财经商贸大类	Economics, Finance and Business		2258	4377
旅游大类	Tourism		157	234
文化艺术大类	Culture and Art		767	1325
新闻传播大类	Journalism and Communication			
教育与体育大类	Education and Sports		278	631
公安与司法大类	Public Security and Justice		350	547
公共管理与服务大类	Public Administration and Service		233	390

16-11 高职(专科)分专业大类学生情况(2023年)
VOCATIONAL STUDENTS FOR SHORT-CYCLE COURSES IN HEIS BY DISCIPLINE(2023)

单位：人 (person)

类 别	Type	毕业生数 Graduates	招生数 Entrants	在校生数 Enrolment
总 计	**Total**	**124704**	**127227**	**389708**
农林牧渔大类	Farming, Forestry, Animal Husbandry and Fishery	2408	3548	8797
资源环境与安全大类	Resource, Environment and Security	4147	2779	11165
能源动力与材料大类	Engery, Power and Materials	1630	1679	5353
土木建筑大类	Civil Construction	8808	5509	19681
水利大类	Hydraulic Engineering	321	402	1063
装备制造大类	Equipment Manufacturing	13271	16187	46380
生物与化工大类	Biology and Chemical Engineering	309	833	3102
轻工纺织大类	Light and Textile Industry	172	343	1020
食品药品与粮食大类	Food, Medicine and Grain	817	1492	3281
交通运输大类	Transportation	5873	7154	19246
电子与信息大类	Electronics and Information	22092	21926	69942
医药卫生大类	Medicine and Hygiene	17239	22412	63267
财经商贸大类	Economics, Finance and Business	16973	13584	49235
旅游大类	Tourism	2822	2378	6635
文化艺术大类	Culture and Art	7361	7283	23231
新闻传播大类	Journalism and Communication	731	808	2386
教育与体育大类	Education and Sports	17493	16868	49098
公安与司法大类	Public Security and Justice	1696	1439	3547
公共管理与服务大类	Public Administration and Service	541	603	3279

16–12 普通本科高校专任教师教学领域分学科门类情况(2023年)
FULL–TIME TEACHERS OF REGULAR HIGHER EDUCATION INSTITUTIONS BY FIELD OF STUDY(2023)

单位：人 (person)

类 别	Type	专任教师 Full–time Teachers	正高级 Senior	副高级 Sub–senior
总 计	**Total**	**30094**	**2957**	**8607**
哲 学	Philosophy	588	79	162
经济学	Economics	1045	90	309
法 学	Law	1922	103	464
教育学	Education	2489	153	710
文 学	Literature	3164	134	794
历史学	History	436	52	135
理 学	Science	4366	571	1511
工 学	Engineering	8350	1037	2522
农 学	Agriculture	897	160	318
医 学	Medicine	2070	322	592
管理学	Administration	2151	131	541
艺术学	Artistics	2616	125	549

类 别	Type	中 级 Middle	初 级 Junior	未定职称 No Rank
总 计	**Total**	**13186**	**3897**	**1447**
哲 学	Philosophy	246	52	49
经济学	Economics	438	159	49
法 学	Law	835	382	138
教育学	Education	1098	396	132
文 学	Literature	1638	432	166
历史学	History	165	49	35
理 学	Science	1693	336	255
工 学	Engineering	3725	848	218
农 学	Agriculture	336	48	35
医 学	Medicine	844	229	83
管理学	Administration	983	397	99
艺术学	Artistics	1185	569	188

16-13 职业高校专任教师教学领域所属大类情况(2023年)

FULL-TIME TEACHERS OF VOCATIONAL HIGHER EDUCATION INSTITUTIONS BY DISCIPLINE(2023)

单位：人 (person)

类 别	Type	专任教师 Full-time Teachers	正高级 Senior	副高级 Sub-senior	中 级 Middle	初 级 Junior	未定职称 No Rank
总 计	**Total**	**14223**	**283**	**3892**	**5743**	**2915**	**1390**
农林牧渔大类	Farming, Forestry, Animal Husbandry and Fishery	290	8	112	110	36	24
资源环境与安全大类	Resource, Environment and Security	371	9	77	188	62	35
能源动力与材料大类	Engery, Power and Materials	218	12	42	119	29	16
土木建筑大类	Civil Construction	628	23	160	306	84	55
水利大类	Hydraulic Engineering	37	3	19	9	1	5
装备制造大类	Equipment Manufacturing	827	29	238	328	150	82
生物与化工大类	Biology and Chemical Engineering	126	4	39	56	15	12
轻工纺织大类	Light and Textile Industry	14		5	8	1	
食品药品与粮食大类	Food, Medicine and Grain	95	3	26	49	13	4
交通运输大类	Transportation	244	7	75	90	46	26
电子与信息大类	Electronics and Information	1250	21	353	523	251	102
医药卫生大类	Medicine and Hygiene	895	28	219	272	208	168
财经商贸大类	Economics, Finance and Business	1437	28	415	633	266	95
旅游大类	Tourism	298	14	66	154	47	17
文化艺术大类	Culture and Art	1266	34	298	495	328	111
新闻传播大类	Journalism and Communication	84		13	36	31	4
教育与体育大类	Education and Sports	1722	19	541	695	307	160
公安与司法大类	Public Security and Justice	67		21	29	13	4
公共管理与服务大类	Public Administration and Service	178	4	44	87	35	8

注：本表专任教师总计中包含公共基础课教师。

Note: Teachers of public basic courses are included in the total in this table.

16-14 中等职业教育分科类学生情况(2023年)
STUDENTS IN SECONDARY VOCATIONAL EDUCATION BY FIELD OF STUDY(2023)

单位：人 (person)

类 别	Type	毕业生数 Graduates	#职业类证书 Occupational Certificates	#职业技能等级证书 Skill Level Certificates	招生数 Entrants	在校生数 Enrolment
总 计	**Total**	**104653**	**76871**	**44312**	**109521**	**330986**
农林牧渔大类	Farming, Forestry, Animal Husbandry and Fishery	6972	1303	526	3107	11868
资源环境与安全大类	Resource, Environment and Security	781	761	488	1719	3406
能源动力与材料大类	Engery, Power and Materials	42			60	144
土木建筑大类	Civil Construction	2450	2162	1446	2838	9259
水利大类	Hydraulic Engineering					
装备制造大类	Equipment Manufacturing	7487	5995	3585	12511	34761
生物与化工大类	Biology and Chemical Engineering	467	317	85	460	1383
轻工纺织大类	Light and Textile Industry	167	160	115	185	304
食品药品与粮食大类	Food, Medicine and Grain	68	26	6	402	733
交通运输大类	Transportation	6395	4504	2764	7273	20509
电子与信息大类	Electronics and Information	27123	22543	14279	28217	85129
医药卫生大类	Medicine and Hygiene	8517	6080	2343	7912	24742
财经商贸大类	Economics, Finance and Business	8906	6168	3580	8119	24158
旅游大类	Tourism	4246	3451	2382	4473	12922
文化艺术大类	Culture and Art	20310	15909	9332	20921	65870
新闻传播大类	Journalism and Communication	1629	1346	569	1859	5396
教育与体育大类	Education and Sports	5751	3371	1430	4401	16956
公安与司法大类	Public Security and Justice	763	435	114	903	2520
公共管理与服务大类	Public Administration and Service	2579	2340	1268	4161	10926

注：本表不含技工学校数。
Note: The coverage doesn't include skilled workers schools in this table.

16-15 中等职业学校教职工数(2023年)

TEACHERS AND STAFF OF SECONDARY VOCATIONAL SCHOOLS(2023)

单位：人 (person)

项　目	Item	教职工数 Total	#专任教师 Full-time Teachers	正高级 Senior	副高级 Sub-senior	中　级 Middle
总　计	**Total**	**31820**	**26316**	**37**	**5061**	**8512**
按办学类型分	by Type of Schools					
调整后中等职业学校	Adjusted Secondary Vocational Schools					
普通中专学校	Regular Specialized Secondary Schools	9434	6707	14	2060	2647
成人中专学校	Adult Specialized Secondary Schools	1058	902	7	85	450
职业高中学校	Vocational High Schools	21076	17709	15	2737	5036
其他中职机构	Others	234	166		47	61
残疾人中等职业学校	Secondary Vocational Schools for Disabled	18	18		4	4
附设中职班	Subsidiary Secondary Vocational Class		814	1	128	314
按举办者分	by the Providers					
1.中央部门办(机构)	Under the Central Minitries & Agencies					
2.地方公办	Under Local Auth.	23780	20014	20	4852	8076
教育部门	Education Departments	18306	16159	8	3830	6450
其他部门	Other Departments	5292	3736	12	980	1590
地方企业	Local Enterprises	182	119		42	36
3.民　办	Non-government	8040	6302	17	209	436

项　目	Item	初　级 Junior	未定职级 No Rank	校外教师 Part-time Teachers	行业导师 Professional Tutors
总　计	**Total**	**6219**	**6487**	**3452**	**210**
按办学类型分	by Type of Schools				
调整后中等职业学校	Adjusted Secondary Vocational Schools				
普通中专学校	Regular Specialized Secondary Schools	1226	760	596	112
成人中专学校	Adult Specialized Secondary Schools	309	51	2171	
职业高中学校	Vocational High Schools	4461	5460	658	98
其他中职机构	Others	36	22	27	
残疾人中等职业学校	Secondary Vocational Schools for Disabled	10			
附设中职班	Subsidiary Secondary Vocational Class	177	194		
按举办者分	by the Providers				
1.中央部门办(机构)	Under the Central Minitries & Agencies				
2.地方公办	Under Local Auth.	5684	1382	3233	176
教育部门	Education Departments	4754	1117	909	139
其他部门	Other Departments	898	256	2324	37
地方企业	Local Enterprises	32	9		
3.民　办	Non-government	535	5105	219	34

注：本表不含技工学校数。
Note: Skilled worker schools are not included in the table.

16-16 普通中学基本情况(2023年)

单位：人

项 目	Item	学校数(所) Schools (unit)	初级中学 Junior	九年一贯制学校 9-Year Education	高级中学 Senior	完全中学 Junior And Senior
总 计	**Total**	**1856**	**892**	**454**	**243**	**213**
教育部门	Education Departments	1499	815	331	178	169
其他部门	Other Departments	10	1	3		4
地方企业	Local Enterprises					
民 办	Non-Government	347	76	120	65	40
城 区	Urban Areas	649	237	130	89	157
教育部门	Education Departments	481	207	86	58	125
其他部门	Other Departments	9	1	2		4
地方企业	Local Enterprises					
民 办	Non-Government	159	29	42	31	28
镇 区	Township	847	467	188	136	42
教育部门	Education Departments	722	437	137	109	39
其他部门	Other Departments					
地方企业	Local Enterprises					
民 办	Non-Government	125	30	51	27	3
乡 村	Rural Areas	360	188	136	18	14
教育部门	Education Departments	296	171	108	11	5
其他部门	Other Departments	1		1		
地方企业	Local Enterprises					
民 办	Non-Government	63	17	27	7	9

BASIC STATISTICS ON REGULAR SECONDARY SCHOOLS(2023)

(person)

十二年一贯制学校 12 Year Education	毕业生数 Graduates	#高 中 Senior	招生数 Entrants	#高 中 Senior	在校生数 Enrolment	#高 中 Senior
54	**569917**	**221425**	**583217**	**211836**	**1799439**	**677700**
6	457204	185119	496199	178421	1518780	570021
2	3324	1456	4256	1773	12089	5682
46	109389	34850	82762	31642	268570	101997
36	275264	113642	294349	111775	890829	353879
5	208336	91350	236387	88857	710742	281527
2	3324	1456	4241	1773	12064	5682
29	63604	20836	53721	21145	168023	66670
14	246705	94248	243125	87395	764440	283732
	215755	84448	224069	80350	699704	259613
14	30950	9800	19056	7045	64736	24119
4	47948	13535	45743	12666	144170	40089
1	33113	9321	35743	9214	108334	28881
			15		25	
3	14835	4214	9985	3452	35811	11208

16-17 普通中学教职工数(2023年)
TEACHERS AND STAFF OF REGULAR SECONDARY SCHOOLS(2023)

单位：人 (person)

项　目	Item	教职工数 Total	#专任教师 Full-time Teachers	#行政人员 Administrative Personnel	校外教师 Part-time Teachers
总　计	**Total**	**222392**	**189274**	**5835**	**316**
#女	Female	154062	136068	2125	206
#少数民族	Minority Nationality	377	341	13	
#在编人员	Permanent Staff	161150	146865	2852	
教育部门	Education Departments	171148	154069	3171	296
其他部门	Other Departments	1280	1110	81	
地方企业	Local Enterprises				
民　办	Non-Government	49964	34095	2583	20
城　区	Urban Areas	103970	87448	3464	148
教育部门	Education Departments	73233	66335	1850	148
其他部门	Other Departments	1257	1097	79	
地方企业	Local Enterprises				
民　办	Non-Government	29480	20016	1535	
镇　区	Township	96004	83490	1796	129
教育部门	Education Departments	81930	73836	1073	109
其他部门	Other Departments				
地方企业	Local Enterprises				
民　办	Non-Government	14074	9654	723	20
乡　村	Rural Areas	22418	18336	575	39
教育部门	Education Departments	15985	13898	248	39
其他部门	Other Departments	23	13	2	
地方企业	Local Enterprises				
民　办	Non-Government	6410	4425	325	

注：本表包括初级中学、九年一贯制学校、高级中学、完全中学和十二年一贯制学校。

Note: Teachers and staff who work in junior schools, 9 year education schools, senior schools, compined secondary schools and 12 year education schools are included in the table.

16-18 普通小学基本情况(2023年)
BASIC STATISTICS ON REGULAR PRIMARY SCHOOLS(2023)

单位：人 (person)

项 目	Item	学校数(所) Schools (unit)	毕业生数 Graduates	招生数 Entrants	在校生数 Enrolment
总 计	**Total**	**3805**	**379269**	**398925**	**2318407**
教育部门	Education Departments	3652	338724	372555	2116333
其他部门	Other Departments	8	1041	1185	7000
地方企业	Local Enterprises	1	84	65	428
民 办	Non-Government	144	39420	25120	194646
城 区	Urban Areas	918	171392	221519	1182376
教育部门	Education Departments	834	149578	202965	1054911
其他部门	Other Departments	6	717	1149	5948
地方企业	Local Enterprises				
民 办	Non-Government	78	21097	17405	121517
镇 区	Township	1300	156876	147817	913087
教育部门	Education Departments	1257	142059	142233	853145
其他部门	Other Departments	1	308		932
地方企业	Local Enterprises				
民 办	Non-Government	42	14509	5584	59010
乡 村	Rural Areas	1587	51001	29589	222944
教育部门	Education Departments	1561	47087	27357	208277
其他部门	Other Departments	1	16	36	120
地方企业	Local Enterprises	1	84	65	428
民 办	Non-Government	24	3814	2131	14119

16-19 普通小学教职工数(2023年)
TEACHERS AND STAFF OF REGULAR PRIMARY SCHOOLS(2023)

单位：人 (person)

项　目	Item	教职工数 Total	#专任教师 Full-time Teachers	#行政人员 Administrative Personnel	校外教师 Part-time Teachers
总　计	**Total**	**169582**	**149456**	**3252**	**1357**
教育部门	Education Departments	157640	141620	2665	1343
其他部门	Other Departments	439	355	12	
地方企业	Local Enterprises	58	53		
民　办	Non-Government	11445	7428	575	14
城　区	Urban Areas	65417	58816	1387	765
教育部门	Education Departments	57255	53446	999	751
其他部门	Other Departments	277	267	8	
地方企业	Local Enterprises				
民　办	Non-Government	7885	5103	380	14
镇　区	Township	67948	60677	1076	232
教育部门	Education Departments	65144	58841	925	232
其他部门	Other Departments	138	70	1	
地方企业	Local Enterprises				
民　办	Non-Government	2666	1766	150	
乡　村	Rural Areas	36217	29963	789	360
教育部门	Education Departments	35241	29333	741	360
其他部门	Other Departments	24	18	3	
地方企业	Local Enterprises	58	53		
民　办	Non-Government	894	559	45	

注：本表为小学、教学点数。
Note：The coverage includes primary schools and their relavent teaching schools in this table.

16-20 学前教育基本情况(2023年)

BASIC STATISTICS ON PRE-PRIMARY EDUCATION(2023)

单位：人 (person)

项 目	Item	幼儿园园数(所) Kindergartens(unit)	入园(班)人数 Entrants	在园(班)人数 Enrolment	离园(班)人数 Leavers
总 计	**Total**	**6841**	**255109**	**918413**	**365882**
教育部门	Education Departments	2459	112068	389144	154359
其他部门	Other Departments	52	2634	9196	3884
地方企业	Local Enterprises	130	8290	27204	10444
事业单位	Institutional Units	20	1654	5406	1771
部 队	Troops	6	190	570	159
集 体	Collectives	1128	20708	71975	28725
民 办	Non-government	3046	109565	414918	166540
#普惠性民办	Inclusive Private	2071	77287	295264	120006
城 区	Urban Areas	2458	118673	425693	162690
教育部门	Education Departments	411	37770	125689	46164
其他部门	Other Departments	23	1864	6154	2435
地方企业	Local Enterprises	110	7482	24096	8861
事业单位	Institutional Units	18	1566	5086	1629
部 队	Troops	5	159	463	116
集 体	Run by Collectives	230	7212	25206	9384
民 办	Non-government	1661	62620	238999	94101
#普惠性民办	Inclusive Private	1054	41562	161416	63817
镇 区	Township	2182	103642	376172	153298
教育部门	Education Departments	842	55766	198209	79736
其他部门	Other Departments	19	715	2842	1360
地方企业	Local Enterprises	13	570	2141	1154
事业单位	Institutional Units	2	88	320	142
部 队	Troops				
集 体	Collectives	302	8419	28950	11652
民 办	Non-government	1004	38084	143710	59254
#普惠性民办	Inclusive Private	723	28766	109156	45831
乡 村	Rural Areas	2201	32794	116548	49894
教育部门	Education Departments	1206	18532	65246	28459
其他部门	Other Departments	10	55	200	89
地方企业	Local Enterprises	7	238	967	429
事业单位	Institutional Units				
部 队	Troops	1	31	107	43
集 体	Collectives	596	5077	17819	7689
民 办	Non-government	381	8861	32209	13185
#普惠性民办	Inclusive Private	294	6959	24692	10358

16-21 主要年份学前教育基本情况
BASIC STATISTICS ON PRE-PRIMARY EDUCATION IN MAJOR YEARS

单位：人 (person)

年 份 Year	幼儿园园数(所) Kindergartens(unit)	在园(班)人数 Enrolment	教职工数 Teachers and Staff	#专任教师 Full-time Teachers
1978	5997	305783	13243	6473
1980	7461	408471	17363	10390
1985	7731	592600	26855	20714
1990	7849	816087	38074	28922
1995	8477	1026401	45760	37483
2000	10856	1025982	51694	42565
2005	4619	641470	32666	21711
2010	4352	710297	42782	28509
2011	4908	820608	51472	33294
2012	5489	914797	58666	38194
2013	5882	951431	63684	41317
2014	6183	968237	68785	44475
2015	6450	982943	74823	48285
2016	6708	990985	79984	51110
2017	6937	1027546	86508	54796
2018	6973	987853	90319	56742
2019	7089	996978	99034	60555
2020	7165	997800	106798	65339
2021	7252	1009673	121794	76965
2022	7037	996592	125932	78597
2023	6841	918413	124159	76618

16-22 特殊教育学生数(2023年)
STUDENTS IN SPECIAL EDUCATION(2023)

单位：人 (person)

类 别	Type	毕业生数 Graduates	招生数 Entrants	在校生数 Enrolment
总 计	**Total**	**4312**	**3807**	**20123**
特殊教育学校	Special Education Schools	2152	1723	9700
#送教上门	Sending Education to Door	565	312	2132
小学附设特教班	Special Classes Attached to Primary Schools	19	13	150
小学随班就读	Learning in Regular Classes of Primary Schools	726	756	5396
小学送教上门	Sending Education to Door from Primary Schools	296	157	1288
初中附设特教班	Special Classes Attached to Junior Secondary Schools	6	8	8
初中随班就读	Learning in Regular Classes of Junior Secondary Schools	812	788	2627
初中送教上门	Sending Education to Door from Junior Secondary Schools	301	362	954
其他学校附设特教班	Special Classes Attached to Other Schools			

16-23 科学研究机构及人员(2023年)

INSTITUTIONS AND PERSONNEL OF SCIENTIFIC RESEARCH(2023)

单位：人 (person)

项　目	Item	机构(个) Institutions (unit)	职工人数 Employees	从事科技活动人员 Personnel	#大学本科及以上学历 Bachelor Degree and above
总　计	**Total**	**65**	**8973**	**6255**	**5231**
按机构服务的国民经济行业分	**Grouped by Served Sector**				
农、林、牧、渔业	Farming, Forestry, Animal Husbandry and Fishery	7	284	278	245
采矿业	Mining	1	66	49	44
制造业	Manufacturing	5	187	176	135
信息传输、软件和信息技术服务业	Information Transmission, Software and Information Technology	2	875	872	472
科学研究和技术服务业	Scientific Reseach and Technical Services	21	3855	2392	2165
水利、环境和公共设施管理业	Water, Environmental Protection and Public Facility Management	8	1529	1356	1118
教　育	Education	2	163	163	156
卫生和社会工作	Health Care and Social Work	5	1178	237	220
文化、体育和娱乐业	Culture, Sports and Recreation	6	478	382	356
公共管理、社会保障和社会组织	Public Management, Social Security and Social Organization	8	358	350	320
按机构所属学科分	**Grouped by Subject**				
自然科学领域	Natural Science	7	1003	318	296
农业科学领域	Agricultural Science	7	292	286	247
医学科学领域	Medical Science	6	1223	272	250
工程科学与技术领域	Engineering Science and Technology	25	5222	4298	3413
社会、人文科学领域	Social Science and Humanities	20	1233	1081	1025

16-24 主要年份公有经济企事业单位专业技术人员数

PROFESSIONAL AND TECHNICAL PERSONNEL OF PUBLIC ENTERPRISES AND INSTITUTIONS IN MAJOR YEARS

单位：人 (person)

年 份 Year	工程技术人员 Engineering	农业技术人员 Agriculture	卫生技术人员 Health Care	科学研究人员 Scientific Research
1952	4764	448	7196	105
1957	20010	3131	19883	379
1962	25777	5111	33155	1417
1965	28591	5498	37877	2174
1975	34998	5778	42016	3391
1978	51127	13671	46557	5906
1980	54683	10825	41755	5602
1985	112064	12641	63502	5837
1990	152920	14608	77013	5218
1995	167114	11808	82407	4789
2000	121751	17074	83886	3681
2001	125134	17549	86843	3463
2002	126244	17705	89348	3442
2003	124547	18596	90826	3794
2004	121807	20011	97924	4637
2005	127236	20191	100160	4118
2006	133263	20456	112702	4006
2007	137329	20280	113775	3903
2008	145019	20507	116453	4007
2009	146990	20840	119458	3958
2010	148829	23269	119979	3652
2011	153618	23823	122011	3613
2012	162442	25613	126525	4930
2013	167161	25931	123205	4077
2014	177869	25313	124146	4442
2015	183053	23736	123148	4597
2016	192515	22836	126100	4500
2017	192731	22509	123226	4716
2018	194462	20775	120265	4239
2019	196425	17898	120712	4798
2020	187495	17541	113088	4475
2021	207029	15259	112964	8804
2022	204188	15518	108450	9209
2023	203656	15196	110141	9717

16-25 省科学技术协会及所属学会工作情况(2023年)
PROVINCIAL SCIENCE AND TECHNOLOGY ASSOCIATION AND ITS BRANCHES(2023)

项 目	Item	省科协 Provincial Associations	省级学会 Provincial Learned Societies	地(市)科协 Prefectural (civic) Associations
一、机构与从业人员	**Organization and Personnel**			
机 构(个)	Organization (unit)	1	126	11
从业人员(人)	Personnel (person)	610	757	241
二、学术交流	**Academic Exchange**			
学术会议(次)	Academic Meetings (time)	2	198	16
参加人员(人次)	Participants (person-time)	410	86357	402408
交流论文(篇)	Papers Presented (piece)	6	3930	80
#国内学术会议(次)	Domestic Academic Meetings (time)	1	197	16
参加人员(人次)	Participants (person-time)	260	86341	402408
交流论文(篇)	Papers Presented (piece)	4	3925	80
国际学术会议(次)	International Academic Meetings (time)	1	1	
参加人员(人次)	Participants (person-time)	150	16	
交流论文(篇)	Papers Presented (piece)	2	5	
三、科学普及	**Science Universal**			
举办科普宣讲活动(次)	Science Universal Lectures (time)	153	4873	541
宣讲活动受众人数(人次)	Participants (person-time)	982051	1479681	3459640
四、科技培训	**Science and Technology Training**			
举办实用技术培训(次)	Practical Techniques Training (time)	16	1663	44
培训人数(人次)	Persons Trained (person-time)	898	237935	3696
五、青少年科技活动	**Science and Technology Activity for Teenagers**			
举办青少年科普宣讲活动(次)	Science Universal Lectures to teenagers (time)	7	69	139
青少年科技竞赛(次)	Teenagers Participating in Science and Technology Competitions (time)	4	12	19
参加人数(人次)	Number of Participants (person-time)	33537	15561	128647

16-26 全社会R&D经费内部支出
TOTAL INTERNAL EXPENDITURES ON R&D

单位：万元 (10 000 yuan)

项　目	Item	2022	2023
总　计	**Total**	**2737192**	**2981763**
按活动类型分	**Grouped by Activities**		
基础研究	Basic Research	115121	139200
应用研究	Applied Research	361699	382033
试验发展	Experimental Development	2260372	2460530
按执行部门分	**Grouped by Executive Departments**		
企　业	Enterprises	2303177	2490713
科研机构	Research Institutions	227320	252109
高等院校	Higher Education	202591	230293
其　他	Others	4103	8648
按支出用途分	**Grouped by Object of Expenditure**		
日常性支出	General Expenses	2587204	2824386
#人员劳务费	Personnel Service Charges	531419	772176
资产性支出	Assets Expenses	149988	157377
#仪器和设备	Instruments and Equipments	122776	131796
按资金来源分	**Grouped by Sources of Funds**		
#政府资金	Government Appropriation Funds	362738	404094
企业资金	Self-raised Funds by Enterprises	2305553	2516704

16-27 规模以上工业企业研究与试验发展(R&D)活动基本情况

BASIC STATISTICS ON R&D ACTIVITIES OF INDUSTRIAL ENTERPRISES ABOVE DESIGNATED SIZE

指　标	Item	2021	2022
一、企业基本情况	**Statistics on Industrial Enterprises**		
有R&D活动企业数 (个)	Number of Enterprises Having R&D Activities (unit)	976	1076
有R&D活动企业所占比重 (%)	Percentage of Enterprises Having R&D Activities to Total Number of Enterprises (%)	14.2	14.0
二、R&D活动情况	**Statistics on R&D Activities**		
R&D人员全时当量 (万人年)	Full-time Equivalent of R&D Personnel (10 000 person-years)	3.5	4.0
R&D经费支出 (亿元)	Expenditure on R&D (100 million yuan)	186.2	202.3
R&D经费支出与营业收入之比(%)	Percentage of Expenditure on R&D to Business Revenue (%)	0.6	0.5
三、企业办研发机构情况	**Statistics on Enterprise Research Institutions**		
机构数 (个)	Number of Institutions (unit)	1413	1484
机构人员数 (万人)	Personnel (10 000 persons)	6.3	6.8
机构经费支出 (亿元)	Expenditure (100 million yuan)	197.9	230.4
四、新产品开发及生产情况	**Statistics on New Products Development and Production**		
新产品开发项目数 (个)	Projects for New Products Development (unit)	7501	7997
新产品开发经费支出 (亿元)	Expenditure on New Products Development (100 million yuan)	187.1	193.5
新产品销售收入 (亿元)	Sales Revenue of New Products (100 million yuan)	2940.6	3554.8
#新产品出口	Exports of New Products	228.6	555.0
五、专利情况 (件)	**Statistics on Patents (piece)**		
有效发明专利数	Number of Valid Invention Patents	12336	12861
六、技术获取和技术改造情况 (亿元)	**Statistics on Technology Acquisition and Technology Reconstruction (100 million yuan)**		
引进国外技术经费支出	Expenditure for Acquisition of Foreign Technology	0.2	0.1
引进技术消化吸收经费支出	Expenditure for Assimilation of Technology	0.1	0.1
购买国内技术经费支出	Expenditure for Purchase of Domestic Technology	0.9	1.0
技术改造经费支出	Expenditure for Technical Renovation	91.4	91.3

16-28 按登记注册类型分规模以上工业企业研究与试验发展(R&D)活动及专利情况(2022年)

STATISTICS ON R&D ACTIVITIES AND PATENTS OF INDUSTRIAL ENTERPRISES ABOVE DESIGNATED SIZE BY REGISTRATION STATUS(2022)

登记注册类型	Status of Registration	R&D人员全时当量(人年) Full-time Equivalent of R&D Personnel (person-year)	R&D经费(万元) Expenditure on R&D (10 000 yuan)	有效发明专利数(件) Valid Invention Patents (piece)
合　计	**Total**	**40034**	**2023083**	**12861**
#大中型工业企业	Large and Medium-sized Industrial Enterprises	33620	1752971	7864
内资企业	**Domestic Funded Enterprises**	**38890**	**1970876**	**12657**
国有企业	State-owned Enterprises	588	30275	339
集体企业	Collective-owned Enterprises			
股份合作企业	Cooperative Enterprises	4	66	
联营企业	Joint Ownership Enterprises			
有限责任公司	Limited Liability Corporations	22531	839688	6463
#国有独资公司	State Sole Funded Corporations	2680	98707	2623
股份有限公司	Share-holding Corporations Ltd.	6961	511155	1844
私营企业	Private Enterprises	8805	589691	4011
其他企业	Other Enterprises			
港、澳、台商投资企业	**Enterprises with Funds from Hong Kong, Macao and Taiwan**	**170**	**8318**	**83**
合资经营企业	Joint-venture Enterprises	123	3200	49
合作经营企业	Cooperative Enterprises			
独资经营企业	Enterprises with Sole Fund	44	5037	8
投资股份有限公司	Share-holding Corporations Ltd.	2	81	26
外商投资企业	**Foreign Funded Enterprises**	**975**	**43889**	**121**
中外合资经营企业	Joint-venture Enterprises	502	20102	103
中外合作经营企业	Cooperation Enterprises	262	9724	
外资企业	Enterprises with Sole Fund	123	5739	4
外商投资股份有限公司	Share-holding Corporations Ltd.	88	8324	14

16-29 按行业分规模以上工业企业研究与试验发展(R&D)活动及专利情况(2022年)

STATISTICS ON R&D ACTIVITIES AND PATENTS OF INDUSTRIAL ENTERPRISES ABOVE DESIGNATED SIZE BY INDUSTRIAL SECTOR(2022)

行业	Sector	R&D人员全时当量(人年) Full-time Equivalent of R&D Personnel (person-year)	R&D经费(万元) Expenditure on R&D (10 000 yuan)	有效发明专利数(件) Valid Invention Patents (piece)
总计	**Total**	**40034**	**2023083**	**12861**
煤炭开采和洗选业	Mining and Washing of Coal	12086	358583	396
石油和天然气开采业	Extraction of Petroleum and Natural Gas	150	15909	68
黑色金属矿采选业	Mining and Processing of Ferrous Metal Ores	62	4366	39
有色金属矿采选业	Mining and Processing of Non-ferrous Metal Ores	41	350	
非金属矿采选业	Mining and Processing of Non-metal Ores	6		2
农副食品加工业	Processing of Food from Agricultural Products	242	12781	105
食品制造业	Manufacture of Foods	371	6750	173
酒、饮料和精制茶制造业	Manufacture of Liquor, Beverages and Refined Tea	70	2756	80
烟草制品业	Manufacture of Tobacco			2
纺织业	Manufacture of Textile	93	2479	15
纺织服装、服饰业	Manufacture of Textile, Wearing Apparel and Accessories	19	261	
皮革、毛皮、羽毛及其制品和制鞋业	Manufacture of Leather, Fur, Feather and Related Products and Footwear			
木材加工和木、竹、藤、棕、草制品业	Processing of Timber, Manufacture of Wood, Bamboo, Rattan, Palm and Straw Products			
家具制造业	Manufacture of Furniture			
造纸和纸制品业	Manufacture of Paper and Paper Products	22	2145	12
印刷和记录媒介复制业	Printing and Reproduction of Recording Media	9	448	17
文教、工美、体育和娱乐用品制造业	Manufacture of Articles for Culture, Education, Arts and Crafts, Sport and Entertainment Activities	58	831	7
石油、煤炭及其他燃料加工业	Processing of Petroleum, Coal and Other Fuels	1269	98437	109

16-29 续表 continued

行　业	Sector	R&D人员全时当量(人年) Full-time Equivalent of R&D Personnel (person-year)	R&D经费(万元) Expenditure on R&D (10 000 yuan)	有效发明专利数(件) Valid Invention Patents (piece)
化学原料和化学制品制造业	Manufacture of Raw Chemical Materials and Chemical Products	2475	108063	874
医药制造业	Manufacture of Medicines	1589	49269	704
化学纤维制造业	Manufacture of Chemical Fibre	30	4309	
橡胶和塑料制品业	Manufacture of Rubber and Plastics Products	187	4643	149
非金属矿物制品业	Manufacture of Non-metallic Mineral Products	1625	65935	1002
黑色金属冶炼和压延加工业	Smelting and Pressing of Ferrous Metals	5036	731941	1115
有色金属冶炼和压延加工业	Smelting and Pressing of Non-ferrous Metals	507	50111	216
金属制品业	Manufacture of Metal Products	1561	56825	753
通用设备制造业	Manufacture of General Purpose Machinery	776	39051	494
专用设备制造业	Manufacture of Special Purpose Machinery	1991	90629	2164
汽车制造业	Manufacture of Automobiles	1059	34240	147
铁路、船舶、航空航天和其他运输设备制造业	Manufacture of Railway, Ship, Aerospace and Other Transport Equipments	1330	40602	680
电气机械和器材制造业	Manufacture of Electrical Machinery and Apparatus	1227	73570	798
计算机、通信和其他电子设备制造业	Manufacture of Computers, Communication and Other Electronic Equipment	4223	65105	468
仪器仪表制造业	Instruments and Meters	184	5580	227
其他制造业	Other Manufacturing	665	57552	529
废弃资源综合利用	Utilization of Waste Resources	37	1092	11
金属制品、机械和设备修理业	Repair Service of Metal Products, Machinery and Equipment	51	1577	27
电力、热力生产和供应业	Production and Supply of Electric Power and Heat Power	759	32381	1446
燃气生产和供应业	Production and Supply of Gas	206	4193	19
水的生产和供应业	Production and Supply of Water	19	321	13

16-30 按登记注册类型分规模以上工业企业新产品开发及生产情况(2022年)

NEW PRODUCTS DEVELOPMENT AND PRODUCTION OF INDUSTRIAL ENTERPRISES ABOVE DESIGNATED SIZE BY REGISTRATION STATUS(2022)

登记注册类型	Status of Registration	新产品开发项目数(项) Projects for New Products Development (unit)	新产品开发经费支出(万元) Expenditure on New Products Development (10 000 yuan)	新产品销售收入(万元) Sales Revenue of New Products (10 000 yuan)	#出口 Exports
合计	**Total**	**7997**	**1934732**	**35548442**	**5550339**
#大中型工业企业	Large and Medium-sized Industrial Enterprises	3984	1541439	31637545	5379162
内资企业	**Domestic Funded Enterprises**	**7771**	**1886124**	**31218257**	**3584622**
国有企业	State-owned Enterprises	107	34957	67820	2779
集体企业	Collective-owned Enterprises	1	224		
股份合作企业	Cooperative Enterprises	4	99	1535	
联营企业	Joint Ownership Enterprises				
有限责任公司	Limited Liability Corporations	3243	869135	15094927	2381105
#国有独资公司	State Sole Funded Corporations	404	136753	1263087	64386
股份有限公司	Share-holding Corporations Ltd.	686	439395	9025379	968784
私营企业	Private Enterprises	3730	542314	7028597	231954
其他企业	Other Enterprises				
港、澳、台商投资企业	**Enterprises with Funds from Hong Kong, Macao and Taiwan**	**68**	**6744**	**3742283**	**1859983**
合资经营企业	Joint-venture Enterprises	30	4129	3696305	1859722
合作经营企业	Cooperative Enterprises				
独资经营企业	Enterprises with Sole Fund	37	2565	22693	105
投资股份有限公司	Share-holding Corporations Ltd.	1	50	23285	157
外商投资企业	**Foreign Funded Enterprises**	**158**	**41864**	**587901**	**105733**
中外合资经营企业	Joint-venture Enterprises	112	12851	319123	67809
中外合作经营企业	Cooperation Enterprises	22	14509		
外资企业	Enterprises with Sole Fund	17	6181	11463	38
外商投资股份有限公司	Share-holding Corporations Ltd.	7	8324	257316	37886

16-31 按行业分规模以上工业企业新产品开发及生产情况(2022年)

NEW PRODUCTS DEVELOPMENT AND PRODUCTION OF INDUSTRIAL ENTERPRISES ABOVE DESIGNATED SIZE BY INDUSTRIAL SECTOR(2022)

行业	Sector	新产品开发项目数(项) Projects for New Products Development (unit)	新产品开发经费支出(万元) Expenditure on New Products Development (10 000 yuan)	新产品销售收入(万元) Sales Revenue of New Products (10 000 yuan)	#出口 Exports
总计	**Total**	**7997**	**1934732**	**35548442**	**5550339**
煤炭开采和洗选业	Mining and Washing of Coal	547	167930	2279845	29666
石油和天然气开采业	Extraction of Petroleum and Natural Gas	33	11857	107030	
黑色金属矿采选业	Mining and Processing of Ferrous Metal Ores	10	14240		
有色金属矿采选业	Mining and Processing of Non-Ferrous Metal Ores	6	407		
非金属矿采选业	Mining and Processing of Non-metal Ores	8	2420	22881	
农副食品加工业	Processing of Food from Agricultural Products	82	7536	103126	793
食品制造业	Manufacture of Foods	173	11198	96781	27
酒、饮料和精制茶制造业	Manufacture of Liquor, Beverages and Refined Tea	25	3319	28905	
烟草制品业	Manufacture of Tobacco	3	1204	250	
纺织业	Manufacture of Textile	15	4960	36465	5037
纺织服装、服饰业	Manufacture of Textile, Wearing Apparel and Accessories	9	727	5906	1182
皮革、毛皮、羽毛及其制品和制鞋业	Manufacture of Leather, Fur, Feather and Related Products and Footwear				
木材加工和木、竹、藤、棕、草制品业	Processing of Timber, Manufacture of Wood, Bamboo, Rattan, Palm and Straw Products	3	142		

16-31 续表1 continued

行　业	Sector	新产品开发项目数(项) Projects for New Products Development (unit)	新产品开发经费支出(万元) Expenditure on New Products Development (10 000 yuan)	新产品销售收入(万元) Sales Revenue of New Products (10 000 yuan)	#出口 Exports
家具制造业	Manufacture of Furniture				
造纸和纸制品业	Manufacture of Paper and Paper Products	13	4087	60524	104
印刷和记录媒介复制业	Printing and Reproduction of Recording Media	30	2506	34496	
文教、工美、体育和娱乐用品制造业	Manufacture of Articles for Culture, Education, Arts and Crafts, Sport and Entertainment Activities	15	1348	9581	360
石油、煤炭及其他燃料加工业	Processing of Petroleum, Coal and Other Fuels	138	60558	1106450	23075
化学原料和化学制品制造业	Manufacture of Raw Chemical Materials and Chemical Products	643	123094	1259660	36622
医药制造业	Manufacture of Medicines	878	70096	1094188	187480
化学纤维制造业	Manufacture of Chemical Fibres			8954	
橡胶和塑料制品业	Manufacture of Rubber and Plastics Products	180	16534	139691	42966
非金属矿物制品业	Manufacture of Non-metallic Mineral Products	535	81983	1078347	39121
黑色金属冶炼和压延加工业	Smelting and Pressing of Ferrous Metals	385	525756	12074861	873231
有色金属冶炼和压延加工业	Smelting and Pressing of Non-ferrous Metals	154	46103	2641908	62221
金属制品业	Manufacture of Metal Products	591	83971	811120	22196
通用设备制造业	Manufacture of General Purpose Machinery	500	73829	502099	6848

16–31 续表2 continued

行　业	Sector	新产品开发项目数(项) Projects for New Products Development (unit)	新产品开发经费支出(万元) Expenditure on New Products Development (10 000 yuan)	新产品销售收入(万元) Sales Revenue of New Products (10 000 yuan)	#出口 Exports
专用设备制造业	Manufacture of Special Purpose Machinery	940	167367	1450333	120920
汽车制造业	Manufacture of Automobiles	184	50266	1637740	99683
铁路、船舶、航空航天和其他运输设备制造业	Manufacture of Railway, Ship, Aerospace and Other Transport Equipments	461	79901	969853	60799
电气机械和器材制造业	Manufacture of Electrical Machinery and Apparatus	439	74694	1315306	112309
计算机、通信和其他电子设备制造业	Manufacture of Computers, Communication and Other Electronic Equipment	449	149408	6048742	3811965
仪器仪表制造业	Manufacture of Measuring Instruments and Machinery	192	16107	112225	2359
其他制造业	Other Manufacture	107	56584	330981	11375
废弃资源综合利用	Utilization of Waste Resources	18	1995	17882	
金属制品、机械和设备修理业	Repair Service of Metal Products, Machinery and Equipment	41	2679	27556	
电力、热力生产和供应业	Production and Supply of Electric Power and Heat Power	155	13850	130918	
燃气生产和供应业	Production and Supply of Gas	23	4925	1863	
水的生产和供应业	Production and Supply of Water	12	1150	1978	

主要统计指标解释

毕业生数 指上学年度具有学籍的学生完成教学计划规定课程，考试合格并且取得毕业证书的学生数。

招生数 指实际招收入学并完成学籍注册的新生数。

在校生数 指具有学籍并在本学年初进行学籍注册的学生数。

工程技术人员 指在国民经济各行业从事工程技术工作的自然科学技术的专业人员。包括：高级工程师、工程师、助理工程师、技术员和未评定职称的技术人员。

农业技术人员 指在国民经济各行业从事农业技术工作的自然科学技术的专业人员。包括：高级农艺师、农艺师、助理农艺师、技术员和未评定职称的技术人员。

卫生技术人员 指在国民经济各行业从事卫生医务工作的自然科学技术的专业人员。包括：正副主任医师、主治医师、医师、医（护）士和未评定职称的技术人员。

科学研究人员 指在国民经济各行业从事科学技术活动的自然科学技术的专业人员。包括：正副研究员、助理研究员、实习研究员、技术员和未评定职称的技术人员。

R&D 人员全时当量 是国际上通用的、用于比较科技人力投入的指标。指 R&D 全时人员（全年从事 R&D 活动累积工作时间占全部工作时间的 90%及以上人员）工作量与非全时人员按实际工作时间折算的工作量之和。例如：有两个 R&D 全时人员和三个 R&D 非全时人员(工作时间分别为 0.2 年、0.3 年和 0.7 年)，则 R&D 人员全时当量为 1+1+0.2+0.3+0.7=3.2 人年。

Explanatory Notes on Main Statistical Indicators

Number of Graduates refers to the number of students with student status who have completed the courses specified in the teaching plan, passed the examination and obtained the graduation certificate in the school years.

Number of Entrants refers to the number of new students actually enrolled and registered.

Number of Enrolment refers to the number of students with student status who have registered at the beginning of this school year.

Engineering Personnel refer to the persons who are engaged in engineering science and technology in different sectors of the national economy, including senior engineers, engineers, assistant engineers, technicians and technical personal without professional titles.

Agricultural Personnel refer to the persons who are working on the science of agriculture in different sectors of the national economy, including senior agronomists, agronomists, assistant agronomists, technicians and technical personnel without professional titles.

Public Health Personnel refer to those personnel engaged in medical and health work in different sectors of the national economy, including director doctors and their deputies, doctors in charge, doctors, paramedics, nurses and technical personnel without professional title.

Scientific Research Personnel refers to the persons who are engaged in scientific and technical activities in different sectors of the national economy, including research fellows and their deputies, assistant research fellows, research trainees, technicians and technical personnel without professional titles.

Full-time Equivalent of R&D Personnel is an international indicator to compare R&D manpower input. It refers to the sum of the workload of full-time persons, whose work time on R&D isn't less than 90% on the whole work time, and the converted workload of part-time persons according to the actual working time. For instance, if there are 2 full-time persons and 3 part-time persons whose working time are respectively 0.2 year, 0.3 year, and 0.7 year, the full-time equivalent are 1+1+0.2+0.3+0.7=3.2 person-years.

17

CULTURE, SPORTS, PUBLIC HEALTH AND ENVIRONMENTAL PROTECTION

文化、体育、卫生、环保

资料整理人员

王俊鹏　樊梅洁　吕　洁

CULTURE, SPORTS, PUBLIC HEALTH AND ENVIRONMENTAL PROTECTION 文化、体育、卫生、环保

公共图书馆数	Number of Public Libraries	127	个 (unit)
图书出版总印数	Number of Books Published	11748	万册 (10 000 copies)
篮球场地数	Number of Basketball Courts	29023	个 (unit)
医院数	Number of Hospitals	1383	个 (unit)
废水排放量	Waste Water Discharged	20056	万吨 (10 000 tons)

卫生技术人员构成 (%)
Composition of Medical Technical Personnels (%)

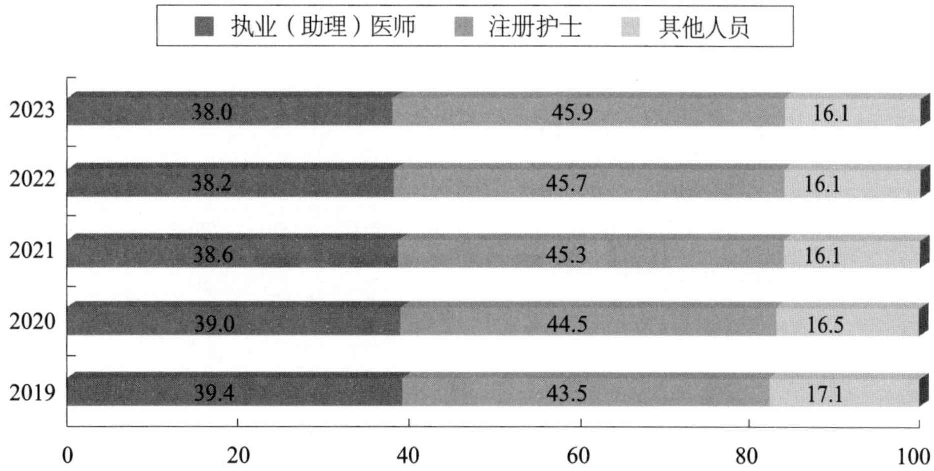

报纸总印数（万份）
Total Printed Copies of Newspapers (10 000 copies)

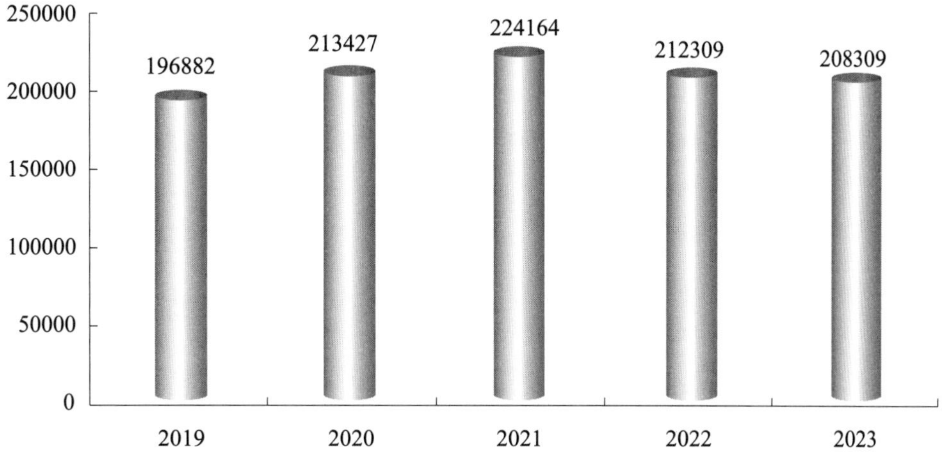

17-1 主要文化机构和人员数(2023年)
MAJOR CULTURAL INSTITUTIONS AND PERSONNEL(2023)

机构类别	Item	机构数(个) Institutions (unit)	人数(人) Personnel (person)
新闻出版	**Press and Publication**		
图书出版社	Book Publishing Houses	7	647
出版物发行	Publication Distribution	3261	25846
广播、电视	**Radio and Television**		
省　级	Provincial Level	1	6983
地市级	Prefecture Level	15	7119
县(市)级	County Level	96	9854
文化艺术	**Culture and Art**		
艺术表演团体	Art Performance Troupes	756	19888
艺术表演场馆	Art Performance Venues	130	1249
文化和旅游部门教育机构	Educational Institutions of Culture and Tourism Department	9	548
文化和旅游科研机构	Scientific Research Institutions of Culture and Tourism	19	946
文物保护	**Cultural Relic Protection**		
文物保护管理机构	Agencies of Cultural Relics Protection	78	1900
博物馆	Museums	155	4386
文物商店	Cultural Relics Shops		
文物科研机构	Research Institutions of Relics	13	853
其他文物机构	Others	135	2614
公共图书馆	**Public Libraries**		
省级图书馆	Provincial Level	1	210
市级图书馆	Prefecture Level	10	598
县级图书馆	County Level	116	927
群众文化	**Mass Culture**		
群众艺术馆、文化馆	Art Centers and Cultural Centers	129	1676
文化站	Cultural Stations	1299	3076
文化娱乐	**Cultural Entertainment**		
娱乐场所	Entertainmental Venues	894	8451
网　吧	Internet Bars	2587	3287
其他文化	**Others**		
文化和旅游行政部门	Administrative Departments of Culture and Tourism	129	2698
文化市场执法机构	Law Enforcement Agencies of Cultural Markets	103	1277

17-2 主要年份图书、期刊和报纸总印数
TOTAL PRINTED COPIES OF BOOKS, MAGAZINES AND NEWSPAPERS IN MAJOR YEARS

年份 Year	图书 Books		期刊 Magazines		报纸 Newspapers	
	种数(种) Number of Kinds (kind)	总印数(万册) Total Printed Copies (10 000 copies)	种数(种) Number of Kinds (kind)	总印数(万份) Total Printed Copies (10 000 copies)	种数(种) Number of Kinds (kind)	总印数(万份) Total Printed Copies (10 000 copies)
1978	290	6422	16	598	14	17869
1980	361	9055	33	1905	10	17590
1985	550	9991	110	7981	72	55174
1990	989	12166	129	2815	39	54361
1991	1381	14079	130	3086	42	46872
1992	1782	14163	139	3589	49	70047
1993	2261	13058	151	4001	55	73240
1994	2108	12300	158	3948	56	62568
1995	1728	13919	164	3586	59	59254
1996	1783	14654	160	3119	59	58363
1997	1741	15109	158	3199	59	66262
1998	1639	14016	157	2792	56	71954
1999	2214	15487	152	2816	57	69108
2000	1894	10105	165	2659	59	62815
2001	2177	11800	187	3030	66	101712
2002	2505	13264	195	4290	65	140950
2003	2004	11098	198	4208	67	160553
2004	1950	11398	202	4641	60	195992
2005	1683	10081	200	5914	60	329713
2006	1813	9337	199	4441	60	206067
2007	1979	11764	199	5434	60	210541
2008	2586	10535	199	3950	77	163296
2009	2629	11187	200	3402	77	183273
2010	3032	13183	200	4000	77	206698
2011	3401	13887	200	3428	77	202664
2012	4002	14789	198	3733	77	208938
2013	4025	13452	198	3384	77	219694
2014	3458	12866	200	2930	60	214620
2015	3832	12439	200	2573	60	203549
2016	3513	9860	201	2421	60	201619
2017	3517	10899	201	2217	60	201110
2018	3304	10174	201	2259	60	198105
2019	3380	11185	201	2250	60	196882
2020	3154	11033	201	1996	60	213427
2021	3187	11906	198	1940	54	224164
2022	3011	12109	198	1837	54	212309
2023	3298	11748	198	1687	53	208309

注：本表2008年至2013年报纸相关数据包含高校校报。

Note：Newspaper data from 2008 to 2013 include college newspaper.

17-3 主要年份广播、电视台(站)数
NUMBER OF RADIO AND TELEVISION STATIONS IN MAJOR YEARS

单位：个 (unit)

年份 Year	无线 Radio Broadcast		电视广播 Telecast		人口覆盖率(%) Population Coverage Rate (%)	
	广播电台 Broadcasting Stations	中、短波转播发射台 Transmission and Relaying Stations of Medium and Short Wave	电视台 Television Stations	100W以上(含100W)调频、电视发射台 Transmission Stations above 100W (100W included)	广播 Radio	电视 TV
1980	1	10	1	11	44.5	46.6
1985	3	12	6	16	43.0	60.0
1990	14	20	25	36	51.0	78.0
1995	53	21	31	46	68.0	84.1
2000	8	17	12	53	90.0	95.2
2005	10	15	12	309	91.8	95.8
2010	7	15	8	151	93.3	97.5
2011	4	15	6	148	93.6	97.7
2012	2	15	4	148	95.4	98.1
2013	1	15	3	145	96.8	98.5
2014	1	15	2	178	98.0	99.0
2015		13	2	192	98.5	99.3
2016		13	2	190	98.6	99.4
2017		15	2	174	98.8	99.6
2018		15	2	170	98.8	99.6
2019		17		169	98.9	99.6
2020		16		154	99.2	99.7
2021		15		148	98.8	99.2
2022		15		146	99.0	99.3
2023		17		132	99.0	99.3

注：2006年以前电视台和转播台为1000瓦以上口径。
Note: Coverage of TV transmission stations and relaying stations before 2006 is above 1000w.

17-4 主要年份广播剧、电视剧、电影故事片制作情况
PRODUCTION OF RADIO PLAYS, TELEVISION PLAYS AND FEATURE FILMS IN MAJOR YEARS

年份 Year	广播剧 Radio Plays		电视剧 TV Plays		电影故事片(部) Feature Films (unit)
	部 Unit	时长 Hour	部 Unit	集数 Part	
1985	13	50	18	39	2
1990	5	14	28	122	
1995			12	80	1
2000	5	8	3	42	
2005	7	353	19	371	18
2010	25	1133	2	32	6
2011			2	67	8
2012			1	50	18
2013			7	199	12
2014		4819	8	211	11
2015		5593	7	221	15
2016		6624	9	314	26
2017		9047	13	206	24
2018		11198	5	145	
2019		18579	5	44	
2020		12543	1	40	
2021		18027	1	12	
2022		16044	2	62	
2023		17191	3	13	

注：2014年起，广播剧类广播节目统计口径由集数改为时长。
Note: The coverage of radio plays has changed into length of play from the part of play since 2014.

17-5 主要年份国有文化艺术、文物单位数

INSTITUTION NUMBER OF STATE-OWNED CULTURE, ART AND CULTURAL RELICS IN MAJOR YEARS

单位：个 (unit)

年 份 Year	文化和旅游部门所属艺术表演团体 Art Performance Troupes Belonged to Culture and Tourism Department	文化馆 Cultural Centers	公共图书馆 Public Libraries	博物馆 Museums
1978	147	124	61	15
1980	162	126	72	19
1985	175	129	103	56
1990	169	130	111	67
1995	162	130	119	67
2000	159	130	121	76
2005	156	131	122	86
2010	167	131	126	89
2011	162	131	126	89
2012	163	131	126	92
2013	155	131	127	98
2014	163	131	126	99
2015	157	131	126	131
2016	150	131	127	140
2017	149	131	128	140
2018	152	130	128	152
2019	151	130	128	158
2020	140	130	128	159
2021	132	130	128	182
2022	123	130	127	176
2023	117	129	127	155

注：2015年起，博物馆包含民办博物馆、行业博物馆。
Note: Museums include non-state-owned museums and industrial museums from 2015.

17-6 文化艺术机构和人员数(2023年)

INSTITUTIONS AND PERSONNEL OF CULTURE AND ART(2023)

类 别	Type	机构数(个) Institutions (unit)	文化部门 Cultural Institutions	其他部门 Other Institutions	从业人员(人) Personnel (person)	文化部门 Cultural Institutions	其他部门 Other Institutions
总 计	**Total**	**5652**	**2058**	**3594**	**32358**	**19746**	**12612**
文化和旅游部门所属艺术表演团体	Art Performance Troupes Belonged to Culture and Tourism Department	117	117		6476	6476	
文化和旅游部门所属演出场所	Performance Venues Belonged to Culture and Tourism Department	39	39		330	330	
公共图书馆	Public Libraries	127	127		1735	1735	
群众文化服务业	Mass Culture Services	1428	1428		4752	4752	
美术展览创作机构	Art Exibition and Creation Institutions	42	42		273	273	
文化和旅游部门教育机构	Education Institutions of Culture and Tourism Department	9	9		548	548	
文化市场经营机构	Business Institutions of Culture Market	3594		3594	12612		12612
文化和旅游科研机构	Scientific Research of Culture and Tourism	19	19		946	946	
文化和旅游行政部门	Administrative Departments of Culture and Tourism	129	129		2698	2698	
其他文化和旅游机构	Other Culture and Tourism Institutions	148	148		1988	1988	

注：文化市场经营机构不含非公有制艺术表演团体及艺术表演场馆。
Note: Business institutions of culture market don't include non-public ownership art troupes and art performance venues.

17-7 文化和旅游部门所属艺术表演团体演出情况(2023年)

PERFORMANCE OF ART PERFORMANCE TROUPES BELONGED TO CULTURE AND TOURISM DEPARTMENT(2023)

单位：千场 (1 000 shows)

类别	Type	国内演出场次 Number of Domestic Performances	#到农村演出场次 Shows in Rural Areas	国内演出观众人次(千人次) Number of Spectators (1 000 person-times)
总计	**Total**	**29.3**	**23.3**	**26390**
按剧种分	**By Type of Art**			
话剧、儿童剧、滑稽剧类	Drama, Children's Play and Comedy	0.3		226
#儿童剧	Children's Play Troupes	0.03		45
歌舞、音乐类	Song and Dance	2.4	0.9	3553
京剧、昆曲类	Peking Opera and Kunqu Opera	0.2	0.1	84
#京剧	Peking Opera	0.2	0.1	84
地方戏曲类	Local Opera	23.1	21.4	20340
杂技、魔术、马戏类	Acrobatics, Magic and Circus	0.4	0.03	987
曲艺类	Folk Arts	0.6	0.2	486
综艺性艺术表演团体	Comprehensive Art Performance	2.4	0.5	714

17-8 文化和旅游部门所属艺术表演团体收入和支出(2023年)

REVENUE AND EXPENDITURE OF ART PERFORMANCE TROUPES BELONGED TO CULTURE AND TOURISM DEPARTMENT(2023)

单位：千元 (1 000 yuan)

类别	Type	剧团(个) Number of Art Troupes (unit)	#国家经费补贴剧团 Government Subsidies	总收入 Total Revenue	#演出收入 Revenue from Performances	总支出 Total Expenditures
总计	**Total**	**117**	**110**	**737697**	**295365**	**755390**
按剧种分	**By Type of Art**					
话剧、儿童剧、滑稽剧类	Drama, Children Play and Comedy	3	3	30493	9338	32062
#儿童剧	Children's Play	1	1	3236		3866
歌舞、音乐类	Song and Dance	15	14	166895	78795	177272
京剧、昆曲类	Peking Opera and Kunqu Opera	1	1	19977	17261	20083
#京剧	Peking Opera	1	1	19977	17261	20083
地方戏曲类	Local Opera	86	81	447052	158660	450551
杂技、魔术、马戏类	Acrobatics, Magic and Circus	1	1	7379	2615	7379
曲艺类	Folk Arts	3	3	12569	8186	11794
综艺性艺术表演团体	Comprehensive Art Performance	8	7	53332	20510	56249

17-9 文化馆(站)业务活动及经费
ACTIVITIES AND FUNDS OF CULTURAL CENTERS AND STATIONS

项 目	Item	2022	2023
单位数 (个)	Number of Units (unit)	1431	1428
举办展览 (个)	Number of Exhibtions (unit)	2934	3157
举办训练班班次 (次)	Training Courses (time)	12558	21104
组织文艺活动次数 (次)	Art Performances (time)	30563	32975
总支出 (千元)	Total Expenditures (1 000 yuan)	423374	414022
#基本支出	Basic Expenditures	264444	255416

17-10 公共图书馆业务活动及经费(2023年)
ACTIVITIES AND FUNDS OF PUBLIC LIBRARIES(2023)

项 目	Item	总 计 Total	省级公共图书馆 Provincial Level	地市级公共图书馆 Prefecture Level	县级公共图书馆 County Level
总藏量 (千册)	Total Collections (1 000 volumes)	26581	4084	7765	14733
书架单层总长度 (千米)	Total Length of Bookshelves (1 000 m)				
实际持证读者数 (千个)	Actual Number of Readers with Library Cards (1 000 units)	1983	485	1044	454
总流通人次 (千人次)	Total Number of Circulation Books (1 000 person-times)	20641	1425	8380	10837
#书刊文献外借人次	Borrowing from Libraries	6454	397	3393	2664
为读者服务举办各种活动次数 (次)	Number of Service Activities Provided for Readers (time)	6671	478	2107	4086
参加人数 (千人次)	Number of Readers Involved (1 000 person-times)	4538	240	2485	1813
电子阅览室终端数 (个)	Number of Terminal in Electrical Reading Room (unit)	3882	65	748	3069
总支出 (千元)	Total Expenditures (1 000 yuan)	421397	128368	146532	146497
#新增藏量及数字资源购置费	Purchase Expenses of New Collections and Digital Resources	33554	6715	15375	11464
本年新增藏量 (含电子图书) (千册)	New Collections (including Electronic Books) of The Year (1 000 volumes)	20565	130	18517	1918
实际使用公用房屋建筑面积 (千平方米)	Actual Usage Floor Space of Public Buildings (1 000 sq.m)	611	79	209	323
#书 库	Stock Rooms	84	8	22	54
阅览室座席 (千个)	Seating Capacity of Reading Rooms (1 000 seats)	49	4	15	29

17-11 文物保护管理情况
STATISTICS ON RELICS PROTECTION

指　标	Item	2022	2023
机构数 (个)	Institutions (unit)	411	381
#文物保护管理机构	Agencies of Cultural Relics Protection	82	78
博物馆	Museums	176	155
文物商店	Cultural Relics Shops		
从业人员 (人)	Employed Persons (person)	9618	9753
藏　品 (万件)	Number of Collections (10 000 pieces)	190	185
#一级藏品 (件)	Grade One (pieces)	4576	4548
陈列和展览活动 (次)	Displays and Exhibitions (time)	596	629
参观人次 (万人次)	Vistors (10 000 person-times)	1223	3768
#外　宾	Foreigners	7	12
青少年	Teenagers	254	577
总收入 (万元)	Total Revenue (10 000 yuan)	388736	482615
#门票收入	Ticket Revenue	7765	45588
总支出 (万元)	Total Expenditures (10 000 yuan)	388637	478335
年末固定资产净值 (万元)	Net Value of Fixed Assets (10 000 yuan)	438977	471869
增加值 (万元)	Value Added (10 000 yuan)	107140	
公用房屋建筑面积 (千平方米)	Floor Space of Public Houses (1000 sq.m)	1204	1150
#陈列展览用房	Exhibit Rooms	450	416
文物库房	Cultural Relic Warehouses	80	89

17-12 体育局系统从业人员数(2023年)

EMPLOYEES OF SPORTS BUREAU(2023)

单位：人 (person)

类别	Type	合计 Total	行政机关职工合计 Staff and Workers of Administrative Agencies	运动项目管理部门 Administrative Departments of Sports Programmes	职业运动技术学院 Professional Sports Technique College	体育运动学校 Physical Education and Sports Schools
总计	**Total**	**3906**	**686**	**1101**	**240**	**640**
公务员	Civil Servants	439	439			
教练员	Coaches	643		199		211
运动员	Athletes	707		683	15	
科研人员	Scientific and Technical Personnel	66				
医务人员	Medical Personnel	8		3		3
文化教师	Teachers	374		3		224
管理人员	Administrative Personnel	698		142	47	91
工勤人员	Logistics Personnel	152	30	17	7	29
其他人员	Others	819	217	54	171	82

类别	Type	业余体校 Sparetime Sports Schools	体育场馆 Stadiums and Gymnasiums	训练基地 Training Bases	科研所 Scientific Research Institutes	其他 Others
总计	**Total**	**263**	**120**	**12**	**94**	**750**
公务员	Civil Servants					
教练员	Coaches	93	8	5		127
运动员	Athletes	9				
科研人员	Scientific and Technical Personnel				65	1
医务人员	Medical Personnel		1			1
文化教师	Teachers	53	1			93
管理人员	Administrative Personnel	69	50		22	277
工勤人员	Logistics Personnel	18	11		4	36
其他人员	Others	21	49	7	3	215

17-13 体育场地数

NUMBER OF SPORTS VENUES

单位：个 (unit)

项 目	Item	2022	2023
体育公园	**Sports Parks**		
体育公园	Sports Parks	119	129
大型体育场馆	**Large-scale Stadiums**		
体育场	Stadiums	7	7
体育馆	Gymnasiums	48	50
游泳馆	Natatoriums	7	7
田径场地	**Athletic Fields**		
标 准	Standard Fields	1370	1342
其 它	Others	4286	4385
游泳场地	**Swimming Venues**		
室 内	Indoor Venues	415	434
室 外	Outdoor Venues	88	77
球类运动场地	**Ball Fields**		
足球场地	Football Fields	2694	2876
篮球场地	Basketball Courts	28217	29023
排球场地	Volleyball Courts	625	629
乒乓球场地	Table Tennis Courts	16653	17812
羽毛球场地	Badminton Courts	6856	7253
其它球类	Others	7462	7661
冰雪场地	**Skating and Skiing Ground**		
滑冰场地	Skating Ground	11	14
滑雪场地	Skiing Ground	45	49
全民健身场地	**National Fitness Sites**		
健身房	Gymnasiums	3109	3127
全民健身路径	National Fitness Paths	37125	38701
健身步道	Fitness Trails	2460	2958

注：(1) 本表体育场地指可供居民开展运动训练、比赛和健身等的各类体育场地，统计范围为除军队和铁路系统外的体育场地法人单位。

(2) 本表体育场为固定座席数量大于等于20000座的体育场，固定座席数量小于20000座（不含20000座）的体育场统计在田径场地内；体育馆为固定座席数量大于等于3000座的体育馆；游泳馆为固定座席数量大于等于1500座的游泳馆，固定座席数量小于1500座（不含1500座）的游泳馆统计在游泳场地内。

Notes: (1) Sports venues in the table refer to all kinds of sports venues for residents to carry out sports training, competition and fitness, and the statistical coverage includes sports venues of legal entities except military and railway systems.

(2) In the table, the stadiums refer to stadiums with fixed seats more than or equal to 20,000, and the stadiums with fixed seats less than 20,000 (excluding 20,000) are counted in the athletic field. The gymnasiums refer to gymnasiums with fixed seats more than or equal to 3000. The natatoriums refer to natatoriums with fixed seats more than or equal to 1500, and the natatoriums with fixed seats less than 1500 are counted in the swimming venues.

17-14 分项目等级运动员发展人数(2023年)
CERTIFIED ATHLETES BY TYPE OF SPORTS(2023)

单位：人 (person)

运动项目	Item	人数合计 Number of Persons	国际级运动健将 International Master of Sports	#女 Female	一级 First Grade	#女 Female	二级 Second Grade	#女 Female
总　计	**Total**	**3250**			**777**	**327**	**2473**	**712**
田　径	Track and Field	861			35	4	826	73
游　泳	Swimming	159			12	3	147	75
水　球	Water Polo	11			11			
跳　水	Diving	20			11	4	9	3
体　操	Gymnastics	10			10	3		
艺术体操	Artistic Gymnastics	36			1	1	35	35
蹦　床	Trampoline	41			23	15	18	8
举　重	Weightlifting	23			9	6	14	6
拳　击	Boxing	46			18	6	28	8
国际式摔跤	International Wrestling	231			57	21	174	39
中国式摔跤	Chinese-style Wrestling	25			14	10	11	6
柔　道	Judo	76			23	9	53	14
跆拳道	Kickboxing	172			77	36	95	34
自行车	Cycle Racing	28			12	3	16	4
击　剑	Fencing	15			4	1	11	4
射　击	Shooting	30			9	6	21	11
射　箭	Sport Archery	22			4	1	18	5
足　球	Football							
篮　球	Basketball	210			46	21	164	78
排　球	Volleyball	223			143	67	80	44
乒乓球	Table Tennis	79			31	20	48	24
羽毛球	Badminton	84			44	17	40	14
网　球	Tennis	55			26	12	29	15
手　球	Handball	164			38	16	126	48
曲棍球	Field Hockey							
棒　球	Baseball							
健美操	Bodybuilding Gymnastics							
街　舞	Hip Hop							
软式网球	Soft Tennis	6					6	
武　术	Wushu	351			6	4	345	118
蹼　泳	Fin Swimming							
摩托艇	Motorboat							
围　棋	Weiqi	8			2		6	2
国际象棋	International Chess							
中国象棋	Chinese Chess							
橄榄球	Rugby Football	51			33	14	18	1
航空模型	Model Airplane							
其　他	Others	213			78	27	135	43

17-15 主要年份运动员打破纪录情况
RECORDS BROKEN BY ATHLETES IN MAJOR YEARS

年 份 Year	打破世界纪录 World Records Chalked Up			打破全国纪录 National Records Chalked Up			打破省纪录 Provincial Records Chalked Up		
	项数(项) Events (item)	次数(次) Times (time)	人数(人) Persons (person)	项数(项) Events (item)	次数(次) Times (time)	人数(人) Persons (person)	项数(项) Events (item)	次数(次) Times (time)	人数(人) Persons (person)
1978				15	21	10	118	260	95
1980				11	31	4	123	233	132
1985				2	2	2	48	64	35
1990	1	1	1	7	10	7	106	152	62
1995				2	2	5	60	89	84
2000				3	4	6	70	78	57
2005				2	2	2	17	17	25
2010				2	2	2	5	8	8
2011							3	3	3
2012				1	1	1	11	11	3
2013							13	13	18
2014							4	5	4
2015							12	18	12
2016							8	8	7
2017							15	15	18
2018							14	14	22
2019	2	2	1	1	1	1	34	44	31
2020							12	12	18
2021							16	16	19
2022							14	17	18
2023							48	52	66

17-16 体育彩票、福利彩票发行情况
ISSUE OF SPORTS LOTTERY AND WELFARE LOTTERY

单位：万元 (10 000 yuan)

项 目	Item	2022	2023
体育电脑彩票销售点 (个)	Computer Sale Place of Sports Lottery Ticket (unit)	3815	4311
体育彩票销售收入	Sale Revenue of Sports Lottery Ticket	432519	593837
#用于兑奖金额	Value of Exchanging Awards	282459	393055
福利彩票销售点(个)	Sale Place of Welfare Lottery Ticket (unit)	5698	5032
福利彩票销售收入	Sale Revenue of Welfare Lottery Ticket	240935	324592

17-17 主要年份卫生机构数
HEALTH CARE INSTITUTIONS IN MAJOR YEARS

单位：个 (unit)

年份 Year	总计 Total	#医院 Hospitals	#门诊部(所) Outpatient Departments	#疾病预防控制中心 Centers for Disease Control and Prevention	#妇幼保健院(所、站) Maternity and Child Care Centers	#医学科学研究机构 Research Institutes of Medical Science
1978	4995	2302	2345	136	128	3
1980	5190	2346	2432	137	129	12
1985	5834	2468	2910	135	123	19
1990	6108	2573	3020	141	123	23
1995	5922	2590	2790	153	131	22
2000	3273	716	92	148	136	23
2005	3009	885	52	157	131	10
2010	11889	1201	106	147	133	6
2011	12004	1216	291	147	132	7
2012	11907	1215	317	135	132	7
2013	12040	1219	297	134	132	7
2014	12528	1234	284	134	133	7
2015	12903	1274	312	134	132	7
2016	13178	1393	355	136	134	7
2017	13549	1388	391	135	135	7
2018	13740	1368	406	135	134	6
2019	14048	1398	493	134	131	5
2020	14343	1419	561	132	129	4
2021	14656	1431	664	132	127	1
2022	14605	1376	746	132	129	1
2023	15272	1383	855	132	129	1

注：2011年起，卫生机构数不包括村卫生室数，后同。
Note: Rural clinics aren't included in health care institutions from 2011. The same applies to the following.

17-18 主要年份卫生机构床位数

NUMBER OF BEDS IN HEALTH CARE INSTITUTIONS IN MAJOR YEARS

单位：张 (unit)

年份 Year	总计 Total	医院 Hospitals	其他卫生机构 Other Institutions	平均每千人口拥有医院床位数 Number of Hospital Beds Per 1000 Population
1978	65426	63293	2133	2.69
1980	71702	69141	2561	2.89
1985	87768	82076	5692	3.34
1990	105324	98142	7182	3.45
1995	110422	101936	8486	3.37
2000	111880	77300	34580	2.38
2005	107968	81150	26818	2.42
2010	155973	108333	47640	3.09
2011	158459	111335	47124	3.11
2012	165294	119856	45438	3.32
2013	172620	128294	44326	3.54
2014	177442	133957	43485	3.67
2015	183209	140257	42952	3.83
2016	189778	147096	42682	4.00
2017	197527	154184	43343	4.16
2018	208298	163584	44714	4.40
2019	218120	174807	43313	4.69
2020	223650	181312	42338	5.19
2021	228922	186065	42857	5.35
2022	228439	186300	42139	5.35
2023	232341	190415	41926	5.49

17-19 主要年份卫生技术人员数

NUMBER OF HEALTH TECHNICAL PERSONNEL IN MAJOR YEARS

单位：人 (person)

年份 Year	卫生技术人员 Health Technical Personnel	#执业(助理)医师 Licensed Assistant Doctors	#注册护士 Registered Nurses	平均每千人口拥有卫生技术人员数 Number of Medical Technical Personnel Per 1000 Population
1978	76475	35157	10775	3.16
1980	87815	40479	11561	3.54
1985	109596	48557	16488	4.17
1990	128465	60185	27956	4.52
1995	142239	68658	34907	5.68
2000	136224	64900	37057	4.19
2005	130955	58617	38117	3.90
2010	190917	85376	62251	5.45
2011	189283	82547	64793	5.27
2012	199601	87319	70337	5.54
2013	203385	88182	74849	5.62
2014	209491	89852	79055	5.63
2015	213995	90216	83344	5.84
2016	225770	91748	92139	6.13
2017	227939	89824	96317	6.16
2018	240655	94314	103335	6.47
2019	249278	98230	108345	6.68
2020	260536	101667	115851	7.46
2021	273038	105403	123813	7.84
2022	275071	105146	125698	7.90
2023	287967	109387	132206	8.30

17-20 卫生机构分类人员数

NUMBER OF PERSONNEL IN HEALTH CARE INSTITUTIONS BY CATEGORY

单位：人 (person)

人员分类	Type of Personnel	2022	2023
一、各类人员总计	**Total Personnel**	**326781**	**340489**
卫生技术人员	Health Technical Personnel	275071	287967
其他技术人员	Other Technical Personnel	16329	16792
管理人员	Managerial Personnel	12451	13239
工勤人员	Logistics Workers	22930	22491
二、卫生技术人员	**Medical Technical Personnel**	**275071**	**287967**
执业(助理)医师	Licensed Assistant Doctors	105146	109387
#执业医师	Licensed Doctors	93625	97662
注册护士	Registered Nurses	125698	132206
药师(士)	Pharmacists	11348	12026
技师(士)	Technicians	17803	19747
其　他	Others	15076	14601

17–21 续表 continued

类 别	Type	机构数(个) Institutions (unit)	床位数(张) Beds (unit)	人员合计(人) Personnel (person)	#卫生技术人员 Health Technical Personnel
四、门诊部合计	**Total Number of Clinics**	**855**	**238**	**9452**	**8619**
综合门诊部	General Clinics	126	126	2273	1965
中医门诊部	Chinese Medicine Clinics	52	33	519	443
中西医结合门诊部	Chinese and Western Medicine Clinics	8		85	83
专科门诊部	Special Clinics	669	79	6575	6128
五、诊所、卫生所、医务室	**Clinics, Health Centers and Infirmaries**	**9969**		**25589**	**24488**
诊 所	Clinics	9324		23270	22435
卫生所、医务室	Health Centres and Infirmaries	645		2319	2053
六、采供血机构	**Selection and Supplyment Blood Institutions**	**27**		**1593**	**1209**
七、妇幼保健院 (所、站)	**Maternity and Child Care Centers**	**129**	**4251**	**12329**	**9771**
1.省 属	Belong to Province	1			
省辖市(地区)属	Belong to City (prefecture) of Province	9	1585	4291	3577
地辖市属	Belong to City of Prefecture	36	763	2820	2197
县 属	Belong to County	80	1884	5145	3940
其 他	Others	3	19	73	57
2.妇幼保健院	Maternity and Child Care Hospitals	101	4151	11407	9151
妇幼保健所	Maternity and Child Care Institutes	5		161	112
妇幼保健站	Maternity and Child Care Stations	23	100	761	508
生殖保健中心	Reproduction Care Centers				
八、疾病预防控制中心(防疫站)	**Centers for Disease Control and Prevention**	**132**		**5330**	**3515**
省 属	Belong to Province	1		242	185
省辖市(地区)属	Belong to City (prefecture) of Province	11		1090	688
地辖市属	Belong to City of Prefecture	37		1367	942
县 属	Belong to County	80		2453	1551
其 他	Others	3		178	149
九、卫生监督所	**Sanitation Supervision Stations**	**109**		**2598**	**2243**
省 属	Belong to Province	1		79	74
省辖市(地区)属	Belong to City (prefecture) of Province	11		463	424
地辖市属	Belong to City of Prefecture	28		675	579
县 属	Belong to County	69		1381	1166
其 他	Others				
十、医学科学研究机构	**Research Institutes of Medical Science**	**1**		**45**	**43**
十一、医学在职培训机构	**Medical In–service Training Institutes**				
十二、健康教育所 (站、中心)	**Care Education Institutes**	**3**		**50**	**9**
十三、其他卫生机构	**Other Medical Institues**	**70**	**352**	**3494**	**2348**

17-21 续表 continued

类 别	Type	机构数(个) Institutions (unit)	床位数(张) Beds (unit)	人员合计(人) Personnel (person)	#卫生技术人员 Health Technical Personnel
四、门诊部合计	**Total Number of Clinics**	**855**	**238**	**9452**	**8619**
综合门诊部	General Clinics	126	126	2273	1965
中医门诊部	Chinese Medicine Clinics	52	33	519	443
中西医结合门诊部	Chinese and Western Medicine Clinics	8		85	83
专科门诊部	Special Clinics	669	79	6575	6128
五、诊所、卫生所、医务室	**Clinics, Health Centers and Infirmaries**	**9969**		**25589**	**24488**
诊 所	Clinics	9324		23270	22435
卫生所、医务室	Health Centres and Infirmaries	645		2319	2053
六、采供血机构	**Selection and Supplyment Blood Institutions**	**27**		**1593**	**1209**
七、妇幼保健院 (所、站)	**Maternity and Child Care Centers**	**129**	**4251**	**12329**	**9771**
1.省 属	Belong to Province	1			
省辖市(地区)属	Belong to City (prefecture) of Province	9	1585	4291	3577
地辖市属	Belong to City of Prefecture	36	763	2820	2197
县 属	Belong to County	80	1884	5145	3940
其 他	Others	3	19	73	57
2.妇幼保健院	Maternity and Child Care Hospitals	101	4151	11407	9151
妇幼保健所	Maternity and Child Care Institutes	5		161	112
妇幼保健站	Maternity and Child Care Stations	23	100	761	508
生殖保健中心	Reproduction Care Centers				
八、疾病预防控制中心(防疫站)	**Centers for Disease Control and Prevention**	**132**		**5330**	**3515**
省 属	Belong to Province	1		242	185
省辖市(地区)属	Belong to City (prefecture) of Province	11		1090	688
地辖市属	Belong to City of Prefecture	37		1367	942
县 属	Belong to County	80		2453	1551
其 他	Others	3		178	149
九、卫生监督所	**Sanitation Supervision Stations**	**109**		**2598**	**2243**
省 属	Belong to Province	1		79	74
省辖市(地区)属	Belong to City (prefecture) of Province	11		463	424
地辖市属	Belong to City of Prefecture	28		675	579
县 属	Belong to County	69		1381	1166
其 他	Others				
十、医学科学研究机构	**Research Institutes of Medical Science**	**1**		**45**	**43**
十一、医学在职培训机构	**Medical In-service Training Institutes**				
十二、健康教育所 (站、中心)	**Care Education Institutes**	**3**		**50**	**9**
十三、其他卫生机构	**Other Medical Institues**	**70**	**352**	**3494**	**2348**

17-22 医疗机构医疗服务量情况(2023年)
SERVICES QUANTITY IN HEALTH CARE INSTITUTIONS(2023)

类 别	Item	总诊疗人次 (万人次) Total Diagnosis and Treatment (10 000 person-times)	出院人数 (万人) Discharged Patients (10 000 persons)
总 计	**Total**	**14640.0**	**523.7**
#医 院	Hospital	8117.4	481.6
#综合医院	General Hospitals	5707.4	347.8
中医医院	Hospitals of Chinese Medicine	1115.3	52.9
专科医院	Special Hospitals	1289.7	80.5
卫生院	Commune Hospitals	1796.0	25.6
#乡镇卫生院	Town and Township Hospitals	1654.9	24.3
门诊部	Clinics	265.2	0.4
妇幼保健院 (所、站)	Maternity and Child Care Centers	436.1	12.5
专科疾病防治院 (所、站)	Special Disease Prevention Institutions	6.9	0.3

17-23 公证工作和调解
STATISTICS ON NOTARIZATION AND MEDIATION

项 目	Item	2022	2023
公证工作	**Notarization**		
公证处 (个)	Number of Notarization Offices (unit)	112	111
公证员(含公证员助理) (人)	Notaries (Assistant Notaries) (person)	839	869
办理国内公证 (件)	Handle Civil Affair Notarization (case)	406364	269762
办理涉外及涉港澳台公证 (件)	Handle Foreign Nationals Notarization (case)	26544	36113
调解工作	**Mediation**		
专职人民调解员 (人)	Full-time People's Mediators (person)	4790	5270
人民调解委员会 (个)	Number of People Mediation Committees (unit)	23989	24083
调解人员 (人)	Number of Mediators (person)	79829	79842
调解各类纠纷 (件)	Mediation Various Quarrels (case)	128899	130641

17-24 律师工作
STATISTICS ON LAWYERS

项　目	Item	2022	2023
律师事务所 (个)	Number of Law Offices (unit)	938	970
律师工作人员(注册) (人)	Number of Lawyers (person)	13758	14804
#专职律师	Full-time Lawyers	10227	10997
兼职律师	Part-time Lawyers	495	500
聘请常年法律顾问的单位 (个)	Number of Units with Permanent Legal Advisors (unit)	11456	13005
民事诉讼代理 (件)	Agent of Civil Cases (case)	95713	108808
行政诉讼代理 (件)	Agent of Administrative Action (case)	4021	7069
刑事辩护及代理 (件)	Agent and Defender of Criminal Cases (case)	22154	29152
非诉讼法律事务 (件)	Agent of Non-Litigious Legal Affairs (case)	12900	11886
咨询和代书 (件)	Agent of Legal Advisory Services (case)	53541	47174

17-25 主要年份婚姻登记数
MARRIAGE REGISTRATION IN MAJOR YEARS

单位：对　　(couple)

年 份 Year	登记结婚数 Permitting Marriage Registration	#恢复结婚 Resuming Marriage	初婚数 (人) First Marriage (person)	再婚数 (人) Remarriage (person)	男 Male	女 Female	登记离婚数 Permitting Divorce Registration
1985	236206	1787	453433	18979	9400	9579	7615
1990	220581	1115	422721	18441	8770	9671	7471
1995	179300	1090	343561	15039	7566	7473	7100
2000	164639	981	313195	16083	8407	7676	7612
2005	189855	1222	354147	25563	12163	13400	17398
2010	360581	4481	675719	45443	24033	21410	26473
2011	339607	3330	633629	45585	21910	23675	31260
2012	362827	4102	677046	48608	22845	25763	35585
2013	384006	4725	710324	57688	26399	31289	41939
2014	350711	5216	637477	63945	29134	34811	47894
2015	346789	8992	623132	70446	31818	38628	54166
2016	300121	6943	530845	69397	31423	37974	58962
2017	287723	8884	502961	72485	32439	40046	65091
2018	278525	9410	475647	81403	45090	36313	70873
2019	255043	10262	426325	83761	46666	37095	73647
2020	215796	9420	356612	74980	32999	41981	66890
2021	223593	9041	369875	77311	33409	43902	41522
2022	180878	7174	300033	61723	26461	35262	38394
2023	205943	7671	340221	71665	30130	41535	49097

17-26 妇联组织情况
WOMEN'S FEDERATION ORGANIZATION

单位：个 (unit)

项 目	Item	2022	2023
地市妇联数	Number of Women's Federation of Prefecture and City	11	11
县(市)妇联数	Number of Women's Federation of County and City	117	117
乡妇联数	Number of Women's Federation of Township	1061	1061
街妇联数	Number of Women's Federation for Subdistrict Office	217	219
基层妇代会数	Number of Women's Federation of Basic Level	21766	21736
城市 (社区妇联)	Urban Areas (Women's Federation of Community)	2955	2990
农村妇联数	Rural Areas	18811	18746
非公有经济组织中妇女组织	Women's Federation in Non-Public Ownership Economic Organization	6414	5293
直属机关妇工委	Women's Council in Department Directly under Governments	4832	4559
高等院校妇女组织	Women's Orgaization in University	57	62
省级所属	Provincial Level	32	36
市级所属	City Level	19	18
民办高校	University Run by Private Insititutions	6	8
民主党派妇委会数	Number of Women's Federation in Democratic Party	35	36

17-27 全省工业企业“三废”排放与治理情况
DISCHARGE AND TREATMENT OF WASTE WATER, WASTE GAS AND SOLID WASTES BY INDUSTRIAL ENTERPRISES

项 目	Item	2022	2023
废 水	**Waste Water**		
废水排放量 (万吨)	Waste Water Discharged (10 000 tons)	19796	20056
化学需氧量排放量 (吨)	COD Discharged (ton)	3547	3208
氨氮排放量 (吨)	Ammonia Nitrogen Discharged (ton)	119	125
废 气	**Waste Gas**		
废气排放量 (亿标立方米)	Waste Gas Emission (100 million cu.m)	52004	57175
二氧化硫排放量 (吨)	Sulphur Dioxide Emission (ton)	90866	96146
氮氧化物排放量 (吨)	Nitrogen Dioxide Emission (ton)	153194	158422
固体废物	**Solid Wastes**		
一般工业固体废物产生量 (万吨)	Common Industrial Solid Wastes Generated (10 000 tons)	48014	49357
一般工业固体废物综合利用量 (万吨)	Common Industrial Solid Wastes Integrated Use (10 000 tons)	18743	20716
一般工业固体废物处置量 (万吨)	Common Industrial Solid Wastes Disposed (10 000 tons)	23287	23488
危险废物产生量 (万吨)	Hazardous Wastes Generated (10 000 tons)	383.4	417.1
危险废物综合利用处置量 (万吨)	Hazardous Wastes Integrated Use and Disposed (10 000 tons)	381.6	420.9
污染治理	**Pollution Treatment**		
当年污染治理施工项目总数 (个)	Number of Projects for Pollution Treatment in the Year (unit)	75	158
污染治理项目本年完成投资额 (万元)	Investment of the Project for Pollution Treatment in the Year (10 000 yuan)	43483.5	213171.0
治理废水	Treatment of Waste Water	8044.7	24366.7
治理废气	Treatment of Waste Gas	27340.1	127285.1
治理固体废物	Treatment of Solid Wastes	1894.0	6886.2
治理噪声	Noise Abatement	335.4	270.0
治理其他	Others	5869.3	54362.9

注：2023年为初步统计数。
Note: Data of 2023 are preliminary statistics.

主要统计指标解释

艺术表演团体 指从事戏曲、音乐、舞蹈、杂技等专业艺术表演，有独立帐户，实行单独核算的团体。不包括半工半艺、半农半艺的业余团体。

文化馆 指专门从事群众文化活动的群众文化场馆。不包括临时抽调人员组成、没有编制的农村和街道文化工作队、服务站等。

图书馆 指各类图书馆的管理与服务（对文献和信息的搜集、整理、存储、利用和管理，向社会公众开放并提供科学、文化等各种知识普及教育）。包括公共图书馆和各类机构内部举办的或单独举办的图书馆的管理与服务。不包括部队系统以及文化馆（文化中心、群众艺术馆）、文化站内设的图书室。

博物馆 指以教育、研究和欣赏为目的，收藏、保护并向公众展示人类活动和自然环境的见证物，经登记管理机关依法登记的非营利组织。

艺术表演观众人数 指售票、包场演出或民族地区免费演出艺术表演观众人次数。不包括彩排审查和内部观摩演出的观看人次数。

工业废水排放量 指调查年度经过企业厂区所有排放口排到企业外部的工业废水量。包括生产废水、外排的直接冷却水、废气治理设施废水、超标排放的矿井地下水和与工业废水混排的厂区生活污水，不包括独立外排的间接冷却水(清浊不分流的间接冷却水应计算在内)。

一般工业固体废物产生量 指当年全年调查对象实际产生的一般工业固体废物的量。一般工业固体废物指企业在工业生产过程中产生且不属于危险废物的工业固体废物。

一般工业固体废物综合利用量 指调查年度企业通过回收、加工、循环、交换等方式，从固体废物中提取或者使其转化为可以利用的资源、能源和其他原材料的固体废物量（包括当年利用的往年工业固体废物累计贮存量）。如用作农业肥料、生产建筑材料、筑路、用作充填回填材料等。

一般工业固体废物处置量 指调查年度企业将工业固体废物焚烧和用其他改变工业固体废物的物理、化学、生物特性的方法，达到减少或者消除其危险成分的活动，或者将工业固体废物最终置于符合生态环境保护规定要求的填埋场的活动中，所消纳固体废物的量（包括当年处置的往年工业固体废物累计贮存量）。

危险废物产生量 指调查年度调查对象实际产生的危险废物的量，包括利用处置危险废物过程中二次产生的危险废物的量。

危险废物综合利用处置量 指调查年度调查对象从危险废物中提取物质作为原材料或者燃料的活动中消纳危险废物的量，以及将危险废物焚烧和用其他改变危险废物物理、化学、生物特性的方法，达到减少或者消除其危险成分的活动，或者将危险废物最终置于符合环境保护规定要求的填埋场的活动中，所消纳危险废物的量。包括本单位自行处置利用的本单位产生和接收外单位危险废物量。

Explanatory Notes on Main Statistical Indicators

Art Performance Troupes refer to the troupes which are engaged in drama, music, dance, acrobatics or other art performance, have independent accounts with banks and have self-supporting accounting system. Amateur troupes which are engaged partly in industrial or agricultural activities and partly in art performance are not included.

Culture Centers refer to mass cultural centers which specialize in mass cultural activities. They do not include rural and street cultural teams or service stations that comprise of temporary transferred staff or personnel who do not have a personnel quota.

Libraries refer to management and services of all kinds of libraries, that is, collect, collate, store and manage literature and information, supply various popular knowledge and education of science and culture openly. They include management and service that are carried out internally and singly by public libraries and all kinds of agencies, but don't include library rooms of army and culture centers or stations.

Museums refer to legally registered non-profit organizations which collect, protect, exhibit the evidence of human's activities and natural environment for the purpose of education, research and appreciation.

Number of Spectators at Art Performance refers to the number of attendants at commercial shows completely booked shows or free shows given in minority national areas and does not include the number of spectators at rehearsals for examination and internal shows for study.

Industrial Waste Water Discharged refers to the volume of industrial waste water discharged through all outlets to the outside of industrial enterprises over the year, including production wastewater, direct-cooling water, wastewater from waste gas treatment facilities, underground water from mines that does not meet the standard and the domestic sewage mixed up with industrial waste water, excluding indirect-cooling water discharged separately.

Common Industrial Solid Wastes Generated refers to the amount of common industrial solid wastes the surveyed units actual generated in the survey year. The common industrial solid wastes refers to the industrial solid wastes, which are not hazardous wastes, generated by the enterprises in the process of industrial production.

Common Industrial Solid Wastes Integrated Use refers to amount of solid wastes from which useable materials can be extracted or converted into usable resources, energy or other materials through reclamation, processing, recycling and exchange (including utilizing in the year the stocks of industrial solid wastes of the previous year) generated by enterprises in the survey year, e.g. being used as agricultural fertilizers, building materials, paving materials, filling and backfilling materials.

Common Industrial Solid Wastes Disposed refers to the amount of industrial solid wastes disposed, which covers the amount of previous years, through incineration or other methods to change its physical, chemical and biological properties to reduce or eliminate the hazardous landfilled in the sites following the requirements for environmental protection by surveyed enterprises in the survey year.

Hazardous Wastes Generated refers to the amount of actual hazardous wastes generated by surveyed units in the survey year, which is covered secondary generation during the process of disposal and reuse of hazardous wastes.

Hazardous Wastes Integrated Used and Disposed refers to the amount of hazardous wastes that are used to extract materials for raw materials or fuel in the survey year, and the amount of hazardous wastes which are incineration or specially disposed using other methods to change its physical, chemical and biological properties and thus to reduce or eliminate the hazards, or placed ultimately in the sites following the requirements for environmental protection in the survey year. It includes the hazardous wastes generated from the surveyed units and received from other units.

18

GENERAL SURVEY OF CITIES

城市概况

资料整理人员

李艳旭　李悦榕　贾向茹

18-1 地级城市主要经济指标(2023年)

MAJOR ECONOMIC INDICATORS OF CITIES AT PREFECTURE LEVEL(2023)

指　标	Item	太原市区 Taiyuan Urban District	大同市区 Datong Urban District	阳泉市区 Yangquan Urban District
行政区域土地面积(平方公里)	Administrative Area (sq.km)	1416	3551	654
年末总户数(万户)	Households at Year-end (10 000 households)	102.07	71.57	25.94
年出生申报人口(人)	Birth Population of the Year (person)	27754	10548	3970
年死亡注销人口(人)	Death Population of the Year (person)	10956	11360	6012
地区生产总值(亿元)	Gross Domestic Product (100 million yuan)	5010.71	1389.96	657.81
第一产业	Primary Industry	13.81	34.84	3.63
第二产业	Secondary Industry	1966.92	617.87	329.52
第三产业	Tertiary Industry	3029.98	737.25	324.66
地区生产总值增速(%)	Growth Rate of Gross Domestic Product (%)	4.0	5.3	3.1
规模以上工业经济指标(万元)	Economic Indicators of Industry above Designated Size (10 000 yuan)			
营业收入	Business Revenue	43277745	17345776	4506927
资产总计	Total Assets	62182870	50546112	24670279
营业成本	Business Cost	39491467	14481545	3306691
利润总额	Total Profits	2266143	891206	444759
房地产开发投资(万元)	Investment in Real Estate (10 000 yuan)	4746800	2258898	150121
#住　宅	Residential Buildings	3762716	1777743	120337
商品房销售面积 (万平方米)	Floor Space of Commercial Houses Sold (10 000 sq.m)	483.44	172.80	37.82
商品房销售额(万元)	Sales of Commercial Houses (10 000 yuan)	5088183	1092992	248332
社会消费品零售总额(万元)	Total Retail Sales of Consumer Goods (10 000 yuan)	17978796	6127493	2099193
限额以上单位商品零售额(万元)	Retail Sales of Consumer Goods of Units above Designated Size (10 000 yuan)	11294391	1513580	594238
一般公共预算收入(万元)	General Public Budget Revenue (10 000 yuan)	3927955	1618740	564711
#税收收入	Tax Revenue	2916032	1049847	426226
一般公共预算支出(万元)	General Public Budget Expenditure (10 000 yuan)	6562786	2852547	935567
住户存款余额(万元)	Balance of Household Deposits (10 000 yuan)	80693989	27732810	10724637

18-1 续表

指 标	Item	长治市区 Changzhi Urban District	晋城市区 Jincheng Urban District
行政区域土地面积(平方公里)	Administrative Area (sq.km)	2631	143
年末总户数(万户)	Households at Year-end (10 000 households)	53.83	15.32
年出生申报人口(人)	Birth Population of the Year (person)	11580	3694
年死亡注销人口(人)	Death Population of the Year (person)	9247	1474
地区生产总值(亿元)	Gross Domestic Product (100 million yuan)	1394.32	431.01
第一产业	Primary Industry	33.80	0.84
第二产业	Secondary Industry	807.70	100.50
第三产业	Tertiary Industry	552.82	329.67
地区生产总值增速(%)	Growth Rate of Gross Domestic Product (%)	4.3	3.5
规模以上工业经济指标(万元)	Economic Indicators of Industry above Designated Size (10 000 yuan)		
营业收入	Business Revenue	19444332	1526084
资产总计	Total Assets	27693321	3547530
营业成本	Business Cost	16507448	1365387
利润总额	Total Profits	1317746	-5435
房地产开发投资(万元)	Investment in Real Estate (10 000 yuan)	1382982	565985
#住 宅	Residential Buildings	1027660	423576
商品房销售面积(万平方米)	Floor Space of Commercial Houses Sold (10 000 sq.m)	161.27	69.27
商品房销售额(万元)	Sales of Commercial Houses (10 000 yuan)	1106372	542900
社会消费品零售总额(万元)	Total Retail Sales of Consumer Goods (10 000 yuan)	5171824	3450915
限额以上单位商品零售额(万元)	Retail Sales of Consumer Goods of Units above Designated Size (10 000 yuan)	1748737	1109004
一般公共预算收入(万元)	General Public Budget Revenue (10 000 yuan)	1821285	946785
#税收收入	Tax Revenue	1382273	554608
一般公共预算支出(万元)	General Public Budget Expenditure (10 000 yuan)	2889316	1341698
住户存款余额(万元)	Balance of Household Deposits (10 000 yuan)	19815555	10908747

continued

朔州市区 Shuozhou Urban District	晋中市区 Jinzhong Urban District	运城市区 Yuncheng Urban District	忻州市区 Xinzhou Urban District	临汾市区 Linfen Urban District	吕梁市区 Lvliang Urban District
4095	1318	1205	1986	1307	
26.34	35.54	25.45	24.15	26.96	10.82
6131	6373	5778	3503	6079	2690
2236	3726	4362	2889	4536	1597
915.06	469.90	412.70	248.13	476.02	222.35
21.20	48.00	26.22	17.22	15.60	3.43
456.47	126.20	117.87	75.29	145.95	118.38
437.39	295.70	268.61	155.62	314.47	100.54
7.6	–0.8	7.6	6.3	8.6	–0.3
9464428	3926750	1516015	1284522	2544032	2715832
19815890	22914431	2096026	2474833	3897941	6785789
6722114	4615310	1325055	1144543	1825771	1497390
1532480	–38945	1959	30994	396030	757279
89105	1168294	621938	235772	756747	133319
81148	923888	503702	178923	668825	121514
12.30	114.17	104.59	63.40	127.38	27.30
50486	728882	669432	375652	916465	174253
1641071	2728556	2920456	1522853	3100415	761648
525052	1386939	950476	658210	1104732	317491
968771	751161	404584	410476	784279	1066010
833106	518996	297008	318980	566688	809749
1543191	1568043	1432181	1106823	1516529	1523685
9084501	14298113	8750251	7382496	11169925	5341605

18-2 地级城市公共服务及公用事业(2023年)

指 标	Item	太原市区 Taiyuan Urban District
中等职业教育在校学生数(人)	Students Enrollment of Secondary Vocational Education (person)	53934
普通高中在校生数(万人)	Students Enrollment of Regular Senior Schools (10 000 persons)	6.60
初中阶段在校生数(万人)	Students Enrollment of Regular Junior Schools (10 000 persons)	12.23
小学阶段在校生数(万人)	Students Enrollment of Regular Primary Schools (10 000 persons)	32.82
学前教育在校生数(人)	Students Enrollment of Pre-primary Schools (person)	101897
医院数(个)	Number of Hospitals (unit)	148
医院床位数(张)	Number of Hospital Beds (unit)	41044
执业(助理)医师数(人)	Number of Licensed Assistant Doctors (person)	26319
注册护士数(人)	Number of Registered Nurses (person)	34359
城镇职工基本养老保险参保人数(人)	Participants of Basic Pension Insurance for Urban Employees (person)	2111832
城乡居民基本养老保险参保人数(人)	Participants of Basic Pension Insurance for Urban and Rural Residents (person)	480795
职工基本医疗保险参保人数(人)	Participants of Basic Medical Insurance for Employees (person)	1717542
城乡居民基本医疗保险参保人数(人)	Participants of Basic Medical Insurance for Urban and Rural Residents (person)	1417699
失业保险参保人数(人)	Participants of Unemployment Insurance (person)	813581
工伤保险参保人数(人)	Participants of Work-related Injury Insurance (person)	899171
公共供水总量(万立方米)	Total Volume of Public Water Supply (10 000 cu.m)	31520
年末排水管道长度(公里)	Lenth of Drainage Pipelines at Year End (km)	5086
年末实有城市道路面积(万平方米)	Actual Area of Urban Roads at Year End (10 000 sq.m)	7118
城市公共交通客运总量(万人次)	Total Passenger Traffic of Urban Public Transportation (10 000 person-times)	30182
绿地面积(公顷)	Green Space Area (ha)	14483
#公园绿地面积	Green Area of Parks	5427
绿化覆盖面积(公顷)	Green Covered Area (ha)	14886

PUBLIC SERVICES AND FACILITIES IN CITIES AT PREFECTURE LEVEL(2023)

大同市区 Datong Urban District	阳泉市区 Yangquan Urban District	长治市区 Changzhi Urban District	晋城市区 Jincheng Urban District	朔州市区 Shuozhou Urban District
17745		28202	8471	7061
3.51	1.22	3.66	1.17	2.16
5.67	1.81	5.90	1.87	2.79
11.78	3.87	12.05	4.49	5.92
35783	18253	51719	23947	15285
76	45	63	40	48
13624	5395	11172	6684	4988
7541	3275	6644	3320	2255
8452	4315	8054	4280	2908
724784	313284	208397	340907	108039
356004	144566	624388	68944	335230
680496	324354	138719	250116	112716
849394	313120	1010133		463585
458011	237391	122095	238667	66751
311666	195674	221802	244439	62565
12010	4559	7058	4358	2001
1645	541	781	624	491
2387	1003	1650		
16208	9918	6291		2821
6347	2429	4495	2207	1992
2196	745	88	1108	720
6894	2667	4035	2371	2191

18-2 续表

指　标	Item	晋中市区 Jinzhong Urban District
中等职业教育在校学生数(人)	Students Enrollment of Secondary Vocational Education (person)	17944
普通高中在校生数(万人)	Students Enrollment of Regular Senior Schools (10 000 persons)	2.47
初中阶段在校生数(万人)	Students Enrollment of Regular Junior Schools (10 000 persons)	3.84
小学阶段在校生数(万人)	Students Enrollment of Regular Primary Schools (10 000 persons)	7.78
学前教育在校生数(人)	Students Enrollment of Pre-primary Schools (person)	36706
医院数(个)	Number of Hospitals (unit)	48
医院床位数(张)	Number of Hospital Beds (unit)	7120
执业(助理)医师数(人)	Number of Licensed Assistant Doctors (person)	3768
注册护士数(人)	Number of Registered Nurses (person)	5060
城镇职工基本养老保险参保人数(人)	Participants of Basic Pension Insurance for Urban Employees (person)	272713
城乡居民基本养老保险参保人数(人)	Participants of Basic Pension Insurance for Urban and Rural Residents (person)	360122
职工基本医疗保险参保人数(人)	Participants of Basic Medical Insurance for Employees (person)	160108
城乡居民基本医疗保险参保人数(人)	Participants of Basic Medical Insurance for Urban and Rural Residents (person)	606976
失业保险参保人数(人)	Participants of Unemployment Insurance (person)	114602
工伤保险参保人数(人)	Participants of Work-related Injury Insurance (person)	98000
公共供水总量(万立方米)	Total Volume of Public Water Supply (10 000 cu.m)	4862
年末排水管道长度 (公里)	Lenth of Drainage Pipelines at Year End (km)	
年末实有城市道路面积 (万平方米)	Actual Area of Urban Roads at Year End (10 000 sq.m)	
城市公共交通客运总量(万人次)	Total Passenger Traffic of Urban Public Transportation (10 000 person-times)	
绿地面积 (公顷)	Green Space Area (ha)	4404
#公园绿地面积	Green Area of Parks	999
绿化覆盖面积(公顷)	Green Covered Area (ha)	4677

continued

运城市区 Yuncheng Urban District	忻州市区 Xinzhou Urban District	临汾市区 Linfen Urban District	吕梁市区 Lvliang Urban District
14448	6659	12663	6726
1.72	1.93	2.64	1.48
3.66	3.01	3.86	2.63
7.79	4.20	7.90	5.13
36706	16008	30837	21542
106	40	63	22
4608	3570	8767	2714
5406	2052	4852	1468
6489	2522	6019	1818
96406	106758	99277	66900
290123	243651	296620	115000
43545	36175	56056	30520
485242	363182	543910	192267
29252	19323	40399	50084
59490	20955	55456	49862
4393	2161	3203	1940
752	830	547	437
1077	939	777	443
3246	986	3474	3373
2724	1568	2138	1348
801	570	752	468
2984	1723	2286	1448

主要统计指标解释

公共供水总量　指报告期内供水企业（单位）供出的全部水量，包括有效供水量和漏损水量。有效供水量指水厂将水供出厂外后，各类用户实际使用到的水量，包括售水量和免费供水量。

年末实有城市道路面积　指道路实际铺装面积和与道路相通的广场、桥梁、隧道的铺装面积（统计时，将人行道面积单独统计）。人行道面积按道路两侧面积相加计算，包括步行街和广场，不含人车混行的道路。

城市公共交通客运总量 指报告期内城市公共交通各种运输方式运送乘客的总人次。

绿地面积　指报告期末作为园林和绿化的各类绿地面积。包括公园绿地、防护绿地的面积。

绿化覆盖面积　指城市中的乔木、灌木、草坪等所有植被的垂直投影面积。包括公园绿地、防护绿地、生产绿地、附属绿地、其他绿地的绿化种植覆盖面积、屋顶绿化覆盖面积以及零散树木的覆盖面积，不含各类绿地中的水域面积以及没有被植被覆盖的面积（硬化道路、无屋顶绿化的建筑物等）。乔木树冠下重叠的灌木和草本植物不能重复计算。

Explanatory Notes on Main Statistical Indicators

Total water supply in public refers to the total volume of water supplied by water-supplying enterprises (units) during the reporting period , including the effective supply volume of water and the volume of water lost due to leakage. The effective supply volume of water refers to the volume of water supplied by waterworks to the outside and then the actual volume of water used by various users, including the sales of water and free water supply.

Actual Area of City Roads at Year-end refers to the actual pavement area of roads and the paving area of squares, bridges and tunnels connected with roads (The sidewalk area is counted separately.). The sidewalk area is counted on both side area of the roads, including pedestrian street and squares, but excluding mixed roads for people and vehicles.

Total Passenger volume of Urban Public Transport refers to the total number of passengers transported by various modes of transportion in urban public transport during the reporting period.

Green Area refers tothe various types of green space area used as landscape gardening and greening at the end of the reporting period. Including the area of park green space and protective green space.

Green coverage area refers to the vertical projection area of all vegetation in the city, such as trees, shrubs, and lawns. Including the green planting coverage area of the park green space, protective green space, production green space, green land attached to institutions, other green spaces and the coverage area of scattered trees， excluding the water area in various green spaces and the area not covered by vegetation (hardened roads, greening buildings without roof , etc.). Overlapping shrubs and herbaceous plants under the canopy of the tree cannot be calculated repeatedly.

19

CITIES AT PREFECTURE LEVEL

地市篇

19-1 地区生产总值(2023年)
GROSS DOMESTIC PRODUCT(2023)

单位：万元 (10 000 yuan)

市 名 City	地区生产总值 Gross Domestic Product	第一产业 Primary Industry	第二产业 Secondary Industry	第三产业 Tertiary Industry	#工 业 Industry	#批发和零售业 Wholesale and Retail Trade	#交通运输、仓储和邮政业 Transportation, Storage and Post	人均地区生产总值(元) Per Capita GDP(yuan)
全 省 Total	**256981845**	**13888614**	**133296881**	**109796350**	**122632599**	**16632807**	**13358643**	**73984**
太原市 Taiyuan	55737442	459847	23416831	31860764	18649766	4471414	2412661	102370
大同市 Datong	18715307	1139665	7951991	9623651	7116673	1441690	1559946	60580
阳泉市 Yangquan	10027087	175908	5348112	4503067	4937761	598036	462404	76830
长治市 Changzhi	28061766	1027090	18146818	8887858	17502161	1372401	1046788	89536
晋城市 Jincheng	23332527	811826	15055389	7465312	14453319	1156884	1195823	107003
朔州市 Shuozhou	15393733	1034068	7265569	7094096	6966049	1378569	1088704	97133
晋中市 Jinzhong	20908883	1580967	11192106	8135810	10514460	1186759	1579676	61760
运城市 Yuncheng	23298844	3460167	9580935	10257742	8343905	1843686	1266494	49445
忻州市 Xinzhou	14436446	1320642	7244694	5871110	6898036	640162	712897	54578
临汾市 Linfen	23124948	1780012	12324647	9020289	11654258	1496949	1163879	59342
吕梁市 Lvliang	23660786	1097341	15936582	6626863	15628958	1037776	861119	70450

注：本表数据为初步核算数，后同。
Note: Data in the table are preliminary figures. The same applies to the following.

19-2 地区生产总值指数(2023年)
INDICES OF GROSS DOMESTIC PRODUCT(2023)

上年=100 (last year=100)

市 名 City	地区生产总值 Gross Domestic Product	第一产业 Primary Industry	第二产业 Secondary Industry	第三产业 Tertiary Industry	#工 业 Industry	#批发和零售业 Wholesale and Retail Trade	#交通运输、仓储和邮政业 Transportation, Storage and Post
全 省 Total	**105.0**	**104.0**	**105.1**	**105.0**	**105.9**	**103.4**	**107.4**
太原市 Taiyuan	103.8	96.1	102.2	104.8	104.3	100.9	105.3
大同市 Datong	105.1	104.9	104.7	105.4	105.7	113.4	108.1
阳泉市 Yangquan	103.2	108.0	102.0	104.1	102.7	100.3	105.9
长治市 Changzhi	105.6	105.1	107.2	103.5	107.3	97.4	109.7
晋城市 Jincheng	107.0	104.2	107.7	106.2	107.9	101.8	111.5
朔州市 Shuozhou	104.7	104.7	105.4	104.3	105.5	102.2	106.1
晋中市 Jinzhong	104.0	103.0	104.1	104.0	105.7	100.0	106.1
运城市 Yuncheng	105.6	103.9	107.7	104.7	107.5	105.5	108.4
忻州市 Xinzhou	103.0	104.2	102.3	103.4	102.7	96.3	101.5
临汾市 Linfen	107.6	105.2	108.1	107.5	108.1	108.9	112.5
吕梁市 Lvliang	104.3	104.5	103.3	106.0	103.5	106.1	104.0

19-3 基本单位数(2022年)
NUMBER OF BASIC UNITS (2022)

单位：个 (unit)

市 名 City	法人单位数 Corporation Units	单产业法人 Single Industry	多产业法人 Multi-industry	产业活动单位数 Active Units	#多产业法人所属产业活动单位 Units Belong to Multi-industry Corporation
全 省 Total	**918920**	**901586**	**17334**	**994027**	**92441**
太原市 Taiyuan	243596	238349	5247	259544	21195
大同市 Datong	45720	44853	867	50200	5347
阳泉市 Yangquan	20273	19447	826	23642	4195
长治市 Changzhi	69605	68031	1574	76966	8935
晋城市 Jincheng	59786	58307	1479	65805	7498
朔州市 Shuozhou	47332	46676	656	50249	3573
晋中市 Jinzhong	78945	77259	1686	87204	9945
运城市 Yuncheng	130134	128555	1579	138144	9589
忻州市 Xinzhou	55550	54529	1021	61056	6527
临汾市 Linfen	89550	87878	1672	97968	10090
吕梁市 Lvliang	78429	77702	727	83249	5547

注：(1)本表根据有关部门行政登记资料，采用电话、互联网查询等方式更新维护单位信息，后表同；
(2)本表不含注册未经营的单位数据，后表同。

Notes: (1)Data in this table is based on the administrative registration data of relevant departments, and is updated and maintained by telephone and internet inquiries. The same applies to the following.
(2)The units which have been registered but haven't been in operation are not included in the table. The same applies to the following.

19-4 按登记注册类型分基本单位数(2022年)
NUMBER OF BASIC UNITS BY REGISTRATION STATUS(2022)

单位：个 (unit)

市 名 City	法人单位数 Corporation Units	内资单位 Civil Funded	港澳台商投资单位 Funded by Hong Kong, Macao and Taiwan	外商投资单位 Foreign Funded	产业活动单位数 Active Units	内资单位 Civil Funded	港澳台商投资单位 Funded by Hong Kong, Macao and Taiwan	外商投资单位 Foreign Funded
全 省 Total	**918920**	**918109**	**328**	**483**	**994027**	**989549**	**1785**	**2693**
太原市 Taiyuan	243596	243304	103	189	259544	258496	427	621
大同市 Datong	45720	45668	21	31	50200	49966	100	134
阳泉市 Yangquan	20273	20247	12	14	23642	23484	67	91
长治市 Changzhi	69605	69557	18	30	76966	76605	108	253
晋城市 Jincheng	59786	59738	20	28	65805	65491	118	196
朔州市 Shuozhou	47332	47300	15	17	50249	50095	40	114
晋中市 Jinzhong	78945	78862	37	46	87204	86796	189	219
运城市 Yuncheng	130134	130060	27	47	138144	137503	287	354
忻州市 Xinzhou	55550	55514	16	20	61056	60794	88	174
临汾市 Linfen	89550	89493	31	26	97968	97461	221	286
吕梁市 Lvliang	78429	78366	28	35	83249	82858	140	251

19-5 按产业分基本单位数(2022年)

NUMBER OF BASIC UNITS BY INDUSTRY(2022)

单位：个 (unit)

市名 City		法人单位数 Corporation Units	第一产业 Primary Industry	第二产业 Secondary Industry	第三产业 Tertiary Industry
全省	**Total**	**918920**	**105382**	**144681**	**668857**
太原市	Taiyuan	243596	3591	29988	210017
大同市	Datong	45720	7573	6994	31153
阳泉市	Yangquan	20273	1845	3502	14926
长治市	Changzhi	69605	9337	12088	48180
晋城市	Jincheng	59786	5335	11056	43395
朔州市	Shuozhou	47332	10399	7618	29315
晋中市	Jinzhong	78945	8840	16271	53834
运城市	Yuncheng	130134	21461	21909	86764
忻州市	Xinzhou	55550	10747	9449	35354
临汾市	Linfen	89550	13082	14015	62453
吕梁市	Lvliang	78429	13172	11791	53466

市名 City		产业活动单位数 Active Units	第一产业 Primary Industry	第二产业 Secondary Industry	第三产业 Tertiary Industry
全省	**Total**	**994027**	**105692**	**151694**	**736641**
太原市	Taiyuan	259544	3611	31377	224556
大同市	Datong	50200	7599	7367	35234
阳泉市	Yangquan	23642	1857	3819	17966
长治市	Changzhi	76966	9364	12866	54736
晋城市	Jincheng	65805	5372	11740	48693
朔州市	Shuozhou	50249	10425	7897	31927
晋中市	Jinzhong	87204	8865	16999	61340
运城市	Yuncheng	138144	21508	22570	94066
忻州市	Xinzhou	61056	10784	9973	40299
临汾市	Linfen	97968	13118	14835	70015
吕梁市	Lvliang	83249	13189	12251	57809

19-6 按行业分法人单位数(2022年)
NUMBER OF CORPORATION UNITS BY SECTOR(2022)

单位：个 (unit)

市 名 City	合 计 Total	农、林、牧、渔业 Farming, Forestry, Animal Husbandry and Fishery	采矿业 Ming	制造业 Manufacturing	电力、热力、燃气及水生产和供应业 Production and Supply of Electricity, Heat, Gas and Water
全 省 Total	**918920**	**114790**	**6162**	**48268**	**7205**
太原市 Taiyuan	243596	3892	309	7008	628
大同市 Datong	45720	8057	348	3081	798
阳泉市 Yangquan	20273	1966	172	1354	262
长治市 Changzhi	69605	10258	465	3241	1006
晋城市 Jincheng	59786	6098	505	2437	531
朔州市 Shuozhou	47332	11301	435	2508	530
晋中市 Jinzhong	78945	10036	850	6389	577
运城市 Yuncheng	130134	22808	420	8980	540
忻州市 Xinzhou	55550	11622	871	4072	706
临汾市 Linfen	89550	14224	802	3450	1111
吕梁市 Lvliang	78429	14528	985	5748	516

市 名 City	建筑业 Construction	批发和零售业 Wholesale and Retail Trade	交通运输、仓储和邮政业 Transport, Storage and Post	住宿和餐饮业 Hotels and Catering Services	信息传输、软件和信息技术服务业 Information Transmission, Software and Information Technology Services
全 省 Total	**85349**	**275450**	**27209**	**16657**	**44387**
太原市 Taiyuan	22591	80444	4253	5812	24353
大同市 Datong	2989	12708	1558	796	1104
阳泉市 Yangquan	1776	6084	675	320	479
长治市 Changzhi	7589	21256	1912	1400	1917
晋城市 Jincheng	7787	19970	1654	867	1816
朔州市 Shuozhou	4287	13408	1469	686	1066
晋中市 Jinzhong	8690	21229	3268	1522	2575
运城市 Yuncheng	12179	36434	3740	2295	5465
忻州市 Xinzhou	3896	12387	2393	711	1122
临汾市 Linfen	8857	27042	3083	1212	2751
吕梁市 Lvliang	4708	24488	3204	1036	1739

19-6 续表 continued

单位：个 (unit)

市　名 City	金融业 Financial Industry	房地产业 Real Estate	租赁和商务服务业 Lease and Business Affairs Services	科学研究和技术服务业 Scientific Research, and Technical Services	水利、环境和公共设施管理业 Water, Environmental Protection and Public Facility Management
全　省 Total	**2870**	**27738**	**93674**	**46138**	**7270**
太原市 Taiyuan	1001	8731	42639	18840	1340
大同市 Datong	155	1262	3197	1627	429
阳泉市 Yangquan	112	646	1680	1009	152
长治市 Changzhi	165	2016	4552	2419	567
晋城市 Jincheng	179	1442	5518	2291	656
朔州市 Shuozhou	116	1080	3223	1513	330
晋中市 Jinzhong	257	2418	5832	3839	787
运城市 Yuncheng	249	3942	10137	7284	831
忻州市 Xinzhou	182	1564	4232	1532	723
临汾市 Linfen	235	2610	7569	3148	714
吕梁市 Lvliang	219	2027	5095	2636	741

市　名 City	居民服务、修理和其他服务业 Resident Services, Repair and Other Services	教　育 Education	卫　生和社会工作 Health Care and Social Work	文化、体育和娱乐业 Culture, Sports and Recreation	公共管理、社会保障和社会组织 Public Management, Social Security and Social Organization
全　省 Total	**20479**	**17925**	**8911**	**20672**	**47766**
太原市 Taiyuan	6244	3242	1724	5846	4699
大同市 Datong	1021	1255	670	864	3801
阳泉市 Yangquan	427	495	297	451	1916
长治市 Changzhi	1550	1388	665	1683	5556
晋城市 Jincheng	1721	953	555	1547	3259
朔州市 Shuozhou	832	804	480	676	2588
晋中市 Jinzhong	1680	1809	873	2003	4311
运城市 Yuncheng	2759	2577	1169	3055	5270
忻州市 Xinzhou	913	1246	711	951	5716
临汾市 Linfen	1914	2144	1018	2354	5312
吕梁市 Lvliang	1418	2012	749	1242	5338

19-7 常住人口及构成(2023年)
RESIDENT POPULATION AND ITS COMPOSITON(2023)

单位：人 (person)

市 名 City	常住人口 Resident Population	男 性 Male	女 性 Famle	城 镇 Urban	乡 村 Rural
全 省 Total	**34659908**	**17696895**	**16963013**	**22520098**	**12139810**
太原市 Taiyuan	5454392	2788593	2665799	4881657	572735
大同市 Datong	3078552	1563371	1515181	2291765	786787
阳泉市 Yangquan	1299123	664551	634572	948444	350679
长治市 Changzhi	3126582	1592230	1534352	1848288	1278294
晋城市 Jincheng	2171848	1099444	1072404	1412595	759253
朔州市 Shuozhou	1578963	817950	761013	1014702	564261
晋中市 Jinzhong	3376503	1721262	1655241	2110840	1265663
运城市 Yuncheng	4705569	2384305	2321264	2471602	2233967
忻州市 Xinzhou	2634674	1359821	1274853	1489404	1145270
临汾市 Linfen	3887154	1967877	1919277	2173450	1713704
吕梁市 Lvliang	3346548	1737491	1609057	1877351	1469197

市 名 City	常住人口构成(%) Composition	男 性 Male	女 性 Famle	城 镇 Urban	乡 村 Rural
全 省 Total	**100.00**	**51.06**	**48.94**	**64.97**	**35.03**
太原市 Taiyuan	100.00	51.13	48.87	89.50	10.50
大同市 Datong	100.00	50.78	49.22	74.44	25.56
阳泉市 Yangquan	100.00	51.15	48.85	73.01	26.99
长治市 Changzhi	100.00	50.93	49.07	59.12	40.88
晋城市 Jincheng	100.00	50.62	49.38	65.04	34.96
朔州市 Shuozhou	100.00	51.80	48.20	64.26	35.74
晋中市 Jinzhong	100.00	50.98	49.02	62.52	37.48
运城市 Yuncheng	100.00	50.67	49.33	52.53	47.47
忻州市 Xinzhou	100.00	51.61	48.39	56.53	43.47
临汾市 Linfen	100.00	50.63	49.37	55.91	44.09
吕梁市 Lvliang	100.00	51.92	48.08	56.10	43.90

19-8 就业人员及构成(2023年)
EMPLOYEES AND ITS COMPOSITION(2023)

单位：万人 (10 000 persons)

市名 City		就业人员 Employees	第一产业 Primary Industry	第二产业 Secondary Industry	第三产业 Tertiary Industry	城镇 Urban	乡村 Rural
全 省	**Total**	**1704**	**399**	**434**	**871**	**1023**	**681**
太原市	Taiyuan	262.08	23.77	62.11	176.20	222.27	39.81
大同市	Datong	131.89	27.44	32.21	72.24	92.99	38.90
阳泉市	Yangquan	61.83	10.25	18.70	32.88	42.60	19.23
长治市	Changzhi	163.33	44.38	46.31	72.64	89.42	73.91
晋城市	Jincheng	120.82	25.09	36.76	58.97	74.64	46.18
朔州市	Shuozhou	73.03	17.02	19.95	36.06	44.31	28.72
晋中市	Jinzhong	163.79	44.39	41.88	77.52	95.81	67.98
运城市	Yuncheng	245.54	79.86	49.08	116.60	111.47	134.07
忻州市	Xinzhou	132.55	40.12	31.34	61.09	70.12	62.43
临汾市	Linfen	197.17	52.65	43.51	101.01	101.40	95.77
吕梁市	Lvliang	151.97	34.03	52.15	65.79	77.97	74.00

市名 City		就业人员构成(%) Composition	第一产业 Primary Industry	第二产业 Secondary Industry	第三产业 Tertiary Industry	城镇 Urban	乡村 Rural
全 省	**Total**	**100.0**	**23.4**	**25.5**	**51.1**	**60.0**	**40.0**
太原市	Taiyuan	100.0	9.1	23.7	67.2	84.8	15.2
大同市	Datong	100.0	20.8	24.4	54.8	70.5	29.5
阳泉市	Yangquan	100.0	16.6	30.2	53.2	68.9	31.1
长治市	Changzhi	100.0	27.2	28.4	44.5	54.7	45.3
晋城市	Jincheng	100.0	20.8	30.4	48.8	61.8	38.2
朔州市	Shuozhou	100.0	23.3	27.3	49.4	60.7	39.3
晋中市	Jinzhong	100.0	27.1	25.6	47.3	58.5	41.5
运城市	Yuncheng	100.0	32.5	20.0	47.5	45.4	54.6
忻州市	Xinzhou	100.0	30.3	23.6	46.1	52.9	47.1
临汾市	Linfen	100.0	26.7	22.1	51.2	51.4	48.6
吕梁市	Lvliang	100.0	22.4	34.3	43.3	51.3	48.7

19-9 城镇非私营单位就业人员和工资(2023年)
NUMBER AND WAGE OF EMPLOYEES IN URBAN NON-PRIVATE UNITS(2023)

市名 City		就业人员(人) Employees (person)	工资总额(万元) Total Wage (10 000 yuan)	平均工资(元) Average Wage (yuan)	#在岗职工 Fully Employed
全省	**Total**	**4347921**	**41462881**	**95025**	**97315**
太原市	Taiyuan	974537	10597313	108110	109968
大同市	Datong	347918	3144115	89290	92229
阳泉市	Yangquan	209213	1834171	87687	90143
长治市	Changzhi	459192	4258753	92057	93670
晋城市	Jincheng	365824	3389181	92568	94153
朔州市	Shuozhou	175621	1685771	95758	98723
晋中市	Jinzhong	397536	3504149	88299	90242
运城市	Yuncheng	359740	2788652	77463	79823
忻州市	Xinzhou	252512	2158921	86031	89015
临汾市	Linfen	358706	3128000	87301	90005
吕梁市	Lvliang	356319	3417671	95134	97592

注：全省数据包含铁路单位数据。
Note: The data of railway units are included in the provincial data.

19-10 城镇私营单位就业人员和工资(2023年)
NUMBER AND WAGE OF EMPLOYEES IN URBAN PRIVATE UNITS(2023)

市名 City		就业人员(人) Employees (person)	工资总额(万元) Total Wage (10 000 yuan)	平均工资(元) Average Wage (yuan)
全省	**Total**	**1744397**	**8839668**	**50452**
太原市	Taiyuan	380934	2204398	57631
大同市	Datong	132054	618469	46666
阳泉市	Yangquan	52036	218945	41432
长治市	Changzhi	133670	652074	48634
晋城市	Jincheng	128310	529889	41654
朔州市	Shuozhou	76313	388360	50970
晋中市	Jinzhong	198881	978840	49153
运城市	Yuncheng	215845	996696	46349
忻州市	Xinzhou	96186	436303	45216
临汾市	Linfen	146204	753608	49493
吕梁市	Lvliang	183966	1062086	57782

19-11 原保险保费收入(2023年)
PREMIUM OF PRIMARY INSURANCE(2023)

单位：万元 (10 000 yuan)

市 名	City	合 计 Total	财产险 Property Insurance	意外险 Accident Insurance	健康险 Health Insurace	寿 险 Life Insurance
全 省	**Total**	**11066618**	**2672146**	**193845**	**1679921**	**6520705**
太原市	Taiyuan	3411330	720582	69033	503566	2118149
大同市	Datong	811895	222917	12167	107085	469726
阳泉市	Yangquan	383052	91193	6093	55481	230285
长治市	Changzhi	871327	218114	14824	130882	507507
晋城市	Jincheng	644479	159716	10554	108839	365371
朔州市	Shuozhou	309424	116768	6479	49367	136810
晋中市	Jinzhong	940963	229590	15080	118662	577632
运城市	Yuncheng	1299028	312035	22169	224902	739922
忻州市	Xinzhou	544680	156701	9943	77354	300683
临汾市	Linfen	1071651	248459	15935	185178	622079
吕梁市	Lvliang	778721	196007	11567	118605	452543

19-12 金融机构本外币各项存款和贷款余额(2023年)
BALANCE OF DEPOSITS AND LOANS IN FINANCIAL INSTITUTIONS(2023)

单位：亿元 (100 million yuan)

市 名	City	各项存款 Total Deposits	#非金融企业存款 Non-financial Enterprises Deposits	#住户存款 Household Deposits	各项贷款 Total Loans	#企(事)业单位贷款 Loans to Non-financial Enterprises, Government Departments and Orgnizations	#票据融资 Paper Financing
全 省	**Total**	**57863.29**	**13724.45**	**37246.20**	**41944.07**	**33029.43**	**3554.76**
太原市	Taiyuan	19265.15	6542.09	8882.70	19570.26	16536.06	1755.60
大同市	Datong	4700.43	836.69	3571.39	2560.20	2050.40	150.78
阳泉市	Yangquan	2260.03	475.24	1637.46	1500.41	1313.98	32.42
长治市	Changzhi	4577.75	1151.64	3097.32	2741.75	2046.42	174.13
晋城市	Jincheng	3649.34	1052.50	2272.53	2498.62	2036.08	144.45
朔州市	Shuozhou	2780.21	474.29	2074.70	1466.11	1198.98	119.24
晋中市	Jinzhong	4447.58	567.95	3518.17	3012.32	2126.56	243.73
运城市	Yuncheng	4073.53	494.07	3191.44	2391.55	1297.46	156.36
忻州市	Xinzhou	3593.78	430.94	2878.66	1657.86	1204.63	106.04
临汾市	Linfen	4247.91	734.96	3217.98	2762.82	1952.65	372.83
吕梁市	Lvliang	4267.57	964.08	2903.83	1782.16	1266.21	299.17

19-13 财政收支情况(2023年)
FINANCIAL REVENUE AND EXPENDITURE(2023)

单位: 万元 (10 000 yuan)

市名 City		一般公共预算收入 General Public Budget Revenue	#国内增值税 Value-added Taxes	#企业所得税 Enterprises Income Taxes	#个人所得税 Individual Income Taxes
地区合计	**Total**	**24663054**	**6727579**	**3426011**	**462623**
太原市	Taiyuan	4492358	1360068	396420	142419
大同市	Datong	1940548	510947	221731	27734
阳泉市	Yangquan	830731	215076	110787	13643
长治市	Changzhi	3150771	927030	555806	48514
晋城市	Jincheng	2771908	515278	270820	19275
朔州市	Shuozhou	1503092	440673	297796	24701
晋中市	Jinzhong	1945678	563392	202672	68178
运城市	Yuncheng	1246367	331763	101961	20988
忻州市	Xinzhou	1476690	412253	218623	19429
临汾市	Linfen	1988912	511611	341983	33013
吕梁市	Lvliang	3315999	939488	707412	44729

市名 City		一般公共预算支出 General Public Budget Expenditure	#一般公共服务 Public Services	#教育 Education	#社会保障和就业 Social Security and Employment
地区合计	**Total**	**52879097**	**5037165**	**7231724**	**7935646**
太原市	Taiyuan	7772629	623712	1070737	1121238
大同市	Datong	4645991	426815	618340	854404
阳泉市	Yangquan	1682091	162601	251855	322693
长治市	Changzhi	5726231	568711	645744	795419
晋城市	Jincheng	4312389	400876	464313	481090
朔州市	Shuozhou	2924664	279226	423864	349794
晋中市	Jinzhong	4395022	344862	619498	617108
运城市	Yuncheng	5191726	529249	846558	874783
忻州市	Xinzhou	4557528	493601	589475	801505
临汾市	Linfen	5441050	531440	751146	1002501
吕梁市	Lvliang	6229776	676072	950194	715111

19-14 万元地区生产总值能耗降低率
DECREASE RATE OF ENERGY CONSUMPTION PER 10 000 YUAN OF GDP

单位：%　　　　(%)

市名 City		2019	2020	2021	2022	2023
全　省	**Total**	**-2.7**	**-2.9**	**-5.4**	**-3.0**	**-2.9**
太原市	Taiyuan	-3.1	-2.8	-5.2	-2.9	-2.6
大同市	Datong	-4.6	-5.5	-5.0	-2.6	-3.0
阳泉市	Yangquan	-3.9	-5.2	-4.6	-2.8	-2.7
长治市	Changzhi	2.8	-6.2	-6.0	-3.0	-3.9
晋城市	Jincheng	6.3	-5.2	-6.1	-4.9	-2.3
朔州市	Shuozhou	-1.6	-0.8	-5.5	-2.9	-2.6
晋中市	Jinzhong	-3.8	-3.3	-4.1	-4.2	-2.8
运城市	Yuncheng	-4.6	-0.3	-4.8	-3.3	-3.1
忻州市	Xinzhou	-3.5	-2.0	-6.5	-2.8	-1.8
临汾市	Linfen	-4.1	-2.6	-5.8	-4.7	-4.0
吕梁市	Lvliang	-2.7	-4.3	-3.9	-2.7	-3.4

注：本表正数表示上升，负数表示下降。
Note: The positive numbers mean the energy consumption per 10 000 yuan of GDP is going up, while the negative ones means going down.

19-15 按建设性质分固定资产投资增长速度(2023年)
GROWTH RATE OF INVESTMENT IN FIXED ASSETS BY TYPE OF CONSTRUCTION(2023)

单位：%　　　　(%)

市名 City		本年完成投资 Investment Completed This Year	新建 New Construction	扩建 Expansion	改建和技术改造 Reconstruction and Technical Reformation	其他 Others
全　省	**Total**	**-8.2**	**-9.3**	**8.4**	**-13.6**	**4.5**
太原市	Taiyuan	-24.7	-28.5	77.6	-27.9	-3.1
大同市	Datong	-6.2	-4.1	-44.9	7.8	-38.5
阳泉市	Yangquan	-14.3	-13.9	10.1	-28.9	-2.6
长治市	Changzhi	-0.3	-13.3	30.9	-23.5	73.5
晋城市	Jincheng	0.5	-3.0	-18.5	42.8	4.1
朔州市	Shuozhou	1.9	2.8	-38.4	-3.1	60.4
晋中市	Jinzhong	-22.2	-21.1	-29.9	-23.6	-28.3
运城市	Yuncheng	1.9	10.1	-0.8	-18.2	-40.4
忻州市	Xinzhou	-8.4	0.1	-25.1	-38.9	-32.2
临汾市	Linfen	1.2	-0.6	14.5	-2.3	39.2
吕梁市	Lvliang	-1.5	-2.0	-4.3	2.7	-15.2

注：本表不含房地产开发投资。
Note：Investment in this table doesn't include investment in real estate development.

19-16 按登记注册类型和构成分固定资产投资增长速度(2023年)

GROWTH RATE OF INVESTMENT IN FIXED ASSETS BY TYPE OF REGISTRATION STATUS AND COMPOSITION(2023)

单位：%　　(%)

市名	City	本年完成投资 Investment Completed This Year	内资 Domestic-Funded Enterprises	港、澳、台商投资 Enterprises with Investment from Hong Kong, Macao and Taiwan	外商投资 Enterprises with Foreign Investment
全省	**Total**	**-6.6**	**-6.2**	**-54.4**	**-21.8**
太原市	Taiyuan	-18.3	-18.4	-62.2	64.1
大同市	Datong	-9.1	-8.8	-27.1	-36.5
阳泉市	Yangquan	-11.3	-11.5	-15.6	13.5
长治市	Changzhi	1.6	2.1	64.1	-64.9
晋城市	Jincheng	0.8	2.6	-37.7	-26.3
朔州市	Shuozhou	1.6	1.7	37.7	-56.9
晋中市	Jinzhong	-19.0	-18.3	-90.0	-49.6
运城市	Yuncheng	2.6	2.6	320.3	-7.6
忻州市	Xinzhou	-9.0	-8.3	-85.9	6.7
临汾市	Linfen	4.3	7.4	-73.4	-64.6
吕梁市	Lvliang	2.4	2.7	-90.2	-1.8

市名	City	建筑安装工程 Construction and Installation	设备工器具购置 Purchase of Equipment and Instruments	其他 Others
全省	**Total**	**-9.3**	**-3.8**	**5.2**
太原市	Taiyuan	-19.3	-7.4	-19.5
大同市	Datong	-9.9	-25.8	20.1
阳泉市	Yangquan	-19.2	0.0	38.4
长治市	Changzhi	-0.7	10.9	9.3
晋城市	Jincheng	-4.5	3.0	23.2
朔州市	Shuozhou	-4.6	24.7	-1.9
晋中市	Jinzhong	-25.5	-2.6	3.0
运城市	Yuncheng	5.4	-15.4	21.9
忻州市	Xinzhou	-8.3	-12.1	-10.7
临汾市	Linfen	1.9	-5.7	32.6
吕梁市	Lvliang	-5.4	11.8	43.5

19-17 固定资产投资建设项目情况(2023年)
CONSTRUCTION PROJECTS OF INVESTMENT IN FIXED ASSETS(2023)

单位：个 (unit)

市 名 City		施工项目 Projects Under Construction	#本年新开工 Newly Started This Year	本年投产项目 Number of Projects Completed and Put into Use This Year
全 省	**Total**	**15173**	**7630**	**6450**
太原市	Taiyuan	1303	367	301
大同市	Datong	1299	794	734
阳泉市	Yangquan	573	231	107
长治市	Changzhi	1857	1177	1045
晋城市	Jincheng	1777	768	591
朔州市	Shuozhou	1016	566	509
晋中市	Jinzhong	1346	598	460
运城市	Yuncheng	2034	1034	1063
忻州市	Xinzhou	1388	749	629
临汾市	Linfen	1453	843	581
吕梁市	Lvliang	1104	493	419

19-18 进出口贸易总额
TOTAL VALUE OF IMPORTS AND EXPORTS

单位：万元 (10 000 yuan)

市 名 City		2022			2023		
		进出口总额 Total	出口总额 Exports	进口总额 Imports	进出口总额 Total	出口总额 Exports	进口总额 Imports
全 省	**Total**	**18455958**	**12114447**	**6341511**	**16937243**	**10503445**	**6433798**
太原市	Taiyuan	14670712	9718169	4952544	13497085	8269409	5227676
大同市	Datong	517602	361019	156583	432234	387398	44835
阳泉市	Yangquan	105585	65972	39613	162043	53603	108440
长治市	Changzhi	148385	130955	17430	133080	120311	12769
晋城市	Jincheng	420086	181517	238569	396163	223165	172998
朔州市	Shuozhou	71821	44784	27037	72608	47714	24893
晋中市	Jinzhong	408105	347303	60802	321929	293323	28606
运城市	Yuncheng	1124815	574771	550044	1033502	485307	548196
忻州市	Xinzhou	235577	177081	58496	248534	214453	34081
临汾市	Linfen	308068	265096	42972	254057	211838	42218
吕梁市	Lvliang	445201	247781	197420	386009	196924	189085

19-19 利用外商直接投资额
UTILIZATION OF FOREIGN DIRECT INVESTMENT

单位：万美元 (USD 10 000)

市名 City		2022 合同金额 Contract Value	2022 实际使用金额 Actual Value	2023 合同金额 Contract Value	2023 实际使用金额 Actual Value
全　省	**Total**	**55449**	**82638**	**-55816**	**128425**
太原市	Taiyuan	10183	1028	13629	4021
大同市	Datong	500	6347	25624	7022
阳泉市	Yangquan	710	739	1998	
长治市	Changzhi	5618	11	999	99
晋城市	Jincheng		14808	248	65896
朔州市	Shuozhou	1940	11268	-122613	5588
晋中市	Jinzhong	16337	15101	344	122
运城市	Yuncheng	9045	2344	1134	687
忻州市	Xinzhou	3752	602	18851	188
临汾市	Linfen	3647	1595	1957	9707
吕梁市	Lvliang	3717	28795	2013	35095

19-20 农林牧渔业总产值(2023年)
GROSS OUTPUT VALUE OF FARMING, FORESTRY, ANIMAL HUSBANDRY AND FISHERY(2023)

按当年价格计算 (at current price)

市名 City		农林牧渔业总产值(万元) Total (10 000 yuan)	农业 Farming	林业 Forestry	牧业 Animal Husbandry	渔业 Fishery	农林牧渔专业及辅助性活动 Specializing and Supportive Activities for Agriculture, Forestry, Animal Husbandry and Fishery
全　省	**Total**	**22917027**	**13327019**	**1773548**	**6427508**	**95878**	**1293075**
太原市	Taiyuan	773951	400592	140541	178881	5717	48220
大同市	Datong	1837444	826413	113239	802022	6649	89122
阳泉市	Yangquan	301348	130392	45295	109952	2489	13220
长治市	Changzhi	1604525	866690	156706	491969	9860	79300
晋城市	Jincheng	1251729	594505	71652	517328	3944	64300
朔州市	Shuozhou	1730331	811802	108029	715562	932	94006
晋中市	Jinzhong	2492527	1271977	253783	826401	7247	133120
运城市	Yuncheng	5909865	4383943	147876	919646	42213	416187
忻州市	Xinzhou	2102220	1124365	208100	648873	6414	114468
临汾市	Linfen	2936781	2059651	131211	590606	9910	145405
吕梁市	Lvliang	1847263	780840	272313	700351	2058	91702

19-21 主要农作物播种面积(2023年)

SOWN AREAS OF MAJOR FARM CROPS(2023)

单位：公顷 (ha)

市名 City		农作物总播种面积 Total Sown Area	#粮食 Grain	#小麦 Wheat	#玉米 Corn	#油料 Oil-bearing Crops	#药材类 Medicinal Materials	#蔬菜 Vegetables	#瓜果类 Melons
全省	**Total**	**3641720**	**3160958**	**535873**	**1842207**	**97958**	**101652**	**227055**	**22234**
太原市	Taiyuan	82701	64206	208	36805	1412	444	13353	189
大同市	Datong	335918	282281		157724	18753	3819	25372	2324
阳泉市	Yangquan	58049	55406		47254	230	459	1716	218
长治市	Changzhi	305847	257472	4125	215217	2342	17003	26941	1532
晋城市	Jincheng	181867	161988	42189	87324	4696	7568	7390	101
朔州市	Shuozhou	339489	275963		171738	26925	4615	15538	3710
晋中市	Jinzhong	292291	254355	6467	212887	1805	3858	30230	916
运城市	Yuncheng	658194	541131	282006	239213	12763	43494	53875	5440
忻州市	Xinzhou	480316	430445	265	233018	16523	3494	20636	5742
临汾市	Linfen	550959	505654	198567	259562	7073	14695	21220	1195
吕梁市	Lvliang	356090	332057	2046	181463	5436	2204	10783	867

19-22 主要农作物产量(2023年)

OUTPUT OF MAJOR FARM CROPS(2023)

单位：吨 (ton)

市名 City		粮食 Grain	#小麦 Wheat	#玉米 Corn	油料 Oil-bearing Crops	药材类 Medicinal Materials	蔬菜 Vegetables	#设施蔬菜 Greenhouse Vegetables	瓜果类 Melons
全省	**Total**	**14780878**	**2470763**	**10351376**	**179349**	**647198**	**10658850**	**3263753**	**964556**
太原市	Taiyuan	260663	1166	180539	2439	1639	771478	307066	6012
大同市	Datong	1298237		1023304	28920	16312	839547	314355	99001
阳泉市	Yangquan	238347		218950	287	1500	74769	17216	10332
长治市	Changzhi	1251936	19208	1109266	5289	67465	1128444	315811	68221
晋城市	Jincheng	688490	176813	410031	10620	49101	413546	79923	2975
朔州市	Shuozhou	1289603		1091672	45585	33009	749518	112297	150140
晋中市	Jinzhong	1545558	26830	1397580	4330	13408	2091029	556421	34319
运城市	Yuncheng	2904666	1373661	1467011	32218	331545	2488798	1083064	251808
忻州市	Xinzhou	2031368	1486	1496347	27602	9304	691382	34801	275218
临汾市	Linfen	2210006	864986	1203150	15235	118521	1130196	420313	40451
吕梁市	Lvliang	1062003	6613	753526	6823	5395	280143	22486	26079

19-23 水果、林业及渔业生产情况(2023年)
PRODUCTION OF FRUITS, FORESTRY AND FISHERY(2023)

市 名 City	年末果园面积(公顷) Area of Orchards at Year-end(ha)	#苹果园 Apples Orchards	#桃 园 Peaches Orchards	#梨 园 Pears Orchards	全年水果产量(吨) Annual Output of Fruits (ton)
全 省 Total	**380266**	**131054**	**48008**	**53609**	**9863231**
太原市 Taiyuan	7589	1426	724	1417	95725
大同市 Datong	8907	1468	45	163	80356
阳泉市 Yangquan	1636	971	96	293	18059
长治市 Changzhi	4580	1357	313	907	54199
晋城市 Jincheng	5212	1132	326	2355	83074
朔州市 Shuozhou	1098	74	14	18	6196
晋中市 Jinzhong	25338	10035	376	10846	572086
运城市 Yuncheng	192550	77381	44122	15643	7212788
忻州市 Xinzhou	14468	1407	183	3181	142752
临汾市 Linfen	63692	35276	1724	15346	1307945
吕梁市 Lvliang	55194	528	85	3440	290051

市 名 City	#苹 果 Apples	#桃 Peaches	#梨 Pears	当年造林面积(公顷) Afforestation Area (ha)	水产养殖面积(公顷) Aquaculture Area (ha)	水产品总产量(吨) Total Aquatic Products (ton)
全 省 Total	**4414781**	**1826091**	**1526245**	**304466**	**17246**	**55455**
太原市 Taiyuan	11316	8426	22137	2667	3555	3553
大同市 Datong	13397	436	1994	18687	1839	2550
阳泉市 Yangquan	12533	1103	2033	14800	54	933
长治市 Changzhi	21322	5456	10899	8667	3207	5935
晋城市 Jincheng	28299	6190	29764	1827	561	1832
朔州市 Shuozhou	1834	81	23	16180	356	546
晋中市 Jinzhong	210225	6001	315654	26533	1298	4029
运城市 Yuncheng	3149014	1726935	814740	780	2630	26381
忻州市 Xinzhou	17508	3639	58186	37867	982	2725
临汾市 Linfen	945440	66913	175029	11173	1405	6269
吕梁市 Lvliang	3893	913	95787	34440	1359	702

注：本表分市造林面积不包括省属九大林局数据。
Note: Afforestation area of the cities in this table doesn't include the nine provincal forestry administration data.

19-24 畜牧业生产情况(2023年)
NUMBER OF LIVESTOCK AND LIVESTOCK PRODUCTS(2023)

市 名 City		大牲畜年末存栏(头) Large Animals (head)	#牛 Cattle	猪年末存栏(头) Hogs (head)	羊年末存栏(只) Sheep and Goats (head)
全 省	**Total**	**1631752**	**1555244**	**8141251**	**11723151**
太原市	Taiyuan	53448	52628	171431	329841
大同市	Datong	281850	254912	758119	2012447
阳泉市	Yangquan	10291	9674	141810	85948
长治市	Changzhi	57673	52412	619547	712953
晋城市	Jincheng	13526	12809	1071243	382233
朔州市	Shuozhou	242995	236786	351541	1905347
晋中市	Jinzhong	165590	163675	956291	1219390
运城市	Yuncheng	70590	69209	1582722	855236
忻州市	Xinzhou	272237	245264	687569	2436578
临汾市	Linfen	108982	107327	1023619	944259
吕梁市	Lvliang	354570	350548	777359	838919

市 名 City		家禽年末存栏(只) Poultry (head)	禽蛋产量(吨) Poultry Eggs (ton)	奶类产量(吨) Milk (ton)	#牛 奶 Milk
全 省	**Total**	**156197387**	**1275655**	**1474582**	**1471342**
太原市	Taiyuan	3011840	30457	69115	68670
大同市	Datong	6413421	69564	393178	393046
阳泉市	Yangquan	2939048	37658	5329	5329
长治市	Changzhi	20618815	136529	16738	16360
晋城市	Jincheng	12770688	111724	128	128
朔州市	Shuozhou	3462705	36285	628371	628371
晋中市	Jinzhong	24388881	158584	155178	154244
运城市	Yuncheng	38342953	343211	41244	41175
忻州市	Xinzhou	7154502	88483	85848	85848
临汾市	Linfen	16556939	130935	51930	50651
吕梁市	Lvliang	20537595	132226	27523	27520

19-24 续表 continued

市 名 City		肉类总产量 (吨) Output of Meat (ton)	#猪 肉 Pork	#牛 肉 Beef	#羊 肉 Mutton
全 省	**Total**	**1549906**	**995468**	**102297**	**119546**
太原市	Taiyuan	35355	22516	2823	3719
大同市	Datong	154837	106114	17043	20607
阳泉市	Yangquan	24266	19086	657	814
长治市	Changzhi	145581	81778	5615	5176
晋城市	Jincheng	181347	140158	1011	3963
朔州市	Shuozhou	75991	30834	9363	30097
晋中市	Jinzhong	214557	126530	17485	10785
运城市	Yuncheng	233435	173452	4729	7307
忻州市	Xinzhou	129578	82720	12621	23564
临汾市	Linfen	171448	120885	7834	6610
吕梁市	Lvliang	183514	91396	23115	6904

市 名 City		#禽 肉 Poultry	山羊毛产量 (吨) Output of Wool (ton)	#山羊绒 Cashmere
全 省	**Total**	**325771**	**3685**	**1527**
太原市	Taiyuan	6279	29	9
大同市	Datong	9330	632	289
阳泉市	Yangquan	3675	14	1
长治市	Changzhi	52443	118	38
晋城市	Jincheng	35900	139	38
朔州市	Shuozhou	5328	87	33
晋中市	Jinzhong	59312	180	45
运城市	Yuncheng	47561	81	10
忻州市	Xinzhou	9127	1345	636
临汾市	Linfen	34997	219	63
吕梁市	Lvliang	61819	841	366

19-25　农业生产条件(2023年)
CONDITIONS OF AGRICULTURAL PRODUCTION(2023)

市　名 City		农业机械总动力(万千瓦) Total Power of Agricultural Machinery (10 000 kw)	大中型农用拖拉机(台) Large and Medium Tractors for Agriculture (unit)	小型农用拖拉机(台) Mini-tractors for Agriculture (unit)	联合收割机(台) Combine Harvesters (unit)
全　省	**Total**	**1803.54**	**135391**	**257751**	**43734**
太原市	Taiyuan	55.64	3330	4505	980
大同市	Datong	138.81	11960	13955	3057
阳泉市	Yangquan	40.28	2087	7756	644
长治市	Changzhi	147.24	12526	22574	4219
晋城市	Jincheng	69.91	5198	34697	1556
朔州市	Shuozhou	172.73	11615	12303	3618
晋中市	Jinzhong	209.62	13878	44600	5177
运城市	Yuncheng	356.63	24438	51316	10498
忻州市	Xinzhou	213.66	21137	22569	4682
临汾市	Linfen	250.13	20548	35161	7529
吕梁市	Lvliang	148.91	8674	8315	1774

市　名 City		年末有效灌溉面积(千公顷) Effective Irrigated Area at Year-end (1 000 ha)	当年实际机耕地面积(千公顷) Area Cultivated by Machine at This Year (1 000 ha)	农用化肥施用量(折纯量,吨) Consumption of Chemical Fertilizers (ton)	农用塑料薄膜使用量(吨) Consumption of Farm Plastic Film (ton)
全　省	**Total**	**1490.93**	**2870.77**	**1032190**	**52823**
太原市	Taiyuan	42.29	69.01	21259	3197
大同市	Datong	147.26	292.32	84192	10214
阳泉市	Yangquan	6.54	47.72	13605	461
长治市	Changzhi	89.14	279.83	104282	2820
晋城市	Jincheng	33.81	142.70	57442	740
朔州市	Shuozhou	165.56	286.06	70535	6330
晋中市	Jinzhong	159.63	261.99	94359	6570
运城市	Yuncheng	433.51	436.21	245758	9098
忻州市	Xinzhou	143.80	392.00	132748	7413
临汾市	Linfen	160.13	383.84	149109	4219
吕梁市	Lvliang	109.26	279.10	58901	1761

19-26 规模以上主要工业产品产量(2023年)

OUTPUT OF MAJOR INDUSTRIAL PRODUCTS OF ENTERPRISES ABOVE DESIGNATED SIZE(2023)

市名 City		原煤(万吨) Coal (10 000 tons)	发电量(亿千瓦时) Electricity (100 million kwh)	生铁(万吨) Pig Iron (10 000 tons)	粗钢(万吨) Crude Steel (10 000 tons)	钢材(万吨) Steel Products (10 000 tons)	焦炭(万吨) Coke (10 000 tons)
全 省	**Total**	**135658**	**4376.1**	**6022.5**	**6292.0**	**6888.8**	**9571.6**
太原市	Taiyuan	5204	341.4	1056.1	1379.1	1348.1	1366.3
大同市	Datong	16728	528.7	139.4	140.1		4.4
阳泉市	Yangquan	6638	272.8			35.2	
长治市	Changzhi	17072	453.5	559.1	582.6	616.7	1638.4
晋城市	Jincheng	14703	247.2	501.5	477.6	1072.9	52.4
朔州市	Shuozhou	23303	679.9				
晋中市	Jinzhong	12798	304.0	260.3	255.0	278.8	829.1
运城市	Yuncheng	1585	312.9	1615.7	1686.0	1801.8	1530.4
忻州市	Xinzhou	13379	565.0	66.0	54.9	45.0	292.9
临汾市	Linfen	8539	269.8	1245.3	1247.7	1266.5	1332.8
吕梁市	Lvliang	15709	400.9	579.1	469.0	423.8	2524.9

市名 City		水泥(万吨) Cement (10 000 tons)	平板玻璃(万重量箱) Plate Glass (10 000 weight cases)	硫酸(万吨) Sulfuric Acid (10 000 tons)	化学肥料(万吨) Chemical Fertilizer (10 000 tons)	工业锅炉(蒸发量吨) Industrial Boiler (Evaporate Capacity ton)	变压器(万千伏安) Transformer (10 000 kva)
全 省	**Total**	**4667.0**	**2258.4**	**68.7**	**406.8**	**4189**	**1505.4**
太原市	Taiyuan	520.3		5.2		3161	38.7
大同市	Datong	350.9					817.8
阳泉市	Yangquan	287.5				1	120.6
长治市	Changzhi	579.5	807.2		18.0		
晋城市	Jincheng	309.7		8.6	230.6		
朔州市	Shuozhou	340.7					
晋中市	Jinzhong	311.0			18.0	454	53.8
运城市	Yuncheng	429.2		44.4	110.5		308.3
忻州市	Xinzhou	307.9	28.5		0.3	573	166.2
临汾市	Linfen	526.8		10.6	3.0		
吕梁市	Lvliang	703.7	1422.7		26.4		

19-26 续表 continued

市 名 City	泵(台) Pump (unit)	纱(吨) Yarn (ton)	布(万米) Cloth (10 000 m)	食 醋(吨) Vinegar (ton)	白 酒(千升) Alcoholic Drink (kiloliter)	啤 酒(千升) Beer (kiloliter)	机制纸及纸板(吨) Machine-made Paper and Paperboard (ton)
全 省 Total	**174065**	**7529.3**	**1261.2**	**516290**	**333939**	**170581**	**1774049**
太原市 Taiyuan				407289	19920	120549	
大同市 Datong							9230
阳泉市 Yangquan	6						
长治市 Changzhi	332				1057		
晋城市 Jincheng		3314.9	526.2	3030			
朔州市 Shuozhou					815	50032	26765
晋中市 Jinzhong	11749			91550	29291		1062558
运城市 Yuncheng	161978	4214.5	603.8				551738
忻州市 Xinzhou				2156	1275		
临汾市 Linfen			131.3		5287		119798
吕梁市 Lvliang				12266	276293		3960

市 名 City	电子计算机整机(台) Electronic Computers (set)	手 机(万台) MobilePhones (10 000 units)	化学药品原药(吨) Chemical Medicine (ton)	太阳能电 池(千瓦) Solar Cell (kw)	新能源汽车(辆) New Energy Motor Vehicles (set)	非常规天然气(亿立方米) Unconventional Gas (100 million cu.m)
全 省 Total	**317457**	**2009.2**	**56550**	**11467525**	**66981**	**145.9**
太原市 Taiyuan	295376	2009.2				2.2
大同市 Datong			34891			
阳泉市 Yangquan						13.6
长治市 Changzhi	16781		1497	6578818	102	2.7
晋城市 Jincheng				21670		62.4
朔州市 Shuozhou			14034	370692		
晋中市 Jinzhong			3206	898743	43394	5.8
运城市 Yuncheng			2921		23485	0.03
忻州市 Xinzhou				1826391		5.7
临汾市 Linfen	5300					23.6
吕梁市 Lvliang				1771212		29.9

19-27 工业企业主要指标(2023年)
MAIN INDICATORS OF INDUSTRIAL ENTERPRISES(2023)

单位：亿元 (100 million yuan)

市名 City		单位数(个) Number of Enterprises (unit)	#亏损企业 Loss-making Enterprises	资产总计 Total Assets	流动资产合计 Total Current Assets
全　省	**Total**	**8126**	**2603**	**61369.2**	**28811.6**
省直报	Direct Report	2		1165.0	131.0
太原市	Taiyuan	870	205	8628.4	4112.5
大同市	Datong	482	175	6343.3	3771.8
阳泉市	Yangquan	331	103	3332.5	1458.0
长治市	Changzhi	790	276	8058.1	3773.1
晋城市	Jincheng	676	226	6299.7	3221.0
朔州市	Shuozhou	493	176	3645.8	1511.3
晋中市	Jinzhong	1156	369	4581.3	1818.6
运城市	Yuncheng	984	279	3736.2	1819.3
忻州市	Xinzhou	709	265	3251.1	1337.1
临汾市	Linfen	778	248	5017.1	2307.8
吕梁市	Lvliang	855	281	7310.9	3550.2

市名 City		负债合计 Total Liabilities	所有者权益合计 Total Creditors' Equity	营业收入 Business Revenue	营业成本 Business Cost
全　省	**Total**	**41519.0**	**19850.1**	**35862.1**	**29538.7**
省直报	Direct Report	723.2	441.7	1490.7	1448.9
太原市	Taiyuan	5772.1	2856.3	5877.1	5320.6
大同市	Datong	5266.8	1076.5	2152.6	1746.2
阳泉市	Yangquan	2587.6	744.9	843.0	656.1
长治市	Changzhi	5158.4	2899.7	4454.7	3574.8
晋城市	Jincheng	4025.8	2273.9	3167.5	2435.4
朔州市	Shuozhou	2216.3	1429.5	1790.7	1302.4
晋中市	Jinzhong	3558.4	1022.9	3505.1	3023.5
运城市	Yuncheng	2362.1	1373.8	3288.0	2912.5
忻州市	Xinzhou	2130.7	1120.4	1499.6	1090.4
临汾市	Linfen	3317.9	1699.4	3167.8	2649.6
吕梁市	Lvliang	4399.7	2911.2	4625.6	3378.4

19-27 续表 continued

单位：亿元 (100 million yuan)

市　名 City	税金及附加 Tax and Extra Charges	销售费用 Costs of Sales	管理费用 Costs of Administration	财务费用 Costs of Finance	利润总额 Total Profits
全　省 Total	**871.2**	**450.9**	**1327.9**	**591.5**	**3034.3**
省直报 Direct Report	2.4		17.4	9.7	13.0
太原市 Taiyuan	77.6	58.3	190.6	60.0	276.8
大同市 Datong	55.3	26.5	102.3	70.8	139.9
阳泉市 Yangquan	31.0	12.5	53.6	20.8	63.7
长治市 Changzhi	134.7	49.0	179.8	69.5	468.7
晋城市 Jincheng	83.3	36.3	142.8	55.4	309.3
朔州市 Shuozhou	79.7	22.5	73.2	42.2	275.8
晋中市 Jinzhong	71.4	66.5	119.6	64.4	138.9
运城市 Yuncheng	27.5	46.9	74.5	43.4	143.5
忻州市 Xinzhou	55.1	27.6	65.9	42.2	222.9
临汾市 Linfen	65.3	41.5	128.3	42.2	263.0
吕梁市 Lvliang	187.8	63.2	179.9	70.9	719.1

市　名 City	亏损企业亏损总额 Total Loss of Loss-making Enterprises	应交增值税 Value Added Taxes Payable	平均用工人数（万人） Average Employees (10 000 persons)	资产负债率(%) Ratio of Debts to Assets (%)	营业收入利润率(%) Ratio of Profits to Business Revenue (%)
全　省 Total	**718.4**	**1144.5**	**197.22**	**67.7**	**8.46**
省直报 Direct Report		4.8	2.93	62.1	0.87
太原市 Taiyuan	90.1	100.6	27.05	66.9	4.71
大同市 Datong	66.1	83.0	14.79	83.0	6.50
阳泉市 Yangquan	22.5	43.9	9.82	77.7	7.56
长治市 Changzhi	93.6	203.3	26.69	64.0	10.52
晋城市 Jincheng	54.6	107.2	22.35	63.9	9.76
朔州市 Shuozhou	32.9	89.1	9.79	60.8	15.40
晋中市 Jinzhong	101.6	102.7	22.33	77.7	3.96
运城市 Yuncheng	54.6	55.6	15.60	63.2	4.36
忻州市 Xinzhou	35.1	72.3	8.52	65.5	14.86
临汾市 Linfen	77.6	88.6	15.93	66.1	8.30
吕梁市 Lvliang	89.7	193.4	21.43	60.2	15.55

19-28 国有控股工业企业主要指标(2023年)
MAIN INDICATORS OF STATE-HOLDING INDUSTRIAL ENTERPRISES(2023)

单位：亿元 (100 million yuan)

市名 City		单位数(个) Number of Enterprises (unit)	#亏损企业 Loss-making Enterprises	资产总计 Total Assets	流动资产合计 Total Current Assets
全省	Total	**1515**	**406**	**39070.5**	**16478.5**
省直报	Direct Report	2		1165.0	131.0
太原市	Taiyuan	203	51	5937.4	2392.3
大同市	Datong	140	34	5661.8	3396.0
阳泉市	Yangquan	88	33	2898.8	1238.2
长治市	Changzhi	173	54	5241.2	2328.3
晋城市	Jincheng	192	57	4696.8	2238.9
朔州市	Shuozhou	112	26	2631.4	907.7
晋中市	Jinzhong	144	43	1828.3	435.3
运城市	Yuncheng	85	17	1254.4	604.3
忻州市	Xinzhou	132	27	2056.6	740.8
临汾市	Linfen	134	34	2790.9	1115.8
吕梁市	Lvliang	110	30	2907.9	949.9

市名 City		负债合计 Total Liabilities	所有者权益合计 Total Creditors' Equity	营业收入 Business Revenue	营业成本 Business Cost
全省	Total	**27135.7**	**11934.8**	**16184.3**	**12401.5**
省直报	Direct Report	723.2	441.7	1490.7	1448.9
太原市	Taiyuan	4006.0	1931.5	3053.2	2738.1
大同市	Datong	4791.6	870.2	1535.3	1190.4
阳泉市	Yangquan	2266.7	632.1	622.5	476.9
长治市	Changzhi	3495.8	1745.4	2214.0	1678.2
晋城市	Jincheng	3160.5	1536.3	1667.9	1224.1
朔州市	Shuozhou	1691.2	940.2	1018.3	689.2
晋中市	Jinzhong	1550.7	277.5	726.7	562.0
运城市	Yuncheng	718.2	536.3	717.1	521.8
忻州市	Xinzhou	1259.3	797.3	827.3	504.5
临汾市	Linfen	1770.5	1020.5	989.3	648.4
吕梁市	Lvliang	1702.0	1205.9	1322.1	719.2

19-28 续表 continued

单位：亿元 (100 million yuan)

市 名 City		税金及附加 Tax and Extra Charges	销售费用 Costs of Sales	管理费用 Costs of Administration	财务费用 Costs of Finance	利润总额 Total Profits
全 省	**Total**	**637.2**	**119.2**	**763.2**	**417.1**	**2034.0**
省直报	Direct Report	2.4		17.4	9.7	13.0
太原市	Taiyuan	63.5	20.9	120.0	50.5	176.2
大同市	Datong	50.6	4.7	81.1	64.4	126.1
阳泉市	Yangquan	27.0	4.7	42.5	14.1	54.7
长治市	Changzhi	93.1	13.4	104.2	44.9	310.9
晋城市	Jincheng	69.5	18.6	106.7	48.9	206.1
朔州市	Shuozhou	61.5	6.2	47.7	35.9	183.7
晋中市	Jinzhong	34.4	14.9	50.0	37.1	22.4
运城市	Yuncheng	18.4	5.0	20.0	14.0	137.9
忻州市	Xinzhou	49.1	4.9	39.5	30.8	198.8
临汾市	Linfen	50.3	10.2	64.4	22.9	236.6
吕梁市	Lvliang	117.6	15.9	69.7	43.8	367.7

市 名 City		亏损企业亏损总额 Total Loss of Loss-making Enterprises	应交增值税 Value Added Taxes Payable	平均用工人数 (万人) Average Employees (10 000 persons)	资产负债率 (%) Ratio of Debts to Assets (%)	营业收入利润率 (%) Ratio of Profits to Business Revenue (%)
全 省	**Total**	**398.3**	**721.5**	**103.61**	**69.5**	**12.57**
省直报	Direct Report		4.8	2.93	62.1	0.87
太原市	Taiyuan	69.6	68.7	14.55	67.5	5.77
大同市	Datong	52.8	63.0	11.45	84.6	8.21
阳泉市	Yangquan	18.9	33.6	7.60	78.2	8.79
长治市	Changzhi	51.3	128.7	14.36	66.7	14.04
晋城市	Jincheng	40.2	83.8	14.49	67.3	12.35
朔州市	Shuozhou	26.0	61.8	5.22	64.3	18.04
晋中市	Jinzhong	49.7	38.5	8.03	84.8	3.08
运城市	Yuncheng	13.1	24.8	3.76	57.3	19.22
忻州市	Xinzhou	21.1	58.6	4.79	61.2	24.03
临汾市	Linfen	20.8	56.9	8.68	63.4	23.92
吕梁市	Lvliang	34.9	98.3	7.75	58.5	27.81

19-29 外商投资和港澳台投资工业企业主要指标(2023年)

MAIN INDICATORS OF INDUSTRIAL ENTERPRISES WITH HONG KONG, MACAO, TAIWAN AND FOREIGN FUNDS(2023)

单位：亿元 (100 million yuan)

市名 City		单位数(个) Number of Enterprises (unit)	#亏损企业 Loss-making Enterprises	资产总计 Total Assets	流动资产合计 Total Current Assets
全省	**Total**	**140**	**34**	**2502.8**	**1366.0**
太原市	Taiyuan	22	2	735.8	629.9
大同市	Datong	17	3	126.1	62.7
阳泉市	Yangquan	9	3	72.1	21.6
长治市	Changzhi	12	2	313.6	105.9
晋城市	Jincheng	13	3	624.4	300.0
朔州市	Shuozhou	8	3	130.1	25.8
晋中市	Jinzhong	14	6	53.0	17.8
运城市	Yuncheng	10	2	17.7	10.4
忻州市	Xinzhou	9	1	59.2	14.3
临汾市	Linfen	14	5	73.5	23.1
吕梁市	Lvliang	12	4	297.3	154.6

市名 City		负债合计 Total Liabilities	所有者权益合计 Total Creditors' Equity	营业收入 Business Revenue	营业成本 Business Cost
全省	**Total**	**1372.9**	**1129.9**	**1771.5**	**1513.9**
太原市	Taiyuan	467.9	267.9	948.3	910.4
大同市	Datong	96.6	29.5	48.7	34.1
阳泉市	Yangquan	47.0	25.1	38.5	29.2
长治市	Changzhi	144.1	169.5	127.7	70.1
晋城市	Jincheng	258.8	365.6	247.8	173.7
朔州市	Shuozhou	67.9	62.2	59.9	54.6
晋中市	Jinzhong	35.3	17.8	33.2	29.4
运城市	Yuncheng	8.7	9.1	10.7	8.6
忻州市	Xinzhou	36.5	22.7	15.3	12.1
临汾市	Linfen	62.2	11.3	44.6	43.2
吕梁市	Lvliang	148.1	149.2	196.9	148.7

19-29 续表 continued

单位：亿元 (100 million yuan)

市 名 City		税金及附加 Tax and Extra Charges	销售费用 Costs of Sales	管理费用 Costs of Administration	财务费用 Costs of Finance	利润总额 Total Profits
全 省	**Total**	**24.3**	**17.6**	**31.8**	**11.4**	**179.7**
太原市	Taiyuan	2.3	5.8	8.5	-3.6	24.9
大同市	Datong	0.4	1.6	2.8	2.2	9.0
阳泉市	Yangquan	1.3	1.2	1.9	1.3	2.8
长治市	Changzhi	6.9	2.2	3.0	5.9	37.4
晋城市	Jincheng	7.1	0.9	6.2	-0.7	68.2
朔州市	Shuozhou	0.3	0.2	0.4	1.6	3.1
晋中市	Jinzhong	0.3	1.5	1.2	1.0	0.1
运城市	Yuncheng	0.2	0.4	0.4	0.2	1.2
忻州市	Xinzhou	0.1	0.2	0.6	0.8	1.7
临汾市	Linfen	0.2	1.1	1.5	1.6	-2.7
吕梁市	Lvliang	5.2	2.6	5.5	1.3	34.1

市 名 City		亏损企业亏损总额 Total Loss of Loss-making Enterprises	应交增值税 Value Added Taxes Payable	平均用工人数(万人) Average Employees (10 000 persons)	资产负债率(%) Ratio of Debts to Assets (%)	营业收入利润率(%) Ratio of Profits to Business Revenue (%)
全 省	**Total**	**17.6**	**36.0**	**8.08**	**54.9**	**10.15**
太原市	Taiyuan	2.3	3.3	3.53	63.6	2.62
大同市	Datong	0.3	2.0	0.32	76.6	18.55
阳泉市	Yangquan	0.7	2.0	0.33	65.3	7.28
长治市	Changzhi	0.4	11.3	0.61	46.0	29.25
晋城市	Jincheng	1.1	7.1	1.63	41.5	27.51
朔州市	Shuozhou	3.1	1.4	0.26	52.2	5.24
晋中市	Jinzhong	1.2	0.6	0.19	66.5	0.17
运城市	Yuncheng		0.2	0.09	48.8	11.27
忻州市	Xinzhou		0.5	0.05	61.7	11.09
临汾市	Linfen	4.2	0.3	0.22	84.6	-6.00
吕梁市	Lvliang	4.2	7.4	0.84	49.8	17.30

19-30 大中型工业企业主要指标(2023年)

MAIN INDICATORS OF LARGE AND MEDIUM-SIZED INDUSTRIAL ENTERPRISES(2023)

单位：亿元 (100 million yuan)

市 名 City		单位数(个) Number of Enterprises (unit)	#亏损企业 Loss-making Enterprises	资产总计 Total Assets	流动资产合计 Total Current Assets
全 省	**Total**	**1189**	**356**	**46006.3**	**21364.9**
省直报	Direct Report	2		1165.0	131.0
太原市	Taiyuan	105	20	6396.8	2854.4
大同市	Datong	75	27	5299.5	3295.8
阳泉市	Yangquan	49	20	2701.5	1196.9
长治市	Changzhi	167	49	6461.8	3080.8
晋城市	Jincheng	139	46	5370.3	2765.2
朔州市	Shuozhou	78	19	2436.0	1012.7
晋中市	Jinzhong	152	57	2832.0	880.7
运城市	Yuncheng	95	33	2494.0	1183.8
忻州市	Xinzhou	59	10	1725.9	676.5
临汾市	Linfen	115	33	3570.9	1592.8
吕梁市	Lvliang	153	42	5552.8	2694.4

市 名 City		负债合计 Total Liabilities	所有者权益合计 Total Creditors' Equity	营业收入 Business Revenue	营业成本 Business Cost
全 省	**Total**	**30624.7**	**15381.6**	**24596.0**	**19487.5**
省直报	Direct Report	723.2	441.7	1490.7	1448.9
太原市	Taiyuan	4334.1	2062.7	4371.5	3978.4
大同市	Datong	4523.9	775.6	1645.6	1308.7
阳泉市	Yangquan	2096.7	604.8	576.6	422.9
长治市	Changzhi	4078.6	2383.2	3228.2	2438.5
晋城市	Jincheng	3347.5	2022.7	2205.4	1579.7
朔州市	Shuozhou	1326.9	1109.1	1073.2	690.8
晋中市	Jinzhong	2144.9	687.1	1790.5	1448.7
运城市	Yuncheng	1541.2	952.9	2341.7	2056.5
忻州市	Xinzhou	1033.7	692.3	905.4	602.0
临汾市	Linfen	2357.9	1213.0	1896.5	1499.7
吕梁市	Lvliang	3116.2	2436.5	3070.8	2012.6

19-30 续表 continued

单位：亿元 (100 million yuan)

市 名 City		税金及附加 Tax and Extra Charges	销售费用 Costs of Sales	管理费用 Costs of Administration	财务费用 Costs of Finance	利润总额 Total Profits
全 省	**Total**	**792.6**	**234.4**	**987.9**	**418.3**	**2643.5**
省直报	Direct Report	2.4		17.4	9.7	13.0
太原市	Taiyuan	68.4	33.4	137.1	46.8	221.6
大同市	Datong	51.7	12.5	82.1	56.2	114.6
阳泉市	Yangquan	29.5	5.0	43.8	12.2	59.1
长治市	Changzhi	128.5	24.7	145.7	51.6	459.5
晋城市	Jincheng	79.9	24.9	113.2	45.1	285.5
朔州市	Shuozhou	69.7	9.1	53.8	22.2	232.2
晋中市	Jinzhong	63.0	26.8	80.1	39.5	114.4
运城市	Yuncheng	23.6	27.4	47.5	28.1	124.6
忻州市	Xinzhou	46.0	15.7	39.0	22.9	183.2
临汾市	Linfen	57.9	20.3	86.7	29.1	223.3
吕梁市	Lvliang	172.0	34.6	141.5	55.1	612.5

市 名 City		亏损企业亏损总额 Total Loss of Loss-making Enterprises	应交增值税 Value Added Taxes Payable	平均用工人数 (万人) Average Employees (10 000 persons)	资产负债率 (%) Ratio of Debts to Assets (%)	营业收入利润率 (%) Ratio of Profits to Business Revenue (%)
全 省	**Total**	**491.9**	**903.4**	**147.66**	**66.6**	**10.75**
省直报	Direct Report		4.8	2.93	62.1	0.87
太原市	Taiyuan	66.8	70.7	19.71	67.8	5.07
大同市	Datong	53.1	61.5	11.95	85.4	6.97
阳泉市	Yangquan	15.1	34.7	7.81	77.6	10.25
长治市	Changzhi	59.7	170.1	21.48	63.1	14.23
晋城市	Jincheng	41.9	94.7	18.58	62.3	12.94
朔州市	Shuozhou	19.5	72.1	7.07	54.5	21.64
晋中市	Jinzhong	69.9	71.2	14.76	75.7	6.39
运城市	Yuncheng	43.1	38.0	10.31	61.8	5.32
忻州市	Xinzhou	16.3	51.3	5.20	59.9	20.24
临汾市	Linfen	44.1	71.7	11.35	66.0	11.78
吕梁市	Lvliang	62.3	162.6	16.52	56.1	19.95

19-31 建筑业企业总产值和竣工产值(2023年)
GROSS OUTPUT VALUE AND COMPLETED VALUE OF CONSTRUCTION ENTERPRISES(2023)

单位：万元 (10 000 yuan)

市 名 City	总产值 Gross Output Value	#建筑工程 Construction	#安装工程 Installation	竣工产值 Completed Value
全 省 Total	**61596340**	**54789361**	**5495748**	**18279062**
太原市 Taiyuan	42750186	37786660	4083585	11119896
大同市 Datong	2435174	2009674	324600	1296495
阳泉市 Yangquan	841518	761039	58424	283043
长治市 Changzhi	3341637	3181992	112724	1460297
晋城市 Jincheng	1452666	1359520	74201	881571
朔州市 Shuozhou	887297	764213	80747	317792
晋中市 Jinzhong	3442361	3115441	294273	626425
运城市 Yuncheng	2639948	2359443	211094	911393
忻州市 Xinzhou	1063308	946870	98129	590825
临汾市 Linfen	1811505	1709461	73035	299667
吕梁市 Lvliang	930739	795049	84937	491660

19-32 按主要用途分的房屋建筑竣工面积(2023年)
FLOOR SPACE OF BUILDINGS COMPLETED BY MAJOR USE(2023)

单位：平方米 (sq.m)

市 名 City	总 计 Total	#住宅房屋 Residential Buildings	#商业及服务用房屋 Commercial and Service Buildings	#办公用房 Oiffice Buildings	#科研、教育、医疗用房屋 Scientific Research, Education and Healthcare Buildings
全 省 Total	**42289986**	**28253267**	**2011701**	**772190**	**4166532**
太原市 Taiyuan	24050390	14325626	1386910	546591	3571053
大同市 Datong	4517536	3854840	207316	36095	64879
阳泉市 Yangquan	449392	371457		4423	33278
长治市 Changzhi	3206094	2560428	53294	69195	174683
晋城市 Jincheng	1901941	1253031	9281	12579	8797
朔州市 Shuozhou	413742	263998	16673		20055
晋中市 Jinzhong	1310314	843576	10052	10921	38141
运城市 Yuncheng	3782146	2927982	193322	53451	211678
忻州市 Xinzhou	1200065	938825	29146	16430	21783
临汾市 Linfen	371126	318072	12582	2446	5005
吕梁市 Lvliang	1087240	595432	93125	20059	17180

19-33 按主要用途分的房屋建筑竣工价值(2023年)

VALUE OF BUILDINGS COMPLETED BY MAJOR USE(2023)

单位：万元 (10 000 yuan)

市名 City	总计 Total	#住宅房屋 Residential Buildings	#商业及服务用房屋 Commercial and Service Buildings	#办公用房 Oiffice Buildings	#科研、教育、医疗用房屋 Scientific Research, Education and Healthcare Buildings
全 省 Total	**8775168**	**5063505**	**463196**	**194198**	**1314179**
太原市 Taiyuan	5532825	2694832	328224	149804	1168105
大同市 Datong	625788	548823	38011	4508	1105
阳泉市 Yangquan	67421	43723		1321	12302
长治市 Changzhi	727128	516539	19787	12651	59757
晋城市 Jincheng	406623	259134	3320	4345	2641
朔州市 Shuozhou	78876	27813	4130		5675
晋中市 Jinzhong	207558	154588	2017	2893	7347
运城市 Yuncheng	634097	478610	30026	11299	47571
忻州市 Xinzhou	221819	170369	5251	2667	3812
临汾市 Linfen	66108	58475	1746	202	1356
吕梁市 Lvliang	206927	110600	30686	4510	4508

19-34 建筑业企业房屋建筑施工面积和竣工面积(2023年)

FLOOR SPACE OF BUILDINGS CONSTRUCTED AND COMPLETED BY CONSTRUCTION ENTERPRISES(2023)

单位：平方米 (sq.m)

市名 City	房屋建筑施工面积 Floor Space of Buildings Under Construction	#本年新开工面积 Floor Space Started This Year	房屋建筑竣工面积 Floor Space of Buildings Completed
全 省 Total	**224043357**	**56104707**	**42289986**
太原市 Taiyuan	145486045	32195644	24050390
大同市 Datong	9182706	3316902	4517536
阳泉市 Yangquan	2419137	532823	449392
长治市 Changzhi	25342252	5344261	3206094
晋城市 Jincheng	8435177	2013624	1901941
朔州市 Shuozhou	1871922	623285	413742
晋中市 Jinzhong	7888079	1751409	1310314
运城市 Yuncheng	11892987	4417715	3782146
忻州市 Xinzhou	2976370	1428991	1200065
临汾市 Linfen	5441638	2802893	371126
吕梁市 Lvliang	3107044	1677160	1087240

19-35 建筑业企业机械设备情况(2023年)

MACHINERY AND EQUIPMENT OF CONSTRUCTION ENTERPRISES(2023)

市 名 City		自有机械设备年末总台数(台) Number of Machinery and Equipment Owned(unit)	自有机械设备年末总功率(千瓦) Total Power of Machinery and Equipment Owned(kw)	自有机械设备年末净值(万元) Net Value of Machinery and Equipment Owned(10 000 yuan)
全 省	**Total**	**175027**	**7228453**	**1333064**
太原市	Taiyuan	71653	5383137	925759
大同市	Datong	4851	93726	26018
阳泉市	Yangquan	6017	176316	17082
长治市	Changzhi	7025	85862	37625
晋城市	Jincheng	14814	149957	27839
朔州市	Shuozhou	2850	68780	26640
晋中市	Jinzhong	8968	494075	106740
运城市	Yuncheng	10782	209416	62481
忻州市	Xinzhou	3399	104120	24318
临汾市	Linfen	5743	157482	40589
吕梁市	Lvliang	38925	305582	37973

19-36 建筑业企业劳动生产率(2023年)

LABOR PRODUCTIVITY OF CONSTRUCTION ENTERPRISES(2023)

单位：元/人 (yuan/person)

市 名 City		企业个数(个) Number of Enterprises(unit)	从事建筑业活动的平均人数(人) Average Number of Employees Engaged in Construction Activities (person)	按总产值计算的劳动生产率 Labor Productivity in Terms of Total Output Value	人均竣工产值 Per Capita Output Value of Completed
全 省	**Total**	**3834**	**1345146**	**457916**	**135889**
太原市	Taiyuan	1682	906218	471743	122707
大同市	Datong	317	55015	442638	235662
阳泉市	Yangquan	126	24169	348181	117110
长治市	Changzhi	329	83255	401374	175400
晋城市	Jincheng	171	36728	395520	240027
朔州市	Shuozhou	163	23567	376500	134846
晋中市	Jinzhong	214	61493	559797	101869
运城市	Yuncheng	308	66019	399877	138050
忻州市	Xinzhou	159	28451	373733	207664
临汾市	Linfen	238	35965	503686	83322
吕梁市	Lvliang	127	24266	383557	202613

19–37 建筑业企业负债及所有者权益(2023年)
LIABILITIES AND CREDITORS' EQUITY OF CONSTRUCTION ENTERPRISES(2023)

单位：万元 (10 000 yuan)

市 名 City	负债合计 Total Liabilities	#流动负债合计 Current Liabilities	#非流动负债合计 Non–current Liabilities	所有者权益合计 Total Creditors' Equity
全 省 Total	**80747198**	**70231627**	**7678736**	**26728270**
太原市 Taiyuan	61000732	52832312	6829265	18021572
大同市 Datong	2613674	2338509	27318	750351
阳泉市 Yangquan	2217736	1935358	33290	627828
长治市 Changzhi	2665084	2346914	104383	1490666
晋城市 Jincheng	2156444	1950767	129609	700891
朔州市 Shuozhou	997285	892242	25444	693219
晋中市 Jinzhong	3174824	2982127	116515	1022871
运城市 Yuncheng	1699625	1417720	64959	668172
忻州市 Xinzhou	1294533	886223	310284	1729311
临汾市 Linfen	1616310	1503168	18894	611037
吕梁市 Lvliang	1310950	1146285	18775	412353

19–38 建筑业企业收入及成本情况(2023年)
REVENUE AND COST OF CONSTRUCTION ENTERPRISES(2023)

单位：万元 (10 000 yuan)

市 名 City	营业收入 Revenue of Business	#主营业务收入 Revenue of Major Business	主营业务成本 Cost of Major Business
全 省 Total	**66332381**	**64749336**	**55951443**
太原市 Taiyuan	48243691	47633695	42238600
大同市 Datong	2282597	2142454	1612920
阳泉市 Yangquan	1046307	986614	774517
长治市 Changzhi	3270565	3096710	2732307
晋城市 Jincheng	1423304	1379867	1100382
朔州市 Shuozhou	975812	916317	734876
晋中市 Jinzhong	2882007	2752864	2472230
运城市 Yuncheng	2400955	2262684	1568800
忻州市 Xinzhou	1127393	1056394	899464
临汾市 Linfen	1355304	1258961	965935
吕梁市 Lvliang	1324447	1262777	851413

19-39 建筑业企业资产(2023年)
ASSETS OF CONSTRUCTION ENTERPRISES(2023)

单位：万元 (10 000 yuan)

市 名 City	资产总计 Total Assets	#流动资产合计 Total Current Assets	#固定资产原价 Original Value of Fixed Assets
全 省 Total	**107475468**	**80278315**	**7636794**
太原市 Taiyuan	79022303	57011829	4346122
大同市 Datong	3364024	2958394	217955
阳泉市 Yangquan	2845564	2510210	233381
长治市 Changzhi	4155750	3238583	257719
晋城市 Jincheng	2857335	2400258	212828
朔州市 Shuozhou	1690504	1222852	205013
晋中市 Jinzhong	4197696	3647482	479135
运城市 Yuncheng	2367798	2005568	289980
忻州市 Xinzhou	3023844	1766324	920898
临汾市 Linfen	2227347	1972688	240476
吕梁市 Lvliang	1723303	1544128	233288

市 名 City	累计折旧 Accumulated Depreciation	#本年折旧 Depreciation This Year	实收资本 Capitals Hold
全 省 Total	**4049842**	**651618**	**12403435**
太原市 Taiyuan	2693496	484200	8169541
大同市 Datong	120333	16778	371780
阳泉市 Yangquan	121316	15303	480505
长治市 Changzhi	124754	15933	587911
晋城市 Jincheng	126587	11272	390033
朔州市 Shuozhou	115438	11937	504614
晋中市 Jinzhong	253852	34344	574510
运城市 Yuncheng	152341	22867	349771
忻州市 Xinzhou	88583	9665	380155
临汾市 Linfen	133235	11631	354707
吕梁市 Lvliang	119907	17689	239907

19-40 建筑业企业费用情况(2023年)
EXPENSES OF CONSTRUCTION ENTERPRISES(2023)

单位：万元 (10 000 yuan)

市 名 City	销售费用 Sales Expenses	管理费用 Administrative Expenses	财务费用 Financial Expenses
全 省 Total	**88997**	**2048100**	**431189**
太原市 Taiyuan	49901	1244801	301220
大同市 Datong	5867	108145	13348
阳泉市 Yangquan	541	56394	19946
长治市 Changzhi	5574	116840	29417
晋城市 Jincheng	7380	86388	9359
朔州市 Shuozhou	5271	56521	2742
晋中市 Jinzhong	2710	92939	22475
运城市 Yuncheng	3268	88337	8791
忻州市 Xinzhou	4445	42694	291
临汾市 Linfen	1432	80993	12422
吕梁市 Lvliang	2608	74047	11178

19-41 建筑业企业薪酬及利润情况(2023年)
REMUNERTION AND PROFITS OF CONSTRUCTION ENTERPRISES(2023)

单位：万元 (10 000 yuan)

市 名 City	应付职工薪酬 Remuneration Payable	营业利润 Business Profits	其他业务利润 Profits of Other Business
全 省 Total	**4753446**	**1713902**	**84011**
太原市 Taiyuan	2853982	1356158	69492
大同市 Datong	251912	16690	3050
阳泉市 Yangquan	131043	6890	425
长治市 Changzhi	247024	91492	1911
晋城市 Jincheng	192395	32036	3051
朔州市 Shuozhou	98058	16691	1732
晋中市 Jinzhong	210685	53287	2527
运城市 Yuncheng	376914	63524	478
忻州市 Xinzhou	121324	25677	106
临汾市 Linfen	131235	36855	1091
吕梁市 Lvliang	138874	14602	149

19-42 建筑业企业利润及税金情况(2023年)

PROFITS AND TAXES OF CONSTRUCTION ENTERPRISES(2023)

单位：万元 (10 000 yuan)

市名 City		利润总额 Total Profits	主营业务税金及附加 Taxes and Extra Charges of Major Business	应交增值税 Value-added Taxes Payable
全省	**Total**	**1713696**	**158226**	**1390886**
太原市	Taiyuan	1351115	107521	880799
大同市	Datong	17802	5157	64484
阳泉市	Yangquan	2652	2924	26614
长治市	Changzhi	94048	8624	114253
晋城市	Jincheng	32653	4847	42631
朔州市	Shuozhou	20129	4059	35828
晋中市	Jinzhong	55448	5405	57387
运城市	Yuncheng	60654	7348	60704
忻州市	Xinzhou	26299	4250	31502
临汾市	Linfen	38906	3168	32962
吕梁市	Lvliang	13992	4924	43722

19-43 房地产开发投资(2023年)

INVESTMENT IN REAL ESTATE DEVELOPMENT(2023)

单位：万元 (10 000 yuan)

市名 City		本年完成投资 Investment Completed This Yesr	#住宅 Residential Buildings	建筑工程 Construction Projects	安装工程 Installation Projects	设备工器具购置 Purchase of Equipment and Instruments	其他费用 Others Expenses
全省	**Total**	**17600841**	**14218582**	**12097394**	**714945**	**146340**	**4642162**
太原市	Taiyuan	5184228	4084455	3330598	132537	8024	1713069
大同市	Datong	2491635	1982003	1547400	274835	90383	579017
阳泉市	Yangquan	280571	230325	228510	13493	732	37836
长治市	Changzhi	2038239	1579895	1474398	26672	11927	525242
晋城市	Jincheng	1393826	1066128	830802	25271	1220	536533
朔州市	Shuozhou	259258	237647	204347	16570	2890	35451
晋中市	Jinzhong	1671979	1313291	1158693	70814	14577	427895
运城市	Yuncheng	1545019	1335929	1178898	110195	9377	246549
忻州市	Xinzhou	498943	400834	395242	16928	4035	82738
临汾市	Linfen	1345594	1200526	1008480	22132	1983	312999
吕梁市	Lvliang	891549	787549	740026	5498	1192	144833

19-44 房地产开发房屋销售额(2023年)

SALES OF BUILDINGS IN REAL ESTATE DEVELOPMENT(2023)

单位：万元 (10 000 yuan)

市名	City	新建商品房销售额 Sales of Newly-built Commercial Buildings	住宅 Residential Buildings	90平方米及以下住房 90 sq.m and Below	90-144平方米住房 90-144 sq.m
全省	**Total**	**15972952**	**15140623**	**1189307**	**11654332**
太原市	Taiyuan	5430611	5166948	757607	3105733
大同市	Datong	1254314	1205797	123410	964247
阳泉市	Yangquan	351499	326056	10291	251419
长治市	Changzhi	1684761	1566603	14062	1457101
晋城市	Jincheng	1153432	1048707	41075	971619
朔州市	Shuozhou	177530	175566	5424	164996
晋中市	Jinzhong	1376658	1277507	89743	1044714
运城市	Yuncheng	1695390	1666269	11041	1459040
忻州市	Xinzhou	567023	542809	26105	432146
临汾市	Linfen	1527998	1431551	61093	1188072
吕梁市	Lvliang	753736	732810	49456	615245

市名	City	144平方米以上住房 Above 144 sq.m	办公楼 Office Buildings	商业营业用房 Buildings for Business Operation	其他 Other Buildings
全省	**Total**	**2296984**	**38423**	**682778**	**111128**
太原市	Taiyuan	1303608	14797	240619	8247
大同市	Datong	118140	583	38977	8957
阳泉市	Yangquan	64346		25443	
长治市	Changzhi	95440	9141	57264	51753
晋城市	Jincheng	36013	10097	90673	3955
朔州市	Shuozhou	5146		1962	2
晋中市	Jinzhong	143050	1238	61803	36110
运城市	Yuncheng	196188		29121	
忻州市	Xinzhou	84558	908	21497	1809
临汾市	Linfen	182386	1659	94493	295
吕梁市	Lvliang	68109		20926	

19-45 房地产开发房屋销售面积(2023年)
FLOOR SPACE OF BUILDINGS SOLD IN REAL ESTATE DEVELOPMENT(2023)

单位：平方米 (sq.m)

市 名 City		新建商品房销售面积 Sold Space of Newly-built Commercial Buildings	住 宅 Residential Buildings	90平方米及以下住房 90 sq.m and Below	90-144平方米住房 90-144 sq.m
全 省	**Total**	**23560487**	**22578836**	**1803484**	**18389957**
太原市	Taiyuan	5328322	5113738	1026998	3216844
大同市	Datong	2127360	2080764	236177	1681256
阳泉市	Yangquan	587573	560421	23553	437874
长治市	Changzhi	2749459	2499498	31989	2319394
晋城市	Jincheng	1646974	1524994	58695	1419456
朔州市	Shuozhou	444492	441369	14815	414295
晋中市	Jinzhong	2307789	2157289	154153	1800887
运城市	Yuncheng	3425318	3385394	22437	3051053
忻州市	Xinzhou	1071857	1044176	50169	844245
临汾市	Linfen	2498310	2413734	95437	2049607
吕梁市	Lvliang	1373033	1357459	89061	1155046

市 名 City		144平方米以上住房 Above 144 sq.m	办公楼 Office Buildings	商业营业用房 Buildings for Business Operation	其 他 Other Buildings
全 省	**Total**	**2385395**	**57951**	**652490**	**271210**
太原市	Taiyuan	869896	23240	178405	12939
大同市	Datong	163331	896	41186	4514
阳泉市	Yangquan	98994		27152	
长治市	Changzhi	148115	15116	61347	173498
晋城市	Jincheng	46843	12135	106159	3686
朔州市	Shuozhou	12259		3092	31
晋中市	Jinzhong	202249	1547	75432	73521
运城市	Yuncheng	311904		39924	
忻州市	Xinzhou	149762	1507	23736	2438
临汾市	Linfen	268690	3510	80483	583
吕梁市	Lvliang	113352		15574	

19-46 房地产开发施工、竣工面积及价值(2023年)

FLOOR SPACE AND VALUE OF BUILDINGS UNDER CONSTRUCTION AND COMPLETED IN REAL ESTATE DEVELOPMENT(2023)

单位：平方米 (sq.m)

市名 City		房屋施工面积 Floor Space of Buildings Under Construction	#住宅 Residential Buildings	房屋竣工面积 Floor Space of Buildings Completed
全省	**Total**	**246012518**	**185341345**	**23638468**
太原市	Taiyuan	77412642	55536043	1967425
大同市	Datong	20320846	14971362	2035606
阳泉市	Yangquan	4916987	3795157	247436
长治市	Changzhi	18897438	14864077	2811866
晋城市	Jincheng	15314685	11641697	2942141
朔州市	Shuozhou	4740230	3958787	1350978
晋中市	Jinzhong	27735027	19981684	3383842
运城市	Yuncheng	26544989	21308413	4199228
忻州市	Xinzhou	10838578	8139782	556732
临汾市	Linfen	26722869	21057985	2372639
吕梁市	Lvliang	12568227	10086358	1770575

市名 City		#住宅 Residential Buildings	房屋竣工价值(万元) Value of Buildings Completed (10 000 yuan)	#住宅 Residential Buildings
全省	**Total**	**18886188**	**6341939**	**5053729**
太原市	Taiyuan	1780262	433562	383721
大同市	Datong	1455006	693229	515146
阳泉市	Yangquan	190547	23861	20538
长治市	Changzhi	2226581	817946	659918
晋城市	Jincheng	2267089	889236	664494
朔州市	Shuozhou	1163298	300779	263788
晋中市	Jinzhong	2428629	958245	687885
运城市	Yuncheng	3589678	950495	815152
忻州市	Xinzhou	473402	114100	95054
临汾市	Linfen	1883842	705699	571961
吕梁市	Lvliang	1427854	454787	376072

19-47 社会消费品零售总额(2023年)
TOTAL RETAIL SALES OF CONSUMER GOODS(2023)

单位：万元 (10 000 yuan)

市名 City		社会消费品零售总额 Total Retail Sales of Consumer Goods	城镇 Town	乡村 Village
全省	**Total**	**79817930**	**65879555**	**13938376**
太原市	Taiyuan	19128768	17736967	1391801
大同市	Datong	7622195	6099556	1522640
阳泉市	Yangquan	3325689	2793382	532307
长治市	Changzhi	7181616	5824946	1356670
晋城市	Jincheng	5757300	4751323	1005976
朔州市	Shuozhou	3593195	2557835	1035360
晋中市	Jinzhong	6844935	5537552	1307383
运城市	Yuncheng	8302788	6597842	1704946
忻州市	Xinzhou	4508292	3072165	1436127
临汾市	Linfen	8197078	6789165	1407913
吕梁市	Lvliang	5356075	4118821	1237253

19-48 旅游事业发展情况(2023年)
DEVELOPMENT OF TOURISM(2023)

市名 City		接待国内游客人数(万人次) Domestic Tourists (10 000 person-times)	国内旅游收入(亿元) Revenue from Domestic Tourism (100 million yuan)
全省	**Total**	**36453**	**3530.1**
太原市	Taiyuan	10101	829.5
大同市	Datong	5490	311.3
阳泉市	Yangquan	1144	49.1
长治市	Changzhi	4987	358.3
晋城市	Jincheng	3456	235.0
朔州市	Shuozhou	1119	47.4
晋中市	Jinzhong	5592	519.7
运城市	Yuncheng	3919	291.9
忻州市	Xinzhou	3927	437.1
临汾市	Linfen	4575	340.6
吕梁市	Lvliang	2671	110.3

19-49 公路通车里程(2023年)
LENGTH OF HIGHWAYS(2023)

单位：公里 (km)

市 名 City		公路通车里程 Length of Highways	在通车里程中 In Length of Highways	
			国 道 State Class	省 道 Province Class
全 省	**Total**	**146545**	**11716**	**7015**
太原市	Taiyuan	6754	624	260
大同市	Datong	12761	754	764
阳泉市	Yangquan	5734	419	322
长治市	Changzhi	12706	1083	695
晋城市	Jincheng	9948	508	619
朔州市	Shuozhou	10292	875	410
晋中市	Jinzhong	16250	1263	720
运城市	Yuncheng	16572	1245	726
忻州市	Xinzhou	17654	1812	852
临汾市	Linfen	19733	1762	721
吕梁市	Lvliang	18139	1370	926

市 名 City		在通车里程中 In Length of Highways			
		县公路 County Class	乡公路 Township Class	专用公路 Special Purpose	村 道 Village Class
全 省	**Total**	**22162**	**47152**	**145**	**58356**
太原市	Taiyuan	1141	1571	17	3142
大同市	Datong	2241	5226		3776
阳泉市	Yangquan	790	889		3315
长治市	Changzhi	2011	3713	45	5158
晋城市	Jincheng	1391	3436	16	3978
朔州市	Shuozhou	1459	3823	1	3723
晋中市	Jinzhong	2410	6196	7	5654
运城市	Yuncheng	2820	6201	58	5522
忻州市	Xinzhou	2789	5925		6277
临汾市	Linfen	2494	5632		9124
吕梁市	Lvliang	2615	4541		8687

19-50 公路等级里程(2023年)
LENGTH OF HIGHWAYS BY CLASS(2023)

单位：公里 (km)

市名 City		等级里程 Expressway and Class I to IV Expressways	高速 Expressway	一级 First Class	二级 Second Class
全省	**Total**	**146115**	**6188**	**3147**	**15824**
太原市	Taiyuan	6732	292	258	858
大同市	Datong	12741	562	145	1210
阳泉市	Yangquan	5734	282	148	470
长治市	Changzhi	12706	471	160	1440
晋城市	Jincheng	9855	426	229	699
朔州市	Shuozhou	10251	468	224	1082
晋中市	Jinzhong	16225	656	556	2198
运城市	Yuncheng	16572	634	414	1918
忻州市	Xinzhou	17654	917	137	1852
临汾市	Linfen	19579	774	485	1938
吕梁市	Lvliang	18065	706	392	2159

市名 City		三级 Third Class	四级 Fourth Class	等外里程 Highway Below class IV	等级里程占总里程的百分比 Percentage to Total Length of Highways(%)
全省	**Total**	**23233**	**97725**	**430**	**99.7**
太原市	Taiyuan	1169	4156	22	99.7
大同市	Datong	2744	8080	20	99.8
阳泉市	Yangquan	627	4207		100.0
长治市	Changzhi	2259	8375		100.0
晋城市	Jincheng	1920	6581	93	99.1
朔州市	Shuozhou	1706	6773	41	99.6
晋中市	Jinzhong	1654	11161	25	99.8
运城市	Yuncheng	2707	10899		100.0
忻州市	Xinzhou	2501	12248		100.0
临汾市	Linfen	3475	12905	154	99.2
吕梁市	Lvliang	2470	12339	74	99.6

19-51 公路路面里程(2023年)

LENGTH OF PAVED HIGHWAYS(2023)

单位：公里 (km)

市 名 City	有铺装路面里程 Length of Paved Highways	占总里程(%) Percentage to Highways	简易铺装路面里程 Length of Simply Paved Highways	占总里程(%) Percentage to Highways	未铺装路面里程 Length of Non-paved Highways
全 省 Total	**132547**	**90.4**	**8009**	**5.5**	**5990**
太原市 Taiyuan	6338	93.8	261	3.9	155
大同市 Datong	11971	93.8	110	0.9	680
阳泉市 Yangquan	5654	98.6	47	0.8	33
长治市 Changzhi	12169	95.8	527	4.1	10
晋城市 Jincheng	9695	97.5	197	2.0	56
朔州市 Shuozhou	8819	85.7	574	5.6	900
晋中市 Jinzhong	13433	82.7	1102	6.8	1715
运城市 Yuncheng	14547	87.8	1991	12.0	35
忻州市 Xinzhou	16594	94.0	525	3.0	536
临汾市 Linfen	16750	84.9	1545	7.8	1438
吕梁市 Lvliang	16576	91.4	1130	6.2	433

19-52 公路绿化里程(2023年)

LENGTH OF AFFORESTED HIGHWAYS(2023)

单位：公里 (km)

市 名 City	绿化里程 Length of Afforest Highways	占总里程(%) Percentage	在绿化里程中 In Length of Afforest Highways					
			国道 State Class	省道 Province Class	县公路 County Class	乡公路 Township Class	专用公路 Special Purpose	村道 Village Class
全 省 Total	**83355**	**56.9**	**8865**	**5073**	**17290**	**27352**	**112**	**24663**
太原市 Taiyuan	3101	45.9	414	190	1122	821	9	544
大同市 Datong	5513	43.2	488	592	1554	1693		1186
阳泉市 Yangquan	4034	70.3	316	189	750	844		1935
长治市 Changzhi	7281	57.3	797	539	1319	2286	44	2296
晋城市 Jincheng	3215	32.3	382	494	699	881	6	753
朔州市 Shuozhou	4995	48.5	683	294	1140	1645	1	1233
晋中市 Jinzhong	9843	60.6	1041	558	2224	3696	7	2317
运城市 Yuncheng	15530	93.7	1034	612	2595	6063	44	5182
忻州市 Xinzhou	8172	46.3	1405	505	1408	2314		2539
临汾市 Linfen	12093	61.3	1242	510	2411	4205		3725
吕梁市 Lvliang	9580	52.8	1064	588	2068	2905		2954

19-53 村通公路、通油路情况(2023年)
TRAFFIC CONNECTION OF VILLAGES(2023)

单位：个 (unit)

市名 City		行政村总数 Number of Administration Villages	通硬化路 Connect with Hardened Pavement	#通油路 Connect with Asphalt Highways	不通公路 Non-connect with Highways
全省	**Total**	**19003**	**19002**	**19002**	**1**
太原市	Taiyuan	636	636	636	
大同市	Datong	1426	1426	1426	
阳泉市	Yangquan	676	676	676	
长治市	Changzhi	2437	2437	2437	
晋城市	Jincheng	1552	1551	1551	1
朔州市	Shuozhou	1166	1166	1166	
晋中市	Jinzhong	1942	1942	1942	
运城市	Yuncheng	2166	2166	2166	
忻州市	Xinzhou	2696	2696	2696	
临汾市	Linfen	2098	2098	2098	
吕梁市	Lvliang	2208	2208	2208	

19-54 邮政业务基本情况(2023年)
BASIC CONDITIONS OF POST SERVICES(2023)

市名 City		邮政行业业务总量（万标准量） Business Volume of Post Services (10 000 std. pcs)	函件（万件） Letters (10 000 pcs)	快递（万件） Express Deliveries (10 000 pcs)	订销报纸累计数（万份） Newspapes Subscribed and Sold (10 000 copies)
全省	**Total**	**1671445**	**618.3**	**110446**	**58065**
太原市	Taiyuan	584752	290.0	43766	12717
大同市	Datong	148004	32.9	8644	4696
阳泉市	Yangquan	43046	14.8	2297	2491
长治市	Changzhi	98541	113.8	5769	4393
晋城市	Jincheng	55068	50.5	2975	3071
朔州市	Shuozhou	51763	7.0	3358	2750
晋中市	Jinzhong	143406	22.9	9539	5384
运城市	Yuncheng	211464	34.4	17654	7172
忻州市	Xinzhou	96919	12.5	3040	5099
临汾市	Linfen	122024	21.7	5439	5319
吕梁市	Lvliang	116457	17.8	7965	4972

19-55 电信业务基本情况(2023年)

BASIC CONDITIONS OF TELECOMMUNICATION SERVICES(2023)

单位：万元 (10 000 yuan)

市名 City		电信业务总量 Business Volume of Telecommunication Services	电话用户数(户) Telephone Subscribers (subscriber)	固定 Fixed Telephone	移动 Mobile Telephone
全省	**Total**	**3638678**	**44932486**	**2786822**	**42145664**
太原市	Taiyuan	860691	9008917	944417	8064500
大同市	Datong	291024	3904814	201302	3703512
阳泉市	Yangquan	132200	1768363	108536	1659827
长治市	Changzhi	309704	3874129	206921	3667208
晋城市	Jincheng	229988	2765413	179466	2585947
朔州市	Shuozhou	159629	1833890	91869	1742021
晋中市	Jinzhong	328370	4164871	247177	3917694
运城市	Yuncheng	414197	5647935	293316	5354619
忻州市	Xinzhou	244067	3244387	150687	3093700
临汾市	Linfen	368126	4763281	199517	4563764
吕梁市	Lvliang	299043	3956486	163614	3792872

注：本表全省电信业务总量中包含本部数据。
Note: Total business volume of telecommunication services includes the data of the headquater's.

19-56 普通小学基本情况(2023年)

BASIC STATISTICS ON REGULAR PRIMARY SCHOOLS(2023)

单位：人 (person)

市名 City		学校数(所) Schools (unit)	专任教师数 Full-time Teachers	毕业生数 Graduates	招生数 Entrants	在校生数 Enrolment
全省	**Total**	**3805**	**166104**	**379269**	**398925**	**2318407**
太原市	Taiyuan	397	23290	53157	72108	378381
大同市	Datong	256	14537	30799	28548	172565
阳泉市	Yangquan	175	4654	12378	12761	72522
长治市	Changzhi	386	15905	35193	36017	205968
晋城市	Jincheng	245	7804	19061	24694	118822
朔州市	Shuozhou	142	8015	19720	18340	118112
晋中市	Jinzhong	401	15037	38286	38060	221979
运城市	Yuncheng	610	24198	51591	57948	336111
忻州市	Xinzhou	283	14411	29192	24547	161136
临汾市	Linfen	557	19561	44764	45895	277572
吕梁市	Lvliang	353	18692	45128	40007	255239

19-57 普通中学基本情况(2023年)

BASIC STATISTICS ON REGULAR SECONDARY SCHOOLS(2023)

单位：人 (person)

市 名 City	学校数(所) Schools (unit)			专任教师数 Full-time Teachers		
	合 计 Total	初 中 Junior	高 中 Senior	合 计 Total	初 中 Junior	高 中 Senior
全 省 Total	**1856**	**1346**	**510**	**168587**	**103536**	**65051**
太原市 Taiyuan	218	126	92	20705	13114	7591
大同市 Datong	139	93	46	14644	8928	5716
阳泉市 Yangquan	78	62	16	5858	3818	2040
长治市 Changzhi	171	119	52	15131	9193	5938
晋城市 Jincheng	132	103	29	9787	6063	3724
朔州市 Shuozhou	79	52	27	10386	6020	4366
晋中市 Jinzhong	201	155	46	17647	11259	6388
运城市 Yuncheng	227	160	67	22735	13349	9386
忻州市 Xinzhou	177	142	35	13767	8660	5107
临汾市 Linfen	206	150	56	18803	11186	7617
吕梁市 Lvliang	228	184	44	19124	11946	7178

市 名 City	毕业生数 Graduates			招生数 Entrants		
	合 计 Total	初 中 Junior	高 中 Senior	合 计 Total	初 中 Junior	高 中 Senior
全 省 Total	**569917**	**348492**	**221425**	**583217**	**371381**	**211836**
太原市 Taiyuan	71411	45842	25569	79548	51167	28381
大同市 Datong	48790	30748	18042	47144	28748	18396
阳泉市 Yangquan	21225	12903	8322	20183	12300	7883
长治市 Changzhi	47526	27204	20322	51092	34781	16311
晋城市 Jincheng	29600	16314	13286	28251	18469	9782
朔州市 Shuozhou	40046	24873	15173	37828	22191	15637
晋中市 Jinzhong	64054	41497	22557	62997	38702	24295
运城市 Yuncheng	72263	42286	29977	77016	51404	25612
忻州市 Xinzhou	42990	26277	16713	43791	27844	15947
临汾市 Linfen	66957	40416	26541	67109	41956	25153
吕梁市 Lvliang	65055	40132	24923	68258	43819	24439

19-57 续表 continued

单位：人 (person)

市名 City	在校生数 Enrolment		
	合计 Total	初中 Junior	高中 Senior
全省 Total	**1799439**	**1121739**	**677700**
太原市 Taiyuan	231098	149348	81750
大同市 Datong	146627	90149	56478
阳泉市 Yangquan	62452	37907	24545
长治市 Changzhi	165145	104862	60283
晋城市 Jincheng	89029	54048	34981
朔州市 Shuozhou	117951	69424	48527
晋中市 Jinzhong	191536	118139	73397
运城市 Yuncheng	238771	152221	86550
忻州市 Xinzhou	140392	87564	52828
临汾市 Linfen	207982	127222	80760
吕梁市 Lvliang	208456	130855	77601

19-58 村卫生室情况(2023年)

MAIN INDICATORS OF RURAL CLINICS(2023)

单位：人 (person)

市名 City	机构数(个) Institutions (unit)	执业(助理)医师 Licensed (Assistant) Doctors	注册护士 Registered Nurses	乡村医生 Rural Doctors	卫生员 Health Workers
全省 Total	**22566**	**9041**	**479**	**22913**	**1090**
太原市 Taiyuan	798	767	13	857	38
大同市 Datong	1463	632	10	1416	82
阳泉市 Yangquan	666	288	24	719	65
长治市 Changzhi	2858	1215	28	2195	101
晋城市 Jincheng	1825	432	26	1951	34
朔州市 Shuozhou	1212	310	16	1181	90
晋中市 Jinzhong	2479	994	75	2762	46
运城市 Yuncheng	2924	1331	41	2434	176
忻州市 Xinzhou	2698	548	61	3201	57
临汾市 Linfen	2888	1470	56	2709	154
吕梁市 Lvliang	2755	1054	129	3488	247

19-59 卫生机构数(2023年)
HEALTH CARE INSTITUTIONS(2023)

单位：个 (unit)

市 名 City	总 计 Total	#医 院 Hospitals	#疾病预防控制中心 Centers for Disease Control and Prevention	#妇幼保健院(所、站) Maternity and Child Care Centers
全 省 Total	**15272**	**1383**	**132**	**129**
太原市 Taiyuan	3461	161	14	12
大同市 Datong	1257	100	12	10
阳泉市 Yangquan	707	54	6	7
长治市 Changzhi	1024	95	13	13
晋城市 Jincheng	942	87	7	7
朔州市 Shuozhou	686	85	7	6
晋中市 Jinzhong	1022	103	12	12
运城市 Yuncheng	2350	263	14	15
忻州市 Xinzhou	1210	130	15	15
临汾市 Linfen	1410	183	18	18
吕梁市 Lvliang	1203	122	14	14

19-60 卫生机构床位数和人员情况(2023年)
BEDS AND PERSONNEL IN HEALTH CARE INSTITUTIONS(2023)

单位：人 (person)

市 名 City	卫生机构床位数(张) Beds (unit)	卫生技术人员 Health Technical Personnel	#执业(助理)医师 Licensed (Assistant) Doctors	#注册护士 Registered Nurses
全 省 Total	**232341**	**287967**	**109387**	**132206**
太原市 Taiyuan	46869	72376	27011	35730
大同市 Datong	20017	22473	9274	10031
阳泉市 Yangquan	8284	12262	4418	5826
长治市 Changzhi	20106	24844	9294	11397
晋城市 Jincheng	15357	18468	6973	8333
朔州市 Shuozhou	11903	9974	3831	4327
晋中市 Jinzhong	18559	22859	8222	10568
运城市 Yuncheng	33425	35789	13880	15732
忻州市 Xinzhou	14838	18482	6862	8193
临汾市 Linfen	25115	30743	11851	13621
吕梁市 Lvliang	17868	19697	7771	8448

19-61　主要城市空气质量情况(2023年)
AIR QUALITY IN MAJOR CITIES(2023)

市　名 City		空气质量达标天数(天) Days Reaching the Standard of Air Quality (day)	细颗粒物($PM_{2.5}$)年平均浓度($\mu g/m^3$) Annual Average Concentration of $PM_{2.5}$ ($\mu g/m^3$)	可吸入颗粒物(PM_{10})年平均浓度($\mu g/m^3$) Annual Average Concentration of PM_{10} ($\mu g/m^3$)	二氧化硫年平均浓度($\mu g/m^3$) Annual Average Concentration of SO_2 ($\mu g/m^3$)
全　省	**Total**	**260**	**37**	**74**	**12**
太原市	Taiyuan	235	41	78	11
大同市	Datong	299	27	62	16
阳泉市	Yangquan	264	38	73	16
长治市	Changzhi	280	36	60	12
晋城市	Jincheng	251	35	68	9
朔州市	Shuozhou	296	31	76	13
晋中市	Jinzhong	220	37	77	12
运城市	Yuncheng	230	49	86	9
忻州市	Xinzhou	279	37	66	14
临汾市	Linfen	221	49	88	10
吕梁市	Lvliang	289	26	77	9

市　名 City		二氧化氮年平均浓度($\mu g/m^3$) Annual Average Concentration of NO_2 ($\mu g/m^3$)	一氧化碳日均值第95百分位浓度(mg/m^3) Daily Average 95th Percentile Concentration of CO (mg/m^3)	臭氧(O_3)日最大8小时第90百分位浓度($\mu g/m^3$) Daily Maximum 8 Hours Average 90th Percentile Concentration of O_3 ($\mu g/m^3$)
全　省	**Total**	**31**	**1.4**	**168**
太原市	Taiyuan	40	1.5	178
大同市	Datong	27	1.2	154
阳泉市	Yangquan	37	1.4	169
长治市	Changzhi	26	1.4	168
晋城市	Jincheng	27	1.7	181
朔州市	Shuozhou	27	0.9	150
晋中市	Jinzhong	33	1.2	182
运城市	Yuncheng	22	1.9	165
忻州市	Xinzhou	32	1.3	162
临汾市	Linfen	31	1.7	182
吕梁市	Lvliang	39	1.0	157

注：空气质量达标天数未扣除沙尘异常超标天。

Note: Days with good air quality includeds the days with excessive sand and dust.

19-62 城镇居民家庭生活基本情况(2023年)
BASIC LIVING CONDITIONS OF URBAN HOUSEHOLDS(2023)

单位：元 (yuan)

市名 City	城镇居民人均可支配收入 Per Capita Disposable Income of Urban Households	工资性收入 Wages and Salaries	经营净收入 Net Business Income	财产净收入 Net Property Income	转移净收入 Net Transfer Income
全省 Total	**41327**	**23505**	**3964**	**3070**	**10788**
太原市 Taiyuan	45835	25814	4025	4962	11034
大同市 Datong	40907	20664	6640	2489	11114
阳泉市 Yangquan	40793	24157	2696	1732	12208
长治市 Changzhi	43169	24315	4350	3442	11062
晋城市 Jincheng	43835	29043	3669	3032	8091
朔州市 Shuozhou	42649	25210	6521	2457	8461
晋中市 Jinzhong	42877	24135	6606	3243	8893
运城市 Yuncheng	39278	22873	4588	2511	9306
忻州市 Xinzhou	38108	24327	4431	2178	7172
临汾市 Linfen	41185	25096	6610	2067	7412
吕梁市 Lvliang	35339	23337	3602	2101	6299

市名 City	城镇居民人均生活消费支出 Per Capita Living Expenditure of Urban Households	#食品烟酒 Food, Tobacco and Liquor	#衣着 Clothing	#居住 Residence	#教育文化娱乐 Education, Culture and Recreation
全省 Total	**24524**	**6216**	**1755**	**5317**	**2975**
太原市 Taiyuan	26414	6784	1661	6728	2824
大同市 Datong	21080	5886	1740	4095	2674
阳泉市 Yangquan	23405	5710	1443	4553	2209
长治市 Changzhi	25316	6235	1636	6043	3090
晋城市 Jincheng	26214	6188	1891	6384	3128
朔州市 Shuozhou	21728	6479	1724	3825	3034
晋中市 Jinzhong	22680	5730	1928	5123	2433
运城市 Yuncheng	19264	5001	1578	4230	2316
忻州市 Xinzhou	19137	4681	1598	4303	2487
临汾市 Linfen	20600	5290	1619	4608	2412
吕梁市 Lvliang	20178	4740	1602	4454	2637

19-63 农村居民家庭生活基本情况(2023年)
BASIC LIVING CONDITIONS OF RURAL HOUSEHOLDS(2023)

单位：元 (yuan)

市 名 City	农村居民人均可支配收入 Per Capita Disposable Income of Rural Households	工资性收入 Wages and Salaries	经营净收入 Net Business Income	财产净收入 Net Property Income	转移净收入 Net Transfer Income
全 省 Total	**17677**	**7875**	**4676**	**256**	**4869**
太原市 Taiyuan	24488	13331	4769	758	5630
大同市 Datong	15223	6273	4415	272	4263
阳泉市 Yangquan	20467	11796	3470	298	4902
长治市 Changzhi	21226	8814	7356	295	4761
晋城市 Jincheng	20790	12832	3352	467	4140
朔州市 Shuozhou	20054	8110	6543	148	5254
晋中市 Jinzhong	19681	10145	5789	674	3073
运城市 Yuncheng	16641	7505	5307	598	3231
忻州市 Xinzhou	12908	5241	4317	563	2787
临汾市 Linfen	17787	7473	6452	182	3680
吕梁市 Lvliang	13682	7791	2440	246	3205

市 名 City	农村居民人均生活消费支出 Per Capita Living Expenditure of Rural Households	#食品烟酒 Food, Tobacco and Liquor	#衣 着 Clothing	#居 住 Residence	#教育文化娱乐 Education, Culture and Recreation
全 省 Total	**13684**	**4038**	**884**	**3040**	**1421**
太原市 Taiyuan	17753	4705	1106	5296	1327
大同市 Datong	12848	4327	793	2513	1368
阳泉市 Yangquan	15614	4243	810	2977	1775
长治市 Changzhi	16251	4764	917	3872	1565
晋城市 Jincheng	15015	3792	1019	3079	1578
朔州市 Shuozhou	13175	5095	550	2410	1209
晋中市 Jinzhong	14024	4093	863	3023	1291
运城市 Yuncheng	12920	3377	845	3208	1230
忻州市 Xinzhou	10433	3683	613	2179	993
临汾市 Linfen	14169	4050	885	3235	1561
吕梁市 Lvliang	10084	3138	685	1976	898

19-64 全体居民人均可支配收入

单位：元

年 份 Year	太原市 Taiyuan	大同市 Datong	阳泉市 Yangquan	长治市 Changzhi	晋城市 Jincheng
1978		148	186	99	130
1979		170		112	147
1980		186	234	120	153
1981		205		113	161
1982	415	295		150	197
1983		355		214	262
1984		463		321	316
1985		501	578	376	384
1986		512	676	366	417
1987		572	759	406	460
1988		637	825	484	558
1989		741	1042	560	617
1990	1402	844	1279	613	680
1991		854	1456	670	675
1992		941	1683	740	801
1993		1053	2000	906	1011
1994		1522	2507	1136	1211
1995		1909	3011	1575	1785
1996		2455	3370	1925	2228
1997		2862	3573	2284	2686
1998		2887	3388	2480	2854
1999		2398	3580	2533	2895
2000	5372	2803	3395	2859	3365
2001	5760	2838	3741	3198	3511
2002	6491	3694	4360	3753	3959
2003	7239	4030	4860	4208	4489
2004	8192	4390	5743	4829	5106
2005	9158	5093	6822	5481	5652
2006	10139	5811	7736	6092	6372
2007	11827	6828	9021	7284	7623
2008	13134	8061	10335	8334	8718
2009	13493	8586	11254	9043	9502
2010	14909	9772	12560	10066	11185
2011	17489	11741	15042	12064	13272
2012	19671	13621	16498	13846	15157
2013	21801	14844	17911	15072	16515
2014	23579	16122	19419	16501	17905
2015	25408	17472	20793	17889	19352
2016	27169	18594	21951	19117	20578
2017	28935	19895	23422	20551	22039
2018	31031	21590	25134	22307	23855
2019	33563	23533	27126	24313	25897
2020	35473	24988	28529	25795	27475
2021	38381	27323	30810	28309	29891
2022	40597	29307	32474	30285	32015
2023	42685	31093	34010	32307	34115

PER CAPTIA DISPOSABLE INCOME OF THE PROVINCIAL HOUSEHOLDS

(yuan)

朔州市 Shuozhou	晋中市 Jinzhong	运城市 Yuncheng	忻州市 Xinzhou	临汾市 Linfen	吕梁市 Lvliang
			86	100	
			112		
			105	113	97
			106		101
			163		146
			262		233
		355	354		286
		334	351	510	332
		351	326	555	325
		358	345	596	331
		398	433	658	415
556		452	476	739	437
632	699	513	512	825	498
830		540	506	945	467
893		612	632	1068	550
1022		793	785	1266	670
1441		954	1022	1654	859
1682	1577	1282	1261	2171	1027
2117		1793	1395	2576	1280
2512		2083	1763	2769	1542
2741		2242	1891	2926	1607
2407		2246	1560	3170	1214
3207	2775	2345	1881	2744	1735
2773	2991	2669	1898	2989	1908
3726	3445	3225	2429	3337	2472
4151	3851	3624	2797	3720	2774
4613	4425	4057	3155	4324	3229
5334	5185	4611	3540	5035	3942
5982	5907	5154	4056	5661	4710
7239	6985	6080	4847	6456	5537
8551	8312	6931	5690	7240	6621
9803	9307	7494	6210	7977	7216
11469	10486	8231	7451	9237	7715
13075	12462	9874	8904	10941	9205
14866	14399	11425	10377	12624	10744
16204	15727	12470	11272	13779	11557
17599	17213	13697	12325	15052	12623
18975	18631	14922	13415	16347	13591
20113	19783	16001	14371	17438	14429
21581	21128	17153	15506	18764	15554
23204	22908	18707	16896	20192	16883
25237	24855	20406	18462	22107	18369
26576	26187	21680	19637	23439	19387
28870	28482	23831	21645	25708	21253
30513	30175	25474	23091	27375	22601
32238	31817	27155	24558	29261	23827

19-65　城镇居民人均可支配收入

单位：元

年 份 Year	太原市 Taiyuan	大同市 Datong	阳泉市 Yangquan	长治市 Changzhi	晋城市 Jincheng
1978	313	277	251	348	300
1979	362	301	278	351	303
1980	385	346	308	375	308
1981	418	372	341	386	315
1982	454	401	377	379	321
1983	479	435	418	407	330
1984	601	515	463	486	468
1985	646	624	575	665	508
1986	804	799	711	775	573
1987	933	875	828	828	712
1988	1104	930	902	1040	835
1989	1417	1233	1201	1161	1061
1990	1573	1396	1527	1276	1141
1991	1819	1476	1767	1506	1254
1992	2188	1506	2038	1588	1479
1993	2723	1691	2423	1895	1752
1994	3209	2519	2972	2365	2426
1995	3939	3238	3503	3017	3091
1996	4109	3845	3833	3478	3369
1997	5086	4438	3954	4192	4150
1998	5371	4160	3634	4107	4151
1999	5587	4241	3944	4142	4341
2000	5954	4499	4349	4484	4769
2001	6406	4896	4954	5110	5265
2002	7241	5903	6055	5984	5951
2003	8082	6443	6814	6796	6852
2004	9111	6896	8252	7763	7804
2005	10166	7975	9319	8649	8543
2006	11350	9054	10538	9563	9661
2007	13234	10574	12212	11602	11758
2008	14608	12526	13981	13254	13336
2009	14917	13171	15027	14280	14220
2010	16433	14419	16551	15675	16187
2011	19186	16937	19622	18429	18775
2012	21507	19361	21071	20639	21024
2013	23873	21316	23115	22682	23126
2014	25768	23043	24825	24565	24907
2015	27727	24771	26414	26407	26651
2016	29632	26273	27801	28094	28223
2017	31469	27981	29581	30060	30142
2018	33672	29911	31474	32024	32162
2019	36362	32252	33582	34426	34627
2020	38329	33945	35018	36010	36332
2021	41377	36685	37464	38786	39089
2022	43694	38996	39300	41113	41669
2023	45835	40907	40793	43169	43835

PER CAPTIA DISPOSABLE INCOME OF URBAN HOUSEHOLDS

(yuan)

朔州市 Shuozhou	晋中市 Jinzhong	运城市 Yuncheng	忻州市 Xinzhou	临汾市 Linfen	吕梁市 Lvliang
			286	260	
			318		
			345	377	243
			340		250
			373		297
			376		330
		467	436		390
		605	560	636	448
		727	634	745	477
		804	676	787	538
		946	877	836	651
1272	1016	1170	908	932	757
1364	1093	1259	974	1020	855
1489	1313	1387	1095	1208	951
1762	1357	1596	1278	1364	1144
2236	1668	2265	1541	1610	1336
3032	2099	2305	2193	2153	1804
3606	2550	2753	2407	2780	2038
3977	3015	3277	2462	3178	2225
4412	3116	3903	3067	3277	2587
4395	3288	4016	3160	3423	2706
4611	3405	4256	3498	3810	2993
4977	3961	4453	3696	4227	3774
5112	4491	5035	4075	4802	4682
6139	5309	6105	4821	5304	5706
6835	6046	6921	5469	6017	6394
7483	6930	7608	6131	7131	7153
8417	8015	8569	6724	8213	8095
9386	9164	9470	7746	9312	9186
11155	10832	11271	9022	10576	10679
13178	12996	12616	10572	11919	12697
14514	14578	13266	11459	13102	13707
16349	16319	14032	13958	14880	13901
18891	18947	16279	16041	17442	15857
21734	21464	18452	18213	19783	18203
23886	23589	20408	20016	21820	20005
25725	25652	22226	21735	23610	21485
27500	27525	24049	23452	25498	22903
28989	29149	25636	24987	27085	24180
30989	30927	27302	26536	28873	25704
32849	32947	29104	28341	30692	27323
35100	35187	31241	30375	32895	29181
36487	36578	32728	31920	34408	30382
39168	39189	35291	34566	36968	32551
41009	41188	37479	36467	39075	34243
42649	42877	39278	38108	41185	35339

19-66 城镇居民人均消费支出

单位：元

年 份 Year	太原市 Taiyuan	大同市 Datong	阳泉市 Yangquan	长治市 Changzhi	晋城市 Jincheng
1978	306	275	256	283	230
1979	340	300	277	295	236
1980	374	323	300	325	257
1981	389	383	325	337	299
1982	403	388	352	346	305
1983	418	414	384	366	315
1984	501	461	406	404	369
1985	585	567	540	533	451
1986	723	705	658	629	547
1987	846	752	739	655	671
1988	1070	958	910	868	838
1989	1261	1008	1166	1024	976
1990	1357	1101	1176	1040	1002
1991	1601	1149	1354	1147	1097
1992	1884	1304	1581	1253	1299
1993	2314	1489	1849	1555	1444
1994	2762	2129	2485	1854	1938
1995	3409	2874	2949	2397	2394
1996	3490	3335	2993	3033	2685
1997	4257	3526	3171	3570	2853
1998	4440	3382	3144	3125	2510
1999	4625	3443	3290	2901	2900
2000	5222	3444	3751	3373	3269
2001	5016	3589	3586	3698	3530
2002	5770	4076	3821	4217	4215
2003	6096	4269	4228	4624	4748
2004	6747	4489	5117	5110	5631
2005	7351	5078	6212	5530	5807
2006	8554	5375	6454	6467	6509
2007	10136	5881	7775	7816	7513
2008	9936	6567	8768	8140	9058
2009	10692	6631	8802	8649	9286
2010	10976	6964	10256	8980	10363
2011	11887	8410	11988	10438	12530
2012	12672	9234	12503	11753	14338
2013	13584	9803	12584	12483	14057
2014	14430	10494	12941	13319	14315
2015	15455	11342	13795	14411	16472
2016	16775	11785	15077	15724	17355
2017	18234	12776	13789	16997	18158
2018	19912	13936	17178	18288	20139
2019	21305	15062	21301	19575	21850
2020	20559	15740	21919	19927	22527
2021	23748	17786	23696	21681	23796
2022	24948	18248	24123	22053	23876
2023	26414	21080	23405	25316	26214

PER CAPTIA CONSUMPTION EXPENDITURE OF URBAN HOUSEHOLDS

(yuan)

朔州市 Shuozhou	晋中市 Jinzhong	运城市 Yuncheng	忻州市 Xinzhou	临汾市 Linfen	吕梁市 Lvliang
			245	236	
			293		178
			327	350	211
			343		231
			360		251
			376		291
		421	380		351
		608	530	598	438
		664	679	692	459
		814	659	732	468
		931	833	786	566
1009	796	1103	858	780	659
1173	841	1183	933	795	739
1102	1140	1173	1065	946	828
1299	1056	1278	1155	975	996
1687	1313	1347	1242	1147	1163
2083	1587	1811	1957	1492	1570
2747	1938	2165	2339	1940	1980
3370	2488	2925	2300	2344	2733
3507	2454	3212	2419	2527	2758
3396	2459	2792	2204	2492	2546
3639	2739	3342	2732	2653	2798
4121	3239	3028	2912	3027	3140
3663	3417	3308	2960	3263	3373
4346	3879	4171	3768	3959	4048
4473	4216	4489	3976	4197	4232
4875	4566	4498	4120	4748	4971
5417	5273	4743	4373	5257	6154
5998	5766	5386	4646	5897	6691
7562	6682	5639	5795	6625	6786
9178	7676	7334	7040	7498	8221
9372	8868	6803	8306	7922	8057
9480	9235	6263	8860	8824	8088
10808	10241	7743	9020	11133	9195
12381	10962	8034	9202	11436	9360
13347	11826	8822	9893	10506	10307
13633	12689	9863	10317	10523	12246
14096	13459	11228	11175	12502	12825
14364	14038	11405	12160	13388	13710
15585	15052	12327	13169	14665	14651
17036	16121	13641	14595	15759	15921
18520	17593	15807	16186	16862	17654
18645	17171	15859	17290	16632	17054
20137	19985	17457	18705	17945	18845
20089	19943	17469	18434	17783	19357
21728	22680	19264	19137	20600	20178

19-67 农村居民人均可支配收入

单位：元

年 份 Year	太原市 Taiyuan	大同市 Datong	阳泉市 Yangquan	长治市 Changzhi	晋城市 Jincheng
1978	116	95	132	62	114
1979	147	114	168	74	132
1980	156	112	171	78	138
1981	155	126	191	65	145
1982	259	245	227	109	183
1983	312	316	328	178	254
1984	458	435	478	290	298
1985	526	434	584	318	369
1986	556	351	599	279	397
1987	590	399	605	314	425
1988	660	464	642	361	519
1989	715	444	660	425	553
1990	763	515	684	463	611
1991	776	482	702	479	587
1992	864	598	810	544	695
1993	970	653	941	668	890
1994	1166	886	1224	831	1001
1995	1444	1039	1639	1211	1552
1996	2017	1512	2055	1518	2009
1997	2407	1766	2466	1770	2393
1998	2684	1982	2661	2032	2584
1999	2586	1068	2599	2084	2581
2000	2650	1495	2596	2209	2636
2001	2748	1255	2723	2436	2603
2002	3091	1856	2877	2662	2719
2003	3374	1986	3112	2902	2958
2004	3898	2216	3437	3284	3299
2005	4434	2412	3748	3599	3619
2006	4958	2684	4140	3922	3971
2007	5612	3062	4724	4452	4476
2008	6420	3389	5427	4991	4905
2009	6904	3629	5801	5396	5313
2010	7703	4112	6572	6032	5970
2011	8995	4996	7691	7177	7129
2012	10201	5710	8699	8218	8134
2013	11425	6441	9760	9229	9135
2014	12616	7137	10742	10311	10087
2015	13626	7708	11494	11095	10914
2016	14591	8217	12172	11863	11635
2017	15595	8862	12963	12705	12511
2018	16860	9710	14078	13818	13566
2019	18377	10725	15390	15151	14809
2020	19655	11610	16510	16327	16054
2021	21551	12909	18030	18081	17744
2022	22822	13864	19057	19437	19004
2023	24488	15223	20467	21226	20790

PER CAPTIA DISPOSABLE INCOME OF RURAL HOUSEHOLDS

(yuan)

朔州市 Shuozhou	晋中市 Jinzhong	运城市 Yuncheng	忻州市 Xinzhou	临汾市 Linfen	吕梁市 Lvliang
77	98	101	66	76	83
99	125	119	89	95	86
102	108	117	78	63	82
116	119	128	79	104	85
277	181	239	138	170	130
349	274	265	248	210	222
472	315	343	344	334	274
373	355	303	324	335	318
332	385	306	283	283	305
383	425	303	296	313	303
441	517	329	364	384	383
445	550	360	407	440	392
521	606	417	439	501	448
728	590	428	412	507	398
750	654	480	525	573	465
807	761	586	651	689	572
1098	1016	753	793	809	715
1229	1317	1054	1027	1130	869
1660	1703	1556	1170	1528	1128
2027	2032	1783	1480	1872	1368
2308	2161	1939	1608	2040	1418
1809	2104	1889	1108	2016	894
2229	2208	1966	1210	2201	1152
1490	2276	2011	1098	2328	1122
2317	2437	2168	1416	2476	1377
2535	2626	2334	1625	2681	1499
2813	2968	2604	1789	2995	1776
3103	3339	2827	1939	3351	2006
3427	3678	3075	2104	3628	2483
4185	4246	3420	2539	4103	2804
4780	4826	3839	2859	4439	3233
5181	5252	4156	3061	4802	3464
5974	5879	4741	3487	5351	3937
7108	6996	5690	4185	6158	4801
8097	8032	6458	4834	6983	5429
9149	9100	7285	5491	7862	6140
10137	10100	8125	6104	8755	6754
10816	10877	8718	6550	9376	7193
11478	11525	9365	7025	10005	7644
12305	12297	9992	7588	10742	8232
13423	13394	10916	8302	11630	9034
14717	14720	11997	9183	12809	9963
15812	15767	12947	9926	13782	10656
17372	17288	14281	11058	15294	11754
18449	18308	15267	11810	16334	12518
20054	19681	16641	12908	17787	13682

19-68　农村居民人均消费支出

单位：元

年 份 Year	太原市 Taiyuan	大同市 Datong	阳泉市 Yangquan	长治市 Changzhi	晋城市 Jincheng
1978		90	99		101
1979		98	124		113
1980		99	125		146
1981		108	138		146
1982		196	163		138
1983		287	239		180
1984		328	349		185
1985		319	418		291
1986		287	437		320
1987		299	436		357
1988		344	462		442
1989		338	475		443
1990		367	486		463
1991		389	498		507
1992		458	567		512
1993		564	871		579
1994		643	1055		623
1995		670	1085		1072
1996		821	1393		1096
1997		843	1438		1418
1998		863	1552		1316
1999	1657	945	1255		1252
2000	1657	917	1534		1364
2001	1639	887	1639		1547
2002	2092	898	1928	1441	1672
2003	2278	1052	2129	1494	1893
2004	2621	1124	2636	1791	2101
2005	2847	1411	2684	2176	2375
2006	3140	1476	3494	2607	2588
2007	3601	1758	3753	3124	2982
2008	4137	2058	3933	3756	3383
2009	4288	2085	3894	4077	3651
2010	4578	2721	4047	4670	3853
2011	6944	4118	4998	5636	5289
2012	7730	4640	5342	6651	6044
2013	8743	4993	6294	7323	7609
2014	9444	5454	7468	7996	7973
2015	10124	5961	7994	8524	8194
2016	10929	6292	8968	9025	9297
2017	11546	6814	9541	9611	9278
2018	12365	7623	10553	10398	10318
2019	13228	8381	12030	11339	10834
2020	13969	8926	13154	12042	11529
2021	16295	10799	14351	13411	12970
2022	17517	11417	15153	14270	13512
2023	17753	12848	15614	16251	15015

PER CAPTIA CONSUMPTION EXPENDITURE OF RURAL HOUSEHOLDS

(yuan)

朔州市 Shuozhou	晋中市 Jinzhong	运城市 Yuncheng	忻州市 Xinzhou	临汾市 Linfen	吕梁市 Lvliang
			57		70
			75		72
			69		65
			69		62
			117		68
	192		206		179
	228		292		180
	252		263		240
	283		235	256	269
	328		242	271	281
	375		287	330	326
399	428		346	354	337
459	496		364	390	381
412	507		321	403	318
444	518		404	403	405
471	692		533	511	928
527	792		642	561	981
690	1109		863	613	852
905	1191	1200	995	972	1079
819	1226	1150	1199	990	979
713	1145	1136	1243	904	943
851	1321	1136	946	965	884
807	1252	1171	1010	1051	1013
858	1306	1288	911	1119	1122
963	1535	1378	955	1204	1048
1556	1659	1416	1098	1339	1276
1683	1986	1587	1190	1668	1571
1743	2173	1855	1887	1859	1914
1904	2399	2260	2023	2107	2327
2327	2642	2531	2543	2551	2547
2974	2890	2846	2894	2894	3053
2827	3074	2904	3079	3118	3271
3369	3801	3010	3450	3422	3510
4922	5352	4141	4160	4281	4120
5544	5971	4671	4850	4483	4530
6941	6330	5569	5949	5113	5021
6431	6851	6126	6412	6009	5403
6837	7334	6838	6500	6623	5572
7698	7737	7513	6650	7664	5940
7759	8097	7730	6883	8157	6369
7923	8893	8710	7291	8863	7046
9115	9833	9851	7838	9528	7553
9654	10481	10076	8390	10104	8006
10663	12114	11284	9364	11295	8963
11284	12469	12073	9882	11994	8880
13175	14024	12920	10433	14169	10084

20

COUNTIES, CITIES AND DISTRICTS AT COUNTY LEVEL

县（市、区）篇

20-1 地区生产总值(2023年)
GROSS DOMESTIC PRODUCT(2023)

单位：万元 (10 000 yuan)

县(市、区)	Region	地区生产总值 Gross Domestic Product	第一产业 Primary Industry	第二产业 Secondary Industry	第三产业 Tertiary Industry	人均地区生产总值(元) Per Capita GDP (yuan)
太原市	**Taiyuan**					
小店区	Xiaodian	15806192	50298	8480189	7275705	110351
迎泽区	Yingze	11648608	5297	1410270	10233041	195230
杏花岭区	Xinghualing	9467409	13611	1681087	7772711	119221
尖草坪区	Jiancaoping	5821854	29874	4416316	1375664	108219
万柏林区	Wanbailin	6299974	2648	3312499	2984827	64308
晋源区	Jinyuan	1061596	36352	362299	662945	32230
清徐县	Qingxu	3530177	162044	2430769	937364	101449
阳曲县	Yangqu	814323	85421	530916	197986	63866
娄烦县	Loufan	435064	41030	243048	150986	49185
古交市	Gujiao	852366	33272	549438	269656	40466
大同市	**Datong**					
新荣区	Xinrong	886853	91762	542490	252601	102356
平城区	Pingcheng	5281489	23813	1032811	4224865	46959
云冈区	Yungang	5611359	91901	3312575	2206883	82452
云州区	Yunzhou	2119851	140881	1290847	688123	143870
阳高县	Yanggao	812925	238360	224217	350348	44028
天镇县	Tianzhen	554400	146419	116763	291218	35265
广灵县	Guangling	654308	117637	231590	305081	42736
灵丘县	Lingqiu	747861	97655	208878	441328	35670
浑源县	Hunyuan	582574	142107	104404	336063	25176
左云县	Zuoyun	1463687	49130	887416	527141	128288
阳泉市	**Yangquan**					
城　区	Chengqu	2296988	4018	292986	1999984	102868
矿　区	Kuangqu	2513268	1483	2007079	504706	110865
郊　区	Jiaoqu	1767820	30791	995157	741872	64234
平定县	Pingding	1593377	68177	952071	573129	52757
盂　县	Yuxian	1855634	71439	1100819	683376	66782
长治市	**Changzhi**					
潞州区	Luzhou	6112799	35825	2381820	3695154	67646
上党区	Shangdang	3532023	125906	2488738	917379	111371
屯留区	Tunliu	2484147	102992	1958659	422496	99299
潞城区	Lucheng	1814192	73003	1248067	493122	84470
襄垣县	Xiangyuan	4707924	91749	3856062	760113	183729
平顺县	Pingshun	320720	51117	74710	194893	28973
黎城县	Licheng	602749	48475	279993	274281	47223
壶关县	Huguan	826369	91703	394361	340305	35658
长子县	Zhangzi	3027484	170640	2229104	627740	104127
武乡县	Wuxiang	1124243	82755	662891	378597	75516
沁　县	Qinxian	433498	103181	78742	251575	32375
沁源县	Qinyuan	3075621	49744	2493669	532208	207021
晋城市	**Jincheng**					
城　区	Chengqu	4310082	8398	1004982	3296701	73606
沁水县	Qinshui	4280697	146721	3499575	634400	222147

20-1 续表1 continued

单位：万元 (10 000 yuan)

县(市、区)	Region	地区生产总值 Gross Domestic Product	第一产业 Primary Industry	第二产业 Secondary Industry	第三产业 Tertiary Industry	人均地区生产总值(元) Per Capita GDP (yuan)
阳城县	Yangcheng	4028543	163457	2893267	971819	117139
陵川县	Lingchuan	759637	117479	243400	398758	38368
泽州县	Zezhou	5613565	192244	4516721	904600	136119
高平市	Gaoping	4340004	183527	2897444	1259033	96875
朔州市	**Shuozhou**					
朔城区	Shuocheng	4168787	145974	1103915	2918898	73273
平鲁区	Pinglu	3646234	61910	2658785	925539	249146
山阴县	Shanyin	2316630	175612	1211717	929301	118999
应　县	Yingxian	1030940	319409	142263	569268	43816
右玉县	Youyu	1184860	100374	537700	546786	136927
怀仁市	Huairen	3046282	230789	1611189	1204304	86760
晋中市	**Jinzhong**					
榆次区	Yuci	3458791	209875	956136	2292780	36987
太谷区	Taigu	1239979	269655	305961	664363	37953
榆社县	Yushe	458131	71354	166860	219917	41387
左权县	Zuoquan	768474	86662	397164	284648	54011
和顺县	Heshun	1024006	72346	664884	286776	85987
昔阳县	Xiyang	1630033	81759	1154172	394102	87693
寿阳县	Shouyang	2324277	206649	1603898	513730	118122
祁　县	Qixian	1171889	256749	299684	615456	46884
平遥县	Pingyao	1465788	195550	448017	822221	32957
灵石县	Lingshi	3639703	68976	2538616	1032111	149466
介休市	Jiexiu	3727812	61392	2656714	1009706	86555
运城市	**Yuncheng**					
盐湖区	Yanhu	4126998	262168	1178683	2686147	42300
临猗县	Linyi	2037765	634807	391903	1011055	43014
万荣县	Wanrong	1090218	334448	235389	520381	30920
闻喜县	Wenxi	2074569	260634	1035170	778765	59081
稷山县	Jishan	1316612	195985	538211	582416	42981
新绛县	Xinjiang	1841217	266874	1085407	488936	67515
绛　县	Jiangxian	870249	152532	274639	443078	40796
垣曲县	Yuanqu	990896	101876	461753	427267	51349
夏　县	Xiaxian	828559	288898	152792	386869	30368
平陆县	Pinglu	702922	138608	203760	360554	35488
芮城县	Ruicheng	1318165	379980	341634	596551	39949
永济市	Yongji	1688793	302578	587910	798305	44497
河津市	Hejin	4411881	142276	3092185	1177420	112208
忻州市	**Xinzhou**					
忻府区	Xinfu	2481345	172204	752920	1556221	42960
定襄县	Dingxiang	779339	70854	408462	300023	40896
五台县	Wutai	747926	90191	168852	488883	33074
代　县	Daixian	827274	55847	470011	301416	47296

20–1 续表2 continued

单位：万元 (10 000 yuan)

县(市、区)	Region	地区生产总值 Gross Domestic Product	第一产业 Primary Industry	第二产业 Secondary Industry	第三产业 Tertiary Industry	人均地区生产总值(元) Per Capita GDP (yuan)
繁峙县	Fanshi	930909	104371	442751	383787	37385
宁武县	Ningwu	1150812	33207	771089	346516	86444
静乐县	Jingle	547894	61711	262627	223556	47433
神池县	Shenchi	324241	124756	43372	156113	43516
五寨县	Wuzhai	413339	88656	21943	302740	41811
岢岚县	Kelan	509364	82662	217151	209551	74775
河曲县	Hequ	1961771	67466	1403447	490858	161818
保德县	Baode	1284882	70170	903047	311665	90059
偏关县	Pianguan	364295	54222	155065	155008	53275
原平市	Yuanping	2115806	244326	1223958	647522	52308
临 汾 市	**Linfen**					
尧都区	Yaodu	4760175	156032	1459464	3144679	50355
曲沃县	Quwo	1926546	269962	1205974	450610	91375
翼城县	Yicheng	1054319	182759	351442	520118	40822
襄汾县	Xiangfen	1753236	237508	868944	646784	41773
洪洞县	Hongtong	2277535	158368	1227340	891827	36428
古　县	Guxian	691252	38002	471593	181657	88807
安泽县	Anze	1216408	56750	974843	184815	164704
浮山县	Fushan	554292	88783	296132	169377	58627
吉　县	Jixian	403114	135882	163628	103604	47347
乡宁县	Xiangning	2649296	64897	2188359	396040	131232
大宁县	Daning	157122	31859	57898	67365	30886
隰　县	Xixian	302374	113113	48641	140620	34214
永和县	Yonghe	259657	50493	128789	80375	54651
蒲　县	Puxian	1759387	44020	1486285	229082	187991
汾西县	Fenxi	319914	51715	94963	173236	32851
侯马市	Houma	1893299	47637	632525	1213137	73689
霍州市	Huozhou	1147022	52232	667827	426963	42547
吕 梁 市	**Lvliang**					
离石区	Lishi	2223522	34289	1183812	1005421	47478
文水县	Wenshui	1139822	228298	454793	456731	31559
交城县	Jiaocheng	1066164	51383	701507	313274	47439
兴　县	Xingxian	2019656	72340	1616595	330721	116268
临　县	Linxian	1581634	182109	910803	488722	41046
柳林县	Liulin	3800978	61822	3050214	688942	134342
石楼县	Shilou	210281	64355	11561	134365	22405
岚　县	Lanxian	827933	73249	565258	189426	57050
方山县	Fangshan	659877	53283	461145	145449	59407
中阳县	Zhongyang	1800750	39610	1487094	274046	132593
交口县	Jiaokou	602319	36875	408787	156657	64994
孝义市	Xiaoyi	4722855	89518	3237982	1395355	98714
汾阳市	Fenyang	3004323	110203	1847019	1047101	74116

20-2 常住人口数(2023年)
RESIDENT POPULATION(2023)

单位：人 (person)

县(市、区)	Region	常住人口 Resident Population	按性别分 By Sex 男性 Male	按性别分 By Sex 女性 Female	按城乡分 By Residence 城镇 Urban	按城乡分 By Residence 乡村 Rural
太原市	**Taiyuan**					
小店区	Xiaodian	1436291	735223	701068	1345003	91288
迎泽区	Yingze	597951	297965	299986	586853	11098
杏花岭区	Xinghualing	796032	400520	395512	747717	48315
尖草坪区	Jiancaoping	538603	279950	258653	509126	29477
万柏林区	Wanbailin	982367	501667	480700	982367	
晋源区	Jinyuan	330761	171956	158805	282020	48741
清徐县	Qingxu	347359	179120	168239	152625	194734
阳曲县	Yangqu	127418	67100	60318	69585	57833
娄烦县	Loufan	88059	45750	42309	45602	42457
古交市	Gujiao	209551	109342	100209	160759	48792
大同市	**Datong**					
新荣区	Xinrong	85846	45604	40242	36584	49262
平城区	Pingcheng	1127691	563632	564059	1127691	
云冈区	Yungang	677489	340717	336772	593040	84449
云州区	Yunzhou	146118	76134	69984	73534	72584
阳高县	Yanggao	182591	92557	90034	86837	95754
天镇县	Tianzhen	155446	78823	76623	68870	86576
广灵县	Guangling	152535	79317	73218	58999	93536
灵丘县	Lingqiu	209020	108112	100908	83118	125902
浑源县	Hunyuan	228984	117420	111564	103874	125110
左云县	Zuoyun	112832	61055	51777	59218	53614
阳泉市	**Yangquan**					
城　区	Chengqu	222091	111273	110818	220937	1154
矿　区	Kuangqu	225464	112874	112590	225464	
郊　区	Jiaoqu	274541	142379	132162	197693	76848
平定县	Pingding	300448	155228	145220	161900	138548
盂　县	Yuxian	276579	142797	133782	142450	134129
长治市	**Changzhi**					
潞州区	Luzhou	906015	449284	456731	789302	116713
上党区	Shangdang	316289	158643	157646	153463	162826
屯留区	Tunliu	249432	126869	122563	124866	124566
潞城区	Lucheng	214042	110019	104023	131565	82477
襄垣县	Xiangyuan	255285	132137	123148	143059	112226
平顺县	Pingshun	109789	56927	52862	39974	69815
黎城县	Licheng	126783	64249	62534	62389	64394
壶关县	Huguan	230763	115386	115377	96990	133773
长子县	Zhangzi	289165	147377	141788	110158	179007
武乡县	Wuxiang	147906	78793	69113	57713	90193
沁　县	Qinxian	133025	70265	62760	62934	70091
沁源县	Qinyuan	148088	82281	65807	75875	72213

20-2 续表1 continued

单位：人 (person)

县(市、区)	Region	常住人口 Resident Population	按性别分 By Sex 男性 Male	女性 Female	按城乡分 By Residence 城镇 Urban	乡村 Rural
晋城市	**Jincheng**					
城　区	Chengqu	586025	290279	295746	586025	
沁水县	Qinshui	191513	101971	89542	98620	92893
阳城县	Yangcheng	341852	173276	168576	179593	162259
陵川县	Lingchuan	196712	99815	96897	91776	104936
泽州县	Zezhou	410160	211832	198328	206127	204033
高平市	Gaoping	445586	222271	223315	250454	195132
朔州市	**Shuozhou**					
朔城区	Shuocheng	568142	290209	277933	406429	161713
平鲁区	Pinglu	145430	77889	67541	85259	60171
山阴县	Shanyin	192987	101098	91889	111229	81758
应　县	Yingxian	235291	121944	113347	103000	132291
右玉县	Youyu	85797	45055	40742	52341	33456
怀仁市	Huairen	351316	181755	169561	256444	94872
晋中市	**Jinzhong**					
榆次区	Yuci	935337	464264	471073	756174	179163
太谷区	Taigu	325573	165194	160379	193440	132133
榆社县	Yushe	110143	57723	52420	53062	57081
左权县	Zuoquan	141577	72872	68705	77506	64071
和顺县	Heshun	118443	61929	56514	64486	53957
昔阳县	Xiyang	185143	95855	89288	83509	101634
寿阳县	Shouyang	196173	105309	90864	95585	100588
祁　县	Qixian	249051	127354	121697	118985	130066
平遥县	Pingyao	442785	225301	217484	222832	219953
灵石县	Lingshi	242873	127225	115648	147704	95169
介休市	Jiexiu	429405	218236	211169	297557	131848
运城市	**Yuncheng**					
盐湖区	Yanhu	985495	489071	496424	752685	232810
临猗县	Linyi	470462	239046	231416	201429	269033
万荣县	Wanrong	351040	178666	172374	122812	228228
闻喜县	Wenxi	350244	178150	172094	158084	192160
稷山县	Jishan	305077	154623	150454	130132	174945
新绛县	Xinjiang	271578	137457	134121	119210	152368
绛　县	Jiangxian	211953	107404	104549	102194	109759
垣曲县	Yuanqu	191987	98394	93593	112649	79338
夏　县	Xiaxian	270367	137879	132488	93994	176373
平陆县	Pinglu	197428	101051	96377	82753	114675
芮城县	Ruicheng	328851	168529	160322	176249	152602
永济市	Yongji	377869	191201	186668	184836	193033
河津市	Hejin	393218	202834	190384	234575	158643
忻州市	**Xinzhou**					
忻府区	Xinfu	577134	285144	291990	397114	180020
定襄县	Dingxiang	189723	96532	93191	90047	99676
五台县	Wutai	224426	116353	108073	103177	121249
代　县	Daixian	174088	91805	82283	88666	85422

20-2 续表2 continued

单位：人 (person)

县(市、区)	Region	常住人口 Resident Population	按性别分 By Sex		按城乡分 By Residence	
			男 性 Male	女 性 Female	城 镇 Urban	乡 村 Rural
繁峙县	Fanshi	248124	128881	119243	133334	114790
宁武县	Ningwu	132561	71697	60864	74912	57649
静乐县	Jingle	114972	61851	53121	57916	57056
神池县	Shenchi	74152	39162	34990	37175	36977
五寨县	Wuzhai	98484	50954	47530	54893	43591
岢岚县	Kelan	67727	36305	31422	38225	29502
河曲县	Hequ	120568	63514	57054	67187	53381
保德县	Baode	142074	75346	66728	78420	63654
偏关县	Pianguan	68124	35534	32590	36987	31137
原平市	Yuanping	402517	206743	195774	231351	171166
临汾市	**Linfen**					
尧都区	Yaodu	945985	465551	480434	706418	239567
曲沃县	Quwo	210180	107851	102329	101023	109157
翼城县	Yicheng	257392	128383	129009	117411	139981
襄汾县	Xiangfen	418425	209978	208447	171910	246515
洪洞县	Hongtong	623594	313792	309802	266306	357288
古 县	Guxian	77438	40434	37004	41991	35447
安泽县	Anze	73549	38623	34926	36293	37256
浮山县	Fushan	94075	48173	45902	43025	51050
吉 县	Jixian	84741	43567	41174	38426	46315
乡宁县	Xiangning	201289	106052	95237	88698	112591
大宁县	Daning	50658	26908	23750	28716	21942
隰 县	Xixian	87963	45644	42319	46801	41162
永和县	Yonghe	47376	24584	22792	23330	24046
蒲 县	Puxian	93079	50108	42971	47988	45091
汾西县	Fenxi	96637	50278	46359	49261	47376
侯马市	Houma	256192	129929	126263	179578	76614
霍州市	Huozhou	268581	138022	130559	186275	82306
吕梁市	**Lvliang**					
离石区	Lishi	469797	240272	229525	352447	117350
文水县	Wenshui	359137	184152	174985	158249	200888
交城县	Jiaocheng	223900	115729	108171	130600	93300
兴 县	Xingxian	171787	92106	79681	82883	88904
临 县	Linxian	382446	201381	181065	143601	238845
柳林县	Liulin	281450	149785	131665	144542	136908
石楼县	Shilou	93569	48727	44842	53086	40483
岚 县	Lanxian	144669	75948	68721	66828	77841
方山县	Fangshan	110431	59135	51296	47666	62765
中阳县	Zhongyang	135325	72080	63245	90318	45007
交口县	Jiaokou	92097	48243	43854	45638	46459
孝义市	Xiaoyi	477727	246096	231631	345161	132566
汾阳市	Fenyang	404213	203837	200376	216332	187881

20–3 城乡居民收入(2023年)
INCOME OF URBAN AND RURAL HOUSEHOLDS(2023)

单位：元 (yuan)

县(市、区)	Region	居民人均可支配收入 Per Capita Disposable Income of Households	城镇居民人均可支配收入 Per Capita Disposable Income of Urban Households	农村居民人均可支配收入 Per Capita Disposible Income of Rural Households
太原市	**Taiyuan**			
小店区	Xiaodian	44745	48503	27699
迎泽区	Yingze	44893	48131	27699
杏花岭区	Xinghualing	44210	47417	27699
尖草坪区	Jiancaoping	43181	44607	27699
万柏林区	Wanbailin	45736	45736	
晋源区	Jinyuan	43415	45644	27699
清徐县	Qingxu	31183	44605	27229
阳曲县	Yangqu	21537	33512	14945
娄烦县	Loufan	20162	28594	13070
古交市	Gujiao	36894	41716	22643
大同市	**Datong**			
新荣区	Xinrong	19479	34422	14519
平城区	Pingcheng	44261	44261	
云冈区	Yungang	40740	43272	23496
云州区	Yunzhou	19923	28917	15881
阳高县	Yanggao	19738	30736	14173
天镇县	Tianzhen	18855	30730	13318
广灵县	Guangling	16229	30660	13588
灵丘县	Lingqiu	18732	37185	13004
浑源县	Hunyuan	19201	31783	12927
左云县	Zuoyun	27183	37646	19225
阳泉市	**Yangquan**			
城　区	Chengqu	42326	42326	
矿　区	Kuangqu	42034	42034	
郊　区	Jiaoqu	32404	34715	21634
平定县	Pingding	26825	37606	19690
盂　县	Yuxian	28213	40631	20340
长治市	**Changzhi**			
潞州区	Luzhou	45704	47191	27311
上党区	Shangdang	31999	42885	26514
屯留区	Tunliu	29579	38051	24757
潞城区	Lucheng	31920	39929	21782
襄垣县	Xiangyuan	35098	47794	24244
平顺县	Pingshun	16817	32174	12145
黎城县	Licheng	19284	27165	14390
壶关县	Huguan	16689	32399	11787
长子县	Zhangzi	27454	40759	22150
武乡县	Wuxiang	19185	33636	13194
沁　县	Qinxian	17117	27516	11210
沁源县	Qinyuan	31823	45269	22487

20-3 续表1 continued

单位：元 (yuan)

县(市、区)	Region	居民人均可支配收入 Per Capita Disposable Income of Households	城镇居民人均可支配收入 Per Capita Disposable Income of Urban Households	农村居民人均可支配收入 Per Capita Disposible Income of Rural Households
晋 城 市	**Jincheng**			
城　区	Chengqu	46385	46385	
沁水县	Qinshui	26514	39162	19128
阳城县	Yangcheng	29115	41187	20289
陵川县	Lingchuan	19170	26688	15093
泽州县	Zezhou	32039	45092	22914
高平市	Gaoping	33047	44658	21454
朔 州 市	**Shuozhou**			
朔城区	Shuocheng	36390	44311	22081
平鲁区	Pinglu	25115	33459	15544
山阴县	Shanyin	34831	43888	24606
应　县	Yingxian	22491	32497	16519
右玉县	Youyu	23770	32004	13940
怀仁市	Huairen	36960	45749	24372
晋 中 市	**Jinzhong**			
榆次区	Yuci	42361	46792	25903
太谷区	Taigu	33052	41584	26713
榆社县	Yushe	16674	29686	10010
左权县	Zuoquan	21398	35222	10834
和顺县	Heshun	21980	32889	12667
昔阳县	Xiyang	21001	34186	15677
寿阳县	Shouyang	28780	44961	20119
祁　县	Qixian	30791	41809	24929
平遥县	Pingyao	26181	39276	17603
灵石县	Lingshi	36240	49495	24260
介休市	Jiexiu	36703	45499	20792
运 城 市	**Yuncheng**			
盐湖区	Yanhu	36138	41886	19041
临猗县	Linyi	27679	39159	19998
万荣县	Wanrong	20175	33915	15741
闻喜县	Wenxi	27321	40439	16096
稷山县	Jishan	24786	38004	17253
新绛县	Xinjiang	26996	39641	18081
绛　县	Jiangxian	25846	35100	14889
垣曲县	Yuanqu	24908	36836	13059
夏　县	Xiaxian	19189	35208	13006
平陆县	Pinglu	19279	33632	13946
芮城县	Ruicheng	27182	39420	16690
永济市	Yongji	29904	39973	19957
河津市	Hejin	30459	39136	20354
忻 州 市	**Xinzhou**			
忻府区	Xinfu	30775	41927	15464
定襄县	Dingxiang	27092	40140	19596
五台县	Wutai	19268	35815	10900
代　县	Daixian	20732	35061	9707

20-3 续表2 continued

单位：元 (yuan)

县(市、区)	Region	居民人均可支配收入 Per Capita Disposable Income of Households	城镇居民人均可支配收入 Per Capita Disposable Income of Urban Households	农村居民人均可支配收入 Per Capita Disposible Income of Rural Households
繁峙县	Fanshi	26112	41197	13993
宁武县	Ningwu	22442	34467	10161
静乐县	Jingle	19316	32498	11663
神池县	Shenchi	20048	32955	12812
五寨县	Wuzhai	21546	32340	12545
岢岚县	Kelan	24170	37499	11430
河曲县	Hequ	25181	38135	12121
保德县	Baode	22675	38684	12151
偏关县	Pianguan	20546	30284	11575
原平市	Yuanping	28275	40564	16011
临 汾 市	**Linfen**			
尧都区	Yaodu	37429	45596	21643
曲沃县	Quwo	30201	44768	22047
翼城县	Yicheng	24924	40678	16896
襄汾县	Xiangfen	27406	41189	19468
洪洞县	Hongtong	25920	38890	17890
古　县	Guxian	26327	41444	16650
安泽县	Anze	25059	39880	15970
浮山县	Fushan	23860	39983	14472
吉　县	Jixian	16771	28383	10342
乡宁县	Xiangning	24285	40962	16208
大宁县	Daning	18590	27971	8686
隰　县	Xixian	21355	31811	12308
永和县	Yonghe	19269	31519	9233
蒲　县	Puxian	25267	37957	14878
汾西县	Fenxi	22040	36122	8911
侯马市	Houma	33065	40117	21610
霍州市	Huozhou	32894	40995	20527
吕 梁 市	**Lvliang**			
离石区	Lishi	35360	37798	10079
文水县	Wenshui	19599	28713	15295
交城县	Jiaocheng	22497	29400	15149
兴　县	Xingxian	16185	29806	8708
临　县	Linxian	13484	25093	9503
柳林县	Liulin	26122	40232	17680
石楼县	Shilou	12653	20313	7111
岚　县	Lanxian	14580	26735	9072
方山县	Fangshan	14475	28198	7997
中阳县	Zhongyang	24186	30487	11522
交口县	Jiaokou	17829	26392	12039
孝义市	Xiaoyi	37504	43885	24399
汾阳市	Fenyang	25081	32901	20209

20-4 财政收支情况(2023年)
FINANCIAL REVENUE AND EXPENDITURE(2023)

单位：万元 (10 000 yuan)

县(市、区)	Region	一般公共预算收入 General Public Budget Revenue	#国内增值税 Value-added Taxes	#企业所得税 Enterprises Income Taxes	#个人所得税 Individual Income Taxes	一般公共预算支出 General Public Budget Expenditure
太原市	**Taiyuan**					
小店区	Xiaodian	257763	84378	22933	9810	547777
迎泽区	Yingze	183900	60288	22312	7519	299161
杏花岭区	Xinghualing	149756	42492	15403	9848	344343
尖草坪区	Jiancaoping	127661	54012	7377	3300	277772
万柏林区	Wanbailin	214628	74376	24716	6803	379389
晋源区	Jinyuan	69704	18884	5104	1257	182004
清徐县	Qingxu	207208	57922	34524	2201	410376
阳曲县	Yangqu	74601	15731	3450	705	246843
娄烦县	Loufan	61298	25851	3125	304	226794
古交市	Gujiao	221296	88962	13571	2518	325830
综改示范区	Comprehensive Reform Demonstration Zone	738426	365409	33891	23640	1217167
大同市	**Datong**					
新荣区	Xinrong	33645	7100	4711	515	165166
平城区	Pingcheng	106994	18528	4823	2060	287685
云冈区	Yungang	195158	42408	16072	1744	412704
云州区	Yunzhou	40085	6800	2438	1778	245275
阳高县	Yanggao	19752	5093	2795	123	307255
天镇县	Tianzhen	20490	3628	2088	115	302938
广灵县	Guangling	19715	4913	2114	141	258437
灵丘县	Lingqiu	28526	7095	3513	260	304724
浑源县	Hunyuan	26057	2587	1646	202	348808
左云县	Zuoyun	207268	59550	31100	2767	271282
开发区	Development Zone	85192	41845	4176	945	118450
阳泉市	**Yangquan**					
城　区	Chengqu	29130	9673	2215	778	102207
矿　区	Kuangqu	24118	8335	3480	624	98866
郊　区	Jiaoqu	61053	14691	5095	570	174338
平定县	Pingding	100783	21650	3293	725	350033
盂　县	Yuxian	165237	43221	16920	2969	396491
开发区	Development Zone	58753	16515	4888	625	67856
长治市	**Changzhi**					
潞州区	Luzhou	150445	20561	7556	2159	389945
上党区	Shangdang	207450	36030	36068	2147	489964
屯留区	Tunliu	173380	66129	15111	892	448683
潞城区	Lucheng	75885	13161	1615	969	231238
襄垣县	Xiangyuan	272739	83358	34858	11296	352417
平顺县	Pingshun	21889	4413	1177	77	232185
黎城县	Licheng	47135	12599	1760	469	215595
壶关县	Huguan	43979	11921	3848	369	313652
长子县	Zhangzi	296622	103440	49083	1664	461733
武乡县	Wuxiang	201139	24602	21776	549	393855
沁　县	Qinxian	11915	2314	690	147	248345
沁源县	Qinyuan	314741	80640	110441	6081	431752
高新区	High-tech Zone	84330	21010	11279	846	120822
经济技术开发区	ETDZ	34997	8502	10903	53	66559

20-4 续表1 continued

单位：万元 (10 000 yuan)

县(市、区)	Region	一般公共预算收入 General Public Budget Revenue	#国内增值税 Value-added Taxes	#企业所得税 Enterprises Income Taxes	#个人所得税 Individual Income Taxes	一般公共预算支出 General Public Budget Expenditure
晋城市	**Jincheng**					
城　区	Chengqu	169358	15655	14540	1082	325083
沁水县	Qinshui	373564	94040	48073	2972	558166
阳城县	Yangcheng	435018	59131	31342	1904	573947
陵川县	Lingchuan	38166	5989	1644	217	295419
泽州县	Zezhou	453287	73595	20288	2205	746061
高平市	Gaoping	525088	82303	35364	2042	797098
开发区	Development Zone	40465	8836	6207	501	108801
朔州市	**Shuozhou**					
朔城区	Shuocheng	103084	25103	8878	1390	391454
平鲁区	Pinglu	237528	64103	43218	5352	361472
山阴县	Shanyin	210991	60031	52060	3842	383628
应　县	Yingxian	19286	5699	1642	293	332428
右玉县	Youyu	78346	23274	22461	1725	223083
怀仁市	Huairen	225698	60742	45814	4794	442334
开发区	Development Zone	81505	24743	2879	4054	96371
晋中市	**Jinzhong**					
榆次区	Yuci	121677	37979	7760	4568	341818
太谷区	Taigu	64162	20227	3118	1204	259887
榆社县	Yushe	37266	5034	1022	332	223284
左权县	Zuoquan	58165	8647	737	535	239519
和顺县	Heshun	90138	24174	12792	4011	242785
昔阳县	Xiyang	123456	34427	17357	1260	280988
寿阳县	Shouyang	164240	57190	19708	2632	288610
祁　县	Qixian	50465	13660	2974	929	244552
平遥县	Pingyao	75979	18397	5368	1231	355416
灵石县	Lingshi	239046	74332	36474	29609	381825
介休市	Jiexiu	355762	135068	49581	5918	570000
示范区	Demonstration Zone	125140	24970	7395	1955	261235
运城市	**Yuncheng**					
盐湖区	Yanhu	166250	32482	7461	2804	483716
临猗县	Linyi	50261	10341	3610	440	376261
万荣县	Wanrong	30599	8976	1335	351	333779
闻喜县	Wenxi	66502	21501	5075	658	287598
稷山县	Jishan	66936	12619	2077	527	267485
新绛县	Xinjiang	66193	16099	5198	850	270999
绛　县	Jiangxian	26865	7663	2028	549	245309
垣曲县	Yuanqu	63025	12870	4472	377	281265
夏　县	Xiaxian	36583	4766	1747	165	287308
平陆县	Pinglu	44383	7266	2129	176	267097
芮城县	Ruicheng	62670	16228	3325	673	318501
永济市	Yongji	54269	16305	3751	807	327469
河津市	Hejin	227066	63354	32252	4934	420231
开发区	Development Zone	46431	8269	1398	1114	76243
忻州市	**Xinzhou**					
忻府区	Xinfu	80490	21082	4093	1420	314436
定襄县	Dingxiang	34437	15063	1965	782	216836
五台县	Wutai	122304	9082	2973	412	384322

20-4 续表2 continued

单位：万元 (10 000 yuan)

县(市、区)	Region	一般公共预算收入 General Public Budget Revenue	#国内增值税 Value-added Taxes	#企业所得税 Enterprises Income Taxes	#个人所得税 Individual Income Taxes	一般公共预算支出 General Public Budget Expenditure
代　县	Daixian	32772	9143	267	1071	235271
繁峙县	Fanshi	46956	12135	3643	467	295263
宁武县	Ningwu	173718	47974	33539	2049	303822
静乐县	Jingle	36510	9538	1108	539	252361
神池县	Shenchi	23841	4049	2249	214	169157
五寨县	Wuzhai	24559	7697	1304	151	203225
岢岚县	Kelan	23277	5373	1382	247	184010
河曲县	Hequ	225292	76071	64917	1696	314784
保德县	Baode	150092	46574	31369	2266	281107
偏关县	Pianguan	17193	2491	802	303	194596
原平市	Yuanping	125746	43669	10355	2571	403400
开发区	Development Zone	29517	8749	2549	815	12551
临汾市	**Linfen**					
尧都区	Yaodu	243190	64309	30527	3899	452135
曲沃县	Quwo	56070	13584	1517	2260	199953
翼城县	Yicheng	51170	10444	7217	308	271211
襄汾县	Xiangfen	62755	17274	8932	1009	314395
洪洞县	Hongtong	125984	33655	15154	1668	458376
古　县	Guxian	74946	15208	10659	1700	171300
安泽县	Anze	116392	23279	30840	2155	190699
浮山县	Fushan	15839	2433	764	229	156849
吉　县	Jixian	26720	4152	3329	1387	174468
乡宁县	Xiangning	248844	74835	55570	2849	528425
大宁县	Daning	12074	2988	685	31	151549
隰　县	Xixian	34024	1835	468	151	192534
永和县	Yonghe	21168	5234	2347	115	152876
蒲　县	Puxian	200584	52440	74428	2355	285780
汾西县	Fenxi	25687	2445	454	72	194608
侯马市	Houma	60271	20833	2297	2236	234941
霍州市	Huozhou	58958	16401	6028	1087	232625
临汾开发区	Development Zone	36963	12593	4483	923	52143
侯马开发区	Houma Development Zone	13147	2662	268	128	13932
吕梁市	**Lvliang**					
离石区	Lishi	286010	85324	73940	13051	372127
文水县	Wenshui	82200	25514	1742	837	375278
交城县	Jiaocheng	70028	20741	4419	1519	275755
兴　县	Xingxian	242723	73862	67855	1229	481373
临　县	Linxian	173369	43654	34253	1355	596069
柳林县	Liulin	465059	155048	125743	7976	651040
石楼县	Shilou	7495	1812	517	81	224726
岚　县	Lanxian	122292	20684	17743	600	261402
方山县	Fangshan	38364	10335	8630	369	241489
中阳县	Zhongyang	220425	68555	62224	1480	338109
交口县	Jiaokou	47334	14645	5110	266	147812
孝义市	Xiaoyi	456360	128912	59000	4076	615852
汾阳市	Fenyang	324340	101974	90518	2779	497186
经济技术开发区	ETDZ	45552	14715	16772	400	31530

20-5 固定资产投资增长速度

GROWTH RATE OF INVESTMENT IN FIXED ASSETS

单位：%　　(%)

县(市、区)	Region	2022	2023
太原市	**Taiyuan**		
小店区	Xiaodian	7.6	-2.7
迎泽区	Yingze	-15.8	-16.9
杏花岭区	Xinghualing	-9.1	-18.8
尖草坪区	Jiancaoping	-28.6	-29.1
万柏林区	Wanbailin	-10.5	9.2
晋源区	Jinyuan	-29.5	-19.1
清徐县	Qingxu	-15.0	-19.0
阳曲县	Yangqu	198.2	-43.6
娄烦县	Loufan	46.5	-14.4
古交市	Gujiao	12.3	12.5
大同市	**Datong**		
新荣区	Xinrong	-9.7	5.3
平城区	Pingcheng	4.1	-17.4
云冈区	Yungang	2.3	0.4
云州区	Yunzhou	14.6	6.4
阳高县	Yanggao	30.3	-27.4
天镇县	Tianzhen	14.3	13.1
广灵县	Guangling	29.4	35.8
灵丘县	Lingqiu	-6.4	-33.4
浑源县	Hunyuan	5.6	-14.7
左云县	Zuoyun	11.6	5.4
阳泉市	**Yangquan**		
城　区	Chengqu	13.3	-16.5
矿　区	Kuangqu	-22.8	9.5
郊　区	Jiaoqu	14.2	-9.2
平定县	Pingding	-3.1	-26.9
盂　县	Yuxian	12.5	-6.7
长治市	**Changzhi**		
潞州区	Luzhou	2.4	4.5
上党区	Shangdang	10.7	9.5
屯留区	Tunliu	4.6	1.2
潞城区	Lucheng	10.4	10.0
襄垣县	Xiangyuan	2.2	-9.3
平顺县	Pingshun	9.6	-26.3
黎城县	Licheng	9.4	10.5
壶关县	Huguan	2.7	-9.6
长子县	Zhangzi	10.4	4.8
武乡县	Wuxiang	24.3	15.5
沁　县	Qinxian	10.2	8.5
沁源县	Qinyuan	10.8	1.4

注：各县(市、区)投资不含跨省、市项目投资和农村农户投资。
Note: Investment in city and county doesn't include investment across provinces and cities, aparting from investment of rural pesant household.

20-5 续表1 continued

单位：%　　(%)

县(市、区)	Region	2022	2023
晋城市	**Jincheng**		
城　区	Chengqu	-2.2	1.9
沁水县	Qinshui	20.3	20.1
阳城县	Yangcheng	11.0	14.3
陵川县	Lingchuan	15.0	13.4
泽州县	Zezhou	-7.0	-12.8
高平市	Gaoping	5.9	10.3
朔州市	**Shuozhou**		
朔城区	Shuocheng	4.0	-8.9
平鲁区	Pinglu	11.6	-0.8
山阴县	Shanyin	12.0	9.0
应　县	Yingxian	10.0	12.4
右玉县	Youyu	7.6	8.9
怀仁市	Huairen	11.0	2.5
晋中市	**Jinzhong**		
榆次区	Yuci	9.0	-31.3
太谷区	Taigu	11.5	-31.5
榆社县	Yushe	11.5	-8.6
左权县	Zuoquan	-24.7	-3.9
和顺县	Heshun	12.7	-25.4
昔阳县	Xiyang	12.8	2.2
寿阳县	Shouyang	13.6	-36.6
祁　县	Qixian	13.2	-9.0
平遥县	Pingyao	9.8	-34.5
灵石县	Lingshi	45.0	15.1
介休市	Jiexiu	11.7	5.8
运城市	**Yuncheng**		
盐湖区	Yanhu	-2.9	6.1
临猗县	Linyi	13.0	8.9
万荣县	Wanrong	0.3	3.8
闻喜县	Wenxi	12.3	-3.8
稷山县	Jishan	12.4	-2.0
新绛县	Xinjiang	12.4	-9.7
绛　县	Jiangxian	13.3	9.4
垣曲县	Yuanqu	13.0	-2.3
夏　县	Xiaxian	12.7	5.9
平陆县	Pinglu	12.0	8.2
芮城县	Ruicheng	13.0	8.4
永济市	Yongji	12.1	8.4
河津市	Hejin	13.1	-9.2
忻州市	**Xinzhou**		
忻府区	Xinfu	8.9	7.1
定襄县	Dingxiang	9.5	14.6
五台县	Wutai	8.0	14.3
代　县	Daixian	11.4	-22.5

20-5 续表2 continued

单位：%　　(%)

县(市、区)	Region	2022	2023
繁峙县	Fanshi	-3.4	-52.6
宁武县	Ningwu	5.5	-17.2
静乐县	Jingle	5.1	-12.8
神池县	Shenchi	6.2	38.8
五寨县	Wuzhai	3.0	-24.8
岢岚县	Kelan	5.6	-14.4
河曲县	Hequ	3.6	-6.0
保德县	Baode	3.0	-25.1
偏关县	Pianguan	2.8	-50.8
原平市	Yuanping	5.9	-8.7
临汾市	**Linfen**		
尧都区	Yaodu	4.5	4.7
曲沃县	Quwo	2.1	-42.2
翼城县	Yicheng	26.7	32.2
襄汾县	Xiangfen	0.4	-13.8
洪洞县	Hongtong	-8.1	13.8
古　县	Guxian	45.8	13.5
安泽县	Anze	50.7	17.7
浮山县	Fushan	31.0	28.7
吉　县	Jixian	16.7	22.1
乡宁县	Xiangning	9.8	29.4
大宁县	Daning	10.6	20.8
隰　县	Xixian	30.9	34.0
永和县	Yonghe	7.9	16.7
蒲　县	Puxian	11.1	23.3
汾西县	Fenxi	17.6	48.0
侯马市	Houma	10.2	0.4
霍州市	Huozhou	10.4	15.3
吕梁市	**Lvliang**		
离石区	Lishi	16.1	27.2
文水县	Wenshui	20.1	7.2
交城县	Jiaocheng	13.3	24.8
兴　县	Xingxian	14.5	2.9
临　县	Linxian	12.7	-10.8
柳林县	Liulin	-14.7	8.8
石楼县	Shilou	19.0	0.8
岚　县	Lanxian	14.3	24.6
方山县	Fangshan	14.9	8.7
中阳县	Zhongyang	15.3	9.0
交口县	Jiaokou	13.9	-20.8
孝义市	Xiaoyi	8.6	9.1
汾阳市	Fenyang	-8.7	22.3

20-6 农林牧渔业总产值(2023年)
GROSS OUTPUT VALUE OF FARMING, FORESTRY, ANIMAL HUSBANDRY AND FISHERY(2023)

按当年价格计算 (at current price)

县(市、区)	Region	农林牧渔业总产值(万元) Total (10 000 yuan)	农业 Farming	林业 Forestry	牧业 Animal Husbandry	渔业 Fishery	农林牧渔专业及辅助性活动 Professional and Support Activities for Agriculture, Forestry, Animal Husbandry and Fishery
太原市	**Taiyuan**						
小店区	Xiaodian	86669	39068	10687	30828	51	6035
迎泽区	Yingze	8802	181	6351	1554	160	556
杏花岭区	Xinghualing	23650	2054	16363	4197	11	1025
尖草坪区	Jiancaoping	51667	21912	15455	10430	232	3638
万柏林区	Wanbailin	4309	703	3050	266		290
晋源区	Jinyuan	60673	37082	9510	9072	795	4214
清徐县	Qingxu	266675	179470	11134	57298	2665	16108
阳曲县	Yangqu	144686	63189	36460	35811	73	9153
娄烦县	Loufan	69123	33778	17413	12678	1106	4148
古交市	Gujiao	57423	23155	14150	16747	318	3053
大同市	**Datong**						
新荣区	Xinrong	141173	49987	20261	61268	756	8902
平城区	Pingcheng	38040	9395	2510	24093	66	1976
云冈区	Yungang	151365	62118	4647	75249	291	9060
云州区	Yunzhou	206488	85346	10425	98363	501	11853
阳高县	Yanggao	422341	209265	9441	184578	347	18710
天镇县	Tianzhen	238424	107125	13601	103815	2549	11335
广灵县	Guangling	195343	106590	9729	71037	152	7835
灵丘县	Lingqiu	143500	58929	11339	65642	1836	5754
浑源县	Hunyuan	208077	103896	9600	84669	113	9800
左云县	Zuoyun	83058	33762	12399	32960	39	3898
阳泉市	**Yangquan**						
城　区	Chengqu	7821	4601	495	2451		274
矿　区	Kuangqu	2937	743	495	1575		124
郊　区	Jiaoqu	54137	21931	5730	24695		1780
平定县	Pingding	118191	44841	13281	52549	1201	6319
盂　县	Yuxian	118263	58275	25294	28683	1288	4723
长治市	**Changzhi**						
潞州区	Luzhou	53610	24828	9205	13877	2753	2947
上党区	Shangdang	183542	89161	6325	78239	117	9700
屯留区	Tunliu	160322	98227	11630	40277	609	9580

20-6 续表1 continued

按当年价格计算 (at current price)

县(市、区)	Region	农林牧渔业总产值(万元) Total (10 000 yuan)	农业 Farming	林业 Forestry	牧业 Animal Husbandry	渔业 Fishery	农林牧渔专业及辅助性活动 Professional and Support Activities for Agriculture, Forestry, Animal Husbandry and Fishery
潞城区	Lucheng	111589	57745	14185	34798		4860
襄垣县	Xiangyuan	146100	91967	12478	33564	764	7326
平顺县	Pingshun	83237	46110	15265	17321	4	4537
黎城县	Licheng	88260	37770	12606	33274	961	3650
壶关县	Huguan	152315	69507	15336	59476	62	7934
长子县	Zhangzi	255523	164037	10373	67416	1272	12426
武乡县	Wuxiang	128001	66275	15918	38626	1481	5700
沁　县	Qinxian	163041	72307	19072	62868	1694	7100
沁源县	Qinyuan	78985	49691	13217	12394	144	3540
晋城市	**Jincheng**						
城　区	Chengqu	14295	4121	4824	3782	46	1523
沁水县	Qinshui	221667	117731	17595	74447	1818	10076
阳城县	Yangcheng	248861	121102	13841	102426	246	11247
陵川县	Lingchuan	180264	105892	10944	56122	458	6849
泽州县	Zezhou	297077	118059	11875	148942	952	17248
高平市	Gaoping	289565	127601	12574	131608	424	17358
朔州市	**Shuozhou**						
朔城区	Shuocheng	241408	125084	23498	76128	371	16328
平鲁区	Pinglu	106188	54874	15983	27133	56	8142
山阴县	Shanyin	291393	101358	9448	165980	118	14490
应　县	Yingxian	547675	332031	14332	175690	146	25476
右玉县	Youyu	167598	58854	40283	59635	170	8656
怀仁市	Huairen	369259	137598	4485	206705	72	20398
晋中市	**Jinzhong**						
榆次区	Yuci	329617	195663	15100	96214	1224	21416
太谷区	Taigu	111633	52962	13836	36403	1667	6765
榆社县	Yushe	127295	68536	22353	30626	630	5150
左权县	Zuoquan	97686	32697	12016	47728	43	5202
和顺县	Heshun	133029	65526	24386	36980	234	5903
昔阳县	Xiyang	301230	214279	36997	36441	1197	12315
寿阳县	Shouyang	461663	195712	68173	175826	900	21052
祁　县	Qixian	405897	216904	20567	146234	166	22027

20-6 续表2 continued

按当年价格计算 (at current price)

县(市、区)	Region	农林牧渔业总产值(万元) Total (10 000 yuan)	农业 Farming	林业 Forestry	牧业 Animal Husbandry	渔业 Fishery	农林牧渔专业及辅助性活动 Professional and Support Activities for Agriculture, Forestry, Animal Husbandry and Fishery
平遥县	Pingyao	297747	154719	11921	115614	659	14835
灵石县	Lingshi	96283	33780	25320	33854	175	3155
介休市	Jiexiu	131071	41198	5508	70481	353	13532
运城市	**Yuncheng**						
盐湖区	Yanhu	462281	388480	8293	40344	1163	24000
临猗县	Linyi	1230020	1006794	6300	86079	1238	129609
万荣县	Wanrong	591699	478400	4427	80028	4312	24532
闻喜县	Wenxi	449210	318353	19346	100589	122	10800
稷山县	Jishan	338985	155808	6600	159492	26	17059
新绛县	Xinjiang	494952	359875	3982	104881	242	25972
绛县	Jiangxian	275307	194829	22072	43182	68	15157
垣曲县	Yuanqu	166616	120796	5579	29912	630	9700
夏县	Xiaxian	538576	432648	13434	52255	351	39889
平陆县	Pinglu	262945	210690	6317	33417	150	12370
芮城县	Ruicheng	686429	541803	6509	90005	1712	46400
永济市	Yongji	562053	391233	17535	85154	32431	35699
河津市	Hejin	269854	184152	24917	37279	6	23500
忻州市	**Xinzhou**						
忻府区	Xinfu	300140	193517	17899	73753	768	14203
定襄县	Dingxiang	121348	77782	6849	28453	585	7680
五台县	Wutai	124676	58149	16986	42863	29	6650
代县	Daixian	103021	52219	10671	34151	692	5288
繁峙县	Fanshi	185599	69006	19715	87081	398	9400
宁武县	Ningwu	64298	19210	12319	29211	258	3300
静乐县	Jingle	108344	52903	18847	31923	370	4300
神池县	Shenchi	193322	87253	18626	73343		14100
五寨县	Wuzhai	140533	91492	15745	25922	268	7106
岢岚县	Kelan	118326	66693	14963	31156	14	5500
河曲县	Hequ	119931	71820	16421	27561	119	4010
保德县	Baode	96987	60720	10158	20839	547	4723
偏关县	Pianguan	106957	50296	9190	41496	1215	4760
原平市	Yuanping	349180	193935	18781	119035	930	16500

20–6 续表3 continued

按当年价格计算 (at current price)

县(市、区)	Region	农林牧渔业总产值(万元) Total (10 000 yuan)	农业 Farming	林业 Forestry	牧业 Animal Husbandry	渔业 Fishery	农林牧渔专业及辅助性活动 Professional and Support Activities for Agriculture, Forestry, Animal Husbandry and Fishery
临汾市	**Linfen**						
尧都区	Yaodu	247132	169689	11220	50892	3078	12253
曲沃县	Quwo	427873	353304	4655	42517	2644	24753
翼城县	Yicheng	309581	207470	5893	79101	386	16730
襄汾县	Xiangfen	422866	291450	8893	96351	1037	25135
洪洞县	Hongtong	253741	140592	10457	85377	1421	15893
古　县	Guxian	66561	41044	13092	10258	32	2135
安泽县	Anze	87344	65622	8780	7963	90	4890
浮山县	Fushan	151360	115148	9949	21389		4875
吉　县	Jixian	211370	181707	6415	13073	15	10160
乡宁县	Xiangning	101961	56529	6559	34370	73	4430
大宁县	Daning	61704	40686	7748	10617		2653
隰　县	Xixian	191002	160565	4786	20500		5150
永和县	Yonghe	87730	61594	11187	11311	68	3570
蒲　县	Puxian	76051	45353	2715	25061	19	2904
汾西县	Fenxi	83646	33878	5400	41102		3266
侯马市	Houma	81074	52168	7616	14274	1341	5675
霍州市	Huozhou	83015	41610	5366	30751	78	5210
吕梁市	**Lvliang**						
离石区	Lishi	57153	19530	18394	16404	105	2720
文水县	Wenshui	374743	124063	17696	211604	1340	20041
交城县	Jiaocheng	91827	35868	13398	36725	223	5613
兴　县	Xingxian	136058	61247	41229	28061	8	5512
临　县	Linxian	279694	150039	28301	89191	149	12015
柳林县	Liulin	91574	43420	11059	33054	154	3887
石楼县	Shilou	113207	63940	16500	27824	63	4881
岚　县	Lanxian	133559	44674	61107	22141	88	5548
方山县	Fangshan	89824	34360	13262	38306	150	3746
中阳县	Zhongyang	76831	27374	14774	31337	106	3240
交口县	Jiaokou	76255	30977	8794	32456		4028
孝义市	Xiaoyi	144903	61564	10424	63044		9872
汾阳市	Fenyang	181706	83783	17447	69875	2	10599

20-7 主要粮食作物播种面积(2023年)

单位：公顷

县(市、区)	Region	粮食 Grain	#秋粮 Autumn Grain	谷物 Cereal	#小麦 Wheat	#玉米 Corn	#谷子 Millet
太原市	**Taiyuan**						
小店区	Xiaodian	2486	2431	2468	54	2071	
迎泽区	Yingze	103	103	92		64	8
杏花岭区	Xinghualing	497	497	357		173	17
尖草坪区	Jiancaoping	3381	3381	2935		2313	173
万柏林区	Wanbailin	277	276	164		125	20
晋源区	Jinyuan	1048	1048	993		712	1
清徐县	Qingxu	17202	17049	16745	154	12699	13
阳曲县	Yangqu	22300	22300	20055		15216	3411
娄烦县	Loufan	9781	9781	4836		1795	1251
古交市	Gujiao	7130	7130	3321		1637	1129
大同市	**Datong**						
新荣区	Xinrong	25453	25453	18716		6743	1138
平城区	Pingcheng	2605	2605	2284		1658	79
云冈区	Yungang	9386	9386	9003		6785	335
云州区	Yunzhou	29633	29633	27151		15559	2684
阳高县	Yanggao	51407	51407	46689		29670	4823
天镇县	Tianzhen	43446	43446	36698		27105	4467
广灵县	Guangling	30039	30039	27171		20384	3514
灵丘县	Lingqiu	32797	32797	27493		21096	3671
浑源县	Hunyuan	34351	34351	29166		22286	1732
左云县	Zuoyun	23165	23165	18742		6438	1847
阳泉市	**Yangquan**						
城　区	Chengqu	255	255	214		214	
矿　区	Kuangqu	117	117	98		84	12
郊　区	Jiaoqu	4190	4190	3884		3610	269
平定县	Pingding	20711	20711	19471		17770	1666
盂　县	Yuxian	30133	30133	27149		25577	1271
长治市	**Changzhi**						
潞州区	Luzhou	8064	8053	7795	11	7601	84
上党区	Shangdang	17460	17387	16744	72	16040	382
屯留区	Tunliu	38029	37306	37083	722	35594	569
潞城区	Lucheng	17340	16789	16702	552	14586	422
襄垣县	Xiangyuan	29103	28669	28306	435	25274	1693
平顺县	Pingshun	9843	9404	8521	439	7087	837
黎城县	Licheng	15586	14794	14772	792	13063	539
壶关县	Huguan	17039	17019	16119	20	15439	603
长子县	Zhangzi	34905	34098	33589	807	32297	440
武乡县	Wuxiang	28590	28449	26202	141	18064	6743
沁　县	Qinxian	27425	27291	26393	134	21918	2620
沁源县	Qinyuan	14089	14089	10825		8256	1604

SOWN AREAS OF MAJOR GRAIN CROPS(2023)

(ha)

#高 粱 Sorghum	#燕 麦 Oats	#荞 麦 Buckwheat	豆 类 Beans	#大 豆 Soybean	薯 类 Tubers	#马铃薯 Potato
342			18	18		
7	1	12	5	3	6	6
54		107	95	94	46	33
314		39	369	360	78	28
8	1	4	14	2	99	98
26			39	33	16	8
3878			67	67	391	8
963		216	1281	1180	964	942
1419	173	4	833	800	4111	4111
231	75	145	1872	1667	1937	1937
3507	1555	2480	1544	1467	5193	5193
118		8	135	133	186	186
904	41	388	288	267	95	95
4275			1707	603	775	775
6552			2369	1482	2349	2349
1961	41		2435	1401	4312	4312
342	194	484	1335	1335	1533	1533
166	940	146	2092	1336	3212	3202
2521	1347	19	2527	668	2658	2658
2183	3499	2876	1327	1002	3096	3096
			4		38	4
1			4		15	3
2			102	67	203	78
19			556	549	684	169
254			843	804	2140	2048
99			234	234	35	33
156			535	535	180	156
198			534	534	412	375
1136			439	435	199	100
890			577	567	221	138
157			311	302	1010	902
377			741	734	72	57
41			469	469	451	444
45			468	468	848	629
1156	22	31	1009	1001	1378	1196
1722			683	667	349	216
729	37	31	767	734	2496	2423

20-7 续表1

单位：公顷

县(市、区)	Region	粮食 Grain	#秋粮 Autumn Grain	谷物 Cereal	#小麦 Wheat	#玉米 Corn	#谷子 Millet
晋城市	**Jincheng**						
城区	Chengqu	1580	507	1327	1073	244	6
沁水县	Qinshui	22994	21673	20963	1321	17517	1604
阳城县	Yangcheng	29689	21783	28393	7906	16635	3758
陵川县	Lingchuan	22618	22575	20494	43	18859	1573
泽州县	Zezhou	49283	18039	40604	31244	6350	2884
高平市	Gaoping	35824	35223	29885	601	27718	1239
朔州市	**Shuozhou**						
朔城区	Shuocheng	57065	57065	53547		43339	1527
平鲁区	Pinglu	35423	35423	27886		4781	4577
山阴县	Shanyin	56818	56818	55295		42144	3525
应县	Yingxian	53075	53075	46324		40452	2393
右玉县	Youyu	30431	30431	24213		7052	1150
怀仁市	Huairen	43151	43151	41433		33970	1473
晋中市	**Jinzhong**						
榆次区	Yuci	26947	26716	26396	231	24754	921
太谷区	Taigu	22614	22278	21385	336	19080	1239
榆社县	Yushe	13763	13763	12591		10033	1978
左权县	Zuoquan	11856	11850	10086	7	7167	1640
和顺县	Heshun	11652	11652	10013		8682	915
昔阳县	Xiyang	22509	22509	21601		19531	1952
寿阳县	Shouyang	50899	50899	48416		46493	1740
祁县	Qixian	24286	22666	22910	1621	20984	233
平遥县	Pingyao	36533	36142	34779	391	32265	1138
灵石县	Lingshi	11571	10590	10634	981	8634	430
介休市	Jiexiu	21724	18823	19857	2901	15266	370
运城市	**Yuncheng**						
盐湖区	Yanhu	33748	14415	32019	19334	12313	1
临猗县	Linyi	26435	11767	25227	14667	10085	
万荣县	Wanrong	41551	24885	40091	16667	22546	119
闻喜县	Wenxi	54707	19373	53716	35334	18131	25
稷山县	Jishan	45452	21451	44990	24000	20989	
新绛县	Xinjiang	44288	20954	43699	23334	20306	18
绛县	Jiangxian	33070	17736	32662	15334	17285	32
垣曲县	Yuanqu	22243	10243	21522	12000	8924	596
夏县	Xiaxian	44707	24040	43395	20667	22452	275
平陆县	Pinglu	27588	10921	25983	16667	9095	186
芮城县	Ruicheng	63373	30706	61362	32667	28189	346
永济市	Yongji	71639	36305	70730	35334	33606	
河津市	Hejin	32330	16329	31409	16001	15293	12

continued

(ha)

#高 粱 Sorghum	#燕 麦 Oats	#荞 麦 Buckwheat	豆 类 Beans	#大 豆 Soybean	薯 类 Tubers	#马铃薯 Potato
3			232	232	22	3
521			1554	1554	476	238
94			756	714	540	147
			844	831	1280	1199
125			7636	7633	1043	133
327			3814	3814	2125	129
1928	2921	1097	1915	1348	1603	1603
237	12500	3499	2182	1710	5355	5355
2526	2356	2133	1092	1011	431	431
1612	287		1200	1078	5551	5550
473	9432	3811	2471	1612	3747	3747
4180			890	600	828	828
197		148	256	199	295	106
579		19	681	675	548	182
489	8	7	626	624	546	422
1113	62	83	782	739	989	930
145		220	824	820	815	815
17			572	549	336	274
83		73	843	776	1639	1570
65	6		1006	1006	369	82
955			826	740	928	509
525		39	744	739	194	144
1317		1	1608	1608	258	116
372			1515	355	214	
283			519	414	689	2
249			876	367	584	
225			869	636	121	7
			435	427	26	
			547	542	42	
12			147	134	261	7
2			330	281	391	15
1			923	647	388	29
35			1089	1022	516	27
160			1322	871	689	
1457			666	594	243	
103			621	528	300	15

20–7 续表2

单位：公顷

县(市、区)	Region	粮食 Grain	#秋粮 Autumn Grain	谷物 Cereal	#小麦 Wheat	#玉米 Corn	#谷子 Millet
忻州市	**Xinzhou**						
忻府区	Xinfu	45781	45780	44510	1	41531	1875
定襄县	Dingxiang	21951	21946	20328	5	18158	1297
五台县	Wutai	25417	25417	21635		17558	3137
代　县	Daixian	22985	22985	22294		19052	2292
繁峙县	Fanshi	36304	36304	31515		23805	3218
宁武县	Ningwu	11747	11747	7844		1701	403
静乐县	Jingle	23288	23288	10673		2652	2141
神池县	Shenchi	47389	47389	37905		19010	14521
五寨县	Wuzhai	39603	39603	35672		26003	8070
岢岚县	Kelan	22207	22207	15692		6705	6209
河曲县	Hequ	26236	26236	19079		6339	7537
保德县	Baode	22592	22592	13500		6189	4128
偏关县	Pianguan	28770	28770	21648		4063	9083
五台山风景名胜区	Wutai Mount Scenic Area	601	601	240		235	5
原平市	Yuanping	55575	55315	48102	259	40017	5059
临汾市	**Linfen**						
尧都区	Yaodu	46441	21120	45812	25321	20042	113
曲沃县	Quwo	31796	14635	31553	17160	14360	
翼城县	Yicheng	40236	17720	39218	22516	15668	1010
襄汾县	Xiangfen	81422	35840	81005	45583	35372	41
洪洞县	Hongtong	82335	37077	81346	45257	36037	21
古　县	Guxian	16595	15920	15965	675	14298	472
安泽县	Anze	22855	22855	22165		21592	452
浮山县	Fushan	23594	13063	22974	10531	11399	541
吉　县	Jixian	6631	6616	5650	15	5206	287
乡宁县	Xiangning	22937	16668	20040	6269	12239	1306
大宁县	Daning	10026	10026	8083		4030	911
隰　县	Xixian	20812	20812	17926		13487	1970
永和县	Yonghe	21481	21450	20222	31	9760	3304
蒲　县	Puxian	15040	15040	13330		11576	391
汾西县	Fenxi	26178	19620	24296	6558	16926	538
侯马市	Houma	15195	7056	15195	8139	7056	
霍州市	Huozhou	22079	11568	21369	10511	10513	123
吕梁市	**Lvliang**						
离石区	Lishi	12656	12656	8777		7378	1128
文水县	Wenshui	30845	30444	28999	401	28175	248
交城县	Jiaocheng	7615	7528	6289	87	5880	214
兴　县	Xingxian	36136	36136	25807		9811	12983
临　县	Linxian	78635	78635	44279		31361	8923
柳林县	Liulin	21844	21835	13495	9	8774	3151
石楼县	Shilou	28391	28291	25660	100	19749	3966
岚　县	Lanxian	26850	26850	18520		13860	2008
方山县	Fangshan	12722	12722	8803		7705	496
中阳县	Zhongyang	8674	8674	4960		3605	1042
交口县	Jiaokou	9122	9122	8128		7365	536
孝义市	Xiaoyi	18211	16983	16862	1228	13334	980
汾阳市	Fenyang	40356	40136	39139	221	24467	2266

continued

(ha)

#高粱 Sorghum	#燕麦 Oats	#荞麦 Buckwheat	豆类 Beans	#大豆 Soybean	薯类 Tubers	#马铃薯 Potato
1077			701	701	570	140
690			1178	1167	445	282
541	92		582	534	3200	2997
148	5		226	100	464	371
921	168	38	2178	2034	2611	2572
257	4976	40	2504	1000	1399	1399
958	2572	12	3247	1767	9368	9368
842	2666	71	5107	1500	4377	4377
1099	27		624	400	3307	3307
699	954	369	3024	1034	3491	3491
702			1473	1200	5685	5565
537	1	113	2774	1600	6318	5875
1677	524	1405	2808	2667	4314	4314
			80	80	281	281
1468	738		1496	933	5977	5723
311			237	214	393	118
33			71	20	171	1
25			748	729	270	105
9			123	73	294	3
24			386	355	602	19
519		1	462	454	168	143
87			410	407	281	171
503			450	427	170	57
99			554	374	427	270
121		23	1789	1610	1108	1026
3113		4	1118	769	825	569
2268		10	1096	1017	1790	1735
7051			315	207	944	529
1124	107	94	586	567	1124	1116
74		51	918	687	964	577
221			266	241	444	177
93	1		2100	1667	1779	1678
154			512	469	1334	1162
99	1		465	268	860	814
2199	76	44	6182	3868	4147	4061
2196			18548	16073	15809	14505
1014			5889	5468	2459	2125
1738			1016	600	1716	1206
2167	199		1506	401	6825	6825
372			1297	934	2622	2604
55	47	29	1805	1601	1909	1817
134	8	40	419	268	575	492
957	139	66	688	601	662	469
12126			469	468	748	543

20-8 主要粮食作物产量(2023年)

单位：吨

县(市、区)	Region	粮食 Grain	#秋粮 Autumn Grain	谷物 Cereal	#小麦 Wheat	#玉米 Corn	#谷子 Millet
太原市	**Taiyuan**						
小店区	Xiaodian	10619	10327	10582	292	8927	
迎泽区	Yingze	200	200	180		121	15
杏花岭区	Xinghualing	1175	1175	913		538	21
尖草坪区	Jiancaoping	14262	14262	13173		11200	396
万柏林区	Wanbailin	712	711	433	1	340	47
晋源区	Jinyuan	5008	5008	4874		3206	2
清徐县	Qingxu	82176	81303	80510	873	62387	33
阳曲县	Yangqu	105510	105510	98505		85548	8158
娄烦县	Loufan	25008	25008	12386		3918	1980
古交市	Gujiao	15993	15993	7512		4353	1855
大同市	**Datong**						
新荣区	Xinrong	79781	79781	61513		35751	2651
平城区	Pingcheng	16019	16019	15237		13969	242
云冈区	Yungang	56582	56582	55963		50811	812
云州区	Yunzhou	111555	111555	106915		81750	5806
阳高县	Yanggao	278721	278721	266861		226118	12107
天镇县	Tianzhen	215025	215025	200466		179968	9590
广灵县	Guangling	191462	191462	184772		170834	8704
灵丘县	Lingqiu	114080	114080	101261		88960	7756
浑源县	Hunyuan	184824	184824	171800		155032	4153
左云县	Zuoyun	50187	50187	40010		20112	3884
阳泉市	**Yangquan**						
城　区	Chengqu	1012	1012	963		963	
矿　区	Kuangqu	376	376	351		334	13
郊　区	Jiaoqu	15377	15377	14875		14279	576
平定县	Pingding	84576	84576	81617		77830	3667
盂　县	Yuxian	137006	137006	130695		125545	4137
长治市	**Changzhi**						
潞州区	Luzhou	39314	39261	38833	52	37820	463
上党区	Shangdang	87503	87093	85568	410	82492	1586
屯留区	Tunliu	204001	199976	200627	4025	193459	2040
潞城区	Lucheng	89693	87921	87810	1772	79711	1289
襄垣县	Xiangyuan	133507	132185	130875	1322	119548	4778
平顺县	Pingshun	48543	45991	44574	2552	39304	2036
黎城县	Licheng	60263	56651	58569	3611	52382	1007
壶关县	Huguan	97505	97412	94545	93	92232	1949
长子县	Zhangzi	188990	184464	182699	4526	176691	1235
武乡县	Wuxiang	90772	90389	85720	383	65598	16040
沁　县	Qinxian	148342	147882	144512	460	126540	8313
沁源县	Qinyuan	63503	63503	52421		43490	4141

OUTPUT OF MAJOR GRAIN CROPS(2023)

(ton)

#高 粱 Sorghum	#燕 麦 Oats	#荞 麦 Buckwheat	豆 类 Beans	#大 豆 Soybean	薯 类 Tubers	#马铃薯 Potato
1362			38	38		
26	2	16	8	5	12	12
182		165	152	150	111	80
1296		64	789	780	299	64
30	2	7	20	4	259	258
114			76	69	57	32
17217			133	133	1534	17
4205		288	3316	3150	3688	3586
5953	240	7	1272	1221	11351	11351
895	79	191	2865	2498	5616	5616
9047	2599	4075	2709	2622	15560	15560
401		11	182	181	601	601
2712	116	541	352	325	267	267
12585			2530	1040	2109	2109
19342			4639	3420	7222	7222
6317	65		3159	2086	11399	11399
1030	298	625	1712	1712	4978	4978
508	1482	246	3839	2972	8980	8952
8316	2133	20	3098	1051	9926	9926
4755	5114	3862	2026	1630	8151	8151
			8		41	9
3			4		21	6
5			121	61	381	103
80			1024	1020	1935	434
944			1243	1190	5069	4836
497			413	413	68	60
900			1373	1372	563	500
1104			1058	1058	2315	2187
4997			1106	1101	777	386
5204			1583	1558	1049	685
676			735	715	3234	2848
1565			1438	1428	256	186
250			1300	1300	1660	1640
247			1346	1346	4945	3772
3527	31	65	2373	2359	2679	2391
9200			1840	1814	1989	1192
4358	52	71	1759	1704	9323	9162

20-8 续表1

单位：吨

县(市、区)	Region	粮食 Grain	#秋粮 Autumn Grain	谷物 Cereal	#小麦 Wheat	#玉米 Corn	#谷子 Millet
晋城市	**Jincheng**						
城区	Chengqu	5822	1852	5262	3970	1245	29
沁水县	Qinshui	114417	109321	109119	5096	94419	6249
阳城县	Yangcheng	104589	70239	100468	34351	55087	10609
陵川县	Lingchuan	83372	83055	76966	318	72796	3826
泽州县	Zezhou	194153	63675	167780	130479	28436	8028
高平市	Gaoping	186136	183536	166323	2600	158049	3904
朔州市	**Shuozhou**						
朔城区	Shuocheng	291771	291771	282285		261047	1998
平鲁区	Pinglu	68777	68777	49506		17780	5335
山阴县	Shanyin	299583	299583	296607		273647	5057
应县	Yingxian	310002	310002	288110		273463	4926
右玉县	Youyu	59359	59359	47282		27700	1302
怀仁市	Huairen	260110	260110	255679		238035	2471
晋中市	**Jinzhong**						
榆次区	Yuci	158927	157691	157726	1236	151273	3235
太谷区	Taigu	173999	172395	170628	1604	159954	4644
榆社县	Yushe	58720	58720	56426		47001	5679
左权县	Zuoquan	55934	55905	50798	28	38271	4765
和顺县	Heshun	65596	65596	61667		57538	2506
昔阳县	Xiyang	140665	140665	138500		131645	6517
寿阳县	Shouyang	368410	368410	360100		352799	6465
祁县	Qixian	210737	202372	207252	8366	197600	783
平遥县	Pingyao	200335	198655	195266	1680	183147	3442
灵石县	Lingshi	32552	31015	30712	1537	25244	1321
介休市	Jiexiu	79683	67304	75127	12379	53109	861
运城市	**Yuncheng**						
盐湖区	Yanhu	155013	80205	151632	74809	75132	3
临猗县	Linyi	148025	79044	143142	68981	71402	
万荣县	Wanrong	199032	130861	195294	68171	120933	425
闻喜县	Wenxi	295004	127936	292854	167068	124671	83
稷山县	Jishan	266041	138692	265193	127349	137844	
新绛县	Xinjiang	236101	123835	234723	112266	122138	49
绛县	Jiangxian	155185	95298	153785	59887	93755	95
垣曲县	Yuanqu	87054	38985	85108	48069	35300	1731
夏县	Xiaxian	261028	147227	257462	113801	142890	764
平陆县	Pinglu	120127	44680	115947	75447	39747	599
芮城县	Ruicheng	347025	177884	341661	169140	170647	1098
永济市	Yongji	437023	234126	434406	202897	223232	
河津市	Hejin	198007	112230	195594	85777	109319	48

continued

(ton)

#高 粱 Sorghum	#燕 麦 Oats	#荞 麦 Buckwheat	豆 类 Beans	#大 豆 Soybean	薯 类 Tubers	#马铃薯 Potato
19			495	495	65	10
3355			3626	3625	1673	827
421			1491	1438	2630	712
			1990	1969	4416	4018
837			21703	21700	4670	354
1769			8962	8962	10851	403
5595	4920	2948	2369	1570	7117	7117
417	18546	5385	3125	2722	16146	16146
6282	5581	1891	1435	1380	1541	1541
4609	750		1489	1320	20403	20402
1023	10936	2811	2519	1832	9557	9557
11761			1396	1060	3036	3036
1208		423	475	412	726	268
4100		33	1315	1307	2057	551
3515	14	23	1080	1078	1214	918
7316	116	236	1608	1562	3528	3350
848		690	1471	1467	2458	2458
90		1	1212	1196	953	802
524		212	1529	1405	6781	6502
495	6		2159	2159	1327	326
6894			1707	1582	3362	1736
2442		122	1449	1443	392	286
8770		2	3768	3767	789	408
1688			2233	924	1148	
1318			1173	1034	3709	8
1036			1339	790	2398	
1033			1637	1328	513	35
			748	736	100	
			1192	1183	186	
47			285	262	1116	38
9			566	471	1380	52
5			1618	1283	1949	149
154			2221	2123	1959	116
776			2336	1773	3028	
6827			1541	1417	1077	
450			1048	934	1365	81

20-8 续表2

单位：吨

县(市、区)	Region	粮 食 Grain	#秋 粮 Autumn Grain	谷 物 Cereal	#小 麦 Wheat	#玉 米 Corn	#谷 子 Millet
忻 州 市	**Xinzhou**						
忻府区	Xinfu	318173	318167	313808	6	305443	4516
定襄县	Dingxiang	160592	160563	155783	29	147985	4230
五台县	Wutai	120560	120560	109099		100010	6386
代 县	Daixian	106526	106526	104734		95936	6638
繁峙县	Fanshi	107526	107526	96568		80612	7350
宁武县	Ningwu	27547	27547	18307		10784	652
静乐县	Jingle	71523	71523	29402		14579	5756
神池县	Shenchi	222031	222031	181987		144611	26833
五寨县	Wuzhai	227057	227057	204335		175106	24009
岢岚县	Kelan	84573	84573	60828		39356	16153
河曲县	Hequ	73041	73041	48394		25723	11737
保德县	Baode	66049	66049	38871		25479	6321
偏关县	Pianguan	87022	87022	63306		17390	32521
五台山风景名胜区	Wutai Mount Scenic Area	2587	2587	1482		1475	8
原平市	Yuanping	356560	355109	329542	1451	311858	8203
临 汾 市	**Linfen**						
尧都区	Yaodu	210345	100395	208297	109950	96915	360
曲沃县	Quwo	165030	82626	164093	82405	81545	
翼城县	Yicheng	188698	81505	186246	107193	73655	5316
襄汾县	Xiangfen	454140	229013	452711	225127	227328	203
洪洞县	Hongtong	371639	189620	368202	182019	186025	69
古 县	Guxian	43651	41557	41935	2094	37430	930
安泽县	Anze	121805	121805	119362		117551	1370
浮山县	Fushan	86422	53359	84819	33063	48154	1472
吉 县	Jixian	30629	30592	28857	36	27568	758
乡宁县	Xiangning	85158	60359	79788	24800	52451	1952
大宁县	Daning	28190	28190	23975		10297	2080
隰 县	Xixian	65253	65253	55219		41045	7410
永和县	Yonghe	57029	56987	52823	42	20583	8159
蒲 县	Puxian	83515	83515	78428		71970	1457
汾西县	Fenxi	75871	55768	71105	20104	49601	973
侯马市	Houma	86969	40209	86969	46761	40209	
霍州市	Huozhou	55661	24268	53288	31393	20823	361
吕 梁 市	**Lvliang**						
离石区	Lishi	26717	26717	19890		16753	2301
文水县	Wenshui	223209	220993	211011	2216	206574	1179
交城县	Jiaocheng	42452	41977	36693	476	34689	736
兴 县	Xingxian	88314	88314	71895		29640	30348
临 县	Linxian	153299	153299	126238		107538	11529
柳林县	Liulin	46738	46723	35177	15	26728	5039
石楼县	Shilou	74880	74684	70640	196	52691	11609
岚 县	Lanxian	76973	76973	57804		41566	5516
方山县	Fangshan	51296	51296	42785		39230	1321
中阳县	Zhongyang	23747	23747	18716		15840	2334
交口县	Jiaokou	29011	29011	27211		24670	1693
孝义市	Xiaoyi	51965	49113	49648	2851	38842	3508
汾阳市	Fenyang	173402	172543	168279	859	118766	3998

continued

(ton)

#高 粱 Sorghum	#燕 麦 Oats	#荞 麦 Buckwheat	豆 类 Beans	#大 豆 Soybean	薯 类 Tubers	#马铃薯 Potato
3802			1582	1582	2783	715
2836			3074	3064	1735	1106
1850	184		1395	1345	10067	9583
616	11		482	194	1311	1056
3300	336	37	2680	2456	8278	8216
777	5456	80	3363	2148	5877	5877
2551	3813	15	3871	2398	38250	38250
2095	6797	189	11580	3958	28464	28464
3963	28		1425	1014	21298	21298
2545	1311	608	3542	1188	20204	20204
1579			2294	1955	22353	22049
1537	3	233	4782	3405	22395	21189
3475	545	2246	5257	5079	18458	18458
			214	214	891	891
5400	857		2733	1888	24285	23330
930			459	425	1590	255
143			114	30	823	3
81			1562	1526	891	344
53			192	126	1237	16
74			657	627	2780	40
1478		3	949	937	766	675
226			925	920	1519	1155
2129			633	600	970	402
427			767	561	1005	711
365		53	2585	2363	2785	2662
11537		4	2015	1502	2200	1683
6215		23	2293	2216	7742	7523
23877			400	296	3806	2739
4425	270	224	1028	1009	4058	4037
162		80	1275	1012	3491	2325
710			446	413	1927	869
306			2498	2052	4329	4205
1031			821	750	11376	10400
759	2		818	484	4942	4791
9330	257	77	7312	4610	9107	9007
5516			11441	9733	15621	14356
2110			8111	7474	3450	2928
5725			1441	826	2798	1802
9775	422		2299	550	16870	16870
1848			1911	980	6600	6560
182	32	59	1669	1421	3363	3203
696	14	86	564	402	1236	1060
4034	145	152	1090	1051	1227	816
44551			610	609	4512	3812

20-9 棉花生产基本情况(2023年)
BASIC STATISTICS ON COTTON PRODUCTION(2023)

县(市、区)	Region	播种面积 (公顷) Sown Area (ha)	总产量 (吨) Total Output (ton)	每公顷产量 (公斤) Output per ha (kg)
长治市	**Changzhi**			
潞城区	Lucheng	5.4	3.7	687
平顺县	Pingshun	10.7	24.0	2236
晋城市	**Jincheng**			
沁水县	Qinshui	5.3	5.9	1106
运城市	**Yuncheng**			
盐湖区	Yanhu	9.7	13.9	1428
万荣县	Wanrong	34.8	47.1	1353
垣曲县	Yuanqu	12.3	27.0	2201
永济市	Yongji	1.3	1.5	1145
忻州市	**Xinzhou**			
河曲县	Hequ	0.3	0.2	667
临汾市	**Linfen**			
洪洞县	Hongtong	1.0	1.1	1050
浮山县	Fushan	0.2	0.2	1000
大宁县	Daning	9.3	6.8	734
霍州市	Huozhou	0.1	0.0	450
吕梁市	**Lvliang**			
柳林县	Liulin	11.3	3.6	320

20-10 油料生产基本情况(2023年)
BASIC STATISTICS ON OIL-BEARING CROPS(2023)

县(市、区)	Region	油料合计 Oil-bearing Crops		胡麻籽 Benne		葵花籽 Sunflower Seeds	
		播种面积(公顷) Sown Area (ha)	总产量(吨) Total Output (ton)	播种面积(公顷) Sown Area (ha)	总产量(吨) Total Output (ton)	播种面积(公顷) Sown Area (ha)	总产量(吨) Total Output (ton)
太原市	**Taiyuan**						
小店区	Xiaodian	9	37			7	28
杏花岭区	Xinghualing	3	3			3	3
尖草坪区	Jiancaoping	38	53			33	44
晋源区	Jinyuan	2	2			1	
清徐县	Qingxu	92	259			16	40
阳曲县	Yangqu	94	216	22	30	30	54
娄烦县	Loufan	991	1457	51	115	2	4
古交市	Gujiao	184	413	141	320	11	32
大同市	**Datong**						
新荣区	Xinrong	1703	2448	1404	1849	133	400
平城区	Pingcheng	26	27			15	12
云冈区	Yungang	616	834	78	92	306	569
云州区	Yunzhou	193	385			187	375
阳高县	Yanggao	976	2130	26	16	420	1010
天镇县	Tianzhen	2104	2352			704	869
广灵县	Guangling	2639	3657	1695	2324	465	722
灵丘县	Lingqiu	1302	1853	562	756	96	143
浑源县	Hunyuan	1638	2481	535	605	112	231
左云县	Zuoyun	7554	12754	646	515	4075	9669
阳泉市	**Yangquan**						
郊　区	Jiaoqu	1	3				1
平定县	Pingding	29	47			9	21
盂　县	Yuxian	200	237	23	30	88	141
长治市	**Changzhi**						
潞州区	Luzhou	17	35				
上党区	Shangdang	27	85			11	52
屯留区	Tunliu	36	89			2	8
潞城区	Lucheng	213	381			128	226
襄垣县	Xiangyuan	599	2139	3	4	455	1743
平顺县	Pingshun	67	154			32	88
黎城县	Licheng	344	584			290	499
壶关县	Huguan	140	145				
长子县	Zhangzi	103	166			102	160
武乡县	Wuxiang	434	507			194	245
沁　县	Qinxian	85	275			32	105
沁源县	Qinyuan	277	728			235	674

20-10 续表1 continued

县(市、区)	Region	油料合计 Oil-bearing Crops		胡麻籽 Benne		葵花籽 Sunflower Seeds	
		播种面积(公顷) Sown Area (ha)	总产量(吨) Total Output (ton)	播种面积(公顷) Sown Area (ha)	总产量(吨) Total Output (ton)	播种面积(公顷) Sown Area (ha)	总产量(吨) Total Output (ton)
晋城市	**Jincheng**						
城　区	Chengqu	8	9				
沁水县	Qinshui	906	1844	2	5	367	812
阳城县	Yangcheng	2165	5331			1153	3167
陵川县	Lingchuan	574	1301			28	63
泽州县	Zezhou	940	1890			631	1386
高平市	Gaoping	104	245			85	191
朔州市	**Shuozhou**						
朔城区	Shuocheng	1516	2928	290	523	1038	2073
平鲁区	Pinglu	7009	9733	1870	2251	219	414
山阴县	Shanyin	3074	4215	391	300	1873	3214
应　县	Yingxian	1426	3747			1044	2028
右玉县	Youyu	13884	24943	2318	2141	6198	16817
怀仁市	Huairen	15	19	15	19	0	1
晋中市	**Jinzhong**						
榆次区	Yuci	54	69			32	36
太谷区	Taigu	28	63			4	6
榆社县	Yushe	51	124			46	114
左权县	Zuoquan	283	457			110	199
和顺县	Heshun	822	2393	284	850	212	726
昔阳县	Xiyang	35	97			23	97
寿阳县	Shouyang	85	152	11	21	16	30
祁　县	Qixian	13	22				
平遥县	Pingyao	147	314	1	1	34	71
灵石县	Lingshi	145	251	3	3	104	186
介休市	Jiexiu	142	390			105	318
运城市	**Yuncheng**						
盐湖区	Yanhu	1204	2368			667	1629
临猗县	Linyi	870	2692			777	2463
万荣县	Wanrong	1174	3121			513	1378
闻喜县	Wenxi	387	959			300	763
稷山县	Jishan	120	236			66	126
新绛县	Xinjiang	312	630			226	501
绛　县	Jiangxian	330	866			237	614
垣曲县	Yuanqu	698	1528			117	279
夏　县	Xiaxian	847	1974			352	926
平陆县	Pinglu	2478	5152			1077	2533
芮城县	Ruicheng	2375	5597			858	2416
永济市	Yongji	734	2135			283	753
河津市	Hejin	1235	4959			304	1018

20–10 续表2 continued

县(市、区)	Region	油料合计 Oil-bearing Crops 播种面积(公顷) Sown Area (ha)	油料合计 Oil-bearing Crops 总产量(吨) Total Output (ton)	胡麻籽 Benne 播种面积(公顷) Sown Area (ha)	胡麻籽 Benne 总产量(吨) Total Output (ton)	葵花籽 Sunflower Seeds 播种面积(公顷) Sown Area (ha)	葵花籽 Sunflower Seeds 总产量(吨) Total Output (ton)
忻州市	**Xinzhou**						
忻府区	Xinfu	185	331			26	17
定襄县	Dingxiang	214	540			147	389
五台县	Wutai	43	88				
代　县	Daixian	131	285	2	3	71	149
繁峙县	Fanshi	466	740	185	225	39	78
宁武县	Ningwu	1947	1599	1424	1302	1	3
静乐县	Jingle	4874	8216	2456	3323	1311	3377
神池县	Shenchi	2377	3841	2095	3313	282	528
五寨县	Wuzhai	232	530	84	154	74	220
岢岚县	Kelan	2249	3908	61	73	25	33
河曲县	Hequ	1241	3190	13	31	66	153
保德县	Baode	265	440	69	98	127	219
偏关县	Pianguan	1347	2418	725	1320	1	3
原平市	Yuanping	952	1474	792	1088	105	317
临汾市	**Linfen**						
尧都区	Yaodu	238	610			207	520
曲沃县	Quwo	344	823			234	534
翼城县	Yicheng	266	665			258	650
襄汾县	Xiangfen	561	1690			368	1077
洪洞县	Hongtong	168	400			123	312
古　县	Guxian	351	550			222	431
安泽县	Anze	287	540			35	86
浮山县	Fushan	260	641			241	603
吉　县	Jixian	814	1975			67	177
乡宁县	Xiangning	1641	3294			476	812
大宁县	Daning	351	596			225	377
隰　县	Xixian	456	954	7	9	421	859
永和县	Yonghe	458	680			313	486
蒲　县	Puxian	315	684	112	298	177	352
汾西县	Fenxi	335	765	10	15	246	580
霍州市	Huozhou	229	368			167	251
吕梁市	**Lvliang**						
离石区	Lishi	379	419	2	1	35	35
文水县	Wenshui	113	271			21	49
交城县	Jiaocheng	102	233	9	16	4	11
兴　县	Xingxian	1867	2146	237	190	451	549
临　县	Linxian	1534	1136			577	504
柳林县	Liulin	429	764	2	1	90	123
石楼县	Shilou	111	217			44	120
岚　县	Lanxian	270	398	143	168	7	48
方山县	Fangshan	214	398			14	39
中阳县	Zhongyang	104	118	6	6	2	3
交口县	Jiaokou	107	179	11	8		1
孝义市	Xiaoyi	102	84	32	20	12	19
汾阳市	Fenyang	105	461	1	1		

20-11 药材、蔬菜、瓜果生产情况(2023年)

PRODUCTION OF MEDICINAL MATERIALS, VEGETABLES AND MELONS(2023)

县(市、区)	Region	药材类 Medicinal Materials		蔬　菜 Vegetables		瓜果类 Melons	
		播种面积(公顷) Sown Area (ha)	总产量(吨) Total Output (ton)	播种面积(公顷) Sown Area (ha)	总产量(吨) Total Output (ton)	播种面积(公顷) Sown Area (ha)	总产量(吨) Total Output (ton)
太原市	**Taiyuan**						
小店区	Xiaodian	20	138	2127	105759	21	663
迎泽区	Yingze			10	218		
杏花岭区	Xinghualing			54	2013		
尖草坪区	Jiancaoping	2	4	540	26736	20	811
万柏林区	Wanbailin	10	21	19	488	1	15
晋源区	Jinyuan			938	52985	28	501
清徐县	Qingxu	1	2	7018	450421	85	2980
阳曲县	Yangqu	27	178	1671	82358	26	828
娄烦县	Loufan	200	232	382	15409	7	206
古交市	Gujiao	183	1065	594	35092	1	8
大同市	**Datong**						
新荣区	Xinrong			644	12852	153	7700
平城区	Pingcheng			309	14205	71	3868
云冈区	Yungang			2027	112388	63	3466
云州区	Yunzhou	189	558	8771	105786	590	20686
阳高县	Yanggao	433	1883	5111	310814	495	20425
天镇县	Tianzhen	364	2104	3056	101537	185	8655
广灵县	Guangling	9	27	2559	79811	389	12537
灵丘县	Lingqiu	233	1803	1164	27748	347	20455
浑源县	Hunyuan	2591	9937	1531	64049	30	1203
左云县	Zuoyun			198	10356	2	7
阳泉市	**Yangquan**						
城　区	Chengqu			136	9360	1	11
矿　区	Kuangqu			45	995	2	17
郊　区	Jiaoqu	120	249	425	13177	3	33
平定县	Pingding	302	906	551	28758	2	73
盂　县	Yuxian	38	345	559	22479	211	10199
长治市	**Changzhi**						
潞州区	Luzhou	61	282	819	35383	41	1251
上党区	Shangdang	236	1486	3467	205564	4	113
屯留区	Tunliu	476	7433	2460	108270	784	38025

20–11 续表1 continued

县(市、区)	Region	药材类 Medicinal Materials		蔬 菜 Vegetables		瓜果类 Melons	
		播种面积 (公顷) Sown Area (ha)	总产量 (吨) Total Output (ton)	播种面积 (公顷) Sown Area (ha)	总产量 (吨) Total Output (ton)	播种面积 (公顷) Sown Area (ha)	总产量 (吨) Total Output (ton)
潞城区	Lucheng	964	3924	1270	50525	199	11885
襄垣县	Xiangyuan	1557	6996	3334	126685	269	7660
平顺县	Pingshun	3027	9107	1079	30534	1	25
黎城县	Licheng	572	2482	794	14698	45	1653
壶关县	Huguan	796	2968	2153	115772	3	77
长子县	Zhangzi	3850	5691	6665	350230	86	4631
武乡县	Wuxiang	1294	12473	1388	17246	36	892
沁 县	Qinxian	451	4548	2341	51060	25	958
沁源县	Qinyuan	3718	10076	1169	22479	39	1050
晋城市	**Jincheng**						
城 区	Chengqu	5	12	118	4752	2	46
沁水县	Qinshui	1301	16020	1295	76403	37	1197
阳城县	Yangcheng	2460	12246	1412	73285	25	950
陵川县	Lingchuan	2090	15871	1225	70939	2	37
泽州县	Zezhou	1116	2932	1533	70162	22	569
高平市	Gaoping	596	2021	1808	118006	12	176
朔州市	**Shuozhou**						
朔城区	Shuocheng	44	231	1616	89532	429	17226
平鲁区	Pinglu	20	41	185	9356	2	55
山阴县	Shanyin	232	204	715	24188	83	3634
应 县	Yingxian	4164	31857	9364	459522	1152	61837
右玉县	Youyu	89	643	540	17653	4	239
怀仁市	Huairen	67	33	3103	148466	2040	67149
开发区	Development Zone			15	800		
晋中市	**Jinzhong**						
榆次区	Yuci	317	392	6852	482296	88	3348
太谷区	Taigu	163	219	4761	405631	325	15447
榆社县	Yushe	376	1793	1046	67277	24	825
左权县	Zuoquan	1369	3932	747	38554	3	45
和顺县	Heshun	93	661	371	24053	1	25
昔阳县	Xiyang	484	2227	796	43454	1	35
寿阳县	Shouyang	473	2739	6424	457804	68	2359
祁 县	Qixian	10	20	4383	342345	108	3071

20-11 续表2 continued

县(市、区)	Region	药材类 Medicinal Materials		蔬 菜 Vegetables		瓜果类 Melons	
		播种面积(公顷) Sown Area (ha)	总产量(吨) Total Output (ton)	播种面积(公顷) Sown Area (ha)	总产量(吨) Total Output (ton)	播种面积(公顷) Sown Area (ha)	总产量(吨) Total Output (ton)
平遥县	Pingyao	184	403	3271	173593	281	8567
灵石县	Lingshi	118	172	933	25853	4	97
介休市	Jiexiu	271	851	647	30169	12	500
运城市	**Yuncheng**						
盐湖区	Yanhu	1832	4981	1190	64984	922	39201
临猗县	Linyi	707	4568	3471	97051	178	5068
万荣县	Wanrong	5088	29395	3062	138255	433	17811
闻喜县	Wenxi	13535	98792	6457	294799	756	30738
稷山县	Jishan	2923	11680	671	31167	5	195
新绛县	Xinjiang	1937	8178	9887	639724	7	420
绛 县	Jiangxian	4601	39664	1174	52103	316	12195
垣曲县	Yuanqu	434	2288	2675	77943	174	7195
夏 县	Xiaxian	4952	37600	11369	608213	1212	68180
平陆县	Pinglu	1332	7770	2430	100483	299	15389
芮城县	Ruicheng	4375	53430	3774	139306	291	15292
永济市	Yongji	483	1950	3919	90367	459	21033
河津市	Hejin	1296	31251	3795	154404	389	19092
忻州市	**Xinzhou**						
忻府区	Xinfu	68	167	6290	222374	2028	81811
定襄县	Dingxiang	27	172	4493	134777	670	34112
五台县	Wutai	852	2232	763	20610	305	16005
代 县	Daixian	67	732	681	21459	337	19113
繁峙县	Fanshi	782	2195	1340	38176	98	1657
宁武县	Ningwu	241	81	183	4177	2	19
静乐县	Jingle	273	554	499	13357	174	4623
神池县	Shenchi	4	5	937	24403	1	4
五寨县	Wuzhai	428	765	201	7731	335	14768
岢岚县	Kelan	398	1106	369	14402	142	9081
河曲县	Hequ	56	327	1411	63411	329	11669
保德县	Baode	120	89	656	12600	99	2453
偏关县	Pianguan			565	16185	37	962
五台山风景名胜区	Wutai Mount Scenic Area	15		1	101	6	49
原平市	Yuanping	163	880	2248	97619	1180	78894

20–11 续表3 continued

县(市、区)	Region	药材类 Medicinal Materials		蔬　菜 Vegetables		瓜果类 Melons	
		播种面积(公顷) Sown Area (ha)	总产量(吨) Total Output (ton)	播种面积(公顷) Sown Area (ha)	总产量(吨) Total Output (ton)	播种面积(公顷) Sown Area (ha)	总产量(吨) Total Output (ton)
临汾市	**Linfen**						
尧都区	Yaodu	1047	6976	1671	80017	78	2454
曲沃县	Quwo	844	15349	4947	452742	64	2530
翼城县	Yicheng	1412	8925	771	36053	169	7591
襄汾县	Xiangfen	2900	22644	2749	170540	60	2753
洪洞县	Hongtong	2243	8260	2169	83992	19	676
古　县	Guxian	1858	7262	963	20656	32	706
安泽县	Anze	1221	9884	799	36829	38	1857
浮山县	Fushan	885	22931	1273	61408	145	8250
吉　县	Jixian	31	2680	1120	29058	59	1077
乡宁县	Xiangning	585	1472	969	8959	8	52
大宁县	Daning	385	1198	344	5402	175	4288
隰　县	Xixian	93	414	441	9845	129	2695
永和县	Yonghe	320	2266	444	13641	94	1260
蒲　县	Puxian	212	3608	551	18315	2	111
汾西县	Fenxi	421	2049	673	14130	29	1168
侯马市	Houma	198	2497	676	54107	72	2520
霍州市	Huozhou	40	106	660	34504	20	465
吕梁市	**Lvliang**						
离石区	Lishi	79	305	335	4398	21	234
文水县	Wenshui	158	779	1695	62750	71	2170
交城县	Jiaocheng	129	289	620	29541	3	82
兴　县	Xingxian	270	262	340	4763	129	2232
临　县	Linxian	212	143	2612	54796	67	2344
柳林县	Liulin		64	1689	23993	198	7420
石楼县	Shilou	565	1394	682	11794	45	1549
岚　县	Lanxian	8	10	476	15739	159	5408
方山县	Fangshan	40	92	608	19717	13	303
中阳县	Zhongyang	23	12	376	9482	1	20
交口县	Jiaokou	442	1091	166	9027	2	27
孝义市	Xiaoyi	98	609	525	19343	49	1394
汾阳市	Fenyang	181	346	660	14802	109	2895

20-12 水果、林业及渔业生产情况(2023年)

县(市、区)	Region	年末果园面积(公顷) Area of Orchards at Year-end (ha)	#苹果园 Apples Orchards	#桃园 Peaches Orchards	#梨园 Pears Orchards	全年水果产量(吨) Annual Output of Fruits (ton)
太原市	**Taiyuan**					
小店区	Xiaodian	455	30	50	253	2973
迎泽区	Yingze	22	9	2	5	61
杏花岭区	Xinghualing	495	247	15	12	1277
尖草坪区	Jiancaoping	793	327	25	49	17461
万柏林区	Wanbailin	47	2	2	4	88
晋源区	Jinyuan	320	43	23	63	2693
清徐县	Qingxu	2912	96	335	545	61369
阳曲县	Yangqu	1733	545	227	398	6900
娄烦县	Loufan	186	9	7	36	1148
古交市	Gujiao	626	117	38	52	1756
大同市	**Datong**					
新荣区	Xinrong	618	111		23	4673
平城区	Pingcheng	54				596
云冈区	Yungang	248	12	8	13	3716
云州区	Yunzhou	2686	895	19	81	10512
阳高县	Yanggao	3033	201	2	15	48440
天镇县	Tianzhen	834	41		3	2785
广灵县	Guangling	877				674
灵丘县	Lingqiu	263	114	15	6	4738
浑源县	Hunyuan	233	94		22	4198
左云县	Zuoyun	61				25
阳泉市	**Yangquan**					
城　区	Chengqu	17	7	3		518
矿　区	Kuangqu	97	50	6	18	195
郊　区	Jiaoqu	882	655	30	122	11296
平定县	Pingding	246	102	25	62	3356
盂　县	Yuxian	394	158	31	91	2695
长治市	**Changzhi**					
潞州区	Luzhou	134	78	20	25	1620
上党区	Shangdang	684	363	76	114	7949
屯留区	Tunliu	108	61	16	14	1055
潞城区	Lucheng	274	157	33	37	5768
襄垣县	Xiangyuan	546	141	36	174	10256
平顺县	Pingshun	134	40	6	49	2994
黎城县	Licheng	471	215	45	67	8865
壶关县	Huguan	194	25	22	98	2500
长子县	Zhangzi	249	73	5	118	2775
武乡县	Wuxiang	1477	130	41	124	7305
沁　县	Qinxian	194	71	6	34	2641
沁源县	Qinyuan	115	2	8	52	470

注：本表造林面积不包括省属九大林局、市直单位数据。

PRODUCTION OF FRUITS, FORESTRY AND FISHERY(2023)

#苹 果 Apples	#桃 Peaches	#梨 Pears	当年造林面积(公顷) Afforestation Area in the Year (ha)	水产养殖面积(公顷) Fishery-breeding Area (ha)	水产品总产量(吨) Aquatic Products (ton)
122	220	1466		6	32
17	2	35		167	100
382	48	27		1	7
6503	588	1583		13	145
	3				
661	386	507		576	667
1114	4954	16869		291	1666
2033	1935	1325	1000	438	46
74	56	205	1000	2031	691
410	234	121	667	32	199
2997		690	133	6	213
			200		12
118	85	220		16	53
2443	15	166		1552	421
1377	85	225	667	69	171
128		44	3333	10	961
			1000	57	123
3935	251	57	1000	33	525
2400		592	553	74	61
			533	22	11
302	73	8			
87	10	30			
9543	425	542	267	1	
1093	339	1036	4667	9	435
1508	256	416	9867	44	498
801	307	374		1308	1835
4460	1203	1245		7	78
590	47	270	200	234	358
2998	1175	545	533		
3403	1305	3045	1333	330	546
1050	172	1162	1133		3
5009	565	1348	467	10	370
327	338	907	333	1	31
942	84	1193	333	420	908
923	115	312	2000	540	548
782	125	336	1000	355	1210
38	21	162	1333	2	48

Note: The coverage of afforestation area in this table doesn't include data of nine privincial forestry administration and municipal units.

20-12 续表1

县(市、区)	Region	年末果园面积(公顷) Area of Orchards at Year-end (ha)	#苹果园 Apples Orchards	#桃 园 Peaches Orchards	#梨 园 Pears Orchards	全年水果产量(吨) Annual Output of Fruits (ton)
晋城市	**Jincheng**					
城 区	Chengqu	53	8	14	11	537
沁水县	Qinshui	426	235	28	93	10773
阳城县	Yangcheng	1082	58	107	27	10507
陵川县	Lingchuan	377	226	32	73	4239
泽州县	Zezhou	852	261	92	210	26071
高平市	Gaoping	2422	344	52	1942	30947
朔州市	**Shuozhou**					
朔城区	Shuocheng	75	3	1	15	379
平鲁区	Pinglu	9				41
山阴县	Shanyin	148	6		2	1507
应 县	Yingxian	62	27	12		1334
右玉县	Youyu	3				5
怀仁市	Huairen	796	38	1	1	2912
开发区	Development Zone	7				17
晋中市	**Jinzhong**					
榆次区	Yuci	6409	4978	90	365	102792
太谷区	Taigu	3122	870	126	388	51084
榆社县	Yushe	336	22	4	202	3102
左权县	Zuoquan	197	22	8	85	1217
和顺县	Heshun	29	8		20	164
昔阳县	Xiyang	509	289	85	87	12844
寿阳县	Shouyang	1234	106	4	840	28307
祁 县	Qixian	6726	1733	7	4774	198135
平遥县	Pingyao	6273	1885	26	3991	167060
灵石县	Lingshi	222	40	4	84	3700
介休市	Jiexiu	281	81	22	11	3683
运城市	**Yuncheng**					
盐湖区	Yanhu	19162	1744	5038	8723	898094
临猗县	Linyi	73033	37896	13052	5082	2782010
万荣县	Wanrong	28603	21161	5041	408	1013980
闻喜县	Wenxi	2310	416	191	21	66731
稷山县	Jishan	5201	451	1237	24	131985
新绛县	Xinjiang	4463	172	4127		154135
绛 县	Jiangxian	4866	132	75	59	136740
垣曲县	Yuanqu	1058	282	158	78	31850
夏 县	Xiaxian	7840	965	3344	150	275917
平陆县	Pinglu	9456	4316	3848	521	427578
芮城县	Ruicheng	15287	8708	3062	172	593606
永济市	Yongji	19461	990	4524	321	643993
河津市	Hejin	1811	150	425	86	56170

continued

#苹果 Apples	#桃 Peaches	#梨 Pears	当年造林面积(公顷) Afforestation Area in the Year (ha)	水产养殖面积(公顷) Fishery-breeding Area (ha)	水产品总产量(吨) Aquatic Products (ton)
91	177	37		3	20
8164	447	980	617	108	813
1684	2263	519	187	101	120
2254	433	1010	253	57	212
8035	2060	6048	367	253	467
8070	810	21169	400	39	200
31	25	3	2000	21	178
			3113	26	27
51	1	13	3200	23	54
982	30		5000	18	75
	1		2667	233	97
770	24	7	200	35	115
89611	1449	6137	67	125	680
17161	2123	9685	200	183	500
255	40	2163	5600	424	926
315	50	186	3333	122	353
	1	150	3333	61	24
7834	1684	2860	4667	24	130
1396	87	24459	8000	119	665
44449	45	151165	333	16	92
47545	315	116221	1000	145	366
373	26	2411		33	97
1286	181	218		46	196
74039	191089	525782	120	1226	705
1585480	496963	216741		125	165
758716	191875	15985	20	247	2849
14370	7350	575		5	90
17830	53055	842		10	18
5134	144761	4	120	1	96
4983	2007	1934	120	6	17
11961	5106	1885		14	450
38628	135526	5784	80	4	69
198762	187526	20700		57	97
390310	127849	7687		379	1070
42959	164703	14128	320	554	20749
5843	19125	2694		2	6

20-12 续表2

县(市、区)	Region	年末果园面积(公顷) Area of Orchards at Year-end (ha)	#苹果园 Apples Orchards	#桃 园 Peaches Orchards	#梨 园 Pears Orchards	全年水果产量(吨) Annual Output of Fruits (ton)
忻 州 市	**Xinzhou**					
忻府区	Xinfu	797	245	77	182	11926
定襄县	Dingxiang	508	113	30	173	14683
五台县	Wutai	436	7	8	36	5506
代 县	Daixian	492	33	8	239	7661
繁峙县	Fanshi	2016	228	27	154	12049
宁武县	Ningwu	40	12			45
静乐县	Jingle	60	7		9	1145
神池县	Shenchi					
五寨县	Wuzhai					
岢岚县	Kelan	52	13	1	2	932
河曲县	Hequ	1203	124	9	88	5565
保德县	Baode	4677	150	9	112	24440
偏关县	Pianguan	487	28	1	69	6009
原平市	Yuanping	3700	446	13	2117	52792
临 汾 市	**Linfen**					
尧都区	Yaodu	2663	1343	363	36	119255
曲沃县	Quwo	2969	1032	322	117	104846
翼城县	Yicheng	5671	4547	327	174	228100
襄汾县	Xiangfen	3269	2042	221	37	119627
洪洞县	Hongtong	396	178	11	44	8491
古 县	Guxian	83	29		49	1500
安泽县	Anze	81	25	4	43	929
浮山县	Fushan	916	599	209	81	31903
吉 县	Jixian	13193	12936	28	146	306416
乡宁县	Xiangning	2637	2196	27	75	49532
大宁县	Daning	3744	3038	68	540	34868
隰 县	Xixian	17066	4313		12707	227478
永和县	Yonghe	8208	1742	1	111	31304
蒲 县	Puxian	1349	620	1	724	6133
汾西县	Fenxi	448	26	5	417	8171
侯马市	Houma	388	85	110	4	10503
霍州市	Huozhou	610	525	25	44	18891
吕 梁 市	**Lvliang**					
离石区	Lishi	269	21	1	6	606
文水县	Wenshui	3180	6	5	3020	93096
交城县	Jiaocheng	385	38	37	120	6361
兴 县	Xingxian	5182	52	9	110	26656
临 县	Linxian	31728	113	1	55	138802
柳林县	Liulin	6789	93	11	38	6890
石楼县	Shilou	6710	103	1	9	10135
岚 县	Lanxian	295				1303
方山县	Fangshan	122	23	1	9	284
中阳县	Zhongyang	11	2	2	1	27
交口县	Jiaokou	17		2	15	12
孝义市	Xiaoyi	222	7	3	33	1827
汾阳市	Fenyang	284	69	11	25	4051

continued

#苹 果 Apples	#桃 Peaches	#梨 Pears	当年造林面积(公顷) Afforestation Area in the Year (ha)	水产养殖面积(公顷) Fishery-breeding Area (ha)	水产品总产量(吨) Aquatic Products (ton)
5321	1892	2773	5533	120	475
2949	593	7585	133	71	368
232	231	1087	3667	14	13
905	225	3922	400	75	407
1946	382	580	4333	172	201
33			133	110	86
152		608	667	45	180
			3667		
			3733	82	60
207	17	26	6333		
436	21	269	1200	23	36
478	31	300	1333	14	50
312	17	528	3400	2	157
4539	232	40507	3333	254	692
71993	17230	1185	467	159	1279
59628	14623	3982	133	223	1860
202251	10159	3207	67	275	290
87248	9501	1238	120	206	798
4496	255	1218	133	249	912
884	52	301		4	16
251	39	533	533	29	35
21649	9160	694	667	5	
304507	637	270	2400	5	10
43362	184	972		14	40
32196	1120	1271	2667		
79142		148130		1	
14115	11	1370	3320	1	21
3184	7	2901	333	3	14
408	256	7466	133		
2220	3199	82	67	227	942
17908	482	208	133	4	52
117	1	17	3000		28
111	64	89456		399	388
459	431	3970		339	76
463	69	511	9000	9	3
383	10	519	6667	135	45
653	149	153	2667	31	40
515	10	122	3000	12	23
6		4	2467		27
90	3	31	2333	433	41
3	7		2000		30
	1	10	3200		
83	8	467			
1012	161	527	108	1	1

20-13 畜牧业生产情况(2023年)

县(市、区)	Region	大牲畜年末存栏(头) Large Animals at Year-end (head)	#牛 Cattle	猪年末存栏(头) Hogs at Year-end (head)	羊年末存栏(只) Sheep and Goats at Year-end (head)	家禽年末存栏(只) Poultry at Year-end (head)
太原市	**Taiyuan**					
小店区	Xiaodian	9965	9956	7985	14751	441563
迎泽区	Yingze	185	125	341	4474	55350
杏花岭区	Xinghualing	162	122	4469	4800	229666
尖草坪区	Jiancaoping	3759	3747	3230	19100	45169
万柏林区	Wanbailin	255	243	177	2244	7482
晋源区	Jinyuan	1780	1726	3878	12713	223565
清徐县	Qingxu	7093	7021	59346	95304	957902
阳曲县	Yangqu	11459	11250	50122	86889	877194
娄烦县	Loufan	11148	10917	21764	49533	78701
古交市	Gujiao	7642	7521	20119	40033	95248
大同市	**Datong**					
新荣区	Xinrong	28924	25074	27176	99021	324557
平城区	Pingcheng	8496	8454	15098	16512	228639
云冈区	Yungang	32186	32133	44392	51394	776889
云州区	Yunzhou	24734	24126	79678	163856	3096717
阳高县	Yanggao	36552	30703	293244	351803	505614
天镇县	Tianzhen	30334	22256	98997	296606	356135
广灵县	Guangling	40254	37806	43248	243553	529642
灵丘县	Lingqiu	35731	32340	54540	300010	219966
浑源县	Hunyuan	33473	31239	76103	349468	353162
左云县	Zuoyun	10871	10486	25020	139249	19110
开发区	Development Zone	295	295	623	975	2990
阳泉市	**Yangquan**					
城　区	Chengqu	279	277	238	1173	133619
矿　区	Kuangqu	91	86	242	1202	57214
郊　区	Jiaoqu	735	644	34566	6997	671090
平定县	Pingding	1926	1558	45951	23030	1650025
盂　县	Yuxian	7260	7109	60813	53546	427100
长治市	**Changzhi**					
潞州区	Luzhou	2085	2055	13261	13785	449202
上党区	Shangdang	1713	1635	100390	23471	2856418
屯留区	Tunliu	8882	8143	53227	77161	815413
潞城区	Lucheng	3402	2645	69259	31700	997701
襄垣县	Xiangyuan	4207	3311	56605	59965	1839336
平顺县	Pingshun	2787	1987	39061	26299	102222
黎城县	Licheng	3088	2755	44455	39867	230983
壶关县	Huguan	759	741	92411	31035	2351571
长子县	Zhangzi	4112	4013	81405	107001	4120836
武乡县	Wuxiang	9135	8313	32884	107536	2992896
沁　县	Qinxian	10769	10224	26710	71485	3780362
沁源县	Qinyuan	6734	6590	9879	123648	81875

NUMBER OF LIVESTOCK AND LIVESTOCK PRODUCTS(2023)

肉类总产量(吨) Output of Meat (ton)	#猪肉 Pork	#牛肉 Beef	#羊肉 Mutton	禽蛋产量(吨) Poultry Eggs (ton)	奶类产量(吨) Milk (ton)	#牛奶 Milk
3546	2001	180	125	4704	37801	37801
158	51	27	75	637		
739	517	8	45	2353		
729	335	79	189	764	14668	14668
23	7	2	11	70	74	74
813	321	32	106	2878	5888	5888
15606	9631	1103	1584	5538	7114	6674
7147	5059	509	752	10656	3246	3241
2780	2141	309	227	1662		
3814	2452	575	605	1195	326	326
8137	3924	2265	1187	3520	39447	39447
2400	1696	451	113	3243	26595	26483
7571	4897	1373	591	9125	84915	84915
16645	8409	1521	1506	33558	27625	27625
55794	47977	2549	3857	3635	74288	74288
16285	11238	1703	2506	4054	83530	83530
10129	6027	1085	2488	6032	42077	42057
14256	8932	1997	2707	1854	2008	2008
17455	10315	2862	3463	4203	9923	9923
6106	2664	1231	2183	304	2533	2533
57	36	8	6	37	237	237
97	29	21	8	1726	776	776
416	368	1	12	693	329	329
6333	5013	115	118	8095	603	603
9923	7426	81	244	21857	3621	3621
7496	6251	438	433	5287		
2299	1546	120	75	4820	5734	5358
18642	16136	142	167	34893	2131	2131
9834	7646	570	709	12844	382	382
10682	9199	224	342	6080	3438	3438
11060	6179	476	556	5912	149	149
5502	4863	183	194	2617	66	66
6001	4599	190	251	12585	622	620
24108	13061	33	235	12131	483	483
13480	10217	368	725	31171	378	378
20372	4046	566	683	2088	186	186
21643	3500	2473	711	8886	46	46
1958	785	269	529	2501	3122	3122

20-13 续表1

县(市、区)	Region	大牲畜年末存栏(头) Large Animals at Year-end (head)	#牛 Cattle	猪年末存栏(头) Hogs at Year-end (head)	羊年末存栏(只) Sheep and Goats at Year-end (head)	家禽年末存栏(只) Poultry at Year-end (head)
晋 城 市	**Jincheng**					
城　区	Chengqu	911	911	852	7485	192635
沁水县	Qinshui	4429	4148	94559	148683	2916457
阳城县	Yangcheng	1967	1960	173735	44021	3432155
陵川县	Lingchuan	1323	1315	102216	47437	1712221
泽州县	Zezhou	3875	3755	347066	88430	2683438
高平市	Gaoping	1021	720	352815	46177	1833782
朔 州 市	**Shuozhou**					
朔城区	Shuocheng	30713	28805	68176	184999	992110
平鲁区	Pinglu	17839	16161	30673	190272	75576
山阴县	Shanyin	85877	85160	44451	183585	335956
应　县	Yingxian	66306	65620	81247	304432	400165
右玉县	Youyu	15891	14948	25347	285108	132163
怀仁市	Huairen	23796	23519	101058	753733	1485711
开发区	Development Zone	2573	2573	589	3218	41024
晋 中 市	**Jinzhong**					
榆次区	Yuci	13082	12861	142796	169753	1612279
太谷区	Taigu	10621	10378	288953	160455	4268034
榆社县	Yushe	11540	11524	49829	106735	526556
左权县	Zuoquan	7539	7453	27509	127229	470459
和顺县	Heshun	29789	29639	20292	71994	938231
昔阳县	Xiyang	6286	6048	69536	52174	242080
寿阳县	Shouyang	2062	2008	59677	51751	481853
祁　县	Qixian	59156	59146	63868	165165	3066161
平遥县	Pingyao	15140	14674	86613	153660	9614063
灵石县	Lingshi	6924	6566	64801	75820	476613
介休市	Jiexiu	3451	3378	82417	84654	2692552
运 城 市	**Yuncheng**					
盐湖区	Yanhu	4858	4747	60159	132811	1316137
临猗县	Linyi	2594	2570	175657	81973	3478425
万荣县	Wanrong	4420	4262	191883	64308	2375984
闻喜县	Wenxi	4427	4377	148597	53534	4279383
稷山县	Jishan	7148	6995	71465	63705	13266137
新绛县	Xinjiang	12403	12357	188521	50659	3825220
绛　县	Jiangxian	6356	5814	74973	77970	1116591
垣曲县	Yuanqu	3300	3300	59745	74187	437972
夏　县	Xiaxian	3701	3602	118465	51972	3380774
平陆县	Pinglu	5722	5722	65481	66696	279266
芮城县	Ruicheng	3580	3565	162965	56012	1059350
永济市	Yongji	7387	7379	189632	49852	2042354
河津市	Hejin	4694	4519	75179	31557	1485360

continued

肉类总产量 (吨) Output of Meat (ton)	#猪 肉 Pork	#牛 肉 Beef	#羊 肉 Mutton	禽蛋产量 (吨) Poultry Eggs (ton)	奶类产量 (吨) Milk (ton)	#牛 奶 Milk
331	84	89	51	2222		
31995	8152	260	1517	5445		
22923	17863	166	488	36561	21	21
16124	13045	108	414	18446		
54637	49728	344	985	30197	8	8
55336	51285	44	508	18852	99	99
8124	4929	742	1140	12128	74076	74076
5254	2954	1021	1078	740	5114	5114
6718	3518	1472	1116	4588	284435	284435
15303	7653	3047	3614	3961	210769	210769
9184	2780	2170	3864	1656	785	785
31295	8930	895	19279	12511	46069	46069
112	68	16	7	700	7123	7123
22448	17753	731	1473	16962	40626	40626
59209	45181	1212	1982	32491	11432	11432
7690	4644	849	772	5899	74	74
5285	2771	609	1013	5856		
9010	2198	3546	497	9476		
12139	9317	448	509	1586	127	127
8927	6481	256	665	6308	764	764
24670	9881	7943	1441	24460	73505	73505
36094	9953	1535	1192	33401	15136	14203
8992	7155	76	474	4159	6243	6243
20093	11196	279	768	17986	7272	7272
10945	6874	195	1074	8224	4950	4939
22228	17950	140	800	24102	1349	1349
20894	18073	230	500	28526	2568	2568
34740	17947	620	615	17814	646	588
15976	9001	400	379	155355	1863	1863
22507	18317	883	339	44683	7358	7358
13408	9913	519	704	7276	284	284
9747	8106	238	660	3111		
18511	11555	311	427	9163	138	138
9192	7657	441	735	2813	2502	2502
22709	20453	266	487	10482	399	399
24428	20704	278	388	15611	13434	13434
8149	6902	209	199	16053	5753	5753

20-13 续表2

县(市、区)	Region	大牲畜年末存栏(头) Large Animals at Year-end (head)	#牛 Cattle	猪年末存栏(头) Hogs at Year-end (head)	羊年末存栏(只) Sheep and Goats at Year-end (head)	家禽年末存栏(只) Poultry at Year-end (head)
忻州市	**Xinzhou**					
忻府区	Xinfu	23480	23442	46437	141664	1271013
定襄县	Dingxiang	14375	11941	106006	88885	156100
五台县	Wutai	32968	32603	37945	106236	519074
代　县	Daixian	36344	35321	18873	100663	81679
繁峙县	Fanshi	53383	50672	145804	193396	601045
宁武县	Ningwu	22003	19447	61616	108627	125243
静乐县	Jingle	14849	11665	14883	129220	592764
神池县	Shenchi	16573	10909	24770	490672	137408
五寨县	Wuzhai	10400	8947	14283	172922	227063
岢岚县	Kelan	10022	8923	18950	196411	68442
河曲县	Hequ	6661	4472	29312	97749	588969
保德县	Baode	2328	1810	24722	96105	516179
偏关县	Pianguan	5218	4352	10401	264395	185116
五台山风景名胜区	Wutai Mount Scenic Area	7785	7147	653	5073	1034
原平市	Yuanping	15848	13613	132914	244560	2083373
临汾市	**Linfen**					
尧都区	Yaodu	8697	8651	90561	72465	1287600
曲沃县	Quwo	5771	5081	101631	87796	2000297
翼城县	Yicheng	14453	14423	115989	53197	505749
襄汾县	Xiangfen	8247	8216	163010	83824	4010645
洪洞县	Hongtong	19648	19538	160093	103491	2950729
古　县	Guxian	1551	1551	18410	21617	152783
安泽县	Anze	1205	1205	16381	30526	176741
浮山县	Fushan	4550	4538	36997	44125	310950
吉　县	Jixian	1963	1913	37515	26374	152966
乡宁县	Xiangning	7638	7557	65057	54206	795517
大宁县	Daning	1743	1391	23409	15378	39366
隰　县	Xixian	4031	4028	35191	24471	235954
永和县	Yonghe	2376	2217	7030	217603	178641
蒲　县	Puxian	12563	12563	44722	12020	78852
汾西县	Fenxi	8662	8654	34385	43233	2402247
侯马市	Houma	2464	2464	20580	18037	739800
霍州市	Huozhou	3420	3337	52658	35896	538102
吕梁市	**Lvliang**					
离石区	Lishi	13702	13702	34287	35919	399673
文水县	Wenshui	193236	193219	69940	69944	4837763
交城县	Jiaocheng	31760	31034	29599	37151	933307
兴　县	Xingxian	9683	9608	55635	107660	467402
临　县	Linxian	7991	7914	130305	198222	2186732
柳林县	Liulin	3480	3146	68165	84867	528968
石楼县	Shilou	5507	5497	31792	56885	824392
岚　县	Lanxian	15089	13708	26756	39810	1093619
方山县	Fangshan	36015	35878	27286	36835	1183535
中阳县	Zhongyang	10853	10683	77593	36268	472432
交口县	Jiaokou	10337	9741	70679	38713	390733
孝义市	Xiaoyi	4438	4030	59386	33493	4112472
汾阳市	Fenyang	12479	12388	95936	63152	3106567

continued

肉类总产量 (吨) Output of Meat (ton)	#猪 肉 Pork	#牛 肉 Beef	#羊 肉 Mutton	禽蛋产量 (吨) Poultry Eggs (ton)	奶类产量 (吨) Milk (ton)	#牛 奶 Milk
9033	6715	828	709	14449	52147	52147
8124	6272	950	690	2043	6720	6720
8780	5480	1752	1196	6913		
5001	2806	1204	848	1034	272	272
24548	20671	1713	1299	9127	11009	11009
8322	6645	892	666	1601	146	146
4466	1975	725	1306	7026	590	590
11484	3149	1147	6523	1615	224	224
3515	1501	517	1152	2985	189	189
5045	2249	667	1934	841	215	215
4474	3115	362	583	6925	10354	10354
4177	2543	169	1002	4777	243	243
4684	1475	452	2516	1962		
232	37	164	26	33		
27694	18087	1079	3113	27151	3741	3741
12969	10886	399	510	14000	9094	9093
13889	8506	296	592	10109	4578	4559
25110	22979	780	519	7726	20413	20413
27423	19852	568	848	30069	1613	1613
18466	14827	924	742	32388	7834	7363
3236	2890	114	155	1445	109	
1359	796	278	153	1928		
4667	3410	594	427	3408	101	80
3952	3600	129	173	1912	134	134
7544	5836	544	457	10739	795	795
2484	2141	171	102	608	49	49
6090	5286	333	271	3221	377	376
2231	921	135	696	967	51	51
6739	4409	1705	80	521	13	13
21625	3196	494	393	3736	398	395
3652	3036	136	202	3892	2236	2236
10012	8315	233	290	4265	4133	3478
3653	2781	346	222	3904	899	899
39614	11516	15292	681	30236	4119	4119
8461	4836	1509	333	6138	1903	1903
6109	4688	447	729	6055	221	221
19058	14515	460	1872	24577	6894	6894
9049	7515	338	750	3258	1172	1172
4790	3619	327	528	9521	566	566
8048	2882	594	228	2634	68	68
5923	2669	1519	311	13019	416	416
10235	8339	474	236	4316	218	218
11943	9509	610	246	1195	19	19
34528	7331	248	217	11989	3345	3342
22103	11196	951	550	15384	7683	7683

20-14 农业生产条件(2023年)
CONDITIONS OF AGRICULTURAL PRODUCTION(2023)

县(市、区)	Region	年末有效灌溉面积(千公顷) Effective Irrigated Area at Year-end (1 000 ha)	当年实际机耕地面积(千公顷) Area Cultivated by Machine at This Year (1 000 ha)	农用化肥施用量(折纯量,吨) Consumption of Chemical Fertilizers (ton)	农用塑料薄膜使用量(吨) Consumption of Agricultural Plastic Films (ton)
太原市	**Taiyuan**				
小店区	Xiaodian	5.14	4.30	1833	292
迎泽区	Yingze	0.17	0.14	8	2
杏花岭区	Xinghualing	0.03	0.36	22	2
尖草坪区	Jiancaoping	4.80	4.14	534	48
万柏林区	Wanbailin	0.50	0.20	7	1
晋源区	Jinyuan	2.80	1.85	478	100
清徐县	Qingxu	25.07	23.98	10045	1503
阳曲县	Yangqu	1.78	19.51	7193	1129
娄烦县	Loufan	1.22	7.74	721	77
古交市	Gujiao	0.78	6.79	417	42
大同市	**Datong**				
新荣区	Xinrong	3.88	26.32	1205	416
平城区	Pingcheng	2.51	2.86	543	85
云冈区	Yungang	10.59	11.63	3073	585
云州区	Yunzhou	25.72	39.79	8923	1205
阳高县	Yanggao	30.43	53.13	14225	2592
天镇县	Tianzhen	26.27	42.69	13915	2728
广灵县	Guangling	16.00	25.73	8954	533
灵丘县	Lingqiu	13.05	30.20	17075	695
浑源县	Hunyuan	16.21	32.50	14411	957
左云县	Zuoyun	2.60	27.46	1869	417
阳泉市	**Yangquan**				
城区	Chengqu			3	3
矿区	Kuangqu			47	3
郊区	Jiaoqu	1.96	3.74	577	69
平定县	Pingding	2.81	19.20	4110	10
盂县	Yuxian	1.69	24.78	8867	375
长治市	**Changzhi**				
潞州区	Luzhou	8.05	7.68	4499	283
上党区	Shangdang	8.15	17.80	9277	98
屯留区	Tunliu	17.19	42.80	21875	120
潞城区	Lucheng	4.80	18.51	8771	125
襄垣县	Xiangyuan	9.13	32.57	9081	194

20–14 续表1 continued

县(市、区)	Region	年末有效灌溉面积(千公顷) Effective Irrigated Area at Year-end (1 000 ha)	当年实际机耕地面积（千公顷） Area Cultivated by Machine at This Year (1 000 ha)	农用化肥施用量(折纯量,吨) Consumption of Chemical Fertilizers (ton)	农用塑料薄膜使用量(吨) Consumption of Agricultural Plastic Films (ton)
平顺县	Pingshun	1.62	11.47	3094	178
黎城县	Licheng	10.58	16.69	4330	80
壶关县	Huguan	0.70	18.49	8582	483
长子县	Zhangzi	15.33	43.59	19187	764
武乡县	Wuxiang	6.40	27.75	6031	148
沁　县	Qinxian	6.61	27.49	7545	191
沁源县	Qinyuan	0.58	15.00	2010	156
晋 城 市	**Jincheng**				
城　区	Chengqu	2.25	1.50	331	6
沁水县	Qinshui	7.83	21.44	9156	81
阳城县	Yangcheng	6.62	30.08	8864	27
陵川县	Lingchuan	3.09	21.62	12315	223
泽州县	Zezhou	6.75	40.85	11701	60
高平市	Gaoping	7.27	27.22	15075	344
朔 州 市	**Shuozhou**				
朔城区	Shuocheng	36.43	54.50	15536	1858
平鲁区	Pinglu	1.23	27.93	5548	314
山阴县	Shanyin	28.47	57.00	15089	1217
应　县	Yingxian	55.82	62.09	19987	1629
右玉县	Youyu	3.33	36.77	1881	318
开发区	Development Zone			381	20
怀仁市	Huairen	40.28	47.77	12114	975
晋 中 市	**Jinzhong**				
榆次区	Yuci	27.57	34.13	12718	926
太谷区	Taigu	24.53	24.15	16424	2478
榆社县	Yushe	6.39	12.99	2639	77
左权县	Zuoquan	2.53	12.56	1985	194
和顺县	Heshun	5.97	11.74	2431	482
昔阳县	Xiyang	5.48	21.00	6237	101
寿阳县	Shouyang	7.33	48.71	20172	1224
祁　县	Qixian	22.48	25.53	13354	680
平遥县	Pingyao	37.80	38.16	12747	346

20–14 续表2 continued

县(市、区)	Region	年末有效灌溉面积(千公顷) Effective Irrigated Area at Year-end (1 000 ha)	当年实际机耕地面积(千公顷) Area Cultivated by Machine at This Year (1 000 ha)	农用化肥施用量(折纯量,吨) Consumption of Chemical Fertilizers (ton)	农用塑料薄膜使用量(吨) Consumption of Agricultural Plastic Films (ton)
灵石县	Lingshi	4.51	11.66	2377	22
介休市	Jiexiu	15.04	21.36	3275	41
运城市	**Yuncheng**				
盐湖区	Yanhu	46.68	23.00	19850	983
临猗县	Linyi	85.65	18.91	50472	1473
万荣县	Wanrong	53.22	30.61	13119	1293
闻喜县	Wenxi	17.74	58.29	20999	277
稷山县	Jishan	30.88	32.19	9868	12
新绛县	Xinjiang	25.65	37.97	22199	704
绛　县	Jiangxian	16.37	24.75	23059	124
垣曲县	Yuanqu	3.67	19.59	4693	272
夏　县	Xiaxian	24.22	43.37	23418	2243
平陆县	Pinglu	21.84	23.90	12523	217
芮城县	Ruicheng	47.07	48.91	18973	198
永济市	Yongji	42.41	49.82	16263	1153
河津市	Hejin	18.11	24.91	10322	148
忻州市	**Xinzhou**				
忻府区	Xinfu	34.73	52.88	18705	664
定襄县	Dingxiang	22.17	26.27	10016	261
五台县	Wutai	6.66	24.63	7955	693
代　县	Daixian	17.77	22.74	9734	136
繁峙县	Fanshi	13.21	33.42	11825	748
宁武县	Ningwu	1.03	8.53	669	36
静乐县	Jingle	1.20	19.32	3795	158
神池县	Shenchi	1.40	35.00	9500	969
五寨县	Wuzhai	4.20	34.79	16246	1250
岢岚县	Kelan	0.67	18.60	4989	918
河曲县	Hequ	5.89	20.33	6685	246
保德县	Baode	0.45	17.12	4072	56
偏关县	Pianguan	0.67	20.88	6167	349
五台山风景名胜区	Wutai Mount Scenic Area			90	9
原平市	Yuanping	33.75	57.50	22300	920

20-14 续表3 continued

县(市、区)	Region	年末有效灌溉面积(千公顷) Effective Irrigated Area at Year-end (1 000 ha)	当年实际机耕地面积（千公顷） Area Cultivated by Machine at This Year (1 000 ha)	农用化肥施用量(折纯量,吨) Consumption of Chemical Fertilizers (ton)	农用塑料薄膜使用量(吨) Consumption of Agricultural Plastic Films (ton)
临汾市	**Linfen**				
尧都区	Yaodu	27.09	38.93	16905	578
曲沃县	Quwo	15.73	24.60	11493	1268
翼城县	Yicheng	12.32	35.97	11246	216
襄汾县	Xiangfen	33.67	48.83	26923	394
洪洞县	Hongtong	29.52	55.70	21558	89
古　县	Guxian	1.07	13.78	4331	34
安泽县	Anze	2.04	18.55	6472	238
浮山县	Fushan	3.75	24.41	6258	99
吉　县	Jixian	3.45	6.28	6090	376
乡宁县	Xiangning	0.13	19.93	8430	94
大宁县	Daning	4.95	5.88	2566	51
隰　县	Xixian	6.44	15.72	5953	120
永和县	Yonghe	1.56	12.33	2720	39
蒲　县	Puxian	2.81	12.47	4860	334
汾西县	Fenxi	0.39	22.23	1410	58
侯马市	Houma	8.31	8.06	8637	180
霍州市	Huozhou	6.90	20.19	3258	51
吕梁市	**Lvliang**				
离石区	Lishi	2.50	9.28	2745	33
文水县	Wenshui	31.36	29.99	8647	121
交城县	Jiaocheng	9.42	7.39	2172	34
兴　县	Xingxian	5.35	26.00	2811	24
临　县	Linxian	8.14	72.70	11064	333
柳林县	Liulin	4.92	16.00	2654	59
石楼县	Shilou	0.22	17.07	5023	51
岚　县	Lanxian	4.31	19.87	5780	757
方山县	Fangshan	2.71	13.51	3710	81
中阳县	Zhongyang	0.65	8.12	1427	31
交口县	Jiaokou		6.82	1979	144
孝义市	Xiaoyi	11.17	15.66	2657	17
汾阳市	Fenyang	28.51	36.70	8231	75

20-15 工业主要指标(2023年)

单位：万元

县(市、区)	Region	单位数(个) Number of Enterprises(unit)	资产总计 Total Assets
太 原 市	**Taiyuan**		
小店区	Xiaodian	78	3628490
迎泽区	Yingze	18	3133259
杏花岭区	Xinhualing	54	1680119
尖草坪区	Jiancaoping	131	17907965
万柏林区	Wanbailin	41	14327995
晋源区	Jingyuan	25	403586
清徐县	Qingxu	132	11474641
阳曲县	Yangqu	68	1528626
娄烦县	Loufan	18	958193
古交市	Gujiao	59	3685557
综改示范区	Comprehensive Reform Demonstration Zone	246	27555036
大 同 市	**Datong**		
新荣区	Xinrong	50	1320533
平城区	Pingcheng	40	2910153
云冈区	Yungang	114	43823926
云州区	Yunzhou	92	3101147
阳高县	Yanggao	33	974265
天镇县	Tianzhen	22	962494
广灵县	Guangling	31	912086
灵丘县	Lingqiu	32	1074821
浑源县	Hunyuan	17	717855
左云县	Zuoyun	51	7635320
阳 泉 市	**Yangquan**		
城　区	Chengqu	11	660033
矿　区	Kuangqu	28	20812897
郊　区	Jiaoqu	107	3520629
平定县	Pingding	111	3588086
盂　县	Yuxian	74	4743126
长 治 市	**Changzhi**		
潞州区	Luzhou	157	10253300
上党区	Shangdang	106	8640898
屯留区	Tunliu	64	5306212
潞城区	Lucheng	99	4813648
襄垣县	Xiangyuan	99	29701443
平顺县	Pingshun	30	837918
黎城县	Licheng	26	1106738
壶关县	Huguan	42	1503768
长子县	Zhangzi	56	6270941
武乡县	Wuxiang	37	1757812
沁　县	Qinxian	9	526629
沁源县	Qinyuan	65	9861456

MAJOR INDUSTRIAL INDICATORS(2023)

(10 000 yuan)

负债合计 Total Liabilities	营业收入 Business Revenue	利润总额 Total Profits	应交增值税 Value Added Taxes Payable
2708889	1558846	42171	37043
1680012	1110961	31596	70581
1145476	910668	-63826	30282
9289830	14796418	505346	170230
10040209	5623685	1216580	286045
294903	232142	25988	9530
9000967	8226614	65931	95451
953458	772513	34469	16860
691642	502459	72640	34925
3402744	2110360	99059	71091
18512614	22926234	737715	183903
933818	1127907	-5759	17009
1786969	1547698	61167	41171
39180709	12261403	786069	439697
1870976	2623627	56719	108953
915209	418099	63240	15395
669539	184088	54630	6797
568356	407903	43323	28033
815369	291459	36036	16193
507061	109823	18967	9236
5419993	2554041	284081	147461
348786	188182	5261	9611
16389086	2998266	485529	173632
2244626	1649316	54146	105975
3276807	1988225	-37315	45610
3616387	1606109	129451	104160
6786773	6238561	217928	128173
3730887	4580768	892869	294048
4029683	5227971	264539	381520
3872385	3983181	-114617	54899
20861462	11243237	1463862	490428
530281	261915	42198	11955
824756	882061	49071	33307
1147766	1766689	46824	22385
2796392	4290964	640857	310022
1351209	1432561	209456	64209
270668	309614	-7014	1329
5381422	4329053	981190	240435

20-15 续表1

单位：万元

县(市、区)	Region	单位数(个) Number of Enterprises(unit)	资产总计 Total Assets
晋 城 市	**Jincheng**		
城　区	Chengqu	79	4541046
沁水县	Qinshui	93	28781336
阳城县	Yangcheng	147	6528077
陵川县	Lingchuan	33	762482
泽州县	Zezhou	193	14524414
高平市	Gaoping	131	7859988
朔 州 市	**Shuozhou**		
朔城区	Shuocheng	35	1235393
平鲁区	Pinglu	70	15219104
山阴县	Shanyin	90	8562687
应　县	Yingxian	62	765570
右玉县	Youyu	39	3061831
怀仁市	Huairen	142	4366625
经济开发区	Economic Development Zone	55	3246754
晋 中 市	**Jinzhong**		
榆次区	Yuci	255	6152350
太谷区	Taigu	125	1873572
榆社县	Yushe	26	675586
左权县	Zuoquan	38	2417562
和顺县	Heshun	38	2652849
昔阳县	Xiyang	48	3876255
寿阳县	Shouyang	82	5269189
祁　县	Qixian	80	1113150
平遥县	Pingyao	115	3021432
灵石县	Lingshi	152	7777683
介休市	Jiexiu	197	10983022
运 城 市	**Yuncheng**		
盐湖区	Yanhu	119	2193764
临猗县	Linyi	76	1212377
万荣县	Wanrong	52	757687
闻喜县	Wenxi	55	4684471
稷山县	Jishan	60	2175733
新绛县	Xinjiang	55	2892377
绛　县	Jiangxian	68	1265592
垣曲县	Yuanqu	39	2202070
夏　县	Xiaxian	46	653763
平陆县	Pinglu	42	806758
芮城县	Ruicheng	68	2430380
永济市	Yongji	101	2235636
河津市	Hejin	139	11054336
经济开发区	Economic Development Zone	64	2797308

continued

(10 000 yuan)

负债合计 Total Liabilities	营业收入 Business Revenue	利润总额 Total Profits	应交增值税 Value Added Taxes Payable
2346939	1652773	45873	26300
18481355	8108785	1317943	369334
4440325	5301731	487747	142750
473900	393554	17416	9894
8178889	11311769	821114	331717
6336482	4906051	402402	191771
898479	451064	43571	30546
8409453	7215212	1594213	458933
4979616	3326269	632496	163385
506829	502168	21335	3194
1607498	1273037	181271	63504
3356826	3314677	376215	130477
2404504	1824406	-91241	41115
4750842	3865920	-61780	93717
1179658	1394721	29590	42554
673069	563243	6099	8082
2883065	602550	-204044	18436
2104807	1137752	76414	64408
2810379	2253940	245974	109636
3848041	3532979	215575	205682
848441	934807	26097	15605
2478489	2617388	33013	50247
5864295	6922694	765070	233822
8142824	11224550	256713	185214
1841390	1609131	1656	25446
833624	961280	27853	12385
383941	495813	12951	11906
2896815	3957430	23977	56140
1458357	2574107	12342	33119
1981937	4025024	24848	52055
698013	1099511	47501	13897
1618046	1784005	98298	27792
417410	316985	16176	9775
480757	584058	24387	16377
1435300	850754	50670	23739
1582683	1552333	26781	29629
5634613	10809568	1247629	233929
2358200	2259526	-180217	9583

20–15 续表2

单位：万元

县(市、区)	Region	单位数(个) Number of Enterprises(unit)	资产总计 Total Assets
忻 州 市	**Xinzhou**		
忻府区	Xinfu	66	2463139
定襄县	Dingxiang	117	1086515
五台县	Wutai	25	850624
代 县	Daixian	105	2080366
繁峙县	Fanshi	94	3037302
宁武县	Ningwu	44	4876735
静乐县	Jingle	23	1347320
神池县	Shenchi	19	893966
五寨县	Wuzhai	18	500936
岢岚县	Kelan	32	1240228
河曲县	Hequ	40	4343400
保德县	Baode	34	3336014
偏关县	Pianguan	16	629153
原平市	Yuanping	75	5815280
五台山风景名胜区	Wutai Mount Scenic Area	1	9828
临 汾 市	**Linfen**		
尧都区	Yaodu	103	3980236
曲沃县	Quwo	55	6403127
翼城县	Yicheng	55	1029423
襄汾县	Xiangfen	89	2177124
洪洞县	Hongtong	106	7730713
古 县	Guxian	38	1637937
安泽县	Anze	25	3645344
浮山县	Fushan	36	555261
吉 县	Jixian	12	1109252
乡宁县	Xiangning	62	4567771
大宁县	Daning	8	113128
隰 县	Xixian	11	340701
永和县	Yonghe	9	479471
蒲 县	Puxian	58	5183638
汾西县	Fenxi	13	226614
侯马市	Houma	67	3474082
霍州市	Huozhu	31	7517002
吕 梁 市	**Lvliang**		
离石区	Lishi	52	6932554
文水县	Wenshui	133	3806156
交城县	Jiaocheng	117	4685186
兴 县	Xingxian	48	6148348
临 县	Linxian	42	4757155
柳林县	Liulin	68	14426632
石楼县	Shilou	8	313142
岚 县	Lanxian	31	2600839
方山县	Fangshan	25	1606917
中阳县	Zhongyang	42	5863442
交口县	Jiaokou	29	1910048
孝义市	Xiaoyi	173	14300542
汾阳市	Fenyang	87	5758307

continued

(10 000 yuan)

负债合计 Total Liabilities	营业收入 Business Revenue	利润总额 Total Profits	应交增值税 Value Added Taxes Payable
1622369	1317091	80579	18483
614496	1100399	30398	17067
458813	320116	46388	13152
1682007	426724	-61277	18275
2454495	1140945	107128	36927
3178383	1831156	321340	117905
1497400	485325	76744	24895
576373	138213	43295	10833
379605	238885	4456	1672
834517	742805	10799	13127
1718750	2689153	1066584	228243
1747094	1626510	411066	130141
372867	114345	23456	8020
4152714	2818958	68855	84005
17161	5161	-999	167
2743347	2552556	415715	122697
5419737	8248194	-140447	28057
873460	775946	39487	23963
1432059	2993373	-109741	37979
4925178	3332583	311228	98439
937728	776679	130840	43525
1963678	2004188	289872	93730
360578	130170	5021	-872
188995	550478	275938	11880
2004480	2532199	658430	157736
51471	65905	-8852	7481
248459	77549	7542	2856
144008	220644	26303	2241
2791793	3186849	589892	183800
182472	247229	3670	2429
2707948	2408535	24842	30241
6203462	1574527	109860	39630
4309899	2965657	789964	206654
2893520	2747848	-13773	47179
3621591	3350390	-33740	37337
2691966	4343438	1018118	235463
2852714	2398846	496926	141172
8189187	6896598	1762777	441422
245287	58273	9202	-1095
1045790	1405867	313288	85312
867155	1093507	194290	65077
2290331	3927901	816072	203924
956442	1568420	34577	39312
10866133	11303091	690858	221575
3167396	4195929	1112226	211118

20-16 社会消费品零售总额(2023年)
TOTAL RETAIL SALES OF CONSUMER GOODS(2023)

单位：万元 (10 000 yuan)

县(市、区)	Region	社会消费品零售总额 Total Retail Sales of Consumer Goods	城镇 Urban	乡村 Rural
太原市	**Taiyuan**			
小店区	Xiaodian	5331294	5212554	118740
迎泽区	Yingze	3856922	3755643	101279
杏花岭区	Xinghualing	2434559	2332477	102083
尖草坪区	Jiancaoping	1241240	866102	375139
万柏林区	Wanbailin	2319579	2319579	
晋源区	Jinyuan	517077	414195	102883
清徐县	Qingxu	573518	258607	314911
阳曲县	Yangquan	165686	74171	91515
娄烦县	Loufan	55199	23901	31298
古交市	Gujiao	355569	201615	153954
综改示范区	Comprehensive Reform Demonstration Zone	2278124	2278124	
大同市	**Datong**			
新荣区	Xinrong	159622	84264	75357
平城区	Pingcheng	3936892	3936892	
云冈区	Yungang	1519693	997224	522468
云州区	Yunzhou	511287	295573	215714
阳高县	Yanggao	140771	81100	59671
天镇县	Tianzhen	136874	71528	65346
广灵县	Guangling	132731	70501	62230
灵丘县	Lingqiu	402128	208400	193729
浑源县	Hunyuan	383491	201358	182133
左云县	Zuoyun	298708	152715	145992
阳泉市	**Yangquan**			
城　区	Chengqu	1264541	1245572	18969
矿　区	Kuangqu	344338	344338	
郊　区	Jiaoqu	490315	252187	238128
平定县	Pingding	608352	458840	149512
盂　县	Yuxian	618143	492444	125699

20–16 续表1 continued

单位：万元 (10 000 yuan)

县(市、区)	Region	社会消费品零售总额 Total Retail Sales of Consumer Goods	城 镇 Urban	乡 村 Rural
长 治 市	**Changzhi**			
潞州区	Luzhou	4223028	4141571	81457
上党区	Shangdang	370124	192610	177515
屯留区	Tunliu	301640	156184	145457
潞城区	Lucheng	277031	190462	86569
襄垣县	Xiangyuan	408023	308869	99153
平顺县	Pingshun	158759	89796	68963
黎城县	Licheng	179763	104611	75152
壶关县	Huguan	246207	107436	138772
长子县	Zhangzi	333713	155594	178119
武乡县	Wuxiang	225802	137651	88150
沁　县	Qinxian	171530	77993	93537
沁源县	Qinyuan	285995	162170	123826
晋 城 市	**Jincheng**			
城　区	Chengqu	3450915	3450915	
沁水县	Qinshui	339578	186254	153325
阳城县	Yangcheng	434155	269557	164597
陵川县	Lingchuan	209352	97262	112089
泽州县	Zezhou	594301	288455	305847
高平市	Gaoping	728998	458880	270119
朔 州 市	**Shuozhou**			
朔城区	Shuocheng	1241352	1009862	231490
平鲁区	Pinglu	399720	249601	150119
山阴县	Shanyin	471215	351895	119319
应　县	Yingxian	359679	255920	103759
右玉县	Youyu	181999	129729	52270
怀仁市	Huairen	939231	560828	378403
晋 中 市	**Jinzhong**			
榆次区	Yuci	2318002	1922647	395355
太谷区	Taigu	410555	328444	82111
榆社县	Yushe	124264	103238	21027
左权县	Zuoquan	178143	139664	38479
和顺县	Heshun	167876	134300	33575

20–16 续表2 continued

单位：万元 (10 000 yuan)

县(市、区)	Region	社会消费品零售总额 Total Retail Sales of Consumer Goods	城镇 Urban	乡村 Rural
昔阳县	Xiyang	333466	250199	83267
寿阳县	Shouyang	332629	249166	83463
祁　县	Qixian	491634	393307	98327
平遥县	Pingyao	737006	567495	169511
灵石县	Lingshi	801141	680169	120972
介休市	Jiexiu	950220	768924	181296
运城市	**Yuncheng**			
盐湖区	Yanhu	2920456	2589515	330941
临猗县	Linyi	779544	498908	280636
万荣县	Wanrong	431843	275088	156755
闻喜县	Wenxi	361577	289261	72316
稷山县	Jishan	267580	155257	112323
新绛县	Xinjiang	543141	445375	97765
绛　县	Jiangxian	188548	116061	72487
垣曲县	Yuanqu	371662	297702	73961
夏　县	Xiaxian	350238	256000	94238
平陆县	Pinglu	335468	282128	53339
芮城县	Ruicheng	333813	277917	55896
永济市	Yongji	596876	477440	119436
河津市	Hejin	822042	637190	184852
忻州市	**Xinzhou**			
忻府区	Xinfu	1522853	1109855	412998
定襄县	Dingxiang	293666	195835	97831
五台县	Wutai	245042	171530	73513
代　县	Daixian	115373	70275	45098
繁峙县	Fanshi	286247	168492	117756
宁武县	Ningwu	171882	105024	66858
静乐县	Jingle	143322	91369	51953
神池县	Shenchi	126376	79594	46782
五寨县	Wuzhai	126964	77383	49581
岢岚县	Kelan	145563	94964	50599
河曲县	Hequ	217679	145950	71729
保德县	Baode	253654	179115	74539
偏关县	Pianguan	75740	52360	23381
原平市	Yuanping	679238	450619	228619
五台山风景名胜区	Wutai Mount Scenic Area	104693	79801	24891

20-16 续表3 continued

单位：万元 (10 000 yuan)

县(市、区)	Region	社会消费品零售总额 Total Retail Sales of Consumer Goods	城镇 Urban	乡村 Rural
临汾市	**Linfen**			
尧都区	Yaodu	3100415	2712278	388137
曲沃县	Quwo	368429	291797	76632
翼城县	Yicheng	457805	364713	93092
襄汾县	Xiangfen	680297	598470	81827
洪洞县	Hongdong	917281	593481	323800
古　县	Guxian	148246	111924	36322
安泽县	Anze	139525	112318	27207
浮山县	Fushan	171727	103236	68491
吉　县	Jixian	115160	82454	32705
乡宁县	Xiangning	271506	220780	50726
大宁县	Daning	72959	58396	14563
隰　县	Xixian	138834	118565	20270
永和县	Yonghe	86911	74294	12617
蒲　县	Puxian	117874	106044	11830
汾西县	Fenxi	203213	170667	32546
侯马市	Houma	791751	743589	48162
霍州市	Huozhou	415146	326160	88986
吕梁市	**Lvliang**			
离石区	Lishi	761648	522424	239223
文水县	Wenshui	244215	166617	77598
交城县	Jiaocheng	221749	157442	64306
兴　县	Xingxian	192874	143799	49075
临　县	Linxian	550850	421253	129598
柳林县	Liulin	431305	333840	97465
石楼县	Shilou	40396	30555	9842
岚　县	Lanxian	132709	92430	40279
方山县	Fangshan	108999	78568	30432
中阳县	Zhongyang	173222	124036	49187
交口县	Jiaokou	88402	69460	18942
孝义市	Xiaoyi	1672233	1345706	326527
汾阳市	Fenyang	737473	632693	104780